Olga Katharina Schwarz
Rationalistische Sinnlichkeit

Quellen und Forschungen
zur Literatur- und Kulturgeschichte

Begründet als
Quellen und Forschungen
zur Sprach- und Kulturgeschichte
der germanischen Völker

von
Bernhard Ten Brink und
Wilhelm Scherer

Herausgegeben von
Mark-Georg Dehrmann und
Christiane Witthöft

102 (336)

De Gruyter

Rationalistische Sinnlichkeit

Zur philosophischen Grundlegung der
Kunsttheorie 1700 bis 1760
Leibniz – Wolff – Gottsched – Baumgarten

von

Olga Katharina Schwarz

De Gruyter

Gedruckt mit Unterstützung des Förderungsfonds Wissenschaft der VG WORT

D 188

ISBN 978-3-11-135624-2
e-ISBN (PDF) 978-3-11-070615-4
e-ISBN (EPUB) 978-3-11-070621-5
ISSN 0946-9419

Library of Congress Control Number: 2022935941

Bibliografische Information der Deutschen Nationalbibliothek
Die Deutsche Nationalbibliothek verzeichnet diese Publikation in der Deutschen
Nationalbibliografie; detaillierte bibliografische Daten sind im Internet
über http://dnb.dnb.de abrufbar.

© 2023 Walter de Gruyter GmbH, Berlin/Boston
Dieser Band ist text- und seitenidentisch mit der 2022 erschienenen
gebundenen Ausgabe.
Satz: Dörlemann Satz, Lemförde
Druck und buchbinderische Verarbeitung:
CPI books GmbH, Leck

www.degruyter.com

Inhalt

Aurora. Zur Einleitung 1
    Rationalistisch oder sensualistisch? Zur Konzeption
    der Kunsttheorie der Aufklärung 10 • Logik –
    Poetik – Ästhetik. Orte der Kunsttheorie im frühen
    18. Jahrhundert 28 • Erkenntnistheorie – Moralphi-
    losophie – Kunsttheorie. Zur Anlage der Arbeit 42

I „Unser Verstand ist niemahls rein." Sinnlichkeit und Verstand/
   Vernunft in der Erkenntnislehre 49
   1 Der ‚ganze Mensch'. Zum *commercium mentis et corporis* 60
      1.1 Leibniz: Prästabilierte Harmonie und potentielle
         Aufhebung der Trennung von Leib und Seele 61
      1.2 Wolff: Prästabilierte Harmonie als Hypothese 64
      1.3 Gottsched: Von der prästabilierten Harmonie zum
         influxus physicus? 69
      1.4 Baumgarten: *influxus idealis* und der ‚ganze Mensch' 73
   2 Die Erkenntnisvermögen der Seele 77
      2.1 Wolffs Lehre von den Erkenntnisvermögen: Korrelation
         von Sinnlichkeit und Verstand 79
         Die Ambiguität der unteren Erkenntnisver-
         mögen 83 • In der Sinnlichkeit gegründet: die oberen
         Erkenntnisvermögen 94
      2.2 Die Rezeption der Wolffschen Vermögenslehre
         (Gottsched und Baumgarten) 102
         Gottsched: Zweifel am Potential der Sinnlichkeit?
         Geschmack und *exspectatio casuum similium* 103 •
         Baumgarten: Ausbau der Sinnlichkeit 106
   3 Modi der Erkenntnis 114
      3.1 Leibniz' Stufenleiter der Erkenntnis: Anerkennung der
         sinnlichen Erkenntnis 117
      3.2 Wolffs Modifikationen der Erkenntnislehre Leibniz'
         und die Verschränkung von Sinnlichkeit und Verstand/
         Vernunft 120

Abweichungen von Leibniz: Relativierung der dunklen Erkenntnis, Quantität der Merkmale, anschauende und symbolische Erkenntnis 121 • Historische und philosophische Erkenntnis, Erfahrung und Vernunft 124

3.3 ‚Sinnlich' (*sensitivus*) – eine Erfindung Baumgartens? Gottscheds möglicher Beitrag und eine erste Definition .. 129

3.4 Implikationen einer erweiterten Sinnlichkeit bei Baumgarten 132
Poetizität als eigene Qualität der Sinnlichkeit 136 • Extensive und intensive Klarheit, Konkretion und Abstraktion als Verfahren der Erkenntnis 136 • Symbolische und anschauende Erkenntnis 138 • Lebhaftigkeit 140 • Modi einer Wahrheit: metaphysisch, ästhetikologisch, logisch und ästhetisch 142 • Baumgarten im Kontext von Leibniz und Wolff. Bewertung seiner Überlegungen 146

II „Die Erkenntnis muß demnach in ein Thun ausbrechen". Die Kunst der sittlichen Erziehung 149

1 „Von der Glückseligkeit". Moralphilosophische Grundlagen bei Leibniz 155

2 „Die Regel der Sehnsucht": Warum wir handeln (Wolff, Gottsched und Baumgarten) 158

2.1 ‚Gut ist, was Lust erzeugt'. Lust, Vollkommenheit und das Gute 160
Eine erste Bestimmung der Vollkommenheit 161 • Moralische Vollkommenheit 164 • Lust: anschauende Erkenntnis, vermeintliche und wahre Vollkommenheit und die notwendige Kollaboration von Sinnlichkeit und Verstand 167 • Baumgarten: Aufwertung des empfindenden Individuums, erste Schritte hin zur Lust als eigenem Vermögen 170

2.2 Das Streben nach Vollkommenheit im Spannungsfeld von Sinnlichkeit und Verstand. Die Schwierigkeit des ‚richtigen' Handelns 173
Begehrungsvermögen und die „Regel der Sehnsucht" 175 • Lebendige Erkenntnis zwischen sinnlichen und deutlichen Bewegungsgründen 179 • Die Rolle der Sinnlichkeit für das sittliche Handeln 184

2.3 Gewissen – eine moralphilosophische Utopie? 188

3 Kraft der Sinnlichkeit – Kapitulation der Vernunft.
  Zum Erziehungsauftrag der Kunst 192
  3.1 Wolff: „Fabularum usus in redarguenda hominum
      stultitia". Der Primat der Dichtung 195
  3.2 Gottsched: Nutzen der Poesie und moralische Affekt-
      erregung 202
  3.3 Baumgarten: Sittlichkeit der Schönheit 208
      Schönheit 210 • *Veritas aesthetica*. Die Wahrheit der
      Kunst 212 • *Magnitudo aesthetica moralis/dignitas aes-
      thetica.* Die ästhetische Würde von Gegenstand und
      Künstler 213 • *Vita cognitionis aesthetica* und Rührung.
      Die explizite Wirkung des schönen Denkens 215

III Schnittstellen. Die Kunsttheorie zu Beginn der Aufklärung 221
  1 Wolff: Philosophisches Fundament einer Theorie der
    Künste 228
    1.1 „Lust der Sinnen" und ästhetisches Vergnügen:
        Grundlage für eine Rezeption Dubos' 235
    1.2 Objektive Vollkommenheit und sinnliche Schönheit:
        Das (nachahmende) Kunstwerk und sein Rezipient 240
        Vollkommenheit des Kunstwerks 241 • Objektive
        Schönheit 243 • Subjektive Schönheit zwischen
        anschauender und deutlicher Erkenntnis 245
    1.3 Im Verstand gegründet: Produktion und Rezeption,
        Künstler und Kritiker 250
    1.4 Die poetische Fabel: Wolffs ‚mögliche Welt' und
        Lessings „andere Ordnung" 258
  2 Gottsched: Sinnlichkeit in der *Critischen Dichtkunst* 267
    2.1 *Versuch einer Critischen Dichtkunst*. Eine Skizze 273
    2.2 Sinnlichkeit in der *Critischen Dichtkunst* 281
        Illusion im Dienst der Moral. Das Werk und sein
        Rezipient 282 • Die Lebhaftigkeit der Einbildungs-
        kraft. *Si vis me flere* bei Gottsched und den Schwei-
        zern 289 • Dubos oder das Urteilsvermögen der
        Schönheit: Geschmack – ein sinnliches Vermögen des
        Verstandes? 300
  3 Baumgarten: Ästhetik als Antwort auf Wolff und
    Gottsched 309
    Perfectio cognitionis sensitivae 311 • *Veritas aesthetica –
    verisimilitudo – veritas heterocosmica* 313 • *Pulcre
    cogitare* 315

IV Dämmerung – ein Epilog 319

Anhang
    Literatur 343
        Siglen 343
        Quellen 343
        Forschung 346
    Personenregister 369
    Dank 371

Aurora. Zur Einleitung

Der Streit war eskaliert, Christian Wolff unterlegen, vorerst. Anlässlich der Übergabe der Insignien des Prorektors an seinen Amtsnachfolger aus der theologischen Fakultät, den Pietisten Joachim Lange, hatte Wolff am 12. Juli 1721 an der Friedrichs-Universität Halle seine Prorektoratsrede gehalten.[1] In dieser als *Oratio de Sinarum philosophia practica* bekannten Rede erläuterte Wolff am Beispiel der Chinesen, dass auch durchaus nicht-christliche Völker nach den Grundsätzen der Moral leben können. Die Pietisten sahen in Wolffs Rede eine Rechtfertigung des Atheismus: Jeder, auch der Atheist, könne nach Wolff das Gute erkennen und wollen. Wolff fordere nicht weniger als die Inthronisation der Vernunft auf Kosten der Offenbarung. Doch die Studenten feierten ihn, und die Pietisten fürchteten ihren Machtverlust.

Die von Wolff in seiner Rede vorgetragene These war nichts Neues, in seinen bis zu diesem Zeitpunkt publizierten Schriften ist sie regelmäßig zu finden, jedoch bot sie den willkommenen Anlass, einen seit längerer Zeit schwelenden, zweifellos nicht nur fachlich begründeten Konflikt öffentlich auszutragen. Albrecht Beutel datierte den Beginn der Auseinandersetzung auf 1709/1710, auf die Jahre, in denen der im November 1706 als ordentlicher Professor der Philosophie und Mathematik an die Friedrichs-Universität Halle berufene Wolff begann, seine Vorlesungen nicht nur wie zu Beginn seiner Amtszeit über Mathematik, sondern auch über Logik, Metaphysik und Moral zu halten – und zwar mit Erfolg: Die Studenten forderten die Professoren der Theologie zur besseren Begründung ihrer Lehren auf. Das Missfallen in der theologischen Fakultät wurde verstärkt, als Wolff 1712/1713 in der Vorrede seiner *Vernünfftigen Gedanken von den Kräften des menschlichen Verstandes und ihrem richtigen Gebrauche in Erkenntnis der Wahrheit,* seiner *Deutschen Logik,* daran erinnerte, dass Friedrich Wilhelm I. angeordnet habe, die Studenten im ersten Universitätsjahr „etwas gründliches in der Mathematick und Welt-Weisheit studiren"[2] zu lassen, bevor sie mit dem Stu-

---

1   Zum Folgenden vgl. Albrecht Beutel: Causa Wolffiana. Die Vertreibung Christian Wolffs aus Preußen 1723 als Kulminationspunkt des theologisch-politischen Konflikts zwischen halleschem Pietismus und Aufklärungsphilosophie. In: Wissenschaftliche Theologie und Kirchenleitung. Beiträge zur Geschichte einer spannungsreichen Beziehung für Rolf Schäfer zum 70. Geburtstag. Hg. von Ulrich Köpf. Tübingen 2001, S. 159–202.
2   Wolff: Vorrede zur ersten Auflage (GW I.1), S. 105–109, hier S. 108.

dium der höheren Fakultäten begännen. In seiner Philosophie sah Wolff die Voraussetzung für das Studium der anderen Fächer und auch die Grundlage der Exegese der Heiligen Schrift. Sie, so Wolff im zwölften Kapitel seiner *Logik*, solle sich an seiner im Verstand gegründeten Methode orientieren.[3]

Die Profilierung der Philosophie zur Leitwissenschaft, verbunden mit dem wachsenden Zuspruch von Seiten der Studenten, wurde von der theologischen Fakultät mit Unbehagen zur Kenntnis genommen. Auch wenn Wolffs Lehren auf keinem „antitheologischen Impetus"[4] beruhten, sah man die eigene „biblische Auslegungshoheit in Frage gestellt"[5], den ‚rechten Glauben' bedroht. Für die pietistischen Theologen galt es, den Konkurrenten Wolff zurückzudrängen: In seinen Vorlesungen bezichtigte der seit 1709 an der theologischen Fakultät in Halle tätige Lange Wolffs Philosophie des Atheismus. Studentische Spitzel wurden in die Vorlesungen Wolffs entsandt, Mitschriften seiner Studenten kontrolliert.

Mit der Prorektoratsrede im Juli 1721 brach der seit gut zehn Jahren währende Konflikt offen aus. Verletzte Eitelkeiten und wissenschaftspolitische Machtansprüche hatten die philosophisch-theologischen Differenzen befeuert.[6] Nachdem Wolff sich geweigert hatte, der theologischen Fakultät sein Redemanuskript zur Verfügung zu stellen – schon die Forderung der Theologen an sich stellte einen Verstoß gegen die Statuten der Universität dar –, kam es im August zur förmlichen Beschwerde der theologischen Fakultät beim Minister Printzen. Der Berliner Oberkurat der Universität mahnte zur Verständigung, jedoch ohne bleibenden Erfolg. Zwei Jahre, einige Personalstreitigkeiten und Beschwerden später erging am 8. November 1723 die Ordre des Königs von Preußen:

> Demnach uns hinterbracht worden, daß der dortige Professor Wolf in öffentlichen Schriften und Lectionen solche Lehren vortragen soll, welche der im göttlichen Worte geoffenbarten Religion entgegenstehen und Wir denn keinesweges gemeynet sind, solches ferner zu dulden, sondern eigen höchsthändig resolviret haben, daß derselbe seiner Profeßion gänzlich entsetzet seyn und ihm ferner nicht mehr verstattet werden soll, zu dociren: Als haben Wir auch solches hierdurch bekannt machen wollen, mit allergnädigstem Befehl den bemeldeten Prof. Wolf daselbst ferner nicht zu dulden noch ihm zu dociren zu verstatten. Wie ihr denn auch ge-

---

3 Vgl. Wolff: Vernünftige Gedanken von den Kräften des menschlichen Verstandes und ihrem richtigen Gebrauche in Erkenntnis der Wahrheit (GW I.1), Cap. 12, S. 228–231. Im Folgenden zitiert als Wolff: Deutsche Logik.
4 Beutel: Causa Wolffiana, S. 162.
5 Ebd., S. 164.
6 Zu den philosophisch begründeten Differenzen vgl. Bruno Bianco: Freiheit gegen Fatalismus. Zu Joachim Langes Kritik an Wolff. In: Zentren der Aufklärung I: Halle. Aufklärung und Pietismus. Hg. von Norbert Hinske. Heidelberg 1989, S. 111–155.

dachtem Wolf anzudeuten habt, daß er binnen 48 Stunden nach Empfang dieser Ordre die Stadt Halle und alle unsere übrige Königl. Lande bey Strafe des Stranges räumen solle.[7]

Des Atheismus, des Spinozismus, des Fatalismus beschuldigt, musste Christian Wolff „bey Strafe des Stranges" Halle verlassen. Sein Einsatz für die Vernunft kostete ihn seine Stellung. Am 12. November traf der Erlass in Halle ein, am selben Abend verließ Wolff die Stadt. Im hessischen Marburg wurde er derweil mit offenen Armen empfangen. Die Vertreibung aus Halle tat seinem Ruhm bekanntlich keinen Abbruch: Mit seiner Rückkehr an die Friedrichs-Universität Halle im Dezember 1740 wurde der Sieg der Vernunft besiegelt.

Unerschütterlich ist seither mit dem Namen Christan Wolff der Primat der Vernunft verbunden, er prägt und schmückt die Titel seiner bedeutendsten *Deutschen Schriften*: *Vernünftige Gedancken von den Kräften des menschlichen Verstandes und ihrem richtigen Gebrauche in Erkenntnis der Wahrheit*, das ist die bereits erwähnte *Deutsche Logik* von 1712/1713;[8] *Vernünfftige Gedancken von Gott, der Welt und der Seele des Menschen, auch allen Dingen überhaupt*, bekannt als *Deutsche Metaphysik* (1719);[9] und die beiden auf Deutsch verfassten Schriften zur praktischen Philosophie, die *Vernünfftigen Gedancken von der Menschen Thun und Lassen, zu Beförderung ihrer Glückseeligkeit*, seine 1720 publizierte *Deutsche Ethik*, sowie die ein Jahr später veröffentlichten *Vernünfftigen Gedancken von dem gesellschaftlichen Wesen der Menschen*, genannt *Deutsche Politik*. Eine terminologische Festschreibung erfuhr die Vormachtstellung der Vernunft bei Wolff mit Kant, der ihn und seine Schüler kurzerhand als ‚Rationalisten' den sogenannten ‚Empiristen' gegenüberstellte. Bis heute bestimmt diese umstrittene Kategorisierung den Diskurs und dient auch zur Klassifikation der kunsttheoretischen Reflexionen der Aufklärung, deren Anfänge im Zentrum der vorliegenden Studie stehen. So ordnet die Forschung, wie im Folgenden noch genauer zu sehen sein wird, die Kunsttheorie gern einem der beiden

---

[7] Zit. nach Heinrich Wuttke: Ueber Christian Wolff den Philosophen. In: Christian Wolffs eigene Lebensbeschreibung. Hg. mit einer Abhandlung über Wolff von Heinrich Wuttke. Leipzig 1841 (GW I.10), S. 1–106, hier S. 28, Anm. 1.

[8] Zur unsicheren Datierung der Erstausgabe vgl. Hans Werner Arndt: Einführung (GW I.1), S. 7–102, hier S. 99.

[9] Zum Erscheinungsdatum der *Deutschen Metaphysik* bemerkt Charles A. Corr (Introduction [GW I.2], S. 1*–47*, hier S. 1*): „The first edition of Christian Wolff's *Vernünfftige Gedancken von Gott, der Welt und der Seele des Menschen, auch allen Dingen überhaupt* (‚Deutsche Metaphysik') was dated 1720 by its publisher, Rengerische Buchhandlung in Halle. However, the Preface to this edition is dated December 23, 1719, and Wolff himself says ‚sie kam zu Ende gedachten Jahres aus der Preße, und war A. 1720 im Anfang desselben Jahres ... in den Buchläden zu haben.'"

von Kant propagierten Lager zu und spricht von einer ‚rationalistischen' oder einer ‚sensualistischen Ästhetik'.[10]

Das Bild des Rationalisten Wolff und die mit ihm und seinen Schülern oftmals verbundene Idee einer einseitigen Ausrichtung ihrer Schriften an der Vernunft hält sich hartnäckig; insbesondere außerhalb der Philosophiegeschichte bröckelt es nur langsam. Dabei konstatierte bereits Baeumler in seiner Arbeit zum *Irrationalitätsproblem in der Ästhetik und Logik des 18. Jahrhunderts bis zur Kritik der Urteilkraft* von 1923,[11] dass „[d]em historischen Verstehen des 18. Jahrhunderts [...] nichts schädlicher [ist], als das Schlagwort des ‚Rationalismus'. Gewiß ist jene Zeit, insbesondere die erste Hälfte rationalistisch. Aber", so erläuterte Baeumler weiter, „dieser Rationalismus ist ein *Ziel*, nicht eine Tatsache."[12] Auch Jean Ecole, bedeutender Vertreter der Wolff-Forschung und Mitherausgeber der Werkedition, fragte 1979 *En quels sens peut-on dire que Wolff est rationaliste?* und unterstrich, dass nicht nur die apriorische Deduktion, sondern auch die Erfahrung bei der Wissensgenerierung einen wichtigen Part im System Wolffs einnimmt.[13] Hinsichtlich der Kunsttheorie der Frühaufklärung hob dann auch kurze Zeit später Horst-Michael Schmidt die gemeinsamen Voraussetzungen von Rationalismus und Empirismus hervor.[14] Dass es noch dreißig Jahre später notwendig war zu betonen, dass das Zeitalter der Aufklärung nicht nur das der Vernunft, sondern zudem das der „Entdeckung der Unmündigkeit"[15] war, zeigt die Autorität von Kants Kategorisierung. Die „gängige Sichtweise, wonach der Aufstieg der Sinnlichkeit von Wolff zu Lessing der Zwischenschritte über

---

10   Vgl. hierzu den folgenden Abschnitt „Rationalistisch oder sensualistisch? Zur Konzeption der Kunsttheorie der Aufklärung". – Wenn nicht anders angegeben oder nicht anders aus dem Kontext zu erschließen, dann wird der Begriff ‚Kunsttheorie' in seiner weiten, alle (schönen) Künste umfassenden Bedeutung verwendet.
11   Die Arbeit erschien zunächst unter dem Titel: Kants Kritik der Urteilskraft. Ihre Geschichte und Systematik. Halle 1923. Im Folgenden zitiere ich aus: Alfred Baeumler: Das Irrationalitätsproblem in der Ästhetik und Logik des 18. Jahrhunderts bis zur Kritik der Urteilskraft. 2. Auflage. Tübingen 1967.
12   Ebd., S. 65. Herv. i. O. – Typographischen Hervorhebungen wie **Fettdruck**, *Kursivierung*, Sperrsatz und KAPITÄLCHEN werden hier und im Folgenden einheitlich durch *Kursivierung* wiedergegeben.
13   Jean Ecole: En quels sens peut-on dire que Wolff est rationaliste? In: Studia Leibnitiana 11.1 (1979), S. 45–61. – Vgl. auch Hans Werner Arndt: Rationalismus und Empirismus in der Erkenntnislehre Christian Wolffs. In: Christian Wolff 1679–1754. Interpretationen zu seiner Philosophie und deren Wirkung. Hg. von Werner Schneiders. Hamburg 1983, S. 31–47.
14   Horst-Michael Schmidt: Sinnlichkeit und Verstand. Zur philosophischen und poetologischen Begründung von Erfahrung und Urteil in der deutschen Aufklärung (Leibniz, Wolff, Gottsched, Bodmer und Breitinger, Baumgarten). München 1982, S. 18.
15   So die Überschrift der Einleitung bei Steffen Martus: Aufklärung. Das deutsche 18. Jahrhundert – ein Epochenbild. Berlin 2015, S. 12.

Baumgarten und Meier, Klopstock, Bodmer und Breitinger bedurfte"[16], beklagte dann auch Ursula Goldenbaum. Ähnlich sah es Ulrich Gaier, der mit Hinweis auf die Rolle, die Wolff den eigenen Erlebnissen für die Konstitution von Erkenntnis zuschrieb, jüngst polemisierte: „Wolff gilt doch als reiner Rationalist?"[17] Bis heute, so Gaier, werde Wolff gerade in seiner Bedeutung für die Anthropologie und die Poetik ‚verkannt', sähe man in ihm in erster Linie den Rationalisten.[18]

Auch wenn Gaiers strenges Urteil die rege Wolff-Forschung der letzten Jahre nicht hinreichend berücksichtigt,[19] so macht es doch deutlich, dass gerade dann, wenn es um die vielfach beschworene „Rehabilitation der Sinnlichkeit"[20], die „Aufwertung"[21] oder die „*Emanzipation der Sinnlichkeit*"[22], ja, gar die „*Emanzipation des Menschen*"[23] im 18. Jahrhundert ging, Wolff und

---

16 Ursula Goldenbaum: Lessing als Kritiker der Empfindungsästhetik Klopstocks, des Baumgartenzirkels und der Zürcher Kunstkritiker. In: Lessing und die Sinne. Hg. von Alexander Košenina, Stefanie Stockhorst. Hannover 2016, S. 27–54, hier S. 54.
17 Ulrich Gaier: Wozu braucht der Mensch Dichtung? Anthropologie und Poetik von Platon bis Musil. Stuttgart 2017, S. 218.
18 Vgl. ebd., S. 222. Gaier spricht hier von einer „bis heute gehenden Verkennung" Wolffs.
19 Exemplarisch – auf weitere für den Kontext dieser Arbeit wichtige Darstellungen wird in den entsprechenden Kapiteln der Arbeit referiert – sei an dieser Stelle auf zwei Sammelbände verwiesen: Oliver-Pierre Rudolph, Jean-François Goubet (Hg.): Die Psychologie Christian Wolffs. Systematische und historische Untersuchungen. Tübingen 2004; Jürgen Stolzenberg, Oliver-Pierre Rudolph (Hg.): Christian Wolff und die europäische Aufklärung. Akten des 1. Internationalen Christian-Wolff-Kongresses. Halle (Saale), 4.–8. April 2004. Teil 4. Hildesheim u. a. 2008 sowie auf die Arbeiten von Clemens Schwaiger, insbesondere seine Dissertation und seine Ausführungen zu Wolff im Rahmen seiner Baumgartenstudie: Clemens Schwaiger: Das Problem des Glücks im Denken Christian Wolffs. Eine quellen-, begriffs- und entwicklungsgeschichtliche Studie zu Schlüsselbegriffen seiner Ethik. Stuttgart-Bad Cannstatt 1995 sowie Clemens Schwaiger: Alexander Gottlieb Baumgarten – ein intellektuelles Porträt. Studien zur Metaphysik und Ethik von Kants Leitautor. Stuttgart-Bad Cannstatt 2011. Vom weiterhin zunehmenden Interesse zeugt auch, dass inzwischen ein Handbuch zu Wolff und seinem Werk verfügbar ist: Robert Theis, Alexander Aichele (Hg.): Handbuch Christian Wolff. Wiesbaden 2018. Das Handbuch ist erst nach Beendigung des Bearbeitungszeitraums dieser Arbeit erschienen und konnte daher nicht mehr berücksichtigt werden. – Auch Schwaiger (Baumgarten – ein intellektuelles Porträt, S. 58) merkte bereits an: „Wer heute die Schlüsselfigur der deutschen Hochaufklärung immer noch glatterdings als ‚Rationalisten' abstempeln wollte, wäre nicht mehr auf dem Stand der Forschung."
20 Panajotis Kondylis: Die Aufklärung im Rahmen des neuzeitlichen Rationalismus. Hamburg 2002 [zuerst 1981], S. 19.
21 Ebd., S. 559. So auch noch u.a. bei Iwan-Michelangelo D'Aprile, Winfried Siebers: Das 18. Jahrhundert. Zeitalter der Aufklärung. Berlin 2008, S. 92.
22 Ernst Cassirer: Die Philosophie der Aufklärung. Text und Anmerkungen bearb. von Claus Rosenkranz. Hamburg 2010 [zuerst 1932], S. 370. Herv. i.O. – Cassirers Formulierung vom „Ruf nach einer *Emanzipation der Sinnlichkeit*" (ebd.) machte stark Theodor Verweyen: „Halle, die Hochburg des Pietismus, die Wiege der Anakreontik". Über das Konfliktpotential der anakreontischen Poesie als Kunst der „sinnlichen Erkenntnis". In: Hinske (Hg.): Zentren der Aufklärung, S. 209–238, hier S. 223 und auch S. 236, Anm. 46.
23 Ebd., S. 214. Herv. i.O.

sein philosophisches System nicht als bestimmender Impulsgeber gehandelt wurden. Es scheint, als ob das Diktum Kants zu stark, das Werk Wolffs zu unzugänglich und der Gedanke eines rationalistischen Antipoden Wolff zu verlockend sei. Der Gründe gibt es viele. Und so dominiert weiterhin die Vorstellung, dass die für die Entwicklung des Zeitalters der Aufklärung so zentrale anthropologische oder auch „emotionalistische[ ] Wende"[24], mit der die „philosophische und kulturelle Aufwertung der ‚Empfindungen', und zwar sowohl der ‚Sensationen' der sinnlichen Wahrnehmungen wie der ‚Gefühle' von Herz und Seele"[25], verbunden wird, Folge der „Rezeption des britischen Empirismus (Locke, Newton) und [der] Konstitution einer neuen philosophischen Disziplin, der ‚Ästhetik' als Theorie der sinnlichen Erkenntnis (Baumgarten, Meier)"[26] gewesen sei. Unterstützung habe diese Entwicklung durch die *moral sense*-Theorie von Shaftesbury und Francis Hutcheson und durch Jean-Jacques Rousseau erhalten, die alle drei die Sinnlichkeit „zur Quelle der Sittlichkeit"[27] machten. Der „Bruch"[28], als welchen Wilhelm Schmidt-Biggemann und Ralph Häfner die anthropologische Wende bezeichneten, habe sich in Absetzung vom Rationalismus und ihrem Hauptvertreter Wolff vollzogen. Eine umfassendere Rekonstruktion der Stellung und Funktionalisierung der Sinnlichkeit in Wolffs Werk jedoch wurde bisher nicht vorgenommen, aber gerade für die Entwicklung der Kunsttheorie und die sich vollziehende Aufwertung der Sinnlichkeit im 18. Jahrhundert waren die Überlegungen Wolffs wegweisend. Nicht erst Alexander Gottlieb Baumgarten wusste, dass der Weg zur deutlichen Erkenntnis über die Sinnlichkeit führt, oder: „Ex nocte per auroram meridies." – „Aus der Nacht führt die Morgenröte zum Mittag."[29]

---

24 Carsten Zelle: „Angenehmes Grauen". Literaturhistorische Beiträge zur Ästhetik des Schrecklichen im achtzehnten Jahrhundert. Hamburg 1987, S. XVI.
25 Wolfgang Riedel: Anthropologie und Literatur in der deutschen Spätaufklärung. Skizze einer Forschungslandschaft. In: Internationales Archiv für Sozialgeschichte 3.6 (1994), S. 93–157, hier S. 105.
26 Ebd., S. 106.
27 Ebd.
28 Ralph Häfner, Wilhelm Schmidt-Biggemann: Richtungen und Tendenzen in der deutschen Aufklärungsforschung. In: Das achtzehnte Jahrhundert. Mitteilungen der Deutschen Gesellschaft für die Erforschung des achtzehnten Jahrhunderts 19.2 (1995), S. 163–171, hier S. 168. – Zur anthropologischen Wende vgl. auch Carsten Zelle: Sinnlichkeit und Therapie. Zur Gleichursprünglichkeit von Ästhetik und Anthropologie um 1750. In: „Vernünftige Ärzte". Hallesche Psychomediziner und die Anfänge der Anthropologie in der deutschsprachigen Frühaufklärung. Hg. von ders. Tübingen 2001, S. 5–24. Zelle (ebd., S. 24) ging jedoch davon aus, dass die Ästhetik weniger die Emanzipation der Sinnlichkeit betreibt, sondern vor allen Dingen „als Instrumentarium der Formung, Modulation, Kanalisierung und Lenkung sinnlicher Energien [dient]."
29 Alexander Gottlieb Baumgarten: Ästhetik. Lateinisch/Deutsch. Übers., mit einer Einführung, Anmerkungen und Registern hg. von Dagmar Mirbach. 2 Bde. Hamburg 2007, § 7,

Mit Gottfried Wilhelm Leibniz und seinen Schülern Johann Christoph Gottsched und Alexander Gottlieb Baumgarten stand Wolff im deutschsprachigen Raum am Anfang einer Kunsttheorie, die vornehmlich die Sinnlichkeit des Menschen in den Blick nahm. Vor diesem Hintergrund untersucht die vorliegende Arbeit das Verhältnis von Sinnlichkeit und Verstand in den Schriften der genannten Autoren. Im Zentrum stehen die Bedeutung und die Funktionen, wie sie die Autoren der Sinnlichkeit in der Erkenntnistheorie und Psychologie, der Moralphilosophie und der Kunsttheorie zuschrieben.[30] Die Aufwertung der Sinnlichkeit in der Kunsttheorie, so wird gezeigt, fand nicht nur innerhalb eines Denkgebäudes Leibniz-Wolffscher Prägung statt, sondern ging auch inhaltlich von den in den Schriften dieser Autoren gebotenen Sinnlichkeitskonzepten aus. Diese sind nicht zwingend kunsttheoretischer Natur.

Wiederholt wurde in der Vergangenheit herausgestellt, dass die Kunsttheorie dieser Zeit nicht unabhängig von ihrem philosophischen Fundament gedacht werden kann.[31] Aber nicht nur die philosophischen Grundsätze

---

S. 14f. – Schwaiger (Baumgarten – ein intellektuelles Porträt, S. 27, Anm. 35) hat in der *Abhandlung von dem Lichte der Natur* (1720) von Baumgartens Jenaer Lehrer Heinrich Köhler die „entscheidende[ ] Quelle für Baumgartens suggestives Aurora-Bild" ausfindig gemacht.

30   Da das Anliegen dieser Arbeit eine systematische Rekonstruktion der Sinnlichkeitskonzepte ist, wird die Frage, inwiefern die theologischen Debatten der Zeit gerade Baumgartens Konzeption und Aufwertung der Sinnlichkeit beeinflussten, nicht diskutiert. Vgl. hierzu u.a. Ursula Goldenbaum: Appell an das Publikum. Die öffentliche Debatte in der deutschen Aufklärung 1687–1796. Bd. 2. Berlin 2004, S. 675–679 sowie Simon Grote: Vom geistlichen zum guten Geschmack? Reflexionen zur Suche nach den pietistischen Wurzeln der Ästhetik. In: Schönes Denken. A. G. Baumgarten im Spannungsfeld zwischen Ästhetik, Logik und Ethik. Hg. von Andrea Allerkamp, Dagmar Mirbach. Hamburg 2016, S. 365–379.

31   Einschneidend für die Forschung im 20. Jahrhundert war diesbezüglich die Arbeit von Joachim Birke: Christian Wolffs Metaphysik und die zeitgenössische Literatur- und Musiktheorie: Gottsched, Scheibe, Mizler. Berlin 1966. In seiner Arbeit hat er die Bedeutung von „Wolffs Metaphysik als Ausgangspunkt einer neuen Kunsttheorie" (ebd., S. 1) herausgearbeitet. In der Folge wurden zum einen die Poetik und die Kunsttheorie (nicht nur) der Frühaufklärung verstärkt mit Berücksichtigung ihres philosophischen Fundaments untersucht. So zum Beispiel von Friedrich Gaede: Poetik und Logik. Zu den Grundlagen der literarischen Entwicklung im 17. und 18. Jahrhundert. Bern 1978 (Gottsched, Baumgarten, Meier); Angelika Wetterer: Publikumsbezug und Wahrheitsanspruch. Der Widerspruch zwischen rhetorischem Ansatz und philosophischem Anspruch bei Gottsched und den Schweizern. Tübingen 1981; Schmidt: Sinnlichkeit und Verstand (Gottsched, Bodmer, Breitinger, Baumgarten); David E. Wellbery: Lessing's *Laocoon*. Semiotics and Aesthetics in the Age of Reason. Cambridge 1984 (Baumgarten, Meier, Mendelssohn, Lessing); Gunter E. Grimm: Literatur und Gelehrtentum in Deutschland. Untersuchungen zum Wandel ihres Verhältnisses vom Humanismus bis zur Frühaufklärung. Tübingen 1983, S. 620–675 (Gottsched); Frederick C. Beiser: Diotima's Children. German Aesthetic Rationalism from Leibniz to Lessing. Oxford, New York 2009 (Gottsched, Bodmer, Breitinger, Baumgarten, Winckelmann, Mendelssohn, Lessing) sowie Stefanie Buchenau: The Founding of Aesthetics in the German Enlightenment. The Art of Invention and the Invention of Art. Cambridge 2013 (Gottsched, Bodmer, Breitinger, Baumgarten). Zum anderen trat auch Wolffs eigene Theorie der Künste – im weitesten Sinne – in

oder Termini sind hier von Bedeutung, sondern sowohl die Vorstellung vom Menschen, wie sie Wolff in seiner Psychologie entwarf, als auch die moralphilosophischen Vorstellungen vom menschlichen Handeln. Die Umsetzung der an die Künste herangetragenen Forderung des *prodesse et delectare* ist an das vorherrschende Bild vom Menschen und die Überlegungen zum moralphilosophischen Funktionsmechanismus gekoppelt. Dem trägt die Arbeit Rechnung, indem sie neben den kunsttheoretischen Konzeptionen auch die Rolle der Sinnlichkeit in der Psychologie bzw. Erkenntnistheorie und der Moralphilosophie erörtert und so die Grundlagen für die weitere Entwicklung in diesen und anderen Bereichen im 18. Jahrhundert rekonstruiert.

Das gewählte Autoren-Quartett ist kein unbekanntes. Wiederholt war es in dieser Formation oder in erweiterter Besetzung Gegenstand von Studien zur Kunsttheorie im 18. Jahrhundert. Leibniz' Schriften waren wegweisend für das 18. Jahrhundert. Sie bestimmten weit über seinen Tod im Jahr 1716 hinaus die Auseinandersetzungen auf den verschiedensten Gebieten und bildeten nicht nur für die deutschsprachige Philosophie einen wichtigen Ausgangspunkt. Befördert wurde die Rezeption von Leibniz mit der Systematisierung und dem Ausbau seiner Gedanken durch Wolff. Schnell wurde von der ‚Leibniz-Wolffschen Schulphilosophie' gesprochen; eine Bezeichnung, die zwar bereits – und zu Recht, wie die Forschung gezeigt hat – Wolff zurückwies, hatte er doch selbst grundlegende Änderungen vorgenommen und so seine eigene Philosophie entwickelt. An der zeitgenössischen Rezeption änderte das nicht viel.[32] Für den vorliegenden Kontext ist entscheidend, dass es die Gedanken dieser beiden Autoren waren, die das philosophische Fundament für die Ausbildung der deutschsprachigen Kunsttheorie im 18. Jahrhundert bildeten. Mit seinem *Versuch einer Critischen Dichtkunst* (1729)[33]

---

den Fokus und wurde verschiedentlich rekonstruiert. Vgl. Joachim Krueger: Christian Wolff und die Ästhetik. Berlin 1980; Pietro Pimpinella: La théorie wolffienne des arts à l'origine de l'esthétique. In: Esthétiques de l'*Aufklärung*. Hg. von Stefanie Buchenau, Elisabeth Décultot. Paris 2006, S. 9–22; Beiser: Diotima's Children, S. 45–71; Buchenau: Founding of Aesthetics, S. 15–83.

32 Vgl. Jean Ecole: War Wolff ein Leibnizianer? In: Die deutsche Aufklärung im Spiegel der neueren französischen Aufklärungsforschung. Hg. von Robert Theis. Hamburg 1998, S. 29–46 sowie Detlef Döring: Die Philosophie Gottfried Wilhelm Leibniz' und die Leipziger Aufklärung in der ersten Hälfte des 18. Jahrhunderts. Stuttgart, Leipzig 1999, S. 35–38. – Vor diesem Hintergrund wird auch in dieser Arbeit die Bezeichnung ‚Leibniz-Wolffsche Schulphilosophie' verwendet.

33 Die *Critische Dichtkunst* erschien nicht, wie auf dem Titelblatt vermerkt, 1730. Zur Datierung der *Critischen Dichtkunst* vgl. Joachim Birke: Gottscheds Neuorientierung der deutschen Poetik an der Philosophie Wolffs. In: Zeitschrift für deutsche Philologie 85 (1966), S. 560–575, hier S. 560: „Auf dem Titelblatt ist 1730 als Erscheinungsjahr angegeben. Die Auslieferung erfolgte jedoch bereits im Herbst 1729. Siehe den Anfang der ‚Vorrede zur dritten Auflage' auf S. XVII des Abdrucks in der 4. Aufl. von 1751, wo Gottsched von der ‚Auflage von 1729' spricht."

machte Gottsched den Anfang, indem er die Wolffsche Philosophie explizit auf die Dichtungstheorie übertrug und so eine Poetik entwarf, die Generationen von Dichtern des Aufklärungszeitalters prägen sollte. Die *Critische Dichtkunst* ist der zentrale Text der frühaufklärerischen Poetik, was die Ausrichtung an der Philosophie betrifft.[34] Während Gottsched trotz seiner Verdienste um die deutsche Literatur und Poetik lange Zeit als ein Doktrinär in der Literaturgeschichte geführt wurde,[35] genoss Baumgarten den Ruf, mit seiner *Aesthetica* (1750/1758) entschieden die Aufwertung der Sinnlichkeit und ihre Würdigung in der Kunsttheorie unterstützt zu haben.[36] In den Hintergrund rückte hierbei, dass der Begründer der Ästhetik – die auf den ersten Blick auch ein Gegenentwurf zur Poetik Gottscheds zu sein *scheint* – nicht nur aufmerksam die poetologischen Überlegungen seines Zeitgenossen verfolgte, sondern zunächst auch an der Universität in Halle aus dessen *Weltweisheit* von 1733/1734 lehrte.[37] Anders als die beiden Schweizer Johann Jacob Bodmer und Johann Jacob Breitinger, die in dieser Arbeit lediglich im letzten Kapitel in Erscheinung treten, verfassten Gottsched und Baumgarten neben ihren kunsttheoretischen Schriften auch eigenständige philosophische Abhandlungen, die bezüglich der Stellung der Sinnlichkeit in ihrem Werk und in ihrer jeweiligen Theorie der Künste bzw. Poetik aufschlussreich sind; gerade Gottscheds *Weltweisheit* steht mit ihren vielen Beispielen aus den Künsten ganz im Zeichen der Kunst- bzw. Dichtungstheorie.

Die Reflexionen von Leibniz, Wolff, Gottsched und Baumgarten sind zwar eng miteinander verbunden, doch gerade in ihrer Bewertung und ihrer Konzeption von Sinnlichkeit unterscheiden sie sich. Durch die genaue Beschreibung dieser verschiedenen Konzeptionen schärft diese Untersuchung nicht nur das Begriffsverständnis von Sinnlichkeit, sondern zeigt auch, dass hier unterschiedliche Anknüpfungspunkte für die nachfolgenden Theoreti-

---

34   Vgl. die Einschätzung bei Grimm: Literatur und Gelehrtentum, S. 619: „Keine von ihnen [den zeitgenössischen poetologischen Arbeiten von Arnoldt, Fabricius, Bodmer und Breitinger] war indessen so umfassend und hatte eine so weitreichende und tiefgehende Resonanz wie Gottscheds ‚Critische Dichtkunst'. Wie keine andere Poetik verarbeitet sie sämtliche historische und zeitgenössische Einflüsse – von der Antike (Aristoteles, Horaz) über die italienische Renaissance und die deutsche Barockpoetik bis zum französischen Klassizismus und zur englischen Geschmacksdiskussion – und versucht sie, mit wechselndem Erfolg, auf eine gemeinsame philosophische Grundlage zu verpflichten. Für eine Analyse, die nach der spezifisch philosophischen Orientierung der frühaufklärerischen Poetik fragt, steht daher die ‚Critische Dichtkunst' nach wie vor im Zentrum."
35   Vgl. hierzu ebd., S. 624.
36   Vgl. hierzu den Forschungsüberblick im folgenden Abschnitt „Rationalistisch oder sensualistisch? Zur Konzeption der Kunsttheorie der Aufklärung".
37   Vgl. Dagmar Mirbach: Gottsched und die Entstehung der Ästhetik. In: Johann Christoph Gottsched (1700–1766). Philosophie, Poetik und Wissenschaft. Hg. von Eric Achermann. Berlin 2014, S. 113–127, hier S. 115.

ker geboten wurden. Nicht Baumgartens erweiterte Sinnlichkeitskonzeption wurde maßgeblich rezipiert; die Fortsetzung der von ihm mit seiner *Aesthetica* ausdrücklich geförderten Aufwertung der Sinnlichkeit erfolgte im Rahmen der von Wolff entwickelten Psychologie bzw. der Erkenntnistheorie. Auffällig ist ebenfalls, dass die Sinnlichkeit in den verschiedenen hier zur Diskussion stehenden Gebieten der Psychologie, der Moralphilosophie und der Kunsttheorie zum Teil unterschiedlich bewertet, integriert und instrumentalisiert wurde, so dass auch unter den in dieser Arbeit berücksichtigten Autoren verschiedene Konstellationen zu beobachten sind. Baumgarten präsentiert sich nicht mehr als die tragende Kraft und primäre Schnittstelle bei der Aufwertung der Sinnlichkeit, als welche ihn nicht nur Panajotis Kondylis sah.[38] Seine Vorstellung von Sinnlichkeit ist die Fortsetzung und Erweiterung der Gedanken seiner Vorgänger wie auch die Lösung problematischer Konzeptionen. Mit dieser Akzentuierung lassen sich die Beiträge von Leibniz, Wolff und Gottsched zur Aufwertung der Sinnlichkeit jeweils anders perspektivieren. Die ‚rationalistische Sinnlichkeit' bildete den Ausgangspunkt der Kunsttheorie im 18. Jahrhundert. Sie gilt es entschiedener als bisher geschehen einzubeziehen, will man die Entwicklung der Sinnlichkeit im 18. Jahrhundert angemessen verfolgen und bewerten. Denn erst sie bildete die Grundlage auch für die Rezeption anderer Konzeptionen von Sinnlichkeit, wie sie beispielsweise britische oder französische Denker vertraten.

Rationalistisch oder sensualistisch?
Zur Konzeption der Kunsttheorie der Aufklärung

In einer unscheinbaren Fußnote zu Beginn seiner *Kritik der reinen Vernunft* (1781) distanzierte sich Kant entschieden von der Ästhetik Baumgartens:

> Die Deutschen sind die einzigen, welche sich jetzt des Worts *Ästhetik* bedienen, um dadurch das zu bezeichnen, was andre Kritik des Geschmacks heißen. Es liegt hier eine verfehlte Hoffnung zum Grunde, die der vortreffliche Analyst Baumgarten faßte, die kritische Beurteilung des Schönen unter Vernunftprinzipien zu bringen, und die Regeln derselben zur Wissenschaft zu erheben. Allein diese Bemühung ist vergeblich. Denn gedachte Regeln, oder Kriterien, sind ihren *vornehmsten* Quellen nach bloß empirisch, und können also niemals zu *bestimmten* Gesetzen a priori dienen, wornach sich unser Geschmacksurteil richten müßte, vielmehr macht das letztere den eigentlichen Probierstein der Richtigkeit der ersteren aus.[39]

---

38 Vgl. Kondylis: Aufklärung, S. 559 f.
39 Immanuel Kant: Kritik der reinen Vernunft. Bd. 1. In: Werkausgabe. Hg. von Wilhelm Weischedel. Bd. 3. Frankfurt a. M. 1956, § 1, S. 70, Anm. Herv. i. O.

Kant baute auf dieser Zurückweisung der von Baumgarten begründeten Ästhetik nicht nur seine transzendentale Ästhetik als „Wissenschaft von allen Prinzipien der Sinnlichkeit a priori"[40] auf, sondern begründete die Kategorisierung von Baumgarten und seinen Nachfolgern als Rationalisten. Für die Rezeption und Interpretation der Kunsttheorie des 18, Jahrhunderts ist sie bis heute vielfach leitend. So präsentiert Frederick C. Beiser in seiner Studie *Diotima's Children. German Aesthetic Rationalism from Leibniz to Lessing* (2009) neben Baumgarten und Gottsched auch Moses Mendelssohn und Gotthold Ephraim Lessing als Vertreter eines „aesthetic Rationalism".[41] Anders hingegen Peter-André Alt. Er spricht bereits bezüglich der Arbeiten Baumgartens und Georg Friedrich Meiers von einer „[s]ensualistische[n] Ästhetik"[42].

Auf Kant geht aber nicht allein die Klassifikation der Autoren, die in der Tradition von Leibniz und Wolff stehen, als Rationalisten zurück, sondern auch der in Kants Kategorisierung begründete Anschein, dass die von Beiser und Alt vertretenen Positionen in Widerspruch zueinander stehen. Seit Kant üblich ist die Einteilung der philosophischen Strömungen des 17. und 18. Jahrhunderts in Rationalismus und Empirismus bzw. Sensualismus als entgegengesetzte Denkrichtungen.[43] In seiner *Kritik der reinen Vernunft*

---

40 Ebd., § 1, S. 70.
41 Vgl. Beiser: Diotima's Children.
42 Peter-André Alt: Aufklärung. Lehrbuch Germanistik. 3., aktual. Auflage. Stuttgart 2007, S. 92. So die Überschrift. – Der Begriff ‚Ästhetik' wird in den hier referierten Darstellungen vielfach in seiner engen und heute gängigen Bedeutung für ‚Kunsttheorie' verwendet und nur zum Teil in der von Baumgarten intendierten als ‚Wissenschaft der sinnlichen Erkenntnis'. Vgl. hierzu den Abschnitt „Logik – Poetik – Ästhetik" in dieser Einleitung. Zuweilen wird diese Uneindeutigkeit auch gezielt eingesetzt, um die Verbindung zwischen der Wissenschaft der sinnlichen Erkenntnis Baumgartens und den zeitlich anschließenden Kunsttheorien herzustellen. Die Wortwahl der im Folgenden angeführten Forschungsbeiträgen wird an dieser Stelle beibehalten. In den folgenden Teilen dieser Arbeit referiere ich jedoch mit ‚Ästhetik' auf die von Baumgarten entwickelte Wissenschaft der sinnlichen Erkenntnis.
43 Anders als im angloamerikanischen Raum, wo vorwiegend von ‚Empirismus' gesprochen wird, verwendet die deutschsprachige Forschung zur Geschichte der Kunsttheorie vorwiegend die Bezeichnung ‚Sensualismus'. Mit ‚Empirismus' wird hingegen oftmals, wie Monika Fick (Lessing-Handbuch. Leben, Werk, Wirkung. 3., neu bearb. und erw. Auflage. Stuttgart 2010, S. 23) erläutert, „die Methode, die sich mit dem sensualistischen erkenntnistheoretischen Ansatz verbindet", benannt. Grundlage hierfür ist – ohne dass dies jedoch thematisiert würde – eine moderate Version des Sensualismusbegriffs: Sensualismus als „Lehre von den Empfindungen des Menschen" (Alt: Aufklärung, S. 8). Die Grundtendenz des in der Ästhetikforschung verbreiteten Sensualismusverständnisses spiegeln die Erläuterungen bei Alt (ebd., S. 9) wider: „Der Sensualismus betrachtet das Feld der Wahrnehmungen, denen sich der Mensch überantworten kann, als einen der Vernunft korrespondierenden durchaus rational analysierbaren Bereich, der keineswegs der Regellosigkeit des Irrationalen unterliegt, vielmehr wissenschaftlichem Urteil zugänglich ist. Die Empfindung gilt den Sensualisten als *analogon rationis*, als Komplement der Vernunft, das selbst wiederum vernünftigen Gesetzen gehorcht." Im Gegensatz zur radikalen Definition des Sensualismus als Lehre, der zufolge „alle Erkenntnis auf Sinneserfahrung […] zurückgeführt" wird und die Sinneserfahrung an

griff er mit der Gegenüberstellung von *Dogmatismus* und *Skeptizismus*, von *Idealismus* und *Realismus*, von *Sensualphilosophen* und *Intellektualphilosophen* und von *Empirismus* und *Rationalismus* bzw. *Empiristen* und *Noologisten* auf ein seit der Antike verwendetes Klassifikationsschema zurück, „in dem diese Begriffe dazu verwendet werden, einander entgegengesetzte Tendenzen in der Tradition als einseitig zu kennzeichnen und den eigenen Weg als die richtige Mitte zwischen ihnen auszuzeichnen."⁴⁴ Bei Kant selbst setzte sich das Schema Rationalismus – Empirismus noch nicht in dieser Weise durch. Erst mit den Kantianern und den Schriften Carl Leonhard Reinholds, der als Popularisator der Kantischen Ideen gilt, kam es zu einer Anerkennung dieser bis heute die Philosophiegeschichten dominierenden Aufteilung.[45]

Mit der von Kant angestrebten Legitimation der eigenen Position als Mittelweg und Synthese der beiden führenden philosophischen Lager ging auch eine Radikalisierung der zu überwindenden Denkrichtungen einher, die den Eindruck der Unvereinbarkeit empiristischer und rationalistischer Elemente vermittelte. Dass dieser Eindruck täuscht, hob Hans-Jürgen Engfer in seiner Studie *Empirismus versus Rationalismus? Kritik eines philosophiegeschicht-*

Stelle der Vernunft tritt ([Art.] Sensualismus. In: Philosophisches Wörterbuch. Begr. von Heinrich Schmidt. Neu hg. von Martin Gessmann. 23., vollst. neu bearb. Auflage. Stuttgart 2009, S. 661 f., hier S. 661), sind die Empfindungen in der von Alt vorgeschlagenen Definition lediglich „Komplement der Vernunft". Wenn also in der Ästhetikforschung von ‚Sensualismus' die Rede ist, wird damit nicht zwingend auf die Ablösung der Vorherrschaft der Vernunft durch die Empfindungen verwiesen. Sensualismus steht hier und im Folgenden für eine maßgebliche Aufwertung der Sinneswahrnehmungen als Erkenntnisquelle, mit der auch eine Distanzierung vom Rationalismus einhergehen kann. Zum ‚radikalen' Sensualismusverständnis vgl. auch [Art.] Sensualismus. In: Allgemeines Handwörterbuch der philosophischen Wissenschaften, nebst ihrer Literatur und Geschichte. Hg. von Wilhelm Traugott Krug. Bd. 3. Leipzig 1828, S. 661 f.; [Art.] Sensualisme. In: Vocabulaire technique et critique de la philosophie. Hg. von André Lalande. Bd. 2. Paris 1926, S. 763; [Art.] Sensualismus. In: Wörterbuch der philosophischen Begriffe. Bearb. von Rudolf Eisler. Bd. 3. 4., völlig neu bearb. Auflage. Berlin 1930, S. 61–63; [Art.] Sensualismus. In: Philosophisches Wörterbuch. Hg. von Georg Klaus, Manfred Buhr. Bd. 2. 10., neu bearb. und erw. Auflage. Leipzig 1974, S. 1096–1098; [Art.] Sensualismus. In: Wörterbuch der philosophischen Begriffe. Begr. von Friedrich Kirchner, Carl Michaëlis. Vollst. neu hg. von Arnim Regenbogen, Uwe Meyer. Hamburg 1998, S. 601–603 sowie Ferdinando Vidoni: [Art.] Sensualismus. In: Enzyklopädie Philosophie. Hg. von Hans Sandkühler. Bd. 3. Hamburg 2010, S. 2447–2452. Gegen Alts Sensualismusverständnis wendet sich mit seiner Kritik an der von Alt vorgenommenen Zuordnung Baumgartens und Meiers zur sensualistischen Ästhetik Ernst Stöckmann: Von der sinnlichen Erkenntnis zur Psychologie der Emotionen. Anthropologische und ästhetische Progression der Aisthesis in der vorkantischen Ästhetiktheorie. In: Physis und Norm. Neue Perspektiven der Anthropologie im 18. Jahrhundert. Hg. von Manfred Beetz, Jörn Garber, Heinz Thoma. Göttingen 2007, S. 69–106, hier S. 80.

44 Hans-Jürgen Engfer: Empirismus versus Rationalismus? Kritik eines philosophiegeschichtlichen Schemas. Paderborn, München 1996, S. 21.

45 Zur Geschichte dieses Klassifikationsschemas vgl. ebd., S. 19–29. Zur Gegenüberstellung bei Kant vgl. ebd., 23 f. – Die folgenden Ausführungen basieren auf ebd., S. 11–29.

lichen Schemas (1996) hervor, die exemplarisch die Verwendung dieser beiden Begriffe untersucht. Bei seiner Betrachtung der Philosophen des 17. und 18. Jahrhunderts ging Engfer davon aus,

> daß die Unterscheidung zwischen Empirismus und Rationalismus vielleicht dazu geeignet ist, die Ausgangspunkte der jeweiligen Argumentation und die programmatisch verkündeten Absichtserklärungen am Anfang der Werke zu erfassen, daß sie aber nicht ausreicht, um das Ganze der jeweils vertretenen Position hinreichend zu charakterisieren.[46]

So finden sich bei rationalistischen Positionen empiristische „Versatzstücke" und *vice versa*, „die für die jeweilige Gesamttheorie nicht akzidentiell, sondern konstitutiv sind"[47]. Rationalismus und Empirismus

> brauchen einander, und daher – so die Hypothese – stellt jede oder fast jede Position in der Philosophie des 17. und 18 Jahrhunderts einen eigenständigen Integrationsversuch von Empirie und Ratio dar, was durch die vorgängige Klassifikation dieser Positionen als empiristisch oder rationalistisch bloß verdeckt wird.[48]

Entscheidend für eine Differenzierung von Empirismus und Rationalismus ist also, unter welchen Gesichtspunkten die Autoren betrachtet werden. Welche Aspekte ausschlaggebend für eine Charakterisierung als rationalistisch bzw. empiristisch gewertet werden, hängt von der Definition der jeweiligen philosophischen Strömung ab. Zwei Verwendungsweisen sind für den vorliegenden Kontext von Interesse: Empirismus und Rationalismus 1. als systematische Unterscheidung; 2. als historischer Epochenbegriff.[49]

Für die systematische Unterscheidung ist der erkenntnistheoretische Standpunkt der Autoren bestimmend. Als ‚empiristisch' werden Positionen bezeichnet, bei denen die Erfahrung die Grundlage der Erkenntnis bildet, als ‚rationalistisch' hingegen die, die von der Fundierung sicherer Erkenntnis in „vernünftiger Einsicht"[50] ausgehen. Doch sind die hier gegebenen Bestimmungen nicht ganz so eindeutig, wie sie zunächst scheinen. Nicht nur das unterschiedliche Verständnis zentraler Termini wie ‚Vernunft' und ‚Erfahrung' erweist sich als problematisch. Innerhalb ein und derselben Argumentation können gleichermaßen eine rationalistische und eine empiristische Position vertreten werden – je nach Aspekt, der betrachtet wird. Der widersprüchliche Charakter, der dem Begriffspaar meist zugeschrieben wird,

---

46   Ebd., S. 29.
47   Ebd.
48   Ebd., S. 30.
49   Zu diesen beiden Verwendungsweisen vgl. ebd., S. 11–16.
50   Ebd., S. 11.

ist das Resultat überspitzter bzw. verkürzter Darstellungen der beiden Positionen:

> Dem Inhalt nach reduziert sich der Unterschied zwischen den beiden Positionen [...] darauf, daß die eine neben empiristischen Begriffen und Urteilen solche zuläßt, die ihre Quelle allein in der Ratio haben, und die andere dies nicht tut. – Und umgekehrt gilt, daß auch der Empirist – da er ja nicht nur unmittelbare Erfahrungsurteile, sondern auch mittelbare Urteile zuläßt, die aus diesen ableitbar sein sollen – einen positiven Begriff der Ratio als des Vermögens zu schließen festhält; der Unterschied reduziert sich hier darauf, daß der Empirist in der Vernunft nur ein solches Vermögen des formalen Schließens sieht und seine Leistungsfähigkeit vielleicht auch noch skeptischer beurteilt, während der Rationalist sie darüber hinaus als eigenständige Quelle angeborener Ideen und erster Prinzipien ansieht.[51]

In der zweiten Funktion als historischer Epochenbegriff dient die Gegenüberstellung von Empirismus und Rationalismus zur Bezeichnung der beiden philosophischen Hauptströmungen im 17. und 18. Jahrhundert. René Descartes, Nicolas Malebranche, Baruch de Spinoza, Leibniz und Wolff werden dem rationalistischen Lager, Francis Bacon, Thomas Hobbes, John Locke, George Berkeley und David Hume dem der Empiristen zugewiesen. Als Kriterien dienen dabei die Nationalität – die Empiristen seien in England und Schottland, die Rationalisten in Frankreich beheimatet – und die Ausrichtung an den Naturwissenschaften bzw. der Mathematik:

> Der Rationalist orientiert sich am Vorbild der Mathematik und macht sich ihre Klarheit, Sicherheit und die präzise Ordnung ihrer deduktiven Ableitungen zum Vorbild, der Empirist orientiert sich an den Naturwissenschaften und will wie diese von einzelnen Beobachtungen und Experimenten ausgehend induktiv zu allgemeinen Aussagen gelangen.[52]

Eine solche schematische Gegenüberstellung ist mit Verweis auf das Interesse von Hobbes, Locke und Hume an der Mathematik und auf die Überlegungen zur Methodologie der empirischen Naturwissenschaften bei Descartes und Leibniz zurückzuweisen.[53] Gegen eine einseitige Verortung des Empirismus in England und Schottland können unter anderem die Franzosen Pierre Gassendi, Etienne Bonnot de Condillac, Denis Diderot, Julien Offray de La Mettrie und Claude Adrien Helvétius und die empiristische Argumentationsweise der deutschen Popularphilosophie angeführt werden.

---

51   Ebd., S. 13.
52   Ebd., S. 15.
53   Zu Descartes' Auseinandersetzung mit empiristischer Methodologie vgl. Daniel Garber: Descartes Embodied. Reading Cartesian Philosophy through Cartesian Science. Cambridge, New York 2001, S. 85–110.

Und mit dem Hinweis auf Spinoza, Leibniz und Wolff erübrigt sich die Frage, ob es sich beim Rationalismus um ein lediglich französisches Phänomen handele.

Betrachtet man vor dem Hintergrund dieser Begriffsklärung die Standpunkte von Beiser und Alt, so fällt auf, dass sie lediglich ihre Akzente anders setzen. Bei beiden finden sich Kriterien, die eine Kategorisierung der Kunsttheorie als rationalistisch bzw. sensualistisch zu rechtfertigen scheinen. So weist Alt auf die Bedeutung der rationalistischen Erkenntnistheorie als Ursprung der Ästhetik Baumgartens wie auch auf die weiterhin aktive Rolle der Verstandeskräfte hin. Ausschlaggebend für seine Klassifikation der Schriften als sensualistische ist jedoch ihre Hervorhebung der „Sinnlichkeit als Kategorie der Wahrnehmung und des ästhetischen Urteils"[54] und damit als Erkenntnis*quelle* im weiteren Sinne. Die sensualistische Ästhetik setze sich hiermit klar von der rationalistischen Poetik eines Gottsched ab. Als wichtigen Einfluss macht Alt die Kunsttheorie Jean-Baptiste Dubos' geltend, wie sie in Deutschland zunächst durch Johann Ulrich König rezipiert wurde.[55] Beiser hingegen spricht sich zwar gegen die von Kant vertretene und inzwischen stereotype Definition von Rationalismus als Dogmatismus, als „uncritical confidence in the powers of reason"[56] aus, sieht aber weiterhin in der Verteidigung der Vorherrschaft der Vernunft auf dem Gebiet der Kunst das primäre Anliegen der Rationalisten. Der ‚Herausforderung des Irrationalismus'[57], die Beiser im *je ne sais quoi* der Franzosen, dem Erhabenen auf englischer Seite oder in der Entwicklung des tragischen Vergnügens ausfindig macht, begegneten die Rationalisten, indem sie diese Elemente ihrem rationalistischen System einverleibten.[58] Zudem sei ihre Vorgehensweise bei der Analyse, ihre Erkenntnis*methode*, vernunftgeleitet.

Auf der für die systematische Verwendungsweise relevanten erkenntnistheoretischen Ebene zeigt sich bereits, dass mit der Übertragung dieses philosophischen Schemas auf die Kunsttheorie keine eindeutige Klassifikation gewonnen ist. Alt beruft sich auf die Hervorhebung der Sinnlichkeit als Erkenntnisquelle beim ästhetischen Urteil, ohne die Validität von Vernunfturteilen auszuschließen. Beiser führt die Vorherrschaft der Vernunft als Argument an, ohne jedoch die Frage nach der Erkenntnisquelle explizit

---

54 Alt: Aufklärung, S. 93.
55 Vgl. ebd., S. 93–95.
56 Beiser: Diotima's Children, S. 23: „Almost from the very beginning, the rationalists were acutely self-conscious of, and deeply troubled by, the question of the limits of reason with regard of aesthetic phenomena. Most of the history of aesthetic rationalism was an attempt to defend the borders of reason against the challenges of irrationalism."
57 So die Überschrift des entsprechenden Abschnitts der Einleitung bei Beiser: Diotima's Children, S. 23: „The Challenge of Irrationalism".
58 Vgl. ebd., S. 24–26.

zu erörtern. Für ihn sind vielmehr die Kriterien bestimmend, die für die historische Verwendungsweise stehen. Zentral ist das rationalistische Fundament der Kunsttheorie, sein Ursprung im schulphilosophischen System Leibniz-Wolffscher Prägung. Gegen Beisers Position, die an die Kantische Kategorisierung Baumgartens und seiner Nachfolger als Rationalisten anschließt und dementsprechend mit der traditionellen Sicht auf diese Autoren übereinstimmt, wirkt Alts Klassifizierung der Kunsttheorie als sensualistisch auf den ersten Blick ahistorisch. Alt hebt zwar auch die Beziehung Baumgartens und Meiers zu Wolff hervor, hinterfragt jedoch vordergründig die traditionelle Charakterisierung Wolffs als Rationalisten, wenn er auf die Momente im schulphilosophischen System verweist, die Anschlüsse für eine „sensualistische Ästhetik"[59] bieten. Wolff verliert so seine Bedeutung als Gewährsmann des Rationalismus. An seine Stelle setzt Alt Dubos und König und stellt die Kunsttheorie so in eine sensualistische Tradition. Der Verweis auf die Differenz zu Gottsched als einen Vertreter des Rationalismus distanziert Baumgarten und Meier noch weiter vom Rationalismus.

An Beiser und Alt wird mit Hilfe der von Engfer gebotenen Differenzierungen der systematischen und historischen Verwendungsweisen deutlich, dass die Bewertung der Kunsttheorie als rationalistisch bzw. sensualistisch der unterschiedlichen Gewichtung einzelner Aspekte geschuldet ist. Die eingangs konstatierte Opposition der Positionen von Beiser und Alt beschränkt sich also im Wesentlichen auf die Begriffsverwendung. Bei genauer Betrachtung der Konzeptionen löst sie sich weitgehend auf. Denn die Kunsttheorie, wie sie sich von Wolff bis Lessing entwickelte, weist je nach Perspektive eher rationalistische oder sensualistische Schwerpunkte auf. Engfers Befund, dass die Klassifikation eines Autors als empiristisch oder rationalistisch in Abhängigkeit des untersuchten Aspekts steht, trifft also auch hier zu, wobei es sich in diesem Fall nicht wie bei Engfers Beispiel um verschiedene Argumentationsebenen in Bezug auf die Erkenntnisfrage handelt. Die Kompatibilität der Positionen von Alt und Beiser weist auf eine Eigenheit der Kunsttheorie der Zeit hin: die der Baumgartenschen Ästhetik immanente Widersprüchlichkeit zwischen der Ästhetik als ein der Logik im weiteren Sinne zugehöriges System und ihrem sinnlichen Gegenstand, den „Gegensatz zwischen Verstand und Empfindung"[60], wie es die Forschung meist beschreibt.[61] Eine Klassifikation dieser Kunsttheorie als eindeutig rationalistisch oder sensualistisch ist vergeblich.

---

59 Alt: Aufklärung, S. 96.
60 Gaede: Poetik und Logik, S. 114.
61 Vgl. u. a. Robert Sommer: Grundzüge einer Geschichte der deutschen Psychologie und Aesthetik von Wolff-Baumgarten bis Kant-Schiller. Würzburg 1892, S. 49; Cassirer: Die Philosophie der Aufklärung, S. 355; Gaede: Poetik und Logik, S. 106–114.

Der ambivalente Charakter der Kunsttheorie wird bei ihrer Bewertung jedoch oft nicht berücksichtigt. Widersprüche und Uneinheitlichkeit sind die Folge. Die Positionen von Alt und Beiser sind ein Beispiel hierfür. Sie repräsentieren zwei vermeintliche Extreme der Geschichtsschreibung der Kunsttheorie, die von zwei Forschungstraditionen geprägt ist: Die eine hebt die rationalistische Seite der Kunsttheorie hervor – in dieser Tradition steht Beiser –, während die andere sowohl ihre rationalistischen als auch sensualistischen bzw. emotionalistischen oder irrationalen Momente geltend macht, an diese schließt Alt an. Ein Blick in die Darstellungen zur Geschichte der Kunsttheorie einschlägiger Autoren macht die Schwierigkeiten dieser Klassifikationen deutlich. Beiser folgt Kant und der traditionellen Einordnung der zur Diskussion stehenden Autoren aus philosophischer Perspektive, wenn er die Kunsttheorie von Wolff bis Lessing als rationalistisch bewertet. Mit seinen Ausführungen zum „aesthetic Rationalism" steht er in einer Reihe von Studien wie der von Armand Nivelle, Christian G. Allesch, Horst-Michael Schmidt oder David E. Wellbery.[62]

In seiner 1955 erschienenen Dissertation *Les théories esthétiques en Allemagne de Baumgarten à Kant* unterschied Nivelle zwischen den „Philosophen" Baumgarten, Meier, Johann Georg Sulzer, Mendelssohn und den „Kritikern" Johann Joachim Winckelmann, Lessing, Johann Gottfried Herder.[63] Kant tritt als „geniale[r] Vollender aller ästhetischen Versuche seit Baumgarten" auf: „[S]ein Werk [erscheint] zunächst als eine Synthese des Rationalismus der ‚Philosophen' und des Empirismus der ‚Kritiker'."[64] Gemeinsames Merkmal der rationalistischen Philosophen sei neben ihrer Zugehörigkeit zur Schule Leibniz' und Wolffs laut Nivelle „das abstrakte Nachdenken über die Prinzipien der Kunst und die psychologische Erforschung des Geschmacksvermögens"[65]. Der Empirismus der Kritiker hingegen erweise sich in ihrem Praxisbezug. Ihr Denken sei „nicht rein spekulativ; sie kümmern sich ebensosehr um die Praxis wie um die Grundsätze."[66] Besondere Bedeutung maß Nivelle Lessing bei. Zwischen Rationalismus und Irrationalismus stehend,[67] markiere er mit seiner Geniekonzeption „die Wende der ästhetischen Anschauungen im 18. Jahrhundert", „de[n] Übergang von der ra-

---

62 Vgl. Armand Nivelle: Kunst- und Dichtungstheorien zwischen Aufklärung und Klassik. 2., durchges. und erg. Auflage. Berlin 1971; Schmidt: Sinnlichkeit und Verstand; Wellbery: Lessing's *Laocoon*; Christian G. Allesch: Geschichte der psychologischen Ästhetik. Untersuchungen zur historischen Entwicklung eines psychologischen Verständnisses ästhetischer Phänomene. Göttingen u.a. 1987.
63 Vgl. Nivelle: Kunst- und Dichtungstheorien, S. 2f.
64 Ebd., S. 3.
65 Ebd., S. 2.
66 Ebd.
67 Vgl. ebd., S. 131.

tionalen Auffassung zur irrationalen Ansicht des Sturm und Drangs."[68] Seine Akzentuierung des Irrationalen im Kunstwerk trenne Lessing von der Aufklärung, „die Beibehaltung der rationalen Analyse" vom Sturm und Drang.[69] Endgültig überwunden wurde für Nivelle die „Herrschaft des rationalistischen Dogmatismus über die Ästhetik"[70] aber erst mit Herder.

Auch die *Geschichte der psychologischen Ästhetik. Untersuchungen zur historischen Entwicklung eines psychologischen Verständnisses ästhetischer Phänomene* (1987) von Allesch setzt die Aufklärung mit der philosophischen Strömung des Rationalismus gleich. Auf der Suche nach den Ursprüngen der psychologischen Ästhetik und ihrer Methode ist die Ästhetik vor Kant lediglich in ihrer Bedeutung als Kontrastprogramm zur empirischen Psychologie des 19. Jahrhunderts von Interesse.[71] Beobachtungen zum „Intellektualismus der Wolffschen Schule"[72] dominieren Alleschs Darstellung, der zufolge „der wissenschaftliche Anspruch der Ästhetik als Wissenschaft von der sinnlichen Erkenntnis primär in der rationalen Durchdringung dessen [liegt], was uns in der sinnlichen Erfahrung auf Grund der ‚Verworrenheit' dieser Erkenntnisart gefällt."[73] Ob Meier, Sulzer, Mendelssohn und Lessing: Sie alle kennzeichne „das vordergründige Bemühen um einen Katalog objektiver Schönheitskriterien und das pädagogisch-moralische Grundanliegen"[74] im Rahmen der Schulphilosophie. Auch wenn Allesch in der poetischen Theorie Bodmers und Breitingers Anzeichen einer „Wendung von der Vorherrschaft der Ratio zur Betonung der Imagination"[75] sah und „Baumgartens ästhetische Konzeption trotz ihres vorherrschenden intellektualistischen Grundzugs eher als subjektivistische denn als objektivistische Konstruktion"[76] verstand, blieb für ihn die Tendenz der Autoren bestimmend, „keinerlei neue empirische Fragestellungen aufzureißen, sondern die nicht unbedenklichen Inhalte der neuen Wissenschaft durch sorgfältiges deduktiv-systematisches Einschachteln in den normativen Griff zu bekommen."[77] Die rationalistische Methode ist ausschlaggebend für seine Einschätzung dieser Periode.

---

68   Ebd., S. 133.
69   Vgl. ebd., S. 133 f., hier zitiert S. 133.
70   Ebd., S. 175.
71   Vgl. Allesch: Geschichte der psychologischen Ästhetik, S. 176.
72   Ebd., S. 177.
73   Ebd., S. 180.
74   Ebd., S. 187.
75   Ebd., S. 179.
76   Ebd., S. 180 f.
77   Ebd., S. 181.

Weitaus differenzierter stellte Schmidt die „rationalistische Poetik"[78] in seiner 1982 erschienenen Arbeit *Sinnlichkeit und Verstand. Zur philosophischen und poetologischen Begründung von Erfahrung und Urteil in der deutschen Aufklärung* dar, wenn er die „gemeinsamen Prämissen von Rationalismus und Empirismus"[79] hervorhob und sich gegen eine Gegenüberstellung der beiden Strömungen aussprach. Ausgehend von der Metaphysik Leibniz' und Wolffs zeigte er an Elementen der Poetiken von Gottsched, Bodmer und Breitinger wie auch an Baumgartens Ästhetik Überschneidungen mit dem Empirismus auf, ohne jedoch – das sei mit Bezug auf den Titel seiner Arbeit an dieser Stelle hervorgehoben – die Sinnlichkeitskonzepte der Autoren herauszuarbeiten. Er bestimmte die Autoren als ‚rationalistisch', deren Dichtungs- bzw. Kunstkonzeptionen sich an der „rationalistischen Metaphysik"[80] ausrichten.

Im Fokus von Wellberys Studie *Lessing's* Laocoon. *Semiotics and Aesthetics in the Age of Reason* (1984) stehen die Schriften von Wolff, Baumgarten, Meier, Mendelssohn und Lessing. Wie der Titel der Arbeit bereits nahelegt, wurden diese Autoren von Wellbery als Vertreter des Rationalismus begriffen. Wellbery wandte sich ebenfalls gegen eine Opposition von Empirismus und Rationalismus und unterstrich die „underlying unity of these two main philosophical schools of the Enlightenment"[81], wenn er gerade bei Wolff den hybriden, nämlich sowohl im Rationalismus als auch im Empirismus wurzelnden Charakter seiner Schriften hervorhob. Dies änderte jedoch für Wellbery nichts daran, dass für den Zusammenschluss der Autoren unter dem Prädikat ‚rationalistisch' ihre Ausrichtung am System Wolffs und das von ihnen vertretene Repräsentationsmodell bestimmend sei.[82] Wie Nivelle konstatierte auch Wellbery die Sonderstellung Lessings,[83] doch steht dieser hier nicht wie bei Nivelle für den Übergang vom Rationalismus zum Irrationalismus, sondern bildet im Gegenteil Abschluss und Höhepunkt der rationalistischen Kunsttheorie.[84]

Im Vergleich hierzu erschiene Alts Plädoyer für eine „sensualistische Ästhetik", die ihren Anfang bereits bei Baumgarten und Meier nimmt, geradezu gewagt, könnte er sich nicht auf eine lange Forschungstradition berufen. Sie nimmt meines Wissens ihren Ausgang in Robert Sommers *Grundzüge der deutschen Psychologie und Aesthetik von Wolff-Baumgarten bis Kant-Schiller* (1892) und konnte sich parallel zum rationalistischen Strang innerhalb der Geschichten der Kunsttheorie etablieren. Sommers Darstellung ist durchaus

---
78 Schmidt: Sinnlichkeit und Verstand, S. 77.
79 Ebd., S. 18.
80 Ebd., S. 82.
81 Wellbery: Lessing's *Laocoon*, S. 11 f.
82 Vgl. ebd., S. 1–8.
83 Vgl. ebd., S. 110.
84 Vgl. ebd., S. 7 f.

als Fortführung der Arbeit seines Lehrers Heinrich von Stein zu lesen. In *Die Entstehung der neueren Ästhetik* (1886) hatte Stein wie zuvor Robert Zimmermann[85] und Hermann Lotze[86] hinsichtlich der deutschen Autoren bis Lessing nicht mit dem Begriffspaar Rationalismus – Empirismus/Sensualismus operiert, doch entsprechend seinem Verständnis von Ästhetik als „Wissenschaft vom Gefühl"[87] ist das Verhältnis von Vernunft und Gefühl ein wichtiger Aspekt in seiner Analyse von Baumgarten und Meier.[88] So würdigte er Baumgartens Verdienst, auf eine Betrachtung des Gefühls als „souveränes Wesen"[89] hingeleitet zu haben, auch wenn die „philosophische Systematik" seiner Ausführungen zur Ästhetik dem Wesen des Gefühls unangemessenen, „im grossen Ueberblick so zu nennenden, rationalistischen Systemen"[90] entstamme. Bei Meier habe dann „der Bann cartesianischer Begriffe"[91] seine Auflösung erfahren. Wie weit entfernt Stein von einer programmatischen Trennung rationalistischer und empiristischer/sensualistischer Denkmodelle war, zeigen zudem seine Hinweise auf für die Entwicklung der Ästhetik wesentliche Autoren. Nicht nur Leibniz und Wolff, dessen Beziehung zu Locke Stein aufzeigte,[92] sondern auch Dubos führte er als wichtige Quelle für Baumgarten und Meier an.[93]

Die bei Stein in Ansätzen vorliegende Aufweichung der von Kant propagierten Opposition Rationalismus versus Empirismus/Sensualismus setzte Steins Schüler Sommer auf besondere Weise fort. Gemäß seinem Vorhaben, die Wechselwirkung von Psychologie und Kunsttheorie aufzeigen zu wollen, hob er die gemeinsamen Anknüpfungspunkte der beiden philosophischen Strömungen hervor.[94] Anders als Stein ging er bewusst von den philosophischen Lagern Rationalismus und Empirismus aus, um im Folgenden den damit zunächst verbundenen Eindruck einer ideologischen Trennwand aufzuweichen: Die von Descartes geschaffene rationalistische Kultur finde in gewisser Weise ihre Fortsetzung beim Empiristen Locke, wenn dieser „sich wesentlich mit einer Untersuchung des Verstandes beschäftigte."[95] Die Emp-

---

85 Robert Zimmermann: Geschichte der Aesthetik als philosophischer Wissenschaft. Wien 1858.
86 Hermann Lotze: Aesthetik in Deutschland. Hamburg 1913 [zuerst 1868].
87 Heinrich von Stein: Die Entstehung der neueren Ästhetik. Stuttgart 1886, S. 352.
88 Vgl. ebd., S. 346, 352f., 357 und 361–364.
89 Ebd., S. 352.
90 Ebd.
91 Ebd., S. 363.
92 Vgl. ebd., S. 364f.
93 Vgl. ebd., S. 336f. (Dubos und Baumgarten) und 358–360 (Baumgarten, Wolff, Leibniz und Meier).
94 Bereits Zimmermann (Geschichte der Aesthetik, S. 164) ging davon aus, dass die Ästhetik „wesentlich auf der Psychologie [ruht]".
95 Sommer: Grundzüge, S. 1.

findungslehre bei Locke erweise sich in einigen Aspekten als vereinbar mit Leibniz' Monadenlehre,[96] die Wechselbeziehung von englischem Empirismus und rationaler Psychologie Wolffs verweise bereits auf die „Ausbildung eines rationellen Empirismus"[97]. Bei Meier bahne sich dann „die Verbindung der systematischen Methode *Wolff's* mit der englischen Lehre von Empfindung und Erfahrung"[98] an. In der Verknüpfung von Sinnesphysiologie und Ästhetik sah Sommer geradezu eine „Veredelung des Sensualismus"[99], werde doch „durch die feste Verbindung mit den ästhetischen Gefühlen der Ausartung der Sinnesphysiologie zu einem Sensualismus nach französischem Muster vorgebeugt."[100] Während der Rationalismus in Deutschland die ästhetische Terminologie präge, führe der Einfluss des englischen Empirismus zu einer Hervorhebung der Lehre von den Empfindungen und der Sinnesphysiologie in der Ästhetik.[101] Mit Meier setze eine Befreiung der Ästhetik und Psychologie vom, vor allen Dingen durch Wolff betriebenen, für die Bändigung des Gefühlslebens verantwortlichen „rationalistische[n] Geist der kartesianischen Philosophie"[102] ein.

Gerade die Problematisierung des Irrationalen einer Zeit, die vornehmlich der Rationalität gewidmet zu sein scheint, machte in Alfred Baeumlers Perspektive das 18. Jahrhundert zur „klassische[n] Zeit des Irrationalismus: es hat nicht nur das Erlebnis des Individuellen, sondern auch noch den Mut, es auf die ratio zu beziehen."[103] In seiner Arbeit *Das Irrationalitätsproblem in der Ästhetik und Logik des 18. Jahrhunderts bis zur Kritik der Urteilskraft* von 1923 wandte er sich dann auch entschieden gegen eine einseitige Sicht, die die Denker vor Kant mit dem Schlagwort ‚Rationalismus' gleichsetze.[104] Während sich in Frankreich der Sentimentalismus der Ratio bediene, nehme der Rationalismus in Deutschland „das sentiment in Zucht"[105]. Gleich Nivelle stellte Baeumler die Ästhetik Kants in Beziehung zu seinen Vorgängern. Er sah aber nicht erst bei Lessing, wie von Nivelle vorgestellt, Irrationalismus und Rationalismus vereint, sondern ging wie Sommer davon aus, dass bereits Leibniz'

---

96 Vgl. ebd., S. 45–47.
97 Ebd., S. 48.
98 Ebd., S. 43. Herv. i. O.
99 Ebd., S. 42.
100 Ebd., S. 48.
101 Wie Stein empfindet Sommer (ebd., S. 49) „das Formelhafte der Wolff'schen Denkart" als dem „lebendigen Schönheitgefühl" unangemessen.
102 Ebd., S. 2.
103 Baeumler: Irrationalitätsproblem, S. 5.
104 Vgl. ebd., S. 65.
105 Ebd., S. 63.

Gedanken der Monade und der prästabilierten Harmonie [...] Irrationalismus und Rationalismus in einer großen metaphysischen Konzeption zusammen[zwingen]: die *Individualität* ist in ihrer unaufhebbaren Würde eingesetzt, zugleich aber in dem von einer höheren Vernunft entworfenen *System* der Welt aufgehoben.[106]

Individualismus und Irrationalismus seien eins in einem rationalistischen System. Sie fänden ihren Ausdruck in der Lehre vom Geschmack, der als individuelles Erlebnis zur Konstitution des ästhetischen Subjekts beitrage.[107] Die dem 18. Jahrhundert gestellte und von Kant gelöste Aufgabe sei die Versöhnung von Individualität und Rationalismus, die Überwindung des „Gegensatz[es] von Rationalismus und Empirismus".[108]

Nivelle hingegen ging zwar in seiner 1974, gut zwanzig Jahre nach seiner Dissertation erschienenen Einführung zur *Literaturästhetik* der Aufklärung von „zwei Wege[n] zur Befreiung der Dichtung"[109] aus, die sich als rationalistisch und empiristisch bzw. emotionalistisch, wie es im weiteren bei Nivelle heißt, beschreiben lassen, doch ist seine Darstellung weit davon entfernt, den Eindruck zu vermitteln, es handle sich hierbei um einen durch das Zusammentreffen zweier konträrer philosophischer Richtungen ausgelösten Konflikt. Vielmehr ging es Nivelle nun darum, neben der Emanzipation der Dichtung von alten Dogmen, den zunehmenden Einfluss des seit Beginn der Aufklärung präsenten „sogenannte[n] Emotionalismus"[110] und das Zusammenspiel rationalistischer und emotionalistischer Momente aufzuzeigen. So hob er bei den in seiner Dissertationsschrift dezidiert als Rationalisten kategorisierten Baumgarten, Sulzer und auch bei Breitinger ihren Beitrag zum Abbau der „Herrschaft des Verstandes"[111] hervor. Dieser vollziehe sich durch die Aufwertung des Wunderbaren und die Konzentration auf das subjektive Empfinden beim Geschmacksbegriff, während gleichzeitig die Regeln als objektiver Maßstab verdrängt würden. Hinzu käme das „Zusammenwirken von Geist, Sinnlichkeit und Herz"[112] – mit besonderer Hervorhebung der

---

106 Ebd., S. 5. Herv. i.O.
107 Vgl. ebd., S. 2–4.
108 Vgl. ebd., S. 5–7, hier zitiert S. 7.
109 Armand Nivelle: Literaturästhetik. In: Europäische Aufklärung. Hg. von Walter Hinck. Frankfurt a.M. 1974, S. 15–56, hier S. 16: „Es boten sich zwei Wege zur Befreiung der Dichtung von allen Vormundschaften an: eine cartesianische Rückführung der Dichtung auf das autonome menschliche Denken und das entsprechende Aufsuchen von Konstanten, Gesetzen und Regeln, die in diesem Denken gründen; zum andern der Bezug auf die spontane psychologische Reaktion der Aufnehmenden als letzte Instanz der Kunstbeurteilung und als Quelle von Richtlinien für die Kunstschöpfung. Die Theorie der Zeit ist beide Wege gegangen."
110 Ebd., S. 35.
111 Ebd.
112 Ebd., S. 48.

Sinnlichkeit – beim Geniekonzept.[113] Diese emotionalistische Entwicklung manifestiere sich dann in der Aufwertung der Rührung zur Grundlage der Poesie im letzten Drittel des 18. Jahrhunderts. Bestimmend sei hierbei die bereits von Baeumler konstatierte Beziehung von Emotionalismus bzw. Irrationalismus und Individuellem.[114] Denn „die Entdeckung des Individuellen in Kunst und Dichtung führt zwangsläufig zur Anerkennung der Relativität aller Instanzen, die bis dahin als absolut betrachtet worden waren"[115], und damit zur Anerkennung des Irrationalen. Baumgartens „Bemühung um eine rationale Analyse irrationaler individueller Vorgänge"[116] sei spezifisch für seine Zeit.

Eine Zuspitzung solcher Überlegungen zur Bedeutung des Emotionalismus für die Ästhetik findet sich in Alberto Martinos *Storia delle teorie drammatiche nella germania del settecento (1730–1780)* (1967).[117] Martino ging von der Herrschaft einer „Ästhetik des Emotionalismus"[118] oder auch „Gefühlsästhetik"[119] in der zweiten Hälfte des 18. Jahrhunderts aus:

> Zu Anfang des 18. Jahrhunderts beginnt die emotionale Theorie der Kunst, die das Schöne mit dem Pathetischen identifiziert, die rationale Nachahmungstheorie, die das Natürliche mit dem Vernünftigen, das Schöne mit dem Wahren identifiziert, allmählich zu verdrängen, um schließlich gegen 1750 über sie zu triumphieren.[120]

Für die Entwicklung der emotionalen Kunsttheorie in Deutschland setzte Martino sowohl die Gefühlsästhetik Jean-Baptiste Dubos' als auch Leibniz' Psychologie voraus, die beide in verschiedenen Punkten an Descartes' Psychophysiologie aus den *Passions de l'âme* (1649) anknüpften.[121] Baumgarten und Meier überführten „Elemente der emotionalistischen Ästhetik, die vermutlich von Dubos herrühren, in Begriffe der Vorstellungspsychologie Leibniz-Wolffscher Herkunft"[122], Lessing und Mendelssohn versuchten sich an einer „Neuinterpretation der Ästhetik Dubos' in Leibnizscher Manier"[123], und Sulzer führe die „Verschmelzung Leibnizscher und Dubosscher Ele-

---

113 Vgl. ebd., S. 24–26 und 43–45.
114 Vgl. ebd., S. 35, 43 und 45.
115 Ebd., S. 45.
116 Ebd., S. 43.
117 Im Folgenden zitiere ich aus der deutschen Ausgabe: Alberto Martino: Geschichte der dramatischen Theorien in Deutschland im 18. Jahrhundert. Bd. 1. Aus dem Italienischen von Wolfgang Proß. Tübingen 1972.
118 So die Überschrift des ersten Kapitels bei Martino (ebd., S. 1): „Die Ästhetik des Emotionalismus und ihre Bezüge zur emotionalen Theorie der Tragödie und der tragischen Lust".
119 Ebd., S. 20.
120 Ebd., S. 2.
121 Vgl. ebd., S. 36 und 77f.
122 Ebd., S. 84.
123 Ebd., S. 80.

mente"[124] zur Synthese. Die in den Studien von Sommer, Baeumler oder Nivelle noch präsenten rationalistischen Elemente finden bei Martino kaum Erwähnung. Er konstatierte lediglich die „Überwindung des Intellektualismus in der Ästhetik"[125].

Auch Carsten Zelle hob die Bedeutung der „emotionalistischen Wende"[126] für die Ausbildung der Ästhetik hervor. In *„Angenehmes Grauen". Literaturhistorische Beiträge zur Ästhetik des Schrecklichen im achtzehnten Jahrhundert* (1987) setzte er die Auseinandersetzung Gottscheds mit Bodmer und Breitinger und mit ihr die Verlagerung von der „werkpoetische[n] Urbild-Abbild-Relation zu einer wirkungspoetischen Urbild-Abbild-Referenz"[127] als Markstein, eine Datierung, die mit einer von Zelle an anderer Stelle vorgenommenen Vordatierung der ‚anthropologischen Wende' von der Spätin die Frühaufklärung Unterstützung erhielt.[128] Zelle betonte den Platz der Ästhetik außerhalb eines rein kunsttheoretischen Bereichs, wenn er die Verknüpfung von Ästhetik und philosophischer Anthropologie, ihre „Gleichursprünglichkeit"[129] in der Verbindung von Medizin und Philosophie, wie sie sich in Halle um 1740/1750 darstelle, stark machte[130] und die Rolle der Ästhetik als „Instrumentarium der Formung, Modulation, Kanalisierung und Lenkung sinnlicher Energien"[131] zur „‚Belebung' des ganzen Menschen"[132] in den Vordergrund stellte.

Zelles These der Gleichursprünglichkeit von Anthropologie und Ästhetik erfuhr in Ernst Stöckmanns Studie *Anthropologische Ästhetik. Philosophie, Psychologie und ästhetische Theorie der Emotionen im Diskurs der Aufklärung* (2009) ihre eigene Interpretation. Der „von der Aufklärungsforschung theorie- und disziplingeschichtlich gemeinte[ ] Topos der ‚anthropologischen Wende'" dient bei Stöckmann nicht als „Periodisierungsbegriff innerhalb der ästhetischen Theorieentwicklung [...], sondern als substantielle Eigentümlichkeit des ästhetischen Diskurses selbst"[133]: Ästhetik als

> Frage nach dem Begriff des Schönen [ist], systematisch gesprochen, immer schon anthropologisch in dem doppelten Sinne, als dass mit ihr nach dem *für den Menschen* anschaulich werdenden Ästhetischen (Schönen, Häßlichen, Erhabenen) gefragt

---

124 Ebd., S. 86.
125 Ebd., S. 90.
126 Zelle: „Angenehmes Grauen", S. XVI.
127 Ebd.
128 Vgl. Zelle: Sinnlichkeit und Therapie.
129 Ebd., S. 10.
130 Vgl. ebd.
131 Ebd., S. 24.
132 Ebd., S. 23.
133 Ernst Stöckmann: Anthropologische Ästhetik. Philosophie, Psychologie und ästhetische Theorie der Emotionen im Diskurs der Aufklärung. Tübingen 2009, S. 20.

wird und ihre Beantwortung Untersuchungen über die vermögensspezifischen Voraussetzungen dieser (ästhetischen respektive aisthetischen) Wahrnehmungs- und Erfahrungsleistungen provoziert.[134]

Die vorkantische Ästhetik, so sein Befund, sei „im Kern nicht Vollkommenheitsästhetik als abstrakte Metaphysik des Schönen (obgleich sie diese *auch* ist), sondern genuin anthropologische Reflexion auf das Affizierungspotenzial der Sinnennatur des ästhetischen Subjekts"[135]. Stöckmann konstatierte die Zugehörigkeit zur rationalistischen Metaphysik,[136] zugleich aber auch die grundsätzliche Opposition, in der sich die Ästhetik „zum Disziplinierungsanspruch der bloß epistemologisch abgestellten Vermögenslehre des Rationalismus (Wolff)"[137] befinde. Bereits Baumgarten und Meier stellten die Weichen für eine „Ästhetik der ‚Rührung'"[138], ihre Schriften enthielten „Ansätze zu einer anthropologischen und affektaffinen Theorie der ästhetischen Sinnlichkeit."[139] Im Zusammenhang mit der auch von Stöckmann vorausgesetzten ‚Gleichzeitigkeit' von Anthropologie und Ästhetik könne die Zuordnung zum metaphysischen System Wolffs gerade von Autoren wie Baumgarten und Meier nicht mehr als Zeichen ihrer Zugehörigkeit zum Rationalismus ausgelegt werden. Stöckmann sprach von einer „hybride[n] Modellierung"[140] in der vorkantischen Philosophie, einem „doppelte[n] Konstitutionsmoment", das in der „Orientiertheit an der Sinnennatur der ästhetischen Wahrnehmung bei gleichzeitiger Einsicht in die Irreduzibilität transempirischer Konstitutionsprinzipien für eine systematisch begründete Theorie des ästhetischen Wissens"[141] liege.

Die mit dem Vergleich der Positionen von Alt und Beier aufgeworfene Frage nach einer eindeutigen Bestimmung der Kunsttheorie als rationalistisch oder sensualistisch erscheint vor dem Hintergrund dieses Forschungsüberblicks als unangemessen. Rationalistische wie sensualistische bzw. irrationale oder emotionalistische Momente wurden gleichermaßen hervorgehoben, eine Entwicklung hin zu einer Kunsttheorie, in der das ‚Gefühl' an Bedeutung gewinnt, wurde durchweg festgestellt. Die vermeintliche Op-

---

134 Ebd., S. 20 f. Herv. i. O.
135 Ebd., S. 278. Herv. i. O.
136 Vgl. ebd., S. 30 f. und 35.
137 Ebd., S. 88.
138 Ebd., S. 18.
139 Ebd., S. 25.
140 Ebd., S. 30. – Stöckmann (ebd., S. 30 f.) sprach von „hybride[r] Modellierung", insofern „[a]uch als empirisch-anthropologisch untersetzter Wissenszweig […] die Seelenlehre (in Gestalt der Vermögenspsychologie) Bestandteil der philosophischen rationalistischen Metaphysik inbegriffen der Erkenntnistheorie [bleibt]".
141 Ebd., S. 35.

position von Rationalismus und Sensualismus bzw. Emotionalismus ist auch hier außer Kraft gesetzt, die Notwendigkeit einer eindeutigen Zuordnung der Autoren zu einer der beiden Richtungen daher hinfällig. Will man die kunsttheoretische Entwicklung im deutschsprachigen Raum adäquat nachvollziehen, so legen es zumindest die vorgestellten Darstellungen zur Geschichte der Kunsttheorie nahe, dann böte es sich an, zwischen einem rationalistischen Denkgebäude und einer sensualistisch geprägten inhaltlichen Ausrichtung zu unterscheiden: Die rationalistische Metaphysik, so wird vermittelt, stelle das Gerüst für die kunsttheoretischen Überlegungen, die sich auf der inhaltlichen Ebene unter sensualistischem Einfluss weiterentwickelten. Die rationale Analyse und ihre systematische Methode, das System Wolffs als solches, wurden von der Forschung angeführt, um die rationalistische Seite der Kunsttheorie hervorzuheben; die schulphilosophische Terminologie, die Existenz von Regeln wie die Vorherrschaft der Vernunft traten hinzu (Stein, Sommer, Baeumler, Nivelle, Beiser). Als emotionalistisch (Nivelle, Martino, Zelle), irrational (Baeumler, Nivelle) oder sensualistisch (Alt) wurde die Kunsttheorie hingegen bezeichnet, wenn Empfindung und Erfahrung an positiver Bedeutung gewannen und in das Zentrum der Überlegungen rückten und der Einfluss von Autoren wie Dubos oder der britischen Empiristen geltend gemacht wurde. Während das rationalistische Gerüst der Leibniz-Wolffschen Metaphysik bis hin zu Lessing kaum an Aktualität verliere, so scheint es, entwickele sich die Kunsttheorie auf inhaltlicher Ebene zu einer Kunsttheorie, in deren Fokus die Empfindungen stehen.

Ein solcher Zugang ist naheliegend, um die Aufwertung der Sinnlichkeit nachzuvollziehen, er hat aber auch einen blinden Fleck: die Sinnlichkeit, die am Anfang der Entwicklung steht, die ‚rationalistische Sinnlichkeit'. Wovon und von wem setzen sich die Autoren, deren kunsttheoretische Ansätze als emotionalistisch, irrational oder sensualistisch beschrieben wurden, eigentlich ab bzw. wo und von wem nimmt die Entwicklung ihren Ausgang? Dass Leibniz und die von Wolff entwickelte Psychologie einen wichtigen Referenzpunkt bilden, hat man, wie gesehen, vielfach angemerkt,[142] seltener hingegen wurde jedoch im Zusammenhang mit der Kunsttheorie expliziert, was sich hinter ihren Vorstellungen von Sinnlichkeit genau verbirgt, welcher Stellenwert und welche Funktionen ihr auf unterschiedlichen Gebieten zukommen. Dass dies aber notwendig ist, legt unter anderem das Beispiel Lessing nahe.

Wie in der Zusammenschau gesehen, wurde und wird gerade Lessing eine Sonderrolle zugedacht. Oftmals wurde er, neben Baumgarten, als entscheidender Angelpunkt zwischen einer an der Vernunft und einer an der

---

142 Vgl. hierzu auch die Ausführungen in Kap. I.

Sinnlichkeit ausgerichteten Kunsttheorie gesehen, und erst jüngst wurde von „Lessings ästhetische[m] Sensualismus"[143] gesprochen. Für Lessings Empfindungsbegriff und die Stellung der Sinnlichkeit in seiner Dramen- und Kunsttheorie im Allgemeinen wurden verschiedene Einflüsse geltend gemacht, Dubos,[144] Michael Conrad Curtius,[145] Francis Hutcheson,[146] Mendelssohn[147] oder Jean-Jacques Rousseau[148] unter anderen als Paten berufen. Inwiefern Lessing hierbei an Sinnlichkeitskonzepte anschließt, die sich gerade auch bei Wolff oder Gottsched finden, trat dabei in den Hintergrund; ein solcher Gedanke, wie Goldenbaum mit Blick auf die Forschung noch kürzlich bemerkte, sei „beinah ehrenrührig[ ]"[149]. Dabei bieten gerade ihre Überlegungen die Grundlage für eine Aufwertung der Sinnlichkeit, die zumal, wenn man von einem Sensualismus Lessings sprechen will, dann ebenfalls durchaus als sensualistisch zu bezeichnen wären.

Die Aufwertung der Sinnlichkeit im 18. Jahrhundert – nicht nur in kunsttheoretischer Hinsicht – begann nicht nur innerhalb des von Leibniz und Wolff entwickelten Denkgebäudes, das für das gesamte 18. Jahrhundert prägend war, sondern auch im Anschluss an ihre Konzepte von Sinnlichkeit. Wenn in dieser Arbeit der Versuch unternommen wird, die Konzeption der Sinnlichkeit und ihrer Funktion in Psychologie bzw. Erkenntnistheorie, Moralphilosophie und, darauf aufbauend, der Kunsttheorie zu rekonstruieren, dann wird von den eingangs und im Forschungsüberblick konstatierten Beobachtungen zum Stellenwert der Sinnlichkeit bei Leibniz, Wolff, Gottsched und Baumgarten ausgegangen. Gerade Wolff und Gottsched erscheinen in

---

143 Thomas Martinec: Lessings ästhetischer Sensualismus. In: Lessing und die Sinne. Hg. von Alexander Košenina, Stefanie Stockhorst. Hannover 2016, S. 141–160. – Auch Stefanie Stockhorst (Die sinnliche Logik der *poiesis*. Lessings Fragment *Aus einem Gedichte über die menschliche Glückseligkeit* als ästhetisches Propädeutikum eines aufgeklärten Sensualismus. In: Košenina, Stockhorst (Hg.): Lessing und die Sinne, S. 183–201, hier S. 187) spricht von Lessings „eigenem Sensualismus", räumt jedoch zugleich die Schwierigkeit einer schematischen Einordnung Lessings zum Sensualismus ein.
144 Vgl. Elisabeth Décultot: Lessing und Du Bos. Zur Funktion des Empfindungsvermögens in der Kunst. In: Košenina, Stockhorst (Hg.): Lessing und die Sinne, S. 81–98.
145 Vgl. Thomas Martinec: Lessings Theorie der Tragödienwirkung. Humanistische Tradition und aufklärerische Erkenntniskritik. Tübingen 2003, S. 179–181.
146 Vgl. Arnold Heidsieck: Der Disput zwischen Lessing und Mendelssohn über das Trauerspiel. In: Lessing Yearbook XI (1979), S. 7–34.
147 Vgl. Peter Michelsen: Die Erregung des Mitleids durch die Tragödie. Zu Lessings Ansichten über das Trauerspiel im Briefwechsel mit Mendelssohn und Nicolai. In: Deutsche Vierteljahrsschrift für Literaturwissenschaft und Geistesgeschichte 40.4 (1966), S. 548–566.
148 Vgl. Ulrich Kronauer: Rousseaus Kulturkritik und die Aufgabe der Kunst. Zwei Studien zur deutschen Kunsttheorie des 18. Jahrhunderts. Heidelberg 1978, S. 38–58 sowie Hans-Jürgen Schings: Der mitleidigste Mensch ist der beste Mensch. Poetik des Mitleids von Lessing bis Büchner. München 1980, S. 22–33.
149 Goldenbaum: Lessing als Kritiker, S. 29. – Goldenbaum selbst hingegen macht in ihrem Aufsatz Lessings Anbindung an Wolff stark. Vgl. ebd., S. 54.

diesem Zusammenhang nicht mehr als eine ‚Vorgeschichte' einer Kunsttheorie, die sich mit der Aufwertung der Sinnlichkeit weiterentwickelte, sondern als bestimmender Teil dieser Kunsttheorie. Nicht nur vornehmlich Leibniz und Baumgarten, so wird deutlich werden, boten Anschlussmöglichkeiten für eine an der Sinnlichkeit ausgerichtete Kunsttheorie, sondern auch Wolff und Gottsched leisteten ihren Beitrag, wenn auch teils durch Widersprüche innerhalb ihrer Überlegungen. Hierbei bildeten Baumgarten und Gottsched, wie im folgenden Abschnitt zu sehen ist, zwei sich grundlegend unterscheidende Ausgangspunkte der Kunsttheorie. Für die deutschsprachige Kunsttheorie und die Rezeption der beiden Theoretiker entscheidend jedoch war ihre Orientierung an dem philosophischen System Leibniz-Wolffscher Prägung. Sie ermöglichte es in der Folge, diese beiden Ansätze zusammenzudenken. Es wäre verfehlt, sie grundsätzlich voneinander zu trennen: Zu sehr entwickelte auch Baumgarten seine Sinnlichkeitskonzeption in Abhängigkeit von Wolff, zu sehr stand Lessing sowohl in der Tradition von Wolff und Gottsched als auch des von Wolff wie von Baumgarten beeinflussten Mendelssohn. Wie stark die beiden Stränge, die von Gottsched und Baumgarten zu ziehen wären, in der Folge zusammengedacht wurden, ließe sich auch an Friedrich Schiller zeigen, man denke nur an seine *Schaubühnenrede* (1784).

Logik – Poetik – Ästhetik.
Orte der Kunsttheorie im frühen 18. Jahrhundert

Neben diversen Abhandlungen zur Poetik und zur sinnlichen Wahrnehmung, die seit der Antike die abendländische Kultur prägen,[150] ist die Logik für eine Bestimmung der kunsttheoretischen Überlegungen im Diskurs der Aufklärung zentral. Im 17. Jahrhundert wird die formale aristotelische Logik zugunsten ihrer Neukonzeption zurückgesetzt, das Schuldogma durch die Vernunft, das denkende Ich, ersetzt. Logik wird zur „Kunst des rechten, durch keine falsch verstandenen formalen Regeln gehemmten vernünftigen

---

150 Einen kompakten Überblick zu den die Ästhetik vorbereitenden Ideen bieten z.B. Karlheinz Barck, Jörg Heininger, Dieter Kliche: [Art.] Ästhetik/ästhetisch. In: Ästhetische Grundbegriffe. Historisches Wörterbuch in sieben Bänden. Hg. von Karlheinz Barck u.a. Bd. 1. Stuttgart, Weimar 2000, S. 308–400, hier S. 317–321. Gottsched und Baumgarten nennen auch selbst ihre Gewährsmänner. Vgl. Johann Christoph Gottsched: Vorrede der zweyten Auflage, von 1737 [zu: Versuch einer Critischen Dichtkunst] (AW VI.1), S. 11–19, hier S. 13; Alexander Gottlieb Baumgarten: Kollegnachschrift. In: Bernhard Poppe: Alexander Gottlieb Baumgarten. Seine Bedeutung und Stellung in der Leibniz-Wolffischen Philosophie und seine Beziehung zu Kant. Nebst Veröffentlichung einer bisher unbekannten Handschrift der Ästhetik Baumgartens. Leipzig 1907, S. 65–258, hier § 1, S. 65–71.

Denkens"[151] und vertritt als praktische Denklehre den Anspruch, in allen Gebieten Anwendung zu finden. Erkenntnistheoretische, metaphysische und psychologische Fragen erweitern ihr Spektrum.[152]

Auch in Deutschland wird die zu „einem Kodex von Regeln der Disputationskunst" erstarrte scholastische Logik abgelehnt und stattdessen einer Logik der Vorzug gegeben, deren Ziel in der Aufdeckung „unbekannter Wahrheiten" liegt:

> Die Logik sollte nicht nur dazu dienen, schon gewonnene Erkenntnisse nachgerade in formalen Begriffsunterscheidungen zu klassifizieren oder auf ihre formale Richtigkeit zu prüfen, sondern auch der theoretischen Erfassung des Erkenntnisprozesses bei der Entdeckung neuer, noch unbekannter Wahrheiten dienen und möglichst Regeln entwickeln, die bei der Entdeckung der ‚veritas incognita' von Nutzen sind.[153]

Mit diesem Anspruch wird die *ars inveniendi* zu einem zentralen Thema;[154] ein Ausbau der Logik, der nicht ohne Folgen für ihr Verhältnis zu anderen Disziplinen wie der Poetik bzw. der Rhetorik bleibt.[155] Denn wenn

---

151 Wilhelm Risse: Die Logik der Neuzeit. 1640–1780. Stuttgart-Bad Cannstatt 1970, S. 5.
152 Vgl. ebd., S. 5–13. – Auf der Grundlage dieses neuen Logikverständnisses bilden sich in der Folge verschiedene philosophische Lehrmeinungen aus, die oft in hartem Widerspruch zueinander stehen. Vgl. hierzu ebd.
153 Arndt: Einführung (GW I.1), S. 35. – So die allgemeine Auffassung zur Absicht der Logik, die von den verschiedenen miteinander konkurrierenden Modellen der Logik geteilt wird. Zur Entwicklung der Logik im 17. und 18. Jahrhundert in Deutschland vgl. Risse: Die Logik der Neuzeit, S. 553–733.
154 Vgl. hierzu auch Klaus Petrus: Genese und Analyse. Logik, Rhetorik und Hermeneutik im 17. und 18. Jahrhundert. Berlin, New York 1997, S. 16f. – Zur *inventio* im 18. Jahrhundert vgl. Rainer Klassen: Logik und Rhetorik der frühen deutschen Aufklärung. Augsburg 1974, S. 128–138. Zur Bedeutung der *ars inveniendi* für die Kunsttheorie des 18. Jahrhunderts in Deutschland vgl. Baeumler: Irrationalitätsproblem, insbesondere S. 170–187 sowie Buchenau: Founding of Aesthetics. Gegenüber dem Buchenaus Arbeiten durchziehenden Tenor, dass gerade die bei Wolff vorgenommene Erweiterung der *ars inveniendi* zur Gründung der Ästhetik geführt habe, ist noch einmal darauf zu verweisen, dass die Ästhetik bei Baumgarten zunächst als Wissenschaft der sinnlichen Erkenntnis und damit als Pendant zu einer dem Verstand gewidmeten Logik konzipiert wurde, in der die Künste einen besonderen Platz einnehmen. Vgl. hierzu die Ausführungen weiter unten in diesem Abschnitt. Auch wenn die Neukonzeption der Erfindungskunst zur Integration der Künste in die Philosophie beigetragen hat, kann die Bedeutung der im Zusammenhang mit der *lex continui* vorgenommenen Aufwertung der Sinnlichkeit nicht, wie von Buchenau (ebd., S. 11–13) getan, zurückgestellt werden, vielmehr sind beide Entwicklungen zu berücksichtigen.
155 Zum Folgenden vgl. Stefanie Buchenau: Die Einbindung von Poetik und Ästhetik in die Logik der Aufklärung. In: Kunst und Wissen. Beziehungen zwischen Ästhetik und Erkenntnistheorie im 18. und 19. Jahrhundert. Hg. von Astrid Bauereisen, Stephan Pabst, Achim Vesper. Würzburg 2009, S. 71–84. – Zur Beziehung von Logik und Rhetorik und ihrer Entwicklung (zum Teil mit Bezug auf die zeitgenössische Literatur) vgl. u.a. Klassen: Logik und Rhetorik; Grimm: Literatur und Gelehrtentum, S. 576–602 sowie Manfred Beetz: Rheto-

sich die Logik damit befasst, „unter welchen Voraussetzungen Gedanken gefunden werden, wie sie korrekt zu bilden sind und auf welche Weise sich Irrtümer bei der Formation von Gedanken erkennen sowie beheben lassen"[156], beschäftigt sie sich mit Fragen, die auch in den Bereich der Rhetorik fallen. Die Weichen für eine solche Erweiterung der Logik werden im Ramismus der Renaissance gestellt.[157] Traditionell der antiken Rhetorik zugehörige Kategorien wie die *inventio* oder die *dispositio* werden in die Logik aufgenommen, während sich im Gegenzug die Rhetorik am Anspruch der Logik auf Vermittlung von Wahrheit ausrichtet und gewissermaßen ‚logisiert' wird.[158] Denn die von der Rhetorik propagierte, auf die Überzeugung

---

rische Logik. Prämissen der deutschen Lyrik im Übergang vom 17. zum 18. Jahrhundert. Tübingen 1980, der für den Übergang vom Barock zur Aufklärung die „Verschiebung[ ] im Kräftespiel zwischen Logik und Rhetorik" hervorhebe: „Stand die Dichtung des Spätbarock noch unter der Einflußdominanz der (logisch inspirierten) Rhetorik, ist für die Literatur der Frühaufklärung eine Geltungszunahme der Logik zu verzeichnen." Ebd., S. 20. Zum Verhältnis von Logik und Poetik bzw. Ästhetik (unter Berücksichtigung ihrer Beziehung zur Rhetorik) vgl. Gaede: Poetik und Logik; Schmidt: Sinnlichkeit und Verstand sowie die Zusammenfassung bei Gottfried Gabriel: Logik und Rhetorik der Erkenntnis. Zum Verhältnis von wissenschaftlicher und ästhetischer Weltauffassung. Paderborn u.a. 1997, S. 13–24. Zur Trennung von Poesie und Rhetorik vgl. Grimm: Literatur und Gelehrtentum, S. 576–579 und 602–609.

156 Petrus: Genese und Analyse, S. 4.
157 Im 16. Jahrhundert trug der Logiker Petrus Ramus entschieden dazu bei, dass die aristotelische Einteilung von analytischer Logik und rhetorischer Dialektik revidiert wurde. Vgl. Buchenau: Die Einbindung von Poetik und Ästhetik, S. 81 f. Einen Überblick zu Ramus bietet Risse: Die Logik der Neuzeit, S. 122–161. Zugleich ist daran zu erinnern, dass Dichtung als Argumentationsform in der Frühen Neuzeit grundsätzlich der Logik zugeordnet wurde. Vgl. Volkhard Wels: Der Begriff der Dichtung in der Frühen Neuzeit. Berlin, New York 2009, S. 2. Zur Einordnung der Poetik vom 10. bis zum 14. Jahrhundert vgl. Volkhard Wels: Die Poetik als Teil des aristotelischen Organon. In: Beiträge zur Geschichte und Sprache der deutschen Literatur 113.3/4 (2011), S. 470–486.
158 Vgl. Petrus: Genese und Analyse, S. 60 f. – Anders als Buchenau (Die Einbindung von Poetik und Ästhetik, S. 84. Herv. i. O.), die davon ausgeht, dass die Logik „ab dem 17. und frühen 18. Jahrhundert nicht nur Disziplinen aus dem *quadrivium* wie die Mathematik, sondern auch aus [sic!] Disziplinen aus dem *trivium* der *artes disserendi*, nämlich vor allem die Rhetorik und die der Rhetorik untergeordnete Disziplin der Poetik [verschlingt]", beurteilt Petrus (Genese und Analyse, S. 60) die Situation weniger extrem: Es „kann […] nicht darum gehen, Rhetorik *tel quel* durch Logik zu ersetzen, sondern allenfalls, sie mit Hilfe der Logik zu modifizieren." Aus seiner Sicht geht es um eine „‚Logisierung' rhetorischer Argumente" (ebd., S. 61), wie auch sein Beitrag zur Diskussion um die Vorrangstellung von *convictio* oder *persuasio* als Ziel der Rhetorik unterstreicht. Vgl. Klaus Petrus: Convictio oder persuasio? Etappen einer Debatte in der ersten Hälfte des 18. Jahrhunderts (Rüdiger – Fabricius – Gottsched). In: Zeitschrift für deutsche Philologie 113.4 (1994), S. 481–495. Ebenfalls umstritten ist die Bedeutung der Rhetorik für die Poetik bzw. Ästhetik im 18. Jahrhundert. Vgl. die unterschiedlichen Positionen bei Klaus Dockhorn: Die Rhetorik als Quelle des vorromantischen Irrationalismus in der Literatur- und Geistesgeschichte. In: Nachrichten von der Akademie der Wissenschaften in Göttingen. Philologisch-Historische Klasse 5 (1949), S. 109–150; Marie-Luise Linn: A. G. Baumgartens ‚Aesthetica' und die antike Rhetorik. In: Deutsche Vierteljahrsschrift

des Adressaten abzielende Plausibilität – und nicht die Wahrheit – des Arguments stellt aus Sicht einer seit Descartes vom Primat der Wahrheit geleiteten Logik keine ausreichende Begründung dar. Die zunehmende Integration von Aspekten der Rhetorik in die Logik ist zudem durch den zunehmenden praktischen Anspruch der Logik motiviert. Die Kenntnis von Wahrheit, wie sie die Logik anstrebt, verpflichtet zur Kommunikation der erlangten Erkenntnis. Kommunikationstheoretische Aspekte aus der Rhetorik sind Teil des logischen Systems.[159]

Der weite Teile der Rhetorik und der Hermeneutik umfassende Logikbegriff unterstützt im 18. Jahrhundert die Entwicklung nicht nur der Poetik im Zusammenhang mit der Logik. So erweitert Wolff im Rahmen der Logik die Konzepte von *inventio*, *ars inveniendi* und *ingenium* dergestalt, dass die Künste in seine Überlegungen eingeschlossen werden und ihnen generell ein Platz in der Philosophie zugestanden wird.[160] Sie bilden bei Wolff Teildisziplinen einer umfassenden Philosophie.[161] Mit dieser grundsätzlichen Erweiterung kommt es zu einer Neuordnung. Da die Logik für kunsttheoretische Überlegungen in zunehmendem Maße anschlussfähig wird, entstehen zudem Arbeiten zur Theorie der Dichtkunst und weiteren Künsten, die sich an der Logik Wolffs und seinem Programm einer ‚philosophischen

---

für Literaturwissenschaft und Geistesgeschichte 41.3 (1967), S. 424–443; Wolfgang Bender: Rhetorische Tradition und Ästhetik im 18. Jahrhundert: Baumgarten, Meier und Breitinger. In: Zeitschrift für deutsche Philologie 99.4 (1980), S. 481–560; Wetterer: Publikumsbezug und Wahrheitsanspruch; Uwe Möller: Rhetorische Überlieferung und Dichtungstheorie im frühen 18. Jahrhundert. Studien zu Gottsched, Breitinger und G. Fr. Meier. München 1983; Bernhard Fischer: Von der ars zur ästhetischen Evidenz. Überlegungen zur Entwicklung der Poetologie von Gottsched bis Lessing. In: Zeitschrift für deutsche Philologie 109.4 (1990), S. 481–502; Dietmar Till: Affekt contra *ars*. Wege der Rhetorikgeschichte um 1700. In: Rhetorica: A Journal of the History of Rhetoric 24.4 (2006), S. 337–369 sowie Dietmar Till: Philosophie oder Rhetorik? Christian Wolff, die Poetik der Frühaufklärung und die rhetorische Tradition. In: Stolzenberg, Rudolph (Hg.): Teil 4, S. 193–212. Grundlegend zur Entwicklung der Rhetorik im 17. und 18. Jahrhundert vgl. Dietmar Till: Transformationen der Rhetorik. Untersuchungen zum Wandel der Rhetoriktheorie im 17. und 18. Jahrhundert. Tübingen 2004.

159 Vgl. Klassen: Logik und Rhetorik, S. 16–18.
160 Zur Erfindungskunst bei Wolff und ihren Implikationen vgl. auch Hans Werner Arndt: Methodo scientifica pertractatum. Mos geometricus und Kalkülbegriff in der philosophischen Theoriebildung des 17. und 18. Jahrhunderts. Berlin, New York 1971, S. 139–147; Grimm: Literatur und Gelehrtentum, S. 563f.; Cornelis-Anthonie van Peursen: Ars inveniendi im Rahmen der Metaphysik Christian Wolffs. Die Rolle der ars inveniendi. In: Schneiders (Hg.): Christian Wolff 1679–1754, S. 66–88 sowie Stefanie Buchenau: L'esthétique wolffienne comme *ars inveniendi*. In: Dies., Décultot (Hg.): Esthétiques de l'*Aufklärung*, S. 37–48; Stefanie Buchenau: Erfindungskunst und Dichtkunst. Christian Wolffs Beitrag zur Neubegründung der Poetik und Ästhetik. In: Stolzenberg, Rudolph (Hg.): Christian Wolff und die europäische Aufklärung. Teil 4, S. 313–326; Buchenau: Founding of Aesthetics, S. 15–83.
161 Vgl. hierzu Kap. III.1.

Poetik' orientieren und zugleich beginnen, sich von der rhetorischen Tradition zu lösen.[162] Beispiele hierfür sind die Poetiken von Gottsched, Bodmer und Breitinger, von Daniel Heinrich Arnoldt oder Johann Andreas Fabricius wie auch die Schriften zur Musiktheorie von Lorenz Christoph Mizler und Johann Adolph Scheibe.[163]

Charakteristisch für Wolffs Logik, wie sie die philosophische Debatte in Deutschland über mehrere Jahrzehnte des 18. Jahrhunderts hindurch bestimmt,[164] sind neben ihrer Ausrichtung an der Mathematik und ihrem Erkenntnisstreben ihre unter dem Einfluss Leibniz' vorgenommene Fundierung in der Metaphysik wie ihre zentrale „Stellung im System des gesamten Wissens"[165]. Logik dient vornehmlich als Propädeutik, leitet zum vernünftigen Denken an und legt die Regeln hierfür fest. Als Methode der Philosophie findet sie sich in allen Bereichen der Philosophie. Gleichzeitig ist die Logik aber auch Wissenschaft der Erkenntnis und baut als solche auf den metaphysischen Grundsätzen wie der Erkenntnis der psychologischen Denkfunktionen auf. „Die Logik ist also formal die Voraussetzung, material aber die Folge des Sachwissens."[166] In dieser doppelten Funktion ist sie dann auch für den Ausbau der Poetik wie der Kunsttheorie im Allgemeinen von Interesse, die sich sowohl an ihrer Terminologie als auch an ihrer Systematik ausrichten und an ihre Prinzipien anschließen. Der Wolffs Programm zugrunde liegende Anspruch, verlässliche methodische Grundlagen zu bieten,

---

162 Zur veränderten Rückbindung der Poetik an die Rhetorik und ihrer parallel verlaufenden Verankerung in der Philosophie vgl. Wetterer: Publikumsbezug und Wahrheitsanspruch bzw. zur Gleichzeitigkeit der Ausbildung der ‚philosophischen Poetik' und der Abwendung von traditionellen Elementen der *ars rhetorica* vgl. Till: Philosophie oder Rhetorik?

163 Zu den Poetiken vgl. Grimm: Literatur und Gelehrtentum, S. 609–619. Zu den Arbeiten von Gottsched, Mizler und Scheibe vgl. Birke: Christian Wolffs Metaphysik.

164 Wolffs *Deutsche Logik* erschien erstmals 1712/1713. Die 1728 erschienene lateinische Logik ist zwar um einiges umfassender, doch ist es vorwiegend die *Deutsche Logik*, die als Grundlage der Methode Wolffs rezipiert wurde und deren deutsche Terminologie den philosophischen Diskurs prägte. Gegenüber den Logiken seiner Zeitgenossen zeichnete sie sich durch Kürze, gedankliche Klarheit und Einheitlichkeit aus, was zu ihrem großen Erfolg beitrug. Bis 1754 erschienen vierzehn Auflagen. Vgl. Arndt: Einführung (GW I.1), S. 53 und 94–99. Zu den Unterschieden zwischen der deutschen und der lateinischen Ausgabe der Logik vgl. Risse: Die Logik der Neuzeit, S. 584 f. Zur Logik Wolffs im zeitgenössischen Kontext vgl. Arndt: Einführung (GW I.1), S. 7–74 sowie Risse: Die Logik der Neuzeit, S. 579–610. Einen Überblick zur Verbreitung des Wolffianismus generell bietet Günter Mühlpfordt: Radikaler Wolffianismus. Zur Differenzierung und Wirkung der Wolffschen Schule ab 1735. In: Schneiders (Hg.): Christian Wolff 1679–1754, S. 237–253, hier besonders S. 237–241. Für eine Relativierung bzw. Präzisierung der verbreiteten Meinung zur Vorrangstellung der Wolffschen Philosophie plädiert Notker Hammerstein: Christian Wolff und die Universitäten. Zur Wirkungsgeschichte des Wolffianismus im 18. Jahrhundert. In: Schneiders (Hg.): Christian Wolff 1679–1754, S. 266–277.

165 Risse: Die Logik der Neuzeit, S. 587.

166 Ebd.

ist nicht nur für die Entwicklung einer ‚philosophischen Poetik' leitend. Die Wolffsche Logik und mit ihr seine Philosophie als Ganze wie auch die Philosophie Leibniz' werden zum Fundament der kunsttheoretischen Reflexionen im 18. Jahrhundert.[167]

Zwei für die Entwicklung der Kunsttheorie in Deutschland wichtige Beispiele sind die Schriften von Gottsched und Baumgarten. Beide Autoren wollen die Philosophie Leibniz' und Wolffs verbreiten. Beide wählen die Metaphysik von Wolff und Leibniz zum Ausgangspunkt ihrer eigenen Philosophie wie ihrer kunsttheoretischen Überlegungen. Doch verfolgen sie hierbei unterschiedliche Ansätze: Während Gottscheds Poetik sich an der Vernunft orientiert, fundiert Baumgarten die Künste in der Sinnlichkeit.

Gottsched steht an der Schnittstelle zwischen spätbarocker und philosophischer Poetik.[168] Die Einordnung seiner Poetik *Versuch einer Critischen Dichtkunst* in den kunsttheoretischen Diskurs des 18. Jahrhunderts wird durch die verschiedenen Einflüsse erschwert, die er versucht, in einem (nicht ganz widerspruchsfreien) System zusammenzuführen. Der rhetorisch-humanistischen Tradition verpflichtet, begeistert sich Gottsched für die Poetiken von Aristoteles und Horaz, die italienische Renaissance, für den französischen Klassizismus und seine Ausrichtung an der Vernunft wie auch für die Ideen der Briten.[169] Vorbild für seine *Critische Dichtkunst* ist aber das philosophische System Wolffs, dessen logisches Prinzip, die Stringenz im Denken, ihn beeindruckt.[170] Seine *Ersten Gründe der gesammten Weltweisheit* gelten als eines der maßgeblichen Werke der als Schüler Wolffs bekannten Denker und tragen

---

167 Auch wenn Wolff ein Großteil von Leibniz', in vielen Fällen erst posthum erschienenen Schriften zur Logik nicht bekannt war, wurde seine Logik von niemand anderem so sehr geprägt wie von Leibniz. Seine Abhandlung *Meditationes de cognitione, veritate et ideis* (1684) gilt als Schlüsseltext für Wolffs Logikauffassung. Zur Bedeutung der Leibniz'schen Logik für Wolff vgl. Arndt: Einführung (GW I.1), S. 63–71.

168 Zum Folgenden vgl. insbesondere Birke: Christian Wolffs Metaphysik, S. 21–48; Grimm: Literatur und Gelehrtentum, S. 626–641 sowie die bereits oben genannten Arbeiten zum Verhältnis von Gottscheds Poetik und Wolffscher Philosophie.

169 Bezüglich seiner Vorbilder schreibt Gottsched (Vorrede der zweyten Auflage [AW VI.1], S. 13): „[U]nd wenn bey vielen die von mir angegebenen Gründe nicht zulangen sollten, die vorgetragenen Lehren zu rechtfertigen; so muß ich von neuem, zu denen fliehen, die meine Vorgänger und Lehrmeister in der critischen Dichtkunst gewesen. Ich trage also auch bey dieser neuen Auflage kein Bedenken, zu gestehen, daß ich alle meine critischen Regeln und Beurtheilungen, alter und neuer Gedichte, nicht aus meinem Gehirne ersonnen; sondern von den größten Meistern und Kennern der Dichtkunst erlernet habe. Aristoteles, Horaz, Longin, Scaliger, Boileau, Bossü, Dacier, Perrault, Bouhours, Fenelon, St. Evremond, Fontenelle, la Motte, Corneille, Racine, Des Calliers und Füretier; ja endlich noch Shaftesbury, Addision, Steele, Castelvetro, Muralt und Voltaire, diese alle, sage ich, waren diejenigen Kunstrichter, die mich unterwiesen und mich einigermaßen fähig gemacht hatten, ein solches Werk zu unternehmen."

170 Zur Einordnung der *Critischen Dichtkunst* innerhalb des zeitgenössischen kunsttheoretischen Diskurses generell wie zu den kontroversen Einschätzungen in der Forschung bezüglich der

entschieden zur Verbreitung der Philosophie Wolffs bei.[171] Bestimmend für die Unterweisung des Verstandes und das Auffinden von Wahrheiten ist für Gottsched die Logik. Ihre Qualitäten will Gottsched auf die Dichtkunst übertragen. Im Anschluss an Wolff geht Gottsched in seiner *Weltweisheit* dann auch davon aus, dass die Philosophie „die ersten Grundsätze aller übrigen Künste und Wissenschaften in sich [hält]"[172] und somit auch die Grundsätze der Dichtkunst. Die vielfachen Verweise auf die Künste und insbesondere die Dichtung in der *Weltweisheit* sind Ausdruck seiner Bemühungen, der Dichtung einen Platz im aufklärerischen Gedankensystem zu sichern.[173] Mit der *Critischen Dichtkunst* verfolgt Gottsched das Ziel, für die Poesie ein System zu entwickeln, das den Status einer rational fundierten Disziplin hat. Er will die Poesie, wie Gunter E. Grimm es formulierte, „in ein zeitgemäßes Wissenschaftsparadigma transponier[en]"[174], dazu erhebt er die mathematische Denkweise zum leitenden Prinzip seiner Argumentation. Die Poesie, so Gottscheds von den Prinzipien der Logik ausgehende Überlegung, funktioniert nach universellen Regeln, die sich aus ihrem Wesen ableiten lassen; einem Wesen, das keinesfalls auf „scandiren und reimen"[175] zu reduzieren ist, sondern in der Nachahmung der Natur liegt.[176] Die Natur ist eine im Sinne Wolffs und Leibniz' nach den Gesetzen der Vernunft aufgebaute Natur. Sie

---

Bedeutung der Wolffschen Philosophie für die *Critische Dichtkunst* vgl. die zusammenfassenden Ausführungen bei Grimm: Literatur und Gelehrtentum, S. 620–626.

171 Ähnlich wie für Wolff und Leibniz gilt für Gottsched und Wolff, dass Gottsched nicht, wie oft behauptet wird, die Wolffschen Lehren einfach übernahm. Vgl. hierzu Benno Erdmann: Martin Knutzen und seine Zeit. Ein Beitrag zur Geschichte der Wolfischen Schule und insbesondere zur Entwicklungsgeschichte Kants. Leipzig 1876. Nachdruck: Hildesheim 1973, S. 79–82; Döring: Die Philosophie Gottfried Wilhelm Leibniz', S. 62–65; Hans Poser: Gottsched und die Philosophie der deutschen Aufklärung. In: Gottsched-Tag. Wissenschaftliche Veranstaltung zum 300. Geburtstag von Johann Christoph Gottsched am 17. Februar 2000 in der Alten Handelsbörse in Leipzig. Hg. von Kurt Nowak, Ludwig Stockinger. Leipzig 2002, S. 51–70; Gideon Stiening: „[D]arinn ich noch nicht völlig seyner Meynung habe beipflichten können". Gottsched und Wolff. In: Achermann (Hg.): Gottsched, S. 39–60.

172 Gottsched: Erste Gründe der gesammten Weltweisheit (theoretischer Teil) (AW V.1), § 15, S. 126. Im Folgenden zitiert als Gottsched: Weltweisheit I.

173 Vgl. Poser: Gottsched, S. 66 f.

174 Grimm: Literatur und Gelehrtentum, S. 625. – Die Übernahme der Grundsätze der Wolffschen Philosophie in die *Critische Dichtkunst* führten aber nicht zu einem Bruch mit der poetischen Tradition, wie Grimm (ebd.) zu Recht betonte, sondern zur „Verwissenschaftlichung auch der Poesie", zur „Beweisbarkeit ihrer Regeln nach logischem Verfahren." Ebd., S. 630.

175 Gottsched: Fortgesetzte Nachricht von des Verfassers eignen Schriften, bis zum 1745sten Jahre (AW V.2), S. 3–66, hier S. 31.

176 Diesbezüglich konstatierte Grimm: Literatur und Gelehrtentum, S. 631. Herv. i.O.: „Die Naturnachahmung als erste *poetologische Wesensbestimmung*, die Oratorie und Poesie nicht von Äußerlichkeiten her scheidet, beendet die humanistisch-rhetorische Tradition und stellt den entscheidenden Sprung zwischen barocker und frühaufklärerischer Poetik dar."

funktioniert nach den Prinzipien des Widerspruchs und des zureichenden Grundes.[177] Der logische Vernunftschluss spiegelt sich in der logischen Verknüpfung der Dichtung wider. Nachahmung der Natur bedeutet strukturelle Kongruenz von Dichtung und Natur. Dieser Übereinstimmung entspricht auf konzeptueller und terminologischer Ebene die Verwendung zentraler Begriffe wie Ordnung, Vollkommenheit, Harmonie oder die Vorstellung der Poesie als zusammengesetztes Ding. Bei Gottsched drängt das *prodesse*, der Bildungsauftrag der Poesie, das *delectare* in den Hintergrund. Zweck der Poesie ist die Vermittlung von Wahrheiten.[178] Wie sehr Gottsched sich auch hier an der Logik Wolffs orientiert, wird an seiner Forderung deutlich, dass die Wahrheiten „gegründet"[179] sein müssen. Dass Gottscheds poetologische Systematik aber auch ihre Grenzen hat, zeigt sich in ihrer Beziehung zur Sinnlichkeit.[180]

Während Gottsched in der *Critischen Dichtkunst* die philosophischen Grundsätze auf die Dichtung überträgt und eine vordringlich an den Prinzipien der Vernunft ausgerichtete normativ-systematische Poetik konzipiert,[181] spricht sich Baumgarten 1735 in den *Meditationes* grundsätzlich für die Platzierung der Poetik wie auch der Rhetorik in der von ihm noch zu gründenden Wissenschaft *aesthetica* aus. Die Ästhetik, so erklärt er in seiner „Schrift von *einigen zum Gedicht gehörigen Stücken*"[182], wie er seine *Meditationes* nennt, ist eine Wissenschaft, „*die das untere Erkenntnisvermögen lenkt,* bzw. *eine Wissenschaft, wie etwas [sinnlich] zu erkennen ist.*"[183] Diese neue

---

177 Im Detail folgt Gottsched hier, wie Stiening („[D]arinn ich noch nicht völlig", S. 52–57) hervorgehoben hat, nicht Wolff, sondern Leibniz, der „keinerlei Ableitungsverhältnis zwischen seinen beiden Prinzipien behauptet, sondern ihnen offenkundig Gleichursprünglichkeit hinsichtlich ihrer Geltungsgründe zuschreibt" (ebd., S. 52). Wolff hingegen bemüht sich um eine Ableitung des Satzes vom zureichenden Grund aus dem Satz des Widerspruchs.
178 Vgl. hierzu ausführlich Kap. II.3.2.
179 Gottsched: Weltweisheit I (AW V.1), § 181, S. 212.
180 Vgl. Kap. III.2.
181 Zum Stellenwert von Gottscheds Poetik wie zu ihrer Einordnung in den zeitgenössischen dichtungstheoretischen Diskurs vgl. Joachim Birke: Nachwort des Herausgebers (AW VI.3), S. 169–178, hier S. 169–174.
182 So Baumgartens eigene Übertragung des lateinischen Titels *Meditationes philosophicae de nonnullis ad poema pertinentibus* ins Deutsche. Alexander Gottlieb Baumgarten: Gedancken vom vernünfftigen Beyfall auf Academien. Hg. und mit Anmerkungen vers. von Alexander Aichele. In: Alexander Gottlieb Baumgarten. Sinnliche Erkenntnis in der Philosophie des Rationalismus. Hg. von Alexander Aichele, Dagmar Mirbach. Hamburg 2008, S. 283–304, hier S. 292. Zu den Übersetzungen des Titels der Abhandlung ins Deutsche und Englische vgl. Hans Adler: Die Prägnanz des Dunklen. Gnoseologie – Ästhetik – Geschichtsphilosophie bei Johann Gottfried Herder. Hamburg 1990, S. 27.
183 Alexander Gottlieb Baumgarten: Meditationes philosophicae de nonnullis ad poema pertinentibus. Philosophische Betrachtungen über einige Bedingungen des Gedichts. Lateinisch/Deutsch. Übers. und mit einer Einleitung hg. von Heinz Paetzold. Hamburg 1983, § CXV, S. 85. Herv. i. O. – „*scientiam [...] facultatem cognoscitivam inferiorem quae dirigat,* aut *scientiam*

Wissenschaft soll, so Baumgartens Plan, in das bestehende philosophische System integriert werden und den Grundsätzen der Schulphilosophie folgen. Die Positionierung der Poetik in der Ästhetik – und nicht in der Logik – impliziert im Bezug auf die Erkenntnisleistung der Poesie eine Verlagerung von den oberen, den intellektuellen, auf die unteren, auf die sinnlichen Erkenntnisvermögen.

Baumgartens Vorhaben ist in zweifacher Hinsicht bedeutsam. Dass er die Poesie in Beziehung zur Sinnlichkeit stellt, ist als solches kein *novum*, doch legt er, wenn er die Poetik in einer Wissenschaft der sinnlichen Erkenntnis situiert, den Grundstein für die philosophische Betrachtung der Poesie bzw. der Künste allgemein im Kontext der Sinnlichkeit.[184] Zum zweiten impliziert für Baumgarten die Überführung der Poetik in diese zum Zeitpunkt der *Meditationes* noch nicht näher definierte „*Wissenschaft, wie etwas sinnlich zu erkennen ist*", die *aesthetica*,[185] die Forderung nach einer Ausformulierung dieser neuen Wissenschaft und damit den Umbau des traditionellen philosophischen Systems. Baumgarten kommt dieser Forderung zumindest teilweise in seiner *Aesthetica* nach, die er ausgehend von seinen ab dem Wintersemester 1742/1743 in Frankfurt/Oder gehaltenen Vorlesungen in zwei Bänden 1750 und 1758 veröffentlicht.[186]

Die Aufgabe der Logik, den Menschen zur Erkenntnis anzuleiten, kann für Baumgarten nicht durch eine einseitige Ausbildung des oberen Erkenntnisvermögens erfolgen. Auch die Sinnlichkeit als unteres Erkenntnisvermögen muss berücksichtigt werden. Soll die Logik weiterhin „das allgemeine Hilfsmittel, das den ganzen Verstand verbessern soll[ ]", bleiben, wie es in der Kollegnachschrift heißt, muss sie sich sowohl an das obere als auch an das untere Erkenntnisvermögen richten, insofern „die sinnliche Erkenntnis der Grund der deutlichen"[187], also der durch die oberen Erkenntnisver-

---

sensitive quid cognoscendi", ebd., S. 84. Herv. i.O. – Heinz Paetzold übersetzt *sensitivus/sensitive* mit ‚sensitiv'. Baumgartens eigenem Sprachgebrauch folgend plädiert Dagmar Mirbach (Einführung zur fragmentarischen Ganzheit von Alexander Gottlieb Baumgartens *Aesthetica* [1750/58]. In: Baumgarten: Ästhetik, S. XV–LXXX, hier S. XXVII) dafür, *sensitivus* mit ‚sinnlich' zu übersetzen. Dem schließe ich mich an.

184 Zur Bedeutung der Ästhetik als Wissenschaft vgl. Baumgarten: Kollegnachschrift, § 1, S. 70f.
185 Vgl. Baumgarten: Meditationes, § CXVI, S. 86f.
186 Es war Baumgarten nicht vergönnt, die *Aesthetica* zu Lebzeiten fertigzustellen: Von den geplanten drei Teilen der theoretischen Ästhetik – Heuristik, Methodologie und Semiotik – veröffentlichte Baumgarten nur den ersten Teil, die Heuristik, und diesen auch nur unvollständig. Vgl. hierzu Mirbach: Einführung, S. XVIII–XXII.
187 Zu Beginn der Kollegnachschrift (§ 1, S. 66) heißt es: „Wenn man bei den Alten von der Verbesserung des Verstandes redete, so schlug man die Logik als das allgemeine Hilfsmittel vor, das den ganzen Verstande verbessern sollte. Wir wissen jetzt, daß die sinnliche Erkenntnis der Grund der deutlichen ist; soll also der ganze Verstand gebessert werden, so muß die Ästhetik der Logik zu Hilfe kommen."

mögen erlangten Erkenntnis ist.¹⁸⁸ Baumgarten setzt sich in den *Meditationes* für eine „Logik in einem allgemeineren Sinne" (*logica sensu generalore* bzw. *logica latius dicta*)¹⁸⁹ ein, die sowohl die Logik in ihrer bekannten Erscheinung als „*Wissenschaft, die das obere Erkenntnisvermögen bei der Erkenntnis der Wahrheit leitet*"¹⁹⁰, die Logik in einem engeren Sinne (*logica strictius dicta*), als auch die Ästhetik als „Logik des unteren Erkenntnisvermögens" (*logica facultatis cognoscitivae inferioris*)¹⁹¹ umfasst.¹⁹² Neben die Logik, der die Ausbildung der oberen Erkenntnisvermögen obliegt, tritt gleichberechtigt die für die Entwicklung der unteren Erkenntnisvermögen zuständige Ästhetik.¹⁹³ Mit der

---

188 Die Feststellung, dass „[d]iskursiv-begriffliche und sinnlich-anschauliche Erkenntnis [...] zwei gleich ursprüngliche Erkenntnisrichtungen des Menschen [sind]", ist für Heinz Paetzold (Einleitung. Alexander Gottlieb Baumgarten als Begründer der philosophischen Ästhetik. In: Baumgarten: Meditationes, S. VII–LX, hier S. XLV) „eines der wesentlichen Resultate Baumgartens".

189 Baumgarten: Meditationes, § CXV, S. 84f.

190 Ebd., S. 85. Herv. i. O. – „*scientia [...] facultatem cognoscitivam superiorem dirigente in cognoscenda veritate*", ebd., S. 84. Herv. i. O.

191 Alexander Gottlieb Baumgarten: Metaphysica. Metaphysik. Historisch-kritische Ausgabe. Übers., eingel. und hg. von Günter Gawlick, Lothar Kreimendahl. Stuttgart-Bad Cannstatt 2011, § 533, S. 283.

192 Eine derartige Erweiterung des Bereichs der Logik um eine Logik der unteren Erkenntnisvermögen hatte bereits 1725 der Wolffianer Georg Bernhard Bilfinger angeregt, als er das Fehlen einer Theorie der Sinnlichkeit nach dem Vorbild des Aristotelischen Organons beanstandete: „*Vellem existerent, qui circa facultatem sentiendi, imaginandi, attendendi, abstrahendi, & memoriam praestarent, quod bonus ille Aristoteles [...] praestitit circa intellectum: hoc est, ut in artis formam redigerent, quicquid ad illas in suo usu dirigendas, & juvandas pertinet & conducit; quaemadmodum Aristoteles in organo Logicam, sive facultatem demonstrandi redigit in ordinem.*" Georg Bernhard Bilfinger: Dilucidationes philosophicae de Deo, anima humana, mundo, et generalibus rerum affectionibus. Tübingen 1725 (GW III.18), § CCLXVIII, S. 255. Herv. i. O. – „Ich wollte, es gäbe Leute, die für das Vermögen des Fühlens, der Einbildung, der Aufmerksamkeit, der Abstraktion und für das Gedächtnis das leisteten, was jener hervorragende Aristoteles [...] für den Verstand geleistet hat, nämlich daß sie alles, was dazugehört und beiträgt, sie in ihrem Gebrauche zu leiten und zu unterstützen in die Form einer Kunst brächten; so wie Aristoteles in seinem Organon die Logik oder die Fähigkeit des Beweises in eine Ordnung gebracht hat." Übersetzung bei Albert Riemann: Die Aesthetik Alexander Gottlieb Baumgartens unter besonderer Berücksichtigung der *Meditationes de Nonnullis ad Poema Pertinentibus* nebst einer Übersetzung dieser Schrift. Halle 1928. Nachdruck: Tübingen 1973, S. 31. Baumgarten war die Arbeit Bilfingers bekannt, wie aus dem ersten der *Philosophischen Briefe von Aletheophilus* hervorgeht. Vgl. Alexander Gottlieb Baumgarten: Philosophische Brieffe von Aletheophilus. Frankfurt, Leipzig 1741, S. 3.

193 Als ‚Schwester der Logik', wie Baumgarten (Ästhetik, § 13, S. 16f.) sie nennt, ist die Ästhetik analog zur Logik strukturiert. Durch die Einführung der Ästhetik kommt es zu einer entscheidenden Änderung im philosophischen System. Das überlieferte Verständnis von Logik als allgemeines Hilfsmittel, das den Menschen zur Erkenntnis anleitet, hatte zum synonymen Gebrauch von Logik (im engeren Sinne) und Instrumentalphilosophie bzw. organischer Philosophie geführt. Indem Baumgarten die Ästhetik als Instrumentalphilosophie der Logik zur Seite stellt, ist die Identifikation von organischer Philosophie bzw.

Ästhetik als eigenständiger philosophischer Disziplin erfährt die Sinnlichkeit eine Neubewertung innerhalb der Grenzen der Philosophie: Ihr wird ein eigener Bereich zugesprochen.[194]

Es handelt sich bei der Ästhetik, wie hier deutlich wird und von der Forschung ausgiebig diskutiert wurde, ursprünglich nicht um eine Kunstwissenschaft *per definitionem*.[195] Wie der Logik (im engeren Sinne)[196] kommt ihr bei Baumgarten zunächst die Aufgabe zu, den Menschen zur Erkenntnis zu führen. Nur befasst sich die Ästhetik anders als die Logik, die die

---

Instrumentalphilosophie und Logik aufgehoben. Ursula Franke (Kunst als Erkenntnis. Die Rolle der Sinnlichkeit in der Ästhetik des Alexander Gottlieb Baumgarten. Wiesbaden 1972, S. 25) hat hervorgehoben, dass „neben dem klassischen Organon des Verstandes ein neues Organon der Sinnlichkeit [erscheint]." Die organische Philosophie wird zum „Dachbegriff[ ] für Logik und Ästhetik" (ebd.). Vgl. hierzu wie zur Ästhetik als Logik der unteren Erkenntnisvermögen und ihrer Verortung im philosophischen System Baumgartens generell Riemann: Aesthetik, S. 29–34; Franke: Kunst als Erkenntnis, S. 22–29; Hans R. Schweizer: Einführung. In: Alexander Gottlieb Baumgarten: Texte zur Grundlegung der Ästhetik. Lateinisch/Deutsch. Übers. und hg. von Hans Rudolf Schweizer. Hamburg 1983, S. VII–XXII, hier S. XVI; Mirbach: Einführung, S. XXVII–XXXII; Constanze Peres: Die Doppelfunktion der Ästhetik im philosophischen System A. G. Baumgartens. In: Allerkamp, Mirbach (Hg.): Schönes Denken, S. 89–116 sowie Baumgarten: Kollegnachschrift, § 1, S. 71. Die Radikalität dieses Ansatzes hebt hervor Paetzold: Einleitung, S. XXXIX–XLI.

194 Vgl. hierzu weiter Kap. I.3.3.
195 Zur Problematik und Diskussion vgl. Ursula Franke: Sinnliche Erkenntnis – was sie ist und was sie soll. A. G. Baumgartens Ästhetik-Projekt zwischen Kunstphilosophie und Anthropologie. In: Aichele, Mirbach (Hg.): Baumgarten, S. 73–99. Franke interpretiert Baumgartens Ästhetik primär als Kunstwissenschaft, so schon in ihrer Dissertation *Kunst als Erkenntnis*. Vgl. auch Ursula Franke: Baumgartens Erfindung der Ästhetik. Mit einem Anhang: „Baumgartens Ästhetik im Überblick" von Nicolas Kleinschmidt. Münster 2018, S. 11 f. Die Schrift erschien nach dem Ende des Bearbeitungszeitraums der vorliegenden Arbeit und konnte daher nicht mehr durchgehend berücksichtigt werden. Zur Diskussion hat angemerkt Hans Adler: Was ist ästhetische Wahrheit? In: Allerkamp, Mirbach (Hg.): Schönes Denken, S. 49–65, hier S. 52: „Der Unterschied zwischen den ‚Ästhetikern', die Baumgartens Ästhetik als Theorie der Schönheit und der Künste lesen und den ‚Aisthetikern', die sie als eine Theorie der unteren Erkenntnisvermögen lesen, ist meines Erachtens nicht exklusiv. Es kann das eine gedacht werden, ohne das andere zu lassen, vorausgesetzt, dass die gnoseologische Rangfolge beachtet wird, soll heißen, dass Baumgartens Ästhetik nur dann richtig gelesen werden kann, wenn der metaphysisch-gnoseologische Aspekt als grundlegender anerkannt wird, auf dem dann Ästhetik und Poetik aufruhen." Im Anschluss u.a. an Heinz Schwitzke: Die Beziehungen zwischen Aesthetik und Metaphysik in der deutschen Philosophie vor Kant. Berlin 1930, S. 21 f.; Hans Rudolf Schweizer: Ästhetik als Philosophie der sinnlichen Erkenntnis. Eine Interpretation der ‚Aesthetica' A. G. Baumgartens mit teilweiser Wiedergabe des lateinischen Textes und deutscher Übersetzung. Basel, Stuttgart 1973, S. 9–11; Adler: Prägnanz des Dunklen, S. 47; Egbert Witte: Logik ohne Dornen. Die Rezeption von A.G. Baumgartens Ästhetik im Spannungsfeld von logischem Begriff und ästhetischer Anschauung. Hildesheim u.a. 2000, S. 39 sowie Mirbach: Einführung, S. XXVII bezeichne ich mit ‚Ästhetik' die ‚Wissenschaft der sinnlichen Erkenntnis', wie sie im Folgenden erläutert wird.
196 Wenn nicht anders angegeben, referiert ‚Logik' im Folgenden auf die von Baumgarten als *logica strictius dicta* bezeichnete Logik, die Logik im engeren Sinne.

νοητά, das durch den Verstand Erkennbare, zum Gegenstand hat, mit den αἰσθητά, den Sinneswahrnehmungen, die sich auf das Gegenwärtige oder aber auch auf das „in Abwesenheit sinnlich Erkannte"[197], die Einbildungen, richten.[198] Mit der Aufwertung und der Erweiterung der unteren Erkenntnisvermögen, auf die im ersten Kapitel noch ausführlich eingegangen wird, unternimmt Baumgarten, wie Hans Adler es treffend beschrieb, „den Versuch zur philosophischen Komplettierung des Menschenbildes im 18. Jahrhundert"[199]. Es ist die Vorstellung von der „Bildung des *ganzen* Menschen"[200], die er der *Aesthetica* zugrunde legt. Im Zentrum der Ästhetik steht die Frage nach der Bedeutung der Sinnlichkeit für die Bestimmung des Menschen und seine Erkenntnis. In den Prolegomena der *Aesthetica* weist Baumgarten dann auch vorsorglich den möglichen Vorwurf zurück, dass die Ästhetik „ein und dasselbe sei mit der Rhetorik und der Poetik"[201], und verweist auf ihren weit größeren Gegenstandsbereich:

---

197 Baumgarten: Meditationes, § CXVI, S. 87. – „absentia […] sensa (ergo phantasmata)", ebd., S. 86.
198 Vgl. hierzu auch Paetzold: Einleitung, S. XL: „Dabei sind unter den αἰσθητά nicht nur die auf das unmittelbar Gegenwärtige gerichteten sinnlichen Wahrnehmungen zu verstehen, sondern auch das, was den Sinnen nicht unmittelbar präsent ist, gleichwohl aber den Bereich der sinnlichen Erkenntnis nicht verläßt, eben die Einbildungen (phantasmata) und Fiktionen."
199 Adler: Prägnanz des Dunklen, S. 33. – In der von Baumgarten mit der Ästhetik vorgenommenen Erweiterung der Erkenntnislehre sieht Adler (ebd., S. 47) im Anschluss an frühere Forschungsarbeiten „die Folge der Feststellung eines Mißverhältnisses zwischen Humanitätskonzept und Philosophie." Zur Forschung vgl. ebd., Anm. 342. Steffen W. Groß (Felix aestheticus. Die Ästhetik als Lehre vom Menschen. Würzburg 2001) liest die Ästhetik dezidiert als *Lehre vom Menschen* und betont, „daß die Frage nach dem Menschen und der Art seiner Erkenntnis die grundlegende Frage für die ‚Aesthetica' ist. Die Fragen danach, was den Menschen, das Mensch-Sein ausmacht, nach dem Charakter menschlicher Erkenntnis, nach Art und nach der Organisation seiner verschiedenen, teils gegenläufigen Vermögen, schließlich danach, wie seine unterschiedlichen Kräfte in eine solche Balance gebracht werden können, daß deren möglichst allseitige und umfassende Ausbildung – und damit eine *allsinnige* Entwicklung des Menschen – möglich werden kann." Ebd., S. 16. Herv. i. O. Zur Bedeutung von Baumgarten für die anthropologische Entwicklung wie zur engen Verbindung von Anthropologie und Ästhetik vgl. auch Zelle: Sinnlichkeit und Therapie.
200 Baeumler: Irrationalitätsproblem, S. 208. Herv. i. O.
201 Baumgarten: Ästhetik, § 5, S. 13. – „[…] eam eandem esse cum rhetorica et poetica." Ebd., S. 12. – Der in der Forschung immer wieder konstatierte Befund, dass die Ästhetik in einigen Punkten der rhetorischen Tradition verpflichtet ist, steht nicht im Gegensatz zu Baumgartens Zurückweisung einer Gleichsetzung von Ästhetik und Rhetorik. Dass in der Rhetorik nicht der „Untergrund" der Ästhetik zu suchen ist, wie es Linn (Baumgartens ‚Aesthetica' und die antike Rhetorik, S. 425) beabsichtigt, sondern die Rhetorik hier vielmehr, wie Schweizer (Ästhetik als Philosophie der sinnlichen Erkenntnis, S. 19) schreibt, als „rhetorische Verkleidung" in Erscheinung tritt, hat Till (Philosophie oder Rhetorik?) noch einmal unterstrichen und aufgezeigt, welche Rolle die rhetorische Tradition als Referenz tatsächlich einnimmt: „Die Rhetorik diente als kommunikativer ‚Code', auf den sich die Autoren im Sinne eines klassischen Autoritätsbeweises beziehen." Ebd., S. 196. Doch auch diese Funktion der Rhetorik tritt mit zunehmender Bedeutung des deduktiven

[S]ie umfaßt Dinge, die diesen und anderen Künsten gemeinsam sind und die sie auch unter sich gemeinsam haben, durch die, nachdem sie hier an dem ihnen zukommenden Ort ein für allemal durchdrungen wurden, jedwede Kunst ihren jeweiligen Grund und Boden ohne unnütze Tautologien glücklicher bearbeiten mag.[202]

Die Ästhetik befasst sich mit dem, was man als ‚gemeinsamen Nenner' der Künste bezeichnen kann, und unterstützt so die Ausarbeitung der kunsttheoretischen Überlegungen, ohne jedoch nur Kunsttheorie sein zu wollen. Dass den freien Künsten aber ein besonderer Platz in der Ästhetik zukommt, darauf verweist unter anderem die Definition von Ästhetik, wie sie im ersten Paragraphen der *Aesthetica* steht: „*Die Ästhetik* (Theorie der freien Künste, untere Erkenntnislehre, Kunst des schönen Denkens, Kunst des Analogons der Vernunft) ist die Wissenschaft der sinnlichen Erkenntnis."[203] Auch wenn die in Klammern gesetzten Bestimmungen „Theorie der freien Künste", „Kunst des schönen Denkens" und, wie es in Baumgartens Me-

---

Prinzips, der mathematischen Methode Wolffs, bei der Legitimierung der Argumentation in den Hintergrund. Die Philosophie Wolffs führt zu neuen Begründungsmaßstäben. Baumgartens *Meditationes* veranschaulichen, so Till (ebd., S. 198f.), diesen Übergang: „Wir finden in den *Meditationes* also zwei Formen der Begründung von Theorie: durch die Struktur der Argumentation wie durch die Berufung auf Autoritäten: also eine logisch-deduktive Form und eine rhetorisch-topische. Durch die Schriftgröße wird angezeigt, welche die primäre ist, nämlich die deduktiv argumentierende, und welche nur unterstützende Wirkung hat, nämlich die Nennung von Topoi aus dem alteuropäischen Fundus der Poetik. Baumgartens *Meditationes* präsentieren somit ein Übergangsstadium in der Geschichte der Poetik. [...] Der veränderte Begründungsanspruch hat also, zumindest bei Baumgarten, direkte Auswirkungen auf die textuelle Konstitution der Theorien, auf ihre argumentative Struktur. Bei allem Vorhandensein rhetorischer Elemente wird man über den geschwächten Status rhetorischer Theoriebildung und rhetorischer Normen nicht hinwegsehen können. Die neue Philosophie erscheint gerade wegen ihres autonomen Begründungs- und Erklärungsvermögens mächtiger als die aufgrund ihres traditionalen Moments diskreditierte Rhetorik." Zur Beziehung der *Aesthetica* bzw. den *Meditationes* zur Rhetorik vgl. auch Bender: Rhetorische Tradition und Ästhetik; Paetzold: Einleitung, S. XLII–XLIV; Buchenau: Founding of Aesthetics, S. 114–136 sowie Frauke Berndt: Poema/Gedicht. Die epistemische Konfiguration der Literatur um 1750. Berlin, Boston 2011, S. 15–18. Als „Produktionsästhetik und Rezeptionsverfahren" versteht die Rhetorik Ralf Simon: Die Idee der Prosa. Zur Ästhetikgeschichte von Baumgarten bis Hegel mit einem Schwerpunkt bei Jean Paul. München 2013, S. 23–54, hier zitiert S. 39. Grundlegend ist, dass die Rhetorik Teil der Ästhetik ist und damit eine Möglichkeit, die Sinnlichkeit des Menschen auszubauen.

202 Baumgarten: Ästhetik, § 5, S. 13. – „[C]omplectitur his cum aliis artibus, ac inter se communia, quibus heic loco convenienti, semel perspectis quaelibet ars sine tautologiis inutilibus suum fundum felicius colat." Ebd., S. 12.

203 Baumgarten: Ästhetik, § 1, S. 11. Herv. i. O. – „*Aesthetica* (theoria liberalium artium, gnoseologia inferior, ars pulcre cogitandi, ars analogi rationis) est scientia cognitionis sensitivae." Ebd., S. 10. Herv. i. O.

taphysik noch heißt,²⁰⁴ „Philosophie der Grazien und der Musen"²⁰⁵ oder „Wissenschaft des Schönen"²⁰⁶ nicht als Synonyme von ‚Ästhetik' zu verstehen sind, sondern lediglich Teilaspekte der Ästhetik beschreiben, wird an ihnen doch deutlich, dass die Ästhetik als Wissenschaft von der sinnlichen Erkenntnis auch, wenn auch nicht primär, Theorie der Künste ist bzw. die Grundlage hierfür bietet.²⁰⁷ Gemeinsames Prinzip der Künste ist die Sinnlichkeit.²⁰⁸

Wenn Baumgarten die Poetik bzw. die Künste in der Ästhetik ansiedelt, dann geht er nicht von der Vernunft, sondern von der Sinnlichkeit aus und begeht so den von Wolff bereiteten Weg, die Künste auf ein philosophisches Fundament zu stellen, in anderer Weise als Gottsched. Dieser orientiert sich bei der Abfassung seiner Poetik an den Vernunftprinzipien der Logik, lässt der Poesie eine gewissermaßen ‚philosophische Behandlung' zuteilwerden. Auch Baumgarten tut dies. Doch indem er das bestehende philosophische System mit der Ästhetik um eine eigens den sinnlichen Erkenntnisvermögen gewidmete Wissenschaft erweitert, schafft er einen eigenen Bereich für die Künste, ordnet sie explizit der Sinnlichkeit zu, einer Sinnlichkeit, die er im Rahmen seiner Ästhetik entschieden erweitert.

---

204 Auf Baumgartens Überlegungen zur Ästhetik in den *Meditationes* von 1735 folgten verschiedene Ansätze zur Bestimmung der Ästhetik im Paragraphen 533 seiner *Metaphysica* – von der ersten bis zur vierten Auflage von 1757 nahm Baumgarten auch hier immer wieder Veränderungen vor –, im zweiten der *Philosophischen Briefe von Aletheophilus* (1741), im Paragraphen 147 seiner im Nachlass gefundenen *Philosophia generalis* (ca. 1742) und natürlich im ersten Band seiner *Aesthetica* (1750). Vgl. hierzu Schweizer: Einführung, S. X; Adler: Prägnanz des Dunklen, S. 30f.
205 Baumgarten: Metaphysica, § 533, S. 283. – „philosophia gratiarum et musarum", ebd., S. 282.
206 Ebd., Anm. a. So Baumgartens eigene Anmerkung auf Deutsch.
207 Adler (Prägnanz des Dunklen, S. 47) betont, „daß das Kunstwerk nur einen, wenn auch einen gewichtigen Sonderfall aus der Reihe der für die Ästhetik relevanten Objekte darstellt. Die frühe philosophische Ästhetik ist […] nicht eine Kunstwissenschaft, sondern sie ist konzipiert als Wissenschaft von der sinnlichen Erkenntnis." Und Mirbach (Einführung, S. XXVII) hebt hervor, dass sich „[d]ie von Baumgarten geleistete spannungsreiche, für die Entwicklung der philosophischen Ästhetik wirkungsmächtige Verklammerung von Erkenntnistheorie, einer […] metaphysisch fundierten Schönheitslehre und einer Kunsttheorie […] in der gemeinsamen Nennung dieser Bezeichnungen schon an[kündigt]". Zur Ästhetik in ihrer Bedeutung als Kunsttheorie und Schönheitslehre vgl. zusammenfassend Mirbach: Einführung, S. LIII–LXV. Zu den unterschiedlichen Bestimmungen der Ästhetik bei Baumgarten und ihrer Bedeutung vgl. Schweizer: Ästhetik als Philosophie der sinnlichen Erkenntnis, S. 17, 21 und 26f; Adler: Prägnanz des Dunklen, S. 29–32.
208 Vgl. Franke: Kunst als Erkenntnis, S. 31.

Erkenntnistheorie – Moralphilosophie – Kunsttheorie.
Zur Anlage der Arbeit

Die skizzierte Verschiebung der Rhetorik und damit der Poetik hin zur Logik ist nur ein Aspekt, der die philosophische Grundlegung der Kunsttheorie im 18. Jahrhundert begünstigt. Besondere Beachtung verdient diesbezüglich die von Wolff ausgearbeitete Psychologie, wie er sie in der *Deutschen Metaphysik*, der *Psychologia empirica* (1732) oder auch der *Psychologia rationalis* (1734) behandelt. Ihr kommt insofern eine grundlegende Funktion zu, als weitere Teildisziplinen der Philosophie Wolffs auf ihr basieren.[209] Als „Wissenschaft dessen, was durch die menschliche Seele möglich ist"[210], gibt die Psychologie grundlegend Auskunft über die Funktionsweise des Menschen bzw. seiner Seele. Indem sie die Vermögen der Seele, die Erkenntnis- und die Begehrungsvermögen, aufschlüsselt, ihre jeweiligen Funktionen und ihre Beziehung untereinander erläutert, erklärt sie unter anderem, wie der Mensch Erkenntnis gewinnt, wie und warum er begehrt, was ihn zum Handeln antreibt und auch wie er schöpferisch tätig werden kann. Dieses Wissen vom Menschen bildet die Grundlage für eine Theorie der Künste. Es werden nicht nur Erklärungen geboten, um zu verstehen, wie der Mensch aufgrund seiner (seelischen) Disposition zum Produzenten wird, sondern auch, wie und unter welchen Bedingungen er die Künste rezipiert; für den Wirkungsauftrag des *prodesse et delectare* sind diese Zusammenhänge nicht belanglos und werden entsprechend in die kunsttheoretischen Reflexionen einbezogen. Die philosophische Grundlegung der Kunsttheorie ist auch eine psychologische.

Die Psychologie ist auch Fundament der praktischen Philosophie, denn sie ermöglicht es, den Funktionsmechanismus des menschlichen Handelns einzusehen.[211] Hiervon ausgehend kann die praktische Philosophie erklären, wie der Mensch angeleitet werden muss, um nach dem Guten zu streben

---

209 Im dritten Kapitel „Von den Teilen der Philosophie" („De partibus Philosophiae") seines *Discursus praeliminaris de philosophia in genere* (1728) erläutert Wolff die unterschiedlichen Teildisziplinen der Philosophie und ihre Beziehung untereinander. Psychologie, Theologie und Physik bilden die drei Hauptgebiete der Philosophie. Diese Bereiche sind wiederum unterteilt. Zur Untergliederung der Psychologie und ihrer zentralen Funktion in Wolffs philosophischem System vgl. Christian Wolff: Discursus praeliminaris de philosophia in genere. Einleitende Abhandlung über Philosophie im Allgemeinen. Historisch-kritische Ausgabe. Übers., eingel. und hg. von Günter Gawlick, Lothar Kreimendahl. Stuttgart-Bad Cannstatt 1996, §§ 60–70, S. 70–79. Zur zentralen Stellung der Psychologie vgl. Jean-François Goubet, Oliver-Pierre Rudolph: Einleitung. Die Psychologie Christian Wolffs. Systematische und historische Untersuchungen. In: Dies. (Hg.): Die Psychologie Christian Wolffs, S. 1–9.
210 Wolff: Discursus praeliminaris, § 58, S. 71. – „scientia eorum, quae per animas humanas possibilia sunt", ebd., S. 70.
211 Vgl. ebd., § 92, S. 98–101.

und das Schlechte zu meiden.[212] Die sittliche Erziehung mittels der Künste im Allgemeinen und der Dichtung im Besonderen stellt sich als besonders praktikabel heraus. Innerhalb seiner moralphilosophischen Überlegungen, wie Wolff sie unter anderem in der *Deutschen Ethik* (1720), der *Deutschen Politik* (1721) und seiner *Philosophis practica universalis* (1738/1739) entfaltet, wird ihnen besondere Aufmerksamkeit zuteil. Der sittliche Wirkungsauftrag der Künste, das *prodesse*, wird von Wolff psychologisch begründet. Seine Überlegungen tragen zu einer Aufwertung der Künste und ihrer Theorie wie auch ihrer philosophischen Fundierung bei.

Neben seiner Psychologie und seiner Moralphilosophie ist als dritter Faktor für eine philosophische Fundierung der Kunsttheorie im 18. Jahrhundert Wolffs eigener Entwurf einer *philosophia artium* zu nennen. Wie im letzten Abschnitt bereits kurz erwähnt, spricht sich Wolff explizit für eine Integration der Künste in die Philosophie aus. Im *Discursus praeliminaris de philosophia in genere* (1728) verkündet er: „*Werke der Kunst fallen in die Philosophie*"[213], denn: „*Selbst die Werke der Kunst gestatten philosophische Erkenntnis. Denn auch sie ermangeln nicht ihrer Gründe, wie wir durch unser Tun erfassen. Daher wird in derselben Weise wie zuvor geschlossen, daß auch die Werke der Kunst in die Philosophie einbezogen werden.*"[214] Auch wenn Wolff hier keinen auf die schönen Künste reduzierten, sondern einen weiten Kunstbegriff vertritt, wie noch zu erörtern sein wird,[215] bilden seine Überlegungen die Grundlage für die theoretischen Diskussionen um die sogenannten ‚schönen Künste' und somit für die Herausbildung des modernen Systems der Künste im deutschsprachigen Raum des 18. Jahrhunderts. Von der Annahme ausgehend, dass alle Künste eine jeweils eigene Wahrheit besitzen, setzt er sich dann auch in der *Deutschen Politik* für die Gründung von Akademien der Wissenschaften ein und zwar für alle Wissenschaften und Künste, „sie mögen Nahmen haben, wie sie wollen"[216]. Sie sollen nicht nur das Wesen der Künste beschreiben, sondern es als ihre Aufgabe ansehen, „zugleich von allem, was dabey vorkommt, den Grund zu untersuchen und zu überlegen, worinnen jedes noch könne verbessert werden"[217]: die philosophische Begründung und

---

212 Vgl. ebd., S. 98 f.
213 Ebd., § 40, S. 47. Herv. i. O. – „*Opera artis ad philosophiam pertinent*", ebd., S. 46. Herv. i. O.
214 Ebd., S. 47. Herv. i. O. – „*Ipsa artis opera philosophicam cognitionem admittunt. Etenim nec ea rationibus suis destituuntur, id quod ipso facto deprehendimus. Quamobrem eodem, quo ante, modo conficitur, ipsa quoque artis opera ad philosophiam referri.*" Ebd., S. 46. Herv. i. O.
215 Vgl. Kap. III.1.
216 Wolff: Vernünfftige Gedancken von dem gesellschafftlichen Leben der Menschen und insonderheit dem gemeinen Wesen (GW I.5), § 300, S. 241 f. Im Folgenden zitiert als Wolff: Deutsche Politik.
217 Ebd., § 305, S. 248.

Verwissenschaftlichung der Künste im weitesten Sinne. Über Wolffs Schriften verteilt finden sich zudem Äußerungen, namentlich zu den schönen Künsten, die mehr als ahnen lassen, wie eine philosophische Begründung der Künste auszusehen hat. Hierzu gehören auch Wolffs Überlegungen zur *fabula*, die zu Beginn einer Gattungsdiskussion stehen, der sich die Theoretiker des 18. Jahrhunderts mit Eifer widmeten und die in Lessings *Abhandlungen über die Fabeln* (1759) kulminierte. Psychologie bzw. Erkenntnistheorie, Moralphilosophie und Kunsttheorie, diese Trias bestimmt die Struktur der vorliegenden Studie, in diesen drei Bereichen untersucht sie das Verhältnis von Sinnlichkeit und Verstand im Hinblick auf eine Aufwertung der Sinnlichkeit, wie sie im Laufe des 18. Jahrhunderts auch, aber nicht nur in der Kunsttheorie stattfand.

Das erste Kapitel *„Unser Verstand ist niemahls rein." Sinnlichkeit und Verstand/Vernunft in der Erkenntnislehre* klärt, was die Autoren jeweils mit den Begriffen ‚Sinnlichkeit' und ‚Verstand' bzw. ‚Vernunft' bezeichnen und was diese Begriffe umfassen; gerade angesichts der Verwendung des Terminus ‚Sinnlichkeit' in der Aufklärungsforschung und seiner Bedeutung für die anthropologische Wende ist dies ein notwendiges Unterfangen. In der Forschung herrscht zwar Konsens darüber, dass die Relation von Sinnlichkeit und Verstand/Vernunft zu den Kernthemen der Aufklärung gehört, unklar ist oftmals jedoch, worauf diese zentralen Termini jeweils verweisen und wie sich diese beiden Größen im Einzelnen zueinander verhalten. Das Verhältnis von Sinnlichkeit und Verstand wird daher auf verschiedenen Ebenen im Rahmen der Erkenntnistheorie nachgezeichnet (Körper – Seele; obere – untere Erkenntnisvermögen; sinnliche – intellektuelle Erkenntnis). Neben Sinnlichkeit und Verstand werden weitere für die Kunsttheorie zentrale Termini wie sinnliche, anschauende, symbolische Erkenntnis oder Lebhaftigkeit erläutert und dem Verstand oder der Sinnlichkeit zugeordnet. Die ausführliche Darstellung der Erkenntnisvermögen und ihrer Funktionen, die dieses Kapitel zudem vornimmt, bietet den Ausgangspunkt für die im dritten Kapitel diskutierte Bedeutung und Beziehung von Sinnlichkeit und Verstand bzw. Vernunft bei der Produktion und Rezeption der Künste. Mit der Explikation der für den Sinnlichkeitsdiskurs der Aufklärung wichtigen Termini wird die Grundlage für eine adäquate Bewertung der Aufwertung der Sinnlichkeit geschaffen. Verstand und Sinnlichkeit, so wird hervorgehoben, stehen nicht im Gegensatz zueinander, sondern ergänzen bzw. bedingen sich. Nicht erst Baumgarten, sondern bereits Wolff weist der Sinnlichkeit eine prominente Stellung zu. Leibniz, Wolff, Gottsched und Baumgarten entwickeln zwar eng miteinander verbundene, aber im Detail abweichende Konzepte von Sinnlichkeit und Verstand, die sie zudem unterschiedlich bewerten; von einem einheitlichen ‚Rationalismus' kann bei diesen Autoren nicht gesprochen werden.

Der Erziehungsanspruch der Kunst (*prodesse*) ist im 18. Jahrhundert fester Bestandteil der Kunsttheorie im deutschsprachigen Raum und damit auch für die in der Arbeit behandelten Autoren von zentralem Interesse. Das zweite Kapitel *„Die Erkenntnis muß demnach in ein Thun ausbrechen". Die Kunst der sittlichen Erziehung* rekonstruiert zunächst den moralphilosophischen Funktionsmechanismus und schafft so die Grundlage, um zu verstehen, welche Rolle der Kunst bei der sittlichen Erziehung des Menschen zukommt bzw. zukommen *muss*. In diesem Zusammenhang werden die Begehrungsvermögen und zentrale Begriffe sowohl der Moralphilosophie als auch der Kunsttheorie erläutert (Vollkommenheit/Schönheit, Lust/Vergnügen, lebendige Erkenntnis). Bei der Rekonstruktion leitend ist auch hier die Beziehung von Sinnlichkeit und Verstand bzw. Vernunft. Herausgestellt wird, inwiefern sich Wolffs Vorstellung einer allein in der Vernunft gegründeten Moralphilosophie als problematisch erweist. Trotz aller Vorbehalte, die der Sinnlichkeit bezüglich des moralischen Handelns entgegengebracht werden, wird ihr eine zentrale Funktion bei der sittlichen Erziehung des Menschen zuteil. Die Analyse kommt zu dem Schluss, dass Wolff nicht nur der Poesie einen Platz in der Philosophie einräumt, sondern dass die Erziehung des Menschen *qua* Poesie zu erfolgen hat. Die Poesie bzw. die Künste nehmen aufgrund ihrer sinnlichen Wirkkraft eine prominente Stellung bei der sittlichen Erziehung ein. Wolff, Gottsched und Baumgarten konzipieren jeweils eine Erziehung des Menschen durch die Poesie bzw. die Künste, und das bedeutet: mit Hilfe der Sinnlichkeit. Der sittliche Anspruch von Baumgartens Ästhetik wird in seiner ganzen Breite manifestiert.

Ausgehend von den Ergebnissen der vorangegangenen Kapitel widmet sich das dritte Kapitel *Schnittstellen. Die Kunsttheorie zu Beginn der Aufklärung* den kunsttheoretischen Reflexionen von Wolff, Gottsched und Baumgarten. Im Gegensatz zu Leibniz, dessen Äußerungen zu den Künsten nicht ohne weiteres als ein eigenes System zusammenzufassen sind und daher in diesem Kapitel nicht eigens berücksichtigt werden, finden sich in verschiedenen Schriften Wolffs die Grundlagen für die Rekonstruktion einer ‚Philosophie der Künste' (*philosophia artium*) im Sinne Wolffs. Sie bildet das Scharnier zur Kunsttheorie der Moderne. Durch den Fokus auf das Verhältnis von Sinnlichkeit und Verstand und von Werkkonstruktion und Wirkungskonzeption werden problematische Konzeptionen bei Wolff und Gottsched verdeutlicht, die bereits Baumgarten mit seiner Ästhetik teilweise löst. Von Interesse sind in diesem Kapitel die Schnittstellen, an die im Laufe des Jahrhunderts – gerade im Zuge der Aufwertung der Sinnlichkeit – die folgenden kunsttheoretischen Reflexionen anknüpfen werden.

Kennzeichnend für die rekonstruierten Elemente einer Kunsttheorie in den Schriften Wolffs ist eine Rationalisierung der sinnlichen Prozesse. Verstand und Sinnlichkeit stehen auch in der Kunsttheorie in einer Wechselbeziehung. Die sinnlichen Vermögen sind weiterhin Basis für den Verstand und seine Vermögen, der Verstand agiert weiter als Korrektiv der Sinnlichkeit, aber nicht nur: Die vormalige deutliche Erkenntnis wird zur Bedingung für die erfolgreiche sinnliche Wirkung des Werks. In diesem wichtigen Punkt wird das aus der Erkenntnistheorie bekannte Verhältnis von Sinnlichkeit und Verstand umgekehrt – eine nicht unproblematische Konzeption, die von Wolffs Nachfolgern aufzulösen ist. Neben einer Schönheit, die nicht jedem zugänglich ist, kennt Wolff auch das bedingungslose ästhetische Vergnügen, die Lust. Mit ihr kommt es zu einer Aufwertung der Sinnlichkeit. Der Vergleich mit Dubos zeigt, dass sich bei Wolff durchaus die notwendigen Ansatzpunkte für eine intensive Rezeption einer an den Leidenschaften ausgerichteten Kunsttheorie finden. Ähnliches gilt für seinen Handlungsbegriff, der nicht nur von Lessing rezipiert wird und einen wichtigen Teil seiner Illusionskonzeption liefert.

Eine vergleichbare Konstellation findet sich in Gottscheds *Versuch einer Critischen Dichtkunst*. Sie gilt in der Forschung als Beispiel für die Umsetzung von Wolffs Forderung nach einer Philosophie der Dichtung. Nicht nur der Produzent und der Kritiker wie auch die rationale Fundierung bestimmen Gottscheds Poetik, sondern, so zeigt sich, auch der Rezipient und der sinnliche Wirkungsanspruch werden als konstitutive Bedingungen der Dichtung mitgedacht. Die Sinnlichkeit in der *Critischen Dichtkunst* ist wegweisend für die weitere Entwicklung der Kunsttheorie, die in ihr angelegten Konzeptionen von Illusion, Einbildungskraft und Geschmack sind wichtige Schnittstellen.

Eine erste Auflösung der bei Wolff und Gottsched herausgearbeiteten Spannungen zwischen Sinnlichkeit und Verstand und zugleich eine Fortführung ihrer Ideen finden sich bei Baumgarten. Seine Ästhetik ist, das wird am Schluss deutlich, auch als Antwort auf die *kunsttheoretischen* Ausführungen bei Wolff und Gottsched zu lesen; ein Aspekt, der bei der Diskussion über die Ursprünge und Kontexte von Baumgartens Ästhetik-Projekt zu berücksichtigen ist.[218] Im Kontext der Kunsttheorien von Wolff und Gottsched ist die Baumgartens, wie die Konzeptionen von Schönheit, Wahrscheinlichkeit

---

218 Neben der bereits angesprochenen Frage, inwiefern die Ästhetik primär als Kunstwissenschaft oder als Wissenschaft der sinnlichen Erkenntnis konzipiert wurde, diskutiert die Forschung Baumgartens Ästhetik als Beitrag zur zeitgenössischen Geschmacksdebatte wie auch zu den moralischen und theologischen Fragen seiner Zeit. Auch hier gilt, dass die Interpretationen nicht exklusiv sind. Die Bezüge zur Geschmacksdiskussion hebt u. a. hervor Riemann: Aesthetik, S. 5–14 und 76. Eine Kontextualisierung im theologischen bzw. moralphilosophischen Diskurs der Zeit machen u. a. stark: Joachim Jacob: Heilige Poesie. Zu einem literarischen Modell bei Pyra, Klopstock und Wieland. Tübingen 1997, S. 17–54; Goldenbaum: Appell, S. 675–679; Simon Grote: The Emergence of Modern Aesthetic Theory. Religion and Morality in Enlightenment Germany and Scotland. Cambridge 2017, S. 67–101 sowie Grote: Vom geistlichen zum guten Geschmack? Vgl. auch die Literaturhinweise ebd., S. 365, Anm. 1.

und Geschmack zeigen, weniger ein Gegenentwurf zu einer ‚rationalistischen Poetik' als vielmehr der Versuch, die in den Ausführungen Wolffs und Gottscheds ausgemachten Unstimmigkeiten aufzulösen.

Vor dem Hintergrund einer „doppelte[n] Ästhetik der Moderne"[219], wie Carsten Zelle sie ausgehend vom französischen Klassizismus profilierte und in der Baumgartens Ästhetik als „Auffangbecken"[220] für die nicht rational fassbaren Konzepte des französischen Klassizismus fungiert, sind die Kunsttheorien von Wolff und Gottsched neu zu bewerten. Die für die doppelte Ästhetik charakteristische gegenläufige Tendenz von nebeneinander existierenden Konzepten lässt sich auch in ihren Überlegungen beobachten, wenngleich meist innerhalb eines einzelnen kunsttheoretischen Konzepts. Versteht man, wie schon Albert Riemann,[221] die doppelte Ästhetik gleichsam als treibende Kraft für die Schaffung einer Ästhetik, deren Aufgabe unter anderem in der Auflösung dieser gegenläufigen Tendenzen bestand, dann sind auch die kunsttheoretischen Konzeptionen von Wolff und Gottsched ein ernstzunehmender Beitrag zur „doppelten Ästhetik der Moderne".

Den Schluss der Studie „*Dämmerung*" – *ein Epilog* bilden, da ist diese Arbeit keine Ausnahme, Resümee und Ausblick. Von der Wirkmacht der rationalistischen Sinnlichkeit, wie sie in den drei vorherigen Kapiteln der Studie herausgearbeitet wird, zeugt nicht zuletzt Sulzers *Allgemeine Theorie der schönen Künste* (1771/1774). Die Reflexionen zur Sinnlichkeit von Leibniz, Wolff, Gottsched und Baumgarten werden zur Heuristik für die Interpretation seiner Theorie der schönen Künste. Sulzer ist es auch, der ausgehend von Wolffs Psychologie ein eigenes Empfindungsvermögen einführt. Dass dies im Anschluss an Baumgartens Lustkonzeption geschieht, wird am Beispiel von Joachim Heinrich Campe erläutert. Seine Überlegungen zur Empfindsamkeit stehen in enger Beziehung zur Sinnlichkeitskonzeption der Frühaufklärer: Lust, Empfindungskraft und Empfindsamkeit bilden eine Linie. Die Neukonzeption der Beziehung von Sinnlichkeit und Verstand bzw. Vernunft findet im Ausgang von der Leibniz-Wolffschen Philosophie statt. Ihre prägende Kraft wird auch an der moralischen Dimension deutlich, die das Konzept der Empfindsamkeit bestimmt. Der moralphilosophische Funktionsmechanismus, auf dem die Ausführungen von Wolff, Gottsched und Baumgarten beruhen, ermöglicht eine Rezeption der *moral sense*-Theorie wie weiterer Konzepte, in deren Fokus die Sinnlichkeit steht. Rousseaus Idee der

---

219 Carsten Zelle: Die doppelte Ästhetik der Moderne. Revisionen des Schönen von Boileau bis Nietzsche. Stuttgart, Weimar 1995.
220 Ebd., S. 70
221 Für Riemann (Ästhetik, S. 14) stellte Baumgartens Ästhetik die „Lösung des ästhetischen Problems" dar, das er vorwiegend in den teils konträren Geschmackskonzeptionen ausmachte. Vgl. ebd., S. 5–14.

pitié sei hier genannt. Die Instrumentalisierung der Sinnlichkeit, wie sie die Autoren im Rahmen der Kunsttheorie vornehmen, wird von ihren Nachfolgern weitergeführt. An Wolffs Überlegungen zur Fabel, Gottscheds Konzepte der moralischen Affekterregung oder auch Baumgartens Vorstellung vom ganzen Menschen schließen nicht nur Sulzer, Lessing und Schiller an. Von den kunsttheoretischen Positionen der Autoren lassen sich Verbindungen über Lessing hinaus bis zu Karl Philipp Moritz und Johann Wolfgang Goethe ziehen. Lessings Konzepte von Illusion und Genie, Friedrich Blanckenburgs Romantheorie oder Moritz' Autonomieästhetik – die Kunsttheorie, wie sie sich in den 1760er und 1770er Jahren präsentiert, beginnt bei Leibniz, Wolff, Gottsched und Baumgarten.

Nur aufgrund der bereits bestehenden durchaus positiven Konzeptionen der Sinnlichkeit, wie sie sich innerhalb des die Kunsttheorie bestimmenden Systems Leibniz-Wolffscher Prägung entwickelt haben, können Konzepte anderer europäischer Autoren, welche die Sinnlichkeit akzentuieren, problemlos rezipiert und integriert werden. Dies ist auch einer der Gründe, warum die Denkkonzepte im Ausgang von Leibniz und Wolff bis zum Ende des Jahrhunderts und zum Teil darüber hinaus Bestand haben. Die „emotionalistische Wende"[222], die „Rehabilitation der Sinnlichkeit"[223], sie haben nicht gegen, sondern dank und mit den sogenannten ‚Rationalisten' stattgefunden.

Leibniz, Wolff, Gottsched und Baumgarten – diese Autoren sind keine ‚Vorgeschichte', kein Präludium der Kunsttheorie des 18. Jahrhunderts. Ihre Reflexionen sind ein gleichberechtigter Teil ihrer Geschichte und Entwicklung und für die gesamte deutschsprachige Kunsttheorie des 18. Jahrhunderts wegweisend. Ein Verständnis der Konzepte, der Funktionsmechanismen wie auch zentraler Termini, die diese Autoren in ihren Arbeiten entwickeln, ist Ausgangspunkt für eine adäquate Rezeption und Einordnung von weiteren wichtigen Denkern der Aufklärung; denn es ermöglicht, im Zuge der Aufwertung der Sinnlichkeit die Geschichte der Kunsttheorie im Zeitalter der Aufklärung in ihrer Kontinuität zu begreifen.

---

222 Vgl. die Angabe in dieser Einleitung, Anm. 24.
223 Vgl. die Angabe in dieser Einleitung, Anm. 20.

I „Unser Verstand ist niemahls rein."
Sinnlichkeit und Verstand/Vernunft in der Erkenntnislehre

Spätestens seitdem Panajotis Kondylis in seiner wegweisenden Studie *Die Aufklärung im Rahmen des neuzeitlichen Rationalismus* (1981) die These vertrat, „die sogenannte Aufklärung sei ein Versuch oder vielmehr eine Vielfalt von Versuchen, die Frage nach den Beziehungen von Geist und Sinnlichkeit zu beantworten"[1], herrscht Konsens darüber, dass diese Relation zu den Kernthemen der Aufklärung gehört. Oftmals ist jedoch unklar, worauf mit den zentralen Termini ‚Geist' und ‚Sinnlichkeit' jeweils verwiesen wird und wie sich diese beiden Größen im Einzelnen zueinander verhalten.[2] Im Hinblick auf die Einführung der Ästhetik als Schwesterwissenschaft der Logik steht in der Forschung zur Ästhetik die Beziehung von Verstand bzw. Vernunft und Sinnlichkeit im Mittelpunkt der Diskussion und damit eine der vielen möglichen Übersetzungen des Begriffspaars Geist – Sinnlichkeit.[3] In den meisten Fällen geht mit dieser Reduktion des Begriffsfeldes jedoch keine Begriffsklärung einher.

Unklar ist auch, wie das Verhältnis von Sinnlichkeit und Geist bzw. Sinnlichkeit und Verstand/Vernunft grundsätzlich beschrieben werden kann. Als Opposition, wie es verschiedentlich nahegelegt wird?[4] Schließlich schwingt beim Zusammenschluss zweier Begriffe zum Begriffspaar auch immer die Idee des Konträren mit. Gerade wenn es um die traditionell dem Rationalismus zugeordneten Vertreter der frühen Aufklärung wie Wolff oder Gottsched geht, wurde und wird zum Teil noch in der literaturwissenschaftlich orientierten Forschung gerne von einer Vorherrschaft der Vernunft,

---

1   Kondylis: Aufklärung, S. 19.
2   Kondylis (ebd., S. 10) nennt eine Vielzahl von Begriffspaaren, in die sich die Beziehung von Geist und Sinnlichkeit auflösen ließe: „Subjekt-Objekt, Gott-Welt, Möglichkeit-Wirklichkeit, Seele-Körper, Intellekt-Sinne, Vernunft-Triebe, Sollen-Sein, Normatives-Kausales, Reich Gottes bzw. der Vernunft-Geschichte." Zum Verhältnis von Geist und Sinnlichkeit vgl. auch den einführenden Überblick ebd., S. 9–19.
3   Zur Ästhetik als Schwesterwissenschaft der Logik vgl. die Ausführungen im Abschnitt „Logik – Poetik – Ästhetik" in der Einleitung.
4   Vgl. Waltraud Naumann-Beyer: [Art.] Sinnlichkeit. In: Ästhetische Grundbegriffe. Historisches Wörterbuch in sieben Bänden. Hg. von Karlheinz Barck u.a. Bd. 5. Stuttgart, Weimar 2003, S. 534–576, hier S. 541 sowie Steffen W. Groß: The Neglected Programme of Aesthetics. In: British Journal of Aesthetics 42.4 (2002), S. 402–414, hier S. 407.

verbunden mit einer Abwertung, wenn nicht gar Abwehr der Sinnlichkeit, gesprochen.[5] Das trifft auch mit Einschränkungen auf Wolffs Einschätzung der Affekte zu: Wer sich bei seinen Handlungen nur von seinen Affekten leiten lässt, der ist laut Wolff ein „Sclave[ ]"[6]. Diese Verurteilung der Affekte als falscher Handlungsantrieb, die Wolff in diesem Zusammenhang auch auf die unteren Seelenvermögen Sinne und Einbildungskraft wie die undeutlichen Vorstellungen ausweitet, wirkt wie eine grundsätzliche Absage an die Sinnlichkeit. Vor diesem Hintergrund wurde Baumgartens Ausarbeitung der Ästhetik oft als entscheidendes Ereignis für die „,Humanisierung' der Sinnlichkeit", „für das Recht der Sinne und der sinnlichen Leidenschaften"[7] im 18. Jahrhundert gewertet, insofern Baumgarten ein stärkeres Bewusstsein für ein Menschenbild schaffe, das der Sinnlichkeit eine fundamentale Rolle neben dem Verstand bzw. der Vernunft einräumt. So sei Baumgarten „einer der ersten Denker gewesen, der über den Gegensatz von ‚Sensualismus' und ‚Rationalismus' hinausgewachsen ist, der eine neue produktive *Synthese* von ‚Vernunft' und ‚Sinnlichkeit' angebahnt hat."[8] In der Tat wird bei Baumgarten die Position der Sinnlichkeit und ihrer Vermögen innerhalb der Hierarchie der Seelenvermögen neu bestimmt und ihr Wirkungsbereich entschieden erweitert. Es ist Baumgartens Verdienst, die Sinnlichkeit erstmalig im Rahmen der Parameter der Wolffschen Philosophie definiert zu haben. Seine Leistung generell wurde als „bahnbrechende"[9] bezeichnet.

Doch diese Qualifikation von Baumgartens Leistung als „bahnbrechend" ist zu relativieren. Bei näherer Betrachtung zeigt sich, dass Wolff die Sinnlichkeit nicht grundsätzlich negativ bewertete und die Leidenschaften für ihn nur einen Aspekt eines weit umfangreicheren Konzepts von Sinnlichkeit darstellten. Zwar hat die Wolffforschung oftmals auf die empiristischen Momente in Wolffs Arbeiten hingewiesen, aber diese Erkenntnisse haben, wie in der Einleitung bereits skizziert, lange Zeit nichts an der in der Literaturwissenschaft vorherrschenden Meinung ändern können, Wolff sei ein Verfechter der Vernunft gewesen, dessen Intellektualismus jede Art von Sinnlichkeit zurückweise.[10] Nur langsam setzt sich die Erkenntnis durch,

---

5 Vgl. hierzu die Angaben in der Einleitung.
6 Wolff: Vernünfftige Gedanken von Gott, der Welt und der Seele des Menschen, auch allen Dingen überhaupt (GW I.2), § 491, S. 299. Im Folgenden zitiert als Wolff: Deutsche Metaphysik. – Zur ambivalenten Stellung der Affekte in der Moralphilosophie Wolffs vgl. ausführlich Kap. II.
7 Cassirer: Die Philosophie der Aufklärung, S. 370.
8 Ebd., S. 371. Herv. i.O. – Diese Argumentation wird zum Teil bis heute fortgeführt, so zum Beispiel von Groß: Felix aestheticus, S. 65.
9 Nivelle: Kunst- und Dichtungstheorien, S. 38.
10 Exemplarisch für diese Auffassung steht Groß: The Neglected Programme of Aesthetics, S. 407: „Sensual perceptions, *aistheta*, […] could lead only to 'dark' concepts (*cognitio confusa*) that lack the required lucidity and distinctness and so must fail to reach the status of 'real'

I „Unser Verstand ist niemahls rein."

dass Wolff sehr wohl die Sinnlichkeit positiv in seine Ausführungen einbezog und seine Einsichten geradezu notwendige Bedingung für die Entwicklung wichtiger Aspekte des Sinnlichkeitskonzepts bei Baumgarten waren.[11] Welche Ansatzpunkte sich in Wolffs Arbeiten finden und in welcher Weise Baumgarten hier anschließen konnte, wird in vielen Fällen jedoch nur unzureichend beantwortet.[12] Eine ausführliche Darstellung der Überlegungen Wolffs zu Sinnlichkeit und Verstand/Vernunft ist jedoch notwendig, will man einerseits seine Bedeutung für die Aufwertung der Sinnlichkeit im Allgemeinen wie für Baumgartens Theorie der Ästhetik im Besonderen und andererseits die eigene Leistung Baumgartens angemessen bewerten. Im Hinblick auf die Dichotomie und Komplementarität von Logik und Ästhetik, von Rationalität und Irrationalität/Sinnlichkeit, auf das komplementäre Verhältnis von Sinnlichkeit und Verstand, wie es für Baumgartens Ästhetik konstatiert wurde,[13] ist daher die Beziehung von Sinnlichkeit und Verstand/ Vernunft bei Leibniz, Wolff und Gottsched zu untersuchen und ergänzend zu Baumgarten zu betrachten. Zu fragen ist, inwieweit hier von Opposition gesprochen werden könnte, wo die Grenze zwischen Sinnlichkeit und Verstand zu ziehen und von welcher Art sie wäre. Zuvor ist jedoch zu klären,

---

knowledge. The sensual forces, called *facultas inferior*, the lower faculties, of human beings were thought of only as a deliverer of sensual data for the 'higher' faculties or *facultas cognoscitiva superior*, that is rational reasoning, *cognitio rationalis* resp. *intellectualis*. In this system, the 'lower' faculties were not given a value of their own, they were seen as unable to lead to knowledge from their own resources, but fully dependent on the 'higher' faculties, which were thought of as the 'proper' human powers. So the rationalist stream in the Enlightenment movement established a clear hierarchy among human faculties and capacities, priviliging one-sidedly logical thinking and the capacity to develop distinct concepts and knowledge, and seeing human emotionality primarily as a darkening threat to clear thinking."

11 Vgl. zur Forschung die Ausführungen in der Einleitung.
12 Baeumler (Irrationalitätsproblem, S. 170–206) nennt verschiedene Anschlussmöglichkeiten bei Wolff, berücksichtigt aber zu wenig Baumgartens eigenen Beitrag, wenn er urteilt: „Im Zusammenhang der Wolffischen Erkenntnislehre betrachtet, verliert das Unternehmen Baumgartens alles Auffallende: es ist nur selbstverständlich, daß man sich in einer Philosophie, die der sinnlichen (historischen) Erkenntnis so viel zubilligt, auch einmal den unteren Vermögens annimmt. Der Erfolg Baumgartens ist auch nur dadurch zu erklären, daß er etwas ausführte, was schon viele gedacht hatten." Ebd., S. 194. Eine ähnlich strenge Bewertung der Leistung Baumgartens vor dem Hintergrund der Wolffschen Philosophie nimmt auch vor Schmidt: Sinnlichkeit und Verstand, insbesondere S. 33 f. und 187 f. Differenzierter hingegen Adler: Prägnanz des Dunklen, S. 11–48 sowie Buchenau: Founding of Aesthetics, S. 152–177.
13 Vgl. Hans Adler: Aesthetics and Aisthetics: The Iota Question. In: Aesthetics and Aisthesis. New perspectives and (Re)Discoveries. Hg. von ders. Oxford u. a. 2002, S. 9–26, hier S. 13: „The polemical connotation which is usually attached to the term 'irrationalism,' does not apply here: rational vs. irrational on the background of noësis vs. aesthesis does not designate a hierarchy of terms, but a dichotomy, based on equality and, moreover, complementarity: The irrational has become a-rational, i.e. a different, though equally valid, and irreducible mode of cognition." Vgl. auch Stöckmann: Anthropologische Ästhetik, S. 101.

was im Folgenden unter ‚Verstand'/‚Vernunft' und ‚Sinnlichkeit' zu verstehen ist und in welchen Begriffspaaren sie auftreten.

Der Ambiguität, die Kondylis für den Begriff des ‚Geistes' beschrieb, der „bald vornehmlich den Intellekt im Gegensatz zu den Trieben und dem Körper, bald vornehmlich die seelischen Funktionen überhaupt im Gegensatz zu den physiologisch-körperlichen umfaßt"[14], war sich Wolff hinsichtlich der Bezeichnung ‚Verstand' bewusst.[15] In seinen *Anmerckungen zur Deutschen Metaphysik* (1724) merkt er an: „Es ist nicht zu läugnen, daß einige das Wort *Verstand,* oder im Lateinischen *Intellectus,* in einem weitläufftigen Verstande nehmen, nemlich überhaupt pro omni *facultate cognoscitiva,* für *das Vermögen zu erkennen.*"[16] In diesem weiteren Sinne als gesamtes Erkenntnisvermögen umfasst der Verstand auch die Sinne und die Einbildungskraft, also neben den oberen auch die unteren bzw. sinnlichen Erkenntnisvermögen.[17] ‚Verstand' steht hier für die ganze Seele in ihrer Funktion als Erkenntnisvermögen. Wolff selbst jedoch plädiert für eine zweite, engere Begriffsverwendung, der zufolge ‚Verstand' das „obere Vermögen zu erkennen"[18] bezeichnet und explizit von den unteren Erkenntnisvermögen wie den Sinnen und der Einbildungskraft unterschieden wird.[19] Als „oberes Vermögen zu erkennen" umfasst er zum einen alle oberen Erkenntnisvermögen. Ihr entscheidendes Merkmal ist, dass sie im Gegensatz zu den unteren Erkenntnisvermögen deutlich erkennen. ‚Verstand von etwas haben' heißt, etwas deutlich zu erkennen.[20] Zum anderen aber ist der Verstand selbst ein Erkenntnisvermögen unter anderen und fungiert als eine Art Basisvermögen, in dem weitere obere

---

14   Kondylis: Aufklärung, S. 14.
15   Wie vielschichtig der Begriff ‚Verstand' konzipiert und wie komplex die Begriffsverwendung sein kann, hat gezeigt Werner Schüßler: Leibniz' Auffassung des menschlichen Verstandes (intellectus). Eine Untersuchung zum Standpunktwechsel zwischen „système commun" und „système nouveau" und dem Versuch ihrer Vermittlung. Berlin, New York 1992. – Im Folgenden dient als Grundlage das Begriffsverständnis bei Wolff.
16   Wolff: Der vernünfftigen Gedanken von Gott, der Welt und der Seele des Menschen, auch allen Dingen überhaupt, anderer Theil, bestehend in ausführlichen Anmerckungen (GW I.3.), § 90, ad § 277, S. 162. Herv. i. O. Im Folgenden zitiert als Wolff: Anmerkungen zur Deutschen Metaphysik. – Vgl. auch Wolff: Deutsche Metaphysik (GW I.2), § 284, S. 155f.
17   Dieses Verständnis wird auch vertreten in Zedlers *Universallexicon* ([Art.] Verstand des Menschen. In: Johann Heinrich Zedler: Grosses vollständiges Universallexicon aller Wissenschaften und Künste. Bd. 47. Halle, Leipzig 1743, Sp. 1980–2024). Dort heißt es: „Was der menschliche Verstand sey? Wir nennen ihn eine Fähigkeit der Seelen, zu empfinden, und auf menschliche Art zu gedencken, die uns die Natur mittheilet." Ebd., Sp. 1980. Und: „Wir legen darinnen dem menschlichen Verstande eine doppelte Krafft bey. Die eine ist das Vermögen zu empfinden, welches man auch die Sinnen zu nennen pfleget; das andere das Vermögen auf menschliche Art zu gedencken", ebd., Sp. 1980f.
18   Wolff: Ausführliche Nachricht von seinen eigenen Schrifften, die er in deutscher Sprache heraus gegeben (GW I.9), § 93, S. 257.
19   Vgl. Wolff: Deutsche Metaphysik (GW I.2), § 277, S. 153.
20   Vgl. ebd.

Seelenvermögen, die Freiheit, der Wille und die Vernunft, gründen.[21] Beim enger gefassten Verstandesbegriff, mit dem nicht die ganze Seele in ihrer Funktion als Erkenntnisvermögen bezeichnet wird, ist also zwischen dem Verstand als Oberbegriff für alle oberen Erkenntnisvermögen und dem Verstand zu differenzieren, der als einzelnes Vermögen ganz klar von der Vernunft unterschieden wird.

Mit der Vernunft ist eine dritte, äußerst prominente Übersetzung von ‚Geist' angesprochen, auf die in der Forschung oftmals zurückgegriffen wird, wenn es gilt, das Pendant der Sinnlichkeit zu benennen.[22] Schon Zedlers *Universallexicon* beklagt die fehlende Präzision.[23] Wolff selbst spricht sich gegen einen weiten Begriff der ‚Vernunft' aus, unter den „alles natürliche Vermögen zu erkennen", also auch „die Sinnen, die Einbildungskrafft, der Verstand, der Witz"[24], fallen würde. Während ‚Vernunft' in der *Deutschen Logik* von 1712/1713 „noch ein geradezu überflüssiges Wort zu sein [scheint]"[25], weist Wolff ihr sieben Jahre später in der *Deutschen Metaphysik* bereits eine zentrale Rolle im Erkenntnisprozess zu. Die Vernunft, definiert Wolff, ist „das Vermögen, den Zusammenhang der Wahrheiten einzusehen"[26], zu verstehen, wie Dinge zusammenhängen und auseinanderfolgen. Sie bietet nicht nur eine deutliche Erkenntnis der Wahrheiten, sondern ermöglicht mittels logischer Vernunftschlüsse zudem das Auffinden von neuen Wahrheiten und ihre Demonstration.[27] Mit der Vernunft bezeichnet Wolff das höchste Erkenntnisvermögen, einen spezifischen Modus der Erkenntnis des Verstan-

---

21 Vgl. ebd., § 892, S. 554.
22 Dass sich das Begriffspaar Sinnlichkeit – Vernunft großer Beliebtheit erfreut – wenn nicht sogar größerer als die Kombination von Sinnlichkeit und Verstand –, ist vermutlich auf Kants Sprachgebrauch von ‚Vernunft' zurückzuführen: In einem weiteren Sinn bezeichnet er mit Vernunft das gesamte höhere Erkenntnisvermögen bzw. das Denkvermögen als solches. In einem engeren Sinne steht ‚Vernunft', wie schon bei Wolff, für das höchste obere Erkenntnisvermögen, das als eigenständiges Vermögen vom Verstand als einzelnes Erkenntnisvermögen unterschieden werden muss. Vgl. Werner Schneiders: Christian Wolff über Verstand und Vernunft. In: Nuovi studi sul pensiero di Christian Wolff. Préface de Jean École. Hg. von Sonia Carboncini, Luigi Cataldi Madonna. Hildesheim u.a. 1992, S. 39–59, hier S. 39. Insofern Kants Vernunftverständnis im weiteren Sinne die Vernunft im engeren Sinne wie den Verstand als jeweils einzelnes Erkenntnisvermögen umfasst, entspricht Kants weiter Vernunftbegriff Wolffs engerem Verstandesbegriff. Die hier nicht nur im Bezug auf Kant und Wolff angedeutete Begriffskonfusion findet sich sowohl in der Forschung, die gerne pauschal von Vernunft bzw. Verstand als fester Größe spricht, ohne zu verraten, auf welches Verständnis hier nun rekurriert wird, als auch in den Quellen selbst.
23 Vgl. [Art.] Vernunft. In: Zedler: Grosses vollständiges Universallexicon. Bd. 47, Sp. 1390–1428, hier Sp. 1390–1395.
24 Wolff: Anmerkungen zur Deutschen Metaphysik (GW I.3), § 115, ad § 368, S. 189.
25 Schneiders: Christian Wolff über Verstand und Vernunft, S. 43.
26 Wolff: Deutsche Metaphysik (GW I.2), § 368, S. 224.
27 Vgl. ebd., §§ 378, 381 und 383, S. 230 und 234–236.

des, und zugleich auch die Einsicht selbst, „so wir in den Zusammenhang der Wahrheiten haben"[28].

Während der umfangreiche Geistesbegriff durch die Verwendung der Begriffe ‚Verstand' und ‚Vernunft' innerhalb der Diskussion um die Ästhetik im Allgemeinen wie die Kunsttheorie im Besonderen eingegrenzt wird, bleibt das Sinnlichkeitskonzept zunächst undefiniert. Von Sexualität bis hin zur Wahrnehmung reicht das Bedeutungsspektrum des Ausdrucks, der die insinuierten Grenzen zwischen Fleischlichem und Seelischem mühelos überschreitet.[29] In Sprachen wie dem Englischen, Französischen oder Italienischen scheint das Problem einer Überschneidung von diesen beiden vermeintlich getrennten Sphären vordergründig nicht zu bestehen. Ausgehend von den lateinischen Begriffen *sensualitas* und *sensibilitas*, die wiederum von *sensus* abgeleitet sind, haben sich zwei Wortgruppen gebildet. *Sensuality, sensousness, sensual, sensous* im Englischen und *sensualité, sensuel* im Französischen sind von *sensualitas* abgeleitet, von *sensibilitas* hingegen die englischen Bezeichnungen *sensibility, sensitiveness, sensible, sensitive* und die französischen *sensibilité, sensitivité, sensible, sensitif*. Während die von *sensualitas* hergeleitete Wortgruppe sich vorwiegend auf den Körper, seine Bedürfnisse und die äußeren Sinnesorgane bezieht, verweist die auf *sensibilitas* zurückzuführende Gruppe auf die seelisch-geistige Emotionalität. Im deutschen Wort ‚Sinnlichkeit' werden diese beiden Bedeutungsebenen vereint. Als philosophisch-ästhetischer Ausdruck referiert Sinnlichkeit gleichermaßen auf „Menschliches und Dingliches, Physisches und Psychisches".[30] Durch seine Kontextualisierung im Rahmen der Philosophie Wolffs und seiner Schüler erfährt der Sinnlichkeitsbegriff eine erste Eingrenzung, was jedoch auch bei den Zeitgenossen nicht unbedingt zu einer Begriffsklärung führt. So moniert auch Herder die Vieldeutigkeit des Begriffs:[31]

---

28 Ebd., § 368, S. 224. – Zur Definition von Verstand und Vernunft wie ihrer Beziehung bei Wolff vgl. grundsätzlich Schneiders: Christian Wolff über Verstand und Vernunft sowie die Ausführungen in Kap. I.2.1.
29 Zur Komplexität und Karriere des Begriffs vgl. Eugen Lerch: Sinn, Sinne, Sinnlichkeit. In: Archiv für die gesamte Psychologie 103.4 (1939), S. 446–495 sowie Naumann-Beyer: Sinnlichkeit. Kondylis (Aufklärung, S. 15, Anm. 14) unterscheidet im Hinblick auf die Aufklärung 1) biologische Sinnlichkeit, 2) innere Sinnlichkeit („Triebe, Leidenschaften etc.", die auf die leibliche Beschaffenheit des Menschen zurückgeführt werden"), 3) geographische und sozialgeschichtliche Sinnlichkeit und 4) kosmische Sinnlichkeit.
30 Vgl. Naumann-Beyer: Sinnlichkeit, S. 539f., hier zitiert S. 540. – Die Differenzierung im Französischen und im Englischen ist besonders zu berücksichtigen, wenn die deutsche Rezeption von in diesen Sprachen abgefassten Quellen im Hinblick auf die Aufwertung der Sinnlichkeit untersucht wird.
31 Herders Ausführungen zum Adjektiv sinnlich werden gerne als Beleg für die Vieldeutigkeit des Begriffs angeführt. So schon bei Lerch: Sinn, Sinne, Sinnlichkeit, S. 450, später auch bei Franke: Kunst als Erkenntnis, S. 40, Anm. 20; Groß: Felix aestheticus, S. 79 sowie Berndt: Poema/Gedicht, S. 20.

> Wir Deutsche streiten um Worte, wie andre Nationen um Sachen: wir sind in Erklärungen so glücklich, als andre in Erfindungen, und so hat auch in dieser Erklärung *Baumgarten* ein Wort gebraucht, das bis zur Vieldeutigkeit reich und prägnant ist, das also auch bis zum Streit und zum Mißbrauch vieldeutig werden kann; das Wort *sinnlich*. Wie viel Begriffe paaret die Deutsche Philosophie mit diesem Worte! *Sinnlich* leitet auf die Quelle und das Medium gewisser Vorstellungen, und das sind *Sinne*: es bedeutet die Seelenkräfte, die solche Vorstellungen bilden, das sind die sogenannten *untern* Fähigkeiten des Geistes: es charakterisiert *die Art* der Vorstellung, verworren und eben in der reichen, beschäftigenden Verworrenheit angenehm zu denken, d. i. *sinnlich*: es weiset endlich auch auf die Stärke der Vorstellungen, mit der sie begeistern, und *sinnliche* Leidenschaften erregen – auf alle vier Gedankenwege zeigt das vielseitige Wort *sinnlich*, *sensitiv*, nach Wolfs, Baumgartens, und Moses Bestimmung.[32]

Ohne dies kenntlich zu machen, geht Herder in seiner Begriffsexplikation direkt von Baumgarten aus. Er fasst hier zusammen, was sich in dieser Form noch nicht explizit bei Wolff findet, aber später von Baumgarten, auch mit Rückgriff auf Leibniz, ausgearbeitet wird. Im Gegensatz zu Wolff definiert Baumgarten den Ausdruck ‚sinnlich' (*sensitivus*) und bedient sich auch bewusst des Terminus.[33] Wolff verwendet zwar in seinen Schriften die Adjektive ‚sinnlich' bzw. *sensitivus* und *sensibilis*,[34] doch von einer so vielseitigen und systematischen Begriffsverwendung wie der Baumgartens ist er weit entfernt. Anders als bei Leibniz, der die Tierseelen, die nur über die unteren, nicht zur Deutlichkeit gereichenden Vermögen verfügen, als „ames sensitives"[35]

---

32 Johann Gottfried Herder: Kritische Wälder oder Betrachtungen über die Wissenschaft und Kunst des Schönen. Viertes Wäldchen über Riedels Theorie der schönen Künste. In: Werke. Bd. 2. Hg. von Gunter E. Grimm. Frankfurt a.M. 1993, S. 247–442, hier S. 377 f. Herv. i.O.
33 Zu Baumgartens Sinnlichkeitskonzept vgl. Kap. I.3.4.
34 Im Zusammenhang mit *appetitus* und *aversatio* wird *sensitivus* zur Bezeichnung der unteren Vermögen des Begehrens verwendet. Vgl. Wolff: Psychologia empirica (GW II.5), §§ 579–602, S. 440–457. *Sensibilis* hingegen bezeichnet entsprechend der Idee des *mundus sensibilis* in erster Linie die Dinge, die durch die Sinne wahrgenommen werden können: „*Objectum sensibile*, vel etiam *Sensibile* simpliciter dicitur, quod sensu percipi potest, seu, quod in organo sensorio aliquo efficere potest mutationem, per quam eidem in mente respondens perceptio explicari potest. Unde porro liquet, quid in specie dicatur *visibile, audibile, odorabile, gustabile, tactile.*" Ebd., § 77, S. 43. Herv. i.O. – Zur Geschichte und Verwendung von *sensualis, sensibilis* und *sensitivus* vgl. Lerch: Sinn, Sinne, Sinnlichkeit, S. 456–467.
35 Leibniz: Les principes de la philosophie ou la Monadologie. Die Prinzipien der Philosophie oder die Monadologie (PS I), S. 438–483, § 82, S. 476. – „empfindungsfähige Seelen", ebd., S. 477. – Leibniz' ursprünglich auf Französisch verfasste *Monadologie* erschien erst posthum. Die erste veröffentliche Fassung war die von Heinrich Köhler vorgenommene Übersetzung ins Deutsche von 1720. Zur Überlieferungsgeschichte der *Monadologie* vgl. Ulrich Johannes Schneider: Einleitung. In: Gottfried Wilhelm Leibniz: Monadologie und andere metaphysische Schriften. Discours de métaphysique. La monadologie. Principes de la nature et de la grace fondés en raison. Hg., übers., mit Einleitung, Anmerkungen und Registern vers. von Ulrich Johannes Schneider. Hamburg 2002, S. VII–XXXII, hier S. XXIII–XXVII.

bezeichnet, tritt bei Wolff ‚sinnlich' lediglich im Kontext der Willenslehre auf, um die Begierde bzw. den Abscheu zu qualifizieren, die bzw. der „[a]us der undeutlichen Vorstellung des Guten [bzw. des Bösen, O.K.S.] entstehet"[36]. Die sinnliche Begierde und entsprechend ihr negatives Pendant, der sinnliche Abscheu, erläutert Wolff, „komme[n] bloß von den Sinnen her, und die Vernunft hat nichts damit zu thun."[37] Sinnliche Begierde und sinnlicher Abscheu wiederum bilden die Vorstufe zu den Affekten.[38] Auch wenn Wolff den Ausdruck ‚sinnlich' nur zur Charakterisierung von Begierde und Abscheu verwendet, finden sich bei ihm wichtige Ansätze für ein Sinnlichkeitskonzept, wie Baumgarten es entwickelt und Herder später beschreibt: 1. Quelle der sinnlichen Begierde und des sinnlichen Abscheus sind die Sinne. 2. Sinnliche Begierde und sinnlicher Abscheu sind ihrer Art nach „undeutliche Vorstellungen". 3. Als undeutliche Vorstellungen sind sinnliche Begierde und sinnlicher Abscheu in den unteren Erkenntnisvermögen angesiedelt. Und 4. Steigerung der sinnlichen Begierde bzw. des sinnlichen Abscheus sind Affekte.

Aufgrund dieser Parallelen scheint es gerechtfertigt, im Folgenden mit dem von Herder für Wolff und seine Schüler veranschlagten Sinnlichkeitsbegriff zu operieren, auch wenn dieser über Wolffs eigene, auf die Willenslehre beschränkte Begriffsverwendung hinausgeht. Mit der Fokussierung dieses Kapitels auf die Erkenntnislehre wird die Willenslehre an dieser Stelle ausgespart und damit auch das dargelegte Sinnlichkeitsverständnis zunächst um die vierte Referenz, die Leidenschaften, verkürzt. Sie wie auch die Begehrungsvermögen, zu denen die sinnliche Begierde und der sinnliche Abscheu gehören, sind in der Erkenntnis bzw. den Erkenntnisvermögen begründet. Als Teil der Willenslehre bestimmen sie das menschliche Handeln; dies ist Gegenstand des nächsten Kapitels.

Nach dieser Eingrenzung des Sinnlichkeitsbegriffs können nun die Dimensionen der Sinnlichkeit in Beziehung zu den für dieses Kapitel relevanten Übersetzungen von Geist (Seele, Verstand und Vernunft) gesetzt werden. Mit seinem Verweis auf die Sinne als erstes mögliches Signifikat von ‚sinnlich' evoziert Herder die Frage, welche Sinne an dieser Stelle gemeint sind – die inneren, die der Seele zugehörigen? oder die äußeren, die dem Körper eigenen Gliedmaßen?[39] –, und schneidet zugleich eines der zentralen Probleme des 18. Jahrhunderts an: die Frage nach dem Verhältnis von

---

36 Wolff: Deutsche Metaphysik (GW I.2), § 434, S. 266. – Zur Bestimmung des sinnlichen Abscheus als „undeutliche Vorstellung des Bösen" vgl. ebd., § 436, S. 267.
37 Ebd., § 434, S. 266.
38 Vgl. ebd., § 429, S. 269: „Ein mercklicher Grad der sinnlichen Begierde und des sinnlichen Abscheues wird ein Affect genennet."
39 Zur Differenzierung von inneren und äußeren Sinnen vgl. Kap. I.2.1.

Körper und Seele, nach der Trennung zwischen körperlicher Außenwelt und seelischer Innenwelt. Inwiefern Leibniz, Wolff, Gottsched und Baumgarten diese mögliche Variante der Grenzziehung zwischen Sinnlichkeit und Verstand jeweils handhaben, wird im ersten Unterkapitel *Der ‚ganze Mensch'. Zum ‚commercium mentis et corporis'* diskutiert. Anders als gelegentlich behauptet,[40] kann die in der Regel an Leibniz' Postulat der prästabilierten Harmonie gebundene Trennung von Leib und Seele kein Allgemeinplatz einer rationalistischen Metaphysik sein, wie sie mit Wolff, Gottsched und Baumgarten verbunden wird: Die Einheit von Leib und Seele, der ‚ganze Mensch', wird bereits von Gottsched und Baumgarten in ihrer je eigenen Weise propagiert.

Im Zentrum des zweiten Unterkapitels stehen die *Erkenntnisvermögen der Seele* und ihre Beziehung zueinander. Wolff unterscheidet zwischen einem oberen und einem unteren Teil.[41] Dem Verstand als dem mehrere Einzelvermögen umfassenden „oberen Vermögen zu erkennen" stehen als sinnliche Ergänzung die unteren Erkenntnisvermögen zur Seite. Entscheidendes Distinktionsmerkmal des Menschen gegenüber anderen Lebewesen ist der Verstand. Durch ihn unterscheidet er sich vom Tier.[42] Erst der Verstand macht den Menschen zum Menschen:

> Der Mensch hat nichts vortreflichers von Gott empfangen, als seinen Verstand: denn so bald er nun in demselben verrücket wird, so halb wird er entweder ein Kind, oder ärger als ein wildes Thier und ist also ungeschickt, Gott zu ehren und den Menschen zu dienen. Solchergestalt kann einer um so vielmehr ein Mensch genennet werden, je mehr er die Kräfte seines Verstandes zu gebrauchen weiß.[43]

Während der Verstand die Ähnlichkeit von Mensch und Gott begründet,[44] stehen die unteren bzw. sinnlichen Vermögen für das Animalische, das Triebhafte im Menschen. Hier sind die Affekte angesiedelt, durch die sich der Mensch wiederum von Gott unterscheidet.[45] Die Hierarchie, die hier

---

40 So zum Beispiel von Schmidt: Sinnlichkeit und Verstand, S. 27 f.
41 Vgl. Wolff: Ausführliche Nachricht (GW I.9), § 91, S. 254 sowie Wolff: Psychologia empirica (GW II.5), §§ 54 f., S. 33. – Während Wolff von einem oberen und einem unteren *Teil* des einen großen Erkenntnisvermögens Seele spricht, geht Baumgarten von einem oberen und einem oberen Erkenntnisvermögen aus. Vgl. hierzu Kap. I.2.
42 Vgl. Wolff: Deutsche Metaphysik (GW I.2), §§ 869 und 892–896, S. 538 und 554–556; Wolff: Vernünfftige Gedanken von der Menschen Thun und Lassen, zu Beförderung ihrer Glückseeligkeit (GW I.4), § 39, S. 29. Im Folgenden zitiert als Wolff: Deutsche Ethik; Leibniz: Monadologie (PS I), § 29, S. 450–453.
43 Wolff: Vorrede zur ersten Auflage (GW I.1), S. 105. – Die Majuskule ‚O' in „GOtt" wird hier und im Folgenden nicht übernommen.
44 Vgl. Wolff: Deutsche Metaphysik (GW I.2), § 1067 f., S. 660 f.
45 Vgl. ebd., §§ 892 und 1070, S. 554 und 662. – Zu den Unterschieden zwischen Gott und der menschlichen Seele vgl. Manuela Mei: Notio intellectus divini quomodo prodeat. Eine Untersuchung über die gnoseologische Bedeutung unserer Gotteserkenntnis. In: Die natürliche

zwischen den ‚tierischen' unteren und den ‚gottähnlichen' oberen Erkenntnisvermögen aufgemacht wird, täuscht jedoch über die gegenseitige Abhängigkeit der oberen und unteren Vermögen wie auch die eigenständige Leistung der einzelnen Vermögen hinweg. Zwar bleibt die Vorrangstellung des Verstandes gegenüber der Sinnlichkeit bestehen, doch ist dies nicht mit einer absoluten Trennung der beiden Bereiche gleichzusetzen. Vielmehr ist der fließende Übergang zwischen diesen beiden Bereichen zu betonen, die gegenseitige Abhängigkeit. Komplementarität und Einheit zeichnen das Verhältnis von Sinnlichkeit und Verstand bereits bei Wolff aus. Während Gottsched die von Wolff vorskizzierten Möglichkeiten zu einer Aufwertung der sinnlichen Erkenntnisvermögen nicht weiterführt, bemüht sich Baumgarten im Anschluss an Wolff um eine Angleichung der Fähigkeiten des unteren Erkenntnisvermögens an das obere und relativiert die favorisierte Stellung der Vernunft als höchstes Erkenntnisvermögen. Sinnlichkeit und Verstand haben ihre eigene Art von Erkenntnis, die in jeweils unterschiedlichen Bereichen von Relevanz sind.

Mit der Darstellung der Vermögenslehre wird nicht nur das Verhältnis von Sinnlichkeit und Verstand erläutert, sondern zugleich ein Einblick in eine Denkstruktur gegeben, deren Begrifflichkeiten und Funktionsweise wegweisend für die Philosophie und Kunsttheorie des 18. Jahrhunderts waren. Ihre Kenntnis ist Voraussetzung für ein adäquates Verständnis der in der Nachfolge Wolffs bzw. seiner Terminologie und Systematik stehenden Denker bis hin zu Schiller. Denn gerade um die Entwicklung der Kunsttheorie und die Aufwertung der Sinnlichkeit nachzuvollziehen, sind eine Verortung einzelner Vermögen – wie zum Beispiel von Geschmack, Einbildungskraft oder Witz – und ein Bewusstsein über ihre Stellung und Funktion innerhalb der Vermögenspsychologie unabdingbar.

Im Anschluss an die Betrachtung der Erkenntnisvermögen werden im dritten Unterkapitel die verschiedenen *Modi der Erkenntnis* dargelegt und wird untersucht, auf welche Weisen eine Sache vorgestellt werden kann. Grundsätzlich ist zwischen deutlichen und nicht-deutlichen, d.h. intellektuellen und sinnlichen Vorstellungen zu differenzieren. Der Grad der Deutlichkeit ist jedoch nur ein – wenn auch grundlegendes – Charakteristikum der jeweiligen Erkenntnisart. Vernunft und Erfahrung, philosophische und historische Erkenntnis, figürliche und anschauende bzw. symbolische und intuitive Erkenntnis sind weitere Formen von ‚Geist' und ‚Sinnlichkeit', von intellektueller und sinnlicher Erkenntnis. Diese Spielarten von sinnlicher und intellektueller Erkenntnis sind verschiedene Erkenntnisarten, die

---

Theologie bei Christian Wolff. Hg. von Michael Albrecht. Hamburg 2011, S. 97–121, hier S. 110–116.

unterschiedlichen Bedingungen unterliegen und zugleich eng miteinander verflochten sind. Die intellektuelle Erkenntnis steht über der sinnlichen Erkenntnis und zugleich in ihrer Abhängigkeit. Der an den verschiedenen Erkenntnisformen sichtbar werdende Anspruch des *connubium rationis et experientiae* ist bezeichnend für Wolffs Erkenntnislehre und seine Psychologie im Allgemeinen. Während bei Gottsched dieser Anspruch in den Hintergrund tritt, trifft er bei Baumgarten auf große Zustimmung. Die Idee der Komplementarität von sinnlicher und intellektueller bzw. von ästhetischer und logischer Erkenntnis, wie es bei Baumgarten auch heißt, und auch die Eigenständigkeit der einzelnen Erkenntnismodi werden von ihm beibehalten und fortgeführt, insofern er expliziter und ausführlicher als Wolff die Sinnlichkeit, ihren Erkenntnisbereich und ihre Erkenntnisleistung definiert. Baumgartens Betonung der Eigenständigkeit der Sinnlichkeit, wie sie bei Wolff schon angelegt ist, erweckt jedoch zunächst den paradoxen Eindruck, Sinnlichkeit und Verstand stünden in Opposition zueinander. Dabei geht es Baumgarten mit der Hervorhebung der Sinnlichkeit in erster Linie um eine Komplettierung des menschlichen Denkens. Entgegen einer verbreiteten Annahme ist sinnliche Erkenntnis schon bei Wolff und später auch bei Baumgarten mehr als nur die, unter anderem von Schmidt postulierte, „(verworren-klare[ ]) Vorstufe der eigentlichen (deutlichen) Erkenntnis"[46]. Gleichberechtigt neben Vernunft und Verstand verkörpert die Sinnlichkeit einen eigenen und selbständigen Zugang zur Wahrheit.

Seele – Körper, obere – untere Erkenntnisvermögen, intellektuelle – sinnliche Erkenntnis sind die drei Begriffspaare, anhand derer im Folgenden das Verhältnis von Verstand bzw. Vernunft und Sinnlichkeit analysiert und diskutiert wird. Ihre Bewertung erfolgt hierbei im Hinblick auf ihren Beitrag zur menschlichen Erkenntnis. Diese facettenreiche und nicht immer unproblematische Beziehung variiert bei Leibniz, Wolff, Gottsched und Baumgarten. Als Repräsentanten eines einheitlichen Rationalismus können diese Autoren nicht gesehen werden. Auch wenn sie in der Anerkennung der Vernunft als höchstes Vermögen übereinstimmen, unterscheiden sie sich in ihren Überlegungen zur Sinnlichkeit. Die herausgehobene Stellung von Verstand und Vernunft impliziert nicht notwendig die Abwertung der Sinnlichkeit.

---

46 Schmidt: Sinnlichkeit und Verstand, S. 252.

1 Der ‚ganze Mensch'. Zum *commercium mentis et corporis*

In der Diskussion um die Relation von Leib und Seele konkurrieren in Deutschland zu Beginn des 18. Jahrhunderts drei Theorien: die von Wolff zu Unrecht der aristotelisch-scholastischen Philosophie zugeschriebene Theorie des *influxus physicus*,[47] der im Anschluss an Descartes entwickelte Okkasionalismus und das von Leibniz entworfene System der prästabilierten Harmonie. Die Influxus-Theorie geht von einer direkten wechselseitigen Einwirkung von Körper und Seele aus. Eine solche Auffassung ist im Cartesianismus mit seiner entschiedenen Trennung von Leib und Seele in zwei verschiedenartige Substanzen, *res extensa* und *res cogitans*, nicht vertretbar. Die Analogien, die zwischen Körper und Seele zu beobachten sind, werden hier dem okkasionellen Eingreifen Gottes zugeschrieben: Wenn eine Veränderung in der Seele eintritt, bewirkt Gott die ihr entsprechende Veränderung im Körper und *vice versa*. Leibniz weist die Theorien des Okkasionalismus und des *influxus physicus*[48] zurück und führt die Übereinstimmung von Seele und Körper auf eine prästabilierte Harmonie zurück, wie sie von Gott zu Beginn der Schöpfung festgesetzt worden sei.[49] Seele und Körper erwecken für Leibniz lediglich den Eindruck, sich gegenseitig zu beeinflussen, sie folgen jedoch ihren jeweils eigenen Gesetzen.[50]

Die im Cartesianismus propagierte Trennung von Körper und Seele behält Leibniz im Ansatz bei, doch verwirft er in seiner Monadenlehre Descartes' Idee von Körper und Seele als zwei heterogene Substanzen (1.1). Wolff übernimmt zunächst von Leibniz das System der prästabilierten Harmonie, um die Übereinstimmung von Leib und Seele zu erklären, doch weist er ihm lediglich hypothetischen Status zu. Von Relevanz für sein philosophisches System, wie er meint, ist die *commercium mentis et corporis*-Frage nicht (1.2). Gottsched und Baumgarten gehen im Gegensatz zu Wolff von

---

47 Vgl. hierzu Jean Ecole: La métaphysique de Christian Wolff. Bd. 1. Hildesheim u.a. 1990, S. 300 f.
48 Vgl. Leibniz: Systeme nouveau de la nature et de la communication des substances, aussi bien que de l'union qu'il y a entre l'ame et le corps. Neues System der Natur und des Verkehrs der Substanzen sowie der Verbindung, die es zwischen Seele und Körper gibt (PS I), S. 200–227, hier S. 214–219 und 222–225.
49 Vgl. Leibniz: Monadologie (PS I), § 78, S. 474 f. – Zu Leibniz' Auffassung der prästabilierten Harmonie und seiner Zurückweisung von Influxus-Theorie und Okkasionalimus vgl. Jacques Jalabert: La Psychologie de Leibniz. Ses caractères principaux. In: Revue philosophique de la France et de l'Étranger 136.10/12 (1946), S. 453–472, hier S. 466–469 sowie Schüßler: Leibniz' Auffassung des menschlichen Verstandes (intellectus), S. 140–153. Zur Entwicklung des Harmonieprinzips bei Leibniz generell wie der Idee der prästabilierten Harmonie im besonderen vgl. Werner Schneiders: Harmonia universalis. In: Studia Leibnitiana 16.1 (1984), S. 27–44, hier S. 28–39.
50 Vgl. Leibniz: Monadologie (PS I), § 81, S. 476 f.

Leibniz' Monadenlehre aus. Gottsched stellt zugunsten der Influxus-Theorie die prästabilierte Harmonie in Frage (1.3). Baumgarten baut auf ihr auf, um den idealen wechselseitigen Einfluss von Leib und Seele zu beschreiben. Im Zentrum steht für ihn die Einheit des Menschen (1.4).

1.1 Leibniz: Prästabilierte Harmonie und potentielle Aufhebung der Trennung von Leib und Seele

In seiner Lehre von den Monaden in der Form, wie sie seine metaphysischen Überlegungen spätestens ab 1700 beherrscht,[51] geht Leibniz von einer Welt aus, die aus nur einer Art von Substanz besteht, den Monaden: einfachen, d.h. ohne Teile, unteilbaren, unvergänglichen, immateriellen Substanzen.[52] Leibniz bezeichnet sie auch gerne als ‚Seelen'.[53] „Die Monaden haben keine Fenster, durch die irgendetwas in sie hinein- oder aus ihnen hinaustreten könnte"[54], doch trotz ihrer Abgeschlossenheit verändern und unterscheiden sie sich:[55] durch ihre *Perzeptionen* und ihre *Appetitionen*. Die Perzeption ist die einfachste Form der Wahrnehmung. Als „der vorübergehende Zustand, der eine Vielheit in der Einheit oder in der einfachen Substanz einschließt und darstellt"[56], ist sie die innere Vorstellung der außerhalb der Monade befindlichen Dinge.[57] Den Perzeptionen inhärent sind die Appetitionen, „ihr Tendieren von einer Perzeption zur anderen"[58]. In der Perzeption selbst ist das Streben nach Veränderung, die Appetition, nach einer ‚neuen' Perzeption

---

51 Leibniz' gedankliche Entwicklung der Monadenlehre hat nachvollzogen Daniel Garber: Leibniz: Body, Substance, Monad. New York 2009, besonders S. 335–349. In den 1680er bis 1690er Jahren bilden, so Garber (ebd., S. 345), „corporeal substances, unities of soul, and organic body" die Basis von Leibniz' Metaphysik. In den frühen Schriften finden sich lediglich Hinweise auf die spätere Monadologie, wie sie spätestens ab 1700 in Erscheinung tritt.
52 Vgl. Leibniz: Monadologie (PS I), §§ 1–3, S. 438f.
53 Vgl. zum Beispiel Gottfried Wilhelm Leibniz: Brief an Conrad Barthold Behrens 24. Dezember 1697 (3. Januar 1698). In: Allgemeiner politischer und historischer Briefwechsel. Hg. von Leibniz-Archiv der Niedersächsischen Landesbibliothek Hannover. Bd. I.15. Berlin 1998, S. 152–154, hier S. 153: „Porro licet omnia sint plena animarum, vel, si mavis, Monadum animabus analogarum, non tamen omnis Anima est *Spiritus*, sed ea tantum quae praedita est *intellectu*". Vgl. auch Leibniz: Monadologie (PS I), §§ 19, S. 446f.
54 Ebd., § 7, S. 441. – „Les Monades n'ont point de fenêtres, par lesquelles quelque chose y puisse entrer ou sortir." Ebd., S. 440.
55 Vgl. ebd., §§ 8f., S. 440–443.
56 Ebd., § 14, S. 445. – „L'etat passager qui enveloppe et represente une multitude dans l'unité ou dans la substance simple n'est autre chose que ce qu'on appelle la *Perception*", ebd., S. 444.
57 Vgl. Leibniz: Principes de la nature et de la grace, fondés en raison. In der Vernunft begründete Prinzipien der Natur und Gnade (PS I), S. 414–439, hier § 2, S. 414f.
58 Leibniz: Principes de la nature (PS I), § 2, S. 415. – „ses *tendences* d'une perception à l'autre", ebd., S. 414. Herv. i. O.

angelegt. Perzeption und Appetition der Monade bilden die Grundlage für Erkennen und Handeln. Die einfache Substanz oder Monade perzipiert kontinuierlich und verändert sich entsprechend. In ihr selbst sind verschiedenste Beziehungen zu beobachten.[59] Für Leibniz ist alles in der Welt miteinander verbunden, „[geht] jede einfache Substanz in Beziehungen ein[ ], die alle anderen ausdrücken", und so ist die Monade „ein dauernder lebendiger Spiegel des Universums"[60]. Sie repräsentiert die Welt aus ihrer jeweils eigenen Perspektive. Das Individuelle und das Universale werden in der Monade zusammengeführt.

Die Monaden unterscheiden sich nicht nur durch ihre Sicht auf die Welt, sondern auch in der Intensität ihrer Perzeptionen. Die einfache Perzeption, wie sie jede Monade in sich trägt, ähnelt dem Zustand des Schlafes oder der Ohnmacht[61] und ist frei von jeglichem Bewusstsein.[62] Bewusstsein bzw. die *Apperzeption* bei Leibniz ist die reflexive Erkenntnis der Perzeption und nur einer höheren Klasse von Monaden zu eigen – wie der menschlichen Seele: einer Monade, die wie alle Monaden immateriell, unteilbar und unvergänglich ist, über Perzeptionen und Appetitionen verfügt, sich aber durch deutlichere Perzeptionen und Gedächtnis von den anderen Monaden unterscheidet.[63] Wie jede Monade hat auch die Seele einen Körper, zu dem sie in besonderer Beziehung steht:[64]

> Obgleich so jede geschaffene Monade das ganze Universum darstellt, stellt sie auf deutlichste Weise den Körper dar, mit dem sie besonders verbunden ist und dessen Entelechie sie darstellt: und da dieser Körper das ganze Universum auf Grund der Verbindung der gesamten Materie im erfüllten Raum ausdrückt, stellt die Seele auch das ganze Universum dar, indem sie diesen Körper darstellt, der auf eine besondere Art und Weise zu ihr gehört.[65]

Wenn Leibniz hier von „Materie" spricht, bezieht er sich nicht auf Descartes' *res extensa*. Die Idee körperlicher Substanzen ist zum Zeitpunkt der Abfassung seiner Monadenlehre nicht mehr zentraler Bestandteil seines

---

59 Vgl. Leibniz: Monadologie (PS I), § 13, S. 442 f.
60 Ebd., § 56, S. 465. – „[C]haque substance simple a des rapports qui expriment toutes les autres, et […] elle est par consequent un miroir vivant perpetuel de l'univers." Ebd., S. 464.
61 Vgl. ebd., § 20, S. 446 f.
62 Vgl. ebd., § 14, S. 444 f.
63 Vgl. ebd., § 19, S. 446 f.
64 Mit Ausnahme von Gott. Vgl. ebd., § 72, S. 472 f.
65 Ebd., § 62, S. 467 und 469. – „Ainsi quoyque chaque Monade creée represente tout l'univers, elle represente plus distinctement le corps qui luy est affecté particulierement et dont elle fait l'Entelechie : et comme ce corps exprime tout l'univers par la connexion de toute la maniere dans le plein, l'ame represente aussi tout l'univers en representant ce corps, qui luy appartient d'une maniere particuliere." Ebd., S. 466 und 468.

1 Der ‚ganze Mensch'. Zum *commercium mentis et corporis* 63

Denkens.⁶⁶ Körper sind Ansammlungen von Monaden, „und folglich ist die ganze Natur voller Leben."⁶⁷ Materie ist in ihrer Zusammensetzung aus Monaden lebendige Materie, keine ausgedehnte, sondern ‚beseelte' Materie. Leib und Seele unterscheiden sich nicht in Monaden. Der *lex continui* gemäß sind die Monaden nur graduell verschieden. Dass zwischen den Monaden trotz ihrer Ähnlichkeit kein direkter Einfluss stattfindet, sondern ihre Beziehung über die prästabilierte Harmonie geregelt ist, begründet Leibniz zum einen mit der Abgeschlossenheit der einzelnen Monaden, ihrer Fensterlosigkeit, zum anderen mit den unterschiedlichen Prinzipien, denen sie folgen:

> Die Seelen handeln gemäß den Gesetzen der Zweckursachen durch Strebungen, Ziele und Mittel. Die Körper handeln gemäß den Gesetzen der Wirkursachen oder der Bewegungen. Und die zwei Reiche, das der Wirkursachen und das der Zweckursachen, stehen miteinander in Harmonie.⁶⁸

---

66 Zu Leibniz' Sicht auf Monaden, Körper und körperliche Substanzen in den letzten Jahren seines Lebens vgl. Garber: Leibniz: Body, Substance, Monad, S. 351–388.
67 Leibniz: Principes de la nature (PS I), § 1, S. 415. – „[E]t par consequent toute la nature est pleine de vie." Ebd., S. 414. – Vgl. auch Leibniz: Monadologie (PS I), § 67, S. 470 f.: „Jeder Materieabschnitt kann als ein Garten voll von Pflanzen verstanden werden; und als ein Teich voll von Fischen. Aber jeder Zweig der Pflanze, jedes Glied des Tieres, jeder Tropfen seiner Säfte ist ein solcher Garten oder ein solcher Teich." – „Chaque portion de la matiere peut être conçue comme un jardin plein de plantes, et comme un étang plein de poissons. Mais chaque rameau de la plante, chaque membre de l'Animal, chaque goutte de ses humeurs est encor un tel jardin ou un tel étang." Der Schwierigkeiten, die sich aus einer solchen Vorstellung ergeben, war sich Leibniz bewusst, wie Daniel Garber anhand der verschiedenen Etappen der Entwicklung der Leibniz'schen Metaphysik rekonstruiert hat. Die Idee, dass Körper aus Monaden und damit aus etwas Immateriellem bestehen sollen, lädt neben anderen Hinweisen in Leibniz' Schriften zur Interpretation ein, Körper lediglich als Perzeption, als bloße Vorstellungen der Monaden zu verstehen. Damit hätte die Welt den gleichen metaphysischen Status wie der Traum. Bis zu Leibniz' Tod finden sich in seinen publizierten wie in seinen unveröffentlichten Schriften und vor allen Dingen in seiner Korrespondenz verschiedene Vorstellungen vom Körper und seiner Beziehung zur Monade. Ein kohärentes Bild lässt sich nicht rekonstruieren. Zu den verschiedenen Interpretationen und den Schwierigkeiten, das Verhältnis von Monade und Körper bzw. das Wesen des Körpers an sich zu bestimmen vgl. Garber: Leibniz: Body, Substance, Monad, S. 351–388. Diese Interpretationsoffenheit bei Leibniz wird in der Forschung oft übersehen, wenn ein vermeintlich eindeutiges Bild der Monadenlehre gezeichnet wird oder, wie im Eintrag „Prästabilierte Harmonie" in der *Enzyklopädie Philosophie*, von einer ‚Wiederherstellung' der „volle[n] Bedeutung der Leibnizschen p[rästabilierten] H[armonie] durch Baumgarten" gesprochen wird. Thomas Leinkauf: [Art.] Prästabilierte Harmonie. In: Enzyklopädie Philosophie. Hg. von Hans Sandkühler. Bd. 2. Hamburg 2010, S. 2127–2131, hier S. 2130. Ähnlich auch bei Mario Casula: Die Lehre von der prästabilierten Harmonie in ihrer Entwicklung von Leibniz bis A. G. Baumgarten. In: Akten des II. Internationalen Leibniz-Kongresses. Hannover, 17.–22. Juli 1972. Hg. von Kurt Müller, Heinrich Schepers, Wilhelm Totok. Bd. 3. Wiesbaden 1975, S. 397–415, hier S. 410.
68 Leibniz: Monadologie (PS I), § 79, S. 475 und 477. – „Les ames agissent selon les loix des causes finales par appetitions, fins et moyens. Les corps agissent selon les loix des causes

Eine Übertretung der Trennlinie zwischen diesen beiden „Reichen" ist laut Leibniz nicht möglich. Die Beziehung zwischen Körper und Seele wird durch die zwischen allen Substanzen herrschende prästabilierte Harmonie bestimmt.[69]

Es ist offensichtlich, dass hier eine andere Art von *commercium mentis et corporis* vorliegt als im von den beiden Substanzen *res extensa* und *res cogitans* ausgehenden Okkasionalismus. Von einem strengen Dualismus zwischen Leib und Seele kann bei Leibniz nicht mehr gesprochen werden: Leib und Seele sind lediglich unterschiedliche „Modi der gleichen Substanz"[70]. Über die Perzeptionen stehen alle Monaden in Verbindung miteinander, die Seele als eine einzige Monade und ihr zugehöriger Körper als eine Zusammensetzung von Monaden sogar in einer besonders deutlichen. Auch wenn diese Beziehung nur phänomenaler Natur ist, so konstatiert Leibniz' Vorstellung der Monade als „Spiegel des Universums" und der hiermit verbundenen Idee, dass die einzelne Monade nicht nur Teil des Ganzen ist, sondern selbst das Ganze umfasst, eine etablierte Verbindung aller Monaden und damit auch zwischen Leib und Seele. Trotz unterschiedlicher Handlungsgesetze der beiden Sphären und entgegen der Konstruktion der prästabilierten Harmonie bietet die Monade die Möglichkeit, die Trennung von Leib und Seele aufzuheben.[71]

1.2 Wolff: Prästabilierte Harmonie als Hypothese

Warum in der Seele Empfindungen entstehen, wenn „äusserliche[ ] Dinge eine Veränderung in den Gliedmassen unserer Sinnen hervor bringen"[72], wie es kommt, „daß bey den Schmerzen des Leibes verdrüßliche Emp-

---

efficientes ou des mouvemens. Et les deux regnes, celuy des causes efficientes et celuy des causes finales, sont harmoniques entre eux." Ebd., S. 474 und 476.

69 Vgl. ebd., § 78, S. 474 f.: „Die Seele folgt ihren eigenen Gesetzen und der Körper ebenso den seinen; und sie treffen sich vermöge der prästabilierten Harmonie zwischen allen Substanzen, weil sie alle Darstellungen desselben Universums sind." – „L'ame suit ses propres lois, et le corps aussi les siennes, et ils se rencontrent en vertu de *l'harmonie préetablie* entre toutes les substances, puisqu'elles sont toutes des representations d'un même Univers." Herv. i. O.

70 Kondylis: Aufklärung, S. 583.

71 Kondylis (ebd.) spricht gar von „Verschmelzung" von *res cogitans* und *res extensa* in Leibniz' Modell: „Wichtig also ist, daß Leibniz im Rahmen dieser Denkkonstruktion res cogitans und res extensa weitgehend miteinander verschmelzen muß, und sei es nur durch Vergeistigung der letzteren (die eben deswegen aufhören soll, bloß extensa zu sein), während die Konstruktion der prästabilierten Harmonie eine solche Verschmelzung in rein logischer Hinsicht ausschließt." Angesichts des abgeschlossenen Wesens der Monaden geht Kondylis mit seiner Interpretation meines Erachtens einen Schritt zu weit.

72 Wolff: Deutsche Metaphysik (GW I.2), § 528, S. 323.

findungen in der Seele sind" und „bey gesundem und munterem Leibe das Gemüthe munter und freudig"[73] ist, wieso wir im Gesicht rot anlaufen, schimpfen oder die Zähne zusammenbeißen, wenn wir zornig sind,[74] und den Arm ausstrecken, aufstehen und weggehen, „wenn die Seele dergleichen Bewegungen verlanget"[75], kurz: die Übereinstimmung von Körper und Seele, sie lässt sich zumindest in der *Deutschen Metaphysik* auch für Wolff am besten mit dem Konzept der prästabilierten Harmonie veranschaulichen:

> Da nun die Seele ihre eigene Kraft hat, wodurch sie sich die Welt vorstellet: hingegen auch alle natürliche [sic!] Veränderungen des Leibes in seinem Wesen und seiner Natur gegründet sind; so siehet man leicht, daß die Seele das ihre für sich thut, und der Cörper gleichfals seine Veränderungen für sich hat, ohne daß entweder die Seele in den Leib, und der Leib in die Seele würcket, oder auch Gott durch seine unmittelbahre Würckung solches verrichtet, nur stimmen die Empfindungen und Begierden der Seele mit den Veränderungen und Bewegungen des Leibes überein. Und solchergestalt verfallen wir auf die Erklärung, welche der Herr von *Leibnitz* von der Gemeinschaft des Leibes mit der Seele gegeben, und die *vorherbestimmte Harmonie* oder *Uebereinstimmung* genennet.[76]

Den unmittelbaren, die Beziehung zwischen Körper und Seele harmonisierenden Eingriff Gottes, von dem man im Okkasionalismus ausgeht, weist Wolff wie schon Leibniz mit dem Hinweis zurück, dass hierfür „immerwährende Wunderwercke"[77] erforderlich wären. Gegen die dem *influxus physicus* zugrunde liegende Annahme einer direkten wechselseitigen kausalen Beziehung zwischen Körper und Seele argumentiert er mit dem Gesetz von der Erhaltung der Kraft, nach dem „ein Cörper jederzeit so viel in den anderen zurücke würcket, als er in ihn würcket"[78]: Die Seele hat bei Wolff wie bei Leibniz nur eine Kraft, und zwar keine der Bewegung, sondern entsprechend der Leibniz'schen Monade eine sich die Welt vorstellende, die *vis repraesentativa*. Würde die Seele nun in den Körper wirken, indem sie in diesem eine Bewegung in Gang setzte, käme es zu einem Zuwachs der in der Welt vorhandenen bewegenden Kraft, „[d]enn wenn die Seele in den Leib würcket; so wird eine Bewegung hervorgebracht ohne eine vorhergehende Bewegung"[79]. Gleichsam verhielte es sich, würde der Körper in die Seele

---

73 Ebd., § 531, S. 325.
74 Vgl. ebd., § 444, S. 272.
75 Ebd., § 535, S. 327.
76 Ebd., § 765, S. 478 f. Herv. i. O.
77 Ebd., § 764, S. 477.
78 Ebd., § 709, S. 441.
79 Ebd., § 762, S. 473.

wirken.⁸⁰ Die Transformation einer körperlichen in eine geistige Kraft bzw. einer geistigen in eine körperliche Kraft ist nicht möglich und daher auch kein *influxus physicus*.⁸¹

Aber auch wenn Wolff das System der vorherbestimmten Harmonie den Theorien des Okkasionalismus und des physischen Einflusses anfangs vorzieht, wäre der Schluss, dass die Relation von Leib und Seele bei Wolff dem von Leibniz konzipierten Modell entspricht, verfehlt. Zum einen weicht Wolff entschieden von Leibniz' Monadenlehre und seiner Idee von einer lebendig-organischen Welt ab. Bei Wolff unterscheiden sich die „einfachen Dinge"⁸², aus denen sich die Körper zusammensetzen, von den seelenartigen Monaden bei Leibniz. Anders als der Seele gesteht Wolff den einfachen Dingen nicht in gleicher Weise wie Leibniz eine perzeptive und vorstellende Kraft zu, und daraus resultiert die grundsätzliche ontologische Differenz von Seele und Leib.⁸³ Wolffs Konzept der prästabilierten Harmonie ist ein

---

80 Vgl. ebd., § 762, S. 474: „Gleichergestalt, wenn der Leib in die Seele würcket; so bringet eine Bewegung einen Gedancken hervor. Da nun nach diesem die Bewegung aufhöret, ohne daß daraus eine neue Bewegung in einem anderen Theile der Materie entstünde; so höret eine Kraft auf, die vorher in der Welt war. Und also wird wider das Gesetze der Natur die Kraft in der Welt vermindert."

81 Vgl. ebd., S. 475. Einen Überblick zu den drei Theorien im Kontext der zeitgenössischen Debatte und zu ihrer Rezeption bei Wolff bietet Ecole: La métaphysique de Christian Wolff, S. 299–315

82 Wolff: Deutsche Metaphysik (GW I.2), § 125, S. 65.

83 Zu den Unterschieden bei Leibniz und Wolff hinsichtlich der Konzeption der Monaden bzw. der einfachen Dinge vgl. Poppe: Alexander Gottlieb Baumgarten, S. 16 f.; Gerd Fabian: Beitrag zur Geschichte des Leib-Seele-Problems. (Lehre von der prästabilierten Harmonie und vom psychophysischen Parallelismus in der Leibniz-Wolffschen Schule). Langensalza 1925. Nachdruck: Hildesheim 1974, S. 37–40; Hans Poser: Zum Begriff der Monade bei Leibniz und Wolff. In: Müller, Schepers, Totok (Hg.): Akten des II. Internationalen Leibniz-Kongresses, S. 383–395; Jean Ecole: Des rapports de Wolff avec Leibniz dans le domaine de la métaphysique. In: Beiträge zur Wirkungs- und Rezeptionsgeschichte von Gottfried Wilhelm Leibniz. Hg. von Albert Heinekamp. Stuttgart 1986, S. 88–96, hier S. 90; Anton Bissinger: Die Struktur der Gotteserkenntnis. Studien zur Philosophie Christian Wolffs. Bonn 1970, S. 24 f.; Hans-Jürgen Engfer: Von der Leibnizschen Monadologie zur empirischen Psychologie Wolffs. In: Carboncini, Cataldi Madonna (Hg.): Nuovi studi sul pensiero di Christian Wolff, S. 193–215, hier S. 199; Eric Watkins: On the Necessity and Nature of Simples: Leibniz, Wolff, Baumgarten, and the Pre-Critical Kant. In: Oxford Studies in Early Modern Philosophy. Bd. 3. Hg. von Daniel Garber, Steven Nadler. New York 2006, S. 261–314, hier S. 275–290 sowie Eric Watkins: Leibniz und Wolff im Vergleich. Sine entibus simplicibus composita existere nequeunt. In: Christian Wolff und die europäische Aufklärung. Akten des 1. Internationalen Christian-Wolff-Kongresses. Halle (Saale), 4.–8. April 2004. Hg. von Jürgen Stolzenberg, Oliver-Pierre Rudolph. Teil 3. Hildesheim u. a. 2007, S. 13–28. Die Implikationen, die sich aus der Differenz zum Modell von Leibniz für die Wolffsche Philosophie ergeben, beschreibt Hans-Jürgen Engfer: Teleologie und Kausalität bei Leibniz und Wolff. Die Umkehr der Begründungspflicht. In: Heinekamp (Hg.): Beiträge zur Wirkungs- und Rezeptionsgeschichte von Gottfried Wilhelm Leibniz, S. 97–109.

"Leib-Seele-Parallelismus ohne Monadenlehre"[84]. Die in der Monade liegende Möglichkeit der Auflösung des Dualismus setzt Wolff im Unterschied zu seinen Nachfolgern Gottsched und Baumgarten hier nicht um. Leib und Seele bleiben zunächst strikt voneinander getrennt. Zum anderen bleibt für Wolff die Theorie der vorherbestimmten Harmonie eine Hypothese,[85] die am schlüssigsten, wenn auch nicht restlos zufriedenstellend,[86] die Erfahrungstatsache erklärt, dass Körper und Seele im Einklang miteinander sind.[87]

Dass Wolff kein unbedingter Anhänger dieses Leibniz'schen Theorems war,[88] zeigt sich dann auch in seiner Stellungnahme in anderen Schriften. Anders als noch gut dreizehn Jahre zuvor in der *Metaphysik* zieht er in der 1733 publizierten *Psychologia rationalis* den *influxus physicus* als Alternative zur prästabilierten Harmonie in Betracht,[89] nachdem er bereits 1726 in seiner Schrift *Ausführliche Nachricht von seinen eigenen Schrifften* alle drei Systeme zur Wahl gestellt hat:[90]

> Die *Systemata*, von denen hier die Rede ist, erklären bloß eine Frage, wie es möglich ist, daß die Gemeinschafft zwischen Leib und Seele bestehen kan. Und demnach sind es *philosophische hypotheses*, keine Lehren, folgends verwirfft man nicht ihnen zu gefallen, was in der Erfahrung gegründet, sondern sie muß man vielmehr für unrichtig erklären, so bald man zeigen kan, daß sie demjenigen widersprechen, was die

---

84   Hans Poser: „Da ich wider Vermuthen gantz natürlich auf die vorher bestimmte Harmonie des Herrn von Leibnitz geführet ward, so habe ich dieselbe beybehalten". Christian Wolffs Rezeption der prästabilierten Harmonie. In: Leibnizbilder im 18. und 19. Jahrhundert. Hg. von Alexandra Lewendoski. Stuttgart 2004, S. 49–63, hier S. 63.
85   Vgl. Wolff: Ausführliche Nachricht (GW I.9), § 100, S. 281 f.
86   Vgl. Ecole: La métaphysique de Christian Wolff, S. 315. – Das muss sie aber auch nicht, denn Wolff versteht das System der prästabilierten Harmonie, anders als von einigen seiner Zeitgenossen angenommen, weder für seine Metaphysik noch für andere Bereiche der Philosophie als zwingend notwendig, wie noch zu sehen ist.
87   Wolff weist explizit darauf hin, dass die Übereinstimmung von Körper und Seele zwar noch nicht begründet, aber aus der Erfahrung bekannt ist. Vgl. Wolff: Deutsche Metaphysik (GW I.2), §§ 529, 534, S. 323 f. und 326 f.
88   Hierauf hat mehrfach verwiesen Ecole: Des rapports de Wolff avec Leibniz, S. 92: „Toutefois elle est et reste pour lui une pure hypothèse, qu'il préfère certes aux deux autres essais d'explication des rapports de l'âme et du corps, mais, prend-il soin d'indiquer ‚invitus fere', c'est-à-dire faute de mieux, parce qu'elle évite les principaux écueils de ceux-ci [...]. Et il se défend vivement d'avoir construit toute sa métaphysique sur elle." Vgl. auch Ecole: La métaphysique de Christian Wolff, S. 311 und 315 sowie die deutsche, leicht überarbeitete Version des Aufsatzes Ecole: War Wolff ein Leibnizianer?, S. 35. Zu Wolffs Rezeption der prästabilierten Harmonie und den von ihm vorgenommenen Änderungen vgl. auch Poser: „Da ich wider Vermuthen".
89   Vgl. Wolff: Psychologia rationalis (GW II.6), § 640, S. 583 f. – Ecole (La métaphysique de Christian Wolff, S. 311) hat hierauf aufmerksam gemacht: Denjenigen, denen die Theorie der prästabilierten Harmonie unverständlich bleibt, räumt Wolff das Recht ein, das System des *influxus physicus* zu vertreten.
90   Auf diesen Unterschied bei Wolff verweisen Wolfgang Röd: Die Philosophie der Neuzeit 2. München 1984, S. 248; an Röd anschließend Stiening: „[D]arinn ich noch nicht völlig", S. 49.

> Erfahrung lehret. Derowegen wenn auch gleich ein Weltweiser es versähe und eine unrichtige *hypothesin* in diesem Stücke erwehlete; so geschiehet doch dadurch weder der Theologie, noch Medicin, noch der Moral und Politick der geringste Eintrag, als wo man von der Gemeinschafft zwischen Leib und Seele bloß dasjenige annimmt, was man aus der Erfahrung davon erkennet. Und demnach kan ein Weltweiser sich wehlen, was er will, wo man Freiheit zu *philosophiren* hat.[91]

Aufgrund der Kontroverse um die prästabilierte Harmonie mit Joachim Lange, die Anfang der 1720er Jahre in Halle eskalierte,[92] liegt die Frage nahe, ob Wolff sich hier von seiner anfänglichen Präferenz für das Leibniz'sche Modell aus strategischen Gründen entfernt. Aber wie ließe sich dann erklären, dass Wolff keine Änderungen in den entsprechenden Paragraphen zum *commercium mentis et corporis* in seiner *Metaphysik* vornimmt, sondern trotz diverser Neuauflagen – nicht weniger als zwölf bis 1752 – und der Relevanz dieses Punktes im Streit mit Lange bis zum Schluss der prästabilierten Harmonie den Vorrang gibt? Wolff selbst begründet seinen Positionswechsel mit den Erkenntnissen seines Schülers Ludwig Philipp Thümmig. Dieser habe im ersten Band seiner *Institutiones philosophiae Wolfianae* von 1725, wie Wolff berichtet,

> alles, was der Seele vermöge der Erfahrung zukommt aus dem von mir angegebenen Begriffe der Seele heraus geleitet, ohne drauf acht zu haben, worinnen eigentlich die Gemeinschafft des Leibes und der Seele mit einander bestehet […] und gezeiget, wie man ein jedes [der drei Systeme, O.K.S.] mit dem vorhergehenden vereinbaren kan.[93]

Da Wolff (mit Thümmig) davon ausgeht, dass sein eigenes philosophisches System unabhängig von der *commercium mentis et corporis*-Frage ist, kann er andere „Hypothesen" neben der der prästabilierten Harmonie dulden.[94] Für

---

91 Wolff: Ausführliche Nachricht (GW I.9), § 100, S. 281 f. Herv. i. O. Die zweite Auflage von 1733, die der hier zitierten Ausgabe zugrunde liegt, unterscheidet sich in dieser Passage nicht von der Erstauflage von 1726.
92 Zu den Vorwürfen Joachim Langes und ihren Konsequenzen für Wolff vgl. Bianco: Freiheit gegen Fatalismus. Zur Auseinandersetzung vgl. auch die Einleitung.
93 Wolff: Ausführliche Nachricht (GW I.9), § 100, S. 280.
94 Vgl. weiter ebd., S. 280 f. Herv. i. O.: „[…] daß man meine gantze Metaphysick, auch in der Lehre von der Seele, ohne einige Aenderung behalten kan, man mag in Erklärung der Gemeinschafft der Seele und des Leibes ein *Systema* erwählen, was man für eins will, oder gar keinem beypflichten: welches diejenigen nicht erkennen wollten, die darbey einen Vortheil zu finden vermeynten, wenn sie andere überreden könnten, es fiele mit der vorher bestimmten Harmonie nicht allein meine Metaphysick, sondern meine gantze Philosophie über den Hauffen." Vgl. auch ebd., S. 283: „[K]eineswegs aber habe ich sie [die Hypothese der prästabilierten Harmonie] zu einem Grunde gemacht, daraus ich andere Wahrheiten erwiesen hätte". Vgl. auch Wolff: Deutsche Metaphysik (GW I.2), § 760, S. 471. Dass die Verteidigung

Wolff selbst bildet mutmaßlich der „Leib-Seele-Parallelismus", den er in der prästabilierten Harmonie sieht, die beste und wahrscheinlichste (Arbeits-) „Hypothese". Damit geht Wolff von einer Trennung von Leib und Seele aus, ohne diese Trennung absolut zu setzen. Es wundert daher nicht, dass auch Anhänger seiner Philosophie wider die von ihm noch in der *Metaphysik* propagierte Vorrangstellung der vorherbestimmten Harmonie und für die Theorie des physischen Einflusses plädieren.[95] Zu ihnen gehört auch Gottsched.

1.3 Gottsched: Von der prästabilierten Harmonie zum *influxus physicus*?

In den Corrolaria seiner Dissertation *Hamartigenia, sive de fonte vitiorum humanorum quaestio philosophice soluta*[96] von 1724 hatte Gottsched die prästabilierte Harmonie als eine, wie er rückblickend schrieb, „zur Erklärung der Vereinigung zwischen Leib und Seele, sehr bequeme, und sonst unschädliche Hypothese"[97] dargestellt. Die knappen Thesen lösten zum Teil Irritationen aus. Man sah in ihnen eine Gefährdung der kirchlichen Lehre und zudem eine Verteidigung des erst kurz zuvor aus Halle vertriebenen Wolff.[98] Dass Gottsched kurz darauf in seinen von 1727 bis 1729 erschienenen Schriften *Vindiciarum sytematis influxus physici*[99] „entschieden, wenn auch in vorsichtigster

---

der prästabilierten Harmonie doch nicht, wie von Wolff konstatiert, ohne Probleme für seine Philosophie ist, hat herausgestellt Werner Euler: Bewußtsein – Seele – Geist. Untersuchungen zur Transformation des Cartesischen „Cogito" in der Psychologie Christian Wolffs. In: Rudolph, Goubet (Hg.): Die Psychologie Christian Wolffs, S. 11–50, hier S. 41–44

95 Zur Diskussion der drei Systeme bei Anhängern und Gegnern der Philosophie Wolffs wie der zunehmenden Popularität der *influxus physicus*-Theorie vgl. Erdmann: Martin Knutzen und seine Zeit; Fabian: Geschichte des Leib-Seele-Problems sowie Eric Watkins: The Development of Physical Influx in Early Eighteenth-Century Germany: Gottsched, Knutzen, and Crusius. In: The Review of Metaphysics 49.2 (1995), S. 295–339.

96 Gottsched: Hamartigenia, sive de fonte vitiorum humanorum quaestio philosophice soluta, et lipsiae MDCCXXIV publicae disputata. In: Peter Bayle: Historisches und Critisches Wörterbuch. Übers. mit einer Vorrede und Anmerkungen von Johann Christoph Gottsched. Bd. 4. Leipzig 1744, S. 714–719.

97 Gottsched: Fortgesetzte Nachricht von des Verfassers eignen Schriften (AW V.2), S. 9.

98 Vgl. hierzu Gottscheds eigene Schilderung ebd., S. 8–10; die Darstellungen bei Döring: Die Philosophie Gottfried Wilhelm Leibniz', S. 71 sowie bei Rüdiger Otto: Gottscheds Leibniz. In: Pluralität der Perspektiven und Einheit der Wahrheit im Werk von G. W. Leibniz. Beiträge zu seinem philosophischen, theologischen und politischen Denken. Hg. von Friedrich Beiderbeck, Stephan Waldhoff. Berlin 2011, S. 191–263, hier S. 198f.

99 Zur Datierung der Arbeiten vgl. Andres Straßberger: Johann Christoph Gottsched und die „philosophische" Predigt. Studien zur aufklärerischen Transformation der protestantischen Homiletik im Spannungsfeld von Theologie, Rhetorik und Politik. Tübingen 2010, S. 93.

Form"[100], wie Benno Erdmann betonte, die *influxus physicus*-Theorie verteidigte, wird daher auch als „Kompromißbereitschaft" und „Rücksichtnahme auf den gängigen theologischen Diskurs"[101] gewertet. Diese Einwände sind sicherlich bei der Bewertung des Verhältnisses von Körper und Seele bei Gottsched zu berücksichtigen. In gleicher Weise ist jedoch zu bedenken, dass Gottsched selbst weder die Philosophie Leibniz' noch die Wolffs in ihrer Gesamtheit rezipieren wollte und er auf eine eigenständige Position bedacht war – zu der durchaus die Erwägung des *influxus physicus* gehörte.[102] Die in den *Vindiciarum sytematis influxus physici* vertretene Position fand dann auch Eingang in den theoretischen Teil seiner Abhandlung *Erste Gründe der gesammten Weltweisheit*.

Das fünfte Hauptstück „Von der Vereinigung der Seele und des Leibes" des zweiten Abschnitts der *Geisterlehre* beginnt mit einer kurzen Darstellung der drei konkurrierenden Theorien.[103] Während Gottsched seine Erläuterungen zum System der vorherbestimmten Harmonie positiv schließt,[104] fällt sein Urteil über den Okkasionalismus vernichtend aus. Die Vereinigung von Seele und Leib „in eine Reihe von Wunderwercken verwandelt" würde den Geschöpfen alle Selbständigkeit nehmen und „das ganze menschliche Geschlecht gleichsam in ein Marionettenspiel verwandel[n]"[105]. Zwar schließt er seine Präsentation der verschiedenen Lehren – wie Wolff sieben Jahre zuvor in seiner Schrift *Ausführliche Nachricht von seinen eigenen Schrifften* – mit dem Verweis, dass keine der Theorien bisher ausreichend demonstriert sei und jede ihre Unstimmigkeit habe, doch setzt er sich im gleichen Paragraphen noch für den *influxus physicus* ein, dem immerhin ältesten und verbreitetsten der drei Systeme:

---

100 Erdmann: Martin Knutzen und seine Zeit, S. 80.
101 Stefan Lorenz: De Mundo Optimo. Studien zu Leibniz' Theodizee und ihrer Rezeption in Deutschland (1710–1791). Stuttgart 1997, S. 161, vgl. auch S. 155.
102 Gegen die angeführte Argumentation von Lorenz vgl. auch Döring: Die Philosophie Gottfried Wilhelm Leibniz', S. 63 f. Gottscheds Tendenz zur Theorie des *influxus physicus* wurde in der Forschung seit Danzel immer wieder betont und im Ansatz nachgezeichnet. Vgl. Theodor W. Danzel: Gottsched und seine Zeit. Auszüge aus seinem Briefwechsel. Zusammengest. und erl. von ders. Nebst einem Anhange: Daniel Wilhelm Trillers Anmerkungen zu Klopstocks Gelehrtenrepublik. Leipzig 1848. Nachdruck: Hildesheim, New York 1970, S. 13–16; Erdmann: Martin Knutzen und seine Zeit, S. 79–82; Fabian: Geschichte des Leib-Seele-Problems, S. 63–67; Bianco: Freiheit gegen Fatalismus, S. 131; Watkins: Development of Physical Influx, S. 300–307; Poser: Gottsched, S. 55; Katrin Löffler: Anthropologische Konzeptionen in der Literatur der Aufklärung. Autoren in Leipzig 1730–1760. Leipzig 2005, S. 133 f.; Straßberger: Gottsched und die „philosophische" Predigt, S. 93; Otto: Gottscheds Leibniz, S. 199–203 sowie Stiening: „[D]arinn ich noch nicht völlig", S. 47–52.
103 Vgl. Gottsched: Weltweisheit I (AW V.1), §§ 1066–1076, S. 582–586.
104 Vgl. ebd., S. 586: „Diese Art, die Vereinigung des Leibes und der Seele zu erklären, hält nichts Unmögliches in sich, und erhebt die Weisheit und Macht Gottes sehr."
105 Ebd., § 1073, S. 584.

1 Der ‚ganze Mensch'. Zum *commercium mentis et corporis*

> Mir ist es indessen allezeit vorgekommen: daß man nicht eher Ursache habe, die allerälteste und gemeineste Meynung vom natürlichen Einflusse zu verwerfen; bis man sie vollkommen widerleget, und ihre Unmöglichkeit erwiesen haben wird. Dieses aber ist, noch zur Zeit, von niemanden geschehen.[106]

Dass er als Erklärung für die Analogie von Leib und Seele die *influxus physicus*-Theorie neben das von Leibniz und von Wolff zumindest noch in seiner Metaphysik befürwortete System der prästabilierten Harmonie stellt, begründet Gottsched mit der Existenz des Körpers und seiner Beschaffenheit. Wozu, so fragt Gottsched, bräuchte die Seele einen Körper, wenn sie „alle Empfindungen auch ohne denselben haben"[107] könnte? Warum wären Leib und Gehirn „so künstlich gebauet"[108], wenn nicht, um in die Seele zu wirken, um in ihr Gedanken hervorzubringen?[109] Den von Leibniz und Wolff formulierten Einwand, dass die These des physischen Einflusses gegen das Naturgesetz zur Erhaltung der Kraft verstößt, weist Gottsched zurück – mit einem freilich unzutreffenden Verweis auf Leibniz selbst. Wenn, so Gottscheds Argument, selbst die einfache Substanz der Materie neben der bewegenden auch eine, wenn auch begrenzte vorstellende Kraft hat, warum sollte dann die vollkommenere einfache Substanz der Seele neben der vorstellenden nicht auch eine bewegende Kraft haben?[110] Dieser Ansatz ließe sich problemlos in Wolffs Konzept der Seele integrieren:

> Man darf auch nicht besorgen, daß dergestalt zwo verschiedene Kräfte, in das einfache Wesen der Seele gebracht werden würden. Denn so gut man Verstand und Wille aus der einzigen vorstellenden Kraft der Seele herleiten kann: so leicht wird sich auch die bewegende Kraft daraus begreifen lassen.[111]

Wie bei Wolff werde das einfache Wesen der Seele, das in der einen und einzigen Kraft der Vorstellung begründet ist, bewahrt, da sich Gottsched zufolge die bewegende Kraft aus der vorstellenden Kraft der Seele

---

106 Ebd., § 1077, S. 586.
107 Ebd., § 1082, S. 588.
108 Ebd.
109 Vgl. ebd., § 1066, S. 582.
110 Vgl. ebd., § 1079, S. 586 f. Herv. i. O.: „Denn da die einfachen Substanzen, woraus die Materie der Körper besteht, eine bewegende Kraft besitzen; und gleichwohl nach *Leibnitzens* Meynung, auch eine Kraft haben, sich die Welt vorzustellen: so könnte ja auch eine Seele, als eine weit vollkommenere einfache Substanz, ebenfalls eine bewegende Kraft, oder Bemühung, ihren Platz zu ändern, haben; die ihrer übrigen vorstellenden Kraft gemäß, das ist, viel stärker wäre, als eines einzelnen Elementes der Körper." Gottsched übergeht hier, dass Leibniz den Monaden grundsätzlich nur eine Kraft und zwar die vorstellende zuschreibt. Seine Vorstellung der einfachen Substanz leitet sich anscheinend von der der einfachen Dinge bei Wolff ab.
111 Ebd., § 1080, S. 587.

heraus entwickeln würde, nicht anders als Wolff es für Verstand und Wille vorsehe.

Gottscheds Plädoyer, die Theorie vom physischen Einfluss nicht einfach zu verwerfen, bekommt hier noch eine neue Dimension, die über die zunächst vorgebrachten Argumente hinausgeht. Für den *influxus physicus* spricht nicht nur, dass gerade diese Theorie eine lange Tradition aufweist und weit verbreitet ist, sondern sie könne, wie Gottsched darlegt, ohne gegen das Naturgesetz zur Erhaltung der Kraft zu verstoßen, in die Philosophie Wolffs integriert, ja gar mit ihr erklärt werden. Notwendig wäre hierfür lediglich die dargelegte Erweiterung des Seelenbegriffs. Auch wenn Gottsched den Versuch unternimmt, seine Ausführung zum physischen Einfluss zu relativieren, indem er sie am Ende des entsprechenden Abschnitts in der *Weltweisheit* als „bloße Muthmaßungen"[112] bezeichnet, scheint er dieser Theorie den Vorzug zu geben.[113] In seiner Argumentation verbindet er neurophysiologische und metaphysische Ansätze[114] und hebt innerhalb der Wolffschen Philosophie die von Leibniz noch postulierte Unabhängigkeit von Körper und Seele auf. An seinem Beispiel wird deutlich, dass die Entwicklung und Verbreitung der Theorie des physischen Einflusses bereits in den 1720er Jahren[115] von den Wolffianern selbst vorangetrieben wird und nicht erst nach 1750, wie öfters angenommen wurde,[116] an Bedeutung gewinnt.

---

112 Ebd., § 1082, S. 588.
113 Seine Überlegungen zum physischen Einfluss bzw. grundsätzlich zum Leib-Seele-Problem schließt Gottsched (ebd.) wie folgt: „Doch ich gebe dieses alles nur für bloße Muthmaßungen aus, und lasse es dahin gestellet seyn: welche Meynung bey einem reiferen Erkenntnisse der Seele und des Leibes, mit der Zeit die Oberhand behalten wird. Siehe meine drey Dissertationen: *Vindiciae influxus physici &c.*" Gerade der Verweis auf seine Arbeiten zum physischen Einfluss erweckt jedoch den Eindruck, dass er das System des *influxus physicus* befürwortet. Vgl. hierzu auch Erdmann: Martin Knutzen und seine Zeit, S. 81 f.
114 Vgl. Stiening: „[D]arinn ich noch nicht völlig", S. 51.
115 Zur historischen Entwicklung der Influx-Theorie in Abgrenzung zur prästabilierten Harmonie in den Reihen der Anhänger der Philosophie Leibniz' und Wolffs vgl. auch die Zusammenfassung bei Fabian: Geschichte des Leib-Seele-Problems, S. 224–230.
116 So überschrieb Jutta Heinz (Wissen vom Menschen und Erzählen im Einzelfall. Untersuchungen zum anthropologischen Roman der Spätaufklärung. Berlin, New York 1996) einen Abschnitt mit „Idealischer statt physischer Einfluß – die Vereinseitigung des *commercium*-Problems in der Frühaufklärung" (ebd., S. 58) und konstatierte, dass erst Johann Gottlob Krüger in seinem *Versuch einer Experimental-Seelenlehre* von 1756 mit „allen frühaufklärerischen Tabus [bricht]" (ebd., S. 61) und die Sinnlichkeit rehabilitiert. Vgl. auch Wolfgang Riedel: Erster Psychologismus. Umbau des Seelenbegriffs in der deutschen Spätaufklärung. In: Zwischen Empirisierung und Konstruktionsleistung. Anthropologie im 18. Jahrhundert. Hg. von Jörn Garber, Heinz Thoma. Tübingen 2004, S. 1–17.

1.4 Baumgarten: *influxus idealis* und der ‚ganze Mensch'

Dass trotz der zunehmenden Prominenz der Influxus-Theorie die Diskussion um die prästabilierte Harmonie Ende der 1730er Jahre noch längst nicht abgeschlossen ist, dafür steht unter anderem Baumgartens *Metaphysica* (1739). Bis zur letzten von ihm autorisierten Auflage von 1757 tritt Baumgarten für die prästabilierte Harmonie ein. Im Unterschied zu Wolff legt Baumgarten seiner Metaphysik sowohl das System der prästabilierten Harmonie in seiner vollen Bedeutung für die allgemeine Harmonie der Welt, der „Gemeinschaft der Substanzen in der Welt"[117], als auch die Monadenlehre zugrunde. Selbst wenn nicht von einer „lupenreine[n] Wiederherstellung Leibniz'scher Metaphysik mit den Mitteln Wolffscher Methodologie"[118] gesprochen werden sollte, so ist doch zu konstatieren, dass mit Baumgarten Leibniz' Philosophie in besonderer Weise zur Geltung kommt und zwar nicht in der reduzierten Form, wie sie bei Wolff anzutreffen ist.[119] Baumgarten lässt keinen Zweifel daran, dass die prästabilierte Harmonie das von ihm vor der Influxus-Theorie und dem Okkasionalismus bevorzugte System ist: „[J]eder universale wie besondere physische Einfluß und das diesbezügliche System, sowie das System der okkasionellen Ursachen sind falsch"[120], heißt es am Ende

---

117 So die Überschrift des entsprechenden Abschnitts im zweiten Teil der *Metaphysica*, der Kosmologie. Baumgarten: Metaphysica, S. 239. – „Substantiarum mundanarum commercium", ebd., S. 238.

118 Günter Gawlick und Lothar Kreimendahl (Einleitung. In: Baumgarten: Metaphysica, S. IX–LXXXVII, hier S. LX) richten sich mit dieser Bemerkung gegen Casula (Lehre von der prästabilierten Harmonie), der von einer „Wiederherstellung" der prästabilierten Harmonie „im Leibnizschen Sinne" (ebd., S. 400) bei Baumgarten spricht: „So kommen wir schließlich zu Baumgarten, dessen *Metaphysica* (1739), im Gegensatz zu Wolff, die echte und komplette Leibnizsche Weltanschauung, was die Monadenlehre und die prästabilierte Harmonie betrifft, wieder von Neuem aufnimmt und, in Erweiterung zu Leibniz, den ernsten Versuch macht. [sic!] die beiden Lehren mit den strengen methodologischen Wolffschen Verfahren zu beweisen, nach denen man nicht mit genialen Anschauungen oder brillanten Vergleichen zufrieden ist, sondern jede abgeleitete Lehre durch regressive Schlußfolgerungen so weit begründet, bis man damit die ursprünglichen Strukturen des Systems erreicht hat." Ebd., S. 410. Zu den Vorbehalten Gawlicks und Kreimendahls gegenüber der Rede von einer exakten Übernahme der Leibniz'schen Lehren vgl. Gawlick, Kreimendahl: Einleitung [Metaphysica], S. LVI–LXI.

119 Zur differenzierten Übernahme Leibniz'scher Lehren durch Wolff vgl. die Angaben in der Einleitung. Zur Monade in der *Metaphysica* vgl. Baumgarten: Metaphysica, §§ 230–245 und 396–405, S. 144–149 und 214–219. Zur Monadenlehre bei Baumgarten vgl. Fabian: Geschichte des Leib-Seele-Problems, S. 78–80; Watkins: On the Necessity and Nature of Simples, S. 290–298 sowie Dagmar Mirbach: Die Rezeption von Leibniz' Monadenlehre bei Alexander Gottlieb Baumgarten. In: Der Monadenbegriff zwischen Spätrenaissance und Aufklärung. Hg. von Hanns-Peter Neumann. Berlin, New York 2009, S. 271–299. Ein Beispiel für die in der Forschung verbreitete Vorstellung Baumgartens als Leibnizianer ist die Darstellung bei Poppe: Alexander Gottlieb Baumgarten, S. 19–25.

120 Baumgarten: Metaphysica, § 463, S. 249. – „[O]mnis et universalis et particularis influxus physicus, et eius systema, et systema causarum occasionalium falsa sunt." Ebd., S. 248.

seines Versuchs, die prästabilierte Harmonie mit der Wolffschen Methode in der *Metaphysica* zu beweisen. Die prästabilierte Harmonie ist für ihn nicht nur die wahrscheinlichere Erklärung oder ‚Hypothese', als welche Wolff sie bezeichnet, für die sowohl in der Welt als auch zwischen Leib und Seele herrschende Harmonie, sondern ein System, das nach den Regeln der Logik bewiesen werden kann.[121]

Anders als bei der Theorie des physischen Einflusses, dessen Kennzeichen die Annahme eines *realen* wechselseitigen Einflusses ist, handelt es sich laut Baumgarten bei der prästabilierten Harmonie um einen *idealen* wechselseitigen Einfluss:[122]

> Das System der universalen prästabilierten Harmonie hebt den wechselseitigen Einfluß der Substanzen dieser Welt nicht auf, sondern setzt ihn vielmehr fest; es verneint nicht, daß die eine Substanz der Welt von der anderen etwas erleidet, sondern setzt fest, daß sie jedwede Veränderung, die sie von einer anderen Substanz dieser Welt erleidet, durch ihre eigene Kraft hervorbringt […].[123]

Die Veränderungen werden durch die leidende Substanz selbst hervorgebracht, aber entstehen in Abhängigkeit von der wirkenden Substanz.[124] Was Baumgarten hier für die universale Harmonie in der Welt formuliert, gilt in gleicher Weise für die Beziehung von Leib und Seele:[125]

---

121 Vgl. zum Beweis Casula: Lehre von der prästabilierten Harmonie, inbesondere S. 410–414. Einwände gegen Baumgartens Beweisführung bei Gawlick, Kreimendahl: Einleitung [Metaphysica], S. LXX–LXXII.
122 Zum physischen Einfluss in der *Metaphysica* vgl. Baumgarten: Metaphysica, §§ 450f. und 764–766, S. 240–243 und 412–415. Zu den Gemeinsamkeiten und Differenzen der Theorien vgl. ebd., §§ 454–456, S. 242–245.
123 Ebd., § 449, S. 241. – „Systema harmoniae praestabilitae universalis non tollit influxum substantiarum huius mundi in se invicem, sed eum ponit, non tollit unam mundi substantiam pati ab altera, sed quamlibet tamen mutationem suam, quam ab altera substantia huius mundi patitur, vi sua producere ponit", ebd., S. 240.
124 Zur Differenzierung zwischen idealem und realem Einfluss vgl. auch ebd., § 212, S. 136f. Herv. i.O.: „Wenn das Leiden derjenigen Substanz, die von einer anderen beeinflußt wird, zugleich eine Handlung der leidenden ist, heißen *Leiden* und *Einfluss ideal*. Wenn aber das Leiden nicht auch ein Handeln der leidenden Substanz ist, heißen *Leiden* und *Einfluss real*." – „Si passio illius substantiae, in quam altera influit, simul est ipsius patientis actio, *passio* et *influxus* dicuntur *ideales*. Si vero passio non est patientis actio, *passio* et *influxus* dicuntur *reales*."
125 Die Abhängigkeit des ‚psychologischen Systems', wie Baumgarten (ebd., § 761, S. 411) im Anschluss an Leibniz die „Lehrmeinungen" nennt, „die zur Erklärung der Gemeinschaft von Leib und Seele im Menschen geeignet scheinen" („*Systemata psychologica* sunt sententiae, quae videntur ad explicandum animae et corporis in homine commercium aptae." Ebd., S. 410. Herv. i.O.), vom allgemeinen System, das den Zusammenhang der Substanzen in der Welt beschreibt, erläutert Baumgarten in dem der Psychologie gewidmeten Teil seiner *Metaphysica*, § 762, S. 410f.: „Wenn eines der einfachen allgemeinen Systeme gesetzt ist, wird auch eines der einfachen psychologischen Systeme gesetzt. Mit dem Beweis der universalen prästabilierten Harmonie ist also zugleich die psychologische prästabilierte Harmonie bewiesen. Wenn jedoch eines der einfachen psychologischen Systeme gesetzt ist, muß nicht

1 Der „ganze Mensch". Zum *commercium mentis et corporis*

Die von der Seele abhängigen Veränderungen des Leibes und die vom Leib abhängigen Veränderungen der Seele sind harmonisch. Bei harmonischen Veränderungen der Seele und des Leibes koexistiert mit der Veränderung des Leibes eine Veränderung der Seele oder folgt auf sie; mit der Veränderung der Seele koexistiert eine Veränderung des Leibes oder folgt auf sie.[126]

Seele und Leib wirken wechselseitig aufeinander, wobei, das sei hier noch einmal betont, es sich um eine ideale Wirkung handelt: „[J]eder der beiden Teile der Gemeinschaft [verwirklicht] die in ihm vorkommenden harmonischen Veränderungen aus eigener Kraft, wobei er vom jeweils anderen Teil auf ideale Weise etwas erleidet"[127]. Leib und Seele sind zwei Systeme, die auf die Veränderungen des jeweils anderen reagieren und eine Einheit bilden. Inwieweit Baumgartens Ansatz des idealen Einflusses einer zeitgenössischen Ausprägung der *influxus physicus*-Theorie entspricht, wie Erdmann meinte, soll hier nicht diskutiert werden,[128] ebenso wenig die Bedeutung einer möglichen

---

notwendigerweise eines oder das ähnlichste der allgemeinen gesetzt werden." – „Posito uno ex systematis generalibus simplicibus, ponitur etiam unum ex psychologicis simplicibus. Ergo demonstrata harmonia praestabilita universali demonstrata simul est harmonia praestabilita psychologica. Posito tamen uno ex systematis psychologicis simplicibus non necessario unum aut simillimum ex generalibus ponendum est."

126 Ebd., § 738, S. 397. – „Mutationes corporis ex anima, et animae ex corpore pendentes sunt harmonicae. In mutationibus harmonicis animae et corporis mutationi corporis coexistit, vel succedit mutatio animae, mutationi animae coexistit, vel succedit mutatio corporis." Ebd., S. 396.

127 Ebd., § 768, S. 415. – „[U]traque pars commercii in se occurentes mutationes harmonicas actuat vi propria ab altera parte idealiter patiens", ebd., S. 414.

128 Erdmann (Martin Knutzen und seine Zeit, S. 95–97) geht davon aus, dass die prästabilierte Harmonie, wie sie von Baumgarten und auch von Meier dargestellt wird, nicht dem von Leibniz entwickelten System entspricht, sondern mit dem physischen Einfluss, wie ihn Reusch und Knutzen entwickeln, identisch ist. Dagegen: Poppe: Alexander Gottlieb Baumgarten, S. 25 sowie Fabian: Geschichte des Leib-Seele-Problems, S. 81 f. Vgl. hierzu auch Gawlick, Kreimendahl: Einleitung [Metaphysica], S. LIX f. Auch wenn Formulierungen wie „wirkt die Seele auf den Leib ein und beeinflußt ihn" (Baumgarten: Metaphysica, § 734, S. 395 – „anima agit in corpus, et in illud influit." Ebd., S. 394) bzw. „wirkt der Leib auf die Seele ein und beeinflußt sie" (ebd., § 736, S. 395 – „corpus agit in animam, in eamque influit", ebd., S. 394) oder der von Erdmann zitierte Satz: „Die gleichzeitigen Monaden dieser Welt bestimmen sich wechselseitig ihren Ort, die aufeinanderfolgenden ihre Zeitspanne, folglich beeinflussen sie sich wechselseitig, indem sie miteinander in Streit liegen" (ebd., § 408, S. 221 – „Monades huis mundi simultaneae locum, successivae sibi mutuo determinant aetatem, hinc in se mutuo influunt, in conflictu positae." Ebd., S. 220) an den physischen Einfluss denken lassen, kann nicht bestimmt behauptet werden, dass Baumgarten hier von der prästabilierten Harmonie abrückt. Ganz davon abgesehen, dass solche Formulierungen hinsichtlich der Beschreibung der prästabilierten Harmonie sowohl bei Leibniz als auch bei Wolff gebräuchlich sind, bietet Baumgarten solchen Vermutungen unverzüglich Einhalt, wenn er auf den die Gemeinschaft der Substanzen beschreibenden Paragraphen der Kosmologie und damit indirekt auf die prästabilierte Harmonie verweist und den physischen Einfluss für das Leib-Seele-Problem auch direkt zurückweist. Vgl. ebd., §§ 736–738, S. 394–397.

Ausdehnung von Körpern und der daraus resultierenden ontologischen Verschiedenheit von Leib und Seele, insofern eine solche für Baumgarten keine Auswirkung auf den gegenseitigen Einfluss dieser beiden hätte:[129] „Das System der universalen prästabilierten Harmonie [...] setzt fest, daß auch in dieser Welt Körper und Geister sich wechselseitig beeinflussen und sich wechselseitig berühren können."[130] Wichtiger als die Frage nach der Art der Beziehung von Körper und Seele ist für Baumgarten ihre Einheit und damit die Einheit des Menschen, seine Ganzheit, wie sie sich in der Gemeinschaft von Leib und Seele zeigt:

> Meine Seele und mein Leib machen mich als Einen aus. Also sind sie miteinander vereint. Ihre Gemeinschaft, insofern ein Mensch dadurch fortdauert, ist eine Vereinigung. Diese ist äußerst eng, insofern sie sehr groß ist, und zwar so groß wie zwischen meiner Seele und keinem anderen Körper.[131]

Leibniz' Vorstellung, dass jeder Monade und folglich auch der Seele ein Körper zuteil ist, wird bei Baumgarten zu einem emphatischen Bekenntnis zum ganzen Menschen, dessen Individualität auch durch den eigenen Körper bestimmt wird.

Die prästabilierte Harmonie als idealer wechselseitiger Einfluss steht bei Baumgarten in besonderer Weise und stärker noch als zuvor bei Leibniz für die Zusammengehörigkeit von Leib und Seele. Dezidiert unterscheidet sich Baumgartens Konzept von Wolff. Dadurch, dass Wolff den die Körper bildenden Monaden bzw. einfachen Dingen die *vis repraesentativa* abspricht, fällt er in eine dualistische Konzeption des Menschen zurück, die Leibniz gerade mittels seiner Konstruktion der sich lediglich graduell unterscheidenden Monaden bereits überwunden hatte. Vor dem Hintergrund, dass Wolff bis in die 1750er Jahre seine Präferenz für das System der vorherbestimmten Harmonie und die in ihm angelegte Trennung von Leib und Seele auch in den Neuauflagen der *Deutschen Metaphysik* beibehält, kann die Tatsache, dass Wolff an anderer Stelle die Influxus-Theorie in Betracht zieht, zwar

---

129 Baumgarten (ebd., § 396, S. 215) geht zwar wie Leibniz davon aus, dass die einzelne Monade keine ausgedehnte Materie ist, aber – und hier weicht er von Leibniz ab – „angehäuft", also als Aggregat von vielen Monaden, „raumerfüllend" („nec spatium replentes singulae, at aggregatae", ebd., S. 214) ist. Vgl. besonders ebd., §§ 398f., S. 214–217. Hierzu auch Watkins: On the Necessity and Nature of Simples, S. 293–297.
130 Baumgarten: Metaphysica, § 449, S. 241. – „Systema harmoniae praestabilitae universalis [...] ponit etiam in hoc mundo corpora et spiritus in se mutuo influere, seque posse mutuo contingere." Ebd., S. 240.
131 Ebd., § 739, S. 397. – „Anima mea et corpus meum me unum constituunt. Ergo sunt inter se unita. Commercium eorum, quatenus per illud unus homo perdurat, est unio, quae quatenus est admodum magna, et quanta non est inter animam meam et ullum aliud corpus, est artissima." Ebd., S. 396.

schwerlich als Aufhebung, aber im Ansatz sicherlich als Relativierung eines allzu rigiden Dualismus gewertet werden. Leibniz' Vorstellung von Leib und Seele als lediglich unterschiedliche „Modi der gleichen Substanz"[132] ist hingegen sowohl für Baumgarten als auch für Gottsched maßgeblich. Auch wenn Gottsched in seiner Argumentation für den *influxus physicus* auf eine nuanciert modifizierte Version von Leibniz' Monadenlehre zurückgreift, so dient ihm ihr Grundgedanke zur Begründung der Einheit von Körper und Seele, wie sie sich der Influxus-Theorie entsprechend in ihrer direkten wechselseitigen Beziehung zeigt. Die grundsätzliche Gleichartigkeit von Leib und Seele werden von Gottsched wie von Baumgarten im Anschluss an Leibniz zur Grundlage des *commercium mentis et corporis* erhoben, das als *influxus physicus* oder als *idealer Einfluss* für die Einheit des ganzen Menschen steht. Geist und Sinnlichkeit, wie sie hier in der Beziehung von Seele und Leib vorliegen, sind Teile eines Ganzen und stehen nicht in Opposition zueinander.

2 Die Erkenntnisvermögen der Seele

Im Anschluss an die Diskussion der Beziehung von Körper und Seele soll im Folgenden die zweite Dimension des Begriffspaars Sinnlichkeit und Verstand erörtert werden: die Relation der unteren und oberen Erkenntnisvermögen der Seele. Innerhalb des Wolffschen Werkes nehmen die Psychologie und mit ihr die Vermögenslehre eine besondere Stellung ein. Die Psychologie ist Bedingung für weitere Disziplinen, Ausgangspunkt für Wolffs metaphysisches System sowie Grundlage der Moralphilosophie.[133] Die genaue Kenntnis der Vermögen und ihrer Funktionsweise ist für Wolff unabdingbar, will man den Menschen verstehen. Nur wenn bekannt ist, wie der Mensch ‚funktioniert', d.h. welche Vermögen welche Aufgaben haben, kann sein Handeln nachvollzogen und gegebenenfalls beeinflusst werden. Wolffs Theorie der Vermögen wurde vielfach von seinen Zeitgenossen rezipiert,[134] so dass ihr

---

132 Vgl. die Angabe in Kap. I.1.1, Anm. 70.
133 Vgl. Goubet, Rudolph: Einleitung, S. 1. Zur Sonderstellung der Psychologie in der Philosophie Wolffs vgl. auch die Ausführungen und Literaturhinweise im Abschnitt „Erkenntnistheorie – Moralphilosophie – Kunsttheorie" in der Einleitung.
134 Die Psychologie Wolffs und ihre Einflüsse finden sich im 18. Jahrhundert, wie Norbert Hinske (Wolffs empirische Psychologie und Kants pragmatische Anthropologie. Zur Diskussion über die Anfänge der Anthropologie im 18. Jahrhundert. In: Die Bestimmung des Menschen. Hg. von ders. Hamburg 1999, S. 97–107, hier S. 97 f.) mit Verweis auf die Arbeit *Untersuchungen zum Anthropologiebegriff des 18. Jahrhunderts* von Mareta Linden anmerkt, „auf Schritt und Tritt" (ebd., S. 97) bis hin zu Karl Philipp Moritz' *Magazin zur Erfahrungs-Seelenkunde*. Vgl. entsprechend auch die Ausführungen bei Mareta Linden: Untersuchungen zum Anthropologiebegriff des 18. Jahrhunderts. Bern, Frankfurt a.M. 1976.

eine besondere Bedeutung für das Verständnis anthropologischer, moralphilosophischer und auch kunsttheoretischer Konzeptionen im 18. Jahrhundert zukommt.

Im Hinblick auf die Relation von Sinnlichkeit und Verstand ist die jeweilige Stellung und Funktion der einzelnen Vermögen innerhalb der Vermögenslehre entscheidend. Wie schon bei Aristoteles markiert die Unterscheidung von oberen und unteren Vermögen, von Verstand und Sinnlichkeit, auch bei Wolff und Leibniz die Grenze zwischen Mensch und Tier.[135] Mit dem Vermögen zu empfinden, der Einbildungskraft, dem Gedächtnis und der sinnlichen Begierde verfügen Tiere über die gleichen unteren Seelenvermögen wie der Mensch. Getrennt sind sie von ihm durch den fehlenden Verstand und die an diesen gekoppelten Vermögen.[136] Die Sinnlichkeit erscheint vor diesem Hintergrund als das Animalische und Triebhafte im Menschen, das geradezu Nicht-Menschliche, und eine hiermit einhergehende Trennung von oberen und unteren Vermögen als unvermeidlich. Doch gibt es bei Wolff keine solche Grenze zwischen oberen und sinnlichen Vermögen. Der Übergang ist fließend. Die Stellung der unteren Vermögen bei Wolff ist ambigue: Sie sind zunächst notwendige Bedingung für die grundsätzliche Erkenntnisgenerierung und somit auch der oberen Vermögen. Erst die Sinne ermöglichen Erkenntnis. Gleichzeitig ist die in den sinnlichen Vermögen produzierte Erkenntnis keine gesicherte Erkenntnis. Hier muss der Verstand unterstützend eingreifen. Bezeichnend für Wolffs Modell der Seele und ihrer Vermögen sind das Zusammenwirken und die Komplementarität aller Erkenntnisvermögen (2.1).

Wolffs Vermögenslehre liegt den Überlegungen sowohl Gottscheds als auch Baumgartens zugrunde. Beide gehen von der Komplementarität von

---

135 Zu den Anleihen bei Aristoteles vgl. Buchenau: Founding of Aesthetics, S. 156–158.
136 Vgl. Wolff: Deutsche Metaphysik (GW I.2), § 892, S. 553 f.: „Wenn wir alles erwegen, was bißher von unserer Seele und den Seelen der Thiere gesaget werden; so werden wir folgenden Unterscheid befinden. Die Seelen der Thiere haben eine Empfindungs- und Einbildungskraft, ein Gedächtniß, und eine sinnliche Begierde; aber keinen Verstand und Vernunft, keinen Willen und keine Freyheit. Hingegen die Seele des Menschen hat ausser der Empfindungs- und Einbildungskraft, dem Gedächtnisse und der sinnlichen Begierde, auch einen Verstand, eine Vernunft, einen Willen und Freyheit des Willens. Also ist es Verstand, Vernunft, Willen und Freyheit, was die Seele der Menschen für den Seelen der Thiere voraus hat. Da nun aber Willen und Freyheit von dem Verstande und der Vernunft herstammen, Vernunft durch den Verstand kommet; so ist die Seele des Menschen von der Seele der Thiere hauptsächlich durch den Verstand, das ist, die deutlichen Vorstellungen auch besonderer Dinge unterschieden." – Zur Problematik der Tierseele bei Wolff und Leibniz vgl. Oliver-Pierre Rudolph: Mémoire, réflexion et conscience chez Christian Wolff. In: Revue philosophique de la France et de l'étranger 193.3 (2003), S. 351–360; Stefanie Buchenau: Sinnlichkeit als Erkenntnisvermögen. Zum Begriff des Vernunftähnlichen in der Psychologie Christian Wolffs. In: Rudolph, Goubet (Hg.): Die Psychologie Christian Wolffs, S. 191–206 sowie Euler: Bewußtsein – Seele – Geist, S. 44–49.

Sinnlichkeit und Verstand aus, wie Wolff sie vorgezeichnet hat, doch unterscheiden sich ihre Modelle grundsätzlich voneinander. Gottsched orientiert sich in seiner Darstellung der Vermögenslehre an der Vorherrschaft des Verstandes und übergeht geradezu die Möglichkeiten der Sinnlichkeit, die sich bereits bei Wolff andeuten, wenn er den Geschmack als neues Vermögen einführt, aber dem Verstand zuschlägt, und zugleich das bei Wolff recht prominente *analogum rationis* als Vermögen unterschlägt. Baumgarten hingegen erweitert die Sinnlichkeit, indem er dem unteren Erkenntnisvermögen weitere Vermögen zuerkennt, die traditionell zu den oberen Vermögen gehören. Die eigene Bedeutung und Funktion der Sinnlichkeit tritt hervor, die Einführung der Ästhetik als Wissenschaft, die sich um die Ausbildung der Sinnlichkeit bemüht, erscheint erforderlich, will man den ‚ganzen Menschen' ausbilden (2.2).

2.1 Wolffs Lehre von den Erkenntnisvermögen: Korrelation von Sinnlichkeit und Verstand

Neben der scholastischen Tradition ist Leibniz' Idee der Monade wegweisend für das Seelenverständnis Wolffs und seiner Anhänger.[137] Das Wesen der Seele ist, wie gesehen,[138] bestimmt durch die „Kraft sich die Welt vorzustellen, nach dem Stande ihres Cörpers in der Welt"[139], die *vis repraesentativa animae*.[140] Von ihr leiten sich die verschiedenen Seelenvermögen ab, die wiederum Variationen der Vorstellungskraft sind:[141]

> Demnach können die Sinnen, die Einbildungskraft, das Gedächtniß, das Vermögen zu überdencken, der Verstand, die sinnliche Begierde, der Wille, und was man sonst noch mehr durch die in der Seele wahrzunehmende [sic!] Veränderungen unterscheiden könnte, nicht verschiedene Kräfte seyn. Derowegen muß die einigende Kraft der Seele bald Empfindungen, bald Einbildungen, bald deutliche Begriffe,

---

137 Zur produktiven Auseinandersetzung Wolffs mit der Scholastik im Hinblick auf die Psychologie vgl. Buchenau: Sinnlichkeit als Erkenntnisvermögen sowie Oliver-Pierre Rudolph: Die Psychologie Christian Wolffs und die scholastische Tradition. In: Ders., Goubet (Hg.): Die Psychologie Christian Wolffs, hier S. 241–246.
138 Vgl. Kap. I.1.2.
139 Wolff: Deutsche Metaphysik (GW I.2), § 753, S. 468.
140 Vgl. ebd., § 755, S. 469 sowie Wolff: Psychologia rationalis (GW II.6), § 529, S. 449f.
141 Vgl. Wolff: Deutsche Metaphysik (GW I.2), §§ 745 und 754, S. 464f. und 468f. – Zur Differenzierung von Kraft und Seelenvermögen wie zu ihrer komplexen Beziehung vgl. Mei: Notio intellectus divini, S. 103f.; Jean-François Goubet: Force et facultés de l'âme dans la *Métaphysique allemande* de Wolff. In: Revue philosophique de la France et de l'étranger 193.3 (2003), S. 337–350, hier S. 337–341.

bald Vernunftschlüsse, bald Begierden, bald Wollen und nicht Wollen, bald noch andere Veränderungen hervorbringen.[142]

Bei den hier genannten wie weiteren Vermögen unterscheidet Wolff zwischen den erkennenden und den in der Erkenntnis gegründeten strebenden bzw. begehrenden Vermögen[143] und geht so, wie vor ihm auch schon Aristoteles, Thomas von Aquin oder eben Leibniz, von den zwei Grundvermögen Erkennen (*cognitio*) und Wollen (*appetitus*) aus; eine Zweiteilung, die später bei Mendelssohn und Sulzer in eine Dreiteilung (Erkennen, Fühlen, Streben) übergehen wird.[144] Ausgangspunkt der Unterteilung in Erkenntnis- und Begehrungsvermögen sind die von Leibniz jeder Monade zugesprochenen Perzeptionen und Appetitionen. Sie bilden die Grundlage des Erkennens und des Strebens bzw. Begehrens.

Die beiden Grundvermögen Erkennen und Wollen werden abermals unterteilt: in einen oberen und einen unteren Teil, d.h. einen intellektuellen und einen sinnlichen Teil, der jeweils mehrere Vermögen umfasst. Die Unterscheidung in obere und untere Vermögen geht auf die Qualität der Ideen und Begriffe zurück, die in den Vermögen verarbeitet werden. So sind dunkle und undeutliche Vorstellungen Gegenstand der unteren, deutliche hingegen Objekt der oberen Vermögen.[145] Die durch die unteren Erkenntnisvermögen hervorgebrachten Vorstellungen können „nur höchstens klar, aber nicht deutlich seyn"[146]. Erst mit Hilfe des Verstandes können dieselben Vorstellungen zu deutlichen werden.[147] Der Beschaffenheit der Vorstellungen entspricht die Qualität der Erkenntnis: „So bald wir uns eine Sache vorstellen können; so *erkennen* wir sie. Und wenn die Begriffe deutlich sind; so ist auch unsere *Erkäntniß deutlich*: sind aber jene undeutlich; so ist auch die *Erkäntniß undeutlich*."[148] Und je deutlicher die Erkenntnis ist, desto besser wird die Sache verstanden.[149] Aus dieser Logik folgt die grundsätzlich positive Einschätzung und Bewertung der oberen Vermögen bei Wolff. Eine prinzipielle Ab- bzw. Entwertung der unteren, also der sinnlichen Vermögen kann hiervon aber nicht abgeleitet werden. Auch sie haben als Voraussetzung der

---

142 Woff: Deutsche Metaphysik (GW I.2), § 747, S. 465f.
143 Vgl. Wolff: Psychologia empirica (GW II.5), § 509, S. 387: „Appetitus nascitur ex cognitione".
144 Vgl. Hinske: Wolffs empirische Psychologie, S. 106.
145 Vgl. Wolff: Psychologia empirica (GW II.5), § 54, S. 33. Herv. i.O.: „*Facultatis cognoscendi pars inferior* dicitur, qua ideas & notiones obscuras atque confusas nobis comparamus." Und ebd., § 55, S. 33. Herv. i.O.: „*Facultatis cognoscendi pars superior* est, qua ideas & notiones distinctas acquirimus."
146 Wolff: Deutsche Metaphysik (GW I.2), § 277, S. 153.
147 Vgl. ebd.
148 Ebd., § 278, S. 154. Herv. i.O.
149 Vgl. ebd., §§ 276 und 279, S. 152–154.

menschlichen Erkenntnis überhaupt eine notwendige und in keiner Weise zu unterschätzende Funktion im Wolffschen System der Seelenvermögen.

Die Schwierigkeit, die verschiedenen von Wolff erwähnten Seelenvermögen zu bestimmen, zeigt sich bereits in den unterschiedlichen, sich teilweise widersprechenden Darstellungen in der Forschung.[150] Dies ist zum einen auf die thematische Fokussierung der einzelnen Arbeiten zurückzuführen, zum anderen aber in Wolffs Angaben zur Seele selbst begründet, die nicht in allen Schriften – hier sei auf die *Psychologia rationalis*, die *Psychologia empirica* und die *Deutsche Metaphysik* verwiesen – übereinstimmen.[151] Seine Äußerungen zu den Seelenvermögen in der *Metaphysik* sind zudem ungeordnet und an einigen Stellen geradezu verwirrend, denn Wolff präzisiert nicht immer ausreichend, in welcher Beziehung die einzelnen Vermögen zueinander stehen. Zudem operiert er mit unterschiedlichen Klassen von Vermögen. Grundsätzlich ist zwischen einer Form von natürlichem Vermögen der Seele (*potentia* bzw. *facultas*)[152], einer Art ‚künstlichem', da erworbenem Vermögen, der Fertigkeit (*habitus*),[153] und der als „[n]atürliches Geschicke"[154]

---

150   Darstellungen der Wolffschen Seelenpsychologie und seiner Erkenntnislehre finden sich u.a. bei Jean Ecole: Des rapports de l'expérience et de la raison dans l'analyse de l'âme ou la *Psychologia empirica* de Christian Wolff. In: Giornale di metafisica XXI.4/5 (1966), S. 589–617; Jean Ecole: De la nature de l'âme, de la déduction de ses facultés, de ses rapports avec le corps, ou la *Psychologia rationalis* de Christian Wolff. In: Giornale di metafisica XXIV.1 (1969), S. 499–531; Ecole: La métaphysique de Christian Wolff, S. 263–298; Adler: Prägnanz des Dunklen, S. 11–24; Löffler: Anthropologische Konzeptionen, S. 111–118; Catherine Newmark: Passion, Affekt, Gefühl. Philosophische Theorien der Emotionen zwischen Aristoteles und Kant. Hamburg 2008, S. 192–195; Mei: Notio intellectus divini, S. 102–110 sowie Buchenau: Founding of Aesthetics, S. 155–165 und – diese Studie ist aufgrund ihrer umfassenden Ausführungen, die sich auf die *Deutsche Metaphysik*, die *Psychologia rationalis* und die *Psychologia empirica* stützen, besonders hervorzuheben – Bissinger: Die Struktur der Gotteserkenntnis, S. 79–108.
151   Auf Widersprüchlichkeiten innerhalb der Ausführungen Wolffs haben auch hingewiesen Adler: Prägnanz des Dunklen, S. 21; Rudolph: Mémoire, réflexion et conscience.
152   Im deutsch-lateinischen Register der *Metaphysik* wird ‚Vermögen' zunächst mit *potentia* übersetzt. Wolff differenziert weiter zwischen der *potentia activa* und der *potentia passiva*, wobei der *potentia activa* zusätzlich die Bezeichnung der *facultas* zukommt. Vgl. Wolff: Philosophia prima sive Ontologia (GW II.3), § 716, S. 538 sowie Wolff: Psychologia empirica (GW II.5), § 29, S. 20. In der *Psychologia empirica* (ebd.) betont Wolff jedoch, dass aufgrund der Arbitrarität von Nominaldefinitionen auch der *potentia passiva* – und damit den Leidenschaften – der Terminus der *facultas* bzw. der *facultas passiva* zugesprochen werden kann: „[N]emo aegre ferat, quod sub Facultatum titulo talia expendamus, quae ad passiones refert. Quodsi haec ratio nondum ei satisfacit, significatum vocabuli extendat ad potentias passivas: id quod, cum arbitrariae sint definitiones nominales, absque ulla contradictione facere licet."
153   Im deutsch-lateinischen Register der *Metaphysik* wird für ‚Fertigkeit' „*Habitus*" angegeben. Zu Fertigkeit/*habitus* vgl. Wolff: Deutsche Metaphysik (GW I.2), § 525, S. 321 f.; Wolff: Psychologia empirica (GW II.5), §§ 428 und 430, S. 339 f.
154   So die Übersetzung im deutsch-lateinischen Register in der *Metaphysik*. Vgl. auch die mit der Definition der *dispositio* in der *Psychologia empirica* übereinstimmenden Ausführungen in Wolff: Deutsche Metaphysik (GW I.2), § 525, S. 322.

bezeichneten Veranlagung zu dieser Fertigkeit (*dispositio*)[155] zu unterscheiden. Während die natürlichen Vermögen grundsätzlich vorhanden sind,[156] müssen die Fertigkeiten erst erlernt bzw. „durch die Uebung erlang[t]"[157] werden. Ihr Charakteristikum liegt in der Leichtigkeit, auf eine bestimmte Art zu denken oder Handlungen durchzuführen.[158] Einmal erworben, haben Fertigkeiten den Status von Vermögen, den sie aber nur beibehalten, sofern sie weiter praktiziert bzw. geübt werden.[159] Prinzipiell geht Wolff davon aus, dass der Mensch das Potential (*dispositio*) hat, die natürlichen Vermögen um weitere in Form von Fertigkeiten (*habitus*) zu ergänzen und auch die bereits vorhandenen Vermögen auszubauen. Im Zuge des menschlichen Strebens nach Erkenntnis und Tugend muss er von dieser Perfektibilität Gebrauch machen.[160]

Im Folgenden werden zunächst die unteren Erkenntnisvermögen, ihr Platz wie ihre Funktionen innerhalb der Vermögenstheorie erörtert. Zu ihnen zählen das Vermögen zu empfinden bzw. der Sinn (*facultas sentiendi/ sensus*), die Einbildungskraft (*imaginatio/facultas imaginandi*) und mit ihr die Kraft zu erdichten (*facultas fingendi*), das Gedächtnis (*memoria*), das Vergessen (*oblivio*) wie auch das Vermögen, sich zu besinnen (*reminiscentia/recordatio*), und als erworbenes Vermögen die Erwartung ähnlicher Fälle (*analogum rationis*). Im Anschluss werden die den Übergang zwischen den sinnlichen und intellektuellen Vermögen gestaltenden Vermögen der Aufmerksamkeit (*attentio*) und des Überdenkens (*reflexio*) eingeführt und die oberen Erkenntnisvermögen Verstand (*intellectus*), Abstraktionsvermögen (*facultas abstrahendi*), Scharfsinnigkeit (*acumen*), Tiefsinnigkeit (*profunditas*), Gründlichkeit (*soliditas*) und Vernunft (*ratio*) erläutert. Berücksichtigung finden hier auch die erworbenen Vermögen Witz (*ingenium*) und Erfindungskunst (*ars inveniendi*) wie die Tätigkeit des Verstandes zu urteilen. Letztere wird erst bei Gottsched und Baumgarten als Beurteilungskraft (*iudicium*) zu den ursprünglichen Vermögen gezählt.

---

155 Vgl. Wolff: Psychologia empirica (GW II.5), §§ 426 und 429, S. 338 f.
156 Dass dies nicht immer der Fall ist, verdeutlicht Wolff am Beispiel der für die Seele fundamentalen Vermögen der fünf Sinne: So kann ein Blinder nicht sehen und ein Tauber nicht hören. Ihnen fehlt das Vermögen zu sehen bzw. zu hören. Vgl. Wolff: Deutsche Metaphysik (GW I.2), §§ 790 f., S. 492 f.
157 Ebd., § 525, S. 321.
158 Vgl. ebd., S. 322 sowie Wolff: Psychologia empirica (GW II.5), § 428, S. 339.
159 Vgl. ebd., §§ 429–433, S. 339–342.
160 Dies gilt zumal für die Erkenntnisvermögen, von deren Beschaffenheit die Begehrungsvermögen abhängen. Zu den Begehrungsvermögen vgl. Kap. II.2.2.

Die Ambiguität der unteren Erkenntnisvermögen

Am Anfang aller Erkenntnis steht das Vermögen der Seele zu empfinden (*facultas sentiendi*) und mit ihm die Empfindung (*sensatio*). Von ihr gehen alle Veränderungen in der Seele aus.[161] Die Welt und ihre Dinge wirken auf Auge, Ohr, Nase, Zunge und die Nerven im Körper, auf die sogenannten „Gliedmassen der Sinnen"[162] oder Sinnesorgane (*sensus*). Zwei Bewegungen (*motus*) erfolgen im Körper, wenn das Objekt auf die Gliedmaßen der Sinne wirkt: eine vom Objekt zu den äußeren Sinnen, die sogenannte *species impressa*, und eine vom Sinnesorgan zum Gehirn, die *idea materialis*. Diese doppelte Bewegung im Körper findet in der Seele ihre Entsprechung in der *idea sensualis*.[163] Parallel zu den Veränderungen im Körper generieren die den Sinnesorganen korrespondierenden inneren Sinne der Seele – das Gesicht (*facultas videndi/ visus*), das Gehör (*facultas audiendi/auditus*), der Geruch (*facultas olfaciendi/olfactus*), der Geschmack (*facultas gustandi/gustus*), das Fühlen (*facultas tangendi/ tactus*) – Empfindungen (*sensationes*): sehen, hören, riechen, schmecken, fühlen,[164] die wiederum die *ideae sensuales* bilden. Empfindungen, hebt Wolff hervor, sind nicht dem Körper zuzuschreiben, obwohl „[w]ir sagen [...], das Auge siehet, das Ohr höret, die Nase riechet, die Zunge schmecket, der Leib hat ein Gefühle."[165] Sie sind die „gewöhnlichsten Veränderungen, die wir in unserer Seele wahrnehmen"[166], und sind in ihrer Beschaffenheit zwar von den Sinneseindrücken, den *species impressae*, abhängig, aber nicht mit ihnen identisch.[167] Denn die *facultas sentiendi* und ihre fünf Sinne sind das Vermögen der Seele: „die Dinge sich vorzustellen, die Veränderungen vermittelst des Lichtes im Auge veranlassen" (Gesicht), „den Schall sich vorzustellen, dadurch Veränderungen im Ohre veranlasset werden" (Gehör), „den Ausfluß aus cörperlichen Dingen sich vorzustellen, dadurch Veränderungen in der Nase veranlasset werden" (Geruch), „dasjenige sich vorzustellen, was, indem

---

161 Vgl. Wolff: Psychologia rationalis (GW II.6), § 64, S. 43. Herv. i.O.: „*Omnes mutationes animae a sensatione originem ducunt.*"
162 Wolff: Deutsche Metaphysik (GW I.2), § 220, S. 122.
163 Vgl. Wolff: Psychologia rationalis (GW II.6), § 112f., S. 88; Wolff: Psychologia empirica (GW II.5), § 95, S. 56.
164 Vgl. Wolff: Deutsche Metaphysik (GW I.2), § 220, S. 122; Wolff: Psychologia empirica (GW II.5), § 65, S. 37f. – Wie man sich den psychophysischen Parallelismus vorzustellen hat, erläutert Wolff an verschiedenen Stellen. Vgl. u.a. Wolff: Deutsche Metaphysik (GW I.2), §§ 778 und 812–816, S. 484 und 503–506; Wolff: Psychologia rationalis (GW II.6), § 111, S. 85–88. Vgl. hierzu auch Fabian: Geschichte des Leib-Seele-Problems, S. 44–47 sowie Ecole: La métaphysique de Christian Wolff, S. 290–296.
165 Wolff: Deutsche Metaphysik (GW I.2), § 222, S. 123.
166 Ebd., § 749, S. 466.
167 Vgl. das *lex sensationum* bei Wolff: Psychologia empirica (GW II.5), § 85, S. 49f. – Hierzu vgl. auch Bissinger: Die Struktur der Gotteserkenntnis, S. 81–87, insbesondere S. 81–83.

wir etwas käuen, oder auf andere Art auflösen, in der Zungen Veränderung veranlasset" (Geschmack), „dasjenige sich vorzustellen, was Veränderungen in unserem Leibe verursachet, wenn entweder cörperliche Dinge ihn, oder er sie berühret"[168] (Gefühl). Was es mit der Seele als *vis repraesentativa* auf sich hat, wird hier noch einmal deutlich. Es geht um ein Vorstellen der Welt im Einklang mit den Veränderungen, die der der Seele zugehörige Körper erfährt.[169] Empfindungen sind zwar in den Sinnesorganen gegründet, doch sind sie das Produkt der Vorstellungstätigkeit der Seele und als solche Vorstellungen:[170]

> [...] daß bey einer jeden Empfindung so wohl eine Veränderung in unserem Leibe geschiehet, als auch daß wir uns derer Dinge, die diese Veränderung veranlassen, bewußt sind. Beyde müssen bey einander seyn, wenn wir sagen, daß wir empfinden. Denn z.E. wenn gleich im Schlafe der Schall in die Ohren fället, oder auch der Geruch in die Nase steiget, und daher die Veränderungen eben so wohl, als wenn wir wachen, sich in dem Ohre und der Nase ereignen; so sagen wir doch nicht, daß wir es hören oder riechen, weil wir uns nehmlich davon nichts bewußt sind. Und hieraus erhellet zugleich, daß wir hauptsächlich die Empfindung auf das Bewußtseyn ziehen, welches unstreitig unter die Gedancken gehöret.[171]

Die körperliche und kognitive Bedingtheit der Empfindungen, die Wolff hier postuliert, ist für seine Erkenntnistheorie von nicht zu unterschätzender Bedeutung. Die im unteren, dem sinnlichen Teil des Erkenntnisvermögens entstehenden Empfindungen sind Grundlage aller weiteren Erkenntnis und damit einer Erkenntnis, die ihren Grund nicht nur in der Seele, sondern auch, wenn auch mit Einschränkungen, im Körper hat. Der Mensch ist seinen Empfindungen ausgeliefert: „Denn so bald die äusserlichen Dinge die gehörige Veränderung in den Gliedmassen der Sinnen verursachen, müssen wir uns dieselben auch vorstellen"[172], ohne auf ihre Qualität einwirken zu können – ein unangenehmer Ton, ein beißender Geruch oder ein widerlicher Geschmack, sie bleiben unangenehm, beißend und widerlich.[173] Die einzige Möglichkeit, den Sinneseindrücken zu entgehen, ist, den Körper bzw. die entsprechenden äußeren Sinne ihrer Quelle zu entziehen,[174] denn die Emp-

---

168 Wolff: Deutsche Metaphysik (GW I.2), § 223, S. 125. – Zu den einzelnen Sinnen vgl. auch Wolff: Psychologia empirica (GW II.5), §§ 69–73, S. 39 f.
169 Vgl. Wolff: Deutsche Metaphysik (GW I.2), § 753, S. 468. – Zur Seele als *vis repraesentativa* vgl. auch Ecole: De la nature de l'âme, S. 507.
170 Vgl. Wolff: Deutsche Metaphysik (GW I.2), § 749, S. 466.
171 Ebd., § 222, S. 123 f.
172 Ebd., § 226, S. 127.
173 Vgl. ebd., § 225, S. 126 f.
174 Vgl. ebd., § 227 f., S. 129 f.

findungen verhalten sich simultan zu den Sinneseindrücken.[175] Ähnlich einem Gemälde stellen sie Körper, die zusammengesetzten Dinge der Welt, in der Seele vor, repräsentieren sie „das zusammengesetzte im einfachen"[176], so, wie es die Sinnesorgane wahrnehmen, auch wenn diese Wahrnehmung nicht der Realität entspricht.[177] Die Ähnlichkeit zwischen den von den Empfindungen in der Seele erzeugten Bildern und Begriffen und den Dingen in der Welt besteht in „Figuren, Grössen und Bewegungen"[178], den Charakteristika der körperlichen Dinge.[179] Wenn diese Charakteristika innerhalb der Empfindungen unterschieden werden können, sind die Empfindungen deutlich, wenn nicht, undeutlich. Je deutlicher die Empfindungen sind, desto ähnlicher sind sie den vorgestellten Körpern; je ähnlicher, desto vollkommener sind sie.[180]

Auch wenn Wolff in der *Deutschen Metaphysik* das System der prästabilierten Harmonie verteidigt und die Unabhängigkeit der Empfindungen vom Leib, die Selbständigkeit der Seele und ihrer Vorstellungen wie auch des Körpers, verschiedentlich betont,[181] erwecken seine Überlegungen gerade zu den Empfindungen den Anschein, dass hier eine Verbindung zwischen Seele und Leib besteht, die mehr sein will als nur eine durch die prästabilite Harmonie bedingte Analogie. Vor dem Hintergrund, dass Wolff sich an anderer Stelle positiv bezüglich der Influxus-Theorie äußert, auf die Umstände wurde bereits verwiesen,[182] erscheint die Simultaneität von Sinneseindrücken und Empfindungen beinahe als unmittelbare Wirkung des Leibes auf die Seele bzw. der Seele auf den Leib.[183] Die Tatsache, sich nicht der Empfindungen erwehren zu können, wenn Auge, Ohr oder Nase den Eindrücken der Dinge der Welt ausgesetzt sind, lässt die Autonomie der Empfindung und damit der Seele gegenüber dem Körper und seinen Sinnesorganen als

---

175 Vgl. ebd., § 775, S. 483: „Da nun die Vorstellungen in der Seele in eben solcher Zeit geschehen, da dasjenige, was sie vorstellen, vorgeht; so müssen die Empfindungen jederzeit mit den Veränderungen in den Gliedmassen der Sinnen übereintreffen, und ist nicht möglich, daß die Empfindung zu frühe oder zu späte kommet."
176 Ebd., § 749, S. 466. – Vgl. auch ebd., §§ 751 und 786, S. 467 und 490.
177 Wolff (ebd., § 793, S. 494) gibt hierfür das Beispiel eines großen Ochsen und eines kleinen Kalbs, die in unterschiedlicher Entfernung zum Betrachter stehen. Da das kleine Kalb näher ist als der Ochse, entsteht für das Auge der Eindruck, beide wären gleich groß, was zu einer unrichtigen Vorstellung der Welt in der Seele führt.
178 Ebd., § 770, S. 481 f.
179 Vgl. ebd., § 606 und 824, S. 374 f. und 510 f.
180 Vgl. ebd., §§ 770–772 und 822–824, S. 481 f. und 510 f. – Hierzu vgl. ausführlich Kap. I.3.
181 Vgl. ebd., § 777, S. 483: „Derowegen da der Leib gar nichts zu den Empfindungen in der Seele beyträget; so würden alle eben so erfolgen, wenn gleich gar keine Welt vorhanden wäre". Vgl. auch ebd., § 780, S. 486 und die im Zusammenhang mit der prästabilierten Harmonie zitierten Passagen aus der *Metaphysik* in Kap. I.1.2.
182 Vgl. Kap. I.1.2.
183 Vgl. Wolff: Deutsche Metaphysik (GW I.2), § 778, S. 484.

fraglich erscheinen, ohne jedoch ihren Status als Produkt der *vis repraesentativa* einzuschränken.

Das Empfindungsvermögen und die Empfindungen bilden die Grundlage für alle weiteren Vermögen und Vorstellungen, so auch für die zentralen unteren Erkenntnisvermögen Einbildungskraft und Gedächtnis. Als Einbildungskraft (*imaginatio* oder *facultas imaginandi*) bezeichnet Wolff das Vermögen, „Vorstellungen solcher Dinge [hervorzubringen], die nicht zugegen sind"[184], sogenannte Einbildungen oder *phantasmata*.[185] Einbildungen sind eine Art ‚Kopie' bereits erlebter Empfindungen. Auch sie stellen Dinge der äußeren Welt vor, nur dass diese im Moment ihrer Repräsentation durch die Einbildungskraft nicht präsent sind. Von den Empfindungen unterscheiden sich die Einbildungen durch einen geringeren Grad an Klarheit.[186] Grundsätzlich arbeitet die Einbildungskraft bei der Erzeugung von Einbildungen über Assoziationen: Hat eine gegenwärtige Empfindung auch nur in einem Aspekt Ähnlichkeit mit einer bereits gehabten Empfindung, so stellt die Einbildungskraft diese vergangene Empfindung in ihrer Gesamtheit als Einbildung wieder vor. Mit ihr einher geht die entsprechende Bewegung im Körper, die zu der ‚kopierten' Empfindung gehört.[187] Diese vergangene, nun als Einbildung präsente Empfindung kann wiederum aufgrund von Gemeinsamkeiten weitere zeitlich zurückliegende Empfindungen bzw. Einbildungen hervorrufen – „[u]nd dergestalt wechseln die Einbildungen immer nach einander ab."[188] Die Ähnlichkeit in einem Teilaspekt reicht also aus, um eine eigentlich vergangene Empfindung als Einbildung zu reproduzieren, sie wieder zu beleben, und zugleich weitere Kontexte aufzurufen, ohne dass zwingend eine logische Verbindung zwischen den assoziierten Vorstellungen besteht und ohne dass die Erzeugung der Einbildungen unbedingt gewollt ist.[189] Der Satz des zureichenden Grundes, nach dem „*alles, was ist, seinen zureichen Grund ha[t], warum es ist*"[190], greift hier nicht: „Und demnach ist dasjenige, was die Einbildungskraft hervorbringet, nicht alles ineinander gegründet: ja sie kan hervorbringen, was weder zugleich seyn, noch auf einander in der Natur folgen kan."[191] Hier, in ihrer Willkürlichkeit, sieht Wolff die von der Einbildungskraft ausgehende Bedrohung für die zu erstrebende gesicherte Erkenntnis.

---

184 Ebd., § 235, S. 130.
185 Vgl. Wolff: Psychologia empirica (GW II.5), §§ 92 f., S. 54 f.
186 Vgl. Wolff: Deutsche Metaphysik (GW I.2), § 236, S. 130 f.
187 Vgl. ebd., § 812, S. 503; Wolff: Psychologia rationalis (GW II.6), § 206, S. 169.
188 Wolff: Deutsche Metaphysik (GW I.2), § 238, S. 132.
189 Vgl. ebd., §§ 238 und 821, S. 132 f. und 509.
190 Ebd., § 30, S. 17. Herv. i. O.
191 Ebd., § 810, S. 502.

Die Einbildungskraft ist, insofern sie Neues schafft, nicht nur ein reproduktives Vermögen, sondern auch ein produktives. Diese Fähigkeit nennt Wolff „Kraft zu erdichten"[192] oder *„Facultas fingendi"*[193]. Anders als es die Kapiteleinteilung der *Psychologia empirica* suggeriert – hier werden der *imaginatio* bzw. *facultas imaginandi* und der *facultas fingendi* jeweils ein eigenes Kapitel gewidmet – handelt es sich bei der Kraft zu erdichten lediglich um die produktive Seite der Einbildungskraft und nicht um ein grundsätzlich von der Einbildungskraft zu unterscheidendes Vermögen.[194] Während die Einbildungskraft in ihrer reproduzierenden Tätigkeit nur hervorbringt, was bereits empfunden wurde, und ihre Einbildungen „nicht anders als Vorstellungen von vergangenem Zustande der Welt"[195] sind, erschafft sie in ihrer produktiven, geradezu innovativen Funktion als *facultas fingendi* noch nicht Bekanntes.[196] Sie kann „Dinge, welche wir entweder würcklich gesehen, oder nur im Bilde vor uns gehabt, nach Gefallen zertheilen, und die Theile von verschiedenen Dingen nach unserm Gefallen zusammensetzen"[197]. Auf diese Weise entstehen auch Dinge, die womöglich kein Gegenbild in der Realität haben, wie Melusinen oder Engel, „entia ficta"[198]. Es sind „leere *Einbildung[en]"*[199] (*figmenta*), die in der Zusammensetzung der verschiedenen Teile in sich selbst widersprüchlich sind oder gegen die Gesetze der Natur, das in der Natur Mögliche, verstoßen.[200] Bei der Produktion dieser neuen Einbildungen kann sich die Einbildungskraft zudem selbst im Wege stehen, wenn über das Prinzip der Assoziation unvermeidlich Einbildungen repräsentiert werden, die in dieser Weise nicht gewollt sind und der beabsichtigten Vorstellung, dem konzipierten ‚Bild', zuwiderlaufen.[201]

---

192 Ebd., § 242, S. 135.
193 Wolff: Psychologia empirica (GW II.5), § 144, S. 97.
194 Vgl. Wolff: Deutsche Metaphysik (GW I.2), § 241, S. 134; Wolff: Psychologia empirica (GW II.5), § 144, S. 97. So auch Bissinger: Die Struktur der Gotteserkenntnis, S. 89. Wolffs Äußerung, „[d]ie Einbildungkraft bringet nichts hervor, als wir vor diesem empfunden oder gedacht" (Deutsche Metaphysik [GW I.2], § 807, S. 500), die auf den ersten Blick nahelegt, die Einbildungskraft und die Kraft zu erdichten als zwei verschiedene Vermögen zu betrachten, bezieht sich auf die Tätigkeit der Einbildungskraft im Traum.
195 Ebd.
196 Vgl. ebd., § 241, S. 134.
197 Ebd., § 242, S. 134.
198 Wolff: Psychologia empirica (GW II.5), § 146, S. 98.
199 Wolff: Deutsche Metaphysik (GW I.2), § 242, S. 135. Herv. i. O.
200 Vgl. hierzu ebd., § 242, S. 134f.; Wolff: Psychologia empirica (GW II.5), §§ 146 und 170, S. 95f. und 118.
201 Vgl. Wolff: Deutsche Metaphysik (GW I.2), § 243, S. 135f.

Aber auch mögliche, mit der Natur übereinstimmende Dinge, Bilder, in denen Wahrheit ist,[202] kann die *facultas fingendi* imaginieren,[203] vorausgesetzt, sie steht im Einklang mit der Vernunft und folgt dem Satz des zureichenden Grundes.[204] Wie dies erfolgt, veranschaulicht Wolff am Beispiel der Architekten:

> [S]ie sammlen sich einen guten Vorrath von allerhand Rissen und Kupferstichen theils solcher Gebäude, die würcklich aufgeführt worden, theils anderer, die nur von anderen Baumeistern projectiret worden. So bald sie nun ein Gebäude angeben und darüber einen Riß verfertigen sollen, nehmen sie einen Riß und Kupferstich nach dem andern vor, als wie die Einbildungkraft eines nach dem andern von denen Dingen hervorbringet, die mit dem gegenwärtigen, daran wir gedenken, Verwandschaft haben, und was ihnen gefället, bringen sie nach diesem in einen neuen Riß zusammen. Man kan dieses geschehen lassen, wenn der Satz des zureichenden Grundes nicht vergessen wird, und man demselben zu Folge die Zusammensetzung nach den Regeln der Baukunst einrichtet, damit das Gebäude seinen gehörigen Grund der Vollkommenheit erreichet.[205]

Dem Assoziationsprinzip folgend fügt die Einbildungskraft des Architekten Teile aus verschiedenen, ihr bereits bekannten Gebäuden in einer neuen Konstruktion zusammen. Die Idee eines neuen Gebäudes entsteht. Nur wenn der Satz des zureichenden Grundes hierbei zum Einsatz kommt, der Architekt sich „das Bild von einem Gebäude gemäß den Regeln der Baukunst in Gedanken vorstellet"[206], werden „Fehler[ ]" und „Unvollkommenheiten"[207] vermieden.[208] Die hier beschriebene auf der *facultas fingendi* beruhende „Kunst zu erfinden"[209] unterscheidet sich von dem bloßen, oft fehlerhaften

---

202 Wolff (ebd., § 142, S. 74) definiert Wahrheit als „Ordnung in den Veränderungen der Dinge".
203 In der *Deutschen Metaphysik* unterscheidet Wolff zwischen zwei Weisen der Einbildungskraft, „uns [...] vor[zu]stellen, was wir vorhin noch niemahls empfunden haben" (ebd., § 241, S. 134). In Bezug auf die „erste Manier" (ebd., § 242, S. 134) spricht er von der „Kraft zu erdichten" (ebd., S. 135), die in der *Psychologia empirica* ([GW II.5], § 144, S. 97) mit „*Facultas fingendi*" übersetzt wird. Die „andere Manier" (Deutsche Metaphysik [GW I.2], § 245, S. 136) wird nicht näher bezeichnet, aber als Grundlage der „Kunst zu erfinden der Baumeister" (ebd., § 246, S. 136) qualifiziert. In der *Psychologia empirica*, deren Sprachgebrauch ich hier folge, verzichtet Wolff auf diese auch in der *Metaphysik* nur im Ansatz vorgenommene Unterscheidung und spricht in beiden Fällen von *facultas fingendi*.
204 Vgl. ebd., § 245, S. 136. – Vgl. hierzu die Ausführungen bei Gabriele Dürbeck: Einbildungskraft und Aufklärung. Perspektiven der Philosophie, Anthropologie und Ästhetik um 1750. Tübingen 1998, S. 42 f. sowie Kap. III.1.3.
205 Wolff: Deutsche Metaphysik (GW I.2), § 246, S. 136 f.
206 Ebd., § 345, S. 136.
207 Ebd., § 246, S. 137.
208 Vgl. auch Wolff: Psychologia empirica (GW II.5), § 149 f., S. 102–104.
209 Wolff: Deutsche Metaphysik (GW I.2), § 246, S. 136.

"Erdichten"[210], insofern hier das Prinzip des zureichenden Grundes Berücksichtigung findet und die Einbildungskraft von vernünftigen Regeln geleitet wird.[211] In dieser kontrollierten Form ist die Einbildungskraft auch für andere Künste und Wissenschaften von Nutzen.[212] Sowohl als reproduktives als auch als produktives Vermögen unterliegt die Einbildungskraft bei Wolff nur dann einer positiven Bewertung, wenn sie rationalen Prinzipien folgt bzw. an die Vernunft gebunden ist. Dies gilt auch im Bereich der Ethik und grundsätzlich bei Schlussfolgerungen. Nur in Verbindung mit der Vernunft trägt die Einbildungskraft zur Erkenntnis bei.[213] Ein freies Spiel ihrer Assoziationskraft und ihrer Fähigkeit, neues aus bereits bekannten Teilen zu schaffen, birgt die Gefahr, Ungewolltes hervorzubringen, und ist nur bedingt von Nutzen. Es bedarf der Anleitung durch die Vernunft.

Von der Einbildungskraft abhängig ist das Gedächtnis (*memoria*).[214] Wolff definiert es als das Vermögen, „Gedancken, die wir vorhin gehabt haben, wieder zu erkennen, daß wir sie schon gehabt haben, wenn sie uns wieder vorkommen."[215] Das Wiedererkennen nicht nur der von der Einbildungskraft hervorgerufenen Empfindungen bzw. Einbildungen, sondern aller Gedanken ist die Aufgabe des Gedächtnisses.[216] In der *Psychologia rationalis* – und nur hier, wie Anton Bissinger schon betonte[217] – wird zwischen der *memoria sensitiva* und der *memoria intellectualis* unterschieden, zwischen einem sinnlichen und einem intellektuellen Gedächtnis. Letzteres wäre zu den oberen Erkenntnisvermögen zu zählen.[218] Während die *memoria sensitiva* oder *animalis*, wie sie auch genannt wird, die wiedervorgestellten Ideen nur undeutlich erkennt,[219] zeichnet sich die vom Verstand abhängige *memoria intellectualis* durch die Deutlichkeit ihres Urteils aus, eine Idee bereits gehabt zu haben.[220] Hierbei greift sie auf die undeutliche Erkenntnis der *memoria sensitiva* zurück.[221] Beim Gedächtnis handelt es sich nicht um ein „Behältniß der

---

210 Ebd., § 248, S. 138.
211 Vgl. ebd., § 247, S. 138. – Zur Rolle der Einbildungskraft bei der Kunst zu erfinden vgl. van Peursen: Ars inveniendi, S. 71–74.
212 Vgl. Wolff: Deutsche Metaphysik (GW I.2), § 247, S. 137 f.; Wolff: Psychologia empirica (GW II.5), § 149, S. 102 f.
213 Vgl. Wolff: Deutsche Metaphysik (GW I.2), § 345, S. 202. – Hierzu vgl. auch Dürbeck: Einbildungskraft und Aufklärung, S. 43–45.
214 Vgl. Wolff: Deutsche Metaphysik (GW I.2), § 812, S. 503.
215 Ebd., § 249, S. 139. – Vgl. auch Wolff: Psychologia empirica (GW II.5), § 175, S. 123.
216 Vgl. Wolff: Deutsche Metaphysik (GW I.2), § 259, S. 145.
217 Vgl. Bissinger: Die Struktur der Gotteserkenntnis, S. 91.
218 Vgl. Wolff: Psychologia rationalis (GW II.6), §§ 277–279, S. 222 f.
219 Vgl. ebd., §§ 279 f., S. 223 f.
220 Vgl. ebd., § 281, S. 224.
221 Vgl. ebd., § 282, S. 225. – Zur Differenzierung der *memoria* vgl. auch Ecole: De la nature de l'âme, S. 508.

Gedancken oder Begriffe"[222], also nicht um ein Vermögen, „Gedancken, die wir haben, zu verwahren, und sie zu anderer Zeit wieder heraus zu geben"[223], denn dies ist die Aufgabe der Einbildungskraft.[224] Indem Wolff die Tätigkeit des Gedächtnisses auf die bloße Wiedererkennung von Vorstellungen reduziert, weist er das gebräuchliche Verständnis des Gedächtnisses zugunsten der Einbildungskraft zurück.[225] Nicht dem Gedächtnis obliegt bei Wolff die (Re-)Produktion von Vorstellungen, sondern der Einbildungskraft, die dadurch, wie bereits Frank Grunert angemerkt hat, aufgewertet wird.[226]

Bei diesem restriktiven Gedächtnisbegriff bleibt Wolff aber nicht stehen. Das Gedächtnis als solches steht vielmehr am Anfang einer Reihe von einfachen Tätigkeiten, aber auch von Vermögen, die auf ihm aufbauen und gleichsam Erweiterungen des Gedächtnisses sind. So implizieren zum Beispiel die Ausdrücke „etwas wohl ins Gedächtniß fassen" und „etwas wohl behalten", die gleich im Anschluss an die Ausführungen zum Gedächtnis in der *Metaphysik* erläutert werden, auch die der Einbildungskraft zukommende Fähigkeit, sich etwas vorzustellen.[227] Ähnlich verhält es sich mit dem Vermögen der Vergessenheit (*oblivio*) und dem Vermögen, sich zu besinnen (*reminiscentia/recordatio*). Sie beruhen gleichermaßen auf den Gedächtnis und Einbildungskraft zukommenden Fähigkeiten. Die Vergessenheit (*oblivio*) ist

---

222 Wolff: Deutsche Metaphysik (GW I.2), § 252, S. 142.
223 Ebd., § 250, S. 140.
224 Vgl. ebd., § 251, S. 140 f.; Wolff: Psychologia empirica (GW II.5), §§ 175 f., S. 123 f.
225 Zum zeitgenössischen Verständnis von ‚Gedächtnis' vgl. [Art.] Gedächtniß. In: Zedler: Grosses vollständiges Universallexicon. Bd. 10, Sp. 552 f. Zur Diskussion der Behältermetaphorik im Umkreis Wolffs vgl. Frank Grunert: Die Marginalisierung des Gedächtnisses und die Kreativität der Erinnerung. Zur Gedächtnistheorie der deutschen Aufklärungsphilosophie. In: Erinnerung, Gedächtnis, Wissen. Studien zur kulturwissenschaftlichen Gedächtnisforschung. Hg. von Günter Oesterle. Göttingen 2005, S. 29–51, hier S. 45–51 sowie Frank Grunert: Erinnerung als Kreation. Zur Gedächtnistheorie von Christian Wolff und der Wolff-Schule. In: Christian Wolff und die europäische Aufklärung. Akten des 1. Internationalen Christian-Wolff-Kongresses. Halle (Saale), 4.–8. April 2004. Hg. von Jürgen Stolzenberg, Oliver-Pierre Rudolph. Teil 2. Hildesheim u. a. 2007, S. 391–404, hier S. 399–402.
226 Grunert (Marginalisierung des Gedächtnisses, S. 32) sieht hier eine wichtige Etappe für die Entwicklung des Gedächtnis- bzw. Erinnerungsbegriffs: „[Wolff] reduzierte die Funktion des Gedächtnisses weiter und wertete die Einbildungskraft (imaginatio) auf, indem er die erinnerten Inhalte vom Gedächtnis abkoppelte und sie ausschließlich der Einbildungskraft zurechnete. Vermutlich war genau dies der entscheidende Schritt, der in der Theoriegeschichte des Gedächtnisses am Ende zu einem dynamischen und konstruktiven Verständnis von Gedächtnis bzw. Erinnerung übergeleitet hat." Zur Beziehung von Gedächtnis und Einbildungskraft vgl. auch ebd., S. 39–45 sowie Grunert: Erinnerung als Kreation, S. 393–399.
227 Wolff: Deutsche Metaphysik (GW I.2), § 253, S. 143. Herv. i. O.: „Wir sagen aber, daß mir [sic!] *etwas wohl behalten*, oder gut *ins Gedächtnis fassen*, wenn wir uns dasselbe leicht wieder vorstellen, und bald erkennen können, auch wenn wir lange Zeit nicht daran gedacht." – In der *Psychologia empirica* ([GW II.5], §§ 178 und 180, S. 126 f.) entsprechen dem die Redewendungen *memoria mandare* und *memoria retinere*.

die Negation des Gedächtnisses und überdies der Einbildungskraft: „ein Unvermögen an etwas wieder zu gedencken, daran wir vorhin gedacht, und wenn wir ja daran gedencken, zu erkennen, daß wir schon vorhin daran gedacht."[228] Und das Vermögen, sich zu besinnen, die *reminiscentia* bzw. *recordatio*, bedarf im Unterschied zum bloßen Gedächtnis, das bereits bekannte Vorstellungen unmittelbar wiedererkennt, einiger Unterstützung, um „einen dunklen Gedancken von einer Sache, die wir vorher klar erkannt, in einen klaren zu verwandeln":[229] Mittels der Vorstellung anderer Dinge, die in Verbindung zur Sache stehen, die ins Gedächtnis gebracht werden soll, wird das zu Erinnernde reaktiviert.[230] Wie auch schon bei der Vergessenheit tritt hier die Idee der Produktion neben die des Wiedererkennens. In der *Psychologia empirica* ist sie sogar Teil der Definition: „Perceptionum paeteritarum mediata reproductio & recognitio, aut, si mavis, facultas perceptiones praeteritas mediate reproducendi & recognoscendi *Reminiscentia* dicitur. Vocatur enim *Recordatio*."[231] Die von Wolff forcierte Trennung der Tätigkeitsfelder von Gedächtnis und Einbildungskraft wird im Vermögen, sich zu besinnen, aufgehoben. Vor diesem Hintergrund ist die Reduktion des Gedächtnisses auf das Wiedererkennen von Gedanken nicht nur als Aufwertung der Einbildungskraft und ihrer Tätigkeit zu verstehen, sondern auch als Anerkennung der Gedächtnisoperation als einzelner Leistung bzw. Tätigkeit der Seele.

Einen nicht eindeutig zu bestimmenden Status hat die Erwartung ähnlicher Fälle, das *analogum rationis*.[232] Zwar wird es von Wolff nicht dezidiert als Vermögen klassifiziert, doch hat es in der *Psychologia empirica* Eingang in das Kapitel „De Dispositionibus naturalibus & Habitibus intellectus" gefunden und wird als ein, die lateinische Bezeichnung besagt dies schon, dem Vermögen der Vernunft analoges bestimmt. Eine Klassifikation der Erwartung ähnlicher Fälle als erworbenes Vermögen bzw. Fertigkeit (*habitus*) scheint daher gerechtfertigt. Das *analogum rationis* ist das „modum dirigendi actiones

---

228 Wolff: Deutsche Metaphysik (GW I.2), § 254, S. 143. – Vgl. auch Wolff: Psychologia empirica (GW II.5), § 215, S. 150. Auffällig ist, dass Wolff in der Vergessenheit beide Aspekte vereint, während er das Gedächtnis dezidiert von der Einbildungskraft unterscheidet.
229 Vgl. Wolff: Psychologia empirica (GW II.5), §§ 228–231, S. 162–166 sowie Wolff: Deutsche Metaphysik (GW I.2), §§ 257f., S. 144f., hier zitiert § 257, S. 144.
230 Vgl. ebd., § 258, S. 145; Wolff: Psychologia empirica (GW II.5), § 231, S. 164.
231 Ebd., § 230, S. 164.
232 Die Unsicherheit darüber, ob die Erwartung ähnlicher Fälle (*analogum rationis*) zu den Vermögen zu zählen ist, könnte ein Grund sein, warum das *analogum rationis* in der Wolffforschung wenig Berücksichtigung gefunden hat. Eine Ausnahme bilden die Arbeiten von Stefanie Buchenau, die die Erwartung ähnlicher Fälle explizit zu den Vermögen rechnet. Vgl. Buchenau: Sinnlichkeit als Erkenntnisvermögen; Buchenau: Founding of Aesthetics, S. 156–162.

per olim facta in casu simili."²³³ Das von Wolff im Anschluss an Leibniz und Avicenna gewählte Beispiel des Hundes,²³⁴ der sich in Sicherheit bringt, sobald er den Prügel erhoben sieht, mit dem er zuvor geschlagen wurde, verdeutlicht die Funktion und Leistung der Erwartung ähnlicher Fälle.²³⁵ Ausgehend von der bereits gemachten Erfahrung erwartet der Hund beim Anblick des Prügels, dass sich die Situation wiederholen und er erneut geschlagen wird. Gleich der Vernunft kann die Erwartung ähnlicher Fälle die Handlung beeinflussen. Für ihre Entscheidung bedarf sie nicht des Verstandes und folglich auch nicht der Vernunft. Sie beruht auf den unteren Erkenntnisvermögen Sinne, Einbildungskraft und Gedächtnis,²³⁶ wie auch Wolffs Erläuterungen zum Verhalten des Hundes veranschaulichen:

> Wenn man einen Hund mit dem Prügel geschlagen; so hat er den Prügel gesehen und den Schlag gefühlet, und also zwey Empfindungen zugleich gehabt. Wenn man den Prügel wieder gegen ihn in die Höhe hebet, und er siehet es; so wird eine von denselben Empfindungen wieder von neuem erreget. Da er nun anfänget zu schreyen und zu laufen; so kan man hieraus nicht anders schliessen, als daß er sich die Schläge zugleich wieder vorstellet und erinnert, daß er sie vor dem gefühlet. Und demnach haben wir Proben der Einbildungskraft und des Gedächtnisses.²³⁷

Die durch die Erwartung ähnlicher Fälle herbeigeführte Erkenntnis lässt den Eindruck entstehen, sie hätte wie die Vernunft „Einsicht in den Zusammenhang der Dinge"²³⁸, den „nexum inter actionem & eventum in casu dato"²³⁹. Tatsächlich erfasst das *analogum rationis* aber nicht, warum sich etwas in dieser Weise ereignet, aus welchem Grund das eine aus dem anderen folgt. Lediglich die Ähnlichkeit der gegenwärtigen mit der vergangenen Situation führt dazu ‚nachzuahmen',²⁴⁰ wie zuvor in der gleichen Situation gehandelt wurde:

---

233 Wolff: Psychologia empirica (GW II.5), § 503, S. 382. So die Definition der *exspectatio casuum similium*, die kurz darauf als *analogum rationis* bezeichnet wird. Vgl. ebd., § 506, S. 383. Vgl. auch Wolff: Deutsche Metaphysik (GW I.2), § 374, S. 229.
234 Zu den Gemeinsamkeiten und Unterschieden der Ausführungen Wolffs mit und zu denen von Avicenna und Leibniz vgl. Buchenau: Sinnlichkeit als Erkenntnisvermögen, S. 195 und 199–201.
235 Vgl. Wolff: Deutsche Metaphysik (GW I.2), § 870, S. 538.
236 Vgl. ebd., § 376, S. 229f. – Die den Paragraphen eröffnende Formulierung, „[u]nterdessen kann die Erwartung ähnlicher Fälle auch ohne Vernunft seyn", ist hier irritierend. Sie bezieht sich auf die Möglichkeit des *analogum rationis*, „der Vernunft gleichgültig, ja gar gemäß [zu] werden, wen man die Umstände richtig determiniret, unter welchen etwas geschieht" (ebd., S. 229), was den Einsatz der Verstandesvermögen voraussetzt. Wolff weist die Vernunft aber in keiner Weise als notwendigen Bestandteil der Erwartung ähnlicher Fälle aus.
237 Ebd., § 870, S. 538.
238 Ebd., § 374, S. 229.
239 Wolff: Psychologia empirica (GW II.5), § 504, S. 382.
240 Vgl. ebd.

„Casus praesens talis est. In casu tali hoc fieri debet. Ergo in praesenti hoc fieri debet."[241]

Doch sind laut Wolff die in dem Urteil des *analogum rationis* und folglich in den unteren Erkenntnisvermögen begründeten Handlungen oftmals von zweifelhafter Natur: Es mangelt an Klarheit bzw. Deutlichkeit bei der Unterscheidung der Fälle. Das *analogum rationis* kann sich in der Beurteilung der Situation täuschen und die gegenwärtigen Umstände fälschlicherweise für die bereits bekannten halten. Vergeblich wird dann das Ereignis erwartet, das unter den angenommenen Umständen eintreten würde.[242] Dem kann entgegengewirkt werden, „wenn man die Umstände richtig determiniret, unter welchen etwas geschiehet"[243]; ein notwendiger Schritt, wenn man bedenkt, dass das *analogum rationis* „in dem größten Theile der Handlungen der Menschen"[244] – diejenigen eingeschlossen, „durch deren Rath die Welt regieret wird"[245] – an die Stelle der Vernunft tritt und über unser Handeln entscheidet. In dieser Weise korrigiert, entspricht das *analogum rationis* der Vernunft und ihren Grundsätzen.[246] Aber auch ohne Zutun des Verstandes sieht Wolff in ihm den „niedrigste[n] Grad der Vernunft, oder die nächste Staffel zur Vernunft, oder auch de[n] Anfang der Vernunft"[247], dann aber ohne die dem Verstand zugestandene Zuverlässigkeit.[248]

Die Ausführungen haben gezeigt, welch ambiguen Status Wolff den unteren Erkenntnisvermögen beimisst. Zum einen mahnt Wolff eine Korrektur unterer Vermögen durch die Vernunft an. So sollen die Einbildungskraft bzw. die Kraft zu erdichten von der (Re-)Produktion widersprüchlicher und phantastischer Darstellungen abgehalten und die Aussagen des *analogum rationis* durch die Determination der Umstände zuverlässiger werden. Zum anderen hebt Wolff die Notwendigkeit der sinnlichen Vermögen für den Erkenntniserwerb hervor: In der Entwicklung, die sich von den Sinnen über die Einbildungskraft und das Gedächtnis bis hin zur Erwartung ähnlicher Fälle nachzeichnen lässt, fällt nicht nur die hierarchische Struktur und mit ihr der Zuwachs an Erkenntnis auf. Auch die Notwendigkeit jedes einzelnen Vermögens und seiner Tätigkeit ist offensichtlich. Das Empfindungsvermögen, die Sinne, und die Empfindungen bilden zwar die unterste Stufe der Erkenntnis, doch sind sie erforderlich, um überhaupt Erkenntnis generieren zu kön-

---

241 Ebd., § 505, S. 383.
242 Vgl. Wolff: Deutsche Metaphysik (GW I.2), § 331, S. 187.
243 Ebd., § 375, S. 229.
244 Ebd.
245 Ebd., § 332, S. 187 f.
246 Vgl. ebd., § 375, S. 229.
247 Ebd., § 872, S. 540.
248 Vgl. ebd. – Zur Voraussetzung für eine Gleichsetzung der Erwartung ähnlicher Fälle mit der Vernunft vgl. Wolff: Psychologia empirica (GW II.5), §§ 507 f., S. 383 f.

nen. Sie liefern bzw. sind das ‚Material' für alle weiteren Vermögen. Ohne sie gäbe es keine Erkenntnis. Das scholastische, von Locke fortgeführte Axiom des *nihil est in intellectu, quod non prius fuerit in sensu* findet auch bei Wolff seine Rechtfertigung, nur ohne – und das ist bekanntlich der entscheidende Punkt – dass die Seele als *tabula rasa* verstanden wird.[249] Das *analogum rationis* wiederum als oberstes der unteren Erkenntnisvermögen ist abhängig vom Zusammenspiel von Sinnen, Einbildungskraft und Gedächtnis. Diese Abhängigkeit wie auch die Hierarchie der Vermögen untereinander ist ebenfalls bei den oberen Vermögen zu beobachten. Doch während das untere Erkenntnisvermögen nur Klarheit und keine Deutlichkeit der Vorstellungen erreichen kann, zeichnet sich das obere Erkenntnisvermögen gerade dadurch aus, dass seine Vorstellungen verschiedene Grade an Deutlichkeit haben. Dass der Übergang von den unteren zu den oberen Erkenntnisvermögen fließend ist, dass Klarheit und Deutlichkeit eng beinander liegen, hat bereits das Beispiel der *memoria* aus der *Psychologia empirica* gezeigt.[250] Die *memoria intellectualis* unterscheidet sich nicht nur durch die Deutlichkeit ihrer Gedanken von der nur zur klaren Erkenntnis fähigen *memoria sensitiva*, sondern baut zugleich auch auf ihr auf, bedarf ihrer Erkenntnis. Empfindungen und Einbildungen, Produkte der unteren Vermögen, sind Gegenstand der oberen Erkenntnisvermögen. Und in diesem Sinne schließt Wolff in der *Psychologia empirica* seine Ausführungen zu den unteren Erkenntnisvermögen: „A parte inferiori ad superiorem non progressus fit per saltum, sed per gradus intermedios"[251].

In der Sinnlichkeit gegründet: die oberen Erkenntnisvermögen

Der Übergang von den unteren zu den oberen Erkenntnisvermögen vollzieht sich mit Hilfe der Aufmerksamkeit (*attentio*) und des Vermögens des Überdenkens (*reflexio*). Während die Aufmerksamkeit eine bestimmte Empfindung, Einbildung oder einen Gedanken generell fixiert und sie dadurch klarer werden lässt,[252] wird mittels der *reflexio* als „fortgesetzte[r] Aufmerksamkeit"[253] die Aufmerksamkeit sukzessive auf die einzelnen Teile gerichtet, aus denen etwas besteht: Die Sache wird ‚überdacht'.[254] Unterstützt durch das Gedächtnis, das signalisiert, wenn die gleichen Vorstellungen wieder-

---

249 Vgl. hierzu Ecole: De la nature de l'âme.
250 Vgl. hierzu auch insbesondere Kap. I.3.
251 Wolff: Psychologia empirica (GW II.5), § 233, S. 166.
252 Vgl. Wolff: Deutsche Metaphysik (GW I.2), § 268, S. 149; Wolff: Psychologia empirica (GW II.5), §§ 234–237, S. 167–169.
253 Wolff: Deutsche Metaphysik (GW I.2), § 272, S. 151.
254 Vgl. ebd., § 272, S. 151; Wolff: Psychologia empirica (GW II.5), § 257, S. 187.

2 Die Erkenntnisvermögen der Seele

kehren, erkennt die *reflexio* Ähnlichkeiten und Unterschiede der verschiedenen Teile. Die Basis der allgemeinen Erkenntnis wird geschaffen.[255] Diese Überführung der Vorstellungen von der dunklen bzw. lediglich klaren zur deutlichen Sphäre der Erkenntnis geht jedoch nicht ohne Hindernisse vonstatten. Die unteren Erkenntnisvermögen können die Aufmerksamkeit bei der Konzentration auf eine Sache „stören"[256], sie ablenken.[257]

Auf den unteren Erkenntnisvermögen wie auch der Aufmerksamkeit und dem Vermögen zu überdenken baut der Verstand (*intellectus*) auf,[258] das „Vermögen das Mögliche deutlich vorzustellen"[259]. Während Sinne und Einbildungskraft lediglich klare Vorstellungen erzielen können, schafft der Verstand Deutlichkeit. Ihm inhärent ist die *facultas abstrahendi*, das Vermögen, die einzelnen Aspekte einer durch die Seele vorgestellten Sache von dieser zu abstrahieren.[260] Die *facultas abstrahendi* steht zu Beginn der Begriffsbildung und damit der allgemeinen Erkenntnis.[261] Je deutlicher die Vorstellungen des Verstandes sind, desto vollkommener ist er.[262] Die grundlegenden Operationen des Verstandes sind Begriff, Urteil und Schluss.[263] An dem Grad ihrer Deutlichkeit ist die Vollkommenheit des Verstandes zu bemessen.

---

255 Vgl. Wolff: Deutsche Metaphysik (GW I.2), § 273, S. 152. Herv. i. O.: „Indem wir Sachen überdencken und durch das Gedächtniß vergewissert werden, daß wir vorhin auch dergleichen schon empfunden oder uns eingebildet; so erkennen wir dadurch die Aehnlichkeit und den Unterschied der Dinge. Und hiedurch gelangen wir zu Vorstellungen der Geschlechter und Arten der Dinge, welches man eigentlich *Begriffe* zu nennen pfleget und der Grund der *allgemeinen Erkäntniß* sind."
256 Ebd., § 271, S. 151.
257 Zur zentralen Stellung der Aufmerksamkeit und ihrer Geschichte von der Frühaufklärung bis 1900 vgl. Barbara Thums: Aufmerksamkeit. Wahrnehmung und Selbstbegründung von Brockes bis Nietzsche. München 2008.
258 Vgl. Wolff: Deutsche Metaphysik (GW I.2), §§ 832 f., S. 514 f.
259 Ebd., § 277, S. 153.
260 Vgl. Wolff: Psychologia empirica (GW II.5), § 282, S. 200 f. – Anders als in der *Psychologia empirica* findet die *facultas abstrahendi* in der *Metaphysik* keine besondere Erwähnung. Hier wird auf die Funktion des Verstandes generell bei dem Erwerb allgemeiner Erkenntnis hingewiesen, wozu auch die *facultas abstrahendi* notwendig ist: „Es erweiset sich demnach der Verstand bey den Begriffen darinnen, daß wir dasjenige, was in einem Dinge, so wir uns vorstellen, anzutreffen ist, von einander unterscheiden, und indem wir es gegen dasjenige halten, was in andern Dingen verschiedenes angetroffen wird, den Unterschied der Dinge von einander bestimmen, wodurch wir zur Erklärung gelangen und die Arten und Geschlechter der Dinge erkennen. Also kommet es von dem Verstande her, daß wir allgemeine Begriffe und daher überhaupt allgemeine Erkäntniß haben." Wolff: Deutsche Metaphysik (GW I.2), § 286, S. 156 f.
261 Vgl. ebd.
262 Vgl. ebd., § 848, S. 526.
263 Vgl. ebd., § 849, S. 527. – Zu den drei Operationen des Verstandes: Begriff mit *simplex apprehensio*, Urteil und Schluss vgl. Wolff: Deutsche Logik (GW I.1) sowie das Kapitel „De tribus intellectus operationibis in specie" in der Psychologia empirica (GW II.5), §§ 325–424, S. 235–337.

Zwei Arten von Vollkommenheit unterscheidet Wolff in der *Metaphysik*: Scharfsinnigkeit (*acumen*)[264] und Gründlichkeit (*soliditas*). Bezeichnet letztere die Deutlichkeit der Schlüsse und gilt als Merkmal der Mathematiker,[265] ist die Scharfsinnigkeit in der Deutlichkeit der Begriffe selbst zu suchen:

> Wer viele Deutlichkeit in den Begriffen der Dinge hat, und also genau heraus zu suchen weiß, worinnen eines einem andern von seiner Art ähnlich und worinnen es hinwiederum von ihm unterschieden ist, derselbe ist *scharfsinnig*. [...] Und demnach ist einer um so viel scharfsinniger, je mehr er in eine Sache, die er sich vorstellet, entdecken kan als der andere.[266]

Die Scharfsinnigkeit als Vermögen[267], einzelne Merkmale deutlich in einer Sache wahrzunehmen und folglich zu unterscheiden, sie zu zerteilen und Ähnlichkeiten wie Unterschiede zu erkennen, bedarf der Aufmerksamkeit, des Gedächtnisses und vor allen Dingen des Abstraktionsvermögens, mittels dessen überhaupt erst die einzelnen Teile einer Sache erkannt werden:[268] „*Acumen admittit diversos gradus pro diversis gradibus abstractorum.*"[269] Eine Steigerung erlebt die Scharfsinnigkeit in der Tiefsinnigkeit (*profunditas intellectus*), dem Vermögen „notiones distinctas in alias simpliciores continuo resolvendi"[270]. Je weiter jemand in der Begriffsanalyse voranschreiten, deutliche Begriffe unterteilen und in ihre Einzelteile zerlegen kann, desto einen höheren Grad der Deutlichkeit der Vorstellungen erreicht er und ist desto tiefsinniger.[271]

---

264 Im deutsch-lateinischen Register der *Metaphysik* taucht ‚Scharfsinnigkeit' nicht auf. Mit *acumen* übersetzt Wolff hier ‚tiefe Einsicht'. Tiefsinnig ist, wer „einen ferneren Grad der Deutlichkeit in seinen Gedancken erreichet." Wolff: Deutsche Metaphysik (GW I.2), § 209, S. 117. Diese Definition stimmt im Ansatz mit Wolffs Ausführungen zur *profunditas intellectus* in der *Psychologia empirica* überein, so wie auch *acumen* in der *Psychologia empirica* und Scharfsinnigkeit in der *Metaphysik* inhaltlich korrespondieren. Aufgrund der engen Verbindung von *acumen* und *profunditas* kann Wolffs Übersetzung hier vernachlässigt, Scharfsinnigkeit mit *acumen* und tiefe Einsicht mit *profunditas intellectus* gleichgesetzt werden. Vgl. hierzu Bissinger: Die Struktur der Gotteserkenntnis, S. 100.
265 Gründlich ist, so Wolffs Erklärung in der *Metaphysik* (§ 854, S. 529), „[w]er viele Deutlichkeit in den Schlüssen hat". In der *Psychologia empirica* ([GW II.5], § 440, S. 347. Herv. i.O.) wird Gründlichkeit später als Fertigkeit definiert: „Habitus distincte ratiocinandi & ratiocinia concatenandi dicitur *Soliditas*, intellectus scilicet."
266 Wolff: Deutsche Metaphysik (GW I.2), § 850, S. 527. Herv. i.O.
267 Während Scharfsinnigkeit in der *Metaphysik* ([GW I.2], § 850, S. 527) lediglich die „erste Art der Vollkommenheit des Verstandes" bezeichnet, wird ihr in der *Psychologia empirica* ([GW II.5], § 332, S. 241. Herv. i.O.) explizit der Status eines Seelenvermögens zuteil: „Facultas in uno multa distiguendi dicitur *Acumen*." Vgl. weiter ebd., §§ 332–338, S. 241–245.
268 Vgl. ebd., §§ 333–338, S. 241–245.
269 Ebd., § 335, S. 244. Herv. i.O.
270 Ebd., § 340, S. 246. – Vgl. auch ebd., § 341, S. 246–248.
271 Vgl. auch Wolff: Deutsche Metaphysik (GW I.2), §§ 209f., S. 117f. – Zum Verhältnis von Scharfsinnigkeit und Tiefsinnigkeit als Vollkommenheiten des Verstandes vgl. Bissinger: Die Struktur der Gotteserkenntnis, S. 100f.

2 Die Erkenntnisvermögen der Seele

In der Scharfsinnigkeit begründet ist die Fertigkeit (*habitus*), also das erworbene Vermögen des Witzes (*ingenium*).[272] Wer Witz hat, nimmt mit Leichtigkeit die Ähnlichkeit der Dinge wahr.[273] Hierzu bedarf es weiter einer guten Einbildungskraft, eines guten Gedächtnisses und auch der Aufmerksamkeit, um die Ideen erneut hervorzubringen, sich auf sie zu konzentrieren und zu erkennen.[274] Dichter, Redner und Schauspieler sind es, in denen Wolff, dem Sprachgebrauch folgend, die ersten Repräsentanten des Witzes sieht. Denn gerade für ihre spezielle Verwendung der Sprache, wie sie sich unter anderem im Gebrauch von Tropen manifestiert, benötigen sie den Witz. Nur wer Witz hat, kann die der Bildung von Figuren wie Allegorie und Metapher zugrunde liegende Ähnlichkeit erkennen und sprachlich erzeugen.[275] Wird der Witz zunächst als eine gesteigerte Form der Scharfsinnigkeit präsentiert, spricht Wolff entgegen seinen vorhergehenden Ausführungen in der *Metaphysik* von einer weiteren Form des Witzes, die nicht der Scharfsinnigkeit bedarf. In dieser auf die unteren Erkenntnisvermögen und die zwischen den oberen und unteren Vermögen vermittelnde Aufmerksamkeit reduzierten Variante verliert der Witz jedoch seine erkenntnisrelevante Funktion, denn: „wo es an Scharfsinnigkeit fehlet, da nimmet man nur Aehnlichkeit wahr, die bald in die Augen fället"[276]. Zudem besteht die Gefahr, „den Schein für das Wesen [zu] nehmen"[277]. Der Vorwurf der Täuschung, den Wolff bereits gegen die ‚unkontrollierte' Einbildungskraft formulierte, wird auch hier wieder ins Feld geführt.

Die im Rahmen der Kunsttheorie so wichtige Urteilsbildung wird von Wolff, anders als später bei Gottsched und Baumgarten, nicht explizit als ei-

---

272 Weder in der *Metaphysik* noch in der *Psychologia empirica* wird der Witz als natürliches Vermögen bzw. *facultas* ausgewiesen. Und in der *Psychologia rationalis* ([GW II.6], § 473, S. 387. Herv. i.O.) schreibt Wolff: „*Ingenium vim repraesentativam universi, qualis in anima datur, non excedit.*" Im Rahmen der *Psychologia empirica* ([GW II.5], § 476, S. 367) wird der Witz im Kapitel „De Dispositionibus naturalibus & Habitibus intellectus" erläutert. Als „[f]acilita[s] observandi rerum similitudines" ist der Witz eine sich durch Leichtigkeit auszeichnende Fertigkeit (*habitus*). Vgl. hierzu die Ausführungen oben.
273 Vgl. Wolff: Deutsche Metaphysik (GW I.2), § 366, S. 223; Wolff: Psychologia empirica (GW II.5), § 476, S. 367.
274 In der *Metaphysik* ([GW I.2], § 858, S. 532) erläutert Wolff, „[w]oher der Witz entsteht": „Wer scharffsinnig ist, der kan sich deutlich vorstellen, auch was in den Dingen verborgen ist und von andern übersehen wird. Wenn nun die Einbildungskraft andere Dinge hervorbringet, die er vor diesem erkannt, welche mit den gegenwärtigen etwas gemein haben; so erkennet er durch dasjenige, was sie mit einander gemein haben, ihre Aehnlichkeit. Derowegen da die Leichtigkeit die Aehnlichkeit wahrzunehmen der Witz ist; so ist klar, daß Witz aus einer Scharffsinnigkeit und guten Einbildungskraft und Gedächtniß entstehet." Zur Rolle der Aufmerksamkeit vgl. ebd., § 859, S. 532.
275 Vgl. Wolff: Psychologia empirica (GW II.5), § 477, S. 367 f.
276 Wolff: Deutsche Metaphysik (GW I.2), § 859, S. 532 f.
277 Ebd.

genes Vermögen klassifiziert, sondern als eine der drei zentralen Tätigkeiten des Verstandes eingeführt. „[W]ir urteilen, wenn wir uns gedencken, daß einer Sache etwas zukomme, oder nicht"[278], schreibt Wolff und erläutert:

> Wir urtheilen von einem Gebäude, wenn wir sagen: dieses Gebäude ist schön; jenes Gebäude ist nicht nach den Regeln der Kunst gebauet. Wir urtheilen von dem Eisen, wenn wir sagen: das Eisen kan glüend werden; das Eisen kan nicht schwimmen. Wir urtheilen von einem hochherunter fallenden Steine, wenn wir sagen: er könne einen todt werfen; er werde nicht zerspringen.[279]

Urteilen besteht in der Verknüpfung bzw. Trennung mindestens zweier Begriffe. So wird in dem gegebenen Beispiel der Begriff des Hauses mit dem der Schönheit verknüpft.[280]

Anders als beim Urteilen kann die dritte Tätigkeit des Verstandes, das Schließen, einem weiteren Vermögen zugeordnet werden und zwar der Vernunft (*ratio*). Sie ist zugleich Tätigkeit des Verstandes und eigenständiges Vermögen, und als solches geht sie über den Verstand hinaus, übertrifft ihn in seiner Leistung. Vernunft ist „Vollendung des Verstandes"[281]. Als Ausdruck eines besonderen Grades der Vollkommenheit der *vis repraesentativa*[282] definiert Wolff die Vernunft als „das Vermögen den Zusammenhang der Wahrheiten einzusehen"[283]:

> Wenn man saget, es habe einer vernünftig gehandelt, und man wird gefraget, warum? so antwortet man jederzeit, weil er dadurch diesen Vortheil geschaffet, oder auch diesen Schaden verhütet, und dergleichen, das ist, weil er gesehen und bedacht, was aus seinem Thun und Lassen hat kommen können, folgends eine Probe seiner Einsicht in den Zusammenhang der Dinge abgeleget.[284]

Zu verstehen, wie etwas miteinander zusammenhängt, ist der von der Vernunft beschrittene Weg zur deutlichen Erkenntnis der Wahrheit. Die den Übergang zwischen den unteren und oberen Erkenntnisvermögen bestreitenden Vermögen Aufmerksamkeit und Überdenken sind hierbei notwendige Begleiter der Vernunft, denn nur wenn die zeitgleich vorgestellten Dinge in den Fokus der Aufmerksamkeit rücken und das an ihnen Wahrgenommene überdacht wird, kann der „Zusammenhang der Dinge" erkannt

---

278 Wolff: Deutsche Logik (GW I.1), Cap. 3, § 1, S. 156.
279 Ebd.
280 Vgl. ebd., § 2, S. 156 f.; Wolff: Deutsche Metaphysik (GW I.2), §§ 287–290, S. 157–160.
281 Schneiders: Christian Wolff über Verstand und Vernunft, S. 47. – Zum Verhältnis von Verstand und Vernunft wie Vernunft und Schließen bei Wolff vgl. ebd., insbesondere S. 45–49, 52–54 und 58 f.
282 Vgl. Wolff: Deutsche Metaphysik (GW I.2), § 865, S. 536.
283 Ebd., § 368, S. 224.
284 Ebd., S. 225 f.

werden.²⁸⁵ In dieser Einsicht – wir werden darauf im nächsten Kapitel zurückkommen – gründet das moralisch korrekte Handeln. Die Vernunft erkennt das Gute und das Böse und „lehrt uns [...], was wir thun und lassen sollen"²⁸⁶.

Aber die Vernunft zeigt nicht nur, „warum dieses oder jenes seyn kan"²⁸⁷, und trägt Sorge für verantwortliches Handeln, sondern sie unterstützt zugleich die Findung neuer Wahrheiten.²⁸⁸ Aus dem Zusammenspiel von Vernunft, Witz – und somit der für den Witz erforderlichen Vermögen Einbildungskraft, Gedächtnis und Aufmerksamkeit –, Scharfsinnigkeit sowie Gründlichkeit werden neue Erkenntnisse gewonnen bzw. ‚erfunden':²⁸⁹

> Wenn man aus erkannten Wahrheiten andere heraus bringet, die uns noch nicht bekannt waren; so pflegte man zu sagen, daß wir sie *erfinden*. Und die Fertigkeit unbekannte Wahrheiten aus andern bekannten heraus zu bringen, heisset die *Kunst zu erfinden*.²⁹⁰

Neben dem Grad der Vollkommenheit der die Erfindungskunst (*ars inveniendi*) begründenden Vermögen entscheidet auch das Fachwissen über die Qualität des Ergebnisses, denn „[w]er viel weiß, der kan viel finden", vorausgesetzt „er [besitzet] die Kunst zu erfinden"²⁹¹. Die Erfindungskunst ist, das wird hier noch einmal deutlich, nicht nur „demonstratives System aller Regeln"²⁹², als welches sie in der Forschung meist Berücksichtigung findet,²⁹³ sondern zugleich Erkenntnisvermögen, wenn auch nur ein erworbenes, eine Fertigkeit, wie Wolff hervorhebt.²⁹⁴ Sie ist zum Erkenntnisvermögen gewordene Methode.

---

285 Vgl. ebd., § 866, S. 536.
286 Wolff: Deutsche Ethik (GW I.4), § 23, S. 18.
287 Wolff: Deutsche Metaphysik (GW I.2), § 381, S. 234.
288 Vgl. ebd., § 378, S. 230.
289 Vgl. ebd., §§ 366f. und 861, S. 223f. und 533.
290 Ebd., § 362, S. 219. Herv. i.O. – Vgl. auch Wolff: Psychologia empirica (GW II.5), § 454, S. 356.
291 Wolff: Deutsche Metaphysik (GW I.2), § 861, S. 534. – Vgl. auch ebd., § 367, S. 224.
292 Arndt: Einführung (GW I.1), S. 86.
293 Diese Schwerpunktsetzung bei der Betrachtung der *ars inveniendi* findet sich u.a. auch bei Hans Werner Arndt: Methodo scientifica pertractatum, S. 141–145; van Peursen: Ars inveniendi sowie Helmut Zedelmaier: Zwischen Fortschrittsgeschichte und Erfindungskunst. Gottfried Wilhelm Leibniz und Christian Wolff über Historia literaria. In: Historia literaria. Neuordnungen des Wissens im 17. und 18. Jahrhundert. Hg. von Frank Grunert, Friedrich Vollhardt. Berlin 2007, S. 89–99, hier S. 96–98. Eine Ausnahme bildet die Arbeit von Buchenau: Founding of Aesthetics, S. 41, die, ohne die Bedeutung der Erfindungskunst als Methode zu vernachlässigen, den Status der *ars inveniendi* als Fertigkeit hervorhebt.
294 Vgl. Wolff: Deutsche Metaphysik (GW I.2), § 861, S. 534. Vgl. auch die Definition der *ars inveniendi* in der *Psychologia empirica* (GW II.5), § 454, S. 356. Herv. i.O.: „Habitus ex veritatibus cognitis alias incognitas colligendi dicitur *Ars inveniendi*."

Als Erkenntnisvermögen hat die Erfindungskunst auch im Hinblick auf die in diesem Kapitel diskutierte Beziehung von Sinnlichkeit und Verstand Relevanz. In der Konzeption der *ars inveniendi*, wie Wolff sie in der *Psychologia empirica* ausführt, zeigt sich, was bisher schon in Teilen und im folgenden Abschnitt *Modi der Erkenntnis* noch genauer zu beobachten sein wird, nämlich das Zusammenwirken und die Zusammenschau von unteren und oberen Erkenntnisvermögen. In der *Metaphysik* bezieht Wolff sich bei seinen Erläuterungen zu Möglichkeiten und Nutzen der Erfindungskunst auf eine Form der Erfindungskunst, die von Wahrheiten ausgeht, die durch den Verstand *a priori* erkannt wurden. Dass die *ars inveniendi* aber auch auf der Grundlage von Wahrheiten tätig wird, die *a posteriori*, also durch Beobachtung und Experiment gewonnen wurden, wird hier nur eingeschränkt deutlich. Anders in der *Psychologia empirica*: Hier unterteilt Wolff die *ars inveniendi* in eine *ars inveniendi a posteriori* und eine *ars inveniendi a priori*. Während letztere der Erfindungskunst aus der *Metaphysik* wie auch dem geläufigen Verständnis der *ars inveniendi* (als *ars inveniendi a priori*) entspricht,[295] findet die *ars inveniendi a posteriori* in der *Metaphysik* ihre Entsprechung in der Erfahrungs- und Versuchskunst.[296] Gegenstand der *ars inveniendi a posteriori* sind Wahrheiten, zu denen „wir gelangen, indem wir auf unsere Empfindungen und die Veränderungen der Seele acht haben"[297]. Mit der Einführung einer *ars inveniendi a posteriori* erfährt das traditionelle Konzept der *ars inveniendi* eine wesentliche Erweiterung.[298] Die eminente Bedeutung der unteren Erkenntnisvermögen für die oberen Vermögen wie auch als Erkenntnisquelle wird hier explizit prononciert.[299] Die durch sie gewonnenen Wahrheiten sind Gegenstand des höchsten, die Vernunft übersteigenden oberen Erkenntnisvermögens *ars inveniendi*, das mittels Syllogismen, durch rationales Schließen neue Wahrheiten zutage bringt.[300] Aber auch in diesem Fall werden die rein sinnlich begründeten Wahrheiten von Wolff nicht ohne weiteres akzeptiert. Nicht nur die Aufmerksamkeit als zwischen unteren und oberen Erkenntnisvermögen vermittelndes Vermögen muss tätig werden. Tiefsinnigkeit des Verstandes wie auch die Klarheit der Begriffe müssen gegeben, man selbst muss

---

295   Vgl. ebd., § 461, S. 358. Herv. i.O.: „Hinc *Ars inveniendi a priori*, quae per eminentiam *Ars inveniendi* dicitur".
296   Zur Erfahrungs- und Versuchkunst in der *Metaphysik* vgl. Wolff: Deutsche Metaphysik (GW I.2), § 329, S. 185. Wolff unterteilt die *ars inveniendi a posteriori* in die *ars observandi* und die *ars experimentandi*. Vgl. hierzu Wolff: Psychologia empirica (GW II.5), §§ 456–459, S. 357 f. sowie die Ausführungen in Kap. I.3.2.
297   Wolff: Deutsche Metaphysik (GW I.2), § 325, S. 181.
298   Vgl. hierzu Buchenau: Erfindungskunst und Dichtkunst, S. 320–324.
299   Vgl. hierzu auch Kap. I.3.2.
300   Vgl. Wolff: Psychologia empirica (GW II.5), § 465, S. 360.

der Sprache mächtig sein.[301] Hier, wie schon zuvor bei der Einbildungskraft, kann die Leistung der sinnlichen Vermögen nur unter Einschränkungen, das bedeutet: unter Voraussetzung der Unterstützung intellektueller Vermögen, positiv bewertet werden.

Der doppelte Charakter der unteren Erkenntnisvermögen, mehr noch: ihre Ambiguität, kommt hier noch einmal zum Ausdruck. Einerseits sind sie notwendige Bedingung für die oberen Erkenntnisvermögen. Erst mit den durch die Sinne erzeugten Empfindungen liegt das für die oberen Vermögen, aber auch für die unteren Vermögen notwendige ‚Material' vor: „*[A]nima igitur vi eadem nunc sentit, nunc imaginatur, nunc meminit, nunc reminiscitur, nunc attendit, nunc reflectit, nunc notiones format, nunc judicat, nunc ratiocinatur, nunc appetit, nunc aversatur, nunc libere vult, nunc non vult.*"[302] Ohne Empfindungen können die anderen Vermögen gar nicht erst tätig werden, kann nichts eingebildet, erinnert, überdacht, abstrahiert, beurteilt etc. oder auch begehrt werden. Und erst mit Hilfe der unteren Vermögen, erst durch die von der Einbildungskraft vorgenommene (Re-)Produktion der Empfindungen bzw. Einbildungen und ihre Wiedererkennung durch das Gedächtnis können die oberen Vermögen in der ihnen eigenen Weise tätig werden. Andererseits kann die Sinnlichkeit den oberen Erkenntnisvermögen zum Verhängnis werden, wenn Sinne, Einbildungskraft und Gedächtnis die auf dem Weg zur deutlichen Erkenntnis so wichtige Aufmerksamkeit stören. Und da es die deutliche Erkenntnis ist, die den Menschen vor Fehltritten bewahren kann, birgt die Autonomie der Sinnlichkeit eine Gefahr für die Erziehung des Menschen zu einem vernünftig, auf Grundlage gesicherter Erkenntnis handelnden Wesen. Unkontrolliert, d.h. ohne Einfluss des oberen Erkenntnisvermögens, sind die durch die Sinnlichkeit erzielten Ergebnisse nicht berechenbar und damit unzuverlässig und in den Augen Wolffs gefährlich. Man denke nur an die potentiellen Fehltritte der produktiven Seite der Einbildungskraft (als *facultas fingendi*) oder des *analogum rationis*.

Auch wenn Wolff den intellektuellen Vermögen einen höheren Stellenwert zumisst, so erkennt er doch die Sinnlichkeit und ihre tragende Funktion an. Nicht die oft beschworene Herabsetzung der Sinnlichkeit, sondern die gegenseitige Bedingtheit von Sinnlichkeit und Verstand, von oberen und unteren Erkenntnisvermögen, wie sie hier gezeigt wurde, ist charakteristisch für die Schriften Wolffs. So wie die oberen Erkenntnisvermögen in Abhängigkeit der unteren stehen, bedürfen die unteren Erkenntnisvermögen der Kontrolle bzw. der Korrektur durch die oberen, sollen sie zu gesicherter Erkenntnis beitragen. Entscheidend ist die von Wolff postulierte Komplementarität von Sinnlichkeit und Verstand: Ohne Sprung vollzieht sich der

---

301 Vgl. Wolff: Deutsche Metaphysik (GW I.2), § 327, S. 182f.
302 Wolff: Psychologia rationalis (GW II.6), § 61, S. 40. Herv. i. O.

Übergang von den unteren zu den oberen Erkenntnisvermögen, von der Sinnlichkeit zum Verstand, denn anders als die These einer Opposition von Verstand und Sinnlichkeit insinuiert, weiß Wolff, dass die oberen Vermögen der unteren bedürfen und diese konstitutiv für die durch jene erbrachte Erkenntnis sind.

2.2 Die Rezeption der Wolffschen Vermögenslehre (Gottsched und Baumgarten)

Wolffs Vermögenslehre dient als Ausgangspunkt zur Aufschlüsselung der Seelenvermögen bei Gottsched und Baumgarten. Ihre Modelle sind in einigen Aspekten reduzierte, in anderen wiederum erweiterte Versionen des Wolffschen Systems. Einzelne Vermögen sind anders benannt und die ihnen zugesprochenen Tätigkeiten nicht immer mit denen bei Wolff identisch. Auch werden die Abhängigkeiten der Vermögen untereinander partiell anders gewichtet, und die von Wolff durchgeführte Unterscheidung von Vermögen (*facultas*) und Fertigkeit (*habitus*) wird nicht in gleicher Weise umgesetzt. Für die Frage nach dem Verhältnis von Sinnlichkeit und Verstand sind derartige Abweichungen von den Wolffschen Überlegungen kaum von Bedeutung.[303]

Gottscheds Interesse richtet sich auf die Nützlichkeit der einzelnen Vermögen für die Künste. Wie sehr er seine Vermögenslehre auf diese ausrichtet, zeigt sich an der Einführung eines in dieser Form bei Wolff noch nicht erwähnten Vermögens: des Geschmacks. Dass er dieses eigentlich sinnliche Vermögen dem Verstand zuordnet, zeugt davon, wie wenig er das von Wolff freigelegte Potential der Sinnlichkeit als Chance versteht. Er hält zwar an der grundsätzlichen Bedeutung der Sinnlichkeit als Quelle der Erkenntnis wie auch an der Komplementarität von Sinnlichkeit und Verstand fest, doch ist ihm nicht daran gelegen, der Sinnlichkeit mehr Raum zuzusprechen. Das zeigt gerade sein Umgang mit den Wolffschen Überlegungen zum *analogum rationis*.

Ganz anders gestaltet sich die Situation bei Baumgarten. Er baut das untere Erkenntnisvermögen am Vorbild der Vernunft aus. Es sind genuin intellektuelle Vermögen und ihre Funktionen, die hier erstmals der Sinnlichkeit zugeschlagen werden. Die Rationalisierung der Sinnlichkeit ist eine Fortführung der Ansätze bei Wolf, aber auch, wie im dritten Kapitel dann zu

---

303 Auf Feinheiten bei der Einteilung der Seelenvermögen wie die im Detail beruhenden Änderungen, die gerade Baumgarten im Vergleich zu Wolff vornimmt, kann hier nicht explizit eingegangen werden. Auf einzelne Besonderheiten wird in den Anmerkungen verwiesen.

sehen sein wird,³⁰⁴ Reaktion auf Unstimmigkeiten in den kunsttheoretischen Überlegungen von Wolff und Gottsched. Die Erweiterung der Sinnlichkeit ist zugleich Grundlage für die Forderung nach einer ihr zugewandten Wissenschaft, der Ästhetik. Baumgarten macht deutlich, dass jedem Vermögen seine eigene Funktion und Notwendigkeit zukommt und eine Bewertung der Vermögen immer nur hinsichtlich der Frage getroffen werden kann, welchen Zweck das einzelne Vermögen erfüllen soll.

Gottsched: Zweifel am Potential der Sinnlichkeit?
Geschmack und *exspectatio casuum similium*

In der *Geisterlehre* des theoretischen Teils seiner *Weltweisheit* gibt Gottsched einen Überblick über die Vermögen und ihre Funktion, der sich von den Ausführungen bei Wolff vor allen Dingen durch seinen erheblich geringeren Umfang unterscheidet. Gottsched nimmt zwar keine direkte Unterteilung der Erkenntnisvermögen in obere und untere vor, doch lässt die Darstellung der Vermögen darauf schließen, dass er Wolffs Aufteilung zugrunde gelegt hat. Grundlegend für die unteren Erkenntnisvermögen – darauf verweisen die Überschriften der ihnen gewidmeten Hauptstücke im ersten Abschnitt der *Geisterlehre*³⁰⁵ – sind die Empfindungskraft bzw. die fünf Sinne (*sensus*)³⁰⁶, die Einbildungskraft (*imaginatio*)³⁰⁷ und das Gedächtnis (*memoria*)³⁰⁸. Außer diesen Vermögen erörtert Gottsched wie schon Wolff die produktive Seite der Einbildungskraft, die *imaginatio combinatoria*, die, wenn sie „nach dem Satz des zureichenden Grundes verfährt", den Status der „vernünftige[n] Dicht- und Erfindungskraft" erlangt.³⁰⁹ Und auch die eng mit dem Gedächtnis verbundenen Vermögen des Vergessens (*oblivio*)³¹⁰ und der Erinnerung (*reminiscentia*)³¹¹ finden Berücksichtigung. Im Zusammenhang mit dem Verstand (*intellectus*)³¹² behandelt Gottsched die Vermögen bzw. Fertigkeiten der Aufmerksamkeit (*attentio*)³¹³, des Überdenkens (*reflexio*)³¹⁴, der Scharfsinnigkeit

---

304 Vgl. Kap. III.3.
305 „Von der Empfindungskraft" und „Von der Einbildungskraft und dem Gedächtnisse" lauten die Überschriften des zweiten und dritten Hauptstücks des ersten Abschnitts der *Geisterlehre*.
306 Vgl. Gottsched: Weltweisheit I (AW V.1), §§ 875–886 und 1038, S. 514–517 und 571.
307 Vgl. ebd., §§ 887–896, 904 und 1030–1032, S. 518–521, 523 und 568 f.
308 Vgl. ebd., §§ 897–904, S. 521–523.
309 Vgl. ebd., §§ 893–896, S. 520 f., hier zitiert § 895, S. 520.
310 Vgl. ebd., §§ 901 f., S. 522.
311 Vgl. ebd., § 903, S. 522 f.
312 Vgl. ebd., §§ 915, 1039 und 1046, S. 526, 571 und 574.
313 Vgl. ebd., §§ 906–908, S. 523 f.
314 Vgl. ebd., § 909, S. 524 f.

(*acumen*)³¹⁵, des Witzes (*ingenium*)³¹⁶, der Tiefsinnigkeit (*profunditas*)³¹⁷ und der Gründlichkeit (*soliditas*)³¹⁸, die Absonderungskraft (*abstractio*)³¹⁹, die Beurteilungskraft (*iudicium*)³²⁰ und den Geschmack (*gustus*)³²¹. Mit Ausführungen zur Vernunft (*ratio*)³²² und ihrer Kontextualisierung innerhalb der Verstandestätigkeit wie auch zur Erfindungskraft bzw. -kunst (*facultas inveniendi* bzw. *ars inveniendi*)³²³ schließt Gottsched seine Darstellung der oberen Erkenntnisvermögen im ersten Abschnitt der *Geisterlehre*.³²⁴

Im Großen und Ganzen entspricht diese Aufzählung der Aufteilung bei Wolff. Zwei Modifikationen verdienen besondere Beachtung: die Reduzierung der unteren Erkenntnisvermögen um die Erwartung ähnlicher Fälle (*analogum rationis*) als eigenes Vermögen und die Ergänzung der oberen Erkenntnisvermögen um den Geschmack als besonderes Beurteilungsvermögen des Verstandes. Letztere ist der Ausrichtung seiner *Weltweisheit* auf die freien Künste geschuldet. Der Geschmack als „Kraft der Seele, von einer klar empfundenen Vollkommenheit oder Unvollkommenheit zu urtheilen"³²⁵, über die Schönheit oder Hässlichkeit eines Gegenstandes, wie Gottsched explizit schreibt, ist eine spezielle Form der Beurteilungskraft des Verstandes. Hervorzuheben ist, dass dem Geschmack als Verstandesvermögen bei Gottsched keine deutliche, sondern lediglich eine sinnliche Erkenntnis zugrunde liegt; eine Beobachtung, die im Zusammenhang mit seiner Poetik noch zu diskutieren sein wird.³²⁶ Die Möglichkeit eines sinnlichen Urteilsvermögens wird von ihm nicht erörtert. Wie an den von Gottsched gewählten Beispielen Musik, bildende Künste und Dichtkunst deutlich wird, findet der Geschmack vornehmlich in den Künsten Anwendung, die später unter dem Begriff der ‚schönen Künste' subsumiert werden.³²⁷ Durch die ständige Be-

---

315 Vgl. ebd., §§ 910–913, S. 525f.
316 Vgl. ebd., § 914, S. 526.
317 Vgl. ebd., § 917, S. 527.
318 Vgl. ebd., § 1047, S. 575.
319 Vgl. ebd., § 919f., S. 527f.
320 Vgl. ebd., § 924, S. 529. In dem „Von dem Verstande, und der Beurtheilungskraft" überschriebenen sechsten Hauptstück selbst spricht Gottsched nicht von der „Beurtheilungskraft", sondern vom „Urtheil" bzw. „urtheilen".
321 Vgl. ebd., § 929, S. 531.
322 Vgl. ebd., §§ 942–945 und 1048, S. 535–537 und 575.
323 Vgl. ebd., §§ 946–950 und 1049, S. 537f. und 575f. Die Überschrift zum fünften Hauptstück lautet „Von der Vernunft und der Erfindungskraft". Im Text selbst spricht Gottsched sowohl von „Erfindungskunst" als auch von „Erfindungskraft".
324 Erläuterungen zu Gottscheds Konzeption der Seelenvermögen finden sich u.a. bei Grimm: Literatur und Gelehrtentum, S. 662–671; Löffler: Anthropologische Konzeptionen, S. 126–133 sowie Mirbach: Gottsched und die Entstehung der Ästhetik, S. 117–119.
325 Gottsched: Weltweisheit I (AW V.1), § 929, S. 531.
326 Zu Gottscheds Geschmackskonzeption vgl. ausführlich Kap. III.2.2.
327 Vgl. hierzu Kap. III.1.

zugnahme auf die Künste wie auch die Erweiterung der Vermögen der Seele und ihrer Tätigkeiten im Hinblick auf die Künste unterscheidet sich Gottscheds *Geisterlehre* markant von der Wolffschen Darstellung.[328] Während Wolff nur vereinzelt auf die (schönen) Künste als Beispiel zurückgreift und sich sonst auch an Exempeln aus anderen, durchaus kunstfernen Gebieten bedient, stehen bei Gottsched die Künste wie der Künstler im Zentrum.

Gottscheds Konzeption der Erwartung ähnlicher Fälle (*analogum rationis*) steht exemplarisch für die reduzierte Bedeutung der Sinnlichkeit wie auch für das Verhältnis von Sinnlichkeit und Verstand in seiner Vermögenslehre. Das Wolffsche Konzept des *analogum rationis* wird zwar bei Gottsched als Vermutung ähnlicher Fälle (*exspectatio casuum similium*) berücksichtigt, doch weist Gottsched es in erster Linie als Analogon des Vernunftschlusses, also der Tätigkeit der Vernunft, und nicht als ein ihr analoges Vermögen aus, wie es die Überlegungen Wolffs nahelegen.[329] Ausgehend von der Erfahrung „vermuthet man gemeiniglich, daß demselben in gleichen Umständen immer einerley zukommen werde."[330] Klare Empfindungen, Einbildungskraft und Witz werden hierzu benötigt, und mit dem Einsatz des Witzes wird der Verstand bemüht.[331] Die Vermutung ähnlicher Fälle ist bei Gottsched auf die oberen Erkenntnisvermögen angewiesen. Die bereits beim Geschmack zu beobachtende Zurückhaltung, Tätigkeiten des Verstandes der Sinnlichkeit zu überlassen, bestimmt auch das Verständnis der *exspectatio casuum similium*. Eine rein sinnliche Variante als *analogum rationis*, wie Wolff sie entwirft – und im Hinblick auf den sicheren Erkenntnisgewinn verwirft –, wird von Gottsched nicht in Betracht gezogen.

Während Wolff neben den Problemen, die die Sinnlichkeit für den Erwerb gesicherter Erkenntnis mit sich bringt, auch ihr Potential jenseits ihrer Bedeutung für die oberen Erkenntnisvermögen in Betracht zieht, beschränken sich Gottscheds Ausführungen auf die Darstellung der Tätigkeiten der unteren Erkenntnisvermögen, ihre ‚störenden', den Erkenntnisgewinn behindernden Effekte,[332] aber auch ihre Bedeutung als Grundlage für die oberen Erkenntnisvermögen. Dass grundsätzlich der Eindruck entsteht, Gottsched setze stärker als Wolff auf die Herrschaft der oberen Erkenntnisvermögen, mag in Teilen der im Vergleich zu Wolff verkürzten Darstellung der Seelenvermögen bei Gottsched geschuldet sein. In Anbetracht von

---

328 Vgl. auch Gottsched: Weltweisheit I (AW V.1), §§ 894–896, 906, 910 f., 914, 922, 947, 950 und 952, S. 520 f., 524–526, 529 und 537–539.
329 Zur Vermutung ähnlicher Fälle (*exspectatio casuum similium*) vgl. Gottsched: Weltweisheit I (AW V.1), §§ 930–934, S. 531–533.
330 Ebd., § 930, S. 531.
331 Vgl. ebd., § 931, S. 532.
332 Vgl. u. a. ebd., §§ 884 f., 894, 908, 926, 952 f., 961 und 974, S. 517, 520, 524, 530, 539, 542 und 546.

Gottscheds Erläuterungen zu den Seelenvermögen verwundert es jedenfalls nicht, dass jene, die in Gottscheds *Weltweisheit* eine Reproduktion der Wolffschen Gedanken sehen, Wolff kaum Ansatzpunkte für den Ausbau der Sinnlichkeit zuschreiben wollen – abgesehen von der grundsätzlichen Funktion der Empfindungen: Denn auch wenn Gottsched die der Sinnlichkeit inhärenten Möglichkeiten nicht in gleicher Weise betrachtet wie Wolff, so geht er doch wie Leibniz und Wolff davon aus, dass „alle unser Erkenntniß von den Sinnen den Anfang nimmt"[333] und „nichts durch einen Sprung, sondern alles nach und nach, auf eine begreifliche Weise, entsteht"[334]. Sowohl bei Vernunftschlüssen als auch in der Erfindungskunst sind Empfindung und Erfahrung Bestandteil des Erkenntnisvorgangs und dies nicht nur bei den „allereinfältigsten" Menschen, sondern auch bei den „Lehrer[n] der Meßkunst": „Denn alle ihr Nachsinnen und alle ihre Beweise heben von den Empfindungen an"[335]. Die Komplementarität von unteren und oberen Erkenntnisvermögen, von Sinnlichkeit und Verstand, bei gleichzeitiger Vorrangstellung der oberen Erkenntnisvermögen wird von Gottsched bestätigt.

Baumgarten: Ausbau der Sinnlichkeit

Unter anderem Gottscheds *Weltweisheit* war Baumgarten bei der Abfassung seiner *Metaphysica* von Nutzen.[336] So stützte er sich vor der Erstveröffentlichung der *Metaphysica* 1739 in seinen Vorlesungen auf die Gottschedsche Schrift,[337] auch können kleinere Abweichungen von der Wolffschen Konzeption der Seelenvermögen auf Gottsched zurückgeführt werden.[338] Grundlegend für Baumgartens Überlegungen zur Seele und ihren Vermögen, wie er sie in der *Psychologia* seiner *Metaphysica* anstellt, sind jedoch die Arbeiten Wolffs.[339] Gegenüber Wolffs ausschweifenden, mit Beispielen gespickten Erläuterungen sind Baumgartens Ausführungen strukturierter,

---

333 Ebd., § 918, S. 527. – Vgl. auch ebd., § 925, S. 530.
334 Ebd., § 905, S. 523.
335 Ebd., § 939, S. 534. – Vgl. auch ebd., §§ 943–947, S. 536f.
336 Zu Gemeinsamkeiten und Unterschieden bei Gottsched und Baumgarten im Hinblick auf den Aufbau der Metaphysik, die Seelenvermögen und Grundannahmen in der Dichtungstheorie vgl. Mirbach: Gottsched und die Entstehung der Ästhetik.
337 Vgl. ebd., S. 115.
338 So bezeichnet Baumgarten zum Beispiel abweichend von Wolff, aber in Übereinstimmung mit Gottsched das *iudicium* als Vermögen. Auch orientiert sich seine Bestimmung von *acumen* und *ingenium* an Gottsched. Auf Unterschiede zu Wolff hat auch hingewiesen Mario Casula: La metafisica di A. G. Baumgarten. Mailand 1973, S. 168–173.
339 Der Einschätzung von Casula (ebd.), Baumgarten weiche grundlegend von Wolff ab, kann ich nicht zustimmen.

2 Die Erkenntnisvermögen der Seele

komprimierter und präziser.[340] Verschiedene Tätigkeiten, die Wolff einem einzelnen Vermögen zuschreibt, verteilt Baumgarten auf mehrere Vermögen und fügt zudem neue hinzu.[341] Aber nicht nur dies führt zu einer Erweiterung der Seelenvermögen. Baumgarten ergänzt die unteren Erkenntnisvermögen um Vermögen, die bei Wolff und Gottsched dezidiert zu den intellektuellen Vermögen bzw. Fertigkeiten gezählt werden, so dass beinahe der Eindruck entsteht, die oberen und die unteren Erkenntnisvermögen würden sich lediglich durch die Qualität der Erkenntnis unterscheiden und nicht durch die den einzelnen Vermögen zukommenden Funktionen. Auffällig ist auch, dass Baumgarten nicht wie Wolff von einem oberen und einem unteren Teil des Erkenntnisvermögens spricht,[342] sondern anstelle der zwei Teile von zwei eigenständigen Vermögen: *facultas cognoscitiva inferior* und *facultas cognoscitiva superior*.[343] Hierdurch erhält die jeweils eigene Erkenntnisleitung von Sinnlichkeit und Verstand einen terminologischen Index.[344]

Folgende Erkenntnisvermögen führt Baumgarten in seiner *Metaphysica* an: das Vermögen zu empfinden oder Sinn (*facultas sentiendi/sensus*), unterschieden in inneren und äußeren Sinn (*sensus internus/externus*)[345], die Einbildungskraft (*phantasia*)[346], den Witz (*ingenium*)[347], die Scharfsinnigkeit (*acumen*)[348] und die von Baumgarten als zusätzliches Vermögen hinzugefügte, aus Witz und Scharfsinnigkeit bestehende Feinsinnigkeit (*perspicacia*) als „Vermögen, Übereinstimmungen und Verschiedenheiten der Dinge wahrzunehmen"[349]. Weiter nennt Baumgarten das Gedächtnis (*memoria*)[350], das Vergessen (*ob-*

---

340 Es ist bekannt, dass Wolffs ausführliche Darstellungen im Gegensatz zu Baumgartens Anspruch auf Kürze standen. Vgl. hierzu Gawlick, Kreimendahl: Einleitung [Metaphysica], S. XXXVII f.
341 Nicht in allen Aspekten übereinstimmende, grundlegende Erläuterungen zu Baumgartens Konzeption der Erkenntnisvermögen und ihren Implikationen finden sich u. a. bei Casula: La metafisica di A. G. Baumgarten, S. 167–176; Schmidt: Sinnlichkeit und Verstand, S. 187–195; Buchenau: Founding of Aesthetics, S. 152–154 und 168–177 sowie Mirbach: Gottsched und die Entstehung der Ästhetik, S. 119–124.
342 Vgl. Wolff: Ausführliche Nachricht (GW I.9), § 91, S. 254 sowie Wolff: Psychologia empirica (GW II.5), § 54 f., S. 33.
343 Vgl. Baumgarten: Metaphysica, §§ 520 und 624, S. 276 f. und 330 f. – In den *Meditationes* spricht Baumgarten zu Beginn der Schrift von einem unteren Teil des Erkenntnisvermögens (*pars facultatis cognoscitivae inferior*), am Ende aber von einem unteren Erkenntnisvermögen (*facultas cognoscitiva inferior*). Vgl. Baumgarten: Meditationes, §§ III und CXV, S. 8 f. und 84 f.
344 Auf diese Abweichung von der Wolffschen Terminologie hat zuerst hingewiesen Baeumler: Irrationalitätsproblem, S. 190.
345 Vgl. Baumgarten: Metaphysica, § 535 f., S. 284 f.
346 Vgl. ebd., § 558, S. 294 f.
347 Vgl. ebd., § 572, S. 302 f.
348 Vgl. ebd., § 573, S. 302 f.
349 Ebd., § 572, S. 303. – „facultatem identitates diversitatesque rerum percipiendi", ebd., S. 302.
350 Vgl. ebd., § 579, S. 306 f.

livio)³⁵¹ und die Wiedererinnerung (*reminiscentia*)³⁵², das Dichtungsvermögen (*facultas fingendi*)³⁵³, die Vorhersehung (*praevisio*)³⁵⁴, das Urteilsvermögen (*iudicium*)³⁵⁵, das Erwartungs- und Vorahnungsvermögen (*praesagitio/exspectatio casuum similium*)³⁵⁶ wie das Vermögen des Vorhervermutens (*facultas praesumendi*)³⁵⁷, das an das Vorahnungsvermögen geknüpfte Vermögen wahrzusagen (*facultas divinatrix*)³⁵⁸ und das Bezeichnungsvermögen (*facultas characteristica*)³⁵⁹. Im Zusammenhang mit dem Vermögen des Verstandes (*intellectus*)³⁶⁰ geht er auf den Gebrauch des Verstands (*usus intellectus*)³⁶¹ und die Vermögen der Aufmerksamkeit (*attentio*), der Abstraktion (*abstractio*)³⁶², der Reflexion (*reflexio*) und der Vergleichung (*comparatio*)³⁶³ ein. Seine Aufzählung der Erkenntnisvermögen beschließt er mit der Vernunft (*ratio*)³⁶⁴, ihrem Gebrauch (*usus rationis*)³⁶⁵ wie ihren Fertigkeiten Gründlichkeit (*soliditas*) und Findigkeit (*sagacitas rationis*)³⁶⁶.

Zweifach, in einer sowohl sinnlichen als auch in einer intellektuellen Variante, liegen folgende Vermögen vor: Gedächtnis (*memoria*), Urteilsvermögen (*iudicium/gustus*), Witz (*ingenium*), Scharfsinnigkeit (*acumen*) und Feinsinnigkeit (*perspicacia*) wie auch das Erwartungs- und Vorahnungsvermögen (*praesagitio/exspectatio casuum similium*) und das Bezeichnungsvermögen (*facultas characteristica*). Charakteristisch für das untere Erkenntnisvermögen sind das Vermögen zu empfinden bzw. der Sinn (*facultas sentiendi/sensus*) und die die Empfindungen in unterschiedlicher Weise (re-)produzierenden Vermögen Einbildungskraft (*phantasia*), Dichtungsvermögen (*facultas fingendi*) und Vorhersehung (*praevisio*). Das Dichtungsvermögen wird hier im Unterschied zu Wolff nicht als produktive Seite der Einbildungskraft verstanden, sondern als eigenständiges Vermögen bestimmt; eine Aufwertung, die unter anderem auf seine Bedeutung für die Kunsttheorie und ihren moralischen Wirkungsauftrag hinweist.³⁶⁷ Mit den Empfindungen bildet das untere Er-

---

351 Vgl. ebd., § 582, S. 306f.
352 Vgl. ebd.
353 Vgl. ebd., § 589, S. 310f.
354 Vgl. ebd., § 595, S. 314f.
355 Vgl. ebd., § 606, S. 320f.
356 Vgl. ebd., § 610, S. 322f.
357 Vgl. ebd., § 612, S. 324f.
358 Vgl. ebd., § 616, S. 324f.
359 Vgl. ebd., § 619, S. 326f.
360 Vgl. ebd., § 624, S. 330f.
361 Vgl. ebd., § 639, S. 336f.
362 Vgl. ebd., § 625, S. 330f.
363 Vgl. ebd., § 626, S. 330f.
364 Vgl. ebd., § 640, S. 338f.
365 Vgl. ebd., § 646, S. 340f.
366 Vgl. ebd., § 644, S. 340f.
367 Vgl. die Ausführungen in Kap. II.3.3 sowie in Kap. III.3.

kenntnisvermögen auch bei Baumgarten Grundlage und Ausgangspunkt jeglicher Erkenntnis und ist notwendige Bedingung für die oberen Vermögen.[368] Dem oberen Erkenntnisvermögen, d. h. dem Verstand (*intellectus*) als Vermögen, etwas deutlich zu erkennen,[369] sind weiterhin vorbehalten die Vermögen der Aufmerksamkeit (*attentio*) und der Abstraktion (*abstractio*) und die auf der Aufmerksamkeit basierenden Vermögen Reflexion (*reflexio*) und Vergleichung (*comparatio*). Durch sie werden die Vorstellungen zu deutlichen Vorstellungen. Ein sinnliches Äquivalent zu ihnen auf Seiten des unteren Erkenntnisvermögens existiert nicht. Vom Grad der Deutlichkeit seiner Vorstellungen ist die Vollkommenheit des Verstandes abhängig.[370]

Im Hinblick auf die Bewertung der Beziehung von Verstand und Sinnlichkeit liegt die Pointe von Baumgartens Aufteilung der Seelenvermögen in der Erweiterung der Sinnlichkeit und in der Stellung der Vernunft: Ähnlich wie zuvor Wolff und Gottsched definiert er die Vernunft als Vermögen, den „Zusammenhang der Dinge [zu] durchschau[en]"[371] und zwar deutlich zu durchschauen.[372] Hierfür benötigt sie den intellektuellen Witz (*ingenium intellectuale*), die intellektuelle Scharfsinnigkeit (*acumen intellectualis*) und die aus Witz und Scharfsinnigkeit gebildete Feinsinnigkeit (*perspicacia intellectualis*)[373],

---

368 Vgl. Baumgarten: Ästhetik, § 41, S. 34 f.
369 Vgl. Baumgarten: Metaphysica, § 624, S. 330 f. Herv. i. O.: „Meine Seele erkennt einiges deutlich; das Vermögen, etwas deutlich zu erkennen, ist das *obere Erkenntnisvermögen* (Geist), der Verstand, der mir zukommt." – „Anima mea cognoscit quaedam distincte, facultas distincte quid cognoscendi est *facultas cognoscitiva superior* (mens), intellectus mihi conveniens."
370 Hierbei unterscheidet Baumgarten (Metaphysica, § 637, S. 336 f. Herv. i. O.) zwischen den intensiv und den extensiv deutlichen Charakteristika: „Die Vollkommenheit des Verstandes beim Bilden intensiv deutlicher Charakteristika ist *Tiefsinnigkeit*, und größere Tiefsinnigkeit ist *Reinheit*. Seine Vollkommenheit beim Bilden extensiv deutlicher Charakteristika ist *Schönheit des Verstandes*." – „Perfectio intellectus notas intensive distinctas formandi est *profunditas*, et maior profunditas *puritas*. Perfectio eiusdem notas extensive distinctas formandi est *intellectus pulchritudo*."– Zum Unterschied zwischen extensiv und intensiv deutlich vgl. ebd., § 634, S. 334 f.
371 Ebd., § 640, S. 339. Herv. i. O. – „Ergo habeo intellectum nexum rerum perspicientem, i. e. *rationem*", ebd., S. 338. Herv. i. O.
372 In diesem Zusammenhang spricht Baumgarten (ebd., § 637, S. 340 f.) von zwei weiteren Fertigkeiten der Vernunft: der Gründlichkeit (*soliditas*) als „Fertigkeit, einen größeren Zusammenhang zwischen den Dingen zu durchschauen" („Habitus maiorem rerum nexum perspicendi"), und der Findigkeit der Vernunft (*sagacitas rationis*), der „Fertigkeit, den Zusammenhang zwischen mehr Dingen zu durchschauen" („plurium rerum nexum perspicendi habitus"). Je ausgeprägter diese Fertigkeiten sind, desto reiner ist die Vernunft.
373 Baumgartens Definitionen der Vermögen Scharfsinnigkeit (*acumen*), Witz (*ingenium*) und Feinsinnigkeit (*perspicacia*) sind ein Beispiel für die Veränderungen, die Baumgarten bei der Konzeption der Seelenvermögen vornimmt. Anders als im Kommentar zur *Metaphysica* behauptet (Günter Gawlick, Lothar Kreimendahl: Anhang 1. Erläuterungen zur *Metaphysik*. In: Baumgarten: Metaphysica, S. 543–579, hier S. 576 f.) folgt Baumgarten bei der Bestimmung der Scharfsinnigkeit (*acumen*) und des Witzes (*ingenium*) nicht Wolff. Vgl. Baeumler: Irrationalitätsproblem, S. 195 sowie, im Anschluss an Baeumler, Adler: Prägnanz des Dunklen, S. 36.

das intellektuelle Gedächtnis (*memoria intellectualis*), das intellektuelle Urteilsvermögen (*iudicium intellectuale*)[374], die Vorahnung des Verstandes (*praesagitio intellectualis*)[375] und das intellektuelle Bezeichnungsvermögen (*facultas characteristica intellectualis*)[376]. Sie alle versammelt Baumgarten unter dem Begriff der Vernunft (*ratio*).[377]

Das obere Erkenntnisvermögen verliert bei Baumgarten jedoch an Tragweite, wenn der Vernunft, der Krone des Verstandes, ein sinnliches Pendant an die Seite gestellt wird, das über das *analogum rationis* Wolffs hinausgeht. Baumgartens *analogon rationis* oder „das der Vernunft ähnliche"[378], wie er selbst in den Anmerkungen übersetzt, ist zwar der Wolffschen Bezeichnung nicht unähnlich, doch anders als Wolff mit dem *analogum rationis* oder Gottsched mit der *exspectatio casuum similium* bezeichnet Baumgarten hiermit nicht nur ein einzelnes Vermögen, sondern „den Inbegriff der Seelenvermögen, die den Zusammenhang der Dinge verworren vorstellen."[379] Entsprechend Baumgartens Konzept der Vernunft als ein auf einer Vielzahl von Vermögen beruhendes Vermögen ist auch das *analogon rationis* Sammelbegriff für eine Reihe, aber nicht für alle[380] Vermögen der unteren Seelenvermögen.[381] Zu ihm gehören der sinnliche Witz (*ingenium sensitivum*), die sinnliche Scharfsinnigkeit (*acumen sensitivum*) und die sinnliche Feinsinnigkeit

---

Wolff reduziert die Tätigkeit der Scharfsinnigkeit darauf, lediglich die Unterschiede und nicht mehr die Ähnlichkeiten der Dinge wahrzunehmen. Dem Witz (*ingenium*) kommt weiterhin die Aufgabe zu, die Ähnlichkeiten der Dinge zu erkennen, doch versteht Baumgarten ihn nicht mehr wie Wolff als eine Steigerung der Scharfsinnigkeit. Zwischen Scharfsinnigkeit und Witz besteht bei Baumgarten kein Abhängigkeitsverhältnis. Sie stehen als Vermögen nebeneinander auf gleicher Stufe. In ihnen gegründet, und damit führt Baumgarten ein neues Vermögen ein, ist der scharfsinnige Witz bzw. die Feinsinnigkeit (*perspicacia*), die sowohl Unterschiede als auch Ähnlichkeiten wahrnimmt. In seiner Aufzählung der der Vernunft zugehörigen Vermögen wird die Feinsinnigkeit nicht explizit erwähnt, doch aufgrund ihrer engen Beziehung zu Scharfsinnigkeit und Witz ist sie bei Baumgarten mitzudenken. Zu Witz, Scharfsinnigkeit und Feinsinnigkeit vgl. Baumgarten: Metaphysica, §§ 572–576 und 578, S. 302–305.

374 Vgl. Baumgarten: Metaphysica, §§ 606f., S. 320f.
375 Zum Erwartungsvermögen, der intellektuellen Variante der von Wolff her schon bekannten Erwartung ähnlicher Fälle (*analogum rationis*), vgl. ebd., § 610, S. 322f.
376 Vgl. ebd., § 619, S. 326f.
377 Vgl. ebd., § 641, S. 338f.
378 Ebd., § 640, S. 338 Anm. b.
379 Ebd., S. 339. – „complexum facultatum animae nexum confuse repraesentantium", ebd., S. 338.
380 Das behauptete zunächst Baeumler: Irrationalitätsproblem, 195f. Er bezeichnete das *analogon rationis* als „Gesamtvermögen", das „*sämtliche*" untere Vermögen umfasse, wodurch seiner Meinung nach erst die Einheit des unteren Erkenntnisvermögens zustande komme. Diese Feststellung revidierte Baeumler (ebd., S. 196, Anm. 2) jedoch selbst, wenn er anmerkte, dass die Empfindungen nicht hierzu zählen.
381 Auch in diesem Punkt weicht Baumgarten von Wolffs Vermögenskonzeption ab. Wolff nennt zwar verschiedene Vermögen als Bedingung für die erfolgreiche Tätigkeit der Vernunft, sieht in der Vernunft selbst aber ein einzelnes Vermögen.

(*perspicacia*), das sinnliche Gedächtnis (*memoria sensitiva*)³⁸², das dichterische Vermögen (*facultas fingendi*), das sinnliche Urteilsvermögen (*iudicium sensitivum*) bzw. der Geschmack (*gustus*)³⁸³, die Erwartung ähnlicher Fälle (*exspectatio casuum similium*)³⁸⁴ und das sinnliche Bezeichnungsvermögen (*facultas characteristica sensitiva*).³⁸⁵ Mit Ausnahme des Dichtungsvermögens, das nur den unteren Erkenntnisvermögen zukommt und somit eine Sonderstellung einnimmt,³⁸⁶ sind die Vermögen des *analogon rationis* und seines intellektuellen Pendants, der Vernunft, identisch;³⁸⁷ mit dem Unterschied, dass die ihnen zukommenden Tätigkeiten von den oberen Vermögen deutlich und von den unteren sinnlich vollzogen werden.

Auch wenn Baumgarten dem oberen Erkenntnisvermögen und den deutlichen Vorstellungen grundsätzlich weiterhin den Vorrang vor der Sinnlichkeit gibt,³⁸⁸ so steht die Erweiterung der unteren Erkenntnisvermögen um zusätzliche Vermögen doch für eine entschiedene Anerkennung des Potentials der Sinnlichkeit. Sie wird ‚rationalisiert'³⁸⁹ und dadurch aufgewertet, wenn genuin intellektuelle Vermögen wie die Scharfsinnigkeit, der Witz oder das Urteilsvermögen den unteren Erkenntnisvermögen zugeschrieben werden. Diese grundlegende Neubewertung der Sinnlichkeit unterstreicht zudem die Notwendigkeit der Ästhetik als einer Wissenschaft, die sich explizit

---

382 Eng mit dem Gedächtnis verbunden sind das Vergessen (*oblivio*) und das Wiedererinnerungsvermögen (*reminiscentia*). Beide werden von Baumgarten nicht explizit als Vermögen der Vernunft bzw. des *analogon rationis* genannt. Während das Vergessen nicht als intellektuelle Variante möglich ist, stellt Baumgarten das Wiedererinnerungsvermögen dem Gedächtnis und damit auch seiner intellektuellen wie sinnlichen Version gleich. Zu Gedächtnis, Vergessen und Wiedererinnerungsvermögen vgl. Baumgarten: Metaphysica, §§ 579–588, S. 306–311.
383 Zum (sinnlichen) Urteilsvermögen vgl. ebd., §§ 606–608, S. 320–323.
384 Mit der Erwartung ähnlicher Fälle sind bei Baumgarten noch verbunden das Vermögen des Vorhervermuthens (*facultas praesumendi*) und das hieran geknüpfte Vermögen wahrzusagen (*facultas divinatrix*). Zu diesen drei Vermögen vgl. ebd., §§ 610–618, S. 322–327.
385 Vgl. ebd., § 640, S. 338f. – Zum *analogon rationis* bei Baumgarten vgl. neben den bereits genannten Arbeiten zu den Seelenvermögen bei Baumgarten auch Riemann: Aesthetik, S. 38–43; Franke: Kunst als Erkenntnis, S. 51–55; Heinz Paetzold: Ästhetik des deutschen Idealismus. Zur Idee ästhetischer Rationalität bei Baumgarten, Kant, Schelling, Hegel und Schopenhauer. Wiesbaden 1983, S. 30–32; Friedhelm Solms: Disciplina aesthetica. Zur Frühgeschichte der ästhetischen Theorie bei Baumgarten und Herder. Stuttgart 1990, S. 43–51 sowie Adler: Prägnanz des Dunklen, S. 35–37.
386 Vgl. Mirbach: Gottsched und die Entstehung der Ästhetik, S. 122f. – Zum einen gehört die *facultas fingendi* mit zu den Vermögen, die charakteristisch für die Sinnlichkeit sind und sich dadurch auszeichnen, dass sie die Empfindungen in unterschiedlicher Weise (re-)produzieren. Zum anderen erfasst sie gleich der Vernunft, doch sinnlich, den Zusammenhang der Dinge.
387 Zum Dichtungsvermögen und zur Einführung einer sinnlichen Entsprechung der für die Kunsttheorie wichtigen Vermögen *ingenium*, *acumen* und *iudicium* vgl. Kap. III.3.
388 Vgl. Baumgarten: Metaphysica, § 522, S. 276f.
389 Von einer „'rationalization' of the lower faculties" spricht Buchenau: Founding of Aesthetics, S. 155.

der sinnlichen Erkenntnis und ihren Vermögen widmet. Ähnlich Gottsched, der in seinen Ausführungen zu den Seelenvermögen kontinuierlich Beispiele aus den Künsten anführt, verweist Baumgarten ab der zweiten Auflage der *Metaphysica* auf die verschiedene Bereiche der Ästhetik,[390] in denen die sinnlichen Vermögen jeweils zur Geltung kommen, und skizziert auf diese Weise Umfang und Reichweite der Ästhetik. Baumgarten spricht diesbezüglich von einer Ästhetik der Einbildungskraft (*aesthetica phantasiae*)[391] und einer der Feinsinnigkeit (*aesthetica perspicaciae*)[392], einer Kunst des sinnlichen Gedächtnisses (*mnemonica memoriae sensitivae*)[393], einer Ästhetik des Mythischen (*aesthetica mythica*)[394], die dem „Ausdenken und Vortragen von Erdichtungen"[395] gewidmet ist, sowie von der Mantik (*mantica*)[396], der ästhetischen Kritik (*aesthetica critica*)[397] und der ästhetischen Zeichenkunde (*aesthetica characteristica*)[398]. Die von Baumgarten vorgenommene Umstrukturierung innerhalb der Seelenvermögen hin zu einer Parallelität von oberen und unteren Erkenntnisvermögen kann als Fortführung von Wolffs Ergänzung der *ars inveniendi (a priori)* um eine *ars inveniendi a posteriori* gelesen werden. Zugleich liegt mit der sinnlichen Variante der Vernunft ein Versuch vor, sich im Kontext der Kunsttheorie dem anzunähern, was eigentlich nicht zu verstehen ist: dem *je ne sais quoi*.[399] Denn deutlich durchschaut die Vernunft, verworren das *analogon rationis* den Zusammenhang der Dinge.

Die von Wolff hervorgehobene Komplementarität von Sinnlichkeit und Verstand wird bei Baumgarten durch den Ausbau der unteren Erkenntnisvermögen noch verstärkt. Zugleich wahrt die Sinnlichkeit in der *facultas sentiendi* ihre Exklusivität. Sie ist Quelle der Empfindungen und folglich der Erkenntnis ganz grundsätzlich. Ein Pendant zur *facultas sentiendi* weisen die oberen Erkenntnisvermögen nicht auf. Im Unterschied zu Gottsched, der die Sinnlichkeit vor allen Dingen als Ausgangspunkt des Erkenntniserwerbs akzeptiert, schließt Baumgarten an Wolff und dessen Wissen um das Potential der Sinnlichkeit an. Mit der Aufwertung der Sinnlichkeit, und das bedeutet: ihrer Vermögen und Zuständigkeiten, mit der Schaffung eines *analogon ratio-*

---

390 Adler (Prägnanz des Dunklen, S. 37) hat darauf hingewiesen, dass die verschiedenen Gebiete der Ästhetik mit Ausnahme der *ars mnemonica* erst in der zweiten Auflage der *Metaphysica* von 1743 erwähnt werden, was bedeute, „daß die systematische Ausarbeitung der sinnlichen Seite der Erkenntnis in den Anfang der vierziger Jahre fällt."
391 Vgl. Baumgarten: Metaphysica, § 570, S. 300 f.
392 Vgl. ebd., § 575, S. 304 f.
393 Vgl. ebd., § 587, S. 310 f.
394 Vgl. ebd., § 592, S. 312 f.
395 Vgl. ebd., S. 313. – „pars de fictionibus excogitandis et proponendis", ebd., S. 312.
396 Vgl. ebd., § 604, S. 318 f.
397 Vgl. ebd., § 607, S. 320 f.
398 Vgl. ebd., § 622, S. 328 f.
399 Vgl. Kap. III.3.

nis, das nicht nur eine der Vernunft ähnliche Tätigkeit ausübt, sondern ihrem Vorbild nach aufgebaut ist, wird die außerordentliche Stellung der Vernunft im Ansatz in Frage gestellt, ohne dass jedoch die Sinnlichkeit über das obere Erkenntnisvermögen erhoben wird. Der Gebrauch des Verstandes (*usus intellectus*), d.h. die „Fertigkeit, sich seines Verstandes zu bedienen"[400], bleibt auch für Baumgarten Maßstab bei der Bewertung der menschlichen Entwicklung.[401] Allerdings treten weitere Kriterien hinzu.

Eine Bewertung der Vermögen muss immer auch ihre Funktion für die Entwicklung des individuellen Charakters des Menschen, seine Aufgabe bzw. Berufung im weitesten Sinne berücksichtigen. Hierauf deuten zum einen Baumgartens Ausführungen zu den sinnlichen Vermögen hin, deren Schwerpunkt nicht wie bei Gottsched auf der Problematisierung der sinnlichen Vermögen liegt, sondern auf der einfachen Darstellung ihrer Bedingungen und Möglichkeiten. In dieser Vorgehensweise deutet sich bereits an, was Baumgarten dann explizit zum Abschluss seiner Erläuterungen der Erkenntnisvermögen anspricht:

> Da Erkenntnisvermögen, die sich in einer bestimmten Proportion zueinander verhalten, für eine bestimmte Art von Erkenntnisgegenständen besser geeignet sind als für andere, nimmt ein Kopf in weiterer Bedeutung, der für eine bestimmte Art von Erkenntnisgegenständen besser geeignet ist als für andere, den Namen von dieser Art an. Hieraus erhellet, was *empirische, historische, poetische, wahrsagende, kritische, philosophische, mathematische, mechanische, musische* usw. *Köpfe* sind.[402]

---

400 Baumgarten: Metaphysica, § 639, S. 336f.
401 Vgl. ebd. Herv. i. O.: „Wer noch nicht den Gebrauch des Verstandes erworben hat, soweit er zum Sprechen erfordert wird, ist ein *Kind*; wer noch nicht so viel davon erworben hat, wie zu den wichtigeren Geschäften des Lebens meist erforderlich ist, ist *natürlicherweise minderjährig*, so wie *natürlicherweise volljährig*, wer soviel Gebrauch der [sic!] Verstandes erworben hat, wie dazu nötig ist. Wer auffallend weniger Gebrauch des Verstandes zeigt als die meisten Gleichaltrigen, ist *einfältig in schlechter Bedeutung*. Bei wem kein oder fast kein Gebrauch des Verstandes in einem Alter feststellen ist, in dem er gewöhnlich gut feststellbar ist, ist *von Sinnen*." – „Cui usus intellectus nondum acquisitus est, quantus ad loquendum requiritur, est *infans*, cui nondum tantus, quantus ad negotia vitae communis graviora plerumque requiritur, *naturaliter minorennis*, ut *naturaliter maiorennis* est, cui tantus intellectus usus acquisitus est, quantus ad negotia vitae communis graviora plerumque requiritur. Cui notabiliter minor intellectus usus est, quam plerisque aetate aequalibus, *simplex significatu malo*. In quibus nullus aut fere nullus intellectus usus oberservatur in ea aetate, in qua solet esse probe observabilis, sunt *mente capti*."
402 Ebd., § 649, S. 343. Herv. i.O. – „Quia facultates cognoscitivae in certa proportione se ad se mutuo referentes ad certum cognoscendorum genus aptiores sunt aliis, illud ingenium latius dictum, quod ad certum cognoscendorum genus aptius est, ab illo cognoscendorum genere nomen accipit. Hinc patet, quae sint *ingenia, empirica, historica, poetica, divinatoria, critica, philosophica, mathematica, mechanica, musica*, e. c." Ebd., S. 342. Herv. i.O.

Die unterschiedlichen Erkenntnisvermögen ermöglichen verschiedene Arten der Erkenntnis. Vergleicht man beispielsweise einen Poeten und einen Mathematiker, sind jeweils unterschiedliche Erkenntnisvermögen besonders stark ausgeprägt. Eine Bewertung der Erkenntnisvermögen muss daher vor dem Hintergrund des Erkenntnisgegenstandes bzw. des erwünschten Ziels vorgenommen werden. Das angestrebte Ziel setzt die Kriterien. Verschiedene Erkenntnisgegenstände und -ziele, so die Einsicht Baumgartens, verlangen die Ausbildung unterschiedlicher Vermögen. Die Beziehung von Sinnlichkeit und Verstand entwickelt sich bei Baumgarten zum Auftrag, die Komplementarität von Sinnlichkeit und Verstand bei der Erziehung des Menschen ausdrücklich zu berücksichtigen. Mit dem Ausbau der Sinnlichkeit und seiner *Aesthetica* unternimmt Baumgarten einen entscheidenden Schritt in diese Richtung.

3 Modi der Erkenntnis

Am Beispiel der verschiedenen Erkenntnisvermögen konnte gezeigt werden, wie facettenreich und komplex die menschliche Seele zu Beginn des 18. Jahrhunderts gedacht wurde. Jedes der beschriebenen Vermögen trägt in seiner Weise zur Erkenntnis bei und bestimmt die je besondere Qualität der Erkenntnis. Entsprechend der Unterscheidung zwischen oberen und unteren, also intellektuellen und sinnlichen Erkenntnisvermögen ist auch bei der durch die einzelnen Vermögen gewonnenen Erkenntnis zwischen intellektueller und sinnlicher Erkenntnis zu differenzieren. Die Bestimmung als ‚intellektuell‘ oder ‚sinnlich‘ gibt nicht nur Auskunft über den Ort, wo Erkenntnis gewonnen wird, sondern auch über ihre qualitativen Merkmale. ‚Intellektuell‘ und ‚sinnlich‘ verweisen auf eine deutliche (intellektuelle) bzw. nicht-deutliche (sinnliche) Erkenntnis. Ergänzt werden sie um weitere, dem jeweiligen Erkenntnismodus spezifische Merkmale, die je nach Autor variieren und im Folgenden noch zu erläutern sind: Die sinnliche Erkenntnis wird als Erfahrung, als historische, als anschauende oder als ästhetische Erkenntnis erörtert, die intellektuelle Erkenntnis als Vernunft, als philosophische, symbolische oder als logische Erkenntnis. Hierbei setzen die Autoren unterschiedliche Schwerpunkte. So findet sich zum Beispiel die bei Wolff zu beobachtende „Erfahrungseuphorie"[403] nicht in gleicher Weise bei Baumgarten wieder, der sich hingegen auf die ästhetische Erkenntnis konzentriert. Für den Kontext der vorliegenden Arbeit sind das generelle Verhältnis von sinnlicher und intellektueller Erkenntnis zentral, wie es sich ausgehend von

---

403 So eine Überschrift bei Schwaiger: Baumgarten – ein intellektuelles Porträt, S. 58.

Leibniz entwickelt, und die Frage, welche Gewichtung die einzelnen Autoren vornehmen.

Grundlage für die Reflexionen zur Qualität der Erkenntnis bei Wolff, Gottsched und Baumgarten ist die von Leibniz in den *Meditationes de cognitione, veritate et ideis* von 1684 erbrachte Unterscheidung verschiedener Erkenntnisstufen. Im Gegensatz zu Descartes geht Leibniz davon aus, dass die Erkenntnis kontinuierlich an Klarheit und Deutlichkeit gewinnt, wobei jeder Stufe eine eigene Erkenntnis zukommt. Hiermit weist Leibniz der sinnlichen Erkenntnis ihren eigenen Platz innerhalb der Erkenntnishierarchie zu (3.1).

Wolff schließt zunächst an Leibniz an, weicht aber in den für die Entwicklung der Ästhetik und das Konzept der sinnlichen Erkenntnis bei Baumgarten zentralen Punkten von Leibniz ab: (1) Mit der ausdrücklichen Thematisierung der dunklen Erkenntnis lenkt er die Aufmerksamkeit auf das, was Baumgarten später *fundus animae* nennen und so die Zugehörigkeit der Dunkelheit zum Bereich der Erkenntnis auch terminologisch sichern wird. (2) Indem er nicht nur den Grad der Deutlichkeit, sondern auch die Quantität der Merkmale als ausschlaggebend für die Stärke einer Vorstellung benennt, schafft Wolff den Ausgangspunkt für Baumgartens Unterscheidung von extensiver und intensiver Klarheit bzw. Deutlichkeit. Baumgarten wird durch sie die potentielle Gleichwertigkeit verschiedener Erkenntnisstufen begründen. Die extensive Klarheit wird zum Charakteristikum der Sinnlichkeit. (3) Wolff löst die anschauende und die symbolische Erkenntnis aus dem System Leibniz' hinaus und schafft mit der anschauenden Erkenntnis als bildlicher Erkenntnis einen Modus der Erkenntnis, der in der Kunsttheorie – Lessings Fabeltheorie sei hier exemplarisch genannt – Karriere machen sollte.

Neben diesen für Baumgarten und die Kunsttheorie allgemein bedeutsamen Abweichungen von Leibniz fällt – wie schon bei den Erkenntnisvermögen – auch hier die Komplementarität von Sinnlichkeit und Verstand ins Auge. Sinnliche und intellektuelle Erkenntnis sind bei Wolff eng miteinander verflochten. Das zeigt sich nicht nur am Beispiel von anschauender und symbolischer Erkenntnis, sondern auch am Verhältnis von historischer und philosophischer Erkenntnis, von Erfahrung und Vernunft. Stärker als anhand der Erkenntnisvermögen zu beobachten war, tritt hier zugleich die Spezifizität jedes einzelnen Erkenntnismodus hervor. Mit ihm wird ein jeweils eigener Weg zur Erkenntnis beschrieben. Dass Wolff sowohl die symbolische als auch die philosophische Erkenntnis in Abhängigkeit der anschauenden bzw. der in den Sinnen gegründeten historischen Erkenntnis stellt, weist zum einen auf die Verschiedenheit der durch die Sinnlichkeit und der durch den Verstand gewonnenen Erkenntnis selbst hin. Zum anderen wird hieran deutlich, in welchem Maße Wolff die Sinnlichkeit als Grundlage der Erkenntnis und zugleich als eigenständige Erkenntnisform anerkennt. Seine Forderung nach einem Ausbau der Erfahrungs- und Versuchkunst zeigt, dass Wolff in seinen Schriften die Sinnlichkeit als Potential des Menschen begreift, das es zu nutzen und auszubauen gilt (3.2).

Die Ausführungen von Gottsched und Baumgarten stehen auch hier wieder für zwei unterschiedliche Interpretationen der Überlegungen Wolffs. Gottsched bietet in seiner *Weltweisheit* eine stark verkürzte Version des Wolffschen Modells, die gerade das von Wolff hervorgehobene Potential der Sinnlichkeit nicht zur Geltung bringt und so die Vorherrschaft der Vernunft betont. Eine im Hinblick auf die Baumgartenforschung interessante Beobachtung ist Gottscheds Gebrauch des Begriffs ‚sinnlich'. Die oftmals geäußerte These, es wäre Baumgartens Verdienst, den Begriff aus der Willenslehre entlehnt und in die Erkenntnislehre übertragen zu haben, erweist sich als falsch. Bereits Gottsched spricht von der „sinnlichen Erkenntnis" (3.3).

Für Baumgarten ist die bereits oben angeführte Idee des ‚ganzen Menschen' und entsprechend auch das Vertrauen in die Sinnlichkeit leitend. Folge dieses Bewusstseins ist die Entwicklung der Ästhetik als einer Wissenschaft, die der Ausbildung der Sinnlichkeit gewidmet ist. Durch den Vergleich mit Wolff wird deutlich, dass die Leistung Baumgartens zu großen Teilen auch darin beruht, explizit zu benennen und zu definieren, was in den Gedanken Wolffs teils nur mitschwingt. Inwiefern die „philosophische Emanzipation des Sinnlichen"[404] ausschließlich Baumgarten zugeschrieben werden kann, ist daher fraglich. Im Gegensatz zu Gottsched lässt Baumgarten der Sinnlichkeit innerhalb der Philosophie eine klar definierte Rolle zukommen, die ihr in dieser Weise, mit dieser Eigenständigkeit noch nicht von Leibniz, aber im Ansatz von Wolff zugestanden wurde. Baumgarten schließt an Wolff und dessen Ausführungen zur historischen Erkenntnis als einer eigenständigen sinnlichen Erkenntnis an, geht hierbei aber einen entscheidenden Schritt weiter, insofern er die Implikationen einer solchen Eigenständigkeit weiterdenkt und ausformuliert. Wolffs Plädoyer für die Entwicklung der Erfahrungskunst kommt Baumgarten in spezifischer Weise mit seiner Ästhetik nach. Im Anschluss an seine Vordenker behält die Stufenleiter der Erkenntnis, nach der die deutliche Erkenntnis über der sinnlichen steht, bei Baumgarten zwar ihre Gültigkeit, doch verliert die an sie gebundene Erkenntnishierarchie mit der Definition der Sinnlichkeit und der Ausformulierung des Reichs der Sinnlichkeit an Bedeutung (3.4).

---

404 Kondylis: Aufklärung, S. 559. – Vgl. auch Cassirer: Die Philosophie der Aufklärung, S. 370–372 sowie Joachim Ritter: [Art.] Ästhetik, ästhetisch. In: Historisches Wörterbuch der Philosophie. Völlig neubearb. Ausgabe des ‚Wörterbuchs der philosophischen Begriffe' von Rudolf Eisler. Hg. von Joachim Ritter. Bd. 1. Basel 1971, Sp. 555–580, hier Sp. 555–559.

3.1 Leibniz' Stufenleiter der Erkenntnis: Anerkennung der sinnlichen Erkenntnis

In seinen *Meditationes de cognitione, veritate et ideis* differenziert Leibniz zwischen verschiedenen Stufen der Erkenntnis:

> Die Erkenntnis ist also entweder *dunkel* oder *klar* und die klare Erkenntnis wiederum entweder *verworren* oder *deutlich*, die deutliche Erkenntnis aber entweder *inadaequat* oder *adaequat* und gleichfalls entweder *symbolisch* oder *intuitiv*, wenn aber die Erkenntnis zugleich adaequat und intuitiv ist, so ist sie am vollkommensten.[405]

Als dunkel bezeichnet Leibniz die Erkenntnis, wenn die dargestellte Sache nicht wiedererkannt wird, „wie wenn ich mich zum Beispiel irgendeiner Blume oder eines Tieres, die ich einst gesehen habe, erinnere, jedoch nicht in dem Maße, daß es genug ist, um das Vergessene wiedererkennen und von etwas ihm Nahestehenden unterscheiden zu können."[406] Da grundsätzlich gilt, dass alle Vorstellungen als Perzeptionen der Monaden das Universum widerspiegeln, sind auch die dunklen Vorstellungen „Spiegel des Universums"[407] und notwendiger Teil der menschlichen Erkenntnis. Klar wird die Erkenntnis erst dann, wenn die dargestellte Sache wiedererkannt und von anderen Dingen unterschieden werden kann. Bei der klaren Erkenntnis differenziert Leibniz zwischen einer verworrenen (*clara et confusa*) und einer deutlichen (*clara et distincta*) Erkenntnis. Während bei der deutlichen Erkenntnis die Merkmale der Sache unterschieden und aufgezählt werden können, ist es bei der verworrenen nicht möglich, die einzelnen Elemente zu benennen, durch die die Sache charakterisiert und von anderen differenziert wird. Dies ist der Fall bei den Sinnesempfindungen. So werden Farben und Gerüche klar erkannt und voneinander unterschieden, aber das geschieht „auf Grund des einfachen Zeugnisses der Sinne, nicht jedoch auf Grund aussagbarer

---

405 Leibniz: Meditationes de Cognitione, Veritate et Ideis. Betrachtungen über die Erkenntnis, die Wahrheit und die Ideen (PS I), S. 25–47, hier S. 33. Herv. i.O. – „Est ergo cognitio vel obscura vel *clara*, et clara rursus vel confusa vel *distincta*, et distincta vel inadaequata vel *adaequata*, item vel symbolica vel *intuitiva*: et quidem si simul adaequata et intuitiva sit, perfectissima est." Ebd., S. 32. Herv. i.O. – Zu Leibniz' Ausführungen in den *Meditationes* vgl. u.a. Adler: Prägnanz des Dunklen, S. 2–11 sowie Pietro Pimpinella: *Cognitio intuitiva* bei Wolff und Baumgarten. In: Vernunftkritik und Aufklärung. Studien zur Philosophie Kants und seines Jahrhunderts. Hg. von Michael Oberhausen. Stuttgart-Bad Cannstatt 2001, S. 265–294, hier S. 267–274.
406 Leibniz: Meditationes, S. 33. – „*Obscura* est notio, quae non sufficit ad rem repraesentatam agnoscendam, veluti si utcunque meminerim alicujus floris aut animalis olim visi, non tamen quantum satis est, ut oblatum recognoscere et ab aliquo vicino discernere possim", ebd., S. 32. Herv. i.O.
407 Vgl. die Angabe in Kap. I.1.1, Anm. 60.

Kennzeichen"[408]. Einem Blinden, so das Beispiel Leibniz', kann nicht erklärt werden, was ‚rot' ist. Will man verstehen, was gemeint ist, wenn jemand von einer Sinneswahrnehmung spricht, muss man „dasselbe sehen, riechen oder schmecken" oder „an irgendeine ähnliche vergangene Perzeption erinner[t]"[409] werden.

Auch wenn die klare und deutliche Erkenntnis sich gegenüber der sinnlichen Erkenntnis dadurch auszeichnet, dass die hinreichenden Kennzeichen aufgezählt werden können, sie also als Nominaldefinition beschrieben werden kann, ist sie nicht immer frei von ‚Verworrenheit' und damit Undeutlichkeit, denn die Merkmale können sowohl deutlich als auch verworren erkannt werden. In letzterem Fall ist die Erkenntnis inadäquat. Wird jedoch „all das, was in den deutlichen Begriff eingeht, deutlich erkannt"[410], so ist sie deutlich und adäquat. Jedes Merkmal und dessen jeweilige Bestandteile werden hierbei deutlich erkannt, die Sache mit all ihren Bestandteilen wird vollständig analysiert. Werden sie alle zusammengedacht, auf einmal überblickt, dann ist die adäquate Erkenntnis intuitiv. Wenn wir aber nicht „das ganze Wesen der Sache zugleich ein[sehen], sondern [uns] […] an Stelle der Dinge der Zeichen [bedienen], deren Erklärung wir beim augenblicklichen Denken der Abkürzung wegen aussetzen"[411], ist unsere adäquate Erkenntnis symbolisch. Leibniz bezeichnet sie auch als „*blind*"[412] (*caeca*), insofern nicht alle ihre Aspekte im Moment der Erkenntnis vorgestellt werden. Ein Beispiel für die symbolische Erkenntnis, diese ‚abgekürzte Erkenntnis', ist das Tausendeck, das aufgrund seiner Komplexität unüberschaubar ist. Bei seiner Vorstellung zugleich „das Wesen der Seite und der Gleichheit und der Tausendzahl"[413] zu bedenken, würde die Möglichkeiten des menschlichen Geistes übersteigen.[414] Ob der Mensch überhaupt jemals eine adäquate und intuitive Erkenntnis erlangen, er „eine vollkommene Analyse der Begriffe durch[führen]" kann, d.h. seine „Gedanken bis zu den *ersten Möglichkeiten* und unauflöslichen Begriffen […], bis zu den absoluten Attributen *Gottes*, nämlich zu den ersten Ursachen und

---

408 Leibniz: Meditationes, S. 35. – „simplici sensuum testimonio, non vero notis enuntiabilibus", ebd., S. 34.
409 Ebd., S. 35. – „[I]deo nec caeco explicare possumus, quid sit rubrum, nec aliis declarare talia possumus, nisi eos in rem praesentem ducendo, atque ut idem videant, olfaciant aut gustent efficiendo, aut saltem praeteritae alicujus perceptionis similis eos admonendo", ebd., S. 34.
410 Ebd., S. 35. – „Cum vero id omne quod notitiam distinctam ingreditur, rursus distincte cognitum est", ebd., S. 34.
411 Ebd., S. 37. – „[N]on totam simul naturam rei intuemur, sed rerum loco signis utimur, quorum explicationem in praesenti aliqua cogitatione compendii causa solemus praetermittere", ebd., S. 36.
412 Ebd., S. 34 f.
413 Ebd., S. 37. – „naturam lateris et aequalitatis et milenarii", ebd., S. 36.
414 Vgl. ebd., S. 32–37.

dem letzten Grund der Dinge zurück[zu]führen"[415], das zweifelt Leibniz jedoch an. Nur Gott ist die adäquate und intuitive Erkenntnis möglich.

Dass es dem Mensch verwehrt bleibt, in seinem Denken bis zum höchsten Grad der Erkenntnis aufzusteigen, heißt aber nicht, dass der Mensch grundsätzlich nicht intuitiv denken würde: Bereits die Erkenntnis der einfachen, nicht weiter zerlegbaren deutlichen Begriffe erfolgt intuitiv.[416] Intuitiv, in der Anschauung erkennt der Mensch alle grundsätzlichen Wahrheiten. Sie erklären sich unmittelbar und werden entweder *a priori* durch den Vernunftschluss oder *a posteriori* durch die Erfahrung oder Beobachtung, dass etwas existiert, erkannt.[417] Intuitives Denken birgt jedoch auch die Gefahr, uns in die Irre zu leiten, denn

> in der Tat kommt es oft vor, daß wir fälschlich glauben, die *Ideen* der Dinge im Geiste zu haben, indem wir fälschlich annehmen, daß irgendwelche Ausdrücke, die wir gebrauchen, von uns schon erklärt worden sein: auch ist es nicht wahr, oder doch der Zweideutigkeit ausgesetzt, wenn einige sagen, daß wir von etwas nicht mit Verständnis für das, was wir sagen, sprechen könnten, wenn wir nicht dessen Idee besäßen. Oft verstehen wir diese einzelnen Worte einigermaßen oder erinnern uns, daß wir sie früher verstanden haben; weil wir uns jedoch mit diesem blinden Denken zufrieden geben und die Auflösung der Begriffe nicht weit genug durchführen, geschieht es, daß uns ein Widerspruch verborgen bleibt, den ein zusammengesetzter Begriff vielleicht in sich schließt.[418]

Die Wahrheit der adäquaten Erkenntnis, die in dem Verfahren der vollständigen Zergliederung der Sache in all ihre Merkmale und wiederum deren Merkmale etc. begründet ist, ist bedroht, wenn bei der Analyse nicht jedes Element auf seine Widerspruchsfreiheit überprüft wird, nicht jedes Element deutlich erkannt wird. Da der Mensch die vollständige Zergliederung nicht vollbringen kann, birgt die menschliche Erkenntnis immer die Gefahr, fehlerhaft zu sein – auch auf der Ebene des Verstandes. Mit seiner Analyse der

---

415 Ebd., S. 41 und 43. Herv. i. O. – „An vero unquam ab hominibus perfecta institui possit analysis notionum, sive an ad *prima possibilia* ac notiones irresolubiles, sive [...] ipsa absoluta Attributa *Dei*, nempe causas primas atque ultimam rerum rationem, cogitationes suas reducere possint, nunc quidem definire non ausim." Ebd., S. 40 und 42. Herv. i. O.
416 Vgl. ebd., S. 36 f.
417 Vgl. Pimpinella: *Cognitio intuitiva*, S. 272.
418 Leibniz: Meditationes, S. 37 und 39. Herv. i. O. – „Et sane contingit, ut nos saepe falso credamus habere in animo *ideas* rerum, cum falso supponimus aliquos terminos, quibus utimur, jam a nobis fuisse explicatos: nec verum aut certe ambiguitati obnoxium est, quod ajunt aliqui, non posse nos de re aliqua dicere, intelligendo quod dicimus, quin ejus habeamus ideam. Saepe enim vocabula ista singula utcunque intelligimus, aut nos antea intellexisse meminimus, quia tamen hac cogitatione caeca contenti sumus et resolutionem notionum non satis prosequimur, fit ut lateat nos contradictio, quam forte notio composita involvit." Ebd., S. 36 und 38. Herv. i. O.

verschiedenen Stufen der Erkenntnis in den *Meditationes* formuliert Leibniz zum einen die Bedingungen, unter denen das auf Descartes zurückgehende Prinzip, dass *„was auch immer ich von irgendeiner Sache klar und deutlich erkenne, [...] wahr oder von ihr aussagbar [ist]"*[419], Gültigkeit erhält. Zum anderen zeigt er auf, dass sich die Erkenntnis kontinuierlich weiterentwickelt und jeder Stufe eine eigene Erkenntnis entspricht. Die sinnliche Erkenntnis als klare, aber verworrene Erkenntnis erhält bei Leibniz auf diese Weise ihren festen Platz in der Erkenntnishierarchie.

3.2 Wolffs Modifikationen der Erkenntnislehre Leibniz' und die Verschränkung von Sinnlichkeit und Verstand/Vernunft

Wolff geht mit Leibniz von der graduellen Abstufung der Erkenntnis aus. Dessen Überlegungen aus den *Meditationes*, dass eine vollkommen deutliche und damit von den Sinnen losgekoppelte Erkenntnis dem Menschen nicht möglich ist, bringt Wolff auf den Punkt, wenn er schreibt: „Unser Verstand ist niemahls rein."[420] Er nimmt aber auch Änderungen vor und setzt neue Schwerpunkte. Im Hinblick auf die Entwicklung der Ästhetik sind hierbei drei Aspekte hervorzuheben: seine Überlegungen zur Dunkelheit, zur Quantität der Merkmale beim Erkenntnisgewinn und zur Beziehung von anschauender und figürlicher Erkenntnis, von *cognitio intuitiva* und *cognitio symbolica*.[421] Mit anschauender bzw. intuitiver und figürlicher bzw. symbolischer[422] Erkenntnis sind zwei im System Wolffs zentrale Modi der Erkenntnis angesprochen. Die anhand von ihnen zu beobachtende Verflochtenheit von Sinnlichkeit und Verstand/Vernunft findet sich auch in Wolffs Entwurf von historischer und philosophischer Erkenntnis, *cognitio historica* und *cognitio philosophica*, von Erfahrung und Vernunft.

---

419 Ebd., S. 43. Herv. i. O. – *„[Q]uicquid clare et distincte de re aliqua percipio, id est verum seu de ea enuntiabile."* Ebd., S. 42. Herv. i. O.

420 Wolff: Deutsche Metaphysik (GW I.2), § 285, S. 156. Randglosse. – Zu den verschiedenen Stufen der Erkenntnis bei Wolff vgl. u. a. seine Ausführungen in der *Logik*, der *Metaphysik* und der *Psychologia empirica*: Wolff: Deutsche Logik (GW I.1), Cap. 1, §§ 9–21, S. 126–134; Wolff: Deutsche Metaphysik (GW I.2), §§ 198–215 und 278–282, S. 110–120 und 154 f. sowie Wolff: Psychologia empirica (GW II.5), §§ 30–50, S. 21–31. Vgl. hierzu Bissinger: Die Struktur der Gotteserkenntnis, S. 70–74; Adler: Prägnanz des Dunklen, S. 15–20.

421 Zu weiteren Differenzen vgl. die Ausführungen von Schwaiger: Problem des Glücks, S. 139–153. Im Fokus von Schwaigers Analyse stehen die Abweichungen von Leibniz' Überlegungen, die unter anderem aus der von Wolff vorgenommenen Anwendung der Stufenleiter im Bereich der Psychologie resultieren.

422 Wenn ich im Folgenden vorwiegend den Terminus der ‚symbolischen Erkenntnis' verwende, dann folge ich dem Sprachgebrauch der Forschung. Wolff selbst spricht in seinen deutschen Schriften vorwiegend von der ‚figürlichen Erkenntnis'.

Abweichungen von Leibniz: Relativierung der dunklen Erkenntnis, Quantität der Merkmale, anschauende und symbolische Erkenntnis

Bei einem Vergleich der Reflexionen Wolffs mit Leibniz' *Meditationes* fällt zunächst auf, dass Wolff ausführlicher die dunkle Erkenntnis, die Dunkelheit (in) der Seele, thematisiert.[423] Wenn unsere Erkenntnis dunkel ist, können wir wie in der Dunkelheit – Wolff erläutert die verschiedenen Erkenntnisgerade anhand des Sehens bei Licht und bei Dunkelheit – „nicht mehr recht unterscheiden [...], was wir sehen."[424] Im Gegensatz zur Klarheit, die Wolff als „*Lumen animae*"[425] deklariert, steht die Dunkelheit für die Finsternis, die Nacht.[426] Sie ist ein „Mangel unserer Erkäntniß"[427]. Dunkelheit hat aber wie auch die klare Erkenntnis verschiedene Grade, entsprechend der Anzahl der Merkmale, die von der vorgestellten Sache wiedererkannt werden.[428] Diese reichen jedoch nicht aus, um die Sache zu erkennen. Was das Dunkle konstituiert, was es grundsätzlich ist, kann nicht erfasst werden. Für Wolff steht zwar außer Frage, dass das Dunkle etwas und nicht nichts, also Teil der menschlichen Erkenntnis ist, er versucht aber auch nicht weiter, es zu analysieren, oder, wie Adler es formulierte: „[M]it dem dunklen Bereich der Seele ist die untere Grenze nicht *der Erkenntnis*, sondern *dieser* Erkenntnis*lehre* erreicht."[429] Baumgarten wird hier anknüpfen.

Ein weiterer Aspekt, in dem Wolff von Leibniz' Konzept abweicht, ist die Unterscheidung zwischen dem ausführlichen Begriff (*notio completa*) und dem unausführlichen Begriff (*notio incompleta*)[430] auf der Ebene der Deutlichkeit: „Ausführlich ist der Begriff", so schreibt Wolff in der *Deutschen Logik*, „wenn die Merckmahle, so man angiebt zureichen, die Sache jederzeit zu erkennen, und von allen andern zu unterscheiden: hingegen unausführlich, wenn man nicht alle Merckmahle, sondern nur einige zu erzehlen weiß, dadurch eine Sache von anderen unterschieden wird."[431] Je mehr Merkmale benannt werden können, desto deutlicher ist die Erkenntnis.[432] Diese von Wolff eingeführte Differenzierung der Qualität der Erkenntnis nach ihrer Quantität wird später von Baumgarten systematisch in seine Aufteilung der

---

423 Zur Dunkelheit bei Wolff vgl. Franke: Kunst als Erkenntnis, S. 46f. sowie Adler: Prägnanz des Dunklen, S. 16f. und 24.
424 Wolff: Deutsche Metaphysik (GW I.2), § 200, S. 111.
425 Wolff: Psychologia empirica (GW II.5), § 35, S. 23. Herv. i. O.
426 Vgl. ebd., § 36, S. 24. Herv. i. O.: „Ex adverso obscuritas atque defectus perceptionum est id, quod *Tenebrarum* nomine in anima venit."
427 Wolff: Deutsche Logik (GW I.1), Cap. 1, § 12, S. 128.
428 Vgl. ebd., § 10, S. 127.
429 Adler: Prägnanz des Dunklen, S. 17. Herv. i. O.
430 Vgl. Wolff: Philosophia rationalis sive Logica. Pars II (GW II.1.2), § 92, S. 160.
431 Wolff: Deutsche Logik (GW I.1), Cap. 1, § 15, S. 129.
432 Vgl. Wolff: Deutsche Metaphysik (GW I.2), § 208, S. 116.

Erkenntnisstufen eingebaut werden und die mögliche Gleichberechtigung der verschiedenen Erkenntnisstufen, von sinnlicher und intellektueller Erkenntnis begründen.[433]

Eine dritte, in der Forschung viel diskutierte Abweichung von Leibniz' Ausführungen in den *Meditationes* ist Wolffs Konzept der symbolischen bzw. figürlichen und der intuitiven bzw. anschauenden Erkenntnis.[434] Letztere ist im Hinblick auf die Kunsttheorie von nicht zu unterschätzender Bedeutung. In der *Metaphysik* erläutert Wolff:

> Denn wir stellen uns die Sachen entweder selbst, oder durch Wörter, oder andere Zeichen vor. Z.E. Wenn ich an einen Menschen gedencke, der abwesend ist und mir sein Bild gleichsam vor Augen schwebet; so stelle ich mir seine Person selbst vor. Wenn ich mir aber von der Tugend diese Worte gedencke: Sie sey eine Fertigkeit seine Handlungen nach dem Gesetze der Natur einzurichten; so stelle ich mir die Tugend durch Worte vor. Die erste Erkäntniß wird die *anschauende Erkäntniß* genennet: die andere ist die *figürliche Erkäntniß*.[435]

Die anschauende und die figürliche bzw. symbolische Erkenntnis sind bei Wolff nicht Teil der zweigliedrigen Erkenntnisstufenleiter. Die Prädikate ‚figürlich' und ‚anschauend' geben zunächst Auskunft über die Vorstellungsweise. Die anschauende Erkenntnis ist eine bildliche Erkenntnis. Sie ist das Resultat der mentalen Repräsentation einer Sache, wobei die Repräsentation meist auf Empfindungen beruht, die noch nicht den Grad der Deutlichkeit erreicht haben, sondern „größten Theils undeutlich und dunckel sind."[436] Deutlich jedoch ist die figürliche bzw. symbolische Erkenntnis. Die Vorstellung der Sache durch Zeichen verschiedener Art führt zur Deutlichkeit der Erkenntnis, denn die Zeichen unterstützen die Bildung „allgemeine[r] Begriffe"[437] und die „Deutlichkeit im Urtheilen"[438]. Hierin ist die potentielle Überlegenheit der symbolischen gegenüber der anschauenden Erkenntnis begründet.

---

433 Vgl. Kap. I.3.4.
434 Zur problematischen Stellung der symbolischen und der anschauenden Erkenntnis bei Wolff vgl. Gerold Ungeheuer: Sprache und symbolische Erkenntnis bei Wolff. In: Schneiders (Hg.): Christian Wolff 1679–1754, S. 89–112; Jean Ecole: Du rôle de l'entendement intuitif dans la conception wolffienne de la connaissance. In: Archiv für Geschichte der Philosophie 68 (1986), S. 280–291; Bissinger: Die Struktur der Gotteserkenntnis, S. 113–115; Adler: Prägnanz des Dunklen, S. 18–20 sowie Pimpinella: *Cognitio intuitiva*, S. 265–267 und 274–287.
435 Wolff: Deutsche Metaphysik (GW I.2), § 316, S. 173f. Herv. i. O. – Zu anschauender und symbolischer Erkenntnis vgl. auch Wolff: Psychologia empirica (GW II.5), §§ 286–289, S. 203–205.
436 Wolff: Deutsche Metaphysik (GW I.2), § 319, S. 177.
437 Ebd.
438 Ebd., § 321, S. 177.

3 Modi der Erkenntnis

Auf den ersten Blick scheint es so, als ob symbolische und anschauende Erkenntnis zwei klar voneinander getrennte Modi seien, mit denen die jeweiligen Spezifika der sinnlichen und der intellektuellen Erkenntnis beschrieben wären. Aber auch hier kann keine direkte Gegenüberstellung von Sinnlichkeit und Verstand konstatiert werden, denn beide sind bei Wolff aufs engste miteinander verknüpft. In der *Psychologia empirica* unterscheidet Wolff anders als in der *Deutschen Metaphysik*, die nur die sinnliche Variante der anschauenden Erkenntnis kennt,[439] zwei Arten anschauender Erkenntnis, eine, die verworren, also undeutlich ist, von einer, die die vorgestellte Sache deutlich erkennt: „*Si in cognitione intuitiva ideae rei tantummodo mihi conscius sum, seu attentionem in tota simul defigo; cognitio confusa est: si vero super eadem reflecto, distincta.*"[440] Während bei der verworrenen anschauenden Erkenntnis die Aufmerksamkeit auf die Idee als Ganze gerichtet wird, kommt bei der deutlichen anschauenden die Reflexion zum Zuge.[441] Sie überdenkt und unterscheidet die einzelnen Merkmale der Vorstellung. Wolff veranschaulicht diese Differenzierung am Beispiel des Baumes. Im Unterschied zur verworrenen anschauenden Erkenntnis, die den ganzen Baum vor dem inneren Auge entstehen lässt, werden bei der deutlichen anschauenden Erkenntnis seine Komponenten, die Blätter, die Zweige, der Stamm, nacheinander betrachtet und voneinander unterschieden, aber zugleich auch gleichzeitig betrachtet.[442]

Da im Allgemeinen mit Hilfe der Sprache, also mittels Zeichen, reflektiert wird,[443] konstatiert Wolff weiter, dass „wir von der anschauenden Erkänntniß zu der figürlichen schreiten"[444] können. Dies geschieht immer dann, „so bald wir uns entweder einen allgemeinen Begrif von einer Art Dinge [...] formiren, oder auch nur etwas deutliches mercken, oder von einem Dinge ein Urtheil für uns fällen wollen"[445], also wenn die Erkenntnis einem selbst deutlich werden soll und im Rahmen der Begriffsbildung,

---

439   Das legt Wolffs Definition der Lust nahe: „Es ist aber wohl zu mercken, daß zu der Lust eben keine deutliche Erkäntniß erfordert wird, sondern nur eine klare. Denn sie bestehet in einer anschauenden Erkäntniß der Vollkommenheit." Ebd., § 414, S. 252. Auch Georg Raatz (Aufklärung als Selbstdeutung. Eine genetisch-systematische Rekonstruktion von Johann Joachim Spaldings „Bestimmung des Menschen" (1748). Tübingen 2014, S. 229–231) interpretiert die anschauende Erkenntnis als eine sinnliche. Zurückhaltender äußert sich hierzu Schwaiger (Baumgarten – ein intellektuelles Porträt, S. 74), der – wohl vor allen Dingen auch im Hinblick auf die *Psychologia empirica*, wie gleich noch zu sehen ist – für Wolff hervorhebt, „daß die Deutlichkeit nicht länger als conditio sine qua non intuitiver Erkenntnis behauptet wird. Anschauende Erkenntnis kann durchaus auch verworren und muß keineswegs unbedingt deutlich sein."
440   Wolff: Psychologia empirica (GW II.5), § 287, S. 203. Herv. i. O.
441   Vgl. auch ebd., § 288, S. 204.
442   Vgl. ebd., § 287, S. 203.
443   Vgl. ebd., § 288, S. 204.
444   Wolff: Deutsche Metaphysik (GW I.2), § 322, S. 178.
445   Ebd.

des Urteilens oder des Schließens zum Einsatz kommt. Gleichzeitig erhält die symbolische Erkenntnis ihre Bedeutung erst aus der anschauenden Erkenntnis. Denn nur wenn die verwendeten Wörter „verständlich" sind, „in so weit uns im Gedächtniss erinnerlich, daß [sie] eine gewisse Sache, davon wir einen Begriff gehabt, bedeute[n], das ist, in Erinnerung der anschauenden Erkäntniß"[446], kann sie Zuverlässigkeit erlangen. Die symbolische Erkenntnis steht folglich in Abhängigkeit der anschauenden.[447] Liegt ihr nicht die anschauende Erkenntnis zugrunde, sind ihre Wörter „leer[ ]" und mit „kein[em] Begriff verknüpfet"[448], und der Vorteil der symbolischen gegenüber der anschauenden Erkenntnis ist nicht mehr gegeben. So kann nicht nur die anschauende in die symbolische Erkenntnis übergehen, wobei das von Leibniz eingeführte graduelle System in Kraft bleibt, sondern die symbolische bedarf zudem der anschauenden Erkenntnis, soll sie keine leere Erkenntnis bleiben.

Historische und philosophische Erkenntnis, Erfahrung und Vernunft

Die Verflochtenheit der Erkenntnisarten, wie sie am Beispiel von anschauender und symbolischer Erkenntnis zu beobachten war, ist ein Grundsatz der Wolffschen Erkenntnislehre, der auch im ersten Kapitel seines *Discursus praeliminaris de philosophia in genere* erkennbar wird. Wolff geht von einer „dreifachen menschlichen Erkenntnis: der historischen, philosophischen und mathematischen"[449] aus. Die historische Erkenntnis (*cognitio historica*) basiert auf den Sinnen.[450] Mit ihnen „*erkennen wir, was in der materiellen Welt ist und geschieht, und der Geist ist sich der Veränderungen bewußt, die in ihm selbst stattfinden.*"[451] Die philosophische Erkenntnis (*cognitio philosophica*) hingegen ist die „*Erkenntnis* des Grundes dessen, was ist oder geschieht"[452]. Die mathematische Erkenntnis (*cognitio mathematica*) wiederum, die bezüglich der Relation von Sinnlichkeit und Verstand im Folgenden vernachlässigt werden kann, gibt

---

446 Ebd., § 323, S. 178 f.
447 Vgl. auch Wolff: Psychologia empirica (GW II.5), § 329, S. 239 f.
448 Wolff: Deutsche Metaphysik (GW I.2), § 320, S. 177.
449 Wolff: Dicursus praeliminaris, S. 3. So die Überschrift des ersten Kapitels. – „De triplici cognitione humana, historica, philosophica & mathematica", ebd., S. 2.
450 Zum Begriff der *cognitio historica* und seiner Geschichte vgl. Arno Seifert: Cognitio historica. Die Geschichte als Namensgeberin der frühneuzeitlichen Empirie. Berlin 1976, im Hinblick auf und im Anschluss an Wolff insbesondere S. 163–198.
451 Wolff: Discursus praeliminaris, § 1, S. 3. Herv. i. O. – „*Sensuum beneficio cognoscimus, quae in mundo materiali sunt atque fiunt, & mens sibi conscia est mutationum, quae in ipsa accidunt.*" Ebd., S. 2. Herv. i. O.
452 Ebd., § 6, S. 7. Herv. i. O. – „*Cognitio rationis eorum, quae sunt, vel fiunt, philosophica dicitur.*" Ebd., S. 6. Herv. i. O.

3 Modi der Erkenntnis

Aufschluss über die Quantität des Erkannten.[453] Die historische Erkenntnis ist zugleich die unterste Stufe der menschlichen Erkenntnis[454] und als solche eine *„cognitio vulgi"*, *„Erkenntnis des Volkes"*[455]. Es bedarf lediglich der Sinne und der Aufmerksamkeit, gerichtet auf die durch die Sinne vorgestellten Dinge,[456] um zu erkennen, „daß es Tiere, Pflanzen und Steine gibt; daß die Sonne auf- und untergeht"[457] oder „daß Wasser, das man auf Feuer setzt, siedet"[458]. Historische Erkenntnis entsteht aus Erfahrung (*experientia*) bzw. aus Beobachtung.[459] Wolff wertet hier jedoch nicht nur die Erfahrung als Erkenntnismodus auf, sondern macht sie zugleich zur Grundlage jeglicher Erkenntnis.[460] Erst wenn die Tatsache, dass etwas ist, erkannt ist, kann in Form der philosophischen Erkenntnis der Grund bzw. in Form der mathematischen Erkenntnis seine Quantität bestimmt werden.[461]

Mit der expliziten Anerkennung der historischen Erkenntnis stellt Wolff heraus, dass nicht nur die Vernunft, wie sie in der philosophischen Erkenntnis zur Anwendung kommt, zur Erkenntnis der Wahrheit führt. Ihr wird die Erfahrung entgegen bzw. zur Seite gestellt: entgegen, insofern mit der Erfahrung ein von der Vernunft grundlegend verschiedener Weg zur Erkenntnis beschritten wird; zur Seite, da bestimmte Erkenntnis nur durch das Zusammenspiel von Erfahrung und Vernunft, im *„Connubium rationis & experientiae"*[462], erlangt wird und die Erfahrung als Experiment eine durch die Vernunft erworbene Erkenntnis verifizieren bzw. falsifizieren kann.[463] Anders als die Vernunft gewährt die in den Sinnen gegründete Erfahrung zwar keine „Einsicht in den Zusammenhang der Dinge"[464], aber „indem wir auf

---

453 Vgl. ebd., § 4, S. 4 f.
454 Vgl. ebd., § 22, S. 24 f.
455 Ebd., § 23, S. 24 f.
456 Vgl. ebd., § 22, S. 24 f.
457 Ebd., § 1, S. 3. – „dari animalia, vegetabilia, mineralia; Solem oriri atque occidere", ebd., S. 2.
458 Ebd., § 23, S. 25. – „Aquam igni superimpositam ebullire", ebd., S. 24.
459 Vgl. ebd., §§ 3, 10 und 12, S. 4 f. und 10–13. – Zum Erfahrungsbegriff bei Wolff, seiner Entwicklung wie seiner Bedeutung für seine Philosophie vgl. u. a. Luigi Cataldi Madonna: Erfahrung und Intuition in der Philosophie von Christian Wolff. In: Stolzenberg, Rudolph (Hg.): Christian Wolff und die europäische Aufklärung. Teil 2, S. 171–193 sowie Schwaiger: Baumgarten – ein intellektuelles Porträt, S. 58–64.
460 Vgl. Wolff: Discursus praeliminaris, § 10, S. 10 f.
461 Vgl. hierzu auch Günter Gawlick, Lothar Kreimendahl: Einleitung. In: Wolff: Discursus praeliminaris, S. XVII–LI, hier S. XXIII–XXVI.
462 Wolff: Psychologia empirica (GW II.5), § 497, S. 379. Herv. i. O.
463 Vgl. Wolff: Discursus praeliminaris, § 26, S. 28 f. Herv. i. O.: *„Wenn einer durch die Vernunft erkennt, daß etwas geschehen kann, und mittels eines Experimentes beobachtet, daß dies in der Tat geschieht, so bestätigt dieser die philosophische Erkenntnis durch die historische."* – *„Si quis per rationem aliquid fieri posse agnovit factoque experimento idem fieri observat, is cognitionem philosophicam historica confirmat."*
464 Wolff: Deutsche Metaphysik (GW I.2), § 368, S. 226.

unsere Empfindungen und die Veränderungen der Seele acht haben"[465], gelangen wir zur Erkenntnis, dass etwas so ist, wie unsere Seele es uns vorstellt:

> Der Himmel überziehet sich mit Wolcken ohne unser Zuthun, und wir sehen die trüben Wolcken, ohne daß wir vorher einen Vorsatz gehabt sie zu sehen. Wenn ich demnach auf das acht habe, was ich sehe, und bin mir bewußt, daß der Himmel mit trüben Wolcken überzogen sey; so ist dieses eine *gemeine Erfahrung*. Hingegen wenn ich aus einer grossen kupfernen oder gläsernen Kugel die Luft auspumpe, um zu sehen, ob sie weniger wieget, als wenn sie voll Luft ist; so ist dieses ein *Versuch*: denn ich gelange zu dieser Erkäntniß durch meine Bemühung.[466]

Die hier zur Veranschaulichung von Wolffs Begriff der Erfahrung zitierte Stelle gibt zugleich Aufschluss über die von Wolff vorgenommene Differenzierung zwischen gemeiner Erfahrung (*observatio*) und Versuch (*experimentum*). In beiden Fällen geht es um die zur Erkenntnis führende Beobachtung, die ausgehend von der Wirkung der Welt auf die Seele bzw. die Sinne gemacht wird. Sie kann sowohl ohne unser Zutun (als gemeine Erfahrung) als auch im Experiment (als Versuch) vorgenommen werden. Zeichnet sich die durch die Vernunft erbrachte Erkenntnis der Weltweisen durch ihre Rationalität, ihre Begründbarkeit, aus, ist die aus der Erfahrung resultierende „gemeine Erkäntniß"[467] universell, d.h., sie kommt allen Menschen zu.[468] Wer keine Erkenntnis aus der Vernunft gewinnt, „kan wohl auch aus der Erfahrung vieles lernen, was möglich ist: allein er weiß nicht den Grund anzuzeigen, warum es seyn kan."[469] Aufgrund dieses besonderen Stellenwerts, der der Erfahrung als allgemein zugänglicher Erkenntnis zukommt, plädiert Wolff für den Ausbau der Erfahrungs- und Versuchkunst (*ars inveniendi a posteriori*),[470] ein Vorschlag, der umso wichtiger ist, da die auf Erfahrung basierende Erkenntnis nur mit Einschränkungen als sicher gilt. Erst wenn eine Erfahrung unter gleichen Bedingungen wiederholt wird, kann sie als „gewiß"[471] anerkannt werden. Doch hier liegt die Schwierigkeit, wie bereits anhand des *analogum rationis* erläutert wurde, in der Bestimmung der Bedingungen, die oft fälschlich mit denen identifiziert werden, unter denen die Erfahrung zunächst gemacht

---

465 Ebd., § 325, S. 181.
466 Ebd. Herv. O.K.S.
467 Wolff: Deutsche Metaphysik (GW I.2), § 381, S. 234.
468 Vgl. ebd.; Wolff: Vorbericht von der Weltweisheit (GW I.1), S. 115–120, hier § 5, S. 115.
469 Ebd., § 6, S. 115.
470 Vgl. Wolff: Deutsche Metaphysik (GW I.2), § 329, S. 185f. Vgl. auch die Ausführungen in Kap. I.2.1. Wolff schätzt das Potential der Erfahrung weitaus höher ein, als es die Aussage von Baeumler (Irrationalitätsproblem, S. 173), alles Positive fehle in Wolffs Überlegungen zur Erfindungskunst, vermuten lässt.
471 Wolff: Deutsche Metaphysik (GW I.2), § 330, S. 186.

wurde.⁴⁷² Welchen Stellenwert Wolff dem empiristischen Vorgehen grundsätzlich beimisst, wird auch an seiner eigenen Arbeitsweise deutlich. Luigi Cataldi Madonna hat hervorgehoben, dass der von Wolff in Teilen seiner Arbeiten verfolgte Ansatz zum Teil noch empiristischer sei als der von Locke, den Wolff selbst als eine der Hauptquellen seiner Philosophie bezeichne.⁴⁷³

Dieser Mangel an Zuverlässigkeit ist ein Grund, warum Wolff der vernunftbasierten philosophischen Erkenntnis einen höheren Stellenwert einräumt als der sich auf die Erfahrung stützenden historischen. Ihre Ergebnisse sind sicherer als die der historischen, weshalb sie „mit glücklicherem Erfolg in der Lebenswelt angewendet wird als die historische"⁴⁷⁴. Wolff nennt noch drei weitere, also insgesamt vier Gründe, auf denen der Vorrang der philosophischen gegenüber der historischen basiert: Neben der größeren Zuverlässigkeit zeichnet sich die philosophische Erkenntnis zweitens dadurch aus, dass sie auf andere Fälle übertragen werden kann,⁴⁷⁵ was, drittens, impliziert, dass sie umfangreicher ist als die historische, die nur Wissen über einen speziellen Fall umfasst.⁴⁷⁶ Viertens erweckt die philosophische Erkenntnis Lust im Geist.⁴⁷⁷

Die Übertragbarkeit der philosophischen Erkenntnis auf andere Fälle erläutert Wolff am Beispiel von Wasser, das durch ein Flussbett fließt:

> Z.B. bewegt sich Wasser schneller als vorher, wenn sich das Flußbett verengt, so daß es durch einen schmaleren Querschnitt des Flusses fließt. Wer bloß historische Erkenntnis hat, der kann dieselbe nur in einem gegebenen Fall verwenden, wenn nämlich bewirkt werden soll, daß das Wasser irgendwo im Flußbett schneller oder langsamer fließt. Wer aber philosophische Erkenntnis besitzt, weiß, daß die Bewegung des Wassers aus dem Grund beschleunigt oder verlangsamt wird: nicht weil es sich um Wasser handelt, sondern um eine schwere Flüssigkeit, und daß die Bewegung jeder schweren Flüssigkeit, die durch einen geneigten Kanal strömt, aus diesem Grund beschleunigt oder verlangsamt werden kann.⁴⁷⁸

---

472 Vgl. Kap. I.2.1.
473 Vgl. Cataldi Madonna: Erfahrung und Intuition, S. 179.
474 Wolff: Discursus praeliminaris, § 45, S. 55. – „[S]uccessu feliciori ad casus vitae applicatur, quam historica", ebd., S. 54. – Vgl. auch ebd., § 41, S. 46–49.
475 Vgl. ebd., § 42, S. 48–53.
476 Vgl. ebd., § 43, S. 52f.
477 Vgl. ebd., § 44, S. 52–55. – Vgl. auch die Zusammenfassung ebd., § 45, S. 54f.
478 Ebd., § 42, S. 51. – „E.gr. Aqua movetur celerius, si alveus coarctetur, ut per minorem sectionem fluvii fluat, quam antea. Qui sola cognitione historica instructus, nonnisi in dato casu eadem uti potest, quando nimirum efficiendum, ut aqua in alveo fluvii alicubi celerius fluat, vel tardius. Enimvero qui cognitione philosophica pollet, is novit, motum aquae hac ratione accelerari, vel retardari, non quatenus ea aqua est, sed quatenus fluidum grave, consequenter motum fluidi gravis cujuscunque per canalem declivem ruentis hac ratione accelerari, vel retardari posse." Ebd., S. 50.

Die philosophische Erkenntnis des Sachverhalts führt zu einem Lehrsatz, der nicht nur im besonderen Fall gilt, sondern auch bei „Dinge[n], die an äußerer Gestalt sehr verschieden sind"[479]. Die philosophische Erkenntnis, die unterschiedliche Geschwindigkeiten des im Flussbett fließenden Wassers zu begründen weiß, kann zum Beispiel auch auf Blasebälge angewendet werden und so zur Produktion eines stärkeren Luftstroms beitragen.[480] Durch die Möglichkeit, die philosophische Erkenntnis als einen einzigen Lehrsatz auch auf andere Fälle zu übertragen, umfasst sie zugleich immer mehr Wissen als es bei der historischen, auf einen bestimmten Fall konzentrierten Erkenntnis der Fall ist.

Der vierte von Wolff genannte Vorteil der philosophischen gegenüber der historischen Erkenntnis, die Erzeugung von Lust, verweist zugleich auch auf eine Schwierigkeit der philosophischen Erkenntnis, die bei der historischen nicht anzutreffen ist: Voraussetzungen der philosophischen Erkenntnis sind das menschliche Vermögen des Überdenkens und eine entwickelte Vernunft. Wolff geht davon aus, dass „das nach Wissen und Wahrheit begierige Gemüt" Lust in der philosophischen Erkenntnis verspürt, also immer dann, „[w]enn wir [...] die Gründe dessen, was wir erkennen, durchschauen"[481]. Dies ist auch bei wiederholter Betrachtung der Gründe der Fall. Das Überdenken grundsätzlich erfüllt den Geist mit Lust, und so ist für Wolff das in der Wissenschaft gegründete Vergnügen das beste Vergnügen von allen.[482] Die historische Erkenntnis kann demgegenüber nur „vergängliche Lust"[483] erzeugen. Sowohl die Lust, die sich bei der Betrachtung von Unerwartetem einstellt, als auch die Lust bei der Betrachtung von etwas Interessantem, etwas Wissenswertem, ist nur von kurzer Dauer und nicht wiederholbar.[484] Die Überlegenheit der philosophischen Erkenntnis in diesem Punkt ist aber insofern problematisch, als sie sich auf die Vernunft stützt, eine Vernunft, die nicht jedem gegeben und entsprechend voraussetzungsreicher ist als die historische Erkenntnis.

Die Komplementarität von Sinnlichkeit und Verstand und ihre eminente Bedeutung für die Wolffsche Philosophie, wie sie bereits anhand der Erkenntnisvermögen zu beobachten waren, werden damit noch einmal offensichtlich. Die sinnliche Erkenntnis steht nicht im Gegensatz zur intellektuellen Erkenntnis, sondern ist ihre Vorstufe und Bedingung und immer auch Teil der menschlichen Erkenntnis, denn: „Unser Verstand ist niemahls

---

479 Ebd., S. 51. – „ad res externa specie valde differentes", ebd., S. 50.
480 Vgl. ebd., S. 50–53.
481 Ebd., § 44, S. 53. – „Quodsi vero rationes eorum, quae cognoscimus, perspicimus", ebd., S. 52.
482 Vgl. ebd., S. 54 f.
483 Ebd., S. 53. – „voluptas transitoria", ebd., S. 52.
484 Vgl. ebd., S. 52–55.

rein."⁴⁸⁵ Kontinuierlich wächst die Erkenntnis an, wird sie deutlicher und geht von der sinnlichen als einer klaren, aber undeutlichen Erkenntnis über in die deutliche Erkenntnis. Wie stark Sinnlichkeit und Verstand bei Wolff vereint bzw. seines Erachtens miteinander zu vereinen sind, zeigen seine Überlegungen zu den vermeintlichen Antipoden anschauende und symbolische, historische und philosophische Erkenntnis bzw. Erfahrung und Vernunft. Sie repräsentieren jeweils zwei grundsätzlich verschiedene Erkenntnisarten mit ihren je eigenen Bedingungen, Vor- und Nachteilen und sind zugleich eng miteinander verflochten. In der Erkenntnishierarchie steht auch hier die Vernunft und mit ihr die philosophische wie die symbolische Erkenntnis an höchster Stelle. Je deutlicher die Erkenntnis ist, desto größer ist der Einblick in den Zusammenhang der Dinge, desto sicherer, zuverlässiger, desto wahrer ist die Erkenntnis. Doch bedürfen die philosophische und die symbolische Erkenntnis der historischen bzw. der anschauenden Erkenntnis. Ohne die anschauende ist die symbolische Erkenntnis „leer", ohne historische Erkenntnis liegt der philosophischen Erkenntnis erst gar kein Gegenstand vor, dessen Grund sie erkennen kann. Wolffs Forderung nach einem Zusammenschluss von Erfahrung und Vernunft, dem *connubium rationis & experientiae*, ist eine logische Konsequenz aus seiner Erkenntnislehre, die sich durch die Verflechtung der unterschiedlichen Erkenntnisarten auszeichnet.

3.3 ‚Sinnlich' (*sensitivus*) – eine Erfindung Baumgartens? Gottscheds möglicher Beitrag und eine erste Definition

In unterschiedlicher Weise gehen Gottsched und Baumgarten mit dem hier skizzierten Wolffschen Modell der Erkenntnismodi um. Eine entschieden vereinfachte Version präsentiert Gottsched in seiner *Weltweisheit*. Knapp umreißt Gottsched die verschiedenen Stufen der Erkenntnishierarchie,⁴⁸⁶ die Komplexität von anschauender und symbolischer Erkenntnis verkürzt er auf einen Paragraphen,⁴⁸⁷ und die von Wolff so profilierte Erfahrung und die ihr inhärenten Möglichkeiten finden verhältnismäßig wenig Beachtung, ganz zu schweigen von seinem Plädoyer für ein *connubium rationis et experientiae*.⁴⁸⁸ Der im Hinblick auf die Erkenntnisvermögen bereits geäußerte Eindruck, dass Gottsched seine Überlegungen viel stärker als Wolff an der Vernunft

---

485 Vgl. die Angabe in Kap. I.3.2, Anm. 420.
486 Vgl. Gottsched: Weltweisheit I (AW V.1), §§ 24–33 und 877–879, S. 134–137 und 514 f. Zu den Erkenntnisstufen wie der Begrenztheit der menschlichen Erkenntnis vgl. auch ebd., § 916, S. 526 f.
487 Vgl. ebd., § 921, S. 528.
488 Vgl. ebd., §§ 126–144, S. 174–182.

und ihren Leistungen orientiert und die von Wolff aufgedeckten Möglichkeiten der Sinnlichkeit hintanstellt, wird hier bestätigt. Indes geht auch Gottsched von der Grundannahme aus, dass der menschliche Verstand niemals rein ist[489] „und daß wir also alle unser Erkenntniß den Empfindungen, und der Erfahrung, zu danken haben."[490]

Für die Baumgartenforschung dürfte jedoch von erheblichem Interesse Gottscheds Gebrauch des Adjektivs ‚sinnlich' sein. Baumgarten wurde mehrfach zugestanden, den Begriff *sensitivus* „innerhalb der Schule zum ersten Male als Terminus [zu] verwende[n]"[491], ihn als „originale Definition"[492] einzuführen. Es handle sich hierbei gar um ein „Kunstwort"[493], einen Begriff, den Baumgarten „zunächst semantisch entleeren muss, um ihn überhaupt verschieben und in der fremden Disziplin wieder füllen zu können."[494] Auch den Begriff der *cognitio sensitiva*, der sinnlichen Erkenntnis, habe Baumgarten in der philosophischen Terminologie als erster gebraucht.[495] So wurde wiederholt der Eindruck erweckt, die Einführung des Begriffs des Sinnlichen als Bezeichnung für die unteren Erkenntnisvermögen, ihre dunklen wie klaren, aber undeutlichen Vorstellungen und die an sie gebundene Erkenntnisform wäre Baumgarten zu verdanken, der hiermit auch terminologisch eine Aufwertung der Sinnlichkeit signalisieren wolle.[496]

Dieser Schluss kommt nicht von ungefähr, inszeniert sich Baumgarten selbst doch als derjenige, der den Begriff in die Erkenntnislehre einführt, wenn er in den *Meditationes* darauf verweist, dass für seine Bestimmung der „*Vorstellungen, die durch den niederen Teil der Erkenntnisvermögen erworben sind*"[497], als sinnliche Vorstellungen (*repraesentationes sensitivae*) die Willenslehre Pate gestanden habe.[498] Aber bereits Gottsched, dessen zwei Jahre vor den *Medita-*

---

489   Vgl. ebd., § 918, S. 527.
490   Ebd., § 925, S. 530.
491   Baeumler: Irrationalitätsproblem, S. 214.
492   Stein: Die Entstehung der neueren Ästhetik, S. 359.
493   Berndt: Poema/Gedicht, S. 26. – Eine Feststellung, die ich gleich ihrer Begründung nicht nachvollziehen kann. Es sei an dieser Stelle noch einmal explizit auf die Ausführungen zu ‚sensitivus' zu Beginn des Kapitels wie die dort bereits zitierten Ausführungen von Lerch zum Begriff ‚sensitivus' verwiesen.
494   Ebd., S. 25.
495   Vgl. Hans R. Schweizer: Ästhetik als Philosophie der sinnlichen Erkenntnis, S. 22.
496   Vgl. Riemann: Aesthetik, S. 20; Franke: Kunst als Erkenntnis, S. 39 f.; Paetzold: Einleitung, S. XI; Solms: Disciplina aesthetica, S. 34 f.; Groß: Felix aestheticus, S. 78; Mirbach: Einführung, S. XXXVIII. Franke führt als Beleg die zitierte Stelle bei Stein an, Solms und Mirbach verweisen auf Baeumler.
497   Baumgarten: Meditationes, § III, S. 9. Herv. i. O. – „*Repraesentationes per partem facultatis cognoscitivae inferiorem comparatae sint sensitivae.*" Ebd., S. 8. Herv. i. O.
498   Vgl. ebd. – Auch dies wurde von der Forschung zur Kenntnis genommen, meist unter Verweis auf die entsprechende Stelle bei Wolff: Psychologia empirica (GW II.5), § 580, S. 440. Herv. i. O.: „*Appetitus sensitivus* dicitur, qui oritur ex idea boni confusa." Vgl. u. a. Baeumler:

tiones erschienene *Weltweisheit*, daran sei an dieser Stelle noch einmal erinnert, Baumgarten wohlbekannt war und ihm mit als Vorlage für seine *Metaphysica* diente, bedient sich des Ausdrucks außerhalb von seinen Ausführungen zur Willenslehre und überträgt ihn auf die Erkenntnislehre.[499] Explizit spricht Gottsched von „sinnlichen Vorstellungen"[500] und auch von „*sinnliche[r]* Erkenntniß"[501], wenn er von klaren, aber undeutlichen bzw. „verwirrte[n] Begriffe[n]"[502] und einer in der Erfahrung gegründeten Erkenntnis spricht. Als *cognitio a posteriori* steht die sinnliche Erkenntnis im Gegensatz zu der auf Vernunftschlüssen basierenden, sogenannten „*gründliche[n]* Erkenntniß"[503]. Vermutlich bezieht sich Gottsched hier auf Leibniz' Beschreibung der Tierseelen als „ames sensitives"[504], Seelen, deren Vorstellungen keine Deutlichkeit erreichen.[505]

Zwar verwendet Gottsched den Begriff des Sinnlichen, um die unteren Erkenntnisvermögen und die an sie gebundene Erkenntnis im Gegensatz zur Vernunfterkenntnis zu bezeichnen, doch kann dies im Kontext seiner Überlegungen nicht als eine grundsätzliche Aufwertung der Sinnlichkeit innerhalb der Metaphysik interpretiert werden. Anders verhält sich die Situation bei Baumgarten. Auch wenn Baumgarten mit der Verwendung des Ausdrucks *sensitivus* bzw. ‚sinnlich', wie er auch selbst übersetzt,[506] nicht zum Ziel haben konnte, „einen weniger belasteten, frischeren Ausdruck" zu wählen, um so „den negativen Ausdruck [*clara et confusa*, O.K.S.] durch einen positiven zu ersetzen"[507], und auch nicht erst mit ihm die ‚Sinnlichkeit' ihren terminologischen Einzug in die schulphilosophische Erkenntnislehre hält, so lässt er ihr doch besondere Aufmerksamkeit zukommen, indem er sie explizit definiert; etwas, was in dieser Form weder von Wolff noch von Gottsched im Kontext der Erkenntnislehre geleistet wurde. Gestützt auf die Begriffsverwendung bei Leibniz, Wolff und Gottsched kann Baumgarten dann in den *Meditationes* und später auch in der *Metaphysica* zusammenfassen, was bei seinen Vor-

---

Irrationalitätsproblem, S. 214; Riemann: Aesthetik, S. 20 und 106; Franke: Kunst als Erkenntnis, S. 40; Solms: Disciplina aesthetica, S. 34 f. sowie Mirbach: Einführung, S. XXXVIII.
499 Zur sinnlichen Begierde vgl. Gottsched: Weltweisheit I (AW V.1), §§ 951–975, S. 538–546.
500 Ebd., § 918, S. 527.
501 Ebd., § 943, S. 536.
502 Ebd., § 918, S. 527.
503 Ebd., § 943, S. 536.
504 Leibniz: Monadologie (PS I), § 82, S. 476. – „empfindungsfähige Seelen", ebd., S. 477. – Vgl. auch Leibniz: Essais de théodicée (PS II.2), Teil 3, § 397, S. 234 f.
505 Vgl. Riemann (Aesthetik, S. 19 f.) verweist bezüglich Baumgarten auf Leibniz' Idee der sensitiven Seele in der *Theodizee*.
506 Vgl. Baumgarten: Metaphysica, § 521, S. 276.
507 Baeumler: Irrationalitätsproblem, S. 214.

gängern bereits implizit gesagt wurde:[508] ,Sinnlich' werden die Vorstellungen genannt, die durch das untere Erkenntnisvermögen erworben werden. Zu ihnen gehören ebenso die dunklen – was in der Forschung oftmals übergangen wurde[509] – wie die klaren, aber verworrenen bzw. undeutlichen Vorstellungen.[510] Sie sind das Nicht-Deutliche, das vom Verstand als oberem Erkenntnisvermögen Unabhängige.[511] „Die *sinnliche Erkenntnis* ist [...] die Gesamtheit der Vorstellungen, die unter der Deutlichkeit verbleiben."[512] Von dieser Definition konnte Baumgarten in seinen Überlegungen zur Sinnlichkeit ausgehen. Im Zuge der Ausarbeitung seiner *Aesthetica* ergänzte er sie, wie im Folgenden noch zu sehen sein wird, um weitere Aspekte.

3.4 Implikationen einer erweiterten Sinnlichkeit bei Baumgarten

Dass Baumgarten das Sinnliche ausdrücklich definiert, ist unter anderem seinem Bewusstsein von der Bedeutung der Sinnlichkeit für eine Bestimmung des Menschen und der menschlichen Erkenntnis geschuldet. Den potentiellen gegen die Ästhetik als Wissenschaft der sinnlichen Erkenntnis gerichteten Einwand, „daß Sinnliches, Einbildungen, Märchen, die Wirrnisse der Leidenschaften usw. den Philosophen unwürdig seien"[513], entkräftet er, indem er auf die Sinnlichkeit als Teil des Menschseins verweist und sie als „unerläßliche Bedingung zur Auffindung der Wahrheit" qualifiziert. Es ist die Idee vom ,ganzen Menschen', die hier zum Tragen kommt. Mit Bezug auf Leibniz und die *lex continui* geht auch Baumgarten von einer graduell anwachsenden Erkenntnis aus, in der die deutliche Erkenntnis der Sinnlichkeit bedarf: „[S]ie ist die unerläßliche Bedingung zur Auffindung der Wahrheit,

---

508 Hier wird noch einmal deutlich, dass von einer semantischen „Entleerung des Begriffs" (Berndt: Poema/Gedicht, S. 25) nicht gesprochen werden kann.
509 Dass die sinnliche Erkenntnis lediglich die klare, aber verworrene Erkenntnis sei, davon gehen aus Franke: Kunst als Erkenntnis, S. 40 und 44; Dieter Kimpel: Christian Wolff und das aufklärerische Programm der literarischen Bildung. In: Schneiders (Hg.): Christian Wolff 1679–1754, S. 203–236, hier S. 215; Adler: Prägnanz des Dunklen, S. 37 sowie Dieter Kliche: Ästhetik und Aisthesis. Zur Begriffs- und Problemgeschichte des Ästhetischen. In: Weimarer Beiträge 44.4 (1998) S. 485–505, hier S. 489. Mirbach (Einführung, S. XXXIX) hingegen zählt, wie auch aus den hier zitierten Stellen bei Baumgarten hervorgeht, auch die dunklen Vorstellungen zur Sinnlichkeit.
510 Baumgarten selbst spricht oft nur von klaren Vorstellungen, wenn er sich auf klare, aber verworrene bzw. undeutliche Vorstellungen bezieht. Vgl. z. B. Baumgarten: Meditationes, §§ XII und LXXXII, S. 12f. und 66f.
511 Vgl. ebd., § III, S. 8f.; Baumgarten: Metaphysica, §§ 520f., S. 276f.
512 Baumgarten: Ästhetik, § 17, S. 21. Herv. i. O. – „*Cognitio sensitiva* est [...] complexus repraesentationum infra distinctionem subsistentium." Ebd., S. 20. Herv. i. O.
513 Ebd., § 6, S. 15. – „indigna philosophis et infra horizontem eorum esse posita sensitiva, phantasmata, fabulas, affectuum perturbationes e.c." Ebd., S 14.

3 Modi der Erkenntnis 133

weil die Natur keinen Sprung macht aus der Dunkelheit in die Deutlichkeit. Aus der Nacht führt die Morgenröte zum Mittag."[514] Jede Art der Erkenntnis, die dunkle wie die klare, aber verworrene wie auch die deutliche, ist fruchtbar, ist Erkenntnis. Grundsätzlich gilt, dass Empfindungen als erste Vorstellungen der Seele „die wahrsten der ganzen Welt"[515] sind. Fehler, sogenannte „Sinnestäuschung[en]"[516], entstehen nur dann, wenn falsche Schlüsse aus ihnen gezogen werden, also in der ‚Verarbeitung'.[517] Die Empfindungen als solche sind nicht falsch. Dass sie am Anfang aller Erkenntnis stehen, macht Baumgarten mit der Einführung des Bildes des *fundus animae*, des „*Grund[es] der Seele*"[518], deutlich, der alle dunklen Wahrnehmungen umfasst.[519]

Der Grund der Seele ist das „Fundament aller unserer Vorstellungen"[520]. Mittels der Einführung eines neuen Terminus lenkt Baumgarten die Aufmerksamkeit auf einen Erkenntnisbereich, der zwar von seinen Vorgängern zur Kenntnis genommen wurde, aber nicht zentral für ihre Überlegungen war.[521] Die dunklen Vorstellungen sind bei Baumgarten – wie zuvor bei Wolff – kein Gegenstand der Analyse,[522] doch erhalten sie als „Fundament" der Seele eine positive Konnotation.[523] Dass sie immer Teil der menschlichen Erkenntnis sind, insofern „in jeder Empfindung etwas Dunkles"[524] ist, wird bei Baumgarten zum neutralen Fakt. Hierbei erkennt Baumgarten die Vorrangstellung der deutlichen Erkenntnis weiterhin an, wendet aber auch ein, dass dies „[b]ei einem begrenzten Geist nur bei wichtigeren Dingen"[525] der Fall sei.[526] Bereits Wolff hatte darauf hingewiesen, dass die sinnliche im Gegensatz zur voraussetzungsreicheren deutlichen Erkenntnis eine universelle,

---

514 Ebd., § 7, S. 15. – „[…] conditio, sine qua non, inveniendae veritatis, ubi natura non facit saltum ex obscuritate in distinctionem. Ex nocte per auroram meridies." Ebd., S. 14.
515 Baumgarten: Metaphysica, § 546, S. 291. – „verissimae totius mundi", ebd., S. 290.
516 Ebd., S. 291 – „fallacia sensuum", ebd., S. 290.
517 Vgl. ebd.
518 Ebd., § 511, S. 270. Herv. i. O.
519 Vgl. ebd.
520 Mirbach: Einführung, S. XXXVII.
521 Die Äußerung von Mirbach (Einführung, S. XXXVII), dass Baumgarten „entschiedener als Wolff […] diesen ‚dunklen Grund der Seele' nicht nur als ‚dunkel', sondern auch als ‚Grund' im Sinne des Fundaments aller unserer Vorstellungen [bestimmt]", scheint mir Baumgartens Äußerung im Vergleich zu Wolff überzubewerten.
522 Vgl. Adler: Prägnanz des Dunklen, S. 40.
523 Zur positiven Bewertung des *fundus animae* bei Baumgarten vgl. Franke: Kunst als Erkenntnis, S. 47; Adler: Prägnanz des Dunklen, S. 40; Solms: Disciplina aesthetica, S. 39 f. sowie Mirbach: Einführung, S. XXXVII.
524 Baumgarten: Metaphysica, § 544, S. 289. – „Ergo in omni sensatione est aliquid obscuri", ebd., S. 288.
525 Baumgarten: Ästhetik, § 8, S. 15. – „apud finitum spiritum tantum in gravioribus", ebd., S. 14.
526 Auch bei Baumgarten (ebd., § 74, S. 57), das sei an dieser Stelle bereits betont, kommt Verstand und Vernunft „aufgrund der sittlichen Notwendigkeit" eine Kontrollfunktion zu. Sie müssen die Sinnlichkeit diesbezüglich lenken. Vgl. die Ausführungen in Kap. II.

jedem Menschen zugängliche Erkenntnis ist, und unter anderem deshalb die Entwicklung der Erfahrungskunst gefordert. In ähnlicher Weise setzt sich Baumgarten mit der *Aesthetica* für die Ausbildung der Sinnlichkeit ein, um so potentiellen in der Sinnlichkeit begründeten Irrtümern vorzubeugen.[527] Der Unzulänglichkeit, die der Sinnlichkeit zugeschrieben wird und die auch Baumgarten ihr zunächst attestiert, gilt es Herr zu werden, aber nicht durch „Tyrannei"[528]: „Die unteren Vermögen dürfen von den Ästhetikern nicht, insofern sie verderbt sind, erweckt und bestärkt werden, sondern sie müssen von ihnen gelenkt werden"[529]. Diese Lenkung der Sinnlichkeit ist Aufgabe der Ästhetik als Wissenschaft der sinnlichen Erkenntnis. Ihr zugrunde liegt die Annahme, dass auch die sinnliche Erkenntnis nach den ihr eigenen Bedingungen Einsicht in die Wahrheit hat.

Bezeichnend für Baumgartens Ansatz ist sein Vertrauen in die Sinnlichkeit, wie er es in der *Aesthetica* mit den Worten Lukrez' umreißt:

> Erfrage aus Lukrez,
>
> *was für ein Ding denn geschaffen hat Kenntnis von Wahrem und Falschem*
> *und was glaubhaft gemacht hat, daß vom Zweifel sich scheidet Gewißheit,*
>
> und er wird, was ästhetisch wahr ist, antworten:
>
> *Finden wirst du, daß zuerst von den Sinnen wurde geschaffen*
> *Kenntnis von Wahrem und daß man die Sinne nicht kann widerlegen.*
> --
> *Von selbst durch Wahres vermögen sie zu besiegen das Falsche.*
> ---
> *Oder vermag etwas, von falscher Wahrnehmung rührend,*
> *Denken dagegen zu reden, das ganz von den Sinnen doch abstammt?*
> *Denn sind diese nicht wahr, wird falsch auch jegliches Denken,*
>
> und er wird das ästhetisch falsche Gegenteil zeigen: Dem Sinn zu mißtrauen
>
> *ist aus der Hand das Habhafte entgleiten zu lassen von dir*
> *und zu verletzen den ersten Verlaß und die Grundlagen alle*
> *einzureißen, auf die sich stützt das Leben und Heilsein.*
> *Nicht nur Vernunft doch käme zum Einsturz, das Leben auch selber*
> *bräche zusammen sogleich, wenn den Sinnen zu traun du nicht wagtest*
> *und zu meiden den steilen Grat* usw.[530]

---

527 Vgl. Baumgarten: Ästhetik, § 7, S. 14f.
528 Ebd., § 12, S. 17. – „Imperium in facultates inferiores poscitur, non tyrannis." Ebd., S. 16.
529 Ebd., S. 17. – „Facultates inferiores non, quatenus corruptae sunt, excitandae confirmandaeque sunt aestheticis, sed iisdem dirigendae", ebd., S. 16.
530 Ebd., § 449, S. 427 und 429. Herv. i.O. – „Quaere ex Lucretio, / *Notitiam veri quae res falsique crearit, / Et dubium certo quae res differre probarit,* // respondebit, aesthetice verum, / *Invenies*

Der Gedanke, dass unter allen Vorstellungen die Empfindungen „die wahrsten der ganzen Welt" sind, tritt hier in seiner ganzen Konsequenz zutage. Sinnlichkeit ist nicht nur Ausgangspunkt der erkenntnistheoretischen Stufenleiter, ist nicht nur Voraussetzung für das Denken an sich, sondern die Sinnlichkeit selbst ist Schöpferin der „*Kenntnis von Wahrem*" und hat eine eigene Wahrheit. „Dem Sinn zu mißtrauen" wäre eine Kapitulation vor dem Leben, das selbst in der Sinnlichkeit begründet ist. Ihre Bedeutung lässt sich nicht auf die Tatsache beschränken, der Beginn aller Erkenntnis zu sein. Baumgarten weiß um das eigene Reich der Sinnlichkeit und macht es sich zur Aufgabe, die Eigenständigkeit dieses Reichs, auf die bereits Wolff hingewiesen hat, auszubauen. Leitend ist hierbei die Frage nach der spezifischen Leistung der sinnlichen Erkenntnis bzw. der Sinnlichkeit generell.

Neben der Poetizität als eine der Sinnlichkeit vorbehaltene Qualität sind hierbei der eigene Erkenntnismodus und -bereich der Sinnlichkeit zu berücksichtigen. Die bereits von Wolff erläuterte Möglichkeit, über eine Vielzahl von Merkmalen die Erkenntnis zu vergrößern, wird bei Baumgarten in Form der extensiven Klarheit und der durch sie erreichten Konkretion des Gegenstandes zum spezifisch sinnlichen Erkenntnismodus. Eine weitere ‚Arbeitsweise' bzw. Variante der sinnlichen Erkenntnis bildet die Bildlichkeit der anschauenden Erkenntnis. Im Rahmen seiner Ästhetik ist für Baumgarten die anschauende als sinnliche Erkenntnis relevant, doch misst er ihr in seinen Ausführungen weniger Bedeutung zu als dem Potential der extensiven Klarheit. An die extensive Klarheit ist auch die Lebhaftigkeit gebunden, eine weitere Qualität, durch die sich die Sinnlichkeit vor dem Verstand auszeichnet. ‚Lebhaftigkeit' steht für das Wirkungspotential der Sinnlichkeit, das bei der Vermittlung von Erkenntnis von Bedeutung sein wird. In all dem begründet Baumgarten die Spezifizität der Sinnlichkeit, die es ihr ermöglicht, nicht nur in einer ihr eigenen Weise die Wahrheit zu erkennen, sondern zudem einen Teil der Wahrheit zu erkennen, der dem Verstand nicht zugänglich ist.

---

primis a sensibus esse creatam / Notitiam veri, neque sensus posse refelli, // Sponte sua veris quod possint vincere falsa. // an ab sensu falso ratio orta valebit / Dicere eos contra, quae tota a sensibus orta est? / Qui nisi sint veri, ratio quoque falsa sit omnis, // et contrarium ostendet aesthetice falsum: Sensui diffidere // *Est manibus manifesta suis emittere quaequam, / Et violare fidem primam, et convellere tota / Fundamenta, quibus nixatur vita salusque, / Non modo enim ratio ruat omnis: vita quoque ipsa / Concidat extemplo, nisi credere sensibus ausis, / Praecipitesque locos vitare* e.c." Ebd., S. 426 und 428. Herv. i.O. – Baumgarten zitiert hier aus dem vierten Buch von Lukrez' *De rerum natura* die Verse 476–479, 481, 483–485 und 504–509. Der lateinische Text weicht an einigen wenigen Stellen von der von Mirbach verwendeten Ausgabe von Karl Büchner ab. Die Übersetzung stimmt bis auf die Wortstellung in Vers 504 mit der Übersetzung Büchners überein.

Poetizität als eigene Qualität der Sinnlichkeit

In den *Meditationes* definiert Baumgarten nicht nur den Begriff der Sinnlichkeit, sondern geht auch auf einige ihrer Besonderheiten ein. Die prominenteste ist sicherlich Baumgartens Feststellung, dass sinnliche Vorstellungen „poetisch" sind: „[Sinnliche] Vorstellungen sind Bestandteile eines Gedichts, folglich poetisch. Da aber die [sinnlichen] Vorstellungen dunkel oder klar sein können, *so sind die dunklen und die klaren Vorstellungen poetisch.*"[531] Im Gegensatz zu den sinnlichen sind alle Arten von deutlichen Vorstellungen nicht poetisch. Die sinnlichen Vorstellungen unterscheiden sich folglich bei Baumgarten nicht nur wegen ihres geringeren Grads an Deutlichkeit und ihres niederen Rangs innerhalb der Erkenntnishierarchie von den deutlichen Vorstellungen, sondern auch aufgrund einer nur ihnen eigenen Qualität, der Poetizität.[532] Die Hierarchie der Erkenntnisstufen, nach der die klaren und verworrenen Vorstellungen über den dunklen stehen, bleibt hierbei erhalten. Die klaren, aber verworrenen Vorstellungen sind somit poetischer als die dunklen.[533]

Extensive und intensive Klarheit, Konkretion und Abstraktion als Verfahren der Erkenntnis

Die Auszeichnung der Sinnlichkeit mit einer nur ihr eigenen Qualität deutet bereits an, dass ihr ein eigener Erkenntnisbereich zukommt. In diesem Bereich werden die Regeln des Verstandes zwar nicht ausgesetzt, aber durch weitere ergänzt, die der Sinnlichkeit ihr Recht einräumen. Das wird an einem der wichtigsten Akzente, die Baumgarten in die Erkenntnislehre setzt, deutlich: seiner Unterscheidung zwischen extensiver und intensiver Klarheit bzw. Deutlichkeit.[534] Wenn die Vorstellung aufgrund der Klarheit der Merkmale klarer ist, dann ist sie *intensiv* klarer. Ist sie jedoch aufgrund der Menge

---

531 Baumgarten: Meditationes, § XII, S. 13. Herv. i. O. – „Repraesentationes sensitivae sunt varia poematis, ergo poeticae; quum autem sensitivae aut obscurae aut clarae sint, *obscurae et clarae sunt repraesentationes poeticae.*" Ebd., S. 12. Herv. i. O. – Zur Poetizität der sinnlichen Vorstellungen vgl. die ausführliche Darstellung bei Baeumler: Irrationalitätsproblem, S. 214–223 sowie bei Stefanie Buchenau: Die Sprache der Sinnlichkeit. Baumgartens poetische Begründung der Ästhetik in den *Meditationes philosophicae*. In: Aichele, Mirbach (Hg.): Baumgarten, S. 151–173, hier S. 161–166.
532 Vgl. Mirbach: Einführung, S. XXXIX sowie Mirbach: Gottsched und die Entstehung der Ästhetik, S. 120 f.
533 Vgl. Baumgarten: Meditationes, §§ XVII und LXXXII, S. 16 f. und 66 f.
534 Zur extensiven Klarheit bei Baumgarten vgl. u. a. Baeumler: Irrationalitätsproblem, S. 199–202; Bender: Rhetorische Tradition und Ästhetik, S. 496 f.; Paetzold: Ästhetik des deutschen Idealismus, S. 14–16; Solms: Disciplina aesthetica, S. 40 f.; Adler: Prägnanz des Dunklen,

der Merkmale klarer, ist sie *extensiv* klarer.[535] Gleiches gilt für die Deutlichkeit.[536] Wolff und Gottsched hatten bereits darauf hingewiesen, dass bei der Vorstellung nicht nur der Grad der Klarheit, sondern auch die Quantität der Merkmale bestimmend für die Qualität der Vorstellungen ist.[537] Diesen Gedanken greift Baumgarten auf, vermutlich orientiert er sich hier auch an seinem Lehrer Johann Peter Reusch,[538] und integriert ihn systematisch durch die Einführung der neuen Termini in die Erkenntnislehre. Entscheidend im Hinblick auf die Sinnlichkeit ist Baumgartens Feststellung, dass eine extensiv klare Vorstellung stärker bzw. vollkommener „als die intensiv klarere und selbst als die deutliche Vorstellung sein [kann]."[539] Da der Grad der Erkenntnis nicht nur von der Deutlichkeit der Merkmale abhängt, sondern auch die Quantität der Merkmale Einfluss auf die Stärke der Erkenntnis hat, kann die sinnliche Erkenntnis genauso stark und sogar stärker sein als die an den Verstand gebundene deutliche Erkenntnis. Baumgarten betont hiermit die potentielle Gleichrangigkeit verschiedener Erkenntnisstufen und folglich auch von Sinnlichkeit und Verstand.

Anders als es in der Forschung oft dargestellt wurde,[540] ist die Merkmalsfülle zunächst kein der sinnlichen Erkenntnis vorbehaltenes Charakteristikum, denn auch auf der Ebene der Deutlichkeit, dann in Form der extensiven Deutlichkeit, kann die Fülle der Merkmale ausschlaggebend für den Grad der Vollkommenheit der Vorstellung sein. Doch während die verstandesmäßige deutliche Erkenntnis danach strebt, intensiv klarer zu werden – sie folgt Leibniz' Stufenleiter in Richtung adäquater und intuitiver Erkenntnis –, kann die sinnliche Erkenntnis, soll sie nicht zur deutlichen werden, nur durch Merkmalsreichtum vollkommener werden. In der extensiven Klarheit liegt zunächst die Chance für die sinnliche Erkenntnis, mit der deutlichen Erkenntnis gleichzuziehen. Extensive Klarheit wird nur insofern zum Merkmal der sinnlichen Erkenntnis, als sie für die sinnliche Erkenntnis die einzige Möglichkeit birgt, denselben Gegenstand genauso vollkommen

---

S. 42–44; Mirbach: Einführung, S. XL–XLIV sowie Schwaiger: Baumgarten – ein intellektuelles Porträt, S. 162 f.
535 Vgl. Baumgarten: Metaphysica, § 531, S. 280–283 sowie Baumgarten: Meditationes, § XVI, S. 16 f.
536 Vgl. Baumgarten: Metaphysica, § 634, S. 334 f.
537 Zu Wolff vgl. die Ausführungen zu den ausführlichen und unausführlichen Begriffen in Kap. I.3.2. Zu Gottsched vgl. Gottsched: Weltweisheit I (AW V.1), insbesondere § 26, S. 135, aber auch §§ 29 f., S. 136.
538 Schwaiger (Baumgarten – ein intellektuelles Porträt, S. 162 f.) hat auf die Verbindung zu Reuschs *Systema logicum* (1734) hingewiesen.
539 Baumgarten: Metaphysica, § 531, S. 283. – „Potest vividior intensive clariore ipsaque distincta perceptione fortior esse." Ebd., S. 282.
540 So bei Stein: Die Entstehung der neueren Ästhetik, S. 338; Franke: Kunst als Erkenntnis, S. 48; Solms: Disciplina aesthetica, S. 40 sowie Mirbach: Einführung, S. XLII–XLIV.

zu erfassen wie die deutliche Erkenntnis – jedoch auf andere Weise. Die deutliche Erkenntnis gewinnt durch Abstraktion eines Begriffs, die Analyse und Bestimmung seiner Merkmale, an Vollkommenheit. Sie ist, wie Hans Freier zusammenfasste, in der „Ausklammerung aller die konkrete Individualität eines Phänomens bestimmenden Merkmale"[541] begründet. Dem gegenüber steht die Konkretion der sinnlichen Erkenntnis.[542] Sie stützt sich auf eine Vielzahl von Merkmalen, die nicht deutlich, sondern nur verworren oder dunkel erfasst werden.[543] Aufgrund ihrer Fülle tragen die Merkmale jedoch zur Erkenntnis des Gegenstandes, seiner Anschaulichkeit, bei. Das Eigentümliche, wodurch der Gegenstand in seiner Einzigartigkeit, als Individuum, bestimmt wird, wird beschrieben.[544] Extensive Klarheit wird zum Verfahren der sinnlichen Erkenntnis.

Symbolische und anschauende Erkenntnis

Die Gegenüberstellung von deutlicher und sinnlicher Erkenntnis spiegelt sich in Baumgartens Konzeption von symbolischer und anschauender Erkenntnis wider. Auch Baumgarten unterscheidet zwischen einer vernünftigen und einer sinnlichen anschauenden Erkenntnis.[545] Beide Varianten sind für Baumgartens Konzeption von Lust und Begehrungsvermögen notwen-

---

541 Hans Freier: Kritische Poetik. Legitimation und Kritik der Poesie in Gottscheds Dichtkunst. Stuttgart 1973, S. 19.
542 Zum Verhältnis von Konkretion und Abstraktion bei Baumgarten vgl. auch Baeumler: Irrationalitätsproblem, S. 198–206; Franke: Kunst als Erkenntnis, S. 35 f.; Paetzold: Ästhetik des deutschen Idealismus, S. 16–22; Adler: Prägnanz des Dunklen, S. 43–45 sowie Groß: Felix aestheticus, S. 125–131.
543 Zur Verfahrensweise von deutlicher bzw. logischer und sinnlicher Erkenntnis vgl. Baumgarten: Ästhetik, § 752, S. 754 f.: „Wenn die logische und wissenschaftliche Denkungsart ihre vornehmlichen Gegenstände [...] lieber abgesondert, nur in gewisser Bestimmung, erwägt: So betrachtet derjenige, der schön denken will, mit dem Analogon der Vernunft seine vornehmlichen Stoffe am liebsten nicht allein unabgesondert, in mehrerer Bestimmung, sondern auch in den allerbestimmtesten Gegenständen, in denen dies möglich ist, also in Einzeldingen, in für sich bestehenden Dingen, in Personen und Ereignissen, sooft dies gegeben ist." – „Si genus cogitandi logicum et scientificum obiecta sua primaria [...] lubentius in abstracto considerat: pulcre cogitaturus analogo rationis suas materias praecipuas non in concreto solum, sed etiam in determinatissimis, in quibus potest, hinc in singularibus, suppositis, personis, factis, quoties datur, lubentissime contempletur." – Vgl. hierzu Mirbach: Einführung, S. XLIII f.
544 Zum Individuellen bei Baumgarten vgl. Paetzold: Ästhetik des deutschen Idealismus, S. 18–21.
545 Vgl. Baumgarten: Metaphysica, § 656, S. 346 f. Vgl. auch die Formulierung in Baumgarten: Meditationes, § XLIV, S. 36 f. Herv. O.K.S.: „Da eine anschauliche Erkenntnis *verworren sein kann*". – „Quum intuitiva cognitio *possit esse confusa*".

dig,⁵⁴⁶ doch nur die sinnliche Form der anschauenden Erkenntnis hat ihren eigenen Platz in der Ästhetik. Die anschauende Erkenntnis ist bei Baumgarten in erster Linie sinnliche Erkenntnis.⁵⁴⁷ Anschauend sollen Sinne und *analogon rationis* erkennen.⁵⁴⁸ Eine absolute Gleichsetzung von sinnlicher und anschauender Erkenntnis, wie sie in der Forschung bereits vorgenommen wurde,⁵⁴⁹ verkennt jedoch meines Erachtens den Umfang der sinnlichen Erkenntnis und die vielfältigen Aspekte des Erkenntnisvorgangs. Mit der anschauenden Erkenntnis wird vielmehr eine Seite der sinnlichen Erkenntnis und ihrer Erkenntnisweise beschrieben.

Symbolische und anschauende Erkenntnis sind bei Baumgarten an das Bezeichnungsvermögen (*facultas characteristica*) der Seele gebunden, das im *analogon rationis* als sinnliches und im Verstand als intellektuelles Vermögen vorliegt.⁵⁵⁰ Während bei der symbolischen Erkenntnis das Zeichen in den Vordergrund tritt, also „die Vorstellung des Zeichens größer ist als die des Bezeichneten"⁵⁵¹, ist bei der anschauenden Erkenntnis „die Vorstellung des Bezeichneten größer [...] als die des Zeichens"⁵⁵². Die anschauende Erkenntnis konzentriert sich auf das Bezeichnete, die vorgestellte Sache an sich. Die Bildlichkeit tritt in den Vordergrund, ist aber nicht losgelöst vom Zeichen zu sehen.⁵⁵³ Im Gegensatz zur symbolischen Erkenntnis, die mit der intensiven Klarheit verbunden ist, wird sie durch die extensive Klarheit bestimmt,⁵⁵⁴ deren Detailreichtum zum Erkennen des Betrachteten in anschaulicher Weise beiträgt. Durch die explizite Rückbindung der symbolischen und der anschauenden Erkenntnis an die intensive bzw. extensive Klarheit tritt die bei Wolff offensichtliche gegenseitige Abhängigkeit der beiden Erkenntnisformen in den Hintergrund und ihre jeweilige Eigenständigkeit hervor.

---

546 Vgl. Kap. II.2.1.
547 Vgl. hierzu die Ausführungen zur anschauenden Erkenntnis bei Pimpinella: *Cognitio intuitiva*, S. 287–292.
548 Vgl. Baumgarten: Ästhetik, § 426, S. 406 f.
549 So bei Pimpinella: *Cognitio intuitiva*, S. 287–291.
550 Vgl. Baumgarten: Metaphysica, §§ 619 f., S. 326 f.
551 Ebd., S. 327. – „maior est signi, quam signati perceptio", ebd., S. 326.
552 Ebd., § 619, S. 327. – „maior signati repraesentatio, quam signi", ebd., S. 326.
553 Zum Verhältnis von anschauender Erkenntnis und Zeichen hat Schwaiger (Baumgarten – ein intellektuelles Porträt, S. 76) angemerkt, „daß auch die anschauende Erkenntnis von vornherein als durch Zeichen vermittelte begriffen wird. Die menschenunmögliche Utopie einer völlig zeichenfreien Erkenntnis ist damit konsequent verabschiedet. So anschaulich eine Erkenntnis auch immer sein mag, sie vollzieht sich nie dingunmittelbar. Vielmehr ist sie stets auf eine irgendwie zeichenhafte Darstellung angewiesen, so sehr diese als solche in den Hintergrund treten mag."
554 Vgl. Baumgarten: Meditationes, § XL, S. 37.

Lebhaftigkeit

Extensiv klare Vorstellungen bezeichnet Baumgarten auch als „vielsagende Vorstellungen"[555] (*perceptiones praegnantes*) oder als „*lebhaft*"[556] (*vividae*). Anders als die anschauende Erkenntnis, die einen an die Sinnlichkeit gebundenen Erkenntnismodus darstellt, ist die Lebhaftigkeit eine Qualität der Sinnlichkeit.[557] Indem Baumgarten die Lebhaftigkeit nicht auf die Deutlichkeit, sondern explizit auf die extensive Klarheit der Vorstellung zurückführt, klassifiziert er sie als eine Eigenschaft, die unter bestimmten Bedingungen der sinnlichen, jedoch nicht der deutlichen Erkenntnis zukommen kann. „*Lebhaft*", erläutert Baumgarten in den *Meditationes*, „nennen wir das, *bei dem man gehalten ist, mehrere Bestandteile* entweder gleichzeitig oder aufeinanderfolgend *in der Wahrnehmung aufzufassen*."[558] Neben der Pluralität der Bestandteile wird die Lebhaftigkeit der Gedanken durch „eine gewisse besondere Abwechslung und [...] eine unvermutete rasche Abfolge"[559] der Merkmale bestimmt. Zur Geltung kann dieser Reichtum jedoch nur kommen, wenn er als Ganzes erfasst wird. Erst wenn die Merkmale zum Ganzen zusammengefasst werden, als Ganzes wirken, erst dann erreichen die Gedanken den Grad absoluter Klarheit.[560] Lebhaftigkeit erscheint als eine notwendige Qualität der Sinnlichkeit, soll sie zur Erkenntnis führen, denn das *analogon rationis* verfügt nicht über die Ausdauer des Verstandes, wie sie sich in seiner Bereitschaft zur Analyse und der hierfür notwendigen Geduld zeigt.[561] Erst durch die Vielzahl und Mannigfaltigkeit der Bestandteile der Vorstellungen und durch die Geschwindigkeit, die „rasche Abfolge", können die sinnlichen Vorstellungen zur Erkenntnis werden, vorausgesetzt, sie werden als Ganzes erfasst. Die Lebhaftigkeit der Vorstellungen ermöglicht eine direkte Rezeption und folglich die unmittelbare Wirkung der Vorstellungen. So werden ein „in den verschiedensten Farben gehaltene[s] Gemälde", eine „Rede, die uns durch den Ton als auch durch die Bedeutung mehrere Bestandteile zur Wahrnehmung anbietet", wie auch ein „Umgang, bei dem wir nicht befürchten müssen in

---

555 Baumgarten: Metaphysica, § 517, S. 274, Anm. a.
556 Ebd., § 531, S. 283. Herv. i. O.
557 Lebhaftigkeit ist bei Baumgarten nicht mit der rhetorischen Kategorie der *evidentia* gleichzusetzen. Sie ist vielmehr, wie aus dem eigens der *evidentia aesthetica* gewidmeten Abschnitt in der *Aesthetica* hervorgeht, eine notwendige Bedingung bei der Erzeugung von *evidentia*, die in der extensiven Klarheit der Vorstellungen beruht. Vgl. Baumgarten: Ästhetik, §§ 847–854, S. 868–875.
558 Baumgarten: Meditationes, § CXII, S. 83. Herv. i. O. – „*Vividum* dicimus, *in quo plura varia*, seu simultanea fuerint seu successiva, *appercipere datur.*" Ebd., S. 82. Herv. i. O.
559 Baumgarten: Ästhetik, § 619, S. 607. – „peculiaris quaedam varietas, et subita [...] celeritas", ebd., S. 606.
560 Vgl. Baumgarten: Ästhetik, § 619, S. 606 f.
561 Dieser Gedanke findet sich im Ansatz ebd., § 878, S. 900 f.

3 Modi der Erkenntnis 141

Schlaf zu fallen, weil ständige verschiedene Handlungen einander folgen"[562], ,lebhaft' genannt. Mannigfaltige Vorstellungen wirken hier als Ganzes auf den Rezipienten.

Die besondere Wirkkraft der lebhaften Vorstellungen präzisiert Baumgarten, wie aus der Kollegnachschrift hervorgeht, in seiner Vorlesung, wobei er zunächst auf den Beitrag der dunklen Vorstellungen zur Lebhaftigkeit eingeht. Da nicht alle Vorstellungen des *fundus animae* gleich dunkel sind, sondern sich auch in Richtung Klarheit entwickeln, „sich gleichsam an das Reich der Klarheit anhängen", kommt es hier zu einer Potenzierung der Vorstellungen: „Man denkt sich z. B. erstlich nur 10 Kennzeichen von einer Sache und hernach in der Mischung vom Klaren und Dunkeln denkt man die Sache vielleicht in 150 Kennzeichen."[563] Diese ,angehängten Vorstellungen' wecken zudem Assoziationen, so dass nicht nur die Menge der Merkmale, sondern auch ihre Vielfalt vergrößert wird. Die derart gesteigerte Lebhaftigkeit der Vorstellungen hat eine direkte Wirkung auf den Rezipienten: „Da bei der ersten Vorstellung an keine Träne gedacht wurde, so preßt nunmehr die Menge der Vorstellungen Tränen aus."[564] Baumgarten zieht hier eine direkte Verbindung zwischen Lebhaftigkeit und Rührung, wie er sie bereits in den *Meditationes* im Ansatz formuliert hat. Zwar hatte er hier die lebhaften Vorstellungen und die „Einwirkung auf das Herz des Lesers, um ihn zu rühren"[565], als zwei gesonderte Aspekte des Gedichts nebeneinander gestellt,[566] aber nicht ohne zuvor herauszustellen, dass die Stärke der Affekte von der extensiven Klarheit abhängig ist.[567] Hinsichtlich der Bestimmung der Sinnlichkeit ist hierbei bedeutsam, dass ihr neben der Lebhaftigkeit auch die Rührung als heftige Erregung von Affekten als positives Merkmal zugeschrieben wird; ein Fakt, der in der Kunsttheorie zur Geltung kommt.[568]

---

562 Baumgarten: Meditationes, § CXII, S. 83. – „Conferatur definitio cum usu loquendi, ubi diversissimis coloribus illitam picturam, *ein lebhafftes Gemälde*, eam orationem, quae plura varia appercipienda offert, tam in sono quam signatis, *einen lebhafften Vortrag*, consuetudinem, in qua somni nullus metus ob varias actiones sibi continuo succedentes, *einen lebhafften Umgang* nuncupamus." Ebd., S. 82. Herv. i. O.
563 Baumgarten: Kollegnachschrift, § 80, S. 116.
564 Ebd.
565 Baumgarten: Meditationes, § CXIII, S. 83. – „[…] ad commotionem lectoris tendentem actionem in animum eius." Ebd., S. 82.
566 Vgl. ebd., S. 82f.
567 Zur Argumentation vgl. ebd., §§ XXIV–XXVII, S. 24–27.
568 Zur Stellung und Rolle der Affekte bei Baumgarten vgl. Kap. II, inbesondere Kap. II.3.3.

Modi einer Wahrheit:
metaphysisch, ästhetikologisch, logisch und ästhetisch

Seiner Differenzierung zwischen den Vorgehensweisen der intellektuellen und der sinnlichen Erkenntnis, zwischen Abstraktion und Konkretion, folgend, unterscheidet Baumgarten auch die von den beiden Erkenntnisarten jeweils vorgestellten und dadurch erkannten Aspekte der metaphysischen, objektiven Wahrheit (*veritas*).[569] Die metaphysische Wahrheit selbst ist die objektive „Wahrheit der Gegenstände"[570] (*veritas obiectorum*), weshalb sie auch als „materielle Wahrheit"[571] (*veritas materialis*) bezeichnet wird.[572] In ihrer Absolutheit ist sie Gott vorbehalten. Der Mensch kann die den Gegenständen innewohnende objektive, reale Wahrheit[573] immer nur begrenzt, in Abhängigkeit von seiner eigenen Vorstellung des Gegenstandes erfassen.[574] ‚Seine Wahrheit' ist immer nur eine subjektive, da sie in der durch seine Seele hervorgebrachten „Vorstellung des objektiv Wahren"[575] (*obiective verorum repraesentatio in data anima*) beruht. Gemäß dem idealen wechselseitigen Einfluss,

---

[569] Zur Wahrheit bei Baumgarten vgl. grundsätzlich die ausführlichen Erläuterungen bei Schweizer: Ästhetik als Philosophie der sinnlichen Erkenntnis, S. 40–81; Paetzold: Ästhetik des deutschen Idealismus, S. 29–41; Solms: Disciplina aesthetica, S. 67–77; Mirbach: Einführung, S. XLIV–LII; Adler: Was ist ästhetische Wahrheit?, S. 49–59. Zur Beziehung von Wahrheit und Kunst vgl. Franke: Kunst als Erkenntnis, S. 88–116; Pietro Pimpinella: Veritas aesthetica. Erkenntnis des Individuellen und mögliche Welten. In: Aichele, Mirbach (Hg.): Baumgarten, S. 37–68.

[570] Baumgarten: Ästhetik, § 423, S. 403.

[571] Ebd.

[572] Wie Baumgartens Begriff der metaphysischen Wahrheit im Kontext seiner Metaphysik zu verstehen ist, hat Mirbach (Einführung, S. XLV) zusammengefasst: „Wahrheit gehört, ebenso wie Einheit (*unitas*) und Vollkommenheit (*perfectio*), zu den transzendentalen Prädikaten jedes Seienden. Die transzendentale Einheit eines Seienden besteht in der Untrennbarkeit aller seiner Bestimmungen [...]. Die transzendentale Wahrheit eines Seienden besteht in der Ordnung der Vielzahl seiner Bestimmungen zu Einem [...] gemäß den Prinzipien der Widerspruchsfreiheit und des zureichenden Grundes. Die transzendentale Vollkommenheit definiert Baumgarten als die Übereinstimmung [...] der Vielheit zu einem Ganzen [...]. Jedes Seiende ist, metaphysisch, sowohl Eines [...] als auch wahr [...] als auch vollkommen. Alle drei Transzendentalien bedingen die geordnete, in sich widerspruchsfreie und begründete, und untrennbare Zusammenstimmung des Vielen in Einem. Die metaphysische ‚Einheit in Mannigfaltigkeit' gilt sowohl für jedes einzelne Seiende wie auch für die Welt als Ganzes." Mirbach bezieht sich hier auf Baumgarten: Metaphysica, §§ 73, 89f., 93f., 100, 441 und 444, S. 80f., 86–91 und 243–237. Zur Verwendung von *transcendentalis* bei Baumgarten erläutert Mirbach (Einführung, S. XLV. Anm. 58. Herv. i.O.): „*Transcendentalis* bezieht sich bei Baumgarten, in der Tradition der scholastischen Metaphysik, auf die ‚Transzendentalien' als allgemeinste, transzendente Eigenschaften der Dinge. Dies darf mit Kants späterer Neubestimmung des Begriffs ‚transzental' nicht verwechselt werden."

[573] Baumgarten (Metaphysica, § 89, S. 86f.) bezeichnet die metaphysische Wahrheit sowohl als materiale als auch als reale und als objektive Wahrheit.

[574] Vgl. Baumgarten: Ästhetik, § 557, S. 534f. – Hierzu vgl. auch Mirbach: Einführung, S. XLVIf.

[575] Baumgarten: Ästhetik, § 424, S. 403.

wie ihn Baumgarten vertritt,[576] sind die Vorstellungen generell und folglich auch die Vorstellungen der metaphysischen Wahrheit abhängig vom Körper des vorstellenden Subjekts, seiner Verfasstheit, seiner räumlich-zeitlichen Situierung wie seiner Beziehung zur Welt.[577] Die metaphysische Wahrheit kann deshalb vom Menschen nicht objektiv, sondern immer nur subjektiv und individuell verstanden werden.

Diese „der Seele zugehörende oder subjektive Wahrheit"[578] (*veritas mentalis et subiectiva*) bezeichnet Baumgarten zunächst als logische Wahrheit im weiteren Sinne (*veritas logica latius dicta*). Sie umfasst die logische Wahrheit im engeren Sinne (*veritas logica strictius dicta*) und die ästhetische Wahrheit (*veritas aesthetica*), weshalb die subjektive bzw. die logische Wahrheit im weiteren Sinne auch ästhetikologische Wahrheit (*veritas aestheticologica*)[579] genannt wird. Die logische Wahrheit (im engeren Sinne)[580] ist die durch den Verstand und damit deutlich vorgestellte Wahrheit, die ästhetische Wahrheit die durch das *analogon rationis* bzw. durch die unteren Erkenntnisvermögen generell erkannte Wahrheit.[581] Logische und ästhetische Wahrheit repräsentieren zwei voneinander unabhängige Sichtweisen auf ein und dieselbe Wahrheit. Sie stehen gleichberechtigt nebeneinander und ergänzen sich gegenseitig.[582] Wie auch bei der metaphysischen Wahrheit gilt für beide unter anderem der Satz des Widerspruchs wie der Satz des zureichenden Grundes.[583]

Aufgrund der eklatanten Differenz zwischen metaphysischer und ästhetikologischer Wahrheit führt Baumgarten den Begriff der Wahrscheinlichkeit (*verisimilitudo*) in seine Überlegungen ein. Weder Verstand noch Sinnlichkeit haben eine „völlige[ ] und in jeder Hinsicht vollendete[ ] […] Kenntnis und Einsicht des Wahren", doch haben beide in verschiedenem Maße und unter bestimmten Bedingungen die Möglichkeit, die Wahrheit „vollständig" zu erkennen:

---

576 Vgl. Kap. I.1.4.
577 Vgl. Mirbach: Einführung, S. XLVII; Baumgarten: Metaphysica, §§ 284, 509 und 512f., S. 166f. und 270–273.
578 Baumgarten: Ästhetik, § 424, S. 403.
579 Vgl. ebd., § 427, S. 406f.
580 Im Folgenden referiert ‚logische Wahrheit' auf die ‚logische Wahrheit im engeren Sinne'. Die ‚logische Wahrheit im weiteren Sinne' wird als ‚aesthetikologische Wahrheit' bezeichnet.
581 Vgl. Baumgarten: Ästhetik, § 424, S. 402–405. – Baumgarten überträgt hier auf die Wahrheit seine eigene Unterteilung der Logik (im weiteren Sinne) in eine Logik im engeren Sinne und die Ästhetik. Zur Aufteilung der Logik bei Baumgarten vgl. die Ausführungen hierzu im Abschnitt „Logik – Poetik – Ästhetik" in der Einleitung.
582 Zur komplementären Beziehung von logischer und ästhetischer Wahrheit vgl. Schweizer: Ästhetik als Philosophie der sinnlichen Erkenntnis, S. 42–44; Paetzold: Ästhetik des deutschen Idealismus, S. 36f. sowie Mirbach: Einführung, S. L.
583 Vgl. Baumgarten: Ästhetik, § 426, S. 404f.; Baumgarten: Metaphysica, § 92, S. 86f.

> Nicht allein gegen Cicero, den Skeptikern und den Akademikern, alten wie neuen, gebe ich gerne zu, daß es der Vernunft und dem reineren, deutlicheren Verstand gegeben ist, sich durch die Wissenschaften bisweilen über die Wahrscheinlichkeit hinaus zu erheben, gewiß nicht bis hin zu einer völligen und in jeder Hinsicht vollendeten, aber doch zu einer vollständigen Kenntnis und Einsicht des Wahren, die jede Furcht vor dem Gegenteil ausschließen mag. Doch ich füge auch dies hinzu, was vielleicht wenige der neueren Dogmatiker einräumen mögen, nämlich, daß selbst schon in den sinnlichen und verworrenen Vorstellungen gleichwohl ein wenig der vollständigen Gewißheit innewohnt und ein hinreichendes Maß an Wissen darum, gewisse wahre Dinge von allen falschen zu unterscheiden.[584]

Nur „bisweilen" und „durch die Wissenschaften" ist es dem Verstand möglich, die Wahrheit zwar nicht vollendet, aber vollständig einzusehen. Dieser, wenn auch eingeschränkte, Zugang zur Wahrheit ist kein Privileg des Verstandes, sondern steht auch „ein wenig" der Sinnlichkeit offen. Doch für den Bereich des Sinnlichen gilt,

> daß die meisten Dinge [...] nicht vollständig gewiß sind und nicht im vollen Licht ihrer Wahrheit erblickt werden. [...] Solche Dinge aber, derer wir nicht vollständig gewiß sind, in denen wir aber dennoch keine Falschheit irgendeiner Art erblicken, sind *wahrscheinliche* Dinge. Die ästhetische Wahrheit ist also ihrem hauptsächlichen Sinn nach *Wahrscheinlichkeit*, jener Grad an Wahrheit, der auch wenn er sich nicht bis zur vollständigen Gewißheit erhebt, dennoch nichts an bemerkbarer Falschheit enthalten mag.[585]

Die ästhetische Wahrheit wird in erster Linie als Wahrscheinlichkeit definiert. Ihr Bereich reicht von Dingen, die eigentlich ästhetisch zweifelhaft, aber im Moment ihrer Darstellung ästhetisch glaubhaft erscheinen, über logisch zweifelhafte, aber ästhetisch glaubhafte Dinge bis hin zu den „Dinge[n], die

---

[584] Baumgarten: Ästhetik, § 480, S. 459. – „Non solum adversus Ciceronem et scepticos academicosque, vel veteres, vel recentes, lubenter admitto dari rationi et intellectui puriori ac distinctiori per scientias assurgere nonnunquam ultra verisimilitudinem, non ad plenam quidem et omnibus numeris absolutissimam, completam tamen et eam, quae omnem oppositi formidinem excludat, veri notitiam et perspicientiam: sed id etiam addo, quod pauci recentiorum dogmaticorum forte concedant, inesse iam ipsis sensitivis et confusis animae perceptionibus nonnihil completae tamen certitudinis, et conscientiae vera quaedam ab omnibus falsis distinguendi sufficientiam." Ebd., S. 458.

[585] Ebd., § 483, S. 461 und 463. Herv. i.O. – „[...] plurima inter venuste cogitandum appercipienda, non esse complete certa, neque luce completa veritatem eorum conspici. [...] Talia autem, de quibus non complete quidem certi sumus, neque tamen falsitatem aliquam in iisdem appercipimus, sunt *verisimilia*. Est ergo veritas aesthetica a potiori dicta *verisimilitudo*, ille veritatis gradus, qui, etiamsi non evectus sit ad completam certitudinem, tamen nihil contineat falsitatis oberservabilis." Ebd., S. 460 und 462. Herv. i.O.

sinnlich und verstandesgemäß vollständig gewiß sind"[586], also dem höchsten Grad von ästhetikologischer Wahrheit.[587]

Logische und ästhetische Wahrheit sind, wie hier noch einmal klar wird, nicht scharf voneinander getrennte Bereiche, sondern haben in ihrer Erkenntnis des Wahren auch eine Schnittmenge. Gleichzeitig ist nicht jede Wahrheit für die Sinnlichkeit bzw. den Verstand als solche gleichermaßen erkennbar. Logische und ästhetische Wahrheit sind individuell bestimmte Repräsentationen derselben metaphysischen Wahrheit. Sie zeichnen sich durch ihren jeweiligen Modus der Erkenntnis aus, der es ihnen erlaubt, nicht nur den gleichen Aspekt der Wahrheit auf unterschiedliche Weise zu erfassen, sondern auch Einblick in einen Teil der metaphysischen Wahrheit zu gewinnen, der außerhalb der Schnittmenge liegt und nur durch den Verstand bzw. die Sinnlichkeit vorgestellt werden kann.[588] Dass die Sinnlichkeit Einsicht in einen Teil der Wahrheit hat, der dem Verstand verschlossen bleibt, ist das Besondere an Baumgartens Konzept. Die Sinnlichkeit ist somit nicht nur Bedingung für die deutliche bzw. logische Erkenntnis und ein eigener Modus der Erkenntnis, sondern zeichnet sich zudem durch ihren eigenen Erkenntnisbereich aus.

Die Eigenständigkeit der Bereiche wird in Baumgartens Ausführungen zur Dunkelheit (*obscuritas*) besonders deutlich. Anders als Wolff und Gottsched, die ausgehend von Leibniz die Dunkelheit vom Verstand her denken, unterscheidet Baumgarten zwischen einer ästhetischen und einer logischen Dunkelheit. Letztere tritt dann auf, wenn das, was durch die oberen Erkenntnisvermögen erkannt werden soll, nicht erkannt werden kann, da es an Klarheit und Deutlichkeit, Reinheit und Tiefe mangelt. Das bedeutet aber nicht, dass der Gegenstand bzw. der Gedanke grundsätzlich dunkel ist. Kann er mittels des *analogon rationis* erfasst werden, so ist er ästhetisch klar.[589] Die Sinnlichkeit kann Dinge erkennen, die für den Verstand im Dunkeln liegen. Ästhetisch dunkel ist indessen, was „sinnlich vorgestellt werden m[uß] und nicht genügend an – freilich extensiver – Klarheit"[590] hat. Hierunter fallen „alle aufgrund der Wissenschaften deutlicheren, reineren und tieferen Dinge"[591], die das *analogon rationis* an sich nicht erfassen kann. Baumgarten überträgt die Idee der Dunkelheit, die zuvor an die dunklen Vorstellungen und damit an die Sinnlichkeit gebunden war, auf die oberen Erkenntnisver-

---

586 Ebd., § 485, S. 463. – „sensitive et intellectualiter complete certa", ebd., S. 462.
587 Vgl. ebd., § 485f., S. 462–465.
588 Parallel hierzu sind Baumgartens ergänzende Erläuterung zum ästhetischen Horizont (*horizon aestheticus*) zu lesen. Vgl. ebd., § 127, S. 104f.
589 Vgl. ebd., § 632, S. 620–623.
590 Ebd., § 631, S. 621. – „Res et cogitatio, quae sensitive percipienda non satis claritatis, extensivae scilicet, aestheticaeque luci habet, est obscura κατ' αἴσθησιν." Ebd., S. 620.
591 Ebd., S. 621. – „distinctiora, puriora, profundiora quaevis per scientias", ebd., S. 620.

mögen und stellt so heraus, dass die Erkenntnismöglichkeiten der oberen Vermögen nicht Maßstab des menschlichen Erkenntnispotentials sein können. Verstand und Vernunft können nicht all das erkennen, was der Mensch überhaupt in der Lage ist zu erkennen. Erst wenn Sinnlichkeit und Verstand gemeinsam einen Gegenstand betrachten, kann der Mensch die ästhetikologische Wahrheit vollständig erfassen und damit die für den Menschen größtmögliche Vorstellung der metaphysischen Wahrheit erreichen.

Die gewichtige Bedeutung, die Baumgarten der Sinnlichkeit hierbei zukommen lässt, tritt anhand seiner Unterscheidung zwischen der allgemeinen ästhetikologischen Wahrheit, der „des Allgemeinen, der Begriffe und der allgemeinen Urteile", und der einzelnen ästhetikologischen Wahrheit, der „des Einzelnen und der Idee"[592], hervor.[593] Baumgarten konstatiert, dass „[i]n einem Gegenstand der allgemeinen Wahrheit […] niemals, vor allem nicht sinnlich, so viel an metaphysischer Wahrheit aufgedeckt [wird] wie in einem Gegenstand einer einzelnen Wahrheit."[594] Die Vergegenwärtigung der metaphysischen Wahrheit ist umso kleiner, je allgemeiner die ästhetikologische Wahrheit ist.[595] Demgegenüber steht die ästhetikologische Wahrheit des Individuums bzw. einer Einzelsache. Sie ist „die Vorstellung der größten metaphysischen Wahrheit"[596], das Wahrste, was dem Menschen zu erkennen möglich ist. Mit der hier vorgenommenen Konzentration auf das Individuelle und damit auf die Konkretion als den spezifisch sinnlichen Erkenntnismodus erfahren Baumgartens Gedanken zur Sinnlichkeit noch eine Steigerung: Die sinnliche Erkenntnis wird zum primären Erkenntnismodus erhoben.

Baumgarten im Kontext von Leibniz und Wolff. Bewertung seiner Überlegungen

So „bahnbrechend[]"[597] Baumgartens Überlegungen auch erscheinen, so sehr sind sie auch Konsequenz einer Erkenntnislehre, wie Wolff sie ausgehend

---

592 Ebd., § 440, S. 417. – „Veritas aestheticologica vel est universalium et notionum, iudicorumque generalium, vel singularium et idearum." Ebd., S. 416. Herv. i.O.
593 Vgl. zum Folgenden, zur Unterscheidung von allgemeiner und einzelner ästhetikologischer Wahrheit wie den Konsequenzen dieser Differenzierung für die Bedeutung der Sinnlichkeit Schweizer: Ästhetik als Philosophie der sinnlichen Erkenntnis, 45 f. sowie Mirbach: Einführung, S. L–LII.
594 Baumgarten: Ästhetik, § 440, S. 417 und 419. – „Veritatis generalis in obiecto nunquam tantum veritatis metaphysicae detegitur, praesertim sensitive, quantum in obiecto veritatis singularis." Ebd., S. 416 und 418.
595 Vgl. ebd., S. 418 f.
596 Ebd., § 441, S. 419. – „perceptio maximae […] veritatis metaphysicae", ebd., S. 418.
597 Vgl. die Angabe in Kap. I, Anm. 9.

von Leibniz' *Meditationes* entwickelte. Die Ausführungen Leibniz' zu einer graduell anwachsenden Erkenntnis, einer Stufenleiter der Erkenntnis, die auch die dunklen Vorstellungen in den Erkenntnisprozess einbezieht, sind Ausgangspunkt der sich vom Cartesianismus abgrenzenden Reflexionen Wolffs und seiner Schüler. Leibniz' Idee, dass jede Stufe seiner Erkenntnisleiter nicht nur zur Erkenntnis beiträgt, sondern selbst eine eigene Art von Erkenntnis ist, wird von Wolff und dann von Baumgarten weitergedacht. Wolff macht die in den Sinnen gegründete historische Erkenntnis zur Bedingung aller Erkenntnis, die sich ihrem Wesen nach von der vernunftabhängigen philosophischen und der mathematischen Erkenntnis unterscheidet. Das Wissen um die Möglichkeit, die Wahrheit auf verschiedene, auf eine sinnliche und eine intellektuelle Weise zu erkennen, spiegelt sich im Grundsatz des *connubium rationis et experientiae* der Wolffschen Philosophie wider.

Wolffs Forderung nach einem Ausbau der Erfahrungskunst kommt Baumgarten mit der Begründung einer Wissenschaft, die sich der Kultivierung der menschlichen Sinnlichkeit widmet, in prägnanter Weise nach. Dass alle Erkenntnis in der Sinnlichkeit gründet, dass es verschiedene Modi der Erkenntnis gibt und dass der Sinnlichkeit ein eigener Erkenntnisbereich zukommen könnte – Ideen, wie sie Baumgarten zumindest im Ansatz bereits von seiner Lektüre der Schriften Wolffs bekannt waren –, diese Einsichten hebt er hervor, indem er den untersten, den dunklen Vorstellungen einen Namen, den des *fundus animae*, gibt und zudem die Sinnlichkeit wie auch ihren Erkenntnisbereich der ästhetischen Wahrheit ausdrücklich definiert. Im Gegensatz zu Gottsched, der die Vernunft dezidiert über die Sinnlichkeit stellt, nimmt Baumgarten die Impulse von Wolff in diese Richtung auf.

Die von Wolff postulierte Komplementarität und Bedingtheit von Sinnlichkeit und Verstand bleibt auch bei Baumgarten bestehen, doch betont er stärker die Eigenständigkeit der verschiedenen Erkenntnismodi als ihre Verflochtenheit. Durch die konkrete Bestimmung der Sinnlichkeit wird bei Baumgarten der Eindruck erweckt, Verstand und Sinnlichkeit stünden sich gegenüber. So spricht er nicht wie Wolff von dem unteren Teil des Erkenntnisvermögens, sondern von dem unteren Erkenntnisvermögen als solchem. Zudem versieht er die Sinnlichkeit mit weiteren Qualitäten wie Poetizität und dem Potential zur Lebhaftigkeit, die sich in dieser Weise nicht bei Wolff finden. An dessen Unterscheidung zwischen *notio completa* und *notio incompleta* knüpft Baumgarten aber wieder an, wenn er die extensive Klarheit als Möglichkeit der Sinnlichkeit bestimmt, eine der deutlichen Erkenntnis gleichwertige Leistung zu erbringen. Baumgarten statuiert hiermit eindeutig und eindeutiger als Wolff: Klare, aber verworrene Vorstellungen sind nicht nur eine Stufe auf dem Weg zur vollständigen deutlichen Erkenntnis, sondern treten in Form von extensiver Klarheit als vollwertige Erkenntnis neben die intellektuelle Erkenntnis. Damit führt Baumgarten ein neues Verständnis der sinnlichen Erkenntnis ein. Sinnliche Erkenntnis wird nicht mehr nur als nicht-deutliche Erkenntnis, sondern zusätzlich über die Merkmalsfülle definiert.

Die auf die Vernunft hin ausgerichtete Hierarchie wird von Baumgarten beibehalten, doch verliert sie mit der Ausdifferenzierung des Reichs der Sinnlichkeit an Bedeutung. Wie im Ansatz bereits Wolff vollzieht auch Baumgarten eine zweifache Komplettierung des menschlichen Denkens. Zum einen steht die Sinnlichkeit für eine von der Vernunft zu unterscheidende Art zu denken, zum anderen erkennt sie einen Teil der metaphysischen Wahrheit, der Verstand und Vernunft nicht zugänglich ist. Die Verstandeserkenntnis ist eine begrenzte Erkenntnis.[598] Logische und ästhetische Wahrheit stehen in einem Komplementaritätsverhältnis, in dem Verstand und Sinnlichkeit die gleiche Wertschätzung zukommt. Stand für Wolff noch die philosophische Erkenntnis als Vernunfterkenntnis über der historischen, relativiert Baumgarten dieses Verhältnis, indem er gerade die Konkretion und damit den Modus der sinnlichen Erkenntnis zur spezifischen menschlichen Art des Erkennens erhebt.

---

598 Zu den Implikationen der Festschreibung der Verstandeserkenntnis als beschränkte Erkenntnis vgl. Klaus E. Kaehler: Baumgartens Metaphysik als Erkenntnis zwischen Leibniz und Kant. In: Aichele, Mirbach (Hg.): Baumgarten, S. 117–136, hier S. 134–136.

II „Die Erkenntnis muß demnach in ein Thun ausbrechen". Die Kunst der sittlichen Erziehung

Zu Beginn seiner Schrift *Deutsche Ethik* erörtert Wolff die für die Moralphilosophie zentrale Kategorie des Gewissens. Im Unterschied zu Christian Thomasius, der die Zuverlässigkeit des Gewissens in Frage stellt,[1] setzt Wolff auf die Kraft dieser rein vernünftigen Urteilsinstanz und ihre Fähigkeit, zum sittlich korrekten Handeln anzuleiten. Das Gewissen ist „*Kläger*", „*Zeuge[ ]*", „*Richter*" und „*Henker*"[2], wie Gottsched im Anschluss an Wolff schreibt, das die böse Tat anklagt und gleichzeitig von ihr Zeugnis ablegt, das das Urteil fällt und die Strafe beschließt und uns gegebenenfalls mit Schuldgefühlen peinigt.[3] Das in der Vernunft gegründete Gewissen tritt als gewichtige Instanz im moralphilosophischen System auf.

Wolffs Verdienst, mit dem Hinweis auf die Vernunft entschieden dazu beigetragen zu haben, den Menschen von den Auflagen einer christlichen Sittenlehre zu befreien und zur Mündigkeit hin zu führen, ist bekannt. In der Aufklärung statuiert er erstmals die sittliche Autonomie des vernünftigen Menschen.[4] Indem Wolff die Vernunft als die entscheidende „Quelle der Einsicht in die Sittlichkeit unseres Handelns"[5] versteht, löst er die Moralphilosophie von der Moraltheologie und stellt sie auf eine von Gott weitgehend unabhängige Basis.[6] Der Vernunft wird eine normative Funktion zugeschrieben. In ihrem Urteil ist sie unfehlbar. Die Sinnlichkeit hingegen

---

1   Zum Gewissen bei Thomasius vgl. Heinz D. Kittsteiner: Die Entstehung des modernen Gewissens. Frankfurt a.M., Leipzig 1991, S. 254–260.
2   Gottsched: Erste Gründe der gesammten Weltweisheit (praktischer Teil) (AW V.2), § 109, S. 127. Herv. i.O. Im Folgenden zitiert als Gottsched: Weltweisheit II.
3   Vgl. ebd.
4   Vgl. Hans Poser: Die Bedeutung der Ethik Christian Wolffs für die deutsche Aufklärung. In: Theoria cum praxi. Zum Verhältnis von Theorie und Praxis im 17. und 18. Jahrhundert. Akten des III. Internationalen Leibnizkongresses. Hannover, 12. bis 17. November 1977. Hg. von Kurt Müller, Heinrich Schepers, Wilhelm Totok. Bd. 1. Wiesbaden 1980, S. 206–217, hier S. 215f.; Christian Schröer: Sittliche Autonomie bei Christian Wolff und Kant. Kontinuität und Diskontinuität. In: Akten des Siebenten Internationalen Kant-Kongresses. Kurfürstliches Schloß zu Mainz 1990. Hg. von Gerhard Funke. Bd. 2.2. Bonn, Berlin 1991, S. 567–576, hier S. 567.
5   Hans Werner Arndt: Einleitung (GW I.4), S. I–XXVIII, hier S. XVf.
6   Vgl. ebd. sowie Christian Schröer: Naturbegriff und Moralbegründung. Die Grundlegung der Ethik bei Christian Wolff und deren Kritik durch Immanuel Kant. Stuttgart u.a. 1988, S. 17f.

erscheint zunächst bloß als Hindernis bei der Umsetzung der moralischen Norm und als mögliche Quelle eines jeden Fehlurteils. Und so ist, wie Gottsched im Kontext seiner Ethik notiert, „eine Herrschaft, über die Sinne und Leidenschaften" zu erlangen, wenn diese schon „nicht ausgerottet, oder abgeleget werden [können]."[7] Wolffs Ethik und die seiner Anhänger präsentiert sich somit zunächst als eine „Ethik des Kampfes", in dem sich „Vernunft und Sinnenleben [...] als gutes und böses Element der Seele gegenüber[stehen]"[8].

Diese Beobachtungen stehen nicht in Einklang mit der Erkenntnislehre Wolffs. Der zufolge ist, wie im letzten Kapitel gezeigt wurde, das Verhältnis von Sinnlichkeit und Verstand ein Abhängigkeitsverhältnis, kann die menschliche Vernunft nicht unabhängig von der Sinnlichkeit gedacht werden. Ein moralphilosophisches Programm, das sich allein auf die Vernunft stützt und die Sinnlichkeit auszuschließen wünscht, ist daher nicht nur utopisch, sondern übergeht zudem in bedenklicher Weise das Potential der Sinnlichkeit. Angesichts dieses Wissens sowohl um die Konflikthaftigkeit als auch um die Möglichkeiten der Sinnlichkeit verwundert die ratiozentrierte Konzeption des Gewissens bei Wolff. Da Wolff die Sinnlichkeit nicht berücksichtigt, muss das Gewissen als allgemeine sittliche Instanz scheitern: Eine allgemeingültige rein vernünftige moralphilosophische Konzeption ist nicht möglich.

Vereinzelt wurde auf die argumentative Diskrepanz bzw. die divergierende Bewertung der Sinnlichkeit innerhalb der Wolffschen (Moral-)Philosophie hingewiesen,[9] vielfach blieb sie jedoch unkommentiert. Wie Leibniz,

---

7   Gottsched: Weltweisheit II (AW V.2), § 510, S. 335.
8   Hans M. Wolff: Die Weltanschauung der deutschen Aufklärung in geschichtlicher Entwicklung. Durchges. und eingel. von Karl S. Guthke. 2. Auflage. Berlin, München 1963, S. 111.
9   Hans M. Wolff (ebd., S. 99–118), der von einer „grundsätzlichen Unvereinbarkeit" (ebd., S. 112) von *Deutscher Metaphysik* und *Deutscher Ethik* ausging, monierte bereits einen Widerspruch zwischen Wolffs Argumentation für eine Ausbildung der Vernunft und der tatsächlichen Ohnmacht der Vernunft und merkte die unterschiedliche Beurteilung der Sinnlichkeit in den beiden Werken an: „Jede Vorstellung einer natürlichen Neigung des Menschen zum Guten, wie sie die *Metaphysick* angeblich erwiesen hatte, ist [in der *Ethik*, O.K.S.] verschwunden; von einer Fähigkeit der Vernunft, durch deutliches Erkennen einen auf eine falsche Vollkommenheit gerichteten Trieb aufzuheben, ist keine Rede mehr; statt dessen dominiert jetzt der Gedanke der Macht und Gefährlichkeit der Triebe, die, wenn sie nicht überwunden oder wenigstens gebändigt werden, die ‚Sclaverey des Menschen' veranlassen, kraft deren ‚wir das Gute unterlassen, und das Böse vollbringen'. Die Möglichkeit dieser ‚Sclaverey' hatte schon die *Metaphysick* anerkannt; erst in der *Moral* enthüllt sich jedoch ihre Bedeutung, denn hier erscheint diese Tyrannei der Leidenschaft über die Vernunft nicht mehr ein extremer Ausnahmefall, sondern als eine Gefahr, die jeden Menschen zu jeder Zeit bedroht und daher nur unter größter Anstrengung und Aufbietung aller Kräfte überwunden werden kann." Ebd., S. 111 f. Aus seiner Sicht wird bei Christian Wolff „nur die Vernunft als eine sittliche Kraft anerkannt[ ]". Ebd., S. 155. Hans Werner Arndt (Einleitung in Christian Wolffs

Wolff, Gottsched und Baumgarten in ihren moralphilosophischen Schriften so hat auch die Forschung ihr Augenmerk vor allen Dingen auf die Rolle der Vernunft gerichtet und die Ausrichtung von Moralphilosophie und Erziehungs- und Bildungsprogramm an derselben hervorgehoben.[10] Dass der Eindruck, in erster Linie sei die Vernunft relevant für die Ausbildung des Menschen, trügt, wurde angedeutet, oftmals implizit, wenn auf die sinnliche Wirkung der Poesie bzw. der Künste bei der Erziehung des Menschen hingewiesen wurde.[11] Das Wissen um die sinnliche Erziehung durch die Künste wurde in der Forschung nicht immer verbunden mit der Ausformulierung der Erkenntnis, dass die Sinnlichkeit darüber hinaus weitaus mehr darstellt als das „böse[ ] Element der Seele"[12]; sie ist aber, was mit Ausnahme von Angelika Wetterers Studie in den Arbeiten zur Kunsttheorie bisher nicht rekonstruiert wurde, fester Bestandteil des moralphilosophischen Systems, in dem ihr tragende Funktionen zukommen.[13] So räumen bereits Wolff und im Anschluss Gottsched und Baumgarten der Kunst im Allgemeinen und der Poesie im Besonderen aufgrund ihrer sinnlichen Wirkungskraft einen zentralen Platz bei der sittlichen Erziehung ein. Diesem Umstand soll hier

---

„Vernünftige Gedanken vom gesellschaftlichen Leben" [GW I.5], S. V*–LI*, hier S. VIII*f. und XXIII*) hat auf das Spannungsverhältnis hingewiesen, dass sich gerade in der *Deutschen Politik* zwischen dem „Anspruch rationalistischer Totalität" (ebd., S. VIII*) als Ideal und dem Wissen um die realen Bedingungen manifestiert. Auch Martus (Aufklärung, S. 274) betonte den doppelten Charakter von Wolffs Arbeiten, den er in der jeweiligen Ausrichtung der Schriften begründet sah. So nehme die *Deutsche Politik*, wie Wolff selbst in der *Vorrede* ([GW I.5], S.)(4ʳ–)()(3ᵛ, hier S.)(5ʳ) zur *Deutschen Politik* betonte und auch Arndt hervorhob, „solche Menschen […], wie wir auf den Erdboden antreffen" in den Blick, und die, das hat Wolff ebenfalls in der *Vorrede* (ebd., S.)(4ʳ) herausgestellt, verfügen zum größten Teil über wenig Verstand. Die hieraus resultierende Tatsache, dass die Sinnlichkeit des Menschen zur Erziehung genutzt werden *muss*, steht aber im starken Widerspruch zu Wolffs in der *Vorrede zu der andern Auflage* ([GW I.4], S. [):(7ʳ]–[):():(6ᵛ], hier S.):():(4ʳ) der *Deutschen Ethik* postulierten Alternativlosigkeit einer vernünftigen Erziehung des Menschen: „Entweder man lencket ihn durch Zwang, wie das Viehe; oder durch Hülffe der Vernunft, wie eine vernünfftige Creatur."

10   So im Fall von Wolff und Gottsched zum Beispiel von Grimm: Literatur und Gelehrtentum, S. 566–576 und 620–684. – Zur Bedeutung der Philosophie Wolffs und seiner Schüler für die Ausbildung der literarischen Bildung generell vgl. Kimpel: Christian Wolff und das aufklärerische Programm.

11   Zum Erziehungsauftrag der Künste unter Berücksichtigung ihrer sinnlichen Wirkung vgl. die Literaturhinweise in Kap. II.3. Auf die Bedeutung der Sinnlichkeit für die Erziehung haben explizit u. a. hingewiesen Wetterer: Publikumsbezug und Wahrheitsanspruch, S. 49–61; Martus: Aufklärung, S. 274 sowie Gaier: Wozu braucht der Mensch Dichtung?, S. 217–222.

12   Vgl. die Angabe in Kap. II, Anm. 8.

13   Mit Rückgriff auf das philosophische System vorwiegend bei Wolff und Gottsched rekonstruiert Wetterer (Publikumsbezug und Wahrheitsanspruch, S. 49–61) die Ursachen des Lasters und die Rolle, die die Sinnlichkeit in diesem Zusammenhang einnimmt, doch unterschätzt sie die positive tragende Funktion, die der Sinnlichkeit innerhalb der moralphilosophischen Argumentation zukommt.

Rechnung getragen werden, wenn zunächst eine einseitige Ausrichtung der Moralphilosophie an der Vernunft in Frage gestellt und die Bedeutung der Sinnlichkeit für das sittliche Handeln herausgestellt wird. Erst vor diesem Hintergrund erschließt sich die prominente Stellung der Kunst innerhalb des moralphilosophischen Systems.

Die Grundlagen des sittlichen Handelns erklärt Gottsched in der *Geisterlehre* seiner *Weltweisheit*: „*Alles, wornach wir uns sehnen, darnach sehnen wir uns, als nach etwas Gutem; und alles, was wir verabscheuen, das verabscheuen wir, als etwas Böses.*"[14] Gottsched nennt dies die „*Regel der Sehnsucht*"[15]. Der Mensch verlangt nur das, was ihm gut zu sein scheint. Diese Sehnsucht nach dem Guten bestimmt sein Handeln, denn von Natur aus ist der Mensch dazu bestimmt, das Gute zu tun und das Böse zu unterlassen,[16] mit dem Ziel, seine eigene Vollkommenheit wie die der anderen zu fördern.[17] Aber was ist das Gute, was ist Vollkommenheit? Wonach entscheiden wir, was gut ist? Und wie ist das menschliche Streben, seine Sehnsucht nach dem Guten und Tugendhaften zu erklären? Eine erste Antwort auf diese Fragen findet sich *in nuce* bei Leibniz. Im ersten Unterkapitel „*Von der Glückseligkeit". Moralphilosophische Grundlagen bei Leibniz* werden die Grundzüge moralphilosophischer Zusammenhänge skizziert, wie sie in seinem Manuskript *Von der Glückseligkeit* anhand seiner Definitionen von Vollkommenheit, Harmonie und Lust wie auch der Rolle von Gott und der menschlichen Vernunft nachvollzogen werden können.

Wolff greift Überlegungen von Leibniz auf und entwickelt sein eigenes System, das nicht nur die Moralphilosophie von Gottsched und Baumgarten, sondern gleichermaßen die gesamte Aufklärung prägen sollte.[18] Von Wolff ausgehend wird im zweiten Unterkapitel „*Die Regel der Sehnsucht": Warum wir handeln* die sittliche Funktionsweise rekonstruiert, d.h. unter welchen Bedingungen und auf welche Weise der Mensch moralisch korrekt handelt. Grundlage der moralphilosophischen Überlegungen von Wolff und dann auch von seinen Schülern ist, wie Wolff nicht müde wurde zu betonen, die

---

14 Gottsched: Weltweisheit I (AW V.1), § 978, S. 547. Herv. i.O.
15 Ebd. Herv. i.O.
16 Vgl. Wolff: Von der moralischen Erfahrung (GW I.22), S. 470–493, hier § 3, S. 474 sowie Wolff: Philosophia practica universalis. Methodo scientifica pertractata. Pars prior (GW II.10), §§ 127f., S. 112–114.
17 Vgl. Gottsched: Weltweisheit II (AW V.2), § 32, S. 88.
18 Vgl. Clara Joesten: Christian Wolffs Grundlegung der praktischen Philosophie. Leipzig 1931, S. V; Dieter Hüning: Christian Wolffs „allgemeine Regel der menschlichen Handlungen". In: Jahrbuch für Recht und Ethik 12 (2004), S. 91–113, hier S. 93: „Trotz solcher abfälligen Bemerkungen, v.a. über den Umfang seines Œuvres, bildete Wolffs Moralphilosophie bis zum Ende des achtzehnten Jahrhunderts die einflußreichste Strömung innerhalb der praktischen Philosophie der deutschen Aufklärung."

II „Die Erkenntnis muß demnach in ein Thun ausbrechen" 153

von ihm ausgearbeitete empirische Psychologie.[19] Die Kenntnis der Seele und ihrer Funktionsweise ist erforderlich, denn will man den Menschen in seinen Handlungen beeinflussen, so muss man verstehen, nach welchen Grundsätzen er handelt, was ihn antreibt, etwas zu tun oder zu unterlassen. Die empirische Psychologie gibt unter anderem Aufschluss über die „Regeln der Moral, darnach man den Willen des Menschen zum Guten lencket und vom Bösen zurücke hält"[20]. Bedingung des ‚guten Handelns' ist das Begehren des Guten. Voraussetzung des ‚guten Begehrens' ist das Erkennen des Guten. Dass dies keine Selbstverständlichkeit darstellt, haben bereits die Erläuterungen zur Erkenntnistheorie gezeigt.[21] Die Korrelation von Verstand und Sinnlichkeit besitzt gerade im Fall des menschlichen Handelns besondere Brisanz: Die richtige, also vernünftige Erkenntnis ist theoretisch notwendig, doch reicht sie, wie zu sehen sein wird, nicht aus für das richtige Handeln. Damit die Erkenntnis der Wahrheit „in ein Thun ausbrechen"[22] kann, wie es Wolff fordert, muss sie stark genug bzw. lebendig sein. Gerade der Sinnlichkeit kommt trotz ihrer Mängel eine gewichtige Rolle zu. Sie ist notwendiger Teil des moralisch korrekten Handelns. Seiner Anerkennung der Sinnlichkeit widerspricht Wolff jedoch, wenn er das Gewissen als eine rein vernünftige Instanz konzipiert. Am Gewissen wird die Unzulänglichkeit des Versuchs deutlich, das moralphilosophische System ausschließlich in der Vernunft zu begründen. Ein solches System erweist sich als Utopie, der aus ihm resultierende Erziehungsansatz als nicht praktikabel. Einige von Wolffs Nachfolgern wie zum Beispiel Mendelssohn werden diesem Dilemma später Rechnung tragen, wenn sie gerade in der Empfindung die Grundlage des Gewissens sehen.

Auf den ersten Blick scheint es so, als bliebe dieses Paradox seiner Moralphilosophie von Wolff selbst unberücksichtigt. Entgegen seiner auch in der *Ethik* wiederholt geäußerten Einsicht in die Beschränktheit des Wirkungsbereichs der Vernunft beim gemeinen Mann beschwört Wolff in der *Vorrede zu der andern Auflage* (1722) seiner Ethik die Vernunft als einen der beiden Wege, um den Menschen zu erziehen. Alternativ könne der Mensch

---

19 Vgl. Wolff: Ausführliche Nachricht (GW I.9), § 89, S. 25; Wolff: Anmerkungen zur Deutschen Metaphysik (GW I.3), § 55, ad § 191, S. 122 sowie Wolff: Psychologia empirica (GW II.5), § 509, S. 388. – Inwiefern hier eine Besonderheit der praktischen Philosophie Wolffs vorliegt, darauf machte aufmerksam Dieter Hüning: Christian Wolffs Begriff der natürlichen Verbindlichkeit als Bindeglied zwischen Psychologie und Moralphilosophie. In: Rudolph, Goubet (Hg.): Die Psychologie Christian Wolffs, S. 143–167, hier S. 156f.
20 Wolff: Ausführliche Nachricht (GW I.9), § 89, S. 251.
21 Vgl. Kap. I.2 sowie Kap. I.3.
22 Wolff: Vorrede [zu: Gesammelte kleine philosophische Schriften V] (GW I.21.5), S.):(2ʳ–):( ):(3ᵛ, hier S.):(2ʳ.

„durch Zwang, wie das Viehe"[23] gelenkt werden; eine Möglichkeit, die Wolff für sein Anliegen sogleich verwirft. Doch die Förderung der Vernunft und mit ihr das Ziel der sicheren Erkenntnis stehen bei Wolff nur scheinbar an erster Stelle. Im dritten und letzten Unterkapitel *Kraft der Sinnlichkeit – Kapitulation der Vernunft. Zum Erziehungsauftrag der Kunst* wird die eminente Bedeutung deutlich, die Wolff, Gottsched und Baumgarten der Sinnlichkeit und den Künsten bei der Erziehung des Menschen, dieser entscheidenden Aufgabe der Philosophie, zumessen – zumessen *müssen*. Der der Poesie und den Künsten generell zugeschriebene Nutzen für die sittliche Erziehung und ihre damit einhergehende Aufwertung innerhalb des philosophischen Systems wurde, wenn auch nicht in allen Fällen und mit der gebührenden Gewichtung,[24] von der Forschung bereits mehrfach konstatiert,[25] nicht aber die bereits bei Wolff zutage tretende Alternativlosigkeit eines solchen Erziehungsprogramms.[26] Zum Abschluss dieses Kapitels wird daher die Frage nach Funktion und Wert der Sinnlichkeit im Zuge der Betrachtung der Rolle der Poesie bzw. der Künste neu gestellt. Anhand von Wolffs Überlegungen zu *exemplum* und *fabula* wird das moralische Wirkungspotential der Poesie deutlich und gezeigt, wie Wolff die Poesie in seine Philosophie integriert. Nicht der Kampf, sondern der Konsens von Sinnlichkeit und Verstand wird angestrebt. Während Wolff die Poesie in erster Linie aus moralphilosophischer Sicht betrachtet und in ihr ein Mittel der sittlichen Erziehung sieht, diskutiert Gottsched ihren sittlichen Nutzen auch und vor allem aus Sicht des Kunsttheoretikers.[27] In seiner Dichtungs- und Dramentheorie lassen sich verschiedene Möglichkeiten der Instrumentalisierung der Sinnlichkeit im Dienst der sittlichen Erziehung beobachten. Auch Baumgarten weist den Künsten eine tragende Funktion bei der sittlichen Erziehung zu. Entgegen der in Teilen der Forschung vertretenen Auffassung wird herausgestellt, dass die *Aesthetica* einen ethischen Anspruch vertritt, der sich sowohl im Projekt einer der Ausbildung der Sinnlichkeit zugedachten Wissenschaft als auch

---

23 Vgl. die Angabe in Kap. II, Anm. 9.
24 Angesichts der Bedeutung, die die Idee der sittlichen Erziehung für die Entwicklung und den Status der Kunsttheorie in der deutschen Aufklärung hat, verwundert es, dass dieser Gedanke von einigen (Überblicks-)Darstellungen, gerade im Hinblick auf Wolff, nur am Rande behandelt oder gar ausgespart wird. So zum Beispiel von Sommer: Grundzüge; Baeumler: Irrationalitätsproblem; Gaede: Poetik und Logik sowie Beiser: Diotima's Children.
25 Vgl. die Angaben zu den einzelnen Autoren in Kap. II.3. Umstritten ist, welche Bedeutung Baumgarten der sittlichen Erziehung durch die Künste in seiner *Aesthetica* zumisst.
26 Meines Wissens hat als einzige Wetterer (Publikumsbezug und Wahrheitsanspruch, S. 59) die „Notwendigkeit der sinnlichen Vermittlung moralischer Wahrheiten" (ebd., S. 49) hervorgehoben.
27 Dieser Umstand schlägt sich auch in der Forschung nieder, die sich im Hinblick auf den Erziehungsauftrag vorwiegend mit Gottscheds Überlegungen zur Tragödie und ihrem sittlichen Auftrag befasst hat. Vgl. die Angaben in Kap. II.3.2.

auf den drei Ebenen der Künste von Produktion, Werk und Wirkung bzw. Rezeption manifestiert.

1 „Von der Glückseligkeit". Moralphilosophische Grundlagen bei Leibniz

Obwohl die Ethik von zentraler Bedeutung für Leibniz' Denken ist, liegt keine zusammenhängende Ausarbeitung eines moralphilosophischen Systems von ihm vor.[28] Die Grundpfeiler seiner moralphilosophischen Gedanken finden sich unter anderem in seinen Briefen an Wolff[29] und in einem aus den 1690er Jahren überlieferten, heute unter dem Titel *Von der Glückseligkeit* bekannten Manuskript.[30] In einer Definitionskette erläutert er hier den Zusammenhang von Glückseligkeit, Freude, Lust und Vollkommenheit. Glückseligkeit ist der vom Menschen angestrebte Zustand. Leibniz definiert ihn als „Stand einer beständigen Freude"[31]. Freude ist „eine Lust, so die Seele an ihr selbst empfindet", Lust wiederum „die Empfindung einer Vollkommenheit"[32] und als solche angenehm.[33] Die Vollkommenheit wird unter anderem anhand der mit ihr verbundenen angenehmen Empfindung, also an der Lust erkannt, doch nicht immer kann klar benannt werden, worin die Vollkommenheit jeweils besteht.[34] In verschiedener Weise tritt sie in Erscheinung.[35] Als Beispiele der Vollkommenheit nennt Leibniz die Schönheit eines Menschen, Tieres oder Kunstwerks, eine süße Melodie, einen guten Geruch oder Geschmack,[36] Weisheit und Tugend[37]. Ihnen ist gemein, dass sie dem Grundsatz der Harmonie der Dinge, der „Einigkeit in der Vielheit"[38]

---

28   Vgl. Leroy E. Loemker: Das ethische Anliegen des Leibnizschen Systems. In: Akten des Internationalen Leibniz-Kongresses. Hannover, 14.–19. November 1966. Hg. von Kurt Müller, Wilhelm Totok. Bd. 4. Wiesbaden 1969, S. 63–76, hier S. 63; Gerd Gerhardt: Kritik des Moralverständnisses. Entwickelt am Leitfaden einer Rekonstruktion von „Selbstverwirklichung" und „Vollkommenheit". Bonn 1989, S. 155 f.
29   Vgl. Schwaiger: Problem des Glücks, S. 92.
30   Leibniz: Von der Glückseligkeit (PS I), S. 387–407.
31   Ebd., S. 391.
32   Ebd.
33   Vgl. ebd.: „Angenehm oder lustig ist, was uns die Empfindung einer guten Gabe (Vollkommenheit, Vortrefflichkeit) gibt."
34   Vgl. ebd., S. 392.
35   Zur Vollkommenheit bei Leibniz, ihren unterschiedlichen Bestimmungen wie auch ihrer Beziehung zum Guten vgl. Albert Heinekamp: Das Problem des Guten bei Leibniz. Bonn 1969, S. 133–190.
36   Vgl. Leibniz: Von der Glückseligkeit (PS I), S. 391 f.
37   Vgl. ebd., S. 399.
38   Ebd., S. 394.

oder „Übereinstimmung"[39], entsprechen. Vollkommenheit resultiert aus dem Einklang mit dem Weltganzen und seinen Prinzipien. In der Übereinstimmung mit dem Ganzen ist sie „das, dadurch in einer Sache mehr Selbst-Wesens (Realität) ist als zuvor"[40]. Vollkommenheit ist Harmonie,[41] die sich manifestiert, so Leibniz weiter, „in der Kraft zu wirken, wie denn alles Wesen in einer gewissen Kraft bestehet, und je größer die Kraft, je höher und freier ist das Wesen."[42]

Ursprung und Inbegriff dieser alles umfassenden Harmonie ist Gott.[43] Gott, „unbedingt vollkommen an *Macht*, *Weisheit* und *Güte*"[44], ist Ausgangspunkt aller Dinge. Gemäß seinem vernünftigen Wesen hat er die Welt als beste aller möglichen Welten erschaffen,[45] als eine Welt, in der es „die größte Vielfalt im Rahmen der größten Ordnung gab"[46]. Vollkommenheit, Harmonie, Einheit in Mannigfaltigkeit, Weisheit, Güte, Vernunft – die Kulmination dieser unterschiedlichen Konzepte in Gott zeigt ihre Interdependenz, wenn nicht gar Äquivalenz auf: In ihrer Absolutheit sind sie Gott. Die göttliche Vollkommenheit in ihrem Wissen und ihrer Güte wird für den Menschen zum erstrebenswerten, doch unerreichbaren Ideal.[47] Gott fungiert als Ausgangs- und (unerreichbarer) Zielpunkt des menschlichen Seins und Strebens. Vollkommenheit ist bei Leibniz ein relativer Begriff, er kann angesichts der menschlichen Unvollkommenheit nur relativ sein. In Leibniz' Konzept der Vollkommenheit ist der Prozess der Vervollkommnung angelegt. Hier ist

---

39 Ebd.
40 Ebd., S. 391.
41 Zur Gleichsetzung von Vollkommenheit und Harmonie vgl. Yvon Belaval: Etudes leibniziennes. De Leibniz à Hegel. Paris 1976, S. 99 f.
42 Leibniz: Von der Glückseligkeit (PS I), S. 393.
43 Zur Bedeutung Gottes als Universalharmonie vgl. Schneiders: Harmonia universalis, S. 30–35. Zur Rolle Gottes für Leibniz' Begründung des Guten und Gerechten vgl. Werner Schneiders: Leibniz und die Frage nach dem Grund des Guten und Gerechten. In: Müller, Totok (Hg.): Akten des Internationalen Leibniz-Kongresses, S. 85–111. Zur theologischen Dimension des Empfindens von Vollkommenheit vgl. Alexandra Lewendoski: Le ‹ Sentire harmoniam › dans les lettres et écrits de Leibniz lors de son séjour à Paris. In: „Für unser Glück oder das Glück anderer". Vorträge des X. Internationalen Leibniz-Kongresse. Hannover, 18.–23. Juli 2016. Hg. von Wenchao Li. Bd. 1. Hildesheim u.a. 2016, S. 273–283.
44 Leibniz: Essais de théodicée (PS II.1), Teil 1, § 7, S. 219. Herv. i.O. – „absolument parfaite en *puissance*, en *sagesse* et en *bonté*", ebd., S. 218. Herv. i.O.
45 Vgl. ebd., § 8, S. 218–221.
46 Leibniz: Principes de la nature (PS I), § 10, S. 429. – „où il y ait la plus grande varieté, avec le plus grand ordre", ebd., S. 428.
47 Zur Relation von Mensch und Gott wie grundlegenden Aspekten der Leibniz'schen Moralphilosophie vgl. Gaston Grua: La justice humaine selon Leibniz. Paris 1956, S. 11–57.

bereits die Idee der Perfektibilität, wie Rousseau sie später prägen wird, in ihren Grundzügen zu erkennen.[48]

Auf zweierlei Weise kann Vollkommenheit wahrgenommen und Lust empfunden werden: durch die Sinne und durch den Verstand.[49] Während die die Sinne erfreuende Lust die Gefahr birgt, zur Unglückseligkeit zu verleiten – „gleichwie eine wohlschmeckende Speise ungesund sein kann"[50] –, führen die durch den Verstand empfundenen „Lustbarkeiten" geradewegs zur Glückseligkeit, denn:

> [J]e mehr man die Schönheit und Ordnung der Werke Gottes verstehe, je mehr genieße man Lust und Freude, und zwar solche, dadurch man selbst erleuchteter und vollkommener wird, und vermittelst der gegenwärtigen Freude auch die zukünftige versichert, welches bei den Lustbarkeiten und Freuden, die unsren Verstand nicht erleuchten und vielleicht anderwärts schaden können, nicht stattfindet.[51]

Mit der „Erleuchtung des Verstandes"[52] einher geht eine, wenn auch begrenzte, Angleichung an Gott, der ganz Verstand bzw. Vernunft ist. Nehmen die Erkenntnis über die Ordnung der Welt und der Einblick in ihre Harmonie zu, nähert sich der Mensch Gott und seiner Vollkommenheit an, denn durch die „Erhöhung unser Vernunft [werden wir] der höchsten Vernunft immer mehr und mehr fähig und teilhaftig."[53] Der Weg zur eigenen Vollkommenheit führt bei Leibniz zwangsläufig über die Vernunft bzw. den Verstand. Und da Gott nicht nur Vernunft bzw. Verstand und Weisheit, sondern auch Macht und Güte repräsentiert, so folgt aus der „Erleuchtung des Verstandes", „daß die Menschen [...] nach der Vernunft zu wirken geneigter, das ist tugendhafter, also glückseliger werden."[54] Das Gute und die Glückseligkeit sind an den Verstand gebunden.[55] Die vernünftige Erkenntnis der Harmonie der Welt, der Einheit in Mannigfaltigkeit, verlangt ein ihr und damit der göttlichen Schöpfung entsprechendes Handeln. Metaphysische und moralische Vollkommenheit konvergieren. Daher ist „[g]ut oder gerecht", wie Werner Schneiders zusammenfasste, „was mit der Weltordnung als göttlicher Anordnung und so letztlich mit Gottes Natur oder Vernunft selbst

---

48 Vgl. hierzu Gottfried Hornig: Perfektibilität. Eine Untersuchung zur Geschichte und Bedeutung dieses Begriffs in der deutschsprachigen Literatur. In: Archiv für Begriffsgeschichte 24 (1980), S. 221–257, hier S. 223f.
49 Vgl. Leibniz: Von der Glückseligkeit (PS I), S. 391.
50 Ebd., S. 398.
51 Ebd., S. 396.
52 Ebd., S. 399.
53 Ebd., S. 396.
54 Ebd., S. 397.
55 Vgl. ebd., S. 396.

übereinstimmt."⁵⁶ Aus der Vernunft und ihrer Einsicht in die göttliche Vollkommenheit, wie sie in der harmonischen Ordnung der Welt zutage tritt, folgt die menschliche Güte und muss, will der Mensch im Einklang mit der Schöpfung stehen, auch tugendhaftes Handeln folgen.

2 „Die Regel der Sehnsucht": Warum wir handeln (Wolff, Gottsched und Baumgarten)

Leibniz' Überlegungen zum Verhältnis von Glückseligkeit, Freude, Lust und Vollkommenheit sowie von Vollkommenheit, Weisheit und Tugend und ihrer Vereinigung in Gott bilden das Gerüst für den Funktionsmechanismus sittlichen Handelns, wie er von Wolff mit einigen Abwandlungen weiterentwickelt wird. Basis der Moralphilosophie Wolffs und seiner Anhänger ist die Beziehung von Vollkommenheit, Tugend und Lust: Gut ist, was vollkommen ist, und was vollkommen und daher gut ist, erzeugt Lust. Diese im Kontext der Leibniz'schen Überlegungen auf den ersten Blick einsichtige Regel ist aber, das hat bereits Wetterer thematisiert,⁵⁷ nicht unproblematisch. Nicht nur koexistieren unterschiedliche Definitionen von Vollkommenheit, was eine eindeutige Auslegung erschwert, sondern das Erkennen der Vollkommenheit selbst ist diffizil. Vollkommenheit wird nicht zwingend erkannt, und auch eine Unvollkommenheit kann vermeintlich für eine Vollkommenheit und etwas Tugendhaftes gehalten werden. Letzteres hat gravierende Folgen für die menschlichen Handlungen. Der Ursprung eines solchen Fehltritts wird in der Sinnlichkeit gesucht. Wird eine Vollkommenheit lediglich sinnlich erkannt, kann nicht immer davon ausgegangen werden, dass es sich um eine wahre Vollkommenheit handelt, denn die sinnliche Erkenntnis einer Vollkommenheit ist keine sichere Erkenntnis: Nicht alles, was die sinnliche Erkenntnis als vollkommen erkennt, ist auch vollkommen. Erst die vernünftige, die deutliche Erkenntnis nimmt die Vollkommenheit mit Gewissheit wahr. Ähnlich verhält es sich mit der Lust, die bei Wolff, anders als bei Leibniz, in der sinnlichen Erkenntnis begründet ist. Als Signal für eine Vollkommenheit, für das Gute, taugt die Lust daher nur selten. Das Prinzip, dass ‚gut ist, was vollkommen ist, und was gut ist, Lust erzeugt', steht auf wackeligen Beinen.

Zur Erläuterung des moralphilosophischen Funktionsmechanismus bei Wolff, Gottsched und Baumgarten wird im Folgenden als erstes die Idee der Vollkommenheit näher untersucht: als allgemeines wie als spezifisch moralphilosophisches Konzept. Wolff übernimmt zwar den Begriff von Leibniz,

---

56 Schneiders: Harmonia universalis, S. 43.
57 Vgl. Wetterer: Publikumsbezug und Wahrheitsanspruch, S. 49–56.

ohne dies kenntlich zu machen, behält aber nicht dessen Definitionsvielfalt bei.[58] Unter Wolffs Ägide und mit Hilfe seiner Systematisierungsansprüche avanciert ‚Vollkommenheit' zu einem wesentlichen Terminus der Philosophie im 18. Jahrhundert, der jedoch inhaltlich zunehmend ausgehöhlt wird.[59] Im Anschluss an die Klärung dieses zentralen (moralphilosophischen) Prinzips kann die Rolle von Lust und Verstand in ihrer Bedeutung für das menschliche Streben nach Vollkommenheit hinterfragt werden. Die Vor- und Nachteile der Lust als Modus der sinnlichen Erkenntnis wie die Problematik der Erkenntnis einer nur vermeintlichen Vollkommenheit werden in diesem Zusammenhang diskutiert. Auch im moralphilosophischen Kontext, so wird gezeigt, kann nicht auf die Sinnlichkeit verzichtet werden, vielmehr ist eine Kollaboration von Verstand und Sinnlichkeit notwendig. Interessante Erneuerungen der von Wolff ausgearbeiteten und von Gottsched in großen Teilen adaptierten Ideen finden sich bei Baumgarten.[60] Sie führen zu einer Aufwertung des empfindenden Individuums und der Lust hin zu einem eigenen Vermögen. Baumgarten schafft so die notwendigen Bedingungen für die spätere Aufnahme und den Ausbau des Gefühls als ein eigenständiges Vermögen (2.1).

Ein weiterer für den moralphilosophischen Funktionsmechanismus zentraler Aspekt ist das sittliche Handeln und somit der Übergang von der Erkenntnis des Guten in die entsprechende |Handlung. In Abhängigkeit von der Erkenntnis stehen die Begehrungsvermögen. Die Prinzipien des menschlichen Strebens bilden das Fundament der Moralphilosophie.[61] Die Begehrungsvermögen agieren nach der, wie Gottsched sie nennt, „Regel der Sehnsucht"[62]. Doch ist das Zusammenspiel von Vollkommenheit, Lust und Begehren nicht ohne Tücken. Nicht jedes Begehren richtet sich auf das ‚wahre Gute', nicht immer ist es stark genug, um in eine Handlung zu münden. Erst wenn die Erkenntnis lebendig ist, wird sie Aktion. Der Streit von Sinnlichkeit und Verstand auf der Ebene des Begehrens wird untersucht und die ambivalente Position hervorgehoben, die der Sinnlichkeit im moralphilosophischen Kontext zuteilwird. An anschauender Erkenntnis, Lust und Affekten zeigt sich das Potential der Sinnlichkeit für die sittliche Erziehung. Auffällig sind auch hier Baumgartens Überlegungen, die die Parallelisierung von Vernunft und Sinnlichkeit vorantreiben, wie sie bereits anhand des *ana-*

---

58 Vgl. Schwaiger: Problem des Glücks, S. 107.
59 Vgl. Schwaiger: Baumgarten – ein intellektuelles Porträt, S. 159 f.
60 Wie in der Erkenntnistheorie weichen Gottsched und Baumgarten auch in den in diesem Kapitel diskutierten Konzepten in einigen mehr oder minder wichtigen Aspekten von Wolff ab. Um die Übersichtlichkeit zu wahren, werden in erster Linie die Abweichungen berücksichtigt, die die Sinnlichkeit betreffen und für die Kunsttheorie von Interesse sind.
61 Vgl. Wolff: Psychologia empirica (GW II.5), § 509, S. 388.
62 Vgl. die Angabe in Kap. II, Anm. 15.

logon rationis zu beobachten waren. Zugleich leitet Baumgarten die Loslösung von einem objektiven Vollkommenheitsbegriff ein und räumt der Subjektivität mehr Gewicht ein (2.2).

Vor diesem Hintergrund wird anhand des Gewissens die Unmöglichkeit eines einzig in der Vernunft begründeten moralphilosophischen Systems deutlich. Entgegen seinem Wissen um das Potential der Sinnlichkeit und die Notwendigkeit, sich dieses Potentials bei der sittlichen Erziehung zu bedienen, konzipiert Wolff das Gewissen als eine rein vernünftige Instanz;[63] die fundamentale Funktion, die er der Vernunft in seiner Ethik zuweist, wie auch sein Bestreben, die Vernunft an die Stelle der Theologie zu setzen, kommen hier zum Ausdruck. Weil er aber das Potential der Sinnlichkeit in dieser Konzeption nicht berücksichtigt, muss das Gewissen in seiner Funktion als universelle moralische Instanz scheitern. Die natürliche Abhängigkeit des menschlichen Handelns von der Sinnlichkeit wird mit der Kategorie des Gewissens übergangen. Dies hat weitreichende Folgen für die sittliche Erziehung und die Stellung der Kunst. Soll der Mensch gebessert werden, kann dies nicht über eine allein an die Vernunft gebundene Instanz geschehen (2.3).

2.1 ‚Gut ist, was Lust erzeugt'.
Lust, Vollkommenheit und das Gute

In seinen Werken erörtert Wolff seine Gedanken zur Vollkommenheit zunächst am Beispiel der Baukunst, doch ist das Konzept der Vollkommenheit von Anfang an ein fester Bestandteil der Wolffschen Moralphilosophie,[64] ja, ‚Quelle seiner praktischen Philosophie', wie er schreibt.[65] Beständig und von Natur aus strebt der Mensch nach Vollkommenheit. Unterstützt wird sein Streben durch die Lust, die der Mensch aufgrund der Erkenntnis von Vollkommenheit verspürt. Im Unterschied zu Leibniz definiert Wolff die Lust als anschauende Erkenntnis der Vollkommenheit und weist ihr damit einen

---

[63] Gottsched und Baumgarten schließen in ihren für den hier untersuchten Zeitraum relevanten Schriften, Gottscheds zweiter Teil seiner *Weltweisheit* und Baumgartens *Ethica*, hieran an. Ihre Ausführungen zum Gewissen finden in diesem Kapitel keine Berücksichtigung.
[64] Vgl. Wolff: Ausführliche Nachricht (GW I.9), § 76, S. 227.
[65] Vgl. Wolff: Praefatio [zu: Philosophia moralis sive Ethica] (GW II.16), S. a2ʳ–[b4ᵛ], hier S. b2ᵛ: „Perfectionis itaque notio est fons philosophiae mea practicae." – Zur Vollkommenheit und ihrer Bedeutung in Wolffs Moralphilosophie vgl. Arndt: Einleitung (GW I.4), S. IX–XIII; Gerhardt: Kritik des Moralverständnisses, S. 166–184; Hüning: Christian Wolffs „allgemeine Regel der menschlichen Handlungen", S. 94–96; Thomas: Lehre von der moralischen Verbindlichkeit, S. 177 f.; Schwaiger: Problem des Glücks, S. 93–120 sowie Schwaiger: Baumgarten – ein intellektuelles Porträt, S. 158 f.

eigenen Modus der sinnlichen Erkenntnis zu. Als sinnliche Erkenntnis kann Lust von jedem, auch dem Nicht-Vernunftbegabten, empfunden werden, so dass sie als universelles Mittel zum Erkennen von Vollkommenheit, d. h. des Guten dient. Indes ist die durch die Lust erlangte Erkenntnis als sinnliche Erkenntnis keine deutliche und daher keine sichere Erkenntnis. Unvollkommenes und Schlechtes kann als lediglich vermeintlich Vollkommenes und Gutes wahrgenommen werden. Sinnlichkeit und Verstand, ein kontrollierender Verstand, müssen zusammenwirken.

Weiter ist die Unterscheidung zwischen wahrer und vermeintlicher Vollkommenheit notwendig. Sie bildet die Grundlage für weitere Differenzierungen dieser Art auf den Gebieten der Psychologie, Ethik und Ästhetik. Lust, Glück und Schönheit als auf der Vollkommenheit aufbauende Konzepte können laut Wolff wahr oder aber auch vermeintlich sein.[66] Mit dem kritischen Bewusstsein, dass eine Erkenntnis der Vollkommenheit, ihre Bewertung, auch immer von ihrem Betrachter abhängig ist, gewinnt bereits bei Wolff der Rezipient selbst an Bedeutung. Baumgarten greift diese Entwicklung auf und führt sie fort, wenn er zwischen einer objektiven und einer subjektiven Vollkommenheit unterscheidet. Es kommt zur Aufwertung des empfindenden Individuums und der Subjektivität des Urteils.

Eine erste Bestimmung der Vollkommenheit

Von den unterschiedlichen Bestimmungen der Vollkommenheit, die Leibniz entwickelte und auch dem jungen Wolff im Briefwechsel im Anschluss an dessen Habilitation vorstellte – Vollkommenheit als „Einigkeit in der Vielheit", als Harmonie, als „Kraft zu wirken" oder als Ursache für die Zunahme der eigenen Realitätsempfindung –, ist es die Bestimmung der Vollkommenheit als Übereinstimmung in der Verschiedenheit (*consensus in varietate*), die sich bei Wolff letzten Endes durchsetzt.[67] In der *Ausführlichen Nachricht von*

---

66 Zu Wolffs Differenzierung zwischen wahrer und vermeintlicher Vollkommenheit prinzipiell – auch im Vergleich zu Leibniz – vgl. die Ausführungen bei Schwaiger: Problem des Glücks, S. 110–120.

67 Vgl. ebd., S. 104. – Zur Entwicklung von Wolffs Vollkommenheitskonzept im Kontext der zeitgenössischen Philosophie wie seiner Auseinandersetzung mit den Überlegungen Leibniz' im Besonderen vgl. Mario Campo: Cristiano Wolff e il razionalismo precritico. 2 Bde. in 1 Bd. Mailand 1939. Nachdruck: Hildesheim, New York 1980 (GW III.9), S. 436–503 sowie Schwaiger: Problem des Glücks, S. 93–120. Zur Vollkommenheit generell und ihrer Bedeutung in Wolffs Moralphilosophie vgl. auch Campo: Cristiano Wolff e il razionalismo precritico, S. 560–570; Arndt: Einleitung (GW I.4), S. IX–XIII; Schröer: Naturbegriff und Moralbegründung, S. 80–99; Gerhardt: Kritik des Moralverständnisses, S. 166–184; Hüning: Christian Wolffs „allgemeine Regel der menschlichen Handlungen", S. 94–96; Andreas Thomas: Die Lehre von der moralischen Verbindlichkeit bei Christian Wolff und ihre Kritik

seinen eigenen Schrifften (1726), dem Rückblick auf seine Arbeiten der letzten sieben Jahre, erklärt Wolff, dass für ihn die Idee der Vollkommenheit mehr impliziert als nur, „daß nichts von demjenigen fehlet, was zu einer Sache gehöret"[68]. Vollkommenheit ist, wie er und ähnlich auch Gottsched im Sinne Leibniz' formulieren, „Zusammenstimmung in der Mannigfaltigkeit"[69]. Funktion dieser allgemein gehaltenen Definition ist es nicht, „die *Vollkommenheit* der besonderen Arten der Dinge [zu] erkennen"[70], sondern zu beurteilen, „ob dieses oder jenes, was wir bey besonderen Arten der Dinge antreffen, ihre Vollkommenheit ausmacht, oder nicht"[71]. Wolff versteht seine Definition nicht als „Art Zauberformel, die eine gediegene Kenntnis des jeweiligen Sachbereichs ersetzen könnte."[72] Sie ist vielmehr Anleitung, die nicht nur besagt, „worauf es ankommt, wenn nichts fehlen soll, was zu einer Sache gehöret", sondern auch zeigt, „wie ich es anfangen muß, wenn ich danach forschen soll."[73] Wie man sich dies vorzustellen hat und welche verschiedenen Aspekte für die weitere Bestimmung von Vollkommenheit relevant sind, expliziert Wolff am Beispiel der Uhr.[74]

Die Vollkommenheit der Uhr liegt in der richtigen Anzeige der Zeit, mithin in ihrer Zweckmäßigkeit. Nur wenn ihre einzelnen Teile „alle mit einander zusammen stimmen"[75], zeigt sie die Zeit korrekt an. Vollkommen ist die Uhr also in der „Zusammenstimmung des mannigfaltigen"[76] bei der korrekten Zeitanzeige. Aus dieser Definition leitet Wolff verschiedene Merkmale der Vollkommenheit ab. Zunächst einmal konstatiert er, dass jede Vollkommenheit gemäß dem Satz des zureichenden Grundes einen Grund hat, anhand dessen sie erkannt und beurteilt werden kann.[77] Im Falle der Uhr ist dies die richtige Angabe der Uhrzeit.[78] Aus diesem von Wolff für die Vollkommenheit geltend gemachten Grund, „daraus man erklären kan, warum eines neben dem andern zugleich da ist, oder eines auf das andere folget"[79],

---

durch Immanuel Kant. In: Rudolph, Goubet (Hg.): Die Psychologie Christian Wolffs, S. 169–189, hier S. 177f. sowie Schwaiger: Baumgarten – ein intellektuelles Porträt, S. 158f.
68 Wolff: Ausführliche Nachricht (GW I.9), § 20, S. 46.
69 Ebd. – Vgl. Gottsched: Weltweisheit I (AW V.1), § 256, S. 239. Herv. i. O.: „Die *Vollkommenheit* ist also die Uebereinstimmung des Mannichfaltigen."
70 Wolff: Ausführliche Nachricht (GW I.9), § 20, S. 49f. Herv. i.O.
71 Ebd., S. 50.
72 Schwaiger: Problem des Glücks, S. 107.
73 Wolff: Ausführliche Nachricht (GW I.9), § 20, S. 49. – Vgl. hierzu Schwaiger: Problem des Glücks, S. 106–108.
74 Dieses Beispiel wird später auch von Gottsched in seiner *Weltweisheit* aufgegriffen. Vgl. Gottsched: Weltweisheit I (AW V.1), § 256, S. 239.
75 Wolff: Deutsche Metaphysik (GW I.2), § 152, S. 79.
76 Ebd., S. 78. Im Original.
77 Zum Satz des zureichenden Grundes vgl. ebd., §§ 29–32 und 142, S. 15–18 und 74.
78 Vgl. ebd., § 153, S. 80.
79 Ebd., § 156, S. 82.

2 „Die Regel der Sehnsucht": Warum wir handeln

entspringen eine in der Vollkommenheit vorherrschende Ordnung wie ihre Regelhaftigkeit,[80] Charakteristika, die auch Gottsched und Baumgarten hervorheben.[81] Ordnung ist definiert als die „Aehnlichkeit des mannigfaltigen in dessen Folge auf und nach einander"[82], Ähnlichkeit wiederum als „ein Uebereinkommen desjenigen, daraus man Dinge erkennen und voneinander unterscheiden soll"[83]. Zwei Dinge sind ähnlich, wenn sie das gleiche Bestimmungsmerkmal bzw. Differenzkriterium haben.[84] Ordnung ergibt sich, wenn die einzelnen Teile in einem Ganzen ähnlich und ihrer Ähnlichkeit nach angeordnet sind.[85]

Wolff wie auch Gottsched und Baumgarten folgen alle drei weiter Leibniz, wenn sie von einem graduellen Vollkommenheitsbegriff ausgehen. So wie auch die Uhr die Zeit mehr oder weniger genau, in Stunden, Minuten oder Sekunden, anzeigen kann, so gibt es auch verschiedene Grade von Vollkommenheit.[86] Hierbei gilt, dass die Vollkommenheit umso größer ist, je mehr wahrzunehmen ist:[87] „Bey einer Uhr, die Minuten zeigt, ist mehr wahrzunehmen, als bei einer kleineren."[88] Für die Bewertung der Vollkommenheit ist neben der Zusammenstimmung ihrer Teile, dem sie bestimmen-

---

80 Vgl. ebd., §§ 156 und 164, S. 81 f. und 87.
81 Vgl. Gottsched: Weltweisheit I (AW V.1), § 262, S. 241; Baumgarten: Metaphysica, §§ 95 und 444, S. 88 f. und 236 f.
82 Wolff: Deutsche Metaphysik (GW I.2), § 132, S. 68. Im Original.
83 Ebd., § 18, S. 11.
84 Vgl. auch ebd., S. 10 f. Herv. i. O.: „Zwey Dinge A und B sind einander ähnlich, wenn dasjenige, woraus man sie erkennen und von einander unterscheiden soll, oder wodurch sie in ihrer Art *determiniret* werden, beyderseits einerley ist".
85 Am Beispiel einer als ordentlich befundenen Prozession veranschaulicht Wolff, was er unter Ordnung versteht: „Man saget, die Leute gehen in einer Proceßion ordentlich, wenn sie Paar und Paar gehen, der Vornehmere zur Rechten, der nicht so vornehme ist, zur Lincken, und gleichergestalt die Vornehmeren in den vorhergehenden, die nicht so vornehme sind, in den folgenden Paaren. Worinnen bestehet nun hier die Ordnung? Allerdings in demjenigen, wodurch die Ordnung gehoben wird, wenn man es wegnimmt. Nun wird die Ordnung gehoben, wenn ich sie nicht mehr lasse Paarweise gehen, noch nach dem Range neben und hinter einander, das ist, überhaupt von der Sache zu reden, wenn ich dasjenige wegnehme, darinnen die mannigfaltigen Dinge, die sich hier unterscheiden lassen und nach, auch neben einander, folgen, einander ähnlich sind. Demnach ist klar, daß die Ordnung überhaupt nichts anders seyn kann, als die Aehnlichkeit des mannigfaltigen in der Folge auf und neben einander." Ebd., § 133, S. 68 f. – Zur Ordnung vgl. auch Achim Vesper: Lust als ‚cognitio intuitiva perfectionis'. Vollkommenheitsästhetik bei Wolff und ihre Kritik durch Kant. In: Stolzenberg, Rudolph (Hg.): Christian Wolff und die europäische Aufklärung. Teil 4, S. 283–296, hier S. 285–287. Zur „Ähnlichkeit als Konstituens der Ordnung" vgl. den gleichnamigen Abschnitt bei Hans Poser: Die Bedeutung des Begriffs ‚Ähnlichkeit' in der Metaphysik Christian Wolffs. In: Studia Leibnitiana 11.1 (1979), S. 62–81, hier S. 75–77.
86 Vgl. Gottsched: Weltweisheit I (AW V.1), § 261, S. 240 f.; Baumgarten: Metaphysica, § 185, S. 124 f.
87 Vgl. Wolff: Deutsche Metaphysik (GW I.2), § 154 f., S. 80 f.
88 Ebd., § 155, S. 81.

den Grund wie der hieraus entspringenden Ordnung und Regelhaftigkeit schließlich ein weiterer Aspekt von Bedeutung, die Absicht. Bereits ganz am Anfang seiner Überlegungen zur Vollkommenheit fordert Wolff in seiner Schrift *Anfangsgründe der Baukunst* (1710) die Übereinstimmung der Vollkommenheit eines Gegenstandes mit der Absicht seines Urhebers: „Die Vollkommenheit des Gebäudes besteht in einer völligen Uebereinstimmung desselben mit den Hauptabsichten des Bauherrn"[89]. Ein als Wirtschaft gebautes Gebäude muss nicht den Ansprüchen eines Prachtbaus genügen.[90] Gottsched schließt sich der Position Wolffs an.[91] Baumgarten hingegen befreit die Vollkommenheit aus der Abhängigkeit von der Absicht ihres Urhebers bzw. des Produzenten, indem er Vollkommenheit als „Zusammenstimmung" (*consensus*) definiert, die, unabhängig von einer ihr zugeschriebenen Funktion, als Ergebnis und in ihrer Wirkung existiert.[92] Ein im Hinblick auf die Entwicklung der Kunsttheorie wesentlicher Aspekt, auf den im folgenden Kapitel noch zurückzukommen ist.

Moralische Vollkommenheit

Die skizzierten Aspekte eines allgemeinen Vollkommenheitskonzepts – die Zusammenstimmung aller Teile zu einem Ganzen, der die Vollkommenheit als Ganze bestimmende Grund bzw. Zweck mit der hierin begründeten Ordnung und ihren Prinzipien, die Relativität von Vollkommenheit wie auch, im Fall von Wolff und Gottsched, die notwendige Absicht des Urhebers –, all diese Aspekte bestimmen auch die Idee der *moralischen* Vollkommenheit, des moralisch Guten. Noch bevor Wolff 1710 seine Überlegungen zur Vollkommenheit im Hinblick auf die Baukunst das erste Mal publiziert, hat er sie bereits fünf Jahre zuvor in einem Brief an Leibniz hinsichtlich der Vollkommenheit der Geschöpfe formuliert und in Beziehung zur moralischen Vollkommenheit bei Leibniz gesetzt. Die Vollkommenheit der Geschöpfe besteht in der Übereinstimmung des Geschöpfs bzw. dessen Eigenschaften mit den Zielen des göttlichen Schöpfers.[93] In ihrer Gottbezogenheit entspricht diese Konzeption der moralischen Vollkommenheit bei Leibniz. Doch während der Vollkommenheitsbegriff eine zentrale Funktion innerhalb seiner moralphilosophischen Argumentation behält, lässt Wolff die Bedeutung Gottes zu-

---

89 Wolff: Anfangsgründe der Baukunst (GW I.12), S. 301–510, hier § 8, S. 307.
90 Vgl. Wolff: Deutsche Metaphysik (GW I.2), § 170, S. 91.
91 Vgl. Gottsched: Weltweisheit I (AW V.1), § 260, S. 240 sowie Gottsched: Weltweisheit II (AW V.2), § 51, S. 96f.
92 Vgl. hierzu Schwaiger: Baumgarten – ein intellektuelles Porträt, S. 160f.
93 Vgl. Campo: Cristiano Wolff e il razionalismo precritico, S. 436f. sowie Schwaiger: Problem des Glücks, S. 102.

nehmend in den Hintergrund treten.[94] Vollkommenheit wird bei Wolff zum Bewertungskriterium moralischen Handelns, insofern gilt: „Was unseren so wohl innerlichen, als aeusserlichen Zustand vollkommen machet, das ist gut; hingegen was beyden unvollkomener machet, ist böse."[95] Vollkommenheit und das moralisch Gute werden gleichgesetzt. Ziel des Menschen ist es, sich und seinen Zustand vollkommener zu machen;[96] ein Auftrag, den sowohl Gottsched als auch Baumgarten übernehmen und dezidierter als Wolff um die Forderung erweitern,[97] nicht nur die eigene, sondern auch die Vervollkommnung des anderen anzustreben.[98] Das ist das alles bestimmende Gesetz der Natur (*lex naturalis*), und so strebt der Mensch von Natur aus nach der Vollkommenheit und folglich nach dem Guten.[99] Seine Handlungen

---

94 Hierzu vgl. die Einschätzung bei Campo: Cristiano Wolff e il razionalismo precritico, S. 570. Herv. i.O.: „Wolff comincia a fermare lo slancio morale appena che dalla *lex naturalis* o dai *fines a Deo intenti* si ritira nella *ratio* e poi nella *perfectio sui* considerata come *summum bonum* o *beatitudo*. E' in questa progressiva soggettivazione che comincia a rispecchiarsi teoricamente il pratico moto discendente dello spirito laicista, e che si preparano le formule delle ulteriori accidie o discese morali (a cominciare dal caratteristico utilitarismo dell'illuminismo razionalista)." Zur Entwicklung von Wolffs Position vgl. Schwaiger: Problem des Glücks, S. 95–102. Zu ihrer Bedeutung für die Begründung einer autonomen Ethik vgl. Poser: Ethik Christian Wolffs, S. 214–216.
95 Wolff: Deutsche Ethik (GW I.4), § 3, S. 6. – Vgl. auch Wolff: Deutsche Metaphysik (GW I.2), §§ 422 und 426, S. 260–262; Wolff: Psychologia empirica (GW II.5), § 554, S. 424f. Zur Vollkommenheit des inneren und äußeren Zustands vgl. Schröer: Sittliche Autonomie, S. 568.
96 Vgl. Wolff: Deutsche Ethik (GW I.4), § 12, S. 12.
97 Schwaiger (Baumgarten – ein intellektuelles Porträt, S. 164) hat bereits angemerkt, dass Wolff „sein oberstes Moralprinzip des öfteren so formuliert, daß darin die Beförderung fremder Vollkommenheit gar nicht eigens auftaucht. Mit einer gewissen Sorglosigkeit wechseln Wendungen, in denen lediglich die eigene Vollkommenheit erwähnt wird, mit solchen ab, in denen die Vollkommenheit der Mitmenschen ausdrücklich miteingeschlossen wird."
98 Vgl. Gottsched: Weltweisheit II (AW V.2), § 32, S. 88; Alexander Gottlieb Baumgarten: Ethica philosophica. 3. Auflage. Halle 1763. Nachdruck: Hildesheim 1969, § 10, S. 9. – Die zentrale Stellung des genannten Paragraphen in Baumgartens *Ethica* und seine theologische Dimension hat hervorgehoben Dagmar Mirbach: *Praeponitur – illustratur*. Intertextualität bei A. G. Baumgarten. In: Allerkamp, Mirbach, (Hg.): Schönes Denken, S. 71–88, hier S. 84–88. Zu Baumgarten vgl. auch Schwaiger: Baumgarten – ein intellektuelles Porträt, S. 163–165.
99 Vgl. Wolff: Deutsche Ethik (GW I.4), § 19, S. 16. – Zur Bedeutung Gottes im Hinblick auf die *lex naturalis* vgl. Anton Bissinger: Zur metaphysischen Begründung der Wolffschen Ethik. In: Schneiders (Hg.): Christian Wolff 1679–1754, S. 148–160, hier S. 153–156 sowie die Ausführungen bei Joesten: Wolffs Grundlegung der praktischen Philosophie, S. 9: „Warum aber ist das Natürliche und Naturgemäße das Gute, so daß eine freie Handlung, die sich auf das Naturziel richtet, sittlich ist? Weil das Natürliche Gottes Absicht ist? Dann ist der Wille Gottes die ultima ratio des Guten; eine Ethik, die das Sittliche deshalb als das Naturgemäße bestimmt, weil das Natürliche das Gottgewollte ist, hat ihr Prinzip in der Religion. Das Verhältnis kann aber auch umgekehrt liegen: was natürlich ist, ist an sich gut und darum Bestimmungsgrund und Ziel des göttlichen Willens. Diesen Standpunkt hat Wolff in der natürlichen Theologie entwickelt. Der göttliche Wille wird wie der menschliche von einer Vorstellung des Guten bestimmt. Die Vorstellungen im Verstande Gottes aber sind das Wesen der Dinge. Derjenige Wesenszusammenhang, der die größte Vollkommenheit aufwies, wurde durch

sind das Mittel, um diese „Hauptabsicht in unserem gantzen Leben"[100] zu erreichen.[101]

Gemäß der Definition der Vollkommenheit als „Zusammenstimmung im mannigfaltigen" müssen alle Handlungen des Menschen „mit einander zusammen stimmen, dergestalt, daß sie endlich alle insgesamt in einer allgemeinen Absicht gegründet sind"[102]. Sie müssen folglich mit Wesen und Natur des nach Vollkommenheit strebenden Menschen übereinstimmen.[103] Wie vollkommen eine Handlung ist, ergibt sich für Wolff letzten Endes „aus ihrem Verhältnis zur Ordnung der Natur, die auf Vollkommenheit ausgerichtet ist, und das bestimmende Prinzip, die Regel oder das Kriterium der moralischen Qualität einer Handlung ist eben diese Vollkommenheit mit der die Handlung zusammenstimmt oder nicht."[104] Gleich Leibniz sprechen Wolff, Gottsched und Baumgarten die absolute Vollkommenheit nur Gott zu.[105] Aus der Relativität der Vollkommenheit entspringt das menschliche Streben nach Vollkommenheit als andauernder Prozess der Vervollkommnung, dessen Erfüllung im ‚Fortschreiten' von einer Vollkommenheit zur nächsten liegt, aber nie sein Ziel, die Gott eigene absolute Vollkommenheit, erreichen kann.[106] Die größte vom Menschen erreichbare Vollkommenheit, seine Seligkeit, liegt also im „ungehinderten Fortgang zu grösseren Vollkom-

---

seinen Willen Wirklichkeit, Natur. Dann kann also die Ethik bei der Suche nach dem sittlichen Ziel sich von der Tätigkeit Gottes leiten lassen; denn was für den von der deutlichsten Erkenntnis determinierten Willen Bewegungsgrund und Ziel ist, muß das schlechthin Gute sein." Zu dem mit dem Naturgesetz wie den noch zu diskutierenden Bewegungsgründen eng verbundenen und in der Forschung viel diskutierten Konzept der Verbindlichkeit (*obligatio*) vgl. Gerhardt: Kritik des Moralverständnisses, S. 178–181; Hüning: Wolffs Begriff der natürlichen Verbindlichkeit; Thomas: Lehre von der moralischen Verbindlichkeit, S. 132–134 und 144–154.

100 Wolff: Deutsche Ethik (GW I.4), § 40, S. 30.
101 Zum Handlungsbegriff bei Wolff vgl. Thomas: Lehre von der moralischen Verbindlichkeit, S. 174–176.
102 Wolff: Deutsche Metaphysik (GW I.2), § 152, S. 79. – Vgl. auch Wolff: Deutsche Ethik (GW I.4), § 2, S. 5: „Wen nun der gegenwärtige Zustand mit dem vorhergehenden und dem folgenden und aller zusammen mit dem Wesen und der Natur des Menschen zusammen stimmet; so ist der Zustand des Menschen vollkommen und zwar um so viel vollkommener, je grösser diese Übereinstimmung ist".
103 Zum „Zusammenstimmen mit dem Wesen und der Natur des Menschen" und den ethischen Implikationen vgl. die ausführlichen Erläuterungen im gleichnamigen Abschnitt bei Schröer: Naturbegriff und Moralbegründung, S. 100–148, insbesondere S. 100–107.
104 Thomas: Lehre von der moralischen Verbindlichkeit, S. 176. – Vgl. hierzu auch Joesten: Wolffs Grundlegung der praktischen Philosophie, S. 8–14.
105 Vgl. Gottsched: Weltweisheit I (AW V.1), §§ 1131–1146, S. 609–616; Baumgarten: Metaphysica, § 817, S. 442 f.
106 Vgl. Wolff: Deutsche Ethik (GW I.4), § 44, S. 31 f.

menheiten"¹⁰⁷, in der stetigen Vervollkommnung – und zumindest für Wolff und Gottsched in seiner Absicht, dies auch zu tun.

Lust: anschauende Erkenntnis, vermeintliche und wahre Vollkommenheit und die notwendige Kollaboration von Sinnlichkeit und Verstand

Das Streben nach Vollkommenheit ist nicht nur im Gesetz der Natur begründet. Lust (*voluptas*) und Verstand sind zwei weitere Faktoren, die das menschliche Handeln bestimmen und an dieser Stelle Berücksichtigung finden müssen. Um nach dem Guten streben zu können, muss der Mensch das Gute erst einmal erkennen. Wie schon bei Leibniz ist Lust ein Indikator des Guten. Grundsätzlich gilt, dass gut ist, was Lust erzeugt.¹⁰⁸ Lust ist, wie Wolff mit Leibniz formuliert, die „Empfindung der Vollkommenheit"¹⁰⁹, ist „nichts anders [...] als ein Anschauen der Vollkommenheit"¹¹⁰. Je größer die empfundene Vollkommenheit ist, desto größer ist die Lust.¹¹¹ Mit zunehmender Einsicht in die Vollkommenheit und die sie bestimmenden Prinzipien steigt der Grad der Lust:¹¹² „Je mehrere Mühe nun etwas kostet zu begreifen oder zu erfinden, je eine grössere Erkäntniß haben wir von unserer Vollkommenheit [...] und wird demnach in solchem Falle die Lust allerdings größer."¹¹³ So ist es gemäß Wolff die Aussicht auf das Empfinden von Lust, die den Menschen anspornt, in der Erkenntnis und in der Wissen-

---

107 Ebd., S. 32. – Vgl. auch Gottsched: Weltweisheit II (AW V.2), § 437, S. 296.
108 Vgl. Wolff: Deutsche Metaphysik (GW I.2), § 423, S. 261. Herv. i. O.: „Deswegen nennen wir *natürlich gut*, was Lust bringet." – Vgl. auch Gottsched: Weltweisheit I (AW V.1), § 951, S. 538 f.; Baumgarten: Metaphysica, § 660, S. 350 f.
109 Wolff: Deutsche Logik (GW I.1), Cap. 1, § 16, S. 130.
110 Wolff: Deutsche Metaphysik (GW I.2), § 404, S. 247. – Vgl. auch Gottsched: Weltweisheit I (AW V.1), § 951, S. 538 f.; Baumgarten: Metaphysica, § 655, S. 346 f.
111 Vgl. Wolff: Deutsche Metaphysik (GW I.2), § 409, S. 250. – Vgl. auch Gottsched: Weltweisheit I (AW V.1), § 954, S. 540; Baumgarten: Metaphysica, § 658, S. 348 f.
112 Vgl. Wolff: Deutsche Metaphysik (GW I.2), § 410, S. 250. – Vgl. auch Gottsched: Weltweisheit I (AW V.1), § 953, S. 539.
113 Wolff: Deutsche Metaphysik (GW I.2), § 412, S. 252. – Lust ist nicht nur Resultat „der Erkenntniß der Vollkommenheit anderer Dinge", sondern entsteht ebenso „aus dem Bewustseyn der Vollkommenheit des Menschen selbst". Wolff: Von dem Vergnügen welches man aus der Erkenntniß der Wahrheit schöpffen kann (GW I.21.5), S. 213–338, hier § 2, S. 218. Vgl. auch ebd., § 8, S. 262 f. Es handelt sich hierbei um die Übersetzung der Schrift *De voluptate ex cognitione veritatis percipienda*, die 1729 in den *Horae subsecivae Marburgenses* veröffentlicht wurde. Wolff setzt sich hier ausführlich mit der Lust bzw. dem Vergnügen, den Bedingungen der Entstehung und den verschiedenen Spielarten auseinander.

schaft weiterzugehen.[114] Lust ist eine angenehme Empfindung und als solche überdies Motivation, nach Vollkommenheit und somit nach dem Guten zu streben.[115] Wer Lust sucht, strebt zwangsläufig nach Erkenntnis, Vollkommenheit und dem Guten.[116]

Zwei Aspekte von Wolffs Lustbegriff verdienen besondere Beachtung. Dies ist zum einen der Status der Lust als anschauende Erkenntnis, zum anderen die an die Lust geknüpfte Unterscheidung zwischen wahrer und vermeintlicher Vollkommenheit. Im Hinblick auf den Grad der Erkenntnis betont Wolff, dass zur Lust keine deutliche, sondern nur eine klare, aber verworrene, d.h. sinnliche Erkenntnis der Sache notwendig ist, besteht die Lust doch im „Anschauen der Vollkommenheit" und damit „in einer anschauenden Erkäntniß der Vollkommenheit"[117]. Anders als Leibniz versteht gerade Wolff, und im Anschluss daran dann auch Baumgarten, Lust als einen spezifischen Modus der Erkenntnis.[118] Hatte Leibniz sowohl den Sinnen als auch dem Verstand die Möglichkeit eingeräumt, Lust zu empfinden, und hierbei betont, dass nur die an den Verstand gebundene Lust von Bedeutung ist, verlagert Wolff die Lust auf die anschauende Erkenntnis und in die Sinnlichkeit.[119] Dass eine an den Verstand gebundene Deutlichkeit nicht notwendig ist, um Lust zu empfinden, ist, so Wolff, aus Erfahrung bekannt, haben doch „die wenigsten Menschen […] die Gabe der deutlichen Erkäntniß: unterdessen genießen doch alle der Lust."[120] Vor- und Nachteil einer solchen Beschaffenheit der Lust liegen auf der Hand: Da jeder Lust empfinden kann,

---

114 Vgl. Wolff: Deutsche Metaphysik (GW I.2), § 413, S. 252: „Die Lust versüsset nicht allein die Wissenschaft, sondern machet auch, daß wir im langen Nachsinnen aushalten und alle Mühe und Beschwerlichkeit, die daher entstehet, überwinden."
115 Ebenfalls in den *Horae subsecivae Marburgenses* hat Wolff das aus der Tugend bzw. tugendhaftem Verhalten resultierende Vergnügen eingehend erörtert. Vgl. Wolff: Von dem Vergnügen welches man von der Tugend zu gewarten hat (GW I.21.5), S. 395–570.
116 Dass dieser Aspekt der Moralphilosophie Wolffs nicht ausreicht, um sie als hedonistisch zu bezeichnen, wurde bereits verschiedentlich diskutiert. Vgl. Schröer: Naturbegriff und Moralbegründung, S. 16.
117 Wolff: Deutsche Metaphysik (GW I.2), § 414, S. 252. – Vgl. auch Wolff: Psychologia empirica (GW II.5), § 511, S. 389. Herv. i.O.: „*Voluptas* est intuitus, seu cognitio intuitiva perfectionis cujuscunque, sive verae, sive apparentis." Vgl. Baumgarten: Metaphysica, § 655, S. 346f. Gottsched (Weltweisheit I [AW V.1], § 951, S. 539. Herv. i.O.) spricht in Anlehnung an Descartes lediglich von „*Anschauen*" bzw. „*Empfindung der Vollkommenheit*", ohne die Lust als Modus der Erkenntnis in den Vordergrund zu stellen.
118 Zur Genese des Lustbegriffs bei Wolff und seinen Abweichungen von Leibniz vgl. Schwaiger: Problem des Glücks, S. 120–139.
119 Vgl. Wolff: Deutsche Metaphysik (GW I.2), § 414–416, S. 252–255 sowie die Ausführungen zur anschauenden Erkenntnis in Kap. I.3.2. – Anders gestaltet sich die Situation bei Baumgarten, der wie Wolff in der *Psychologia empirica* sowohl von einer sinnlichen als auch von einer vernünftigen anschauenden Erkenntnis ausgeht und daher, wie im Folgenden noch zu sehen sein wird, auch zwischen einer vernünftigen und einer sinnlichen Lust unterscheidet.
120 Wolff: Deutsche Metaphysik (GW I.2), § 415, S. 252f.

ist sie ein allen Menschen zugänglicher Weg, um das Gute zu erkennen. Neben dem Gesetz der Natur ist Lust ein allgemein gültiger Ansporn, nach dem Guten zu streben und tugendhaft zu handeln. Als anschauende Erkenntnis bietet sie zudem einen Ansatzpunkt, um den Menschen auf einfache Weise und zwar, wie noch zu sehen sein wird,[121] mittels der Kunst zu bessern. Dass die der Lust zugrunde liegende Erkenntnis nur eine sinnliche ist, stellt jedoch den Status dieser Erkenntnis bei Wolff in Frage: Ist die empfundene Vollkommenheit tatsächlich vollkommen, oder handelt es sich hier nur scheinbar um eine Vollkommenheit?

Wolff differenziert zwischen einer wahren und einer vermeintlichen Vollkommenheit. Auf diese Weise trägt er dem Umstand Rechnung, dass der Mensch Lust empfinden kann, obwohl der Gegenstand der Lust nicht vollkommen ist. Ohne das Gesetz der Natur aufheben zu müssen, kann er erklären, warum der Mensch nicht immer das Gute, sondern auch Böses tut. Im Vergleich mit Leibniz liegt hier eine Verschiebung vom Gegenstand auf den Betrachter bzw. Rezipienten vor. Fragt Leibniz noch nach dem Ding selbst, steht für Wolff die Rezeption des Dings, wie es vom Rezipienten wahrgenommen wird, im Fokus der Betrachtung.[122] Anders als bei Leibniz kann auch Unvollkommenes Lust hervorrufen, sofern das Unvollkommene im ersten Moment fälschlicherweise als Vollkommenheit wahrgenommen wird; ein Irrtum, der jedoch erkannt wird, wenn die Lust schwindet: Nur die wahre Vollkommenheit, nur das wahrhaft Gute, kann Ursprung einer beständigen, einer wahren Lust sein.[123]

Wie die Lust den Menschen täuscht, erläutert Wolff am Beispiel von Essen: „Eine Speise, die uns wohl schmecket, aber übel bekommet, ist ein Scheingut: denn die Kranckheit, so daraus erfolget, erreget Schmertz und demnach Unlust, und alsdenn müssen wir die einmahl genossene Lust mit vielen Schmertzen bezahlen."[124] Diese als Defizit wahrgenommene Eigenschaft der Lust beruht in ihrer Abhängigkeit von der sinnlichen Erkenntnis. Mittels der Lust als anschauender und damit nicht-deutlicher Erkenntnis kann niemals mit Gewissheit entschieden werden, ob es sich bei der vor-

---

121 Vgl. Kap. II.3.
122 Vgl. Schwaiger: Problem des Glücks, S. 119. – Vgl. auch die Definition bei Wolff: Psychologia empirica (GW II.5), § 510, S. 388.
123 Vgl. Wolff: Deutsche Metaphysik (GW I.2), §§ 405–407 und 425, S. 248f. und 262; Wolff: Psychologia empirica (GW II.5), §§ 513f., S. 391–393; Gottsched: Weltweisheit I (AW V.1), §§ 6 und 952f., S. 123 und 539; Gottsched: Weltweisheit II (AW V.2), § 77, S. 110; Baumgarten: Metaphysica, §§ 655 und 662, S. 346f. und 350f. – Daher sind für Wolff gerade die Wissenschaften ein Ort beständiger Lust, denn die dort empfundene Vollkommenheit ist eine wahre. Vgl. Wolff: Deutsche Metaphysik (GW I.2), § 408, S. 249 und 262.
124 Ebd., § 424, S. 261f.

liegenden Sache um ein wahres Gut oder um ein Scheingut handelt.[125] Um die wahre Vollkommenheit zu erkennen, bedarf es des Verstandes, der deutlichen Erkenntnis. Sie muss die Lust „in ihren Schrancken halten"[126], muss kontrollieren, ob die der Lust zugrunde liegende Vollkommenheit eine wahre ist. Der, der „nicht die Gabe deutlicher Erkäntniß hat, der hat seine Lust nicht in seiner Gewalt."[127] Erst durch die stetige Überprüfung der Lust durch den Verstand „lernen wir den Schein, der uns blenden kann, durch die Erfahrung entdecken"[128], lernen wir, die Lust auf Anhieb richtig zu beurteilen. Sinnlichkeit und Verstand arbeiten auch hier wieder zusammen und stehen in einem komplementären Verhältnis zueinander. Die Lust macht auf eine mögliche Vollkommenheit, das möglicherweise Gute aufmerksam. Doch erst wenn die anschauende Erkenntnis der Vollkommenheit durch den Verstand geprüft wurde und Lust und Verstand in ihrer Beurteilung übereinstimmen, erst dann kann mit Sicherheit von einer wahren Vollkommenheit, einem wahren Gut und einer beständigen Lust ausgegangen werden.

Baumgarten: Aufwertung des empfindenden Individuums, erste Schritte hin zur Lust als eigenem Vermögen

Ausgehend von dem bis hierhin skizzierten moralphilosophischen Funktionsmechanismus entwickelt Baumgarten eine eigenständige Position. Baumgarten wertet die subjektive Empfindung auf und schafft zugleich die Basis für die Anerkennung der Lust als eigenes Vermögen, indem er in seiner Bestimmung von Vollkommenheit und Lust wie ihrem Verhältnis zueinander von Wolff abweicht. Es ist umstritten, inwiefern Baumgarten als Vorläufer der Dreivermögenslehre bei Kant gelten kann.[129] Festzuhalten ist, wie

---

125 Vgl. Wolff: Psychologia empirica (GW II.5), § 537, S. 417.
126 Wolff: Deutsche Metaphysik (GW I.2), § 416, S. 255.
127 Ebd.
128 Ebd., § 432, S. 265.
129 Bereits Braitmaier (Geschichte der poetischen Theorie und Kritik von den Diskursen der Maler bis auf Lessing. Bd. 2. Frauenfeld 1889, S. 147) ging davon aus, dass Baumgarten „die verbindende Mittelstellung der ästhetischen Empfindung zwischen Erkenntnis- und Begehrungsvermögen [kannte]" und hat in Bezug auf Meier auf die Tendenz verwiesen, die Lust als drittes Vermögen zwischen Erkenntnis- und Begehrungsvermögen einzuschieben. Reinhard Brandt und Werner Stark (Einleitung. In: Immanuel Kant: Gesammelte Schriften. Bd. 25. Hg. von Reinhard Brandt, Werner Stark. Berlin 1997, S. VII–CLI, hier S. XXV) sehen die „triadische Gliederung von Erkennen, Fühlen und Begehren" bereits bei Baumgarten. Manfred Baum (Gefühl, Begehren und Wollen in Kants praktischer Philosophie. In: Jahrbuch für Recht und Ethik 14 (2006), S. 125–139, hier S. 127–129) findet bei Baumgarten einen wichtigen Hinweis auf Kants Einführung des Gefühls. Hiergegen richtet sich Marion Heinz: Johann Georg Sulzer und die Anfänge der Dreivermögenslehre bei Kant. In: Johann Georg Sulzer (1720–1779). Aufklärung zwischen Christian Wolff und David Hume. Hg. von

gleich gezeigt wird, dass Baumgarten die Lust konsequent in seinen Entwurf der Vermögen integriert, die Lust eine zentrale Funktion einnimmt und an Selbständigkeit gewinnt. Grundlage hierfür sind seine Differenzierung zwischen einer subjektiven und einer objektiven Vollkommenheit, die Begründung einer parallel zur sinnlichen Lust konzipierten vernünftigen Lust und die Trennung der in der anschauenden Erkenntnis noch vereinten Momente von Urteil und Lust.

Nachvollziehen lassen sich die von Baumgarten vorgenommenen Änderungen anhand des oben erörterten Grundsatzes ‚gut ist, was Lust erzeugt'. Die Implikationen dieses Prinzips spezifiziert und expliziert Baumgarten, wenn er den Grundsatz auf das wahrnehmende Subjekt einschränkt und deutlich macht, dass das, was für einen selbst gut ist und die größte Lust bereitet, nicht immer objektiv betrachtet bzw. auch dem eigenen Urteil nach das Bessere ist. In seiner Begründung, warum das eigene Lustempfinden nicht unbedingt mit der tatsächlichen Vollkommenheit einer Sache übereinstimmt, beruft sich Baumgarten auf die Empfindung der Realität und greift damit auf eine bereits von Leibniz verwendete Definition von Vollkommenheit zurück:[130]

> *Gut für mich* ist das, durch dessen Setzung eine Realität in mir gesetzt wird, *schlecht für mich* ist das, durch dessen Setzung eine Negation in weiterer Bedeutung in mir gesetzt wird. Da ich mir meiner, meines Leibes und des Zustands beider mehr, d.h. wahrer, klarer und gewisser bewußt bin als vieler anderer Dinge, liegt auf der Hand, warum das, was ich als gut für mich oder schlecht für mich anschauend erkenne, größere Lust und Unlust hervorruft als vieles andere, obwohl ich dieses als besser oder schlechter beurteile. Von dem, was gut oder schlecht für mich ist, existiert einiges außerhalb meiner, einiges nicht: letzteres ist für mich *von Hause aus* (innerlich) gut oder schlecht, ersteres *von außen kommend* (äußerlich) nützlich. Das, was von Hause aus gut oder schlecht für mich ist, kann mehr gefallen oder mißfallen als das, was von außen kommt.[131]

Frank Grunert, Gideon Stiening. Berlin 2011, S. 83–100, hier S. 84–88. Weder Brandt/Stark noch Heinz berücksichtigen die im Folgenden untersuchten Textpassagen; anders Baum, der auch auf Baumgartens Überlegungen in der *Metaphysica* eingeht, jedoch eine andere Argumentation verfolgt.

130 Vgl. Kap. II.1; Baumgarten: Metaphysica, § 136, S. 104 f.
131 Ebd., § 660, S. 351. Herv. i.O. – „*Mihi bona* sunt, quibus positis in me ponitur realitas, *mihi mala*, quibus positis in me ponitur negatio latius sumpta. Cumque mei corporisque mei et utriusque status magis, i. e. verius, clarius, certius sim conscius, quam multarum aliarum rerum, patet, cur ea, quae intueor, ut mihi bona, vel mihi mala, voluptates et taedia producant maiora, quam multa alia, licet haec vel meliora, vel peiora iudicem. In bonis malisque mihi quaedam exsistunt extra me, quaedam minus, haec sunt mihi bona et mala (interna) *domestica*, illa (externa) *adventicia*, mihi utilia. Domestica possunt magis placere et displicere adventiciis." Ebd., S. 350. Herv. i.O.

Der Zusammenhang zwischen dem Guten, Vollkommenheit und Lust – die Kette ‚gut ist, was vollkommen ist, und was vollkommen und daher gut ist, erzeugt Lust' – bleibt für die eigene Person („für mich") erhalten. Auch der Begriff der Lust ist weiterhin an den Begriff der Vollkommenheit gebunden. Baumgarten unterscheidet aber zwischen einer objektiven und einer subjektiven Vollkommenheit. Letztere wird nicht nur über Zusammenstimmung, sondern auch über die subjektive Realitätsempfindung bestimmt, weshalb sie Grundlage der graduell stärkeren Lust ist. Baumgarten liefert so nicht nur eine weitere Begründung für die von Wolff und auch Baumgarten selbst untersuchte Problematik der Scheinvollkommenheit, sondern hebt auch die Bedeutung der subjektiven Wahrnehmung, des Lust verspürenden Individuums hervor.

Auch wenn Baumgarten wie schon Wolff der Lust den Status der anschauenden Erkenntnis zuweist, sind hier maßgebliche Abweichungen von Wolff zu konstatieren. Zum einen hebt Baumgarten hervor, dass die in der anschauenden Erkenntnis begründete Lust sinnlich oder aber auch vernünftig sein kann.[132] Die Tatsache, dass dementsprechend die der Lust zugrunde liegende anschauende Erkenntnis ebenfalls sinnlich oder auch vernünftig sein kann, weicht von der sonst bei Baumgarten zu konstatierenden Hervorhebung der Sinnlichkeit der anschauenden Erkenntnis ab.[133] Auf der Unterscheidung von sinnlicher und vernünftiger Lust baut Baumgarten seine Definition der Begehrungsvermögen auf.[134] Grundsätzlich entspricht die Aufteilung der Lust in eine rationale und eine sinnliche Variante der von Baumgarten vorangetriebenen Parallelisierung der Vermögen.

Zum anderen unterstreicht Baumgarten die Eigenständigkeit der bei Wolff noch zusammengefassten Größen Urteil und Lust,[135] eine logische Folge seines Ausbaus des *analogon rationis* um ein sinnliches Urteilsvermögen, mit der eine Aufwertung der Stellung der Lust einhergeht. Die Basis für die Autonomisierung des Empfindungsvermögens bei Sulzer oder für die Einführung des Gefühls der Lust und der Unlust als mittleres Vermögen bei Kant ist gelegt. Sinnliche bzw. vernünftige Lust und sinnliches bzw. vernünftiges Urteil können, wie aus der oben zitierten Passage hervorgeht, im Widerstreit miteinander stehen. Sowohl auf der Ebene des Verstandes als auch auf der der Sinnlichkeit kann es zu Unstimmigkeiten zwischen Urteil und Lust kommen. Was gefällt bzw. subjektive Vorzüge hat, ist nicht notwendig das

---

132 Vgl. ebd., § 656, S. 346f.
133 Vgl. die Überlegungen zur anschauenden Erkenntnis bei Baumgarten in Kap. I.3.4.
134 Vgl. Kap. II.2.2.
135 Wie bereits Schwaiger (Problem des Glücks, S. 127) gezeigt hat, ist die Lust bei Wolff immer auch abhängig von einem „Akt des Urteilens [...], daß dem Ding Vollkommenheit innewohne." Vgl. auch ebd., S. 132f.

Bessere. In der Trennung von Lust und Urteil liegt eine mögliche Antwort auf die Frage, warum der Mensch etwas als für ihn selbst Gutes empfinden und in der Folge begehren kann, was seinem eigenen Urteil nach gar nicht gut ist. Zudem wird die bereits von Wolff im Zuge der Unterscheidung von wahrer und vermeintlicher Vollkommenheit vorgenommene Verschiebung vom Objekt hin zum Rezipienten bzw. dessen Wahrnehmung des Objekts von Baumgarten weiter ausgebaut. Mit der zunehmenden Eigenständigkeit der Lust kommt es zur Aufwertung des Affektiven und des Subjektiven. Neben das in der objektiven Vollkommenheit begründete Urteil tritt das in der eigenen Wahrnehmung der subjektiven Vollkommenheit gegründete Lustempfinden. Nicht über den Gegenstand an sich gibt die Lust Aufschluss, sondern über die Wirkung des Gegenstands auf den Einzelnen: wie stark der Gegenstand das Subjekt affiziert. Für die Entwicklung der kunsttheoretischen Kategorie des Vergnügens wie auch der Empfindungstheorien unter anderem bei Mendelssohn und Sulzer ist diese Unterscheidung von erheblicher Bedeutung.[136]

2.2 Das Streben nach Vollkommenheit im Spannungsfeld von Sinnlichkeit und Verstand. Die Schwierigkeit des ‚richtigen' Handelns

Die ambivalente Funktion der Sinnlichkeit, wie sie im Kontext der Erkenntnis einer (vermeintlichen) Vollkommenheit diskutiert wurde, ist auch im Hinblick auf das konkrete Handeln zu beobachten. Nach seiner Erkenntnis der Vollkommenheit richtet der Mensch sein Handeln aus. Aus der Erkenntnis, was vollkommen und somit gut oder unvollkommen und folglich schlecht ist, erwächst das Begehren, das Gute erreichen oder das Schlechte verhindern zu wollen. Die Funktionsweise der Begehrungsvermögen fassen die Autoren jeweils in der *lex appetitus* bzw. *aversationis* (Wolff), der *lex facultatis appetitivae* (Baumgarten) oder der besagten Gottschedschen „Regel der Sehnsucht" (*regula appetitus*) zusammen. Baumgarten baut Gedanken Wolffs aus bzw. integriert Ideen, die Wolff und auch Gottsched nicht explizit in ihre Definitionen einbeziehen. Im Unterschied zu diesen beiden legt er seiner Bestimmung der Begehrungsvermögen nicht zuvörderst die Vollkommenheit, sondern die Lust zugrunde und unterstützt auf diese Weise die Loslösung von einem objektiven hin zu einem subjektiven Vollkommenheitsbegriff. Die bereits angesprochene Stärkung des Individuums wie die Aufwertung der Lust durch Baumgarten finden hier ihre Fortsetzung.

---

[136] Vgl. Kap. IV.

Nicht jedes Begehren mündet automatisch in eine Handlung. Entscheidender Faktor des Handelns ist die Stärke des Begehrens, wie sie durch die Bewegungsgründe bzw. Triebfedern bestimmt wird. Die Ausführungen von Wolff, Gottsched und Baumgarten zu den unterschiedlichen Qualitäten von Bewegungsgründen bzw. Triebfedern machen deutlich, warum der Mensch in Folge seiner Erkenntnis *handelt* – oder gerade nicht handelt – und welche verschiedenen Aspekte seine Handlungen beeinflussen. Notwendig für die Überführung der Erkenntnis, d.h. des theoretischen Wissens um die (Un-)Vollkommenheit in die Praxis ist die Lebendigkeit der Erkenntnis. Die sogenannte lebendige Erkenntnis (*cognitio viva*) vereint die erkenntnistheoretische und die praktische Dimension. Wie schon bei der Vollkommenheit, jedoch implizit, unterscheidet Wolff zwischen einer wahren und einer vermeintlichen lebendigen Erkenntnis. Lebendig ist für ihn die Erkenntnis nur, wenn es sich um eine sichere, also vernünftige Erkenntnis handelt. Die für das Konzept der lebendigen Erkenntnis tragende Rolle der Sinnlichkeit macht hingegen erst Gottsched explizit.

Baumgarten nimmt auch im Fall der Bewegungsgründe wie der lebendigen Erkenntnis eine Ausdifferenzierung der Gedanken seiner Vorgänger vor. Ausdrücklich legiert er den erkenntnistheoretischen und den praktischen Aspekt, wenn er die Lebendigkeit zu einem grundsätzlichen Merkmal der Vollkommenheit der Erkenntnis bestimmt; im Hinblick auf den ethischen Anspruch der Kunst ist dies ein wichtiges Moment, wie noch zu sehen sein wird.[137] Zudem hebt Baumgarten die Bedeutung der Sinnlichkeit hervor: zum einen durch die von ihm gewählte Terminologie, zum anderen durch die Unterscheidung zwischen einer vernünftigen und einer sinnlichen Variante der lebendigen Erkenntnis. Letztere trägt zu der für seine Überlegungen typischen Parallelisierung von Sinnlichkeit und Verstand bei. Indem er auf die unterschiedlichen Bedingungen des Mischungsverhältnisses von vernünftigen und sinnlichen Triebfedern genauer eingeht, expliziert er gründlicher als zum Beispiel Wolff, warum nicht auf jede Erkenntnis die entsprechende Tat folgt.

Dass das Handeln nicht immer mit der Erkenntnis übereinstimmt bzw. gegen das Gute läuft, ist auf die Sinnlichkeit bzw. auf das Verhältnis von Sinnlichkeit und Verstand zurückzuführen. Vor dem Hintergrund des Funktionsmechanismus des sittlichen Handelns treten am Beispiel der Affekte die Problematik und auch das Potential der Sinnlichkeit zutage. Die Sinnlichkeit ist die notwendige Bedingung für die menschlichen Handlungen, auch die sittlichen.

---

137 Vgl. Kap. II.3.3.

Begehrungsvermögen und die „Regel der Sehnsucht"

Seiner Aufteilung des Erkenntnisvermögens in einen oberen und einen unteren Teil folgend, unterscheidet Wolffs Psychologie auch beim Begehrungsvermögen zwischen einem unteren und einem oberen Teil.[138] Baumgarten weicht hier von Wolffs Unterteilung ab, insofern er seinen Überlegungen zu den Erkenntnisvermögen entsprechend von einem unteren und einem oberen Begehrungsvermögen als zwei eigenständigen Vermögen spricht (*facultas appetitiva inferior* und *facultas appetitiva superior*).[139] Im Unterschied zum Erkenntnisvermögen sind der untere und der obere Teil (Wolff) bzw. das untere und das obere Begehrungsvermögen (Baumgarten) parallel zueinander aufgebaut. Die Vermögen sinnliche Begierde (*appetitus sensitivus/facultas concupiscibilis*) und sinnlicher Abscheu (*aversatio sensitiva/facultas irascibilis*) gehören zu den unteren Begehrungsvermögen,[140] die, „zusammen mit dem unteren Erkenntnisvermögen", wie Baumgarten erläutert, „manchmal *das Fleisch* genannt [werden]."[141] Zu den oberen Begehrungsvermögen gehören die beiden Vermögen Wille (*voluntas*) und Nicht-Wollen (*noluntas*)[142] bzw. vernünftige Begierde (*appetitus rationalis*) und vernünftiger Abscheu (*aversatio rationalis*).[143] Während der *appetitus* grundsätzlich definiert wird als Neigung der Seele gegen eine Sache, die als gut wahrgenommen wird,[144] steht die *aversatio* für den Rückzug der Seele von der Vorstellung des Bösen in einer Sache.[145]

---

138 Vgl. Wolff: Psychologia empirica (GW II.5), § 584, S. 443 und 663. – Zu den Begehrungsvermögen bei Wolff vgl. auch den Überblick bei Ecole: Des rapports de l'expérience et de la raison, S. 608–615.
139 Vgl. Baumgarten: Metaphysica, §§ 676 und 689, S. 360f. und 366f.
140 Vgl. Wolff: Psychologia empirica (GW II.5), § 584, S. 443; Baumgarten: Metaphysica, § 676, S. 360f.
141 Ebd., S. 361. Herv. i. O. – „[...] cum facultate cognoscitiva inferiore nonnumquam *caro* dicitur." Ebd., S. 360. Herv. i. O.
142 Hier und im Folgenden folge ich Baumgartens Vorschlag (wie der von ihm verwendeten Schreibweise) aus der *Metaphysica* (§ 690, S. 368), *noluntas* mit „das Nicht-Wollen" zu übersetzen.
143 Vgl. Wolff: Psychologia empirica (GW II.5), §§ 880f., S. 663f.; Gottsched: Weltweisheit I (AW V.1), §§ 975f., S. 546; Baumgarten: Metaphysica, §§ 689f., S. 366–369.
144 Vgl. Wolff: Psychologia empirica (GW II.5), § 579, S. 440. Herv. i. O.: „*Appetitus* in genere est inclinatio animae ad objectum pro ratione boni in eadem percepti." – Vgl. auch Wolffs Definitionen der sinnlichen Begierde und des Willens in Wolff: Deutsche Metaphysik (GW I.2), §§ 434 und 492, S. 266 und 299. Vgl. auch die Definitionen bei Gottsched: Weltweisheit I (AW V.1), §§ 960, 975, 1052 und 1058, S. 541f., 546, 577 und 579 sowie bei Baumgarten: Ethica, § 235, S. 140f.
145 Vgl. Wolff: Psychologia empirica (GW II.5), § 581, S. 441: „*Aversatio* in genere est reclinatio animae ab objecto, pro ratione mali in eodem percepti, seu quod nobis in eodem percipere videmur." – Vgl. auch Wolffs Definitionen des sinnlichen Abscheus und des Nicht-Wollens in Wolff: Deutsche Metaphysik (GW I.2), §§ 436 und 493, S. 267 und 300. Vgl. auch die Definitionen bei Gottsched: Weltweisheit I (AW V.1), §§ 960, 976, 1053 und 1059, S. 541f., 546,

Wille und sinnliche Begierde bzw. Nicht-Wollen und sinnlicher Abscheu unterscheiden sich jeweils durch den Grad der Vorstellung des Guten bzw. Bösen. Deutlich ist die Vorstellung des Guten bzw. Bösen, die den beiden oberen Vermögen Wille und Nicht-Wollen zugrunde liegt.[146] Undeutlich bzw. verworren und bei Baumgarten auch dunkel[147] ist die Vorstellung des Guten bzw. Bösen, auf den die beiden unteren Vermögen sinnliche Begierde und sinnlicher Abscheu beruhen.[148] Um zu begehren bzw. zu verabscheuen, muss die Sache erst einmal als gut bzw. als böse erkannt werden, denn „[a]ppetitus nascitur ex cognitione"[149]. Die Begehrungsvermögen sind in den Erkenntnisvermögen begründet und hängen von diesen ab,[150] ein Fakt, der zu berücksichtigen ist, will man auf die Begehrungsvermögen und damit auf die Erziehung des Menschen zum sittlichen Handeln einwirken.

Die Definition der Begehrungsvermögen findet sich bei Baumgarten in der *Ethica*. In der *Metaphysica* hingegen nimmt Baumgarten eine andere Gewichtung vor, die es verdient, hier erwähnt zu werden, trägt sie doch zur Aufwertung des empfindenden Individuums bei. Zum einen integriert er in seine Definition die Idee, dass das, was begehrt wird, als realisierbar vorhergesehen wird und zudem erwartet wird, dass es auch eintritt, „wenn ich meine Kraft darauf gerichtet habe"[151]; das sind Aspekte, die sich auch schon bei Wolff finden.[152] Zum anderen wird nicht die Vorstellung des Guten, sondern explizit die Lust, die das begehrte Objekt auslöst, als Teil der Definition angeführt: „Was ich begehre [...] gefällt."[153] Baumgartens Lustbegriff ist zwar mit der Idee der Vollkommenheit und folglich dem Guten verbunden, doch durch die Berücksichtigung des subjektiven Realitätsempfindens kommt es zu einer Abweichung der für Wolff geltenden Vollkommenheitsdefinition und einer Ausdifferenzierung der Vollkommenheit in eine objektive und eine subjektive Vollkommenheit. Der für das wahrnehmende Subjekt relevante Lustbegriff ist losgelöst von einem Vollkommenheitsbegriff,

---

577 und 579 sowie bei Baumgarten: Metaphysica, § 665, S. 352 f.; Baumgarten: Ethica, § 235, S. 140 f.
146 Vgl. Wolff: Deutsche Metaphysik (GW I.2), § 492, S. 299; Wolff: Psychologia empirica (GW II.5), §§ 880 f., S. 663 f.; Gottsched: Weltweisheit I (AW V.1), § 975 f., S. 546; Baumgarten: Metaphysica, § 689, S. 367.
147 Vgl. ebd., § 677, S. 360 f.
148 Vgl. Wolff: Deutsche Metaphysik (GW I.2), §§ 434 und 436, S. 266 f.; Wolff: Psychologia empirica (GW II.5), §§ 580 und 582, S. 440 f.; Gottsched: Weltweisheit I (AW V.1), § 960, S. 541.
149 Wolff: Psychologia empirica (GW II.5), § 509, S. 387.
150 Vgl. hierzu auch die Erläuterungen bei Newmark: Passion, Affekt, Gefühl, S. 193 f.
151 Baumgarten: Metaphysica, § 664, S. 353. – „vi mea ad eadem determinata", ebd., S. 352. – Vgl. hierzu Schwaiger: Baumgarten – ein intellektuelles Porträt, S. 84.
152 Vgl. die Ausführungen weiter unten zum Spaziergang.
153 Baumgarten: Metaphysica, § 664, S. 353. – „Quae appeto [...] placent." Ebd., S. 352.

der lediglich über die Zusammenstimmung aller Teile und damit objektiv bestimmbar ist. Nicht (nur) die *Erkenntnis* des Guten, sondern die *Empfindung* von Lust ist bei Baumgarten primäre Grundlage des Begehrens. Die Begehrungsvermögen sind also nicht allein an die Erkenntnisvermögen, sondern vornehmlich an eine dritte Instanz, die Lust, gekoppelt. Indem Baumgarten die Begehrungsvermögen über das Lustempfinden definiert, berücksichtigt er, dass der Mensch in erster Linie begehrt, was für ihn selbst gut ist. Die subjektive Wahrnehmung des (für einen selbst) Guten steht an erster Stelle. Jetzt erschließt sich dann auch, warum Baumgarten zwischen einer vernünftigen und einer sinnlichen Lust differenziert, gar differenzieren muss.[154] Denn wenn Baumgarten die Unterteilung des Begehrungsvermögens in ein oberes und ein unteres, also ein vernünftiges und ein sinnliches Vermögen beibehalten, das Begehrungsvermögen aber nicht allein an das der Erkenntnis gekoppelt wissen will, sondern an die Lust, muss letztere – wie das sonst als Grundlage dienende Erkenntnisvermögen – sowohl in einer sinnlichen als auch in einer vernünftigen Variante vorliegen.

Mit seiner Neupositionierung der Lust hin zu einem eigenständigen Vermögen zieht Baumgarten – wieder einmal – die Konsequenzen aus Überlegungen, wie sie bei Wolff zu finden sind. Bereits bei Wolff ist die Lust Bindeglied zwischen Erkenntnis- und Begehrungsvermögen. Aus der Erkenntnis des Guten entsteht zunächst die Lust, auf diese folgt dann das Urteil über die Güte des Objektes und schließlich der *appetitus* – oder, wie es Wolff erläutert: „Es kostet einer den Wein im Glase, daß er wohl schmecket. Da ihm nun der Geschmack eine sinnliche Lust machet, so urtheilet er daraus, daß der Wein gut sey, und die Lust, dadurch er sich die Sache als gut vorstellet, erreget zugleich in ihm die Begierde zu trincken."[155] Gleiches gilt für die Unlust und die *aversatio*.[156] Die Lust bzw. Unlust wird zum Anreiz für die Seele, Begierde und Abscheu entstehen zu lassen:

> Da wir nun an dem Guten, welches wir uns vorstellen, Lust haben; so wird die Seele dadurch determiniret sich zu bemühen die Empfindung davon hervorzubringen, oder (welches gleichviel ist) sie determiniret sich dadurch diese Empfindung hervorzubringen. Und in dieser Bemühung bestehet die Neigung, welche zuweilen die sinnliche Begierde, zuweilen der Wille genennet wird, daß sie demnach nichts als eine Bemühung eine Empfindung hervorzubringen, die wir vorher erkennen, oder gleichsam vorher sehen.[157]

---

154 Zu Baumgartens Unterscheidung vgl. Kap. II.2.1.
155 Wolff: Deutsche Metaphysik (GW I.2), § 434, S. 266.
156 Vgl. Wolff: Psychologia empirica (GW II.5), § 509, S. 388. – Das entsprechende Beispiel findet sich in Wolff: Deutsche Metaphysik (GW I.2), § 436, S. 267 f.
157 Ebd., § 878, S. 544.

Wie man sich dies vorzustellen hat, erläutert Wolff am Beispiel eines Spaziergängers, der in der Vergangenheit bei schönem Wetter erfreut spazieren gegangen ist. Wenn dieser Spaziergänger nun sieht, dass wieder gutes Wetter ist, möchte er sogleich wieder spazieren gehen. Denn, so erklärt Wolff, „[i]ndem wir das schöne Wetter sehen, bringet uns die Einbildungskraft auch das Spatziergehen und den dabey vergnügten Zustand in das Gedächtniß."[158] Der Spaziergang wird aufgrund des bereits erlebten Vergnügens als etwas Gutes vorgestellt und die Seele bestimmt, „sich wieder die Vorstellung von dem Spatziergehen und der davon zu habenden Lust hervorzubringen"[159]; ein langwieriges Unterfangen, muss sie doch hierbei die bereits erlebte Reihenfolge der Vorstellungen einhalten: „[E]s werden nach und nach alle Vorstellungen hervorgebracht von denjenigen Veränderungen, die in unserem Leibe vorgehen müssen, ehe es zum Spatziergehen kommt."[160] Der Wille dauert hierbei so lange an, bis das ersehnte Ereignis eintritt.[161]

Die Seele folgt hier der *lex facultatis appetitivae*, dem Gesetz des Begehrungsvermögens, wie Baumgarten es dann in der *Metaphysica* zusammenfasst:

> Ich bemühe mich, dasjenige hervorzubringen, von dem ich vorhersehe, daß es gefallen wird, und erwarte, daß es durch meine Anstrengung zukünftig existieren wird. Ich strebe das Gegenteil desjenigen an, von dem ich vorhersehe, daß es nicht gefallen wird, und von dem ich erwarte, daß ich es durch meine Anstrengung verhindern kann.[162]

Schon bei Wolff und Gottsched existiert ein Gesetz mit ähnlichem Namen. Wolff erklärt ganz allgemein, dass gemäß der *lex appetitus* bzw. der *lex aversationis* der Mensch das begehrt bzw. verabscheut, was er sich als gut bzw. schlecht vorstellt.[163] Und Gottsched unterstreicht mit seiner Variante des Gesetzes, der eingangs zitierten Regel der Sehnsucht (*regula appetitus*) – „[a]lles, wornach wir uns sehnen, darnach sehnen wir uns, als nach etwas Gutem; und alles, was wir verabscheuen, das verabscheuen wir, als etwas Böses"[164] –, stärker als Wolff den Gedanken, dass der Mensch von Natur aus das Gute will und das

---

158 Ebd., § 879, S. 545.
159 Ebd.
160 Ebd.
161 Vgl. ebd., S. 546. – Gleiches gilt natürlich auch, wie Wolff (ebd., § 880, S. 546) betont, für die *aversatio*.
162 Baumgarten: Metaphysica, § 665, S. 353. Herv. i. O. – „*Quae placentia praevidens exstitura nisu meo praesagio, nitor producere. Quae displicentia praevidens impedienda nisu meo praesagio, eorum opposita appeto.*" Ebd., S. 352. Herv. i. O.
163 Vgl. Wolff: Psychologia empirica (GW II.5), §§ 904 und 907, S. 683f. – Anders als später Gottsched und Baumgarten, die mit der *regula appetitus* bzw. der *lex facultatis appetitivae* ein für sinnliche und vernünftige Begierde wie sinnlichen und vernünftigen Abscheu geltendes Gesetz formulieren, gibt es bei Wolff ein jeweils eigenes Gesetz für Begierde und Abscheu, die *lex appetitus* und die *lex aversationis*.
164 Vgl. die Angabe in Kap. II, Anm. 14.

Böse verabscheut. Sollte er dennoch einmal das tatsächlich Böse begehren und das tatsächlich Gute verabscheuen, so tut er dies unwissentlich.[165] Die brisante Implikation dieser Regel präsentiert Baumgarten sodann als eine logische Folge der *lex facultatis appetitivae*: „Folglich kann ich vieles Gute und Schlechte unter dem Aspekt des Guten begehren, vieles Schlechte und Gute unter dem Aspekt des Schlechten zurückweisen."[166]

Nach Ansicht von Clemens Schwaiger weicht Baumgarten in seiner Formulierung des Gesetzes entschieden von Wolff und Gottsched ab.[167] Doch Wolffs Ausführungen zum Spaziergang zeigen, dass hier zu relativieren ist. Baumgarten greift wie schon in seiner Definition der Begehrungsvermögen auf Gedanken Wolffs zurück und baut sie aus. Er nimmt zum einen das von Wolff und Gottsched diskutierte, aber in den von ihnen formulierten Gesetzen nicht explizit artikulierte aktive Moment der Begehrungsvermögen auf: das Sichbemühen, etwas hervorzubringen, die Bedingung aller Handlungen. Und auch bei Wolff liegt die Überlegung zugrunde, dass es die Erwartung der zukünftigen Empfindung der Lust ist, die begehren lässt. Bezeichnend für Baumgartens Version der *lex facultatis appetitivae* ist, dass das Gute seine primäre Stellung einbüßt und von der Lust ersetzt wird.

Lebendige Erkenntnis zwischen sinnlichen und deutlichen Bewegungsgründen

Lediglich zu begehren oder zu verabscheuen reicht jedoch nicht aus, um zu handeln. Damit der „Sehnsucht" gefolgt wird und die Erkenntnis des Guten oder Schlechten (Wolff und Gottsched) bzw. die erwartete Lust oder Unlust (Baumgarten) zur Handlung führt, müssen die Vorstellungen des Guten oder Schlechten bzw. der Lust oder der Unlust, der Grund des Begehrens oder des Abscheus, stark genug sein.[168] Zum Handeln bedarf es der „Bewegungsgründe"[169] bzw. „Triebfedern des Gemüths" (*elateres animi*)[170]. Die

---

165 Vgl auch Wolff: Psychologia empirica (GW II.5), § 896, S. 675.
166 Baumgarten: Metaphysica, § 665, S. 353. – „Hinc multa bona et mala, sub ratione boni, possum appetere. Multa mala et bona, sub ratione mali, possum aversari." Ebd., S. 352.
167 So Schwaiger: Baumgarten – ein intellektuelles Porträt, S. 83 f.
168 Vgl. Baumgarten: Metaphysica, § 671, S. 356 f.
169 Wolff: Deutsche Metaphysik (GW I.2), § 496, S. 302; Gottsched: Weltweisheit I (AW V.1), § 979, S. 547.
170 Baumgarten: Metaphysica, § 669, S. 354. – Zu diesen Begrifflichkeiten bei Wolff und Baumgarten vgl. Stefanie Buchenau: *Trieb, Antrieb, Triebfeder* dans la philosophie morale prékantienne. In: Trieb. Tendance, instinct, pulsion. Hg. von Myriam Bienenstock. Paris 2002, S. 11–24, hier S. 17–20.

Erkenntnis muss, wie Wolff formuliert, „lebendig" (*viva*) sein. Moralisches Handeln setzt lebendige Erkenntnis voraus.[171]

Lebendig heißt eine Erkenntnis, wenn sie „einen Bewegungsgrund des Willens abgiebet, entweder das Gute zu vollbringen, oder das Böse zu lassen."[172] Liegt kein solcher Bewegungsgrund vor, ist die Erkenntnis tot (*mortua*).[173] Wolff überführt hier das Diktum aus dem Brief des Jakobus, ein Glaube ohne Taten sei tot, in die praktische Philosophie und schafft mit der ‚toten' bzw. der ‚lebendigen Erkenntnis' einen neuen moralphilosophischen Terminus.[174] Um lebendig zu sein, müssen die Erkenntnis und der Mensch sich ihrer sicher sein. Der Mensch muss erkennen, dass seine Erkenntnis wahr ist, ihrer Wahrheit ‚überführt'[175], d.h. auf logischem Wege überzeugt worden sein. Nur dann wird er aus der Erkenntnis heraus handeln.[176] Aber auch hier kann es zur Täuschung kommen, wenn irrtümlich angenommen wird, man sei ‚überführt', obwohl man lediglich ‚überredet' wurde und „einen falschen Wahn, als wenn wir die Richtigkeit der Sache erkenneten, die wir doch bey weitem noch nicht sehen, für eine Ueberführung hält."[177] Von Dauer ist die lebendige Erkenntnis nur, wenn sie in einer deutlichen Erkenntnis gründet. Dass Wolff hier ähnlich seiner Unterscheidung zwischen wahrer und vermeintlicher Vollkommenheit implizit zwischen einer beständigen und einer vermeintlichen, da veränderlichen Form der lebendigen Erkenntnis unterscheidet, wurde bisher übersehen.[178]

---

171   Vgl. Wolff: Philosophia practica universalis. Methodo scientifica pertractata. Pars posterior (GW II.11), ad § 249, S. 225.
172   Wolff: Deutsche Ethik (GW I.4), § 169, S. 120. – Vgl. auch die Definitionen in Wolff: Deutsche Logik (GW I.1), Cap. 1, § 15, S. 129; Wolff: Philosophia practica universalis II (GW II.11), § 244, S. 220.
173   Verschiedene Ansätze zur Analyse wie weiterführende Überlegungen zur lebendigen Erkenntnis bei den hier untersuchten Autoren, auch hinsichtlich der Kontextualisierung, finden sich u.a. bei Caroline Torra-Mattenklott: Metaphorologie der Rührung. Ästhetische Theorie und Mechanik im 18. Jahrhundert. München 2002, S. 139–208; Stöckmann: Anthropologische Ästhetik, S. 108–113; Schwaiger: Baumgarten – ein intellektuelles Porträt, S. 122–126. Zu Baumgarten vgl. auch die Ausführungen zur *vita cognitionis aestheticae* in Kap. II.3.3.
174   Vgl. Wolff: Philosophia practica universalis II (GW II.11), § 244, S. 220f. – Zu Bezügen der lebendigen Erkenntnis zur Theologie und zum Pietismus bei Wolff und Baumgarten vgl. Torra-Mattenklott: Metaphorologie der Rührung, S. 147–171.
175   Vgl. hierzu Wolff: Deutsche Logik (GW I.1), Cap. 13, S. 231–237.
176   Vgl. Wolff: Philosophia practica universalis II (GW II.11), §§ 245–248, S. 221–224.
177   Wolff: Deutsche Logik (GW I.1), Cap. 13, § 13, S. 235f. – Zur Überführung in Absetzung von der Überredung bei Wolff vgl. Dietmar Till: „Anschauende Erkenntnis". Literatur und Philosophie bei Wolff, Gottsched und Lessing. In: Sentenz in der Literatur. Perspektiven auf das 18. Jahrhundert. Hg. von Alice Stašková, Simon Zeisberg. Göttingen 2014, S. 19–36, hier S. 20–23.
178   Vgl. Wolff: Deutsche Metaphysik (GW I.2), § 169, S. 102f. – Das Urteil von Schwaiger (Baumgarten – ein intellektuelles Porträt, S. 123f.), Wolff habe nur beim Vorliegen rational begründeter Überzeugung von lebendiger Erkenntnis sprechen wollen, übergeht sowohl

Die Situierung der beständigen, der wahren lebendigen Erkenntnis im Bereich der deutlichen Vorstellungen sollte nicht zu dem Schluss verleiten, die sinnlichen Vorstellungen spielten hier keine oder nur eine untergeordnete Rolle, ganz im Gegenteil: Die lebendige Erkenntnis ist zunächst, wie Gottsched erläutert, die „*aus der Erfahrung fließende Erkenntniß*", die „in den Willen [wirket]"[179]. Ihr gegenüber steht die Unzulänglichkeit einer „aus lauter Vernunftschlüssen" bestehenden Erkenntnis, die bei den meisten „im bloßen Verstande stehen bleibt"[180] und sich folglich nicht in Taten ausdrückt. Ausgangspunkt der lebendigen Erkenntnis sind also die mit der anschauenden Erkenntnis verbundene Erfahrung und entsprechend die Sinnlichkeit und ihre „Lebhaftigkeit der sinnlichen Empfindungen"[181]. Im ersten Moment scheint es sogar, als ob Gottsched die lebendige Erkenntnis als sinnliche konzipiere. Dass dies nicht der Fall ist, zeigt sich zum einen an Formulierungen wie „*lebendige Erkenntniß des Verstandes*"[182], zum anderen an einer Definition der lebendigen Erkenntnis als einer, die auf den Willen wirkt und als solche, wie oben gesehen, deutlich sein muss. Für Gottsched bleibt die ‚wahre' lebendige Erkenntnis wie für Wolff eine des Verstandes. Wenn er sie in seinen Erläuterungen von der Sinnlichkeit ableitet, dann integriert er bereits Wolffs Überlegungen zur Ausbildung einer lebendigen Erkenntnis des Verstandes.[183] Dies geschieht mittels der unbeständigen, der vermeintlich lebendigen Erkenntnis. Die von der Sinnlichkeit ausgehende lebendige Erkenntnis für den im Verstand verankerten Willen fruchtbar zu machen, das ist das Ziel der praktischen Philosophie und kann am besten mittels der Poesie bzw. der Künste erreicht werden.

Baumgarten geht auch im Fall der lebendigen Erkenntnis von Überlegungen Wolffs und Gottscheds aus, nimmt aber verschiedene Änderungen vor. Als erstes fällt auf, dass er sie nicht wie seine Vorgänger nur im Rahmen der praktischen Philosophie, sondern auch in dem der Psychologie gewidmeten dritten Kapitel seiner *Metaphysica* behandelt. Die Lebendigkeit gehört bei Baumgarten zu den grundlegenden Vollkommenheiten der Erkenntnis.[184] Ihre spezifische Aufgabe kommt ihr innerhalb der Moralphilosophie zu.[185]

---

     diese zweite Form der lebendigen Erkenntnis aus der *Metaphysik* als auch die Bedeutung, die die Sinnlichkeit bei der Formierung der beständigen lebendigen Erkenntnis einnimmt.
179 Gottsched: Weltweisheit II (AW V.2), § 87, S. 115. Herv. i. O. – Gottsched formuliert die Verbindung der lebendigen Erkenntnis zur Sinnlichkeit eindeutiger als Wolff, greift hierbei aber auf Gedanken Wolffs zurück.
180 Ebd.
181 Ebd., § 443, S. 301.
182 Ebd., § 122, S. 134. Herv. i. O.
183 Vgl. hierzu Kap. II.3.
184 Vgl. die Ausführungen zur *vita cognitionis* in Kap. II.3.3.
185 Vgl. Baumgarten: Ästhetik, § 22, S. 24 f. – Vgl. Schwaiger: Baumgarten – ein intellektuelles Porträt, S. 123.

Weiter unterstreicht Baumgarten terminologisch die Rolle der Sinnlichkeit. Anstelle des sowohl deutliche als auch undeutliche Vorstellungen umfassenden Begriffs ‚Bewegungsgrund' bei Wolff und Gottsched setzt Baumgarten den der ‚Triebfeder' und weitet ihn auf die dunklen Vorstellungen aus.[186] Nur die deutlichen Vorstellungen und damit die Bewegursachen der oberen Begehrungsvermögen Willen und Nicht-Wollen werden von Baumgarten als *motiva*, „Bewegungsgründe"[187], bezeichnet. Die die Bewegursache der unteren Begehrungsvermögen bildenden dunklen und verworrenen Vorstellungen erhalten bei Baumgarten eine eigene Bezeichnung: *stimuli* bzw. „sinnliche Triebfedern"[188]. Eine dritte Abweichung von Wolff und Gottsched liegt in Baumgartens Differenzierung zwischen lebendiger Erkenntnis im weiteren Sinne (*cognitio viva latius*) und lebendiger Erkenntnis im engeren Sinne (*cognitio viva strictius*). Beide sind unterschiedliche Grade der bewegenden (*movens*) Erkenntnis, die Baumgarten grundsätzlich von der trägen (*iners*) unterscheidet.

Die träge Erkenntnis qualifiziert Baumgarten als kalt und leblos. Die bewegende hingegen enthält Triebfedern des Gemüts, ist tätig und wirksam, rührend, feurig und lebendig im weiteren Sinne;[189] Epitheta, die bei der Wirkung der Kunst respektive ihrem Wirkungsauftrag eine Rolle spielen. So ist die symbolische Erkenntnis „auffallend träge"[190], bewegend hingegen ist die anschauende. Die lebendige Erkenntnis im weiteren Sinne verfügt als bewegende zwar über Triebfedern, aber sie führt noch nicht automatisch zur Handlung. Erst die lebendige Erkenntnis im engeren Sinne, die, die „zureichend zum Handeln"[191] ist, insofern die Begierden oder Zurückweisungen in Handlung umgesetzt werden, entspricht der lebendigen Erkenntnis bei Wolff und Gottsched, wobei die deutliche und die sinnliche Variante der lebendigen Erkenntnis in Baumgartens Psychologie gleichberechtigt nebeneinanderstehen.[192] Lebendige Erkenntnis ist unabhängig von ihrem sinnlichen oder vernünftigen Status das, was Baumgarten in seiner *Ethica* auch

---

186 Vgl. Wolff: Deutsche Metaphysik (GW I.2), § 502, S. 306 f.; Wolff: Deutsche Ethik (GW I.4), § 165, S. 99; Gottsched: Weltweisheit I (AW V.1), §§ 979 und 987, S. 547 f. und 550; Baumgarten: Metaphysica, § 669, S. 354. – Auffällig ist, dass Wolff selbst in der *Psychologia empirica* ([GW II.5], § 890, S. 670) nur in Bezug auf die Vermögen *voluntas* und *noluntas*, also Willen und Nicht-Wollen, von ‚Bewegungsgründen' (*motiva*) spricht. Diese sind hier wie bei Baumgarten an deutliche Vorstellungen geknüpft.
187 Baumgarten: Metaphysica, § 690, S. 368.
188 Ebd., § 677, S. 360 und 362.
189 Vgl. ebd., § 669, S. 354 f.
190 Ebd., S. 355. – „notabiliter iners", ebd., S. 354.
191 Ebd., § 671, S. 357. – „sufficiens ad agendum", ebd., S. 356.
192 Vgl. ebd., §§ 669 und 671, S. 354–357. – Zur Bedeutung der sinnlichen lebendigen Erkenntnis bzw. dem Leben der sinnlichen Erkenntnis vgl. die Ausführungen zur *vita cognitionis aesthetica* in Kap. II.3.3. Hier wird noch einmal deutlich, welches Gewicht Baumgarten im Unterschied zu Wolff und Gottsched auf die sinnliche lebendige Erkenntnis legt.

als praktische Erkenntnis (*cognitio practica*) bezeichnet: eine „Kenntniss, die auf Thun und Lassen geht, und in Leben und Wandel einen Einfluss hat."[193]

Mit der Unterscheidung zwischen bewegender Erkenntnis generell und lebendiger Erkenntnis im engeren Sinne macht Baumgarten noch einmal deutlich, warum nicht jede Erkenntnis zur Handlung führt.[194] Aus der Erkenntnis des Guten folgt nur bedingt moralisch verantwortliches Handeln. Es kommt auf die Stärke der Bewegungsgründe bzw. Triebfedern an, die zum einen von der Qualität der Erkenntnis abhängig ist. „Je ausgedehnter, je edler, je wahrer, je klarer, folglich lebhafter oder deutlicher, je gewisser, je feuriger also Erkenntnis ist", erklärt Baumgarten, „desto größer ist sie"[195] – und desto stärker der Bewegungsgrund bzw. die Triebfeder.[196] Ihre Deutlichkeit, ihre Wahrheit oder ihre Lebhaftigkeit[197], sie tragen zur Stärke der Erkenntnis bei, ohne jedoch zwangsläufig eine Handlung zu erwirken. Die Lebhaftigkeit entspricht daher nicht, wie oftmals unterstellt,[198] dem Leben der Erkenntnis, der lebendigen Erkenntnis. Baumgarten selbst hatte sich in seinen *Gedancken vom vernünfftigen Beyfall auf Academien* bereits gegen eine solche Gleichsetzung ausgesprochen: „Man hat das Leben der Erkenntnis und des Vortrages mit beyder Lebhafftigkeit nicht zu verwirren. Die letztere wird zwar zum erstern offt vieles beytragen können; doch kann sie auch offt allein seyn, so daß von ihr auf das Leben keine sichre Folge gilt."[199]

Neben der Qualität ist zum anderen das ‚Mischungsverhältnis' der einzelnen Vorstellungen entscheidend. Gefällt und missfällt etwas in gleichem Maße, so herrscht Gleichgewicht zwischen den begehrenden und den zurückweisenden Bewegungsgründen bzw. Triebfedern.[200] Überwiegt in der Gesamtvorstellung aber zum Beispiel die Lust, also die anschauende Erkenntnis einer Vollkommenheit, so dominiert die Gesamtvorstellung, die dann gemäß der anschauenden Erkenntnis bewegend, wenn nicht gar leben-

---

193 Baumgarten: Ethica, § 70, S. 36, Anm. (a).
194 Vgl. Schwaiger: Baumgarten – ein intellektuelles Porträt, S. 123.
195 Baumgarten: Metaphysica, § 669, S. 355. – „Ergo quo vastior, quo nobilior, quo verior, quo clarior, hinc vividior vel distinctior, quo certior, quo ardentior cognitio est, hoc maior est." Ebd., S. 354.
196 Ausführliche Überlegungen hierzu finden sich in der unter Baumgartens Vorsitz von Samuel Spalding erstellten Dissertation: Alexander Gottlieb Baumgarten, Samuel Spalding: De vi et efficacia ethices philosophicae. Frankfurt a.d. Oder 1741. Nachdruck als Datei hg. von Armin Emmel. http://www.ruhr-uni-bochum.de/aesth/Emmel/Spalding.pdf (Version 1. Juli 2003) (19. Januar 2022).
197 Zur Lebhaftigkeit vgl. Kap. I.3.4.
198 Anders Schwaiger (Baumgarten – ein intellektuelles Porträt, S. 125), der auch auf diese Differenz verweist.
199 Baumgarten: Gedancken vom vernünfftigen Beyfall auf Academien, Anm. * ad § 9, S. 297.
200 Vgl. Baumgarten: Metaphysica, § 670, S. 356 f.; Wolff: Deutsche Metaphysik (GW I.2), § 508, S. 309 f.

dig (im engeren Sinne) sein wird. Allgemein gilt, dass lebendige Erkenntnis „unter sonst gleichen Umständen größer als tote"[201] ist. Des Weiteren bleibt die Hierarchie der Stufenleiter der Erkenntnis in Kraft: Die deutliche ist größer als die verworrene bzw. undeutliche Vorstellung und die undeutliche Vorstellung größer als die dunkle, aber nur dann, wenn die Anzahl der Merkmale gleich ist. Ist dem nicht so, dann kann die undeutliche Vorstellung kleiner sein als die dunkle, die deutliche schwächer als die undeutliche. Dies erklärt, warum sich die sinnlichen Begehrungsvermögen gegenüber den oberen durchsetzen können, die sinnliche Erkenntnis oft anstelle der vernünftigen Erkenntnis entscheidet und das vernünftig erkannte Gute verabscheut wird, während das mit Hilfe der Vernunft erkannte Böse begehrt wird.[202] Die Sinnlichkeit ist oftmals stärker, und dann bestimmt sie das Handeln.

Die Rolle der Sinnlichkeit für das sittliche Handeln

Vor dem Hintergrund des erläuterten Funktionsmechanismus ist nun die Rolle der Sinnlichkeit für das sittliche Handeln zu bewerten. Wie gesehen sind es sowohl deutliche als auch undeutliche – und bei Baumgarten zudem dunkle – Vorstellungen des Guten und Bösen, die zu den Bewegungsgründen bzw. Triebfedern zählen.[203] Lust, Unlust und Affekte gehören hierzu.[204] In dieser bezüglich der Erkenntnisvermögen bereits diskutierten Korrelation von Sinnlichkeit und Verstand liegen Fluch und Segen für das moralisch verantwortungsvolle Handeln.[205] Da der Mensch eine absolut deutliche Erkenntnis nicht erreichen kann – „[u]nser Verstand ist niemahls

---

201 Ebd., § 671, S. 357. – „Cognitio viva, ceteris paribus, maior est mortua", ebd., S. 356.
202 Vgl. Baumgarten, Spalding: De vi et efficacia ethices philosophicae, §§ 8 f., S. 10–12.
203 Im Folgenden werde ich an die deutsche Terminologie von Wolff und Gottsched anschließen, wenn ich den Begriff ‚Bewegungsgrund' anstatt des Baumgartenschen Begriffs der ‚Triebfeder' verwende. Hierbei werde ich zwischen sinnlichen und deutlichen Bewegungsgründen unterscheiden.
204 Vgl. auch Wolff: Deutsche Metaphysik (GW I.2), §§ 502 und 506, S. 306–308.
205 Im Ansatz kommt auch Wetterer (Publikumsbezug und Wahrheitsanspruch, S. 5–8) zu dieser Einschätzung, wenn sie neben den problematischen Aspekten auch die Möglichkeiten der „Instrumentalisierbarkeit menschlicher Sinnlichkeit" (ebd., S. 59) bei Wolff und Gottsched hervorhebt, ohne jedoch die Vorteile der Sinnlichkeit gegenüber der Vernunft zu thematisieren. Die Basisfunktion, die der Sinnlichkeit im Kontext der lebendigen Erkenntnis für das sittliche Handeln zukommt – für den Übergang von der Erkenntnis in die Tat –, wird von Wetterer nicht berücksichtigt und somit auch nicht die fundamentale Stellung der Sinnlichkeit im moralphilosophischen System der Autoren. Wetterers grundsätzliche Bewertung der Sinnlichkeit fällt in der Folge entschieden negativ aus (vgl. ebd., S. 61 und 81) und verstellt den Blick auf die Anerkennung des sinnlichen Potentials gerade bei Wolff und dem, von Wetterer in ihrer Darstellung nicht berücksichtigten, Baumgarten.

rein"²⁰⁶ –, ist auch der in der vermeintlich deutlichen Erkenntnis begründete Wille „niemahls ohne sinnliche Begierde"²⁰⁷. Stimmen Wille und sinnliche Begierde bzw. Nicht-Wollen und sinnlicher Abscheu überein, verstärken sie sich gegenseitig.²⁰⁸ Ist dem nicht so, kommt es zum „Streit" (*pugna/lucta*)²⁰⁹; wird die Deutlichkeit und Gewissheit der oberen gegen die Lebhaftigkeit der unteren Begehrungsvermögen ins Feld geführt, ist das Mischungsverhältnis der Vorstellungen relevant.²¹⁰ Und so kommt es dann auch, dass

> unterweilen die deutlichen Vorstellungen des Guten und Bösen bey Seite gesetzet werden, und man nun dasjenige will, was man vorhin vermöge derselben nicht wolte: hingegen dasjenige nicht will, was man vorhin vermöge ihrer wolte. Nehmlich die Lust und Unlust nebst denen heftigen Affecten machen einen stärckeren Eindruck in die Seele, als die figürliche Erkäntniß des Guten und Bösen [...].²¹¹

Wird der Wille maßgeblich durch ihm entgegengesetzte sinnliche Bewegungsgründe gestört, kann er nicht getreu seiner deutlichen Erkenntnis des Guten agieren, kann die vernünftige Erkenntnis sich nicht durchsetzen. Denn die deutlichen Vorstellungen des Guten garantieren zwar bis zu einem gewissen Grad, dass es sich bei der empfundenen Vollkommenheit um eine wahre und nicht um eine Scheinvollkommenheit handelt und demnach dass das wahre und nicht das vermeintlich Gute begehrt wird, doch als Bewegungsgrund sind sie im Vergleich zu Lust, Unlust und den Affekten eher träge. Es sind die sinnlichen Bewegungsgründe, die den Menschen rühren, ihn affizieren und, indem sie stärker auf seine Seele wirken, gegenüber den deutlichen Bewegungsgründen oftmals im Vorteil sind. Die potentielle Dominanz der sinnlichen Bewegungsgründe ist nicht immer von Vorteil für die Erkenntnis der wahren Vollkommenheit, des wahren Guten. Denn auch wenn die unteren Begehrungsvermögen nur das von ihnen als das Gute Empfundene begehren, so ist die von ihnen begehrte Vollkommenheit nur eine durch die Lust, d.h. im Fall von Wolff und Gottsched durch sinnliche Erkenntnis erkannte Vollkommenheit und damit gegebenenfalls eine vermeintliche. Gerade im Bereich der Moralphilosophie erweist sich die Stärke der Sinnlichkeit als problematisch. Während Wolff in seiner *Metaphysik* die

---

206 Vgl. die Angabe in Kap. I.3.2, Anm. 420.
207 Wolff: Deutsche Metaphysik (GW I.2), § 502, S. 307. – Vgl. auch Wolff: Psychologia empirica (GW II.5), § 910, S. 686; Gottsched: Weltweisheit I (AW V.1), § 981, S. 548; Baumgarten: Metaphysica, § 692, S. 368 f.
208 Vgl. Wolff: Psychologia empirica (GW II.5), §§ 912–916, S. 687–689; Gottsched: Weltweisheit I (AW V.1), § 982, S. 548; Baumgarten: Metaphysica, § 693, S. 368–371.
209 Vgl. Wolff: Psychologia empirica (GW II.5), § 918, S. 689 f.; Gottsched: Weltweisheit I (AW V.1), § 983, S. 549; Baumgarten: Metaphysica, § 693, S. 368–371.
210 Vgl. Gottsched: Weltweisheit I (AW V.1), § 983, S. 549.
211 Wolff: Deutsche Metaphysik (GW I.2), § 503, S. 307.

potentielle Täuschung durch die für den Vorgang des Begehrens bzw. der Abneigung wichtigen Vermögen Sinne und Einbildungskraft lediglich konstatiert, ist im Kontext seiner *Ethik* wie auch der Gottscheds die durch die Sinnlichkeit herbeigeführte Täuschung zur Gewissheit geworden:[212] Begierden und Leidenschaften streiten nach Gottsched „*allezeit*" mit der Vernunft, und „[d]ie Sinne stellen [...] gemeiniglich die Laster, als süß und angenehm vor"[213]. Wie verheerend eine tatsächliche Täuschung durch die Sinnlichkeit sein kann, zeigt sich am Beispiel der Affekte.

Ein Affekt, auch ‚Leidenschaft', ‚Gemütsbewegung' oder ‚Beunruhigung' genannt,[214] ist ein „mercklicher Grad der sinnlichen Begierde und des sinnlichen Abscheues", also eine „heftige sinnliche Begierde" bzw. ein „heftiger sinnlicher Abscheu"[215], der aufgrund von undeutlichen Vorstellungen einer großen Menge von Gutem bzw. Bösem entsteht.[216] Mit der Steigerung der Intensität der Vorstellungen des Guten bzw. Bösen steigt die Lust bzw. Unlust, wodurch die Begierde bzw. der Abscheu intensiviert wird und gegebenenfalls in einen Affekt übergeht. Lust und Unlust selbst sind eine Vorstufe der Affekte und daher nicht mit diesen gleichzusetzen.[217]

---

212 Vgl. die Ausführungen zur Störung durch Sinne und Einbildungskraft in Wolff: Deutsche Ethik (GW I.4), §§ 180f., S. 109–112; Gottsched: Weltweisheit II (AW V.2), §§ 90 und 441, S. 116f. und 300f.

213 Ebd., § 441, S. 301. Herv. i.O.

214 Vgl. auch die verschiedenen Bezeichnungen und die Definition bei Gottsched (Weltweisheit I, § 962, S. 542. Herv. i.O.): „Einen heftigen Grad der sinnlichen Begierde, oder des sinnlichen Abscheues nennen wir einen *Affect*, oder eine *Gemüthsbegwegung*. Man nennet sie, nach Art der Lateiner, auch *Leidenschaften*: weil das Gemüth gleichsam von den Affecten bestürmet und beunruhiget wird; dabey es sich dann fast nur leidend verhält." Vgl. auch Baumgarten: Metaphysica, § 678, S. 362. Er bezeichnet *affectus* auch als *passiones*, *affectiones* und *perturbationes animi* und spricht in seinem Übersetzungsvorschlag entsprechend von „Leidenschaften", „Gemüthsbewegungen" und „Beunruhigungen".

215 Wolff: Deutsche Metaphysik (GW I.2), § 439, S. 269. – Vgl. auch Wolff: Psychologia empirica (GW II.5), § 603, S. 457.

216 Vgl. Wolff: Deutsche Metaphysik (GW I.2), § 441, S. 270. – Anders als bei der sinnlichen Begierde bzw. dem sinnlichen Abscheu schließt auch Baumgarten (Metaphysica, § 678, S. 363) die dunklen Vorstellungen als alleinige Grundlage für die Affekte aus, wenn er Affekte als „([s]tärkere) Begierden und Zurückweisungen aufgrund verworrener Erkenntnis" definiert. – „Appetitiones aversationesque (fortiores) ex confusa congnitione sunt *affectus*", ebd., S. 362. Herv. i.O. Vgl. auch Baumgarten: Meditationes, § 23, S. 24f.

217 Vgl. Wolff: Deutsche Metaphysik (GW I.2), § 443, S. 271. – Zum Verhältnis von Lust und Affekt vgl. auch Gottsched: Weltweisheit I (AW V.1), § 963, S. 542f.; Baumgarten: Metaphysica, §§ 679 und 681, S. 362f. Des Weiteren unterscheidet Wolff (Deutsche Metaphysik, §§ 440 und 445, S. 269f. und 274) drei Arten von Affekten: angenehme, unangenehme und vermischte. Angenehme Affekte bestehen in sinnlichen Begierden, unangenehme im sinnlichen Abscheu und vermischte Affekte in einer Mischung aus sinnlicher Begierde und sinnlichem Abscheu. Die einzelnen Affekte wie Freude, Zorn, Traurigkeit, Haß, Neid, Mitleid oder Furcht bestehen in unterschiedlichen Graden von Lust und Unlust wie ihrer Vermengung und Abwechslung.

Problematisch ist die Intensität der Affekte, da sie eine beachtliche Intensivierung der unteren Begehrungsvermögen mit sich bringt, die zur Handlung führen kann: „Durch die Affecten wird der Mensch hingerissen dieses oder jenes zu thun oder zu lassen"[218] – ohne nachzudenken, ohne zu begreifen, was er im Begriff ist zu tun, denn die Affekte sind schneller als der Verstand.[219] Der Mensch verliert die Kontrolle über seine Handlungen, „wird [...] gleichsam gezwungen zu thun und zu lassen, was er sonst nicht thun, noch lassen würde, wenn er deutlich begriffe, was es wäre."[220] Diese Gewalt der Affekte birgt die Gefahr, einer Unvollkommenheit, wenn auch unwissentlich, zu folgen und demnach schlecht zu handeln, die Wolff und Gottsched eine Herrschaft von Sinnen, Einbildungskraft und Affekten als „Sclaverey des Menschen"[221] verurteilen lässt.

Diese Kraft der Affekte ist aber auch Potential. Sie vermag es, den Menschen zum Handeln zu bewegen. Es gilt daher, eine derartige Kraft auf das wahrhaft Gute zu lenken und „eine hefftige Begierde in sich [zu] errege[n] nichts vorzunehmen, als was der letzten Absicht seines Lebens gemäß ist"[222], folglich dem Gesetz der Natur entspricht, nach dem Guten zu streben.[223] Die Sinnlichkeit wird zur Voraussetzung des sittlichen Handelns. Da die anschauende Erkenntnis gerade aufgrund ihrer Verbindung mit Lust bzw. Unlust oder gar Affekten einen viel stärkeren Einfluss als die Vernunft auf unsere Handlungen hat, ja, die symbolische Erkenntnis gar ‚verdunkelt',[224] ist sie vorzüglich anzusprechen. Lediglich die symbolische Erkenntnis anzuleiten, reicht nicht aus.[225] Die Gewissheit der deutlichen Erkenntnis muss mit der Kraft der anschauenden Erkenntnis gepaart werden. Dies geschieht, indem die unteren Erkenntnisvermögen gefördert werden, die anschauende Erkenntnis angesprochen wird. Wie notwendig diese Art der Förderung besonders angesichts der geistigen Disposition des gemeinen Mannes ist, zeigt sich am rationalen Gegenstück der anschauenden Erkenntnis: dem Gewissen. An ihm wird ein Widerspruch der Wolffschen Moralphilosophie greifbar: die potentielle Ohnmacht der Vernunft gegenüber der Macht der Sinnlichkeit im Rahmen einer Ethik, die auf derselben Vernunft aufbaut.

---

218 Ebd., § 490, S. 298.
219 Vgl. Gottsched: Weltweisheit II (AW V.2), § 441, S. 301.
220 Wolff: Deutsche Metaphysik (GW I.2), § 491, S. 298.
221 Ebd., S. 299. – Vgl. auch Gottsched: Weltweisheit II (AW V.2), § 441, S. 301.
222 Wolff: Deutsche Ethik (GW I.4), § 186, S. 114.
223 Vgl. ebd., §§ 164 f. und 189, S. 98 f. und 116.
224 Vgl. Baumgarten: Metaphysica, § 680, S. 362 f.
225 Vgl. Wolff: Deutsche Ethik (GW I.4), § 167, S. 100 f.

2.3 Gewissen – eine moralphilosophische Utopie?

Als Gewissen bezeichnet Wolff „[d]as Urtheil von unseren Handlungen, ob sie gut oder böse sind"[226]. Im Anschluss an traditionelle Bestimmungen unterscheidet Wolff verschiedene Formen des Gewissens voneinander:[227] das richtige (*recta*) und das irrige (*erronea*), das gewisse (*certa*), das wahrscheinliche (*probabilis*) und das „zweiffelhafftig[e]"[228] (*dubia*), das vorhergehende (*antecedens*) und das nachfolgende (*consequens*), das lehrende (*theoretica*) und das antreibende (*practica*) und schließlich das freie (*libera*) und das gehinderte (*serva*) Gewissen.[229] Ist das vom Gewissen gefällte Urteil wahr, so ist es ein richtiges Gewissen, ist es falsch, so ist es ein irriges Gewissen. Von einem ‚gewissen Gewissen' wird gesprochen, „[w]enn man überführt ist, daß eine Handlung entweder gut oder böse sey"[230]. Vermutet man dies nur, ist das Gewissen wahrscheinlich. Zweifelt man aber gar an der Validität des Urteils, ist das Gewissen ein „zweifelhafftiges". Das Urteil kann vor oder nach Ausführung bzw. Unterlassung der Handlung gefällt werden, je nachdem ist es ein vorhergehendes oder ein nachfolgendes Gewissen. Beim vorhergehenden Gewissen ist zu differenzieren zwischen einem Urteil, das sich lediglich zur Qualität der Handlung verhält, und einem Urteil, das „uns zugleich an[treibt], die Handlung entweder vorzunehmen, oder zu unterlassen."[231] Zur Exemplifikation dieser Unterscheidung verweist Wolff auf die Speise: „Wenn man von einer Speise redet, urtheilet man entweder, daß sie gesund sey, oder daß man sie genießen soll. Im ersten Falle nenne ich das Gewissen ein *lehrendes*, in dem andern aber ein *antreibendes Gewissen*."[232]

Im Hinblick auf die Kunsttheorie und auf die Entwicklung des Gewissensbegriffs im 18. Jahrhundert ist die Wahl des Beispiels bemerkenswert. In den ein Jahr vor Wolffs Abhandlung *Deutsche Ethik* publizierten *Réflexions critiques sur la poésie et sur la peinture* (1719) bedient sich Jean-Baptiste Dubos ebenfalls der Vorstellung eines Mahls, in diesem konkreten Fall des Ragouts,

---

226 Ebd., § 73, S. 46. – Vgl. auch Wolff: Philosophia practica universalis I (GW II.10), § 417, S. 318.
227 Vgl. Kittsteiner: Die Entstehung des modernen Gewissens, S. 261.
228 Wolff: Deutsche Ethik (GW I.4), § 75, S. 47.
229 Zu den hier angeführten Arten des Gewissens vgl. ebd., §§ 74f., 77f. und 81, S. 46–48 und 50 sowie Wolff: Philosophia practica universalis I (GW II.10), §§ 419f., 422f. und 426, S. 319–324. – Weitere Arten und Unterarten des Gewissens, die zum Teil auch von Gottsched und Baumgarten aufgegriffen werden, führt Wolff im ersten Teil seiner *Philosophia practica universalis* an. Für das grundsätzliche Verständnis von Aufbau und Funktionsweise des Gewissens sind sie an dieser Stelle jedoch nicht von Interesse.
230 Wolff: Deutsche Ethik (GW I.4), § 75, S. 47.
231 Ebd., § 78, S. 48.
232 Ebd. Herv. i.O.

als Beispiel für eine andere urteilende Instanz: den Geschmack.²³³ Analog zum Gewissen unterscheidet der Dubos'sche Geschmack, ob etwas gut oder schlecht ist, doch auf einer vollkommen anderen Grundlage als bei Wolff. Für Dubos ist das Gefühl (*le sentiment*) Fundament eines Geschmacks, der unabhängig von der Vernunft eine Entscheidung trifft. Auf diese sinnliche Konzeption des Geschmacks wird später Mendelssohn bei der Entwicklung seines Gewissensbegriffs zurückgreifen – in Anbetracht der Tatsache, dass die Speise sowohl bei Wolff als auch bei Dubos als Beispiel dient, ein gar nicht so überraschender Schritt.²³⁴

An den oben dokumentierten Weisen lassen sich zwei wichtige Aspekte der Konzeption des Gewissens bei Wolff ablesen. Erstens verfügt es, wie anhand des antreibenden Gewissens ersichtlich geworden ist, über die Möglichkeit, zum Handeln zu motivieren. Es besteht also eine Rückkopplung an die Bewegungsgründe. Zweitens nimmt Wolff eine Klassifizierung des Gewissens gemäß der Qualität seiner Urteile vor. Im Vordergrund steht die Idee des Gewissens als ein rein vernünftiges Urteil bzw. als ein möglichst rein vernünftiges Urteil. Wenn beurteilt werden soll, ob eine Handlung gut oder böse ist, bedarf es der „Einsicht in den Zusammenhang der Wahrheiten"²³⁵ – der Vernunft. Sie wird von Wolff als notwendige Bedingung klar herausgestellt: „Der Mensch hat ein Gewissen, weil er Vernunfft hat."²³⁶ Mit dieser Fundierung des Gewissens in der Vernunft und damit im Menschen unterscheidet sich Wolffs Gewissensbegriff von dem der protestantischen Moraltheologie, insofern der für diesen notwendige Bezug zu Gott fehlt. An seine Stelle tritt die Vernunft.²³⁷ Sie ist es, die die Korrektheit des vom Ge-

---

233 Vgl. Abbé [Jean-Baptiste] Du Bos: Réflexions critiques sur la poésie et sur la peinture. Paris ⁶1755. Nachdruck mit einem Vorwort von Dominique Désirat. Paris 2015, II, Sect. 22, S. 426. – Zum Geschmacksbegriff bei Dubos vgl. Kap. III.2.2.
234 Vgl. Moses Mendelssohn: Abhandlung über die Evidenz in Metaphysischen Wissenschaften. Berlin 1764, S. 61 f.: „Sie [Gewissen und *Bon-sens*/Warheitssinn] sind in ihrem Bezirke das, was der Geschmack in dem Gebiethe des Schönen und Häßlichen ist. Ein geübter Geschmack empfindet in einem Nu, was die langsame Kritik nur nach und nach ins Licht setzet. Eben so schnell entscheidet das Gewissen, beurtheilet der Warheitssinn, was die Vernunft nicht ohne mühsames Nachdenken, in deutliche Schlüsse auflöset." Zum empfindungsbasierten Gewissenskonzept Mendelssohns und den Parallelen zum Dubos'schen Geschmackskonzept vgl. Verf.: Gewissen, Geschmack und Wirkungskonzept. Zum Verhältnis von Moralphilosophie und Ästhetik bei Mendelssohn, Dubos und Lessing. In: Gewissen. Interdisziplinäre Perspektiven auf das 18. Jahrhundert. Hg. von Simon Bunke, Katerina Mihaylova. Würzburg 2015, S. 105–121, hier insbesondere S. 109–118.
235 Wolff: Deutsche Ethik (GW I.4), § 90, S. 56.
236 Ebd. – Vgl. auch Wolff: Philosophia practica universalis I (GW II.10), § 452, S. 349.
237 Vgl. hierzu Kittsteiner: Die Entstehung des modernen Gewissens, S. 261–263. – Auf die hiermit einhergehende Erweiterung des Gewissensbegriffs hat hingewiesen Arndt: Einleitung (GW I.4), S. XVII: „Der frühere Sprachgebrauch von ‚Gewissen' war primär religiös ausgerichtet und betraf speziell das Gewissen der Sünde als die ‚Stimme Gottes in der Seele'."

wissen gefällten Urteils garantiert; richtig ist, was der Vernunft entspricht.[238] Das Gesetz der Natur ist dann auch, so statuiert Wolff, das Gesetz des Gewissens, insofern das Gewissen den Menschen dazu verpflichtet, der Vernunft gemäß zu handeln, folglich nach Vollkommenheit zu streben.[239] Überprüft wird das Urteil des Gewissens zudem mit Hilfe der Demonstration. Es ist also, stellt Wolff fest, „weiter nichts nöthig, als daß wir den Beweis in Vernunfftschlüsse bringen, und mit Fleiß untersuchen, ob sie so wohl der Materie, als der Forme nach ihre Richtigkeit haben."[240] Hierfür bedarf es der Fertigkeit zu demonstrieren und damit einer Fertigkeit, über die nicht jeder verfügt und deren Aneignung auch nicht allen offensteht.[241]

Aber nicht nur ein Mangel an Vernunft kann dem Gewissen und seinem richtigen Urteil entgegenstehen. Auch und besonders die Sinnlichkeit wird von Wolff als Störfaktor identifiziert. Die Beziehung von Gewissen und Bewegungsgründen macht dies deutlich. Lust und Unlust sind eng mit dem Gewissen verknüpft: Auf böse Handlungen folgt „viele und grosse Unlust", Lust hingegen stellt sich ein, „wenn wir das Gute vollbracht und das Böse unterlassen"[242] haben. Es ist das nachfolgende Gewissen, das sich in Form von Missvergnügen und Gewissensbissen oder von Lust und Freude zu Wort meldet, bestraft oder belohnt.[243] Und „so hat auch unser Gewissen mit den guten und bösen Handlungen Bewegungsgründe verknüpffet, und folgends verbindet es uns die guten Handlungen zu vollbringen, und die bösen zu unterlassen"[244]. Die Aussicht auf Lust und Freude bzw. das Verlangen, Missvergnügen und Gewissensbisse zu vermeiden, kann zum Handeln veranlassen. Die bereits diskutierte Möglichkeit, dass Lust, Unlust und Affekte den Menschen in seinem Urteil beeinflussen und gegebenenfalls fehlleiten,[245] ist auch für das Gewissen relevant. Nur wenn das Urteil frei von Lust, Unlust

---

Von daher war er in den moraltheologischen Sprachgebrauch eingegangen als das Vermögen des Menschen, eine objektive Sittenvorschrift auf das subjektive Handeln anzuwenden. Indem Wolff den Ausdruck auf das beurteilende Bewußtsein von der sittlichen Qualität unseres Handeln [sic!] bezieht, läßt er ihm eine Erweiterung zukommen, die sich im Sprachgebrauch erhalten hat."

238 Vgl. Wolff: Deutsche Ethik (GW I.4), § 92, S. 56; Wolff: Philosophia practica universalis I (GW II.10), § 457, S. 351.
239 Vgl. Wolff: Deutsche Ethik (GW I.4), § 137, S. 76f.; Wolff: Philosophia practica universalis I (GW II.10), §§ 520f., S. 388–391.
240 Wolff: Deutsche Ethik (GW I.4), § 94, S. 57. – Vgl. auch Wolff: Philosophia practica universalis I (GW II.10), §§ 458f., S. 351–353.
241 Vgl. Wolff: Deutsche Ethik (GW I.4), § 96, S. 58.
242 Ebd., § 136, S. 76.
243 Vgl. ebd., §§ 106f., 109f. und 130, S. 63–66 und 74; Wolff: Philosophia practica universalis I (GW II.10), § 488, S. 370f.
244 Wolff: Deutsche Ethik (GW I.4), § 136, S. 76.
245 Vgl. Kap. II.2.1 sowie Kap. II.2.2.

und Affekten getroffen werden kann, ist das Gewissen frei.²⁴⁶ Werden wir und unser Gewissen hingegen durch Lust und Unlust in unserem Urteil „gehindert", so „daß wir die deutlichen Vorstellungen des Guten und Bösen bey Seite setzen"²⁴⁷, handeln wir gegen das Gewissen.

Wenn aber nun die Vernunft und die für das Gewissen notwendige Fertigkeit der Demonstration derart schwer zu erlangen bzw. auszubauen sind, dass Wolff eine „Sclaverey der Sinnen und Affecten"²⁴⁸ als reale Bedrohung für das vernünftige und freie Urteil in Betracht ziehen muss und Zedlers *Universallexicon* gar statuiert, „daß nicht alle Menschen das Recht haben, nach dem Urtheile ihres sich selbst gelassenen Gewissens zu handeln"²⁴⁹, stellt sich die Frage: Welcher Stellenwert kann (und muss) dem Gewissen bei der Erziehung des Menschen überhaupt eingeräumt werden? Will man, wie der Eintrag in Zedlers *Universallexicon* vorschlägt, das Gewissen und seine Ausbildung den Gelehrten und „Hohen im Lande"²⁵⁰ überlassen? Welche Form der Mündigkeit bliebe dem ‚einfachen Volk'? Welche Verantwortung, und welche Freiheit? Die von Wolff angestrebte Befreiung der Sittenlehre aus der christlichen Tugendlehre, von Geboten und Gesetzen, hin zu einer in der Vernunft begründeten Mündigkeit des einzelnen wird *ad absurdum* geführt. Die Zweifel an der Verlässlichkeit des Gewissens, wie Thomasius sie äußerte, kann Wolff nicht ausräumen. Vor dem Hintergrund einer nicht ohne weiteres der Allgemeinheit zugänglichen moralischen Urteilsinstanz gewinnt die moralische Ausbildung der Sinnlichkeit, wie sie bereits mit der anschauenden Erkenntnis angesprochen wurde,²⁵¹ an Attraktivität. Wolff und mit ihm Gottsched und Baumgarten sind sich dessen bewusst, wenn sie für die Erziehung des Menschen *qua* Sinnlichkeit und mittels der Kunst plädieren und einen ersten Schritt in Richtung einer Entkoppelung von Sittenlehre und Vernunft gehen.

---

246 Vgl. Wolff: Deutsche Ethik (GW I.4), § 81, S. 50; Wolff: Philosophia practica universalis I (GW II.10), §§ 426 und 428, S. 324 und 366 f.
247 Wolff: Deutsche Ethik (GW I.4), § 87, S. 54 f. – Vgl. auch Wolff: Philosophia practica universalis I (GW II.10), § 426, S. 324.
248 Wolff: Deutsche Ethik (GW I.4), § 120, S. 70. – Vgl. auch ebd., §§ 81, 89, 119 und 121, S. 50, 55 und 70 f.
249 [Art.] Gewissen. In: Zedler: Grosses vollständiges Universallexicon. Bd. 9, Sp. 1390–1392, hier Sp. 1391.
250 Ebd.
251 Vgl. Kap. II.2.2.

3 Kraft der Sinnlichkeit – Kapitulation der Vernunft. Zum Erziehungsauftrag der Kunst

Moralisch korrektes Handeln ist kein Selbstläufer. Der Idealfall, dass mittels der Vernunft eine richtige und lebendige Erkenntnis des Guten bzw. Bösen erworben wird, die zum sittlichen Handeln führt, ist nicht *a priori* gegeben. Nicht jeder hat Vernunft, und auch im Falle des Vernunftbegabten bedarf es ihrer Ausbildung, um gegen den Ansturm falscher sinnlicher Vorstellungen gewappnet zu sein. Oftmals tritt die Sinnlichkeit als Störfaktor auf. Eine weitestgehend sichere Erkenntnis wie im Falle der Vernunft hat die Sinnlichkeit nicht zu bieten. Vielmehr ist sie es, die den Menschen von der deutlichen Erkenntnis und dem richtigen moralischen Weg ablenkt. Doch weist die Sinnlichkeit auch verschiedene Aspekte auf, die hinsichtlich der Erziehung des Menschen zum sittlichen Handeln von Nutzen sind: Sie ist universell, jeder Mensch verfügt von vornherein über sie. Als anschauende Erkenntnis der Vollkommenheit, d.h. als Lust ist sie angenehm und daher auch Ansporn, nach dem erkannten Guten zu streben. In ihrer gesteigerten Form des Affekts ist die Sinnlichkeit die Kraft, die den Menschen handeln lässt.

Diese Kraft der Sinnlichkeit positiv zu lenken, wird aber nur indirekt zur dringenden Aufgabe der Philosophie. An vorderster Stelle steht zunächst die Vernunft. Und so fordert Wolff denn auch, den Menschen „von Kindheit auf, so bald sich der Gebrauch der Vernunfft äussert, im guten vernünftig [zu] mache[n]"[252], da nur die Erkenntnis lebendig ist und in ein Handeln übergeht, deren Wahrheit man selbst logisch nachvollzieht.[253] Die Demonstration stellt einen Weg der sittlichen Erziehung dar. Die Beweisgänge sind durch stetiges Wiederholen zu verinnerlichen, bis man von der Wahrheit überzeugt und die Erkenntnis lebendig geworden ist.[254] Ein Aspekt der Problematik einer solchen von der Vernunft abhängigen Aufgabe ist am Beispiel des Gewissens deutlich geworden: Nicht jeder Mensch weist die notwendige „Geschicklichkeit" auf, „die von Seiten dessen erfordert wird der sich durch einen Beweiß soll überführen lassen."[255] Damit die Erkenntnis lebendig und folglich handlungsrelevant wird, muss der Erkennende fest davon überzeugt sein, dass die Erkenntnis wahr ist. Er muss der Wahrheit logisch überführt worden sein, wozu es der Vernunft bedarf. Dass aber eine an der Vernunft ausgerichtete moralische Erziehung nutzlos ist, wenn Vernunft beim zu erziehenden Menschen nur eingeschränkt bis gar nicht vorhanden ist, das war auch Wolff und seinen Schülern bewusst. „Entweder man lencket ihn durch

---

252 Wolff: Deutsche Ethik (GW I.4), § 377, S. 251.
253 Vgl. Wolff: Philosophia practica universalis II (GW II.11), § 248, S. 224.
254 Vgl. ebd., § 249, S. 224.
255 Wolff: Deutsche Ethik (GW I.4), § 167, S. 101.

Zwang, wie das Viehe; oder durch Hülffe der Vernunft, wie eine vernünfftige Creatur."[256] – Die vermeintliche Alternativlosigkeit, mit der Wolff in der *Vorrede* zur *Deutschen Ethik* die Erziehung des Menschen über die Vernunft proklamiert, entpuppt sich als Farce. Die Aporie der an der Vernunft ausgerichteten Ethik Wolffs wird deutlich, wenn die Kunst explizit aufgrund ihrer sinnlichen Wirkung zum praktikabelsten Medium sittlicher Erziehung erhoben wird.

Wolff, Gottsched und Baumgarten haben spezifische Erwartungen an die Poesie bzw. die Künste bezüglich der sittlichen Erziehung des Menschen und schreiben hierbei wichtige Funktionen ausdrücklich der Sinnlichkeit zu. In unterschiedlicher Weise gestalten sie die Aufwertung der Kunst und mit ihr der Sinnlichkeit im Rahmen der Philosophie. Wolff legt den Grundstein für eine Instrumentalisierung der Poesie durch die Philosophie und rechtfertigt zugleich ihre Stellung innerhalb des philosophischen Systems. Wie schon Leibniz propagiert auch er den Einsatz von Exempeln bei der sittlichen Erziehung, denn das Exempel vereint die Gewissheit der Vernunft und die Wirkungskraft der Sinnlichkeit. Die vernünftig erkannte Wahrheit bzw. die symbolische Erkenntnis wird im Beispiel in eine anschauende Erkenntnis überführt. Aufgrund seiner Anschaulichkeit wirkt es stärker auf den Menschen und sein Handeln. Mit der Hervorhebung der Wirkungskraft des fiktiven Exempels, der *fabula*, und des Schauspiels im Besonderen, kommt es zur Legitimation der Poesie. Ihr wird ein eigener Platz in der Philosophie zuteil.[257] Die anschauende Erkenntnis wird zur Schnittstelle von Moralphilosophie und Poesie. Kraft einer Sinnlichkeit, deren Inhalt vernünftig gegründet ist, soll der Mensch zur Tugend erzogen werden (3.1).

Mit seiner Dichtungstheorie knüpft Gottsched an die bei Wolff vorliegenden Ansätze zur Integration der Poesie in die Philosophie an. Indem er die sittliche Erziehung zum Hauptziel der Poesie erhebt und das Vergnügen als Mittel zum Zweck toleriert und so ein gleichberechtigtes Nebeneinander von *prodesse* und *delectare* ablehnt, unternimmt er den Versuch, die Poesie zur eigenständigen Disziplin der Philosophie zu erheben. Auftrag der Poesie ist die Wahrheitsvermittlung mittels sinnlicher Wirkung. Die Affekterregung wird zum legitimen Ziel der Philosophie, vorausgesetzt sie dient der sittlichen Erziehung. Letzteres ist wie schon bei Wolff gegeben, wenn die zu vermittelnden Inhalte in der Vernunft gegründet sind. Gottscheds Dichtungs- bzw. Dramentheorie greift zurück auf unterschiedliche Vorstellungen von der Art und Weise wie vom Nutzen der Affekterregung: In seiner Begründung und Instrumentalisierung der affektiven Wirkung stellt er die Katharsis-Forderung und ihre barocke Interpretation neben

---

256 Vgl. die Angabe in Kap. II, Anm. 9.
257 Zur Aufwertung der Poesie bei Wolff vgl. Poser: Ethik Christian Wolffs, S. 212f.

das Wirkungskonzept der anschauenden Erkenntnis. Eine dritte Möglichkeit der sinnlichen Erziehung, die bisher weniger Beachtung fand, stellt für Gottsched das Fühlen als solches vor dem Hintergrund der oben erläuterten Lust- und Unlusttheorie dar. Bezeichnend für alle drei im vorliegenden Kontext zu diskutierenden Formen der Instrumentalisierung der Affekte ist die Überzeugung, dass die Kraft der Sinnlichkeit, ihr Potential, für die sittliche Erziehung aller Menschen – unabhängig von ihrem geistigen Horizont – genutzt werden muss (3.2).

Anders gelagert ist die Diskussion im Fall Baumgartens. Im Gegensatz zur Bedeutung, die Baumgarten ethischen Fragen in seinen Arbeiten generell einräumt,[258] ist die Stellung des Ethischen in seiner Ästhetik bzw. die Rolle, die Baumgarten der Kunst bei der sittlichen Erziehung zuweist, umstritten. Nachdem Friedrich Braitmaier, Albert Riemann und Hans Georg Peters mit unterschiedlicher Gewichtung auf den durchaus sittlichen Anspruch der Ästhetik hingewiesen und zugleich betont haben, dass die sittliche Erziehung jedoch nicht, wie bei Gottsched, Hauptzweck der Poesie sei,[259] befand Nivelle noch Mitte des 20. Jahrhunderts: „Die moralische Zweckmäßigkeit der Kunst wird entschieden geleugnet."[260] Im Anschluss wurde der moralische Anspruch der *Aesthetica* stiefmütterlich behandelt[261]

---

258 Vgl. Clemens Schwaiger: Zwischen Laxismus und Rigorismus. Möglichkeiten und Grenzen philosophischer Ethik nach Alexander Gottlieb Baumgarten. In: Allerkamp, Mirbach (Hg.): Schönes Denken, S. 255–270, hier S. 255.
259 Friedrich Braitmaier (Geschichte der poetischen Theorie und Kritik, S. 35) betonte „die selbständige, auch der Sittlichkeit gegenüber ihr eignes Recht wahrende Stellung der Poesie", die Baumgarten der Poesie zuweise, ohne „den sittlichen Charakter der Poesie" zu leugnen. Anders als Gottsched degradiere er die Poesie nicht „zur Dienerin der Moral". Laut Riemann (Aesthetik, S. 45) sieht Baumgarten „eine der vornehmsten Aufgaben der Dichtkunst" in der „Verbreitung wahrer Tugend und Religiosität". Dies sei aber nur „ein besonderes Gebiet ihrer Anwendung" (ebd., S. 46) und nicht wie bei Gottsched Hauptaufgabe der Poesie. Hans Georg Peters (Die Ästhetik Alexander Gottlieb Baumgartens und ihre Beziehung zum Ethischen. Berlin 1934, S. 44) hob die Bedeutung des Ethischen in der *Aesthetica* hervor und verwies zugleich auf die besondere Verbindung des Ethischen und Ästhetischen bei Baumgarten. Für ihn formuliert Baumgarten eine „Lösung, die, gleichweit entfernt von einem öden ‚L'art-pour-l'art'-Standpunkt wie von einer unkünstlerischen ‚et prodesse'-Moral, die Eigengesetzlichkeiten dieser einzigartigen Verbindung vom Ästhetischen her rechtfertigt" (ebd., S. 56. Herv. i.O.). Die mit dem vielversprechenden Titel *Die Ästhetik des Alexander Gottliebs Baumgartens und ihre Beziehungen zum Ethischen* (1934) geweckten Erwartungen, erfüllt seine Arbeit leider nicht.
260 Nivelle: Kunst- und Dichtungstheorien, S. 31.
261 Dies wird sicherlich auch an der fehlenden expliziten „Entfaltung des ethischen Problems" liegen, wie Schweizer (Ästhetik als Philosophie der sinnlichen Erkenntnis, S. 29) anmerkte, ohne jedoch in Zweifel zu ziehen, dass sich Baumgarten des moralischen Nutzens seiner *Aesthetica* bewusst war. Vgl. auch den Abschnitt „Vom ‚Nutzen' der Ästhetik. Das ethische Problem", ebd., S. 29–32. Auf die Bedeutung des Ethischen bei Baumgarten hat auch aufmerksam gemacht Krueger: Christian Wolff und die Ästhetik, S. 86 f. Dessen Feststellung einer Tendenz bei Baumgarten, „derzufolge das Ästhetische dem Ethischen untergeordnet

und findet erst seit der Jahrtausendwende ausführlichere Berücksichtigung. Neuere Arbeiten explizieren an einzelnen Aspekten wie dem *felix aestheticus*, der *veritas aesthetica* oder der *magnitudo aesthetica* die sittliche Dimension der Ästhetik – wenn auch meist ohne den Zusammenhang unter den Kategorien herauszustellen – oder interpretieren die Ästhetik ganz allgemein als Beitrag zu den moralischen Debatten zu Beginn des 18. Jahrhunderts.[262] Mit der Vervollkommnung der Sinnlichkeit verfolgt die Ästhetik von Anfang an einen umfangreichen ethischen Anspruch: die Vervollkommnung des Menschen. Die zentrale Kategorie der Schönheit – definiert als Vollkommenheit der sinnlichen Erkenntnis – umfasst auch die moralische Vollkommenheit, wie anhand des Zusammenspiels ihrer Merkmale *veritas aesthetica*, *magnitudo aesthetica moralis* bzw. *dignitas aesthetica* und *vita cognitionis aesthetica* gezeigt wird. Was und wie gedacht wird, ist für die sittliche Ausbildung bedeutsam. Die sittliche Funktion der Kunst tritt auf den drei Ebenen Kunstwerk, Produktion und Wirkung bzw. Rezeption hervor (3.3).

3.1 Wolff: „Fabularum usus in redarguenda hominum stultitia". Der Primat der Dichtung

Die Ausführungen zum Gewissen haben gezeigt, dass eine Erziehung des Menschen auf rein rationaler Ebene nicht möglich ist. Um den eingeschränkten Wirkungsbereich der Vernunft zu umgehen und alle Menschen zu erreichen, empfiehlt Wolff den Gebrauch von Exempeln:

> Weil die Exempel uns zu einer anschauenden Erkäntniß, die Vernunfft aber nur zu einer figürlichen bringet, die anschauende Erkäntniß aber bey vielen einen grösseren Eindruck machet, als die Vernunfft, absonderlich wenn Lust und Unlust nebst hefftigen Affecten daraus entstehen; so richtet man mit Exempeln hier öfters mehr aus, als mit vielen weitläufftigen Vorstellungen, wenn sie noch so vernünfftig sind. Es komet noch diese besondere Ursache dazu: In Exempeln siehet man die Gewißheit augenblicklich, wann man sie recht erweget; hingegen wenn man

---

und das hedonistische Element der Kunstwirkung eliminiert bzw. sublimiert wird" (ebd., S. 87, Anm. 22a), jedoch unbegründet ist.

262 Zu nennen sind hier u.a. die Ausführungen bei Groß: Felix aestheticus, S. 174–183; Simon Grote: Pietistische *Aistheis* und moralische Erziehung bei Alexander Gottlieb Baumgarten. In: Aichele, Mirbach (Hg.): Baumgarten, S. 175–198; Dagmar Mirbach: *Ingenium venustum und magnitudo pectoris*. Ethische Aspekte von Alexander Gottlieb Baumgartens *Aesthetica*. In: Aichele, Mirbach (Hg.): Baumgarten, S. 199–218; Berndt: Poema/Gedicht, S. 105–125; Buchenau: Founding of Aesthetics, S. 183–192 sowie Grote: Emergence of Modern Aesthetic Theory, S. 67–101. Mit Baumgartens Beitrag zur Pädagogik hat sich auseinandergesetzt Claudia Gardenitsch: Erst kommt die Ästhetik, dann kommt die Moral. Bedingungen der Möglichkeit von Moralerziehung. Frankfurt a.M. 2010, S. 29–38.

durch Gründe überführet werden soll, muß man mit ihnen so zu reden erst bekand werden, und vorher eine gewisse Geschicklichkeit besitzen, die von Seiten dessen erfordert wird der sich durch einen Beweiß soll überführen lassen.[263]

Wirkungsmächtig, schnell und voraussetzungslos vermögen Beispiele moralisch relevante Wahrheiten zu vermitteln und tragen auf diese Weise effektiv zur Erziehung des Menschen bei. Sie helfen, „das Gute und Böse mit natürlichen Farben abzumahlen"[264], stellen den „Erfolg der guten und bösen Handlungen [...] handgreiflich"[265] dar. Der Nutzen von Exempeln für die praktische Philosophie liegt auf der Hand. Sie vermitteln Definitionen anschaulich. Das Allgemeine wird am Einzelnen gezeigt, wenn moralische Wahrheiten auf Beispiele reduziert werden.[266] Wahrheiten können auf diese Weise überzeugend und überschaubar vermittelt und zudem bestätigt werden.[267] Die adäquate Anwendung der mittels der Demonstration gewonnenen Erkenntnis wird vorgeführt; und dies alles dank der anschauenden Erkenntnis, die an die Stelle der Vernunft tritt und zur notwendigen Bedingung der moralischen Vermittlung wird. Sinnlich werden die vernünftig erkannten Wahrheiten vermittelt.[268]

Die Transformation der figürlichen bzw. symbolischen Erkenntnis in eine anschauende Erkenntnis ist notwendig, um den Menschen in seinem Handeln zu beeinflussen. Sie ist notwendig, da – und hier zeigt sich wiederum das Paradoxe der Wolffschen Ethik – die logisch abgeleitete und gemäß der Wolffschen Erkenntnishierarchie überlegene symbolische Erkenntnis in den meisten Fällen eine tote ist und als solche nicht von Relevanz für moralisches Handeln.[269] Anders verhält es sich mit der anschauenden Erkenntnis, der die Kraft der Sinnlichkeit innewohnt.[270] Hier wird die Erfahrung selbst

---

263 Wolff: Deutsche Ethik (GW I.4), § 167, S. 100 f.
264 Wolff: Deutsche Politik (GW I.5), § 317, S. 262.
265 Wolff: Deutsche Ethik (GW I.4), § 373, S. 247.
266 Vgl. Wolff: Philosophia practica universalis II (GW II.11), §§ 258 f., S. 233–235.
267 Vgl. ebd., §§ 269 f., S. 244 f.
268 Hier und im Folgenden geht es in erster Linie um die unterrichtende Funktion des Beispiels. Wels (Der Begriff der Dichtung, S. 131–134) hat bei Wolff die für den Dichtungsbegriff der Frühen Neuzeit typische „argumentative[ ] Form" (ebd., S. 134) herausgestellt und die Bezüge zu Aristoteles, Averroes und Zabarella aufgezeigt. Dass bei Wolff das Beispiel jedoch nicht nur die Aufgabe des *docere* übernimmt, sondern auch als heuristisches Instrument bei der Findung neuer Wahrheiten dient, hat erörtert Claude Weber: „Naturae mentis nostrae nobis conscii ad exempla attendentes". Zur Funktion des Exempels in Christian Wolffs Schriften zur Metaphysik. In: Aufklärung als praktische Philosophie. Hg. von Frank Grunert, Friedrich Vollhardt. Tübingen 1998, S. 99–126. Weber ordnet Wolffs Überlegungen in den Kontext der Traditionen von Logik und Rhetorik ein und gibt auch einen Überblick der verschiedenen Formen und Funktionen des Beispiels bei Wolff.
269 Auf diesen Widerspruch hat bereits hingewiesen Till: „Anschauende Erkenntnis", S. 27.
270 Vgl. die zusammenfassenden Überlegungen zum Potential der Sinnlichkeit in Kap. II.2.2.

gemacht,²⁷¹ und die Einbildungskraft stellt sich das Erkannte bildlich vor.²⁷² Es ist diese „Lebhaftigkeit der sinnlichen Empfindungen"²⁷³, wie Gottsched es auch formuliert, die der anschauenden Erkenntnis zu Leben verhelfen und in ein der Erkenntnis entsprechendes Handeln münden kann. Für Wolff ist die anschauende Erkenntnis aber nur dann eine verlässliche Instanz, wenn ihr die symbolische Erkenntnis zugrunde liegt bzw. die symbolische in eine anschauende überführt wird. Sinnlichkeit und Verstand müssen also auch in diesem Fall zusammengeführt werden. Die Qualitäten beider Erkenntnismodi sind miteinander zu verbinden. Nur so kann die Erkenntnis zu einer wahren und lebendigen Erkenntnis werden.²⁷⁴ Im Exempel wird die Reduktion der symbolischen Erkenntnis auf eine anschauende vollzogen und die sichere Erkenntnis der symbolischen Erkenntnis bildhaft vermittelt.²⁷⁵ Beispiele üben die Sinnlichkeit und erziehen den Menschen zugleich zum richtigen Handeln,²⁷⁶ indem sie

> den falschen Schein des Guten und Bösen, nebst der in beyden befindlichen Wahrheit, auf eine empfindliche Art zeigen, dadurch wir völlige Gewißheit erhalten, dergleichen allerdings von nöthen ist, woferne dadurch ein Eindruck in den Willen geschehen soll.²⁷⁷

Die Sinnlichkeit wird dergestalt für das moralisch korrekte Handeln fruchtbar gemacht.

Ihren besonderen Platz haben Beispiele in Geschichtsschreibung und Poesie, wie auch Leibniz in seiner *Theodizee* erklärt, denn deren erstes Ziel ist der Unterricht von Weisheit und Tugend und die effektive Warnung vor dem Laster: „Der Hauptzweck der Geschichte wie der Poesie muß der sein, durch Beispiele, Weisheit und Tugend zu lehren und das Laster in einer Weise zu schildern, die Abscheu dagegen erweckt und dazu beiträgt oder dazu dient, es zu vermeiden."²⁷⁸ Dass zwischen den Beispielen der Historie und denen

---

271 Vgl. Wolff: Philosophia practica universalis II (GW II.11), § 254, S. 229f.
272 Vgl. ebd., § 256, S. 231. – Vgl. auch die Ausführungen zur lebendigen Erkenntnis in Kap. II.2.2.
273 Gottsched: Weltweisheit II (AW V.2), § 443, S. 301.
274 Vgl. auch Wolff: Philosophia practica universalis II (GW II.11), ad § 249, S. 225: „Ad cognitionem vivam requirimus convictionem non minus a posteriori quam a priori."
275 Vgl. Wolff: Philosophia practica universalis II (GW II.11), §§ 255–259, S. 230–235.
276 Vgl. Wolff: Deutsche Ethik (GW I.4), § 188, S. 115.
277 Ebd., § 378, S. 252.
278 Leibniz: Essais de théodicée (PS II.1), Teil 2, § 148, S. 461. – „Le but principal de l'histoire, aussi bien que de la poésie, doit être d'enseigner la prudence et la vertu par des exemples, et puis de montrer le vice d'une manière qui en donne de l'aversion, et qui porte ou serve à l'éviter." Ebd., S. 460. – Die zweite Hälfte des Zitats findet sich fast wörtlich bei Wolff: Deutsche Politik (GW I.5), § 103, S. 77: „[S]o hat man den Kindern, bey sich zeigendem Gebrauche der Vernunfft, durch Exempel und Fabeln die Tugenden und Laster vorzustellen, damit sie beyde

der Poesie zu unterscheiden ist, macht Wolffs im Anschluss an die rhetorische Tradition vorgenommene Differenzierung zwischen wahren Exempeln und erdichteten, den Fabeln, deutlich.[279] Während die Historie mittels wahrer Ereignisse den Menschen lehrt, bedient sich die philosophische *fabula* erdichteter, also fiktiver Beispiele, um die Wahrheit zu vermitteln bzw. einen moralischen Lehrsatz zu illustrieren.[280] Verbindendes Element ist gemäß dem *principium reductionis*, bei dem das noch Unbekannte auf etwas bereits Bekanntes reduziert wird, die Ähnlichkeit zwischen der *fabula* und der zu lehrenden Wahrheit.[281] Erfundenes, das unterstreicht Wolff, steht aber nicht in gleicher Beziehung zum Wahren wie Falsches. Anders als der, der Falsches erzählt und sich entweder dessen nicht bewusst ist oder gar beabsichtigt, den Zuhörer zu täuschen, weiß derjenige, der Erfundenes erzählt, um den fiktionalen Status seiner Äußerungen.[282] Ziel ist es nicht, den Rezipienten zu täuschen, sondern wie alle Beispiele soll auch die *fabula* allgemeine Wahrheiten verständlicher machen und bestätigen.[283] Tut sie dies nicht, weist sie keine Ähnlichkeit zu einer zu kommunizierenden Wahrheit auf, so gilt sie als Ammenmärchen (*fabula anilis*).[284] Fester Bestandteil der *fabula* ist daher die *interpretatio*, die die Bedeutung der Fabel erklärt und sicherstellt, dass die we-

---

nicht allein kennen lernen, sondern auch einen Trieb zu jenen, und einen Abscheu vor diesen bekommen."

279 Vgl. Aristoteles: Rhetorik, 1393a28–31: „Von den Beispielen gibt es zwei Arten. Die eine Art des Beispiels nämlich ist, früher geschehene Dinge zu berichten. Die andere Art besteht darin, sie selbst zu erfinden. Davon wiederum ist die eine Art der Vergleich, die andere besteht in den Fabeln, wie zum Beispiel die Äsopische und die Libysche." – Zum Verhältnis von Wolffs Fabellehre zur rhetorischen Tradition vgl. Dietrich Harth: Christian Wolffs Begründung des Exempel- und Fabelgebrauchs im Rahmen der Praktischen Philosophie. In: Deutsche Vierteljahrsschrift für Literaturwissenschaft und Geistesgeschichte 52.1 (1978), S. 43–62.

280 Vgl. Wolff: Deutsche Ethik (GW I.4), § 373, S. 246f.; Wolff: Philosophia practica universalis II (GW II.11), § 302, S. 274f. – Die zentralen Paragraphen 302 bis 316 der *Philosophia practica universalis* II zur *fabula* sind auszugsweise übersetzt bei Erwin Leibfried, Josef M. Werle (Hg.): Texte zur Theorie der Fabel. Stuttgart 1978, S. 34–42. Zur Position und Gewichtung von Exempel und Fabel in Wolffs praktischer Philosophie vgl. Harth: Wolffs Begründung des Exempel- und Fabelgebrauchs. Zu Fabel und Poesie im Kontext der sittlichen Erziehung bei Wolff vgl. Pimpinella: La théorie wolffienne des arts, S. 14–17; Krueger: Christian Wolff und die Ästhetik, S. 65–71; Buchenau: Founding of Aesthetics, S. 179–182 sowie Gaier: Wozu braucht der Mensch Dichtung?, S. 217–222. Gaier (ebd., S. 75f.) übersieht jedoch, dass Wolff mit ‚Fabel' (*fabula*) nicht explizit die literarische Gattung der Fabel bezeichnen wissen will, und stellt zudem in der Zusammenfassung seiner Ergebnisse seine eigenen Aussagen zum Verhältnis von Kunsttheorie und sittlichem Anspruch in Frage.

281 Vgl. Wolff: Philosophia practica universalis II (GW II.11), §§ 308–310, S. 280–283.

282 Vgl. ebd., § 302, S. 274. – Zu den Grundlagen eines Fiktionsbegriffs bei Wolff vgl. Kap. III.1.4.

283 Vgl. Wolff: Philosophia practica universalis II (GW II.11), § 307, S. 280.

284 Vgl. ebd., §§ 302 und 310, S. 274 und 282f.

niger Gebildeten, die eigentlichen Adressaten der Fabel, die zu vermittelnde Wahrheit ohne weiteres einsehen.[285]

Solange die *fabula* die Wahrheitsvermittlung fördert, scheinen ihr keine Grenzen gesetzt zu sein: Erdichtetes kann nicht nur Mögliches umfassen, sondern auch Nicht-Mögliches,[286] wobei anzumerken ist, dass Wolff einen sehr engen Begriff des Möglichen und damit des Nicht-Möglichen hat.[287] Eine Einschränkung erfährt diese nur scheinbar weite Bestimmung des Gegenstands bereits durch ihren Adressaten. Im Geist des Zuhörers soll die *fabula* einen Begriff der zu vermittelnden Wahrheit entstehen lassen. Der Zuhörer soll sich das Gesagte vorstellen können.[288] Die *fabula*, die im Dienste der Aufklärung gegen die ‚Dummheit der Menschen' (*hominum stultitia*)[289] im Allgemeinen und des gemeinen Volks im Besonderen steht,[290] muss daher in ihrer Schilderung auf allgemein Bekanntes zurückgreifen, so dass *jeder*, der sie hört, sich das Gesagte auch vorstellen kann.[291] Gelingt ihr dies, so übertrifft die *fabula* auch das *exemplum*, das sich auf wahre Ereignisse stützt. Nicht nur der Nutzen der *fabula* für die Erziehung des gemeinen Volks wertet die Fabel gegenüber dem wahren Beispiel der Historie auf, sondern auch die Tatsache, dass sie, wie Wolff mit Verweis auf das christliche Gleichnis erläutert, lehren kann, was das wahre Beispiel kaum oder gar nicht zu vermitteln vermag.[292]

Auch wenn Wolff in der *fabula* primär ein philosophisches Instrumentarium der Wahrheitsvermittlung und -findung sieht und es ihm weder explizit um die Poesie noch um die Fabel als literarische Gattung zu tun ist,[293] sind seine Überlegungen, gerade auch im Kontext des angeführten Leibnizzitats,

---

285 Vgl. ebd., § 304, S. 277.
286 Vgl. ebd., § 302, S. 274.
287 Vgl. Wolff: Deutsche Metaphysik (GW I.2), § 570, S. 348: „Es ist möglich, daß ich aufstehe, indem ich sitze: denn die Bewegungen des Leibes, die dazu erfordert werden, sind möglich. Dieses erhellet daraus, weil es hernach zu anderen Zeiten geschieht. Unterdessen da ich nicht zu derselben Zeit aufstehe; so ist nichts in dem gegenwärtigen Zusammenhange der Sachen zu finden, welches mich dazu bringen, das ist, davon ich mich dieses zu entschliessen Anlaß nehmen könte: denn sonst würde es würcklich geschehen. Unerachtet ich nun in Ansehung dessen sagen muß, es sey in dieser Welt nicht möglich; so können doch zulängliche Gründe erdacht werden, die mich zum Aufstehen bewegen könten, z.E. wenn Feuer auskäme, oder ein Lermen auf der Strasse entstünde, oder ein guter Freund ins Zimmer herein träte, und tausend dergleichen Ursachen mehr." – Vgl. auch ebd., §§ 12 und 574, S. 7f. und 351f.
288 Vgl. Wolff: Philosophia practica universalis II (GW II.11), § 305, S. 277.
289 Ebd., § 316, S. 287f. Randglosse.
290 Vgl. ebd., §§ 306f., S. 278–280.
291 Vgl. ebd., §§ 306 und 312, S. 278f. und 284.
292 Vgl. Wolff: Philosophia practica universalis II (GW II.11), § 307, S. 280.
293 Erst Lessing nimmt die philosophische Fabel in die Literatur auf. Vgl. Till: „Anschauende Erkenntnis", S. 34.

ein wichtiger Beitrag zur Verankerung der Poesie in der Philosophie und auch zum Dichtungsbegriff, wie er sich im Laufe der Aufklärung formiert.[294] Als Referenzpunkte für seine Ausführungen zur *fabula* dienen Wolff vornehmlich die Fabeldichter Aesop und Phaedrus, der Epiker Homer tritt als Erfinder der Fabel in Erscheinung, und Komödie und Tragödie wird ein Sonderstatus zuerkannt. Vornehmlich an Wolffs Ausführungen zum Schauspiel in der *Deutschen Politik* wird deutlich, dass Wolff in der Poesie nicht allein die Möglichkeit sieht, bei der Erziehung des Menschen mitzuwirken, sondern dass er ihr diesbezüglich zudem eine exponierte Stellung zuweist.[295] Die im Vergleich mit dem wahren *exemplum* bereits konstatierte stärkere Wirkung der *fabula* erfährt in Komödie und Tragödie eine Potenzierung. Stärker als die geschriebenen Historien wirken sie auf den Menschen, „[d]enn was man selber mit Augen siehet und mit Ohren höret, beweget einen mehr und bleibet besser, als was man bloß erzehlen höret."[296] Es bedarf hier auch keiner *interpretatio* mehr. Neben ihrer unmittelbaren Wirkung besitzen Komödie und Tragödie den Vorteil, dass, anders als im alltäglichen Leben, „alles, was zusammen gehöret, in einer kurtzen Reihe auf einander [folget]"[297]. Erfolg und Misserfolg von Handlungen werden auf diese Weise direkt nachvollzogen, ihre Konsequenzen dem Zuschauer anschaulich vermittelt.[298] Komödie und Tragödie sind in den Augen Wolffs derart nützlich, dass er sie als festen Bestandteil im Staatswesen verankert wissen will,[299] sofern sie „die Tugenden und Laster nach ihrer wahren Beschaffenheit vor[stellen]"[300] und nicht „den Zuschauern zu den Lastern Anlaß geben, sie von der Tugend abführen und die bösen Begierden in ihnen rege machen"[301]. Tragödien oder Komödien, die zum Laster beitragen, sind zu verbieten.[302] Wolffs Anerkennung der Poe-

---

294 In welcher Weise Wolff selbst bereits bekannte poetologische Konzeptionen aufgreift und fortführt, hat gezeigt Wels: Der Begriff der Dichtung, S. 131–134.
295 Hier zeigt sich Wolffs Anspruch, mit der *Deutschen Politik* den Menschen in seiner sinnlichen Bedingtheit zu berücksichtigen. Vgl. auch Martus: Aufklärung, S. 274. Im Kontext der Kontroverse um die Bewertung des Theaters sieht Carsten Zelle ('Querelle du théâtre'. Literarische Legitimationsdiskurse [Gottsched – Schiller – Sulzer]. In: German Life and Letters 62.1 (2009), S. 21–38, hier S. 26) die Passage in der *Deutschen Politik* als „entscheidende Wende […], die zur Reinigung des Schauspiels und zur normativen Aufklärungsdramaturgie führt."
296 Wolff: Deutsche Politik (GW I.5), § 328, S. 276.
297 Ebd., S. 277. – Zur einflussreichen Konzeption der Fabel vgl. auch Kap. III.1.4.
298 Zur unterschiedlichen Gewichtung der Handlung für den moralischen Nutzen von Tragödie und Komödie bei Wolff und Gottsched vgl. Wolfgang Ranke: Theatermoral. Moralische Argumentation und dramatische Kommunikation in der Tragödie der Aufklärung. Würzburg 2009, S. 224–243.
299 Vgl. Wolff: Deutsche Politik (GW I.5), § 328, S. 277.
300 Ebd., S. 275.
301 Ebd., § 329, S. 278.
302 Vgl. ebd.

sie ist begrenzt auf eine der Sittenlehre zuträgliche, eine durch die Vernunft kontrollierte Poesie.

Die prominente Stellung, die Wolff der Poesie bei der sittlichen Erziehung zuweist, erstaunt zunächst. Denn grundsätzlich gilt für Wolff: „Der Philosoph schreibt, um zu nützen [...] der Dichter, um zu erfreuen."[303] Dass der Dichter, der schließlich auch Philosoph ist, „die vom Philosophen gefundene Wahrheit, die in ihrer Blöße verachtet wird, in einem schönen Gewand auf die Bühne bringt, damit diejenigen, denen sie in ihrer Blöße gar nicht gefällt, von Liebe zu ihr ergriffen werden"[304], ist ein willkommener Beitrag, dessen Nutzen außer Frage steht, aber nicht das eigentliche Hauptziel des Dichters. Die moralische Erziehung obliegt an sich der Philosophie. Hier kommt erneut die Ambivalenz der Argumentation Wolffs zum Vorschein: Dass die Belehrung die spezifische Absicht der Philosophie ist, bedeutet nicht unweigerlich, dass es vorrangig die Philosophie ist, die diese Aufgabe am besten und in allen Fällen erfüllen kann. So, wie Wolff feststellen muss, dass die Erziehung des Menschen mittels der Vernunft zwar ein wünschenswertes, aber ein schwieriges und in vielen Fällen nicht unbedingt erfolgversprechendes Unterfangen darstellt, so muss er sich entgegen seiner grundsätzlichen Position eingestehen, dass eine Erziehung *qua* anschauender Erkenntnis, also Sinnlichkeit, in vielen Fällen zu bevorzugen ist. Obwohl Wolff im sittlichen Nutzen nicht den Hauptzweck der Poesie sieht, steht die Poesie an erster Stelle, wenn es darum geht, den Menschen bzw. *jeden* Menschen moralisch zu unterrichten. Das in Martin Opitz' *Buch von der deutschen Poeterei* (1624) im Anschluss an Strabo aufgenommene und auch für die barocke Dichtungstheorie prägende Diktum, „*die Poeterey sey die erste Philosophie*"[305], findet bei Wolff seine eigene Fortsetzung.

---

303 Wolff: Discursus praeliminaris, § 149, S. 181. – „Philosophus scribet, ut prosit [...] ut delectet [...] Poëta." Ebd., S. 180. – Zum *prodesse* und *delectare* bei Wolff vgl. auch Pimpinella: La théorie wolffienne des arts, S. 13 f.
304 Wolff: Discursus praeliminaris, § 149, S. 181. – „[...] ut veritatem a philosopho erutam, quae nuda fastiditur, pulchro habitu vestitam in scenam producat Poëta vel Orator, ut ejus amore capiantur, quibus nuda sese minime probat." Ebd., S. 180.
305 Martin Opitz: Buch von der Deutschen Poeterey (1624). Mit dem *Aristarch* (1617) und den Opitzschen Vorreden zu seinen *Teutschen Poemata* (1624 und 1625) sowie der Vorrede zu seiner Übersetzung der *Trojanerinnen*. Hg. von Herbert Jaumann. Stuttgart 2017, S. 15. Herv. i. O.

3.2 Gottsched: Nutzen der Poesie und moralische Affekterregung

Eine andere Gewichtung des Horaz'schen *prodesse* und *delectare* als Wolff nimmt Gottsched vor. Eindeutig räumt er dem *prodesse* den Vorzug vor dem *delectare* ein. Der erzieherische Aspekt der Poesie steht an erster Stelle.[306] Das Vergnügen ist wie in der Mehrzahl der Barockpoetiken so auch bei Gottsched Vehikel der nützlichen Botschaft.[307] Die Vermittlung der Wahrheit und folglich des Guten bestimmt das Wesen der Poesie, die als „das Mittel zwischen einem moralischen Lehrbuche, und einer wahrhaftigen Geschichte"[308] hierzu besonders geeignet ist:

> Die gründlichste Sittenlehre ist für den großen Haufen der Menschen viel zu mager und zu trocken. Denn die rechte Schärfe in Vernunftschlüssen ist nicht für den gemeinen Verstand unstudirter Leute. Die nackte Wahrheit gefällt ihnen nicht: es müssen schon philosophische Köpfe seyn, die sich daran vergnügen sollen. Die Historie aber, so angenehm sie selbst den Ungelehrten zu lesen ist, so wenig ist sie ihnen erbaulich. Sie erzählt lauter besondre Begebenheiten, die sich das tausendstemal nicht auf den Leser schicken; und wenn sie sich gleich ohngefähr einmal schickten; dennoch viel Verstand zur Ausdeutung bey ihm erfordern würden. Die Poesie hergegen ist so erbaulich, als die Moral, und so angenehm, als die Historie; sie lehret und belustiget, und schicket sich für Gelehrte und Ungelehrte: darunter jene die besondre Geschicklichkeit des Poeten, als eines künstlichen Nachahmers der Natur, bewundern; diese hergegen einen beliebten und lehrreichen Zeitvertreib in seinen Gedichten finden.[309]

Der Vorteil, den das Gedicht gegenüber Sittenlehre und Moral hat, entspricht den Beobachtungen Wolffs: Seine Botschaft erreicht alle, den Ge-

---

306 Vgl. u.a. Gottsched: Versuch einer Critischen Dichtkunst. Erster allgemeiner Theil (AW VI.1), Cap. I, § 31, S. 140; Cap. V, § 1, S. 225. Im Folgenden zitiert als Gottsched: Critische Dichtkunst I. Vgl. auch Gottsched: Versuch einer Critischen Dichtkunst. Anderer besonderer Theil. (AW VI.2), Cap. X, § 15, S. 319. Im Folgenden zitiert als Gottsched: Critische Dichtkunst II. – Zur Stellung des *docere* wie auch seinem Verhältnis zum Vergnügen bei Gottsched vgl. u.a. Franz Servaes: Die Poetik Gottscheds und der Schweizer. London, Strassburg 1887, S. 19–24; Gustav Waniek: Gottsched und die deutsche Litteratur seiner Zeit. Leipzig 1897, S. 151 f.; Birke: Christian Wolffs Metaphysik, S. 30–32; Birke: Gottscheds Neuorientierung der deutschen Poetik, S. 573 f.; Freier: Kritische Poetik, S. 45–47; Wetterer: Publikumsbezug und Wahrheitsanspruch, S. 71–78; Grimm: Literatur und Gelehrtentum, S. 651 sowie Poser: Gottsched, S. 67–69.
307 Zum Verhältnis von *prodesse* und *delectare* im Barock vgl. Wetterer: Publikumsbezug und Wahrheitsanspruch, S. 5–8. Sie macht „die funktionale Zuordnung des Vergnügens zum Lehren" als dominierende Tendenz aus. Ebd., S. 7. Vgl. weiter Dietmar Till: [Art.] Prodesse-delectare-Doktrin. In: Historisches Wörterbuch der Rhetorik. Hg. von Gert Ueding. Bd. 7. Tübingen 2005, Sp. 130–140, hier Sp. 133–135.
308 Gottsched: Critische Dichtkunst I (AW VI.1), Cap. IV, § 28, S. 221.
309 Ebd.

lehrten wie den Laien. Nachdem Wolff der Poesie – trotz des ihr eigenen Hauptziels des Vergnügens – bereits einen Platz in der Philosophie eingeräumt hat,[310] bemüht sich Gottsched, die Poesie als eigene Disziplin der Philosophie zu begründen. Mit Hilfe von Regeln und Beweisen unternimmt er den Versuch, die Wissenschaftlichkeit der Poesie im Sinne Wolffs, d. h. ihre logische Begründbarkeit, nachzuweisen.[311] Die Popularisierung moralischer und nützlicher Wahrheiten wird zum Hauptzweck der Poesie erhoben, sie wird zur „Philosophie der Einfältigen"[312]. Wie der Philosoph schreibt bei Gottsched auch der Dichter zuvörderst, um zu nützen. Dass Gottsched das *docere* nicht einfach als Auftrag zur Verbreitung einer einzelnen moralischen Lehre verstanden wissen will, hat unter anderen Grimm anhand der Gottschedschen Fabel- und Wahrheitsdefinitionen gezeigt. Logisch begründet, moralisch und nützlich sollen die Wahrheiten sein, die die Poesie sinnlich vermitteln soll. Das Ziel ist die Vermittlung einer vernünftig erkannten und gegründeten Wahrheit, wobei Gottscheds Wahrheitsbegriff den Lehrzielen der praktischen Philosophie bei Thomasius, Johann Franz Budde und Wolff entspricht. Auf diese Weise wird der Poesie eine wesentliche gesellschaftliche Aufgabe zuteil.[313]

Diese Aufwertung der Poesie „von der Stufe einer Instrumentalwissenschaft in den voll anerkannten Rang einer *philosophischen Disziplin*"[314] geschieht zwar auf Kosten des Anspruchs des *delectare*, doch die Belustigung bleibt *de facto* wichtiges Element der Poesie. Sie ist Anlass des Theaterbesuchs – „[s]ie suchen nur Anmuth, und finden Nutzen; sie streben nach einem Zuckerwerke, und finden die nahrhafteste Speise darunter verborgen"[315] – und unterstützt in ihrer affektiven Wirkung aktiv die moralische Erziehung. In seiner

---

310 Vgl. hierzu auch Wolff: Discursus praeliminaris, § 149, S. 181: „Man muß sich nämlich Mühe geben, eine lebensnützliche Wahrheit ausnahmslos allen nahezubringen, auf welchem Weg auch immer das geschehen mag. Was unserer Zielsetzung fremd ist und von der philosophischen Bühne ferngehalten wird, das wird deshalb nicht getadelt und aus dem Bereich der Literatur verbannt." – „Opera enim danda est, ut veritas ad vitam utilis omnium omnino hominum animis instilletur, quacunque demum ratione id fieri possit. Quae a nostro scopo aliena sunt, & a foro philosophico abesse jubentur, non ideo vituperantur & ex orbe litterario proscribuntur." Ebd., S. 180.
311 Vgl. den Abschnitt „Logik – Poetik – Ästhetik" in der Einleitung.
312 Johann Christoph Gottsched: Vorübungen der lateinischen und deutschen Dichtkunst, zum Gebrauche der Schulen. Leipzig 1760, S. 55. – Zur Popularisierung vgl. auch die Textbelege bei Gerhard Schimansky: Gottscheds deutsche Bildungsziele. Königsberg, Berlin 1939, S. 146 f.
313 Vgl. Grimm: Literatur und Gelehrtentum, S. 652–654. – Zur Bedeutung der Poesie für ein gesellschaftliches Bildungsprogramm bei Gottsched vgl. auch Freier: Kritische Poetik, S. 48–64.
314 Grimm: Literatur und Gelehrtentum, S. 658. Herv. i. O.
315 Gottsched: Die Schauspiele, und besonders die Tragödien sind aus einer wohlbestellten Republik nicht zu verbannen (AW IX.2), S. 492–500, hier S. 500.

sogenannten *Schauspielrede*, die er 1729 vor der Leipziger *Vertrauten Rednergesellschaft* zur Verteidigung der Schauspiele gegen das angeblich[316] Platonische Diktum der Verbannung der Dichtung aus der Republik hielt,[317] postuliert Gottsched dann auch den auf den ersten Blick paradox anmutenden Satz, dass „[d]ie Tragödie belustiget, indem sie erschrecket und betrübet."[318] In geradezu Dubos'scher Manier wird die Erregung von Affekten, angenehmer wie unangenehmer, grundsätzlich zum Garanten des Vergnügens und somit der sittlichen Erziehung erklärt. Denn es sind nicht irgendwelche Szenen, die zu Affektauslösern werden und einen nachhaltigen Eindruck hinterlassen, sondern wohlgewählte „Exempel der Tugenden und Laster"[319], mittels derer die Tragödie den Zuschauer „lehret und warnet"[320], auf dass er „klüger, vorsichtiger und standhafter nach Hause"[321] gehe. Das durch die Affekte erweckte Vergnügen ist immer auch ein nützliches, sofern – auch hier stimmt Gottsched mit Wolff überein – die Tragödie „regelmäßig[ ] und wohlgerichtet[ ]"[322], ihr Ziel die Erbauung des Menschen ist.[323]

Gottsched kombiniert Elemente der Aristotelischen Poetik, der barocken Trauerspieltheorie und der Fabellehre Wolffs.[324] Die Notwendigkeit der Affekterregung in Gottscheds Trauerspieltheorie ergibt sich außer aus dem Horaz'schen *delectare* zum einen aus der Übernahme der Aristotelischen

---

316   Im ersten Teil der *Critischen Dichtkunst* ([AW VI.1], Cap. II, § 18, S. 160) revidiert Gottsched mit Verweis auf das Vorwort von Johann Joachim Schwabe zu seinem 1736 erschienenen Gedichtband die gängige Meinung, nach der Platon in seiner Republik „gar keine Dichter hat leiden wollen".
317   Zum zeitgenössischen Hintergrund der Diskussion über den Nutzen des Schauspiels und Gottscheds Argumentation zur Verteidigung der Dichtung vgl. Zelle: ‚Querelle du théâtre', S. 24–30.
318   Gottsched: Die Schauspiele (AW IX.2), S. 494.
319   Gottsched: Critische Dichtkunst I (AW VI.1), Cap. I, § 31, S. 140.
320   Gottsched: Die Schauspiele (AW IX.2), S. 494.
321   Ebd.
322   Ebd.
323   Vgl. ebd., S. 494f.
324   Vgl. hierzu Kurt Wölfel: Moralische Anstalt. Zur Dramaturgie von Gottsched bis Lessing. In: Deutsche Dramentheorie. Beiträge zu einer historischen Poetik des Dramas in Deutschland. Hg. von Reinhold Grimm. Bd. 1. 3., verb. Auflage. Wiesbaden 1980, S. 56–122, hier S. 91–97. – Die folgenden Ausführungen konzentrieren sich auf die Rolle der Poesie bei der sittlichen Erziehung, die Gottsched ihr aufgrund ihrer affektiven Wirkung zugewiesen hat. Eine Analyse der Tragödientheorie Gottscheds, die die Funktion der Affekterregung generell wie die unterschiedlichen tragischen Affekte unter anderem vor dem Hintergrund der aristotelischen, der barocken oder der rhetorischen Tradition beleuchtet, bieten Zelle: „Angenehmes Grauen", S. 29–56, insbesondere S. 29–47; Georg-Michael Schulz: Tugend, Gewalt und Tod. Das Trauerspiel der Aufklärung und die Dramaturgie des Pathetischen und des Erhabenen. Tübingen 1988, S. 63–79; Peter-André Alt: Tragödie der Aufklärung. Eine Einführung. Tübingen, Basel 1994, S. 66–84 sowie Martinec: Lessings Theorie der Tragödienwirkung, S. 71–77. Zum Exempel bei Gottsched vgl. auch Schmidt: Sinnlichkeit und Verstand, S. 116–119.

3 Kraft der Sinnlichkeit – Kapitulation der Vernunft

Katharsis-Forderung,[325] zum anderen aufgrund der Integration der Wolffschen Fabellehre in seine Dramentheorie. Im Anschluss an die Tradition des barocken Trauerspiels dienen Schrecken, Mitleid und Bewunderung, wie es bei Gottsched heißt, zur Vorbereitung des Menschen auf sein eigenes Schicksal, der Einübung in die stoische *constantia*, die Beständigkeit. Gottsched unternimmt den ein wenig widersprüchlichen Versuch, den philosophischen Anspruch der Wahrheitsvermittlung mit der Forderung nach der Erregung der tragischen Affekte zu koppeln. „Der Poet will", erläutert Gottsched, „durch die Fabeln Wahrheiten lehren, die Zuschauer, durch den Anblick solcher schweren Fälle der Großen dieser Welt zu ihren eigenen Trübsalen vorbereiten."[326] Letzteres geschieht, wenn „durch die Unglücksfälle der Großen, Traurigkeit, Schrecken, Mitleiden und Bewunderung"[327] hervorgerufen werden.

Der zitierte Vorsatz, dass die eigentliche Absicht des Poeten die Vermittlung von Wahrheiten sei, deutet bereits auf eine weitere affektive Variante der sittlichen Erziehung hin. Gottsched greift in zweifacher Hinsicht auf Wolffs Überlegungen zur Fabel zurück: Er fordert die Vermittlung eines „lehrreichen moralischen Satzes"[328] und setzt zugleich, das wurde bisher nicht berücksichtigt, auf das der anschauenden Erkenntnis zugrunde liegende Wirkungsprinzip. Im Zentrum steht für ihn die grundsätzliche Kraft der Affekte: Sie muss die potentielle Kraftlosigkeit einer in Vernunftschlüssen beruhenden Erkenntnis ersetzen.[329] Die im Zusammenhang mit Wolff bereits erörterten wirkungsrelevanten Implikationen der anschauenden Erkenntnis werden von Gottsched im dramentheoretischen Kontext in erster Linie im Hinblick auf die Affekte erläutert:

> Die meisten Gemüther sind viel zu sinnlich gewöhnt, als daß sie einen Beweis, der aus bloßen Vernunftschlüssen besteht, sollten etwas gelten lassen; wenn ihre Leidenschaften demselben zuwider sind. Allein Exempel machen einen stärkern Eindruck ins Herz.[330]

---

325 Vgl. Gottsched: Die Schauspiele (AW IX.2), S. 494: „Es ist eine allegorische Fabel, die eine Hauptlehre zur Absicht hat, und die stärksten Leidenschaften ihrer Zuhörer, als Verwunderung, Mitleiden und Schrecken, zu dem Ende erreget, damit sie dieselben in ihre gehörige Schranken bringen möge."
326 Gottsched: Critische Dichtkunst II (AW VI.2), Cap. X, § 5, S. 312.
327 Ebd.
328 Gottsched: Critische Dichtkunst I (AW VI.1), Cap. IV, § 21, S. 215.
329 Vgl. die Ausführungen zur lebendigen Erkenntnis in Kap. II.2.2.
330 Gottsched: Die Schauspiele (AW IX.2), S. 495.

Ist der Zuschauer im „Innersten der Seelen"³³¹ gerührt, wird er auch den Vorsatz fassen, die Helden nachzuahmen.³³² Die intensive affektive Wirkung und die mit ihr einhergehende Erkenntnis veranlassen ihn, das gezeigte Gute nachzuahmen, das vorgeführte Schlechte hingegen zu meiden. Die anschauende Erkenntnis geht in ein Tun über, sie wird zur lebendigen Erkenntnis.

Neben den tragischen Affekten und dem Wirkungsmechanismus der anschauenden Erkenntnis beruft sich Gottsched noch auf eine dritte affektive Dimension, die zur sittlichen Erziehung beizutragen vermag und die in der wissenschaftlichen Auseinandersetzung mit Gottsched bislang noch nicht die angemessene Berücksichtigung gefunden hat: das Fühlen. Es ist die eigene Erfahrung, die den Menschen nachhaltig bessert und ihn zu lebendiger Erkenntnis führt; daher ist es ratsam, wie Gottsched in der *Weltweisheit* ausführt, ihn „*selbst fühlen [zu lassen]: was für böse Folgen aus gewissen Handlungen entstehen; und was für Gutes aus tugendhaften Thaten erfolge.*"³³³ Ist dies nicht ohne Schaden möglich, muss an die Stelle der eigenen Erfahrung das Beispiel treten.³³⁴ Ähnlich hatte bereits Dubos argumentiert, der in den durch die Kunst erregten künstlichen Leidenschaften, den *passions artificielles*, eine Möglichkeit sieht, den Menschen die wildesten Abenteuer durchleben zu lassen, ohne ihn gleichzeitig ihren Gefahren oder Konsequenzen auszusetzen.³³⁵ Als Beispiel eignet sich wie schon für Wolff, so auch für Gottsched besonders gut das Schauspiel: „Es ist, so zu reden, kein Bild, keine Abschilderung, keine Nachahmung mehr: es ist die Wahrheit, es ist die Natur selbst, was man sieht und höret."³³⁶ Die Helden leben, wenn auch nur auf der Bühne,³³⁷ und „die sichtbare Vorstellung der Personen [rühret] weit empfindlicher [...], als die beste Beschreibung."³³⁸ Liest man Gottscheds Dramentheorie zusammen mit den zitierten Gedanken aus der *Weltweisheit*, wird noch einmal deutlich, dass nicht nur die von Gottsched im Hinblick auf die Katharsis genannten tragödientheoretischen Affekte „Verwunderung, Mitleiden und Schrecken"³³⁹ erregt

---

331 Ebd., S. 497.
332 Vgl. ebd.
333 Gottsched: Weltweisheit II (AW V.2), § 443, S. 302. Herv. i. O.
334 Vgl. ebd.
335 Dubos weist der Kunst jedoch keine moralische Funktion im engeren Sinne zu. Einen moralischen Wirkungsanspruch verfolgt bei ihm, ganz im Einklang mit der Tradition, lediglich die Tragödie. Zum moralischen Anspruch der Tragödie bei Dubos vgl. Martino: Geschichte der dramatischen Theorien, S. 109–112. Zur Theorie der *passions artificielles* vgl. Kap. III.1.1.
336 Gottsched: Die Schauspiele (AW IX.2), S. 496.
337 Vgl. ebd.
338 Gottsched: Critische Dichtkunst I (AW VI.1), Cap. I, § 31, S. 140.
339 Gottsched: Die Schauspiele (AW IX.2), S. 494. – Den Wirkungen *eleos* und *phobos* aus der Aristotelischen Tragödientheorie, die Gottsched mit Mitleiden und Schrecken übersetzt, fügt Gottsched im Anschluss an Corneille noch die Verwunderung bzw. Bewunderung hinzu. Vgl. Alt: Tragödie der Aufklärung, S. 69 f.

3 Kraft der Sinnlichkeit – Kapitulation der Vernunft

werden sollen.[340] Der Zuschauer ‚fühlt' ganz grundsätzlich und, wie konstatiert werden muss, recht banal die affektiven Folgen von Tugend und Laster. Regelrecht am eigenen Leib werden ihm die Konsequenzen bestimmter Handlungen aufgezeigt.

In welcher Weise gerade das Fühlen der Folgen von bösen bzw. guten Handlungen den Menschen erzieht, ist genauer zu betrachten. Die von Gottsched in diesem Fall angestrebte Wirkung der Affekte kann schwerlich mit der Funktionsweise der anschauenden Erkenntnis verglichen werden, die dank der Beispiele Zusammenhänge erfasst und in ein der Erkenntnis entsprechendes Handeln übergeht. Wichtig ist, was gefühlt wird. Indem der Zuschauer die Konsequenzen von Handlungen explizit empfindet, rückt der Affekt als solcher ins Zentrum der Betrachtung und vor die an ihn gebundene Anschaulichkeit. Die Qualität des Affekts, mag er angenehm oder unangenehm sein, gewinnt an Bedeutung: Der Affekt wird zum positiven oder abschreckenden Beispiel für das menschliche Handeln, als dessen Folge er sich präsentiert. Auch wenn Gottsched diesen Gedanken nicht explizit ausführt, so schwingt doch die Idee mit, dass es die Furcht vor den unangenehmen bzw. die Aussicht auf die angenehmen Affekte ist, die den Menschen lenkt. Unlust und Lust wären folglich tragende Wirkungskategorien der sittlichen Erziehung durch die Poesie; ein weiterer Ansatz, um mittels affektiver Wirkung den Menschen moralisch zu erziehen. Die verschiedenen Dimensionen der moralisch-nützlichen Affekterregung, die Gottsched mit der Poesie verbindet, sind bezeichnend für den Denker Gottsched, der sich bemüht, überlieferte Konzepte beizubehalten und mit den moralphilosophischen Neuerungen Wolffs zu verbinden, auch auf die Gefahr hin, dass sie im Widerspruch zueinander stehen. Ganz gleich, welche Affekte die von Gottsched anerkannte, da der Moral zuträgliche Poesie erregt, sie dienen bei Gottsched der sittlichen Erziehung und dem nützlichen Vergnügen.

Im Kontext der Entwicklung der Tragödientheorie im 18. Jahrhundert ist anzumerken, dass Gottsched zwar unabhängig von der Katharsis-Forderung auf eine affektive moralische Wirkung setzt, die ihm bekannten Möglichkeiten jedoch nicht vollständig für sein moralphilosophisches Erziehungsprogramm nutzbar macht. Wie Wolff ist auch Gottsched der Ansicht, dass der Mensch durch Übung und Gewohnheit eine „*Fertigkeit im Guten*"[341] erlangen kann. An diesen Gedanken knüpft Lessing an, wenn er im Briefwechsel mit Mendelssohn und Friedrich Nicolai die Übung des Mitleids zu

---

340 Auf die nur eingeschränkte Bedeutung der Katharsis hat auch hingewiesen Schulz: Tugend, Gewalt und Tod, S. 71 f.
341 Gottsched: Weltweisheit II (AW V.2), § 444, S. 302. Herv. i. O.

einer Fertigkeit einfordert.³⁴² Gottsched hingegen setzt bei der Übung auf Zuckerbrot und Peitsche:

> Man halte sie [die jungen Leute, O.K.S.] also, so viel als möglich ist, vom Bösen ab, und benehme ihnen alle Gelegenheiten dazu. Man mache es ihnen, durch gewisse damit verknüpfte Strafen, verhaßt; und dagegen das Gute durch Belohnungen angenehm.³⁴³

Diese auf dem Prinzip von Lohn und Strafe aufbauende Übung der Fertigkeit im Guten stellt einen von den Exempeln abgetrennten Weg der sittlichen Erziehung dar, wie Gottsched selbst hervorhebt.³⁴⁴ Dass die Beispiele und der mit ihnen verfolgte Zweck zu „*fühlen: was für böse Folgen aus gewissen Handlungen entstehen; und was für Gutes aus tugendhaften Thaten erfolge*"³⁴⁵, jedoch auch zur Übung einer generellen Fertigkeit im Guten dienen könnten, wird von Gottsched nicht thematisiert. Die affektive und sittliche Wirkung der Beispiele, sofern sie nicht in den tragischen Affekten und ihrer Reinigung beruht, bleibt daher an einen konkreten Fall, eine bestimmte Fabel gebunden. Die Einsicht, dass diese Art der sittlichen Erziehung nicht für alle Situationen rüstet, ist für Lessing später richtungweisend.

3.3 Baumgarten: Sittlichkeit der Schönheit

Auch Baumgarten sieht im Anschluss an Leibniz die Poesie wie jede Art von Historie bzw. Erzählung in der Pflicht, den Menschen mit Hilfe von Beispielen zu unterrichten.³⁴⁶ Der Auftrag des *prodesse* und *delectare* besitzt auch bei ihm Gültigkeit.³⁴⁷ Doch lässt sich Baumgartens Ansatz in der *Aesthetica* nicht auf die Vermittlung bloßer Tugenden oder anerkannter Wahrheiten reduzie-

---

342 Vgl. Lessing an Mendelssohn, 18. Dec. 1756. In: Gotthold Ephraim Lessing, Moses Mendelssohn, Friedrich Nicolai: Briefwechsel über das Trauerspiel. Hg. und komm. von Jochen Schulte-Sasse. München 1972, S. 80.
343 Gottsched: Weltweisheit II (AW V.2), § 444, S. 302.
344 Vgl. ebd.
345 Vgl. die Angabe in Kap. II.3.2, Anm. 333.
346 Vgl. Baumgarten: Meditationes, § 58, S. 47: „[W]ir sind gehalten, mit Gedichten das zu besiegeln, was die Tugend und die Religion weiterbringt." – „[O]bligemur ad talia carminibus consignanda quae virtutem et religionem promovent", ebd., S. 46. Vgl. auch Baumgarten: Gedancken vom vernünfftigen Beyfall, Anm. *** ad § 9, S. 297f. Herv. i. O., der hier auch auf die bereits oben zitierte Stelle aus Leibniz' *Theodizee* verweist: „*Le but principal de l'histoire, aussi bien, que de la poësie doit être d'enseigner la prudence & la vertu par des exemples, & puis de montrer le vice d'une maniere, qui en donne de l'auersion, & qui porte ou serve a l'euiter.*" – Auf den Nutzen unter anderem von „Fabeln, Geschichten, Komödien, Tragödien" („fabulis, historiis, comoediis, tragoediis") hat in seiner Dissertation auch Baumgartens Schüler Samuel Spalding hingewiesen. Vgl. Baumgarten, Spalding: De vi et efficacia ethices philosophicae, § 24, S. 22f.
347 Vgl. Baumgarten: Ästhetik, § 188, S. 164f.

ren. Mit der Ästhetik liegt ein Konzept vor, das sich mit seinem umfassenden Anspruch grundsätzlich von einer Poetik im Stile Gottscheds unterscheidet. Das ist zunächst nicht verwunderlich, ist die Ästhetik ihrer Definition nach als Wissenschaft, die sich explizit und grundsätzlich der Ausbildung der Sinnlichkeit widmet, mehr als eine Kunsttheorie. Soll sie doch unter anderem „wissenschaftlich Erkanntes der Auffassungsgabe jedwedes Menschen anpa[ssen]", „die Verbesserung der Erkenntnis auch über den Maueranger der von uns deutlich erkannten Dinge hinaus erweiter[n]" und „geeignete Grundsätze für alle sanftmütigeren Bestrebungen und alle freien Künste darreich[en]"[348]. Mit der Sinnlichkeit wird ein Aspekt des Menschen gefördert, der nicht nur für eine richtige und umfassende Erkenntnis von Bedeutung ist,[349] sondern auch den Menschen in seinem Wesen bestimmt.[350] Der Nutzen der Ästhetik zeigt sich dann auch im alltäglichen Leben des Menschen.[351] Das Ziel, die Sinnlichkeit auszubilden und dadurch ein Bewusstsein für den Menschen in seiner Totalität zu schaffen wie auch zu akzeptieren, ist bereits ethisch im eigentlichen Sinn.[352]

Aber auch wenn die Ästhetik nicht primär Kunsttheorie ist, haben die Künste hier ihren besonderen Ort. Sie sind, wie gesehen, nicht nur ein Teilbereich der Ästhetik, sie repräsentieren bei Baumgarten exemplarisch, wofür die Ästhetik als Lehre steht.[353] In der Kunst findet die Ästhetik ihre Umsetzung, sie ist Ausdruck der ästhetischen Lehre. Inwiefern Baumgarten mit der Ästhetik einen moralphilosophischen Anspruch einlöst und welche vornehmliche Rolle der Kunst hierbei zukommt, zeigt sich an dem von Baumgarten proklamierten Zweck der Ästhetik: der Schönheit (*pulchritudo*) als Vollkommenheit der sinnlichen Erkenntnis. Bestimmt wird die Schönheit durch die sechs Merkmale Reichtum (*ubertas*), Größe (*magnitudo*), Wahrheit (*veritas*), Klarheit (*claritas*), Gewissheit (*certitudo*, als sinnliche Überredung

---

348 Ebd., § 3, S. 13. – „2) scientifice cognita captui quorumvis accommodare, 3) cognitionis emendationem etiam extra distincte cognoscendorum a nobis pomoeria proferre, 4) bona principia studiis omnibus mansuetioribus artibusque liberalibus subministrare", ebd., S. 12.
349 Vgl. ebd., § 7, S. 14 f.
350 Vgl. ebd., § 6, S. 14 f.
351 Vgl. ebd., § 3, S. 12 f.
352 So schon, mit Rückgriff auf Georg Friedrich Meier, Cassirer: Die Philosophie der Aufklärung, S. 368.
353 Vgl. den Abschnitt „Logik – Poetik – Ästhetik" in der Einleitung.

persuasio)³⁵⁴ und Leben (*vita*).³⁵⁵ Als das harmonische Zusammenspiel dieser Merkmale definiert Baumgarten die Vollkommenheit der Erkenntnis und folglich die Schönheit.³⁵⁶ Im Anschluss an eine erste Annäherung an Baumgartens Schönheitsbegriff soll im Folgenden anhand der Kategorien Wahrheit (*veritas*), Größe (*magnitudo*) bzw. Würde (*dignitas*) und Leben (*vita*) nachvollzogen werden, in welcher Weise die Kunst zur sittlichen Erziehung des Menschen beiträgt.

Schönheit

„Zweck der Ästhetik", schreibt Baumgarten gleich zu Beginn seiner *Aesthetica*, „ist die Vollkommenheit der sinnlichen Erkenntnis als solcher. Dies aber ist die Schönheit."³⁵⁷ Gut zehn Jahre zuvor hatte Baumgarten in der *Metaphysica* Schönheit definiert als „Vollkommenheit in der Erscheinung, m.a.W. Vollkommenheit, die vom Geschmack in weiterer Bedeutung festzustellen ist"³⁵⁸. Dass unter Berücksichtigung von Baumgartens Wahrheitstheorie zwischen diesen Definitionen kein Widerspruch vorliegt, wurde bereits herausgestellt:³⁵⁹

> Schönheit als *perfectio phaenomenon* ist einerseits die sinnliche Erscheinungsform der metaphysischen Vollkommenheit (die definiert ist als Übereinstimmung, *consensus*, des Vielen zu einem Ganzen), von der sie ihre ‚ontologische Dignität' erhält, andererseits gibt es Schönheit nur als subjektiv-menschliche, sinnliche Hinsicht auf ein metaphysisch – nicht Schönes, sondern – Vollkommenes.³⁶⁰

Nicht primär über den Gegenstand als solchen, sondern über die Art und Weise, wie etwas gedacht wird, ist Schönheit definiert, daher können „[h]äßliche Dinge [...] als solche schön gedacht werden und schönere Dinge häß-

---

354 Zur Abgrenzung der sinnlichen von der verstandesgemäßen Gewissheit hat Mirbach (*Ingenium venustum*, S. 201, Anm. 7) angemerkt: „Baumgarten unterscheidet in § 531 und in seiner eigenen Übersetzung der Termini die sinnliche Gewißheit (*certitudo sensitiva*) als ‚Überredung' (*persuasio*) – wobei bei der deutschen Übersetzung von *persuasio* ein Bezug auf die Rhetorik offensichtlich und sicher auch intendiert ist – von der verstandesgemäßen Gewißheit (*certitudo intellectualis*) als ‚Überzeugung' (*convictio*)."
355 Vgl. Baumgarten: Ästhetik, § 22, S. 24f.
356 Vgl. ebd.
357 Ebd., § 14, S. 20. – „Aesthetices finis est perfectio cognitionis sensitivae, qua talis. Haec autem est pulcritudo", ebd., S. 19. – Zur Schönheit bei Baumgarten vgl. auch Kap. III.3.
358 Baumgarten: Metaphysica, § 662, S. 351 – „Perfectio phaenomenon, s. gustui latius dicto observabilis, est *pulchritudo*", ebd., S. 350. Herv. i.O.
359 Vgl. hierzu wie zur Diskussion Mirbach: Einführung, S. LIII–LV.
360 Ebd., S. LIV.

lich."[361] Im sinnlichen Denken wird eine der sinnlichen Erkenntnis eigene Vollkommenheit geschaffen bzw. dargestellt.[362] Wenn Baumgarten also die „Vollkommenheit der sinnlichen Erkenntnis" als Ziel der Ästhetik proklamiert, dann bezieht er sich sowohl auf das sinnliche Erkennen als auch auf das sinnlich Erkannte, d.h. das im sinnlichen Denken zur Darstellung Kommende. Das sinnliche Denken eines Gegenstandes, seine Rezeption und die im Moment der Rezeption sinnliche Darstellung, steht im Mittelpunkt von Baumgartens Definition.

Im Hinblick auf das sinnliche Erkennen ist das Ziel der Ästhetik die Ausbildung des Werkzeugs des sinnlichen Denkens: der unteren Erkenntnisvermögen. Mit dieser Forderung befürwortet Baumgarten in erster Linie die sinnliche Art zu denken, antwortet zudem aber auch auf ein moralphilosophisches Problem. Denn die Übung der unteren Erkenntnisvermögen ist, wie bereits Wolff und Gottsched monierten, dringend geboten, will man das wahre Gute erkennen und sich nicht von einer Scheinvollkommenheit täuschen lassen. Anders als in seiner *Ethica*, in der Baumgarten mit dem Ziel einer sicheren Erkenntnis die Perfektionierung aller Vermögen fordert,[363] geht es ihm in seiner Ästhetik jedoch weniger um die Vermeidung von Scheinvollkommenheiten als um die spezifische Art der Vollkommenheit, die mittels der sinnlichen Erkenntnisvermögen erkannt und zugleich dargestellt wird – die Vollkommenheit der sinnlichen Erkenntnis, d.h. Schönheit. Der Grundsatz, dass ‚gut ist, was vollkommen ist', gilt auch in diesem Fall: Das sinnlich Dargestellte ist immer auch das (aus moralphilosophischer Sicht) Gute. Die Verbindung des Schönen mit dem Gutem, die schon bei Leibniz Teil seines das Schöne, das Wahre und das Gute gleichsetzenden Vollkommenheitsbegriffs ist,[364] findet sich in modifizierter Form wieder. In den die Schönheit mitbestimmenden Kategorien *veritas aesthetica*, *magnitudo* bzw. *dignitas aesthetica* und *vita cognitionis aesthetica* zeigt sich, in welcher Weise der mit der Vollkommenheit der sinnlichen Erkenntnis verbundene moralphilosophische Anspruch seine Umsetzung findet.

---

361 Baumgarten: Ästhetik, § 18, S. 23. – „Possunt turpia pulcre cogitari, ut talia, et pulcriora turpiter." Ebd., S. 22.
362 Zu Baumgartens Definition der Ästhetik als „Wissenschaft der sinnlichen Erkenntnis und Darstellung" (*scientia sensitive cognoscendi et proponendi*) (Metaphysica, § 533, S. 282 f.) vgl. Mirbach: Einführung, S. LVII–LIX.
363 Vgl. Baumgarten: Ethica, § 202, S. 117 f.
364 Vgl. Kap. II.1. – Einen historischen Abriss der Entwicklung der Trias von Platon bis in die Gegenwart bietet Gerhard Kurz: Das Wahre, Schöne, Gute. Aufstieg, Fall und Fortbestehen einer Trias. Paderborn 2015.

Veritas aesthetica. Die Wahrheit der Kunst

Mit dem zentralen Merkmal der ästhetischen Wahrheit (*veritas aesthetica*) wird der Schönheit eine ihr eigene Wahrheit zugesprochen. Wie bereits diskutiert, unterscheidet sich der sinnlich vorgestellte Teil der metaphysischen, also der objektiven Wahrheit der Gegenstände von dem Teil, der mittels des Verstandes vorgestellt wird.[365] Die sinnlich erkannte, d.h. die ästhetische Wahrheit ist ebenso wie die deutlich erkannte, d.h. die logische Wahrheit eine gültige Interpretation der metaphysischen Wahrheit. Die ästhetische und die logische Wahrheit unterscheiden sich aber nicht nur durch die Art und Weise, wie sie die objektive Wahrheit erkennen, sondern, wie gesehen, auch durch den jeweiligen Erkenntnisbereich. Nicht alles, was der Verstand erkennt, kann die Sinnlichkeit fassen und *vice versa*. Bezüglich des an die Schönheit geknüpften sittlichen Anspruchs ist festzuhalten, dass die ästhetische Wahrheit als Teil der metaphysischen Wahrheit auch Teil der Vollkommenheit ist und folglich immer auch für das Gute steht. Insofern bei Baumgarten das Kunstwerk Produkt des sinnlichen Erkennens ist, zeigt es eine Wahrheit, die sich zwar von der vernünftig vorgestellten Wahrheit unterscheidet, aber nicht weniger wahr ist. Auch bei Baumgarten steht die Kunst für die Vermittlung von Wahrheiten, doch sind es bei ihm keine Vernunftwahrheiten, sondern es ist eine durch die Sinnlichkeit geprägte Sicht auf die Dinge. Das Kunstwerk erschließt dem Betrachter einen anderen Zugang zur Welt.[366] Auch wenn Baumgarten ihren moralischen Auftrag nicht demonstrativ zur Schau stellt, besteht hierin die moralische Lehre, die Nützlichkeit der Künste.

Am Beispiel der Erdichtungen (*fictiones*) des Dichtungsvermögens (*facultas fingendi*) hat Dagmar Mirbach die „bewusstseinserweiternde Funktion"[367] der Künste expliziert.[368] Mit dem Kunstwerk wird nicht nur ein anderer Blick auf die *realiter* existierende, sondern auch auf eine weitere, im Anschluss an Leibniz: mögliche Welt frei. Denn die *facultas fingendi* als Vermögen, Einbildungen zu trennen und wieder zu *einem Ganzen* zu verbinden,[369] produziert nicht nur historische Erdichtungen (*fictiones historicae*), die aus den Dingen der wirklichen Welt bestehen, sondern auch poetische (*poeticae*) bzw. heterokosmische Fiktionen (*fictiones heterocosmicae*).[370] Eine „neue Welt" (*orbis novus*)

---

365 Vgl. Kap. I.3.4.
366 Vgl. auch Pietro Pimpinella: Veritas aesthetica. Erkenntnis des Individuellen und mögliche Welten. In: Aichele, Mirbach (Hg.): Baumgarten, S. 37–68, hier S. 53; Mirbach: Gottsched und die Entstehung der Ästhetik, S. 125.
367 Ebd.
368 Vgl. ebd., S. 124–126.
369 Vgl. Baumgarten: Metaphysica, § 589, S. 310 f.
370 Vgl. Baumgarten: Ästhetik, §§ 505–525, S. 482–503. – Zu den historischen und poetischen Erdichtungen bei Baumgarten vgl. auch Franke: Kunst als Erkenntnis, S. 95–98.

entsteht, die zwar vorstellbar, aber deren Dinge „in ebendieser Welt keinen Platz haben"[371]. Das Dichtungsvermögen und damit namentlich das Vermögen, durch das sich das *analogon rationis* von der *ratio* unterscheidet,[372] stellt vor, was in der bestehenden Welt nicht erfahrbar ist und der Verstand nicht zu denken vermag. Mit der poetischen bzw. heterokosmischen Wahrheit (*veritas heterocosmica*)[373] als Teil der ästhetischen Wahrheit verfügt die *facultas fingendi* und mit ihr die Kunst über einen ihr allein vorbehaltenen Teil der metaphysischen Wahrheit.

Magnitudo aesthetica moralis/dignitas aesthetica.
Die ästhetische Würde von Gegenstand und Künstler

Expliziter als die ästhetische Wahrheit erhebt bei Baumgarten die moralische ästhetische Größe (*magnitudo aesthetica moralis*) oder, wie Baumgarten sie auch verkürzt nennt, die ästhetische Würde (*dignitas aesthetica*)[374] einen sittlichen Anspruch.[375] Der Gegenstand der sinnlichen Darstellung, die Art der Darstellung selber wie auch der schön Denkende müssen diesem Anspruch genügen.[376] Das Kunstwerk selbst ist Produkt dieser drei Momente und als solches Repräsentant der ästhetischen Würde. Nicht explizit gemacht werden von Baumgarten in diesem Zusammenhang die Wirkung des Kunstwerks auf den Rezipienten und die Rolle der Kunst. Dass die Kunst aber zur sittlichen Ausbildung beiträgt, wird am Beispiel des schön Denkenden bzw. des Künstlers deutlich: Seine sittliche Seelengröße wird durch die Beschäftigung mit dem Schönen, dem Kunstwerk als Produkt sittlicher Standards geübt.

Baumgarten unterscheidet zwischen der objektiven ästhetischen Würde (*dignitas obiectiva*), die Gegenstand und Stoff des Denkens bestimmt, und der subjektiven ästhetischen Würde (*dignitas subiectiva*) der Person. Der objekti-

---

371 Baumgarten: Ästhetik, § 511, S. 489. – „in eodem hoc universo loco non habeant", ebd., S. 488.
372 Vgl. Kap. I.2.2.
373 Vgl. Baumgarten: Ästhetik, § 441, S. 418–421.
374 Vgl. ebd., S. 158 f. Herv. i. O.: „Es sei erlaubt, diese moralische ästhetische Größe kürzer die *ästhetische Würde* zu nennen". – „Liceat hanc moralem magnitudinem aestheticam brevis dignitatem aestheticam dicere".
375 Zur *magnitudo aesthetica* und ihrem ethischen Anspruch vgl. Braitmaier: Geschichte der poetischen Theorie und Kritik, S. 34–38; Peters: Ästhetik Alexander Gottlieb Baumgartens, S. 44–48; Linn: Baumgartens ‚Aesthetica' und die antike Rhetorik, S. 434–436 sowie ausführlich Mirbach: *Ingenium venustum*. Letztere geht zudem auf den Gottesbezug näher ein.
376 Da für die Argumentation lediglich die ästhetische Würde des Gegenstandes und des schön Denkenden relevant sind, wird die die Art und Weise der Darstellung betreffende ästhetische Würde im Folgenden nicht näher kommentiert.

ven Würde zufolge müssen der Gegenstand des Denkens bzw. der künstlerischen Darstellung und die Vorstellung des Gegenstandes an sich innerhalb der Grenzen der Tugend geschehen und zur „Sache der Tugend und der guten Sitten"[377] beitragen. Wer schön denkt, denkt notwendig tugendhaft.[378] Vorwiegend das, was Würde hat, darf gedacht und zum Thema gewählt werden.[379] Laster haben hier keinen Platz. Angesichts einer Schönheitsdefinition, die nicht den Gegenstand des Denkens, sondern die Art zu denken in den Fokus rückt, erstaunt eine derartige Einschränkung bei der Wahl des zu denkenden Gegenstands. Es wird hier noch einmal deutlich, wie sehr sich Baumgartens Denken aus der rhetorischen und poetischen Tradition speist.

Die subjektive ästhetische Würde (*dignitas subiectiva*) steht für „die natürlichen Möglichkeiten und Vermögen eines bestimmten Menschen [...], mit Begierden und aus freier Entscheidung uns einen gegebenen Stoff so, wie er es vermag und wie es billig ist, in Größe und Würde vor Augen zu stellen."[380] Nur der, der über diese von Baumgarten auch als ästhetischer Großmut und ästhetische Wichtigkeit (*magnanimitas et gravitas aesthetica*) bezeichnete subjektive Würde verfügt, kann schön denken.[381] Das aufrichtige Streben nach sittlicher Größe zeichnet den schön Denkenden und Künstler aus und findet sich alsdann auch in seinem Werk wieder.[382] Die moralische Größe des Werks ist, wie im rhetorischen Konzept des *vir bonus*, immer auch Produkt der sittlichen Seelengröße des Künstlers.

Auf welche Weise das Kunstwerk als Produkt des schönen Denkens Einfluss auf die moralische Erziehung nimmt, zeigt sich in Baumgartens Anregungen zur Ausbildung des schönen Geistes, des *felix aestheticus*. Allgemein bezeichnet *felix aestheticus* den „schön Denkenden"[383] und die grundsätzliche Veranlagung des Menschen zum schönen Denken, auf der auch die Begabung des Künstlers als „besondere[r] Charakter[...] des glücklichen Ästhetikers"[384] aufbaut. Adressat der ästhetischen Übung (*exercitatio aesthetica*), wie Baumgarten sie für den *felix aestheticus* fordert, ist daher nicht primär

---

377 Baumgarten: Ästhetik, § 182, S. 159. – „res virtutis bonorumque morum", ebd., S. 158.
378 Vgl. Baumgarten: Kollegnachschrift, § 183, S. 157.
379 Vgl. Baumgarten: Ästhetik, § 195, S. 170f.
380 Ebd., § 189, S. 165 und 167. – „possibilitates physicae potentiaeque certi hominis [...] cum appetitionibus et decreto datam materiem, qua pote, qua fas est, in magnitudine et dignitate venuste sistendi ob oculos", ebd., S. 164.
381 Vgl. ebd., § 352, S. 330–333. – An dieser Stelle sei noch einmal ausdrücklich verwiesen auf die aufschlussreichen Überlegungen zur *magnanimitas* bei Mirbach: *Ingenium venustum*, S. 208–217.
382 Zur Problematik der in § 362 angesprochenen Scheinsittlichkeit, dem Vortäuschen der eigenen Sittlichkeit, vgl. Schweizer: Ästhetik als Philosophie der sinnlichen Erkenntnis, S. 31 f.
383 Baumgarten: Ästhetik, § 27, S. 27. – „pulcre cogitaturi", ebd., S. 26.
384 Ebd., § 69, S. 53. – „character[...] felicis aesthetici speciali[s]", ebd., S. 52.

der Künstler, sondern der Mensch schlechthin.³⁸⁵ Die stetige Übung der Seelenvermögen ist notwendig, um diese zu erweitern und schlichtweg zu erhalten.³⁸⁶ Dem zu bildenden schönen Geist sind „nach und nach die verborgenen Sittenlehren [zu] entdecken"³⁸⁷, denn „[d]er schöne Geist muss bald Gegenstände wählen lernen, die ihn von den Lastern entfernen"³⁸⁸. Genauso wichtig – und im Hinblick auf eine Einschätzung der Rolle der Kunst bei der sittlichen Erziehung entscheidend – ist die Beschäftigung mit schönen Dingen, mit schön Gesagtem und Geschriebenem. Sie trägt zur Übung des schönen Denkens bei. In der anschauenden Erkenntnis ihrer Schönheit wird der Urheber in seinem Denken gleichsam nachgeahmt und durch die Nachahmung des schönen Denkens wird notwendig auf schöne Weise gedacht.³⁸⁹ Als Produkt des schönen Denkens kommt dem Kunstwerk eine Sonderstellung zu.³⁹⁰ Die Beschäftigung mit dem Kunstwerk trainiert, schön zu denken – und damit auch die sittliche Seelengröße, „insofern nichts schön sein kann, was nicht gesittet ist"³⁹¹.

Vita cognitionis aesthetica und Rührung.
Die explizite Wirkung des schönen Denkens

Die dritte Eigenschaft der Schönheit, die hier als Beispiel eines mit den Künsten verbundenen sittlichen Anspruchs berücksichtigt werden soll, ist die des Lebens der sinnlichen Erkenntnis, der *vita cognitionis aesthetica*. Baumgarten ist bekanntlich nicht mehr zur Abfassung dieses Abschnitts gekommen, der die Heuristik, den ersten der drei geplanten Teile der theoretischen Ästhetik, abschließen sollte.³⁹² Was Baumgarten im Abschnitt zur *vita cognitons aesthetica* geschrieben hätte, kann daher nur gemutmaßt werden. Zur Interpretation dieser Leerstelle hat sich bereits Ernst Bergmann auf den Baumgarten-Schüler Meier und dessen „Andeutung einer Ästhetik auf Grund der unteren Be-

---

385 Zur Übung bei Baumgarten vgl. Rüdiger Campe: Baumgartens Ästhetik: Metaphysik und *techné*. In: Allerkamp, Mirbach (Hg.): Schönes Denken, S. 149–170, insbesondere S. 160–166; Christiane Frey: Improvisiertes und Vorbewusstes bei A. G. Baumgarten. In: Allerkamp, Mirbach (Hg.): Schönes Denken, S. 171–181, hier S. 173–179; Christoph Menke: Kraft. Ein Grundbegriff ästhetischer Anthropologie. 2. Auflage. Berlin 2017, S. 35–53.
386 Vgl. Baumgarten: Ästhetik, § 48, S. 38 f.
387 Baumgarten: Kollegnachschrift, § 48, S. 98.
388 Ebd., § 50, S. 99.
389 Vgl. Baumgarten: Ästhetik, § 56, S. 44 f.
390 Vgl. Baumgarten: Kollegnachschrift, § 56, S. 102 f.; Baumgarten: Ästhetik, § 58, S. 46 f.
391 Baumgarten, Kollegnachschrift, § 183, S. 156.
392 Vgl. Baumgarten: Ästhetik, S. 10 f.; Mirbach: Einführung, S. XXI f.

gehrungskraft, genauer der Lust- und Unlusttheorie"[393] berufen.[394] Doch es ist umstritten, ob Baumgarten die Begehrungsvermögen, Lust und Unlust und die Affekte in seine ästhetische Theorie hat integrieren wollen. Vehement gegen diese Annahme haben sich Baeumler und Riemann ausgesprochen.[395] Gerade in seiner „Begründung der Schönheit auf das *Erkenntnis*vermögen", seiner „Isolierung des Schönen gegenüber der Ansteckung durch das Begehrungsvermögen" und einer damit einhergehenden Überwindung der Rhetorik lag für Baeumler die „historische Leistung"[396] Baumgartens. In der Folge wurden die affekttheoretischen Ansätze in Baumgartens Ästhetik lange Zeit kaum oder gar nicht berücksichtigt[397] und erst in neuerer Zeit die Bedeutung der Affektenlehre und der *vita cognitionis* wieder unterstrichen.[398]

Bei Baumgarten selbst, in der *Metaphysica*, der *Ethica* und auch den *Meditationes*, finden sich verschiedene Hinweise darauf, was es mit dem Leben der sinnlichen Erkenntnis vermutlich auf sich hat. Unter der Überschrift der *vita aesthetica cognitionis* wäre wohl die Rolle der Begehrungsvermögen, von Lust und Unlust wie der Affekte, ihr Beitrag zur Schönheit, erörtert worden. Es ist zu vermuten, dass auch die handlungsrelevante und ethische Dimension, die der lebendigen Erkenntnis anhängt, von Bedeutung gewesen wäre und Baumgarten nicht lediglich das Moment der Rührung unabhängig von jeglichem sittlichen Anspruch diskutiert hätte.[399] Hierfür sprechen sowohl die Begriffswahl *vita cognitionis* als auch Baumgartens eigene Äußerungen. Mit der Bezeichnung *vita cognitionis* entscheidet sich Baumgarten bewusst für einen ethisch konnotierten Ausdruck.[400] Wie sehr er selbst das hand-

---

393 Ernst Bergmann: Die Begründung der deutschen Ästhetik durch Alexander Gottlieb Baumgarten und Georg Friedrich Meier. Leipzig 1921, S. 167.
394 Zu dieser Problematik vgl. auch den Forschungsüberblick bei Torra-Mattenklott: Metaphorologie der Rührung, S. 144–147.
395 Vgl. Baeumler: Irrationalitätsproblem, S. 124 sowie Riemann: Ästhetik, S. 35f. Im Anschluss an Baeumler und Riemann vgl. auch Krueger: Christian Wolff und die Ästhetik, S. 85.
396 Baeumler: Irrationalitätsproblem, S. 124. Herv. i. O.
397 So auch in den wegweisenden Arbeiten von Franke: Kunst als Erkenntnis und Schweizer: Ästhetik als Philosophie der sinnlichen Erkenntnis.
398 Vgl. Torra-Mattenklott: Metaphorologie der Rührung, S. 139–208; Stöckmann: Anthropologische Ästhetik, S. 105–108 und 110–113.
399 Torra-Mattenklott (Metaphorologie der Rührung, S. 144–147) und Stöckmann (Anthropologische Ästhetik, S. 110f.) sprechen das Problem an, ohne sich eindeutig für eine der beiden Varianten auszusprechen. Anders Mirbach (*Ingenium venustum*, S. 201), die davon ausgeht, dass der Abschnitt zur *vita cognitionis aesthetica* „wohl den handlungsrelevanten Aspekt der sinnlichen Erkenntnis und deren Darstellung im Medium der Kunst explizit deutlich gemacht [hätte]". Zum Gottesbezug vgl. Dagmar Mirbach: Die *viva Dei cognitio* als movens moralischen Handelns. In: Sinne und Triebe. Zum Verhältnis von praktischer Ästhetik und moral sense theory in der Philosophie und Dichtung der Aufklärung. Hg. von Oliver Bach, Berlin, Boston [in Vorbereitung].
400 Vgl. hierzu die Ausführungen zur lebendigen Erkenntnis in Kap. II.2.2 sowie die Kontextualisierung der lebendigen Erkenntnis im Hinblick auf Theologie und praktische Phi-

lungsbezogene Moment von *vita* mitdenkt, betont er in seinen *Gedancken vom vernünfftigen Beyfall auf Academien*, wenn er, wie bereits hervorgehoben, das ‚Leben der Erkenntnis' ausdrücklich von der ‚Lebhaftigkeit der Erkenntnis' abgrenzt mit der Begründung, dass letztere nicht unbedingt auf das Leben einwirkt.[401]

Wenn eine Erkenntnis lebendig ist, bedeutet dies bei Baumgarten zunächst, dass sie über Triebfedern verfügt, die den Menschen begehren lassen.[402] Erst die lebendige Erkenntnis im engeren Sinne – und auf diese, so ist anzunehmen, verweist Baumgartens Begriff der *vita cognitionis* – lässt auf die Erkenntnis und das mit dieser Erkenntnis verknüpfte Begehren Taten folgen. Indem Baumgarten das Leben als Kriterium der Vollkommenheit der sinnlichen Erkenntnis bestimmt, verbindet er die erkenntnistheoretische Dimension der Schönheit mit einem praktischen, einem sittlichen Anspruch. Die Vollkommenheit der sinnlichen Erkenntnis ist erst dann erreicht, wenn die Erkenntnis Leben hat, eine lebendige Erkenntnis ist, und auf den Rezipienten und sein Handeln (ein-)wirkt. Baumgartens Definition der Schönheit als Vollkommenheit der sinnlichen Erkenntnis setzt Wolffs Forderung, „Erkenntnis muß demnach in ein Thun ausbrechen"[403], auf der Ebene der Sinnlichkeit um. Dies ist die logische Konsequenz seiner Parallelisierungsbestrebungen von Sinnlichkeit und Verstand. Sinnliche und vernünftige lebendige Erkenntnis stehen im Rahmen der sittlichen Erziehung nebeneinander.

Die hervorgehobene Position, die den Künsten bzw. der Poesie hierbei zukommt, thematisiert Baumgarten schon in den *Meditationes*, wenn er die Erregung von Affekten als Eigenschaft der Poesie beschreibt.[404] Als „merklichere Stufen der Unlust und der Lust"[405] tragen Affekte maßgeblich zur Steigerung der Triebfedern und folglich der lebendigen Erkenntnis bei. Wer sinnlich vollkommen erkennt, wer schön denkt – und das tut neben dem Künstler als Produzent des Kunstwerks auch der Rezipient desselbigen –, der wird bewegt: auf dessen Herz wird eingewirkt, er wird gerührt.[406] Die Lebhaftigkeit der sinnlichen Vorstellungen tragen hierzu bei. Die sich in der Kollegnachschrift findende Formulierung, „was schön sein soll, muß bewegen"[407], erinnert an die zentrale Aussage der Dubos'schen Gefühlsästhetik,

---

losophie bei Torra-Mattenklott: Metaphorologie der Rührung, S. 147–171, insbesondere S. 153–157.
401 Vgl. Baumgarten: Gedancken vom vernünfftigen Beyfall, Anm. * ad § 9, S. 297.
402 Vgl. Kap. II.2.2.
403 Vgl. die Angabe in Kap. II, Anm. 22.
404 Vgl. Baumgarten: Meditationes, §§ XXV–XXVII, S. 24–27.
405 Ebd., § XXV, S. 25. – „Affectus cum sint notabiliores taedii et voluptatis gradus", ebd., S. 24.
406 Vgl. ebd., § CXIII, S. 82 f.
407 Baumgarten: Kollegnachschrift, § 31, S. 87.

dass schön ist, was rührt.[408] Im Gegensatz zur Konzeption bei Dubos steht das Axiom der Rührung aber nicht frei im Raum, sondern ist an einen sittlich-praktischen Anspruch gebunden. Die für die Rührung notwendigen Begierden „können [...] nicht anders als wegen eines zukünftigen Gutes entstehen"[409]. Die zentrale Botschaft des Leibniz-Wolffschen moralphilosophischen Ansatzes wäre somit bei Baumgarten wesentliches Element seiner Schönheitsdefinition: Der Mensch strebt nach der Vollkommenheit und folglich dem Guten. Und die Kunst unterstützt ihn mittels ihrer affektiven Wirkung. Indem sie es vermag, den Menschen zu rühren, obliegt es ihr, das menschliche Begehren und sein Handeln zu lenken – auf das (sittlich) Gute.

So darf man sich die Botschaft vorstellen, die Baumgarten in einem der *vita cognitionis* gewidmeten Abschnitt seiner *Aesthetica* hätte vermitteln wollen. Vor dem Hintergrund der oben ausgearbeiteten Lustkonzeption Baumgartens ist jedoch zu fragen,[410] welche Vorstellung von Vollkommenheit, d. h. vom Guten, der Rührung zugrunde liegt: Ist die der Lust und dem Begehren zugrunde liegende Vollkommenheit objektiv gut oder nur aus Sicht des Rezipienten, also für den Rezipienten? In Folge seiner Lustkonzeption, bei der das dem Subjekt als gut Erscheinende stärker affiziert als das objektiv Gute, hätte Baumgarten bei der Abfassung des Abschnitts zur *vita cognitionis* das zentrale moralphilosophische Axiom modifizieren müssen: Der Mensch strebt nach dem Guten – dem für ihn selbst Guten. Vielleicht ist dieser Widerspruch zum sittlichen Anspruch, wie ihn Baumgarten sonst prononciert, ein Grund gewesen, warum der Abschnitt nie geschrieben wurde. Eine Gefühlsästhetik wie die von Dubos, die einen objektiven moralischen Anspruch außer Kraft setzt und die Rührung zum primären Wirkungsziel erhebt, wäre nicht im Sinne Baumgartens gewesen. Denn, wie die Ausführungen gezeigt haben, gilt der bei der Betrachtung von Baumgartens Ästhetik oftmals zurückgestellte ethische Anspruch auf allen drei für die Kunsttheorie relevanten Ebenen: des Werks, der Produktion und der Rezeption.

Die Vollkommenheit der sinnlichen Erkenntnis, wie sie in den Kategorien *veritas aesthetica, magnitudo aesthetica moralis* bzw. *dignitas aesthetica* und *vita cognitionis aesthetica* zutage tritt, verweist auf die sittliche Dimension der Schönheit und der Künste: Das Kunstwerk ist bei Baumgarten Ausdruck einer Wahrheit und kann diese folglich auch vermitteln. Doch anders als bei Wolff und Gottsched ist die vorgestellte Wahrheit keine spezifische, logisch

---

408 Zur zentralen Stellung der Rührung bei Dubos vgl. Du Bos: Réflexions critiques, I, Sect. 6, S. 51 f.; Sect. 11, S. 61; Sect. 12, S. 65; Sect. 33, S. 160 f. sowie II, Sect. 1, S. 271 f. und Sect. 36, S. 525.
409 Baumgarten: Kollegnachschrift, § 31, S. 87. – Vgl. auch Baumgarten: Metaphysica, § 665 f., S. 352–355.
410 Zur Lustkonzeption bei Baumgarten vgl. Kap. II.2.1.

abgeleitete vernünftige Wahrheit, kein moralischer Lehrsatz. Kunst hat ihre eigene, sinnliche Wahrheit, *veritas aesthetica*, die eine andere, aber nicht weniger wichtige Sicht auf die Welt ermöglicht, als es die Vernunft vermag. Mit dem Anspruch der objektiven ästhetischen Würde (*dignitas obiectiva*) unterliegt der zu denkende Gegenstand selbst moralischen Normen. Gleiches gilt für den Künstler, der sich durch die subjektive ästhetische Würde (*dignitas subiectiva*) auszeichnet. Insofern sein Streben nach sittlicher Größe durch die Beschäftigung mit schönen Dingen, Kunstwerken im engeren Sinne, gefördert wird, zeigt sich auch hier, welche Rolle der Kunst im Kontext moralischer Erziehung zukommt. Die sittliche Größe des Künstlers schlägt sich dann auch im Werk nieder. Dessen moralischer Auftrag aber beschränkt sich nicht nur auf die Vermittlung von Wahrheiten, ästhetischer wohlgemerkt, sondern zeigt sich zugleich in der Rührung des Rezipienten. Mit der *vita cognitionis aesthetica* ist (vermutlich) der an die Schönheit gestellte Anspruch der lebendigen Erkenntnis verbunden, ihr affektives wie auch handlungsorientiertes Moment. Das Kunstwerk rührt und lässt den Menschen handeln. Auch die Kunst muss, wie Baumgarten es im Kontext seiner *Ethica* formuliert, „in Leben und Wandel einen Einfluss"[411] haben, immer auch ins richtige Leben wirken und auf den Menschen Einfluss nehmen. Diese ethische Dimension seiner Ästhetik zeichnet sich durch die Verortung der Schönheit in der sinnlichen Erkenntnis aus. Während bei Gottsched das vernünftig konzipierte Werk vernünftige Wahrheiten sinnlich vermittelt, setzt Baumgarten ganz auf die Sinnlichkeit. Ästhetische Wahrheiten werden sinnlich vermittelt. Das Werk selbst ist Produkt eines sinnlich Denkenden, dessen sittliche Seelengröße das Werk beeinflusst.

---

411 Vgl. die Angabe in Kap. II.2.2, Anm. 193.

III Schnittstellen.
Die Kunsttheorie zu Beginn der Aufklärung

Am Beispiel der Koexistenz des Schönen und des Erhabenen hat Carsten Zelle die *Doppelte Ästhetik der Moderne* nachgezeichnet. In ihr

> sind stets *zwei* ästhetische Kategorien gegenläufig aufeinander bezogen gewesen: *beauté absolue* und *beauté relative*, Schönheit und Erhabenheit, Anmut und Würde, schmelzende und energische Schönheit, Naivität und Sentimentalisches, Objektivität und Interesse, Klassisches und Romantisches, *la beauté* und *le grotesque*. Schönheit und Häßlichkeit […] sowie Apollinisches und Dionysisches.[1]

Den Auftakt der von Zelle beschriebenen Konstellation macht der französische Klassizismus. Dass diese gemeinhin gern als ‚Zeitalter der Vernunft' charakterisierte Epoche nicht nur durch die Kernbegriffe *bon sens*, *clarté*, *justesse*, *raison* und *règles* beschrieben werden kann, sondern auch Konzepte wie *sublime*, *beau désordre* und *je ne sais quoi* heranzuziehen sind, dafür steht in besonderer Weise Nicolas Boileau-Despréaux.[2] Der vielfach in seiner Rolle als ‚législateur du Parnasse'[3] zitierte und oftmals zum Vertreter eines einseitig rationalistischen Klassizismus reduzierte Dichter und Kunsttheoretiker veröffentlichte 1674 nicht nur das poetologische Lehrgedicht *L'art poétique*, das die Ausrichtung der Dichtung an Vernunft und Regeln postuliert, sondern auch seine Übersetzung des fälschlicherweise Dionysius Cassius Longinus zugeschriebenen Traktats *Peri hypsous* (1. Jh. n. Chr.), den *Traité du sublime, ou du merveilleux dans le discours*. Während der *Art poétique* für eine von der *raison* geleitete normative Regelpoetik steht, ist im Fokus des *Traité* die letztlich unbeschreibbare Kategorie des *sublime*. Als Teil des *je ne sais quoi* liegt das Erhabene außerhalb einer vernunftbasierten Poetik und lässt sich daher nicht mit in der Vernunft gegründeten Kriterien

---

1 Zelle: Die doppelte Ästhetik der Moderne, S. 3. Herv. i. O.
2 Dass die französische Klassik sich nicht auf die an der Vernunft ausgerichtete *doctrine classique* reduzieren lässt, wurde zunächst vor allen Dingen von der amerikanischen Forschung herausgestellt. Zur Rezeption und zum Wandel des Klassikbegriffs wie zur Einordnung von Boileau vgl. ebd., S. 26–29 und 43–59.
3 Diese Stilisierung Boileaus geht auf Charles-Augustin Sainte-Beuve zurück. Vgl. August Buck: Zur Einführung. In: Nicolas Boileau: L'Art Poétique. Hg., eingel. und komm. von August Buck. München 1970, S. 7–38, hier S. 33.

fassen.⁴ *Raison* und *sentir* stehen bei Boileau nebeneinander, ergänzen sich.⁵ „Zur Ordnung treten die Verstöße schöner Unordnung, zum Schönen die numinose Aura des Sublimen, zur Räson das Unbegreifliche des *je ne sais quoi*."⁶

Vor diesem Hintergrund schrieb Zelle Baumgartens Ästhetik eine vermittelnde Funktion zu.⁷ Sie ist, so Zelle, „Kritik und Korrektur ‚logozentrischer' (Derrida) Reduktion menschlicher Erkenntnisleistungen" und in der Folge ein „Auffangbecken für jene Wahrnehmungsweisen, die aus ihm [dem Rationalismus] herausfallen"⁸, für die „Supplemente des Klassizismus"⁹, für *je ne sais quoi, sublimité, finesse*.¹⁰ Ähnlich bewertete im Anschluss an die zeitgenössische Forschung bereits Albert Riemann die Ästhetik Baumgartens, wenn er sie als „Lösung des ästhetischen Problems"¹¹ seiner Zeit verstand. Die gegenläufigen Tendenzen innerhalb der Kunsttheorie, wie Riemann sie vor allen Dingen, aber nicht nur im Geschmacksbegriff ausmachte und die mit Zelle Charakteristikum der doppelten Ästhetik sind, bestimmen die Ästhetik Baumgartens: Sie sind das „Problem", das es mit der Ästhetik zu lösen galt.

Die der doppelten Ästhetik inhärente Spannung wird in spezifischer Weise auch mit den von Wolff und Gottsched entwickelten Kunsttheorien formuliert. Sie sind geprägt durch das komplexe Verhältnis von Sinnlichkeit und Verstand. Die Ausführungen im letzten Kapitel haben gezeigt, dass die Kunst ihre zentrale Stellung im philosophischen System ihrer Fähigkeit verdankt, den Menschen über die Sinnlichkeit zu erziehen. Von der Frage, unter welchen Bedingungen das Werk sinnlich wirken kann, gehe ich zunächst aus, wenn ich im Folgenden das teils widersprüchliche Verhältnis von Werkkonstruktion und Wirkungskonzeption in den Mittelpunkt stelle und so einem noch vor wenigen Jahren beklagten und weiterhin aktuellen Desiderat der Forschung nachkomme.¹² Im Hinblick auf das Verhältnis von Sinnlichkeit und Verstand wird die das 18. Jahrhundert prägende Systematik der Kunst-

---

4 Vgl. Louis Marin: Le sublime dans les années 1670: un je ne sais quoi? In: Actes de Baton Rouge. Hg. von Selma A. Zebouni. Paris u. a. 1986, S. 185–201, hier S. 186; Zelle: Die doppelte Ästhetik der Moderne, S. 57 f.
5 Vgl. die Ausführungen ebd., S. 43–59.
6 Ebd., S. 59.
7 Vgl. ebd., S. 67–70.
8 Ebd., S. 70.
9 Ebd.
10 Vgl. ebd., S. 68.
11 Riemann: Ästhetik, S. 14. So die Überschrift des zweiten Kapitels.
12 Noch 2007 beklagte Alt (Aufklärung, S. 125) den Mangel an Studien, „die das bereits vor Lessing spannungsreiche Verhältnis von Werkästhetik und Wirkungskonzeption erörtern und derart die systematische Ordnung der aufgeklärten Literaturtheorie wie ihre historischen Implikationen gleichermaßen erfassen."

und Dichtungstheorie rekonstruiert, deren Ausgangspunkt die Wolffsche Philosophie darstellt. Angestrebt wird nicht eine detaillierte und vollständige Darstellung der kunsttheoretischen Konzeptionen der hier behandelten Autoren. Vor dem Hintergrund der in den letzten Kapiteln rekonstruierten philosophischen Grundlagen werden die für die Entwicklung der Kunsttheorie wichtigen Scharnierstellen nachgezeichnet und auf die Funktion hin befragt, die ihnen in einer an der sinnlichen Wirkung ausgerichteten Werkkonzeption zukommt.

Eine *philosophia artium*, wie Wolff sie skizziert, soll Künstler und Kunstverständigem die Grundsätze und die aus ihnen abzuleitenden Regeln für die Produktion des Werks und seine Beurteilung an die Hand geben. Gottscheds *Versuch einer Critischen Dichtkunst* ist der ‚Versuch', eine *philosophia poetica*, eine Philosophie der Dichtung, zu entwerfen. Ein solches, im Sinne Wolffs: ‚kunstphilosophisches' Vorhaben hat viele Fragen zu beantworten, zum Künstler und der Werkproduktion, zum Kunstverständigen und seinem Urteil wie auch zur Beschaffenheit des guten, des gelungenen Werks. Welcher Seelenvermögen und welcher Fertigkeiten bedarf es zur schöpferischen Tätigkeit? Welcher für die angemessene Beurteilung? Und welchen Kriterien muss das Werk selbst genügen? Gottscheds Priorisierung von Produktion und kritischer Rezeption, dem Kunsturteil, täuscht über die Bedeutung der sinnlichen Wirkung hinweg. Sie wird aber bei der Werkkonstruktion immer auch mitgedacht. Inwiefern die sinnliche Rezeption des nachzuahmenden Gegenstands für die Produktion und die sinnliche Wirkung des Werks wiederum für seine Beurteilung von Bedeutung sind, das sind wichtige Fragen, die zu Beginn des 18. Jahrhunderts auch in Deutschland diskutiert werden und nicht nur in der Wirkungsästhetik des „Ahnherren sensualistischer Ästhetik"[13] Dubos. Zu den rational nachvollziehbaren Kriterien des Werks tritt das der Wirkung und damit der einfache Rezipient, der, der nicht Kritiker ist. Wie rezipiert er, der die Regeln nicht kennt, das Werk? Unter welchen Bedingungen gefällt es ihm, wie muss es beschaffen sein? Und in welcher Weise hat auch er, als Individuum, Einfluss oder aktiven Anteil an der Wirkung? Ästhetisches Vergnügen und Rührung, Einbildungskraft und Illusion, Schönheit und Geschmack – die grundlegenden kunsttheoretischen Kategorien sind im Dreieck von Produzent, Werk und Rezipient zu verorten, wie auch in ihrer Beziehung zu Sinnlichkeit und Verstand. Letztere ist nicht immer eindeutig und führt gerade bei Wolff und Gottsched zu Konflikten, die in dieser Weise zu Beginn des 18. Jahrhunderts erstmals für die deutsche Kunsttheorie (implizit) formuliert werden und die

---

13   Carsten Zelle: Ästhetischer Neronismus. Zur Debatte über ethische oder ästhetische Legitimation der Literatur im Jahrhundert der Aufklärung. In: Deutsche Vierteljahrsschrift für Literaturwissenschaft und Geistesgeschichte 63.3 (1989), S. 397–419, hier S. 398.

es zu lösen gilt, zunächst von Baumgarten. Die Bedeutung der bereits bei Wolff und Gottsched vorliegenden Anknüpfungspunkte für die Aufwertung und den Ausbau der Sinnlichkeit innerhalb der Kunsttheorie der Aufklärung ist nicht zu unterschätzen.

Es besteht kein Zweifel, dass die Kunsttheorien im deutschsprachigen Raum des 18. Jahrhunderts eng mit Wolff und seiner Philosophie verbunden sind.[14] Inwieweit Wolff jedoch eine eigene Theorie der Künste entwickelt hat, ist in der Forschung umstritten.[15] Plausibel erscheint die unter anderem von Pietro Pimpinella vertretene Position, Wolff habe zwar keine eigenständige Abhandlung zu den Künsten verfasst, aber durch die zahlreichen Bezüge zur Kunsttheorie im Kontext seiner Philosophie eine für die Kunsttheoretiker der Frühaufklärung wegweisende „carte conceptuelle du domaine des arts"[16] entworfen sowie mit seiner Philosophie die Kunsttheorie neu fundiert.[17] Wolffs Definition und Verwendung von kunsttheoretischen Kernbegriffen, seine Reflexionen zu Lust, Vollkommenheit und Schönheit, zu Kritiker und Künstler wie generell zu den Prozessen von Produktion und Rezeption, seine Konzeption von möglichen Welten und Schauspielen – sie lassen mehr als ahnen, wie eine eigenständige philosophische Theorie der Künste aussehen könnte, worauf sie zu achten hätte. Im Unterkapitel *Wolff:*

---

14 Vgl. hierzu die Angaben in der Einleitung sowie Annabel Falkenhagen: Philosophischer Eklektizismus. Wolff und die Literaturtheorie der Frühaufklärung. In: Stolzenberg, Rudolph (Hg.): Christian Wolff und die europäische Aufklärung. Teil 4, S. 342–359, hier S. 341, insbesondere Anm. 2.

15 Birke (Christian Wolffs Metaphysik, S. 3) sieht bei Wolff „Ästhetik", konstatiert aber den von seiner Philosophie ausgehenden Impuls, der „die Neuorientierung der deutschen Kunsttheorie anregte und schließlich indirekt zur Ästhetik Baumgartens führte." Krueger (Christian Wolff und die Ästhetik) hingegen spricht explizit von „Wolffs Kunsttheorie" (ebd., S. 76) wie einer „Ästhetik Wolffs" (ebd., S. 77) und führt die in Wolffs verschiedenen Schriften zu findenden kunsttheoretischen Ansätze zusammen. Zugleich bemängelt er, die Kunsttheorie Wolffs sei „ein unselbständiger und untergeordneter Problemkomplex [...], der beiher, sooft sich Anlaß bietet, mit erörtert wird, ohne jedoch den Rang einer besonderen philosophischen Disziplin zu erreichen." Ebd. Ebenfalls anerkannt wird Wolffs Verdienst um die Kunsttheorie von Beiser (Diotima's Children, S. 47), der Wolffs Arbeiten als „a general theory of the arts, a detailed theory of the imagination, and an explicit theory of beauty" versteht. Ähnlich Krueger bedauert Buchenau (Erfindungskunst und Dichtkunst, S. 313) die „disparate[n] Bausteine einer Ästhetik", betont aber auch: „Wolff skizziert [...] als erster eine Philosophie der Künste und der Poetik und erstellt ein Programm, an das seine Schüler [...] anknüpfen, um eine neue Poetik und Ästhetik zu entwickeln." Gegen Krueger und Buchenau polemisiert Gaier (Wozu braucht der Mensch Dichtung?, S. 217 f.), der in Wolff den Autor der „wirkungsmächtigste[n] Poetik des 18. Jahrhunderts" (ebd., S. 222) sieht. Auch wenn Gaiers Argumentation im Vergleich zur These schwach ist – er konstatiert in erster Linie die anthropologische, moralphilosophische und theologische Bedeutung von Wolffs Aussagen zu Fabel, Tragödie und Komödie –, so trifft sie, wie noch zu sehen sein wird, einen wahren Kern. Zur Forschung bis 1980 vgl. auch Krueger: Christian Wolff und die Ästhetik, S. 19–23.

16 Pimpinella: La théorie wolffienne des arts, S. 10.

17 Vgl. ebd., S. 9 f.

Philosophisches Fundament einer Theorie der Künste wird anhand dieser kunsttheoretischen Kernbegriffe die Bedeutung und Funktion der Sinnlichkeit in ihrer Relation zum Verstand untersucht und hierbei der Entwurf einer Kunsttheorie nachgezeichnet, die nicht einseitig, wie oft beschworen,[18] am Verstand ausgerichtet ist, sondern vielmehr zwischen Sinnlichkeit und Verstand steht.

Wolffs Kunsttheorie – im Folgenden bezeichne ich damit die Synthese seiner Äußerungen zu den Künsten und den für sie wichtigen Konzepten[19] – ist die rationale Begründung der für die einzelnen Künste geltenden Regeln. Ihre markante Position innerhalb der Wolffschen Philosophie verdankt sich jedoch der Lust und der grundsätzlich sinnlichen Wirkung der Künste, zumal der Dichtung. Doch während Wolff Lust und Fabel aufgrund ihrer voraussetzungslosen Wirkung preist, ist die Schönheit eines Werks nicht jedem zugänglich. Die am Beispiel der Schönheit und am Urteil des Kritikers zu beobachtende Rationalisierung der sinnlichen Wirkung steht im Kontrast zu den Momenten einer bedingungslosen Lust wie zu Wolffs Wissen um ein *je ne sais quoi* der Schönheit. Diese doppelte ‚Begründung' des Kunstvergnügens ist Ausgangspunkt für einen weiten Nachahmungsbegriff und impliziert die Möglichkeit eines ausdifferenzierten Kunstverständnisses außerhalb des Schönen. Von besonderer Relevanz für den Stellenwert von Wolffs Kunsttheorie ist ihr Einfluss auf die Dichtungstheorie. Seine Konzeption der poetischen Fabel, wie sie hier in dieser Weise erstmals rekonstruiert wird, prägt den poetologischen Diskurs und bildet den Ausgangspunkt von Lessings Illusionskonzeption.

Ihre Ausformulierung zu einer eigenständigen Kunsttheorie erfahren die kunsttheoretischen Konzeptionen Wolffs zunächst bei Gottsched. Sein *Versuch einer Critischen Dichtkunst* gilt als einflussreichste Poetik der Frühaufklärung.[20] Nicht weniger als vier Auflagen – 1729, 1737, 1742 und 1751 – erschienen zu Lebzeiten des Autors.[21] Zu seinen erbittertsten Gegnern nicht nur auf dem Gebiet der Poetologie zählt man die einstigen Weggefährten

---

18 Exemplarisch dafür Beiser: Diotima's Children, S. 45–71. Zu kunsttheoretischen Aspekten und Ansätzen bei Wolff vgl. auch die Rekonstruktionen bei Birke: Christian Wolffs Metaphysik, S. 1–20; Krueger: Christian Wolff und die Ästhetik; Pimpinella: La théorie wolffienne des arts; Buchenau: Founding of Aesthetics, S. 15–83.
19 Zum Kunstbegriff Wolffs vgl. die Einleitung zu Kap. III.1.
20 Zur Situierung der *Critischen Dichtkunst* im Kontext der zeitgenössischen Poetiken vgl. Birke: Christian Wolffs Metaphysik, S. 25–27.
21 Dieser Arbeit liegt die in die *Ausgewählten Werke* Gottscheds aufgenommene dritte Auflage von 1742 zugrunde, die in der Konzeption grundsätzlich mit den ersten beiden Auflagen übereinstimmt. Anderes ist im Vergleich mit der vierten Auflage zu konstatieren, deren teils polemischer Ton zudem von Gottscheds Auseinandersetzung unter anderem mit den Schweizern Bodmer und Breitinger zeugt. Vgl. Birke: Nachwort des Herausgebers (AW VI.3), S. 174 f.

Bodmer und Breitinger wie auch später Lessing. Dass letzterer Gottscheds Verdienst um die deutsche Dichtung und ihre Theorie zurückwies, hat lange Zeit den Blick auf Gottscheds Werk bestimmt und verstellt.[22] Dabei verdankt ihm gerade Lessing, wie zu sehen sein wird, entscheidende Anregungen. Die Forschung hat die Poetik Gottscheds ausgiebig diskutiert, oftmals mit Fokus auf ihre Rationalität.[23] Das Unterkapitel *Gottsched: Sinnlichkeit in der „Critischen Dichtkunst"* beschränkt sich daher auf die Betrachtung der sinnlichen Dimension der poetologischen Ansätze, die bisher nur vereinzelt Berücksichtigung gefunden hat.[24] Wie bei Wolff zeigt sich auch bei Gottsched die Problematik des rationalen Anspruchs einer *philosophia artium*. Auch wenn er seinen *Versuch einer Critischen Dichtkunst* mit Blick auf die Produktion und Bewertung von Dichtung, also für Künstler und Kritiker geschrieben hat, werden implizit immer auch die werkorientierten Voraussetzungen und die

---

22 Vgl. hierzu Joachim Birke: Der junge Lessing als Kritiker Gottscheds. In: Euphorion 62 (1968), S. 392–404.

23 Vgl. u. a. die Darstellungen von Servaes: Die Poetik Gottscheds, S. 6–59; Waniek: Gottsched und die deutsche Litteratur seiner Zeit, S. 127–192; Birke: Christian Wolffs Metaphysik, S. 21–48; Werner Rieck: Johann Christoph Gottsched. Eine kritische Würdigung seines Werkes. Berlin 1972, S. 143–170 und 180–199; Hans Peter Herrmann: Naturnachahmung und Einbildungskraft. Zur Entwicklung der deutschen Poetik von 1670 bis 1740. Bad Homburg v. d. H. u. a. 1970, S. 92–161; Freier: Kritische Poetik; Peter Borjans-Heuser: Bürgerliche Produktivität und Dichtungstheorie. Strukturmerkmale der poietischen Rationalität im Werk von Johann Christoph Gottsched. Frankfurt a.M., Bern 1981, S. 143–233; Wetterer: Publikumsbezug und Wahrheitsanspruch, S. 85–160; Schmidt: Sinnlichkeit und Verstand, S. 82–123; Möller: Rhetorische Überlieferung und Dichtungstheorie, S. 16–43; Daniel O. Dahlstrom: Die Aufklärung der Poesie. J. C. Gottsched (1700–1766): Critische Dichtkunst. 1729. In: Zeitschrift für Ästhetik und Allgemeine Kunstwissenschaft 31.1 (1986), S. 139–168; Andreas Härter: Digressionen. Studien zum Verhältnis von Ordnung und Abweichung in Rhetorik und Poetik. Quintilian – Opitz – Gottsched – Friedrich Schlegel. München 2000, S. 103–216; Alt: Aufklärung, S. 68–79; Beiser: Diotima's Children, S. 72–100; Annabel Falkenhagen: Werte der Dichtung – Dichtung von Wert. Eine Rekonstruktion von Maßstäben zur Bewertung von ‚Literatur' in den Poetiken J. Chr. Gottscheds und J. J. Breitingers (mit einem Ausblick auf C. Fr. Brämer). https://ediss.uni-goettingen.de/bitstream/handle/11858/00-1735-0000-0022-6003-C/Werte%20der%20Dichtung.Endf.pdf?sequence=3. Göttingen 2015 [vorgelegt 2008], S. 42–252 (06. Juli 2021). Weiterhin wegweisend ist die instruierende und ausführliche Darstellung von Grimm: Literatur und Gelehrtentum, S. 620–684. Hier findet sich auch eine kritische Einordnung der Forschung bis zu Beginn der 1980er Jahre. Zur Einordnung der Forschung vgl. auch Alt: Aufklärung, S. 115–125. Zur Rezeption Gottscheds von der Mitte des 18. Jahrhunderts bis in die 1930er Jahre vgl. auch den Überblick bei Schimansky: Gottscheds deutsche Bildungsziele, S. 1–21. Als Beispiel für die grundlegend negative Einschätzung, die der *Critischen Dichtkunst* lange Zeit zuteilwurde, sei verwiesen auf die Darstellung bei Friedrich Braitmaier: Geschichte der poetischen Theorie und Kritik, S. 86–128.

24 Vgl. Wetterer: Publikumsbezug und Wahrheitsanspruch, S. 85–135; Härter: Digressionen, S. 103–216 sowie Dietmar Till: Das doppelte Erhabene. Eine Argumentationsfigur von der Antike bis zum Beginn des 19. Jahrhunderts. Tübingen 2006, S. 290–309, insbesondere S. 300–302.

Umsetzung des sinnlichen Wirkungsanspruchs diskutiert. Der Rezipient ist nicht nur Erziehungsobjekt, sondern auch ein rezipierendes, aktiv an der Rezeption beteiligtes Individuum. Die von Gottsched entwickelten Konzepte von Illusion, Einbildungskraft und Geschmack verweisen auf die Spannung zwischen Sinnlichkeit und Verstand in seiner Kunsttheorie, auf Spannungen, für die in der Folge Lösungen zu finden sind.

Antworten auf die aufgezeigten Widersprüche in den kunsttheoretischen Überlegungen von Wolff und Gottsched gibt Baumgartens Ästhetik. Mit seinem Entwurf einer ‚Wissenschaft der sinnlichen Erkenntnis' (*scientia cognitionis sensitivae*) verortet Baumgarten die Kunsttheorie nicht im Verstand, wie Gottsched, sondern grundsätzlich in der Sinnlichkeit:[25] Gleichwertig neben der Logik steht die Ästhetik, beide denken die Welt in ihrer je spezifischen Weise, logisch oder sinnlich. In beiden Fällen bedarf es der entsprechenden Vermögen. Baumgartens Erweiterung der sinnlichen Vermögen trägt dem Rechnung, sie ist eine natürliche Ergänzung eines Systems, das in der Psychologie Wolffs weder zu Ende gedacht noch ausgeführt ist. Die Ästhetik ist die explizite Anerkennung der Sinnlichkeit und ihrer Möglichkeiten, des ganzen Menschen; aber sie ist zugleich auch der Versuch, die Kunst in ihrer sinnlichen Bedingtheit zu fassen. Baumgartens Kunsttheorie wie die zentrale Bedeutung und Funktion der Sinnlichkeit für diese wurden und werden ausgiebig diskutiert.[26]

In die Ästhetik fließen Probleme der zeitgenössischen Kunsttheorie ein, werden gelöst oder neu gestellt. Wie bereits in den vorangegangenen Kapiteln beobachtet, greift Baumgarten auf seine Vorgänger zurück und entwickelte unter Beibehaltung der grundsätzlichen Ideen ihre Ansätze weiter. Ausgehend von Baumgartens Konzeption von Schönheit wird im Unterkapitel *Baumgarten: Ästhetik als Antwort auf Wolff und Gottsched* aufgezeigt, in welcher Weise die Ästhetik Lösungen für die bei Wolff und Gottsched vorgefundenen Herausforderungen bietet. Nicht die vorausweisende, die „bahnbrechende"[27] Bedeutung der Baumgartenschen Theorie steht im

---

25   Vgl. auch den Abschnitt „Logik – Poetik – Ästhetik" in der Einleitung.
26   Vgl. u. a. die Darstellungen bei Stein: Die Entstehung der neueren Ästhetik, S. 336–357; Riemann: Aesthetik, S. 45–75; Nivelle: Kunst- und Dichtungstheorien, S. 7–38; Schmidt: Sinnlichkeit und Verstand, S. 200–232; Alt: Aufklärung, S. 95–99; Beiser: Diotima's Children, S. 118–156; Berndt: Poema/Gedicht, insbesondere S. 77–104; Buchenau: Founding of Aesthetics, S. 114–192, insbesondere S. 114–151. Weiterhin maßgeblich Franke: Kunst als Erkenntnis. Vgl. auch Franke: Baumgartens Erfindung der Ästhetik. – Mit dem Erscheinen der deutschen Übersetzung der *Aesthetica* 2007 hat das Interesse an Baumgarten im deutschsprachigen Raum zugenommen. Hiervon zeugen auch verschiedene Sammelbände, vgl. u. a. Aichele, Mirbach (Hg.): Baumgarten; Rüdiger Campe, Anselm Haverkamp, Christoph Menke (Hg.): Baumgarten-Studien. Zur Genealogie der Ästhetik. Berlin 2014 sowie Allerkamp, Mirbach (Hg.): Schönes Denken.
27   Vgl. die Angabe in Kap. I, Anm. 9.

Zentrum,[28] sondern die Rückbindung an ihre Vorgänger, die bei ihnen zutage tretenden kunsttheoretischen Konflikte, und somit die Kontinuität der Kunsttheorie Wolffs. Baumgartens Ästhetik liefert ein Beispiel dafür, wie das bei Wolff und Gottsched bestimmende Verhältnis von Sinnlichkeit und Verstand die Kunsttheorie der Aufklärung beeinflusste und wie an die im Folgenden zu skizzierenden Schnittstellen produktiv angeschlossen wurde. In diesem Zusammenhang erscheinen die Kunsttheorien von Wolff und Gottsched in einem neuen Licht. Die bei ihnen zwischen, oftmals im Widerstreit von Sinnlichkeit und Verstand stehenden kunsttheoretischen Konzepte spiegeln in spezifischer Weise die doppelte Ästhetik der Moderne wider.

1 Wolff: Philosophisches Fundament einer Theorie der Künste

„Werke der Kunst fallen in die Philosophie"[29], statuiert Wolff im *Discursus praeliminaris*. So wie es eine Philosophie des Rechts oder der Medizin geben könne, so sei auch eine Philosophie aller Künste möglich.[30] Zentrales Argument hierfür ist ihr Beitrag zur Erkenntnis. „Denn", so Wolff, „auch sie ermangeln nicht ihrer Gründe"[31]. Dass Wolff sich für die Künste interessiert, ihnen ihren Platz in der Philosophie zuteilt, ist unstrittig. Weniger eindeutig ist sein Verständnis von Kunst.

Wolff steht an der Schwelle zur Etablierung des Systems der schönen Künste, Ausgangspunkt seiner Überlegungen ist, wie Pietro Pimpinella herausgestellt hat,[32] das ursprüngliche Konzept der *ars* bzw. *techné*. Dass das mit diesen Begriffen verbundene Kunstverständnis nicht viel mit dem sich im 18. Jahrhundert ausbildenden und bis heute vorherrschenden Kunstbegriff gemein hat, ist seit Paul Oskar Kristellers wegweisender Studie zur Entwicklung des modernen Systems der Künste Konsens.[33] *Ars/techné* gelten heute

---

28 So zum Beispiel bei Nivelle: Kunst- und Dichtungstheorien, S. 37 f. sowie Alt: Aufklärung, S. 99.
29 Wolff: Discursus praeliminaris, § 40, S. 47. Herv. i. O. – „*Opera artis ad philosophiam pertinent*", ebd., S. 46. Herv. i. O.
30 Vgl. ebd., § 39, S. 44 f.
31 Ebd., § 40, S. 47. – „Etenim nec ea rationibus suis destituuntur, id quod ipso facto deprehendimus." Ebd., S. 46.
32 Vgl. Pimpinella: La théorie wolffienne des arts, S. 10 f.
33 Die folgenden Ausführungen zur Entwicklung des Kunstverständnisses von der Antike bis ins 18. Jahrhundert beruhen auf Paul Oskar Kristeller: Das moderne System der Künste. In: Ders.: Humanismus und Renaissance. Hg. von Eckhard Keßler. Bd. 2. München 1976, S. 164–206 und 287–312 [zuerst 1951/1955], S. 164–189.

lediglich als „Vorgänger-Begriffe"[34] eines modernen Kunstbegriffs, unter dem die als ‚schöne Künste' klassifizierten Künste gefasst werden und dessen „festen Kern"[35] Poesie, Musik, Bildhauerei, Malerei und Architektur bilden. Gemeinsam ist diesen Künsten, dass es zu ihrer erfolgreichen Umsetzung auch eines gewissen Talents bedarf,[36] während der antike Kunstbegriff „alle möglichen menschlichen Tätigkeiten"[37] umschreibt, die als lehr- und lernbar gelten und seit dem 18. Jahrhundert durchaus auch dem Handwerk oder den Wissenschaften zugerechnet werden.

Wie sehr das antike Kunstverständnis nur bedingt als Vorläufer des modernen Systems der Künste gelten kann,[38] wird zudem deutlich an der zunächst ungleichen Bewertung der einzelnen Künste, die später unter dem Dach der schönen Künste versammelt wurden, wie auch an der Ausbildung des System der *artes liberales*, in dem Kristeller den „letzten Versuch[ ] einer Klassifizierung der bedeutenderen menschlichen Künste und Wissenschaften"[39] der Antike sah. Im antiken Denken besaßen Dichtkunst und Musik einen weitaus höheren Stellenwert als die bildenden Künste Malerei, Bildhauerei und Architektur. So widmete Aristoteles der Dichtkunst mit der *Poetik* nicht nur eine systematische Schrift, sondern „räumte" ihr auf diese Weise „in der philosophischen Enzyklopädie der Erkenntnis auch einen dauerhaften Platz ein"[40], während für die bildenden Künste nicht einmal eine eigenständige Abhandlung aus dieser Zeit überliefert ist.

Von einer Zurücksetzung der bildenden Künste zeugt auch der Kanon der sieben freien Künste, wie ihn Martianus Capella festschrieb. Mit Grammatik, Dialektik, Arithmetik, Geometrie und Astronomie sind hier vornehmlich Disziplinen vereint, die inzwischen den Wissenschaften zugeschlagen werden. Bei den schönen Künsten findet sich später lediglich die Musik, eigentlich Musiktheorie, wieder. Die Dichtkunst wird zwar nicht eigens genannt, doch stand sie in direkter Beziehung zu den freien Künsten Rhetorik und Grammatik. Die bildenden Künste hingegen sind nicht vertreten, zumindest nicht in dem einflussreichen von Capella entwickelten System. Für die Antike konstatierte Kristeller zusammenfassend, dass weder die

---

34 Wolfgang Ullrich: [Art.] Kunst/Künste/System der Künste. In: Ästhetische Grundbegriffe. Historisches Wörterbuch in sieben Bänden. Hg. von Karlheinz Barck u.a. Bd. 3. Stuttgart, Weimar 2001, S. 556–616, hier S. 571.
35 Kristeller: Das moderne System der Künste, S. 165.
36 Die einzelnen Kriterien, nach welchen die schönen Künste als solche bestimmt werden, variieren. Vgl. hierzu auch den Überblick bei Joachim Jacob: Die Schönheit der Literatur. Zur Geschichte eines Problems von Gorgias bis Max Bense. Tübingen 2007, S. 126–140.
37 Ebd., S. 166.
38 Ullrich (Kunst/Künste/System der Künste, S. 571) betont, dass es sich hierbei um „mehr als nur eine Horizontverschiebung oder -erweiterung" handelt.
39 Kristeller: Das moderne System der Künste, S. 170f.
40 Ebd., S. 168.

schönen Künste „als eine Gruppe für sich" noch „die ästhetische Qualität [ihrer, O.K.S.] Kunstwerke" unabhängig „von ihrem geistigen, moralischen, religiösen und praktischen Funktionszusammenhang oder Inhalt"[41] betrachtet wurden.

Auch das mittelalterliche Verständnis von ‚Kunst' ist umfassend. Kunst ist, was „gelehrt und gelernt werden kann."[42] Zwar gab es immer wieder Versuche, das System der freien Künste aufzubrechen, zu erweitern und mit anderen System zu verbinden, doch eine Systematik, die der Einteilung der schönen Künste gleichkäme, ist nicht zu beobachten. Die schönen Künste „reihen sich unter die verschiedenen Wissenschaften, handwerklichen und anderen menschlichen Tätigkeiten von recht unterschiedlicher Natur ein."[43] Auch hier fällt die unterschiedliche Bewertung der schönen Künste auf. Musik und Dichtkunst waren oftmals Teil des schulischen und universitären Lehrplans, die bildenden Künste hingegen mit dem Handwerk und seinen Zünften verbunden.

Maßgebliche Veränderungen hingegen, die für das moderne Kunstsystem entscheidend sein sollten, wurden in der Renaissance vorgenommen. Das traditionelle Trivium der freien Künste, Dialektik, Rhetorik, Grammatik, wurde in *studia humanitatis* umbenannt und neu konzipiert. Zur Rhetorik und Grammatik traten die Geschichte, das Griechische, die Moralphilosophie und explizit die Dichtkunst. Letztere wurde „zum wichtigsten Glied der gesamten Gruppe"[44]. Zugleich gab es Bestrebungen, die bildenden Künste vom Handwerk zu trennen, sie in die Reihe der freien Künste aufzunehmen und so den Künsten Musik, Rhetorik und Dichtkunst gleichzustellen. Begründet wurden dieses Vorgehen und die damit verbundene Forderung nach gesellschaftlicher und kultureller Anerkennung der bildenden Künste unter anderem mit dem Status der freien Künste als Wissenschaften oder zumindest als „erlernbares Wissen"[45]. Das spätere System der schönen Künste wurde hier vorbereitet, doch die wegweisende Trennung der schönen Künste von den Wissenschaften erfolgte erst im Frankreich des 17. Jahrhunderts.

Mit dem „systematischen Vergleich zwischen den Leistungen der Antike und der Neuzeit in den verschiedenen Tätigkeitsbereichen des Menschen"[46] im Zuge der *Querelle des Anciens et des Modernes* einher gingen eine neue und präzisere Systematisierung der verschiedenen Wissensbereiche und die Erkenntnis, dass der Fortschritt der Moderne gerade in den Bereichen zu

---

41 Ebd., S. 172.
42 Ebd., S. 174.
43 Ebd.
44 Ebd., S. 175.
45 Ebd., S. 178.
46 Ebd., S. 184.

konstatieren ist, in denen Mathematik und die Anhäufung von Wissen die Basis bilden. In den Disziplinen hingegen, in denen Talent und Geschmack ausschlaggebend sind, konnte keine eindeutige Vorrangstellung ausgemacht werden. Indem die *Querelle* auch reflektierte, „weshalb einige andere geistige Tätigkeiten des Menschen, die wir jetzt die Schönen Künste nennen, an derselben Art des Fortschritts nicht teilhatten oder teilhaben konnten", wurde „zum ersten Mal der Grundstein gelegt für eine klare Unterscheidung zwischen den Künsten und den Wissenschaften"[47]. Als „nahezu vollkommen", wenn auch „noch nicht ganz durchgeführt"[48], sah Kristeller die Loslösung der schönen Künste von den Wissenschaften in Charles Perraults vierbändiger *Parallèle des Anciens et des Modernes* (1688–1697), insofern die hier fingierten fünf Dialoge die bildenden Künste wie auch Rhetorik und Dichtkunst getrennt von den Wissenschaften erörtern. Lediglich die Musik wird im Verbund mit diesen abgehandelt. Anderes lässt sich aber in weiteren Schriften Perraults beobachten. An anderer Stelle stellte er den *arts libéraux* die *beaux arts* gegenüber. Zu letzteren zählte er neben Beredsamkeit, Poesie, Musik und den bildenden Künsten Architektur, Bildhauerei und Malerei, aber auch Optik und Mechanik. Knapp fünfzig Jahre später wurde dann mit Charles Batteux' *Les beaux arts réduit à un même principe* (1746) das System der schönen Künste vorgelegt, das für den Kunstbegriff der Moderne maßgeblich sein sollte. Anders als die auf den Nutzen ausgerichteten mechanischen Künste haben bei Batteux die schönen Künste, zu denen er Poesie, Musik, Tanz, Bildhauerei und Malerei zählte, zum Ziel, durch die Nachahmung der schönen Natur Vergnügen zu erregen. Wissenschaft und Kunst, mechanische und schöne Künste sind voneinander getrennt. Doch kannte Batteux auch eine dritte Gruppe von Künsten, die sowohl Nutzen als auch Freude bringen soll. Zu ihr gehören Architektur und Rhetorik. Das von Batteux entworfene System wurde im Laufe des 18. Jahrhunderts vielfach rezipiert und modifiziert. Der umfassende Kunstbegriff von Sulzers *Allgemeiner Theorie der schönen Künste* (1771/1774), der die im Laufe der Diskussion immer wieder „als äußere Grenzgebiete betrachteten Gattungen (Beredsamkeit, Architektur, Tanz, Schauspielkunst, Kupferstecherei) vorbehaltlos integriert"[49], verweist auf die Schwankungen, denen das Kunstverständnis auch im 18. Jahrhundert unterlag, und zeigt, dass von einer eindeutigen Ein- und Abgrenzung der schönen Künste nicht ausgegangen werden kann.

---

47 Ebd., S. 185.
48 Ebd.
49 Elisabeth Décultot, Gerhard Lauer: Einleitung. In: Kunst und Empfindung. Zur Genealogie einer kunsttheoretischen Fragestellung in Deutschland und Frankreich im 18. Jahrhundert. Hg. von dies. Heidelberg 2012, S. 7–13, hier S. 12.

Ein relativ offenes Kunstverständnis lässt sich auch bei Wolff beobachten.[50] Zugrunde liegt seinen Ausführungen das antike Verständnis von *ars/techné*. Kunst, so definiert Wolff in der *Deutschen Ethik*, ist die Fertigkeit des Menschen, „theils durch die Kräffte seiner Seelen, theils durch die Kräffte des Leibes ein Ding ausser ihm zur Würcklichkeit zu bringen, was ohne seine Würcklichkeit nicht erreicht würde."[51] Als allgemeines Beispiel führt Wolff hier die Dichtkunst an.[52] Grundsätzlich werden die verschiedene Kunstarten anhand ihrer jeweiligen Werke unterschieden.[53] Im *Discursus* wird die umfassende Vorstellung von Kunst als *ars* aufgebrochen, wenn Wolff hinsichtlich einer Philosophie der Künste (*philosophia artium*) zwischen den mechanischen und den freien Künsten differenziert. Die Philosophie der Künste, so schlägt Wolff zwar zunächst ganz allgemein vor, könne „*Technik* oder *Technologie*"[54] genannt werden. Sie ist „die Wissenschaft von den Künsten und ihren Produkten, oder wenn man lieber will" – und hier folgt eine erste Einschränkung – „die Wissenschaft dessen, was mit Hilfe der Leibesorgane, vorzüglich der Hände, von den Menschen zustande gebracht wird."[55] Gleich im Anschluss an die *Technologia* und ihre Reduktion auf die mechanischen Künste benennt Wolff am Beispiel des Triviums der freien Künste die Möglichkeit einer *philosophia artium liberalium*. In einer *Grammatica philosophica*, einer *Rhetorica philosophica* und einer *Poëtica philosophica* sollen jeweils „die Gründe der allgemeinen Regeln angegeben werden"[56]. In Ontologie, Logik und Psychologie finden sich die Grundsätze von philosophischer Grammatik und Rhetorik. Im Fall der philosophischen Rhetorik tritt noch die Ethik hinzu. Keine Angaben macht Wolff zur philosophischen Poetik, doch ist anzunehmen, dass für sie gleiches gilt wie für die philosophische Rhetorik.[57]

Aber nicht nur das antike Konzept der *ars* und die Unterteilung der Künste in mechanische und freie Künste finden sich bei Wolff. Auch wenn die von Wolff als Beispiele für eine Behandlung der Künste nicht als Handwerk (*non per modum artis*), sondern als Wissenschaft (*per modum scientiae*) angeführten Schriften *Elementa architecturae civilis* (1715) und *Entdeckung der wahren Ursache von der wunderbahren Vermehrung des Getreydes* (1718) für einen weiten

---

50   Zum Kunstverständnis bei Wolff vgl. Pimpinella: La théorie wolffienne des arts, S. 9–13.
51   Wolff: Deutsche Ethik (GW I.4), § 366, S. 242 f.
52   Vgl. ebd., § 367, S. 243.
53   Vgl. ebd.
54   Wolff: Discursus praeliminaris, § 71, S. 79. Herv. i. O. – „*Technicam* aut *Technologiam*", ebd., S. 78. Herv. i. O.
55   Ebd. – „Est itaque *Technologia* scientia artium & operum artis, aut, si mavis, scientia eorum, quae organorum corporis, manuum potissimum, opera ab hominibus perficiuntur." Ebd., S. 78. Herv. i. O.
56   Ebd., § 72, S. 81. – „rationes redduntur regularum generalium", ebd., S. 80.
57   So Pimpinella: La théorie wolffienne des arts, S. 11.

Kunstbegriff stehen,[58] so kann nicht übersehen werden, dass auch Elemente des sich ausbildenden Systems der modernen Künste aufgerufen werden. Schönheit wird als ein Merkmal der Künste herausgestellt,[59] Nachahmung bestimmt Dichtung, Bildhauerei und Malerei.[60] Die Vorstellung, dass es zur Schaffung eines Kunstwerks einer Begabung bedarf, dass nicht alles erlernbar ist, wird von Wolff thematisiert, ohne jedoch die Bestimmung der Künste als Wissenschaften aufzugeben.[61] Und auch Wolff differenziert zwischen den Künsten, die nur vergnügen sollen, wie die Dichtung,[62] und denen, die zudem auch nützlich sein sollen, wie die Architektur.[63] Die Parallelen zu Batteux' Konzept der schönen Künste fallen hier ins Auge, sie verweisen auf die gemeinsamen Vorgänger und Quellen, die die Reflexionen über die Künste und ihr Wesen bis weit ins 18. Jahrhundert hinein beeinflussten.

Bei Wolff findet sich aber nicht der Versuch, die schönen Künste als eigenständige Gruppe zusammenzufassen. Für einen klar abgesteckten und fassbaren Kunstbegriff sind seine Aussagen zu den (schönen) Künsten zumal zu sehr über sein Werk verstreut. Die hiermit verbundene Offenheit eines Kunstbegriffs, der zudem in entscheidenden Punkten mit dem sich ausbildenden modernen System der Künste übereinstimmt, macht Wolffs *philosophia artium* aber gerade anschlussfähig. Führt man seine kunstbezogenen Äußerungen zusammen, wird deutlich, dass Wolff die Grundlagen für eine Theorie der schönen Künste im 18. Jahrhundert entwickelt. In seinen Schriften zur Logik, Metaphysik, Ethik, Politik, Mathematik und Psychologie dienen Beispiele aus den Künsten vielfach zur Veranschaulichung zentraler Konzepte seiner Philosophie. Auf diesen wiederum basieren seine kunsttheoretischen Überlegungen. Die Künste erhalten ein neues philosophisches Fundament.[64] Mit diesem Fundament wird eine gemeinsame Reflexionsebene der Künste geschaffen, die insbesondere im deutschsprachigen Raum als Rahmen und Ausgangspunkt für die Entwicklung spezifischer Theorien der verschiedenen schönen Künste fungiert.

Die folgende Rekonstruktion der Wolffschen ‚Kunsttheorie *in nuce*' orientiert sich an einigen Elementen und zentralen Begriffen, die für die Rezeption Wolffs im kunsttheoretischen Kontext wichtig sind. Ausgangspunkt ist

---

58 Vgl. Wolff: Discursus praeliminaris, §§ 40 und 71, S. 46 f. und 78–81 sowie Wolff: Von dem Vergnügen welches man aus der Erkenntniß der Wahrheit schöpffen kann (GW I.21.5), S. 260 f.
59 Vgl. Kap. III.1.2 und III.1.3.
60 Vgl. Kap. III.1.2 und III.1.4.
61 Vgl. Kap. III.1.3.
62 Hierbei gilt jedoch, dass das durch die Dichtung erregte Vergnügen in einem sittlichen Zusammenhang steht. Vgl. Kap. III.1.1.
63 Vgl. Kap. III.1.2.
64 Vgl. Pimpinella: La théorie wolffienne des arts, S. 10.

die in ihrer starken sinnlichen Wirkung und ihrem Nutzen für die sittliche Erziehung begründete Sonderstellung der Kunst.[65] Diskutiert wird, wie und unter welchen Bedingungen das Kunstwerk sinnlich rezipiert werden kann. Damit wird zugleich die Frage nach dem Verhältnis von Sinnlichkeit und Verstand gestellt. Primäres Wirkungsziel ist die Erzeugung von Lust. Sie rechtfertig das Dasein von Künsten und Künstlern im Staat. Von der Kunsttheorie eines Dubos, die in der Erregung von Leidenschaften begründet ist, unterscheidet sich Wolffs Kunstkonzeption in diesem Punkt nicht durch die Bewertung der Lust oder der eingeforderten emotionalen Intensität, sondern durch den moralischen Wirkungsanspruch; ein für die Rezeption der Kunsttheorie Dubos' in Deutschland nicht unwichtiger, bislang jedoch nicht berücksichtigter Befund (1.1).

Ausgehend von der Frage nach den Bedingungen der Lusterzeugung werden das Kunstwerk sowie seine Rezeption betrachtet – und somit die Schönheit. ‚Schön ist, was Lust erzeugt', oder: „Quod placet, dicitur *pulchrum*"[66]. Auch in diesem Fall trügt die Simplizität der Formel. Schönheit ist ein Produkt von Werk und Rezipient. Letzterer muss die Vollkommenheit des Werks erkennen, sinnlich erkennen, doch bedarf es dazu einer vormals deutlichen Erkenntnis. Die Voraussetzungslosigkeit der Lust wird in Wolffs Reflexionen zur Schönheit zunächst aufgehoben: Die sinnliche Wirkung der Kunst ist im Verstand gegründet, eine nicht unproblematische Konzeption (1.2).

Das am Beispiel der Schönheit erörterte Verhältnis von Sinnlichkeit und Verstand manifestiert sich in Wolffs Überlegungen zum Künstler und insbesondere zum Kunstkritiker. Nur zum Teil ist das Künstlertum erlernbar, die künstlerische Konstitution muss gegeben sein. Die produktive Seite der Einbildungskraft bildet die Grundlage, doch sind es vor allen Dingen die rationalen Vermögen, die das künstlerische Tun bestimmen. Das von Wolff in seiner Psychologie herausgearbeitete Potential der Sinnlichkeit kommt hier nicht zum Zug. Die Idee einer *philosophia artium* wird am Kritiker deutlich: Anders als der Künstler muss er die Gründe und die aus diesen abgeleiteten Regeln der jeweiligen Kunstform kennen. Seine Fähigkeit, die Vollkommenheit des Werks rational zu begründen, beschert ihm ein umso größeres Vergnügen als dem Laien. Die Lust am Kunstwerk, sie entpuppt sich auch hier als im Verstand gegründet (1.3).

Im Anschluss an die Skizzierung dieser für die Entwicklung der Kunsttheorie im 18. Jahrhundert wichtigen Konzeptionen rückt erneut die Fabel in den Fokus. Wenn Dichtung erfolgreich, ohne rationale Voraussetzungen sinnlich wirken soll, dann muss sie auch in ihrer Konstruktion dem Vollkom-

---

65 Vgl. Kap. II.3.
66 Wolff: Psychologia empirica (GW II.5), § 543, S. 420. Herv. i. O.

menheitsanspruch genügen. Vor dem Hintergrund von Wolffs Theorie der möglichen Welten und im Vergleich mit der Rezeption des Aristotelischen *mythos* wird Wolffs Handlungsbegriff rekonstruiert. In zwei zentralen Punkten weicht Wolff von Aristoteles ab: Zum einen bildet die Verkürzung der Zeit ein zentrales Moment der Handlung, zum anderen setzt er die Welt des Schauspiels in Beziehung zur wirklichen Welt und fundiert so den Fiktionsbegriff philosophisch. Beide Elemente bestimmen später Lessings Konzeption von Handlung. Angesichts der Aufmerksamkeit, die Wolffs dramentheoretische Überlegungen in Zedlers *Universallexicon* erfahren haben, ist zu fragen, inwiefern Wolff – oder: Aristoteles gelesen mit Wolff – die poetologische Handlungskonzeption im 18. Jahrhundert nachdrücklich geprägt hat (1.4).

1.1 „Lust der Sinnen" und ästhetisches Vergnügen: Grundlage für eine Rezeption Dubos'

„Der Philosoph schreibt, um zu nützen, nicht, wie der Redner, um zu überreden oder, wie der Dichter, um zu erfreuen."[67] Auch wenn der Dichter aus der Sicht Wolffs ein hervorragender Vermittler der Wahrheit und als solcher von großem Nutzen für die Gesellschaft ist,[68] so kann daraus nicht gefolgert werden, darauf wurde hingewiesen, dass Belehrung und Unterricht das primäre Ziel des Dichters sind. Das Zitat aus dem *Discursus praeliminaris* lässt keinen Zweifel: Zunächst einmal schreibt der Dichter, um zu erfreuen. Mit dieser Aussage steht Wolff auf den ersten Blick in der Nachfolge von Dubos und seinen Autonomisierungsbestrebungen der Künste in den *Réflexions critiques sur la poésie et sur la peinture* von 1719.[69] Doch Wolff verzichtet nicht auf den ethischen Anspruch. Auch ohne an einen konkreten Erziehungsauf-

---

67 Wolff: Discursus praeliminaris, § 149, S. 181. – „Philosophus scribet, ut prosit, non ut persuadet, quemadmodum Orator, nec ut delectet, quemadmodum Poëta." Ebd., S. 180.
68 Vgl. Kap. II.3.1.
69 Zur Kunsttheorie von Dubos vgl. Stein: Die Entstehung der neueren Ästhetik, S. 230–243; Marcel Braunschvig: L'Abbé Du Bos. Rénovateur de la critique au XVIIIᵉ siècle. Toulouse 1904; Eugen Teuber: Die Kunstphilosophie des Abbé Dubos. In: Zeitschrift für Ästhetik und Allgemeine Kunstwissenschaft 17.4 (1924), S. 361–410; Cassirer: Die Philosophie der Aufklärung, S. 337–340; Basil Munteano: L'abbé Du Bos ou le Quintilien de la France. In: Mélanges d'histoire littéraire et de bibliographie. Offerts à Jean Bonnerot par ses amis et ses collègues. Paris 1954, S. 121–131; Jacques Chouillet: L'esthétique des Lumières. Vendôme 1974, S. 37–47; Zelle: „Angenehmes Grauen", S. 139–154; Daniel Dumouchel: Les voies du sentiment. Du Bos et la naissance de l'esthétique. In: Décultot, Lauer (Hg.): Kunst und Empfindung, S. 15–35; Daniel Dauvois, Daniel Dumouchel (Hg.): Vers l'esthétique. Penser avec les *Réflexions critiques sur la poésie et sur la peinture* (1719) de Jean-Baptiste Dubos. Paris 2015; Décultot: Lessing und Du Bos. Zu Dubos und seinem Werk bleibt das Standardwerk die umfassende Studie von Alfred Lombard: L'abbé Du Bos. Un initiateur de la pensée moderne (1670–1742). Paris 1913. Nachdruck: Genf 1969.

trag, eine zu vermittelnde Wahrheit, gebunden zu sein, trägt das Kunstwerk bzw. tragen die Künste generell zur menschlichen Glückseligkeit bei, denn sie erregen Vergnügen oder Lust.[70] Die durch die Künste ausgelöste „Lust der Sinnen"[71] thematisiert Wolff grundlegend und unabhängig von der Bedeutung der Lust für das menschliche Handeln in der *Deutschen Politik*:

> Wenn die Lust der Sinnen so gebraucht wird, daß sie keinen Verdruß nach sich ziehet, so kan sie mit zur Glückseligkeit des Menschen gerechnet werden. Und diese ist es eben, welche man eine unschuldige Lust zu nennen pfleget. Man hat demnach im gemeinen Wesen davor zu sorgen, daß man seine Sinnen zu belustigen Gelegenheit findet; aber doch auch zu verhüten, daß diese Lust nicht gemißbrauchet werde. Zu dem Ende sind Künstler nöthig, welche dergleichen Wercke verfertigen, die unsere Sinnen belustigen können, oder auch selbst sie zubelustigen geschickt sind.[72]

Was Wolff hier formuliert, ist nichts Geringeres als eine Rechtfertigung von Kunst und Künstler im Gemeinwesen und ihrer Notwendigkeit für dasselbe, begründet lediglich in der durch die Künste erzeugten Lust. Zugleich liefert er mit der Engführung von *delectare* und *prodesse* bzw. von Lust und Glückseligkeit bereits die Lösung für den Streit über die wahre Absicht der Poesie, die Breitinger später für sich reklamieren wird, aber nicht ohne hinter die bei Wolff zu konstatierenden Autonomisierungstendenzen zurückzufallen.[73]

---

70 Vgl. Wolff: Deutsche Politik (GW I.5), §§ 388 f., S. 377 und 379. – Krueger (Christian Wolff und die Ästhetik, S. 71) bewertet diesen Aspekt nicht adäquat, wenn er die „Aktivität" von Künsten wie der Malerei, der Plastik oder der Dichtung als „vorwiegend negativ orientiert" beschreibt.
71 Wolff: Deutsche Politik (GW I.5), § 389, S. 379.
72 Ebd.
73 Vgl. Johann Jacob Breitinger: Critische Dichtkunst. Mit einer Vorrede eingef. von Johann Jacob Bodemer. Zürich 1740. Nachdruck mit einem Nachwort von Wolfgang Bender. Stuttgart 1966, S. 100 f.: „Alleine dieser Streit läßt sich leicht beylegen, wenn man einmahl bedencket, daß die Poesie, insoweit sie eine Kunst ist, die in der Nachahmung bestehet, nothwendig ergetzen muß, und dann ferner, daß alle Künste und Wissenschaften zu der Beförderung der menschlichen Glückseligkeit müssen gebraucht werden; dergestalt, daß folglich das Ergetzen selbst ein Mittel abgeben muß, das Wohlseyn des Menschen zu befördern, gleichwie in der That die edleren Künste durch das Ergetzen den Wohlstand des Gemüthes, die mechanischen Künste aber die Vollkommenheit des äusserlichen Zustandes suchen. Woraus sich denn schliessen läßt, daß nichts in seinem rechten und vernünftigen Gebrauche könne ergetzlich seyn, was nicht zugleich nützlich ist. [...] Wenn ich dann sage, daß das Ergetzen der Hauptzweck der Poesie sey, so verstehet sich da nicht ein schädliches Ergetzen, welches seinen Ursprung von dem Laster nimmt, und den schlimmen Lüsten schmeichelt, sondern das ist ein Ergetzen, welches der Vernunft und der Würdigkeit der menschlichen Natur gemäß, und auf das Wahre und Gute gegründet ist, oder wenigst ein unschuldiges Ergetzen, das der Ehrbarkeit und Tugend nicht nachtheilig ist." Hinter Wolff fällt Breitinger zurück, insofern die Künste bei ihm nicht wie bei Wolff durch die einfache Belustigung der Sinne zur Glückseligkeit des Menschen beitragen, sondern indem sie zielgerichtet „den Menschen zur

Die Künste machen in Wolffs *Deutscher Politik* aber nur einen kleinen Teil der Lustbarkeiten aus, die zur Glückseligkeit beitragen; die Vielfalt der Beispiele lässt den Leser staunen. Gemälde, Statuen und Bilder, Lustgärten und Springbrunnen mit ihren Verzierungen stehen neben Seiltänzern und Taschenspielern. Rare Münzen und Kuriositäten aus fernen Ländern tragen ebenso zur Lust der Sinne bei wie Musik und „gute und sinnreiche Verse"[74] der Poeten. Der angenehme Klang vom Rauschen des Wassers, der Gesang der Vögel und der Duft von Blumen sind durch die Anlage von Wasserfällen in Lustgärten, die Hege von Vögeln in Gärten, Häusern und Wäldern und durch die „Erzeugung wohlriechender Blumen zu allen Zeiten des Jahres"[75] zu verstetigen. Auch „Freudenschiessen so wohl mit grobem, als kleinem Geschütze, nebst allen Feuerwercken, die einen Knall von sich geben, wenn sie zerspringen"[76], Glockengeläut bei Unwetter, frische Luft, wohlriechende Öle und Gaumenfreuden schmeicheln den Sinnen.[77] Zu berücksichtigen ist, wie die Lustbarkeiten eingesetzt werden:

> Wer verstehet, wie im Wandel des Menschen alles mit einander zusammen stimen soll, und was man bey Cermonien in acht zu nehmen hat, der wird nach Erforderung der Umstände leicht urtheilen, wie man diese und alle übrige Arten der Lustbarkeiten nach Zeit und Ort recht vertheilen soll. An einer geschickten Abwechslung ist hier viel gelegen: welches die Erfahrung längst bestätiget: wie das bekannte Sprichwort versichert: Abwechslung giebet Vergnügen.[78]

Es kommt auf das richtige, angeleitete Arrangement an. Wolff setzt unter anderem auf Abwechslung,[79] und damit auf ein Prinzip, das bereits Dubos als fundamentales Bedürfnis der menschlichen Seele erkannt hatte.

1719, zwei Jahre vor Erscheinen der *Politik*, hatte Dubos die Bedeutung des durch die Künste vermittelten Vergnügens (*plaisir*) für den Menschen herausgestellt. Seine Argumentation beruht jedoch auf einer von Wolff abweichenden Vorstellung. Die Langeweile (*ennui*), wie Dubos im Anschluss an Locke erläutert,[80] ist der große Feind des Menschen, und eines seiner

---

Beobachtung der natürlichen, bürgerlichen und christlichen Pflichten aufmuntern, [...] seine Glückseligkeit zu befördern dienen." Ebd., S. 102.
74 Wolff: Deutsche Politik (GW I.5), § 391, S. 386.
75 Ebd., § 392, S. 391.
76 Ebd., § 391, S. 387.
77 Vgl. ebd., §§ 389–393, S. 379–393.
78 Ebd., § 391, S. 388.
79 Vgl. auch ebd., § 390, S. 381: „Wiederum eine geschickte Abwecselung bringet Vergnügen".
80 Zum Einfluss von Locke auf Dubos vgl. Basil Munteano: Survivances antiques. L'Abbé Du Bos esthéticien de la persuasion passionnée. In: Revue de littérature comparée 30 (1956), S. 318–350, hier S. 320f.; Ulrich Ricken: Sprache, Anthropologie, Philosophie in der französischen Aufklärung. Ein Beitrag zur Geschichte des Verhältnisses von Sprachtheorie und Weltanschauung. Berlin 1984, S. 68–70 und 91f. sowie Annie Becq: Genèse de l'esthétique

dringendsten Bedürfnisse daher, die Seele zu beschäftigen.[81] Hier liegt der Grund, warum der Mensch, den intellektuellen Möglichkeiten der Beschäftigung enthoben (*réfléchir et méditer*), den Leidenschaften nachjagt (*sentir*),[82] ihren oftmals negativen Folgen zum Trotz.[83] So sucht er Unterhaltung in Liebesabenteuern, besucht Stier- und Gladiatorenkämpfe, berauscht sich am Glücksspiel und am Wein, wohlwissend um die teils fatalen Konsequenzen.[84] Anders verhält es sich mit diesen Abenteuern, begegnet man ihnen in den Künsten. Als Nachahmungen schaffen sie wie ihr reales Vorbild Abwechslung, aber ohne ernsthafte Folgen für den Rezipienten. Denn an die Stelle der *realen* treten beim Rezipienten die *künstlichen* Leidenschaften (*passions artificielles*). Deren Wirkung ist auf den Moment der Rezeption beschränkt und schwächer.[85] Da folgenlos, ist das durch die Künste erzeugte Vergnügen ein reines Vergnügen, ein *plaisir pur*.[86]

Die skizzierten Positionen von Wolff und Dubos scheinen sich ähnlicher zu sein, als es die gern gepflegte Gegenüberstellung einer ‚sensualistischen' Kunsttheorie bei Dubos und einer ‚rationalistischen' auf Seiten Wolffs und seiner Schüler vermuten lässt. Gegen eine „Lust der Sinnen" hat Wolff grundsätzlich nichts einzuwenden. Im Unterschied zu Leibniz, der zwar die angenehme Wirkung der sinnlichen Lust kennt, aber im Hinblick auf die Glückseligkeit nur die vernünftige Lust akzeptiert,[87] sieht Wolff in der sinnlichen Lust einen wichtigen Beitrag zur Glückseligkeit des Menschen. Bedingung ist, wie gesehen, dass die Lust eine „unschuldige" ist, die „keinen Verdruß nach sich ziehet"[88]. Zudem weiß auch Wolff um das Bedürfnis

---

française moderne. De la Raison classique à l'Imagination créatrice 1680–1814. 2. Auflage. Paris 1994, S. 262f.

81 Vgl. Du Bos: Réflexions critiques, I, Sect. 1, S. 29: „L'ennui qui suit bientôt l'inaction de l'âme, est un mal si douloureux pour l'homme, qu'il entreprend souvent les travaux les plus pénibles afin de s'épargner la peine d'en être tourmenté." – Entsprechend interpretierte Zelle („Angenehmes Grauen", S. 139–154) Dubos' Kunsttheorie als „Ästhetik der Zerstreuung", in der das Vergnügen am Schrecklichen seinen festen Platz hat.

82 Zwei Wege aus der Langeweile beschreibt Du Bos: Réflexions critiques, I, Sect. 1, S. 29: *sentir* und *réfléchir et méditer*.

83 Vgl. ebd., S. 31 f.

84 Vgl. die Aufzählung ebd., Sect. 2, S. 32–38.

85 Vgl. ebd., Sect. 3, S. 38–42.

86 Vgl. ebd., S. 40: „Le plaisir qu'on sent à voir les imitations, que les peintres et les poètes savent faire des objets qui auraient excité en nous des passions dont la réalité nous aurait été à charge, est un plaisir pur. Il n'est pas suivi des inconvénients dont les émotions sérieuses, qui auraient été causées par l'objet même, seraient accompagnées." – Zu den *passions artificielles* vgl. auch Lombard: L'abbé Du Bos, S. 202–207; Martino: Geschichte der dramatischen Theorien, S. 47–49 sowie Zelle: „Angenehmes Grauen", S. 146–149. Die anthropologische und ‚emotionalistische' („émotionnaliste") Begründung von Dubos' Kunsttheorie erläutert präzise Dumouchel: Les voies du sentiment, S. 17–26.

87 Vgl. Leibniz: Von der Glückseligkeit (PS I), S. 396 sowie Kap. II.1.

88 Vgl. die Angabe in Kap. III.1.1, Anm. 72.

nach Abwechslung. Die Parallelen zu Dubos' Konzept des *plaisir pur* sind offensichtlich, doch ist, wie gesagt, die jeweilige Argumentationsgrundlage eine andere.

Wolff und Dubos fragen beide ganz allgemein, wie der Mensch Zufriedenheit erlangen kann, haben aber unterschiedliche Vorstellungen davon, was den Menschen glücklich macht und warum. Während Dubos von einem Bild des Menschen ausgeht, das als wesentliches Bedürfnis die Beschäftigung der Seele, seine Unterhaltung identifiziert, steht Wolffs Argumentation im Kontext des Perfektibilitätsdiskurses. Gemäß der *lex naturalis* strebt der Mensch nach Glückseligkeit mittels Vervollkommnung. Das Grundbedürfnis des Menschen ist für Wolff daher ein grundlegend anderes und lässt sich nicht allein durch ein Unterhaltungsprogramm befriedigen. Bei Dubos hingegen gibt es diese moralische Dimension nicht. Beide schätzen die Künste und das durch sie erzeugte Vergnügen, allerdings unter anderen Vorzeichen: Dubos *weil* und Wolff *sofern* das Vergnügen ohne Folgen bleibt. Dubos fürchtet Konsequenzen für das seelische Wohlbefinden, Wolff hingegen bangt um die moralische Integrität. Bei ihm ist die durch die Künste hervorgerufene Lust „unschuldig" und nur dann ein Beitrag zur Glückseligkeit, „wenn dieselben Werke der Kunst nichts vorstellen, was zu bösen Begierden Anlaß geben kan"[89]. Im Unterschied zu Dubos schließt er moralisch zweifelhafte Themen aus. Um zu vermeiden, dass „nackende Bilde[r]", „die zur Geilheit reitzen"[90], Musik, „wodurch man zur Geilheit, Üppigkeit und anderen unanständigem Wesen verleitet wird"[91], oder „verliebte und unzüchtige Verse", die „gute Sitten verderben und die bösen Lüste rege machen"[92], den Bürger auf Abwege führen, darf bei Wolff auch auf zensorische Maßnahmen zurückgegriffen werden;[93] denn Dubos' Hypothese vom artifiziellen und kurzlebigen Charakter der durch die Künste erregten Leidenschaften wird von Wolff nicht geteilt. Die Künste erzeugen wahre Leidenschaften, die über den Moment der Rezeption hinaus wirken. Das, was sie zeigen, kann Folgen im realen Leben haben, inhaltliche Restriktionen sind erforderlich.

Die aufgezeigten Gemeinsamkeiten und Unterschiede bei Dubos und Wolff sind gerade im Hinblick auf die angesprochene praktizierte Gegenüberstellung der beiden Autoren – Sensualismus versus Rationalismus – nicht ohne Belang. Was die Wirkung des Werks betrifft, liegt die bestimmende Differenz ihrer Positionen nicht in ihrer prinzipiellen Einstellung zu den Affekten, sondern im moralischen Anspruch, den sie an die Künste stellen – oder

---

89 Wolff: Deutsche Politik (GW I.5), § 390, S. 379.
90 Ebd., S. 380.
91 Ebd., § 391, S. 385.
92 Ebd., S. 386 f.
93 Vgl. ebd., S. 387.

eben nicht. Dubos' Plädoyer für die affektive Wirkung der Künste, die Erregung von Leidenschaften, wird auch von Wolff vertreten, wenn er die von den Künsten erzeugte „Lust der Sinnen" anführt, um ihren Platz im Staat zu rechtfertigen. Die sinnliche Wirkung wird von Seiten Wolffs zwar inhaltlich durch moralische Vorgaben eingeschränkt, aber nicht in ihrer Stärke, ganz im Gegenteil: Wie noch zu sehen sein wird, ist die Intensität des erzeugten Vergnügens ein Zeichen für den Grad der Vollkommenheit des Werks und dessen Erkenntnis durch den Rezipienten.

Dass beide Konzeptionen den Leidenschaften positive Bedeutung beimessen, erklärt mit, warum Dubos' Gedanken in der im Anschluss an Wolff sich entfaltenden deutschsprachigen Kunsttheorie rezipiert wurden und generell ein Ausbau der Bedeutung von Sinnlichkeit stattfinden konnte, wie er sich in Überlegungen zu Leidenschaften, Lust und Affekten findet. Dies gilt es zu berücksichtigen, will man das Engagement von Autoren wie Nicolai für Dubos und die „Erregung der Leidenschaften"[94] in der Mitte des Jahrhunderts richtig einordnen und bewerten. Die Tatsache, dass die Lust als Wirkungskategorie bereits einen zentralen und zudem überaus positiven Platz in Wolffs Konzeption und Bewertung der Künste einnimmt, erleichterte in der Folge die Rezeption und Integration einer an der Sinnlichkeit ausgerichteten Kunsttheorie in das bestehende System. Die Weichen für eine zunehmende Orientierung an der Sinnlichkeit und den Leidenschaften, und das nicht nur von Seiten der Kunsttheorie, sind bei Wolff gestellt.

1.2 Objektive Vollkommenheit und sinnliche Schönheit: Das (nachahmende) Kunstwerk und sein Rezipient

Die genannten Lustbarkeiten bereiten Vergnügen, da sie angenehm sind, den Menschen in Verwunderung versetzen oder Abwechslung bereiten, wenn sie im richtigen Verhältnis zum Menschen und seinen aktuellen Bedürfnissen eingesetzt werden. Mit Blick auf die Künste spricht Wolff konkret von der Vollkommenheit des Kunstwerks und seiner Schönheit als Grund des Vergnügens.[95] Lust ist das Resultat des „Anschauen[s] der Vollkom-

---

94 Friedrich Nicolai an Lessing, 31. August 1756. In: Lessing, Mendelssohn, Nicolai: Briefwechsel über das Trauerspiel, S. 47.
95 Vgl. Wolff: Deutsche Politik (GW I.5), § 390, S. 380f. – Zur Schönheit bei Wolff wie ihrem Verhältnis zu Vollkommenheit und Vergnügen vgl. Joachim Haubrich: Die Begriffe „Schönheit" und „Vollkommenheit" in der Ästhetik des 18. Jahrhunderts. Mainz 1998, S. 135–148; Pimpinella: La théorie wolffienne des arts, S. 17–21; Achim Vesper: Le plaisir du beau chez Leibniz, Wolff, Sulzer, Mendelssohn et Kant. In: Buchenau, Décultot (Hg.): Esthétiques de l'*Aufklärung*, S. 23–36, hier S. 26 – 28; Vesper: Lust als ‚cognitio intuitiva perfectionis', S. 284–290; Beiser: Diotima's Children, S. 60–64; Buchenau: Founding of Aesthetics, S. 53–65.

menheit"⁹⁶. Soll das Werk Lust erwecken, muss es vollkommen sein, und „ein jedes Werck [gewähret] um so viel mehr Vergnügen [...], je mehr es Vollkommenheit an sich hat"⁹⁷. Neben die inhaltliche Dimension von Vollkommenheit und ihre Beschränkung auf das moralisch Gute tritt die Vollkommenheit der Werkkonstruktion, eine formale Vollkommenheit. Eine Annäherung an einen Werkbegriff bei Wolff ist über die wesentlichen Kategorien Schönheit und Vollkommenheit möglich. Während Vollkommenheit das Werk an sich bestimmt, fungiert Schönheit als eine Art Brückenkategorie zwischen Werk und Rezipient. Sie ist das Resultat der Rezeption der dem Werk eigenen Vollkommenheit und der Rezipient somit notwendige Voraussetzung für die Schönheit des Werks.

Vollkommenheit des Kunstwerks

Prinzipiell unterliegt das Werk dem Konstruktionsprinzip der Vollkommenheit und ihren Regeln, Regeln, die durch die der Vollkommenheit zugrunde liegende Ordnung begründet sind wie auch in der Absicht des Urhebers und dem Zweck des Werks.⁹⁸ Letzterer liegt nicht in allen Fällen primär in der Erzeugung von Lust, im *delectare*. Das Prinzip des zureichenden Grundes findet seine jeweilige Konkretisierung in der einzelnen Kunst. So gibt es „eine Wissenschaft", wie Wolff im *Discursus praeliminaris* im Hinblick auf die Architektur erläutert, „welche die Gründe für alles darlegt, was bei Bauten bestimmt werden muß."⁹⁹ Die Regeln der Baukunst sollen „zeigen, wie man in einem Gebäude alles dergestalt *determiniret*, damit darein eine Vollkommenheit kommet."¹⁰⁰ Gleiches gilt auch für die anderen Künste; explizit verweist Wolff auf die freien Künste.¹⁰¹

Was die Forderung nach Vollkommenheit für die Künste im Einzelnen bedeuten kann, zeigt Wolff in seiner Abhandlung *Anfangsgründe der Baukunst* (1710). Seine im Dienste einer Aufwertung der Baukunst vorgebrachten Überlegungen basieren auf einer umfassenden Kenntnis der architekturtheoretischen Schriften von Vitruvius über Leon Battista Alberti bis hin zu

---

96 Vgl. die Angabe in Kap. II.2.1, Anm. 110.
97 Wolff: Deutsche Politik (GW I.5), § 390, S. 380.
98 Vgl. Wolff: Deutsche Metaphysik (GW I.2), § 140, S. 73 sowie § 141, S. 73 f.: „Auf solche Weise findet man in jeder Ordnung allgemeine Regeln, daraus sie beurtheilet werden. Und wo man demnach ordentlich verfähret, richtet man sich nach Regeln." Vgl. auch Wolff: Anfangsgründe der Baukunst (GW I.12), §§ 1–3, 8 und 11, S. 305–308.
99 Wolff: Discursus praeliminaris, § 40, S. 47. – „Datur autem scientia, quae rationes exponit eorum omnium, quae in aedificiis determinanda sunt." Ebd., S. 46.
100 Wolff: Ausführliche Nachricht (GW I.9), § 76, S. 227. Herv. i. O.
101 Vgl. Wolff: Discursus praeliminaris, § 72, S. 80 f.

seinen Zeitgenossen.[102] Die Baukunst, wie er mit Rückgriff auf Vitruvius festhält, verdient es aufgrund ihres großen Nutzens für die Gesellschaft und den einzelnen Menschen, gleich einer Wissenschaft behandelt und nicht nur als bloßes Handwerk betrieben zu werden. Auch die Baukunst kann „auf gewisse Gründe"[103] gesetzt werden, aus denen sich die Anleitung für den Bau ergeben. Der Architekt kann und muss in der Lage sein, „von allem, was in einem Gebäude angegeben wird, genugsamen Grund zeigen [zu] könne[n]."[104] Kenntnisse der Mathematik sind hierbei hilfreich, Fehler am Bau können vermieden werden, wenn der Bauherr den Bau und seine einzelnen Teile zu begründen weiß.[105]

Die Baukunst wird sogleich definiert als „Wissenschaft, ein Gebäude recht anzugeben, daß es nemlich mit den Hauptabsichten des Bauherrn in allem völlig überein kommt."[106] Von den Absichten des Bauherrn leitet sich der Zweck des Gebäudes ab und damit der zureichende Grund der Vollkommenheit des Gebäudes wie der einzelnen Teile.[107] Die Zweckbestimmtheit ist leitend sowohl für die Konstruktion als auch für die Bewertung des Baus. Der gewählte Zweck, die Funktion des Baus, bestimmt die jeweils geltenden Regeln.[108] Drei Eigenschaften muss mit Vitruvius jedes vollkommene Gebäude aufweisen. Es soll fest, bequem und schön sein.[109] Nach diesen Kriterien ist das Gebäude in allen seinen Teilen zu errichten. Die Regeln, die sich hieraus ergeben, und was beim Bau zu beachten ist, erörtert Wolff ausführlich. Die adäquate Verwendung von Materialien, die Aufteilung der Räume, ihre Beheizung und ihre Beleuchtung – all dies und mehr findet Eingang in Wolffs Abhandlung. Einzeln und im Zusammenspiel müssen alle Aspekte des Baus den gewählten Zweck erfüllen, der der gesamten Kon-

---

102 Einen Überblick der ihm bekannten Arbeiten findet sich im elften Kapitel des fünften Bandes seiner *Elementa matheseos universae* von 1741. Vgl. Wolff: Elementa matheseos universae V (GW II.33), S. 140–151. Zu Parallelen zwischen Wolff und Vitruvius vgl. auch Buchenau: Founding of Aesthetics, S. 48–50.
103 Wolff: Vorrede [zu: Anfangsgründe der Baukunst] (GW I.12), S. 303f., hier S. 303.
104 Ebd., S. 304.
105 Vgl. ebd., S. 303f. sowie Wolff: Anfangsgründe der Baukunst (GW I.12), § 1, S. 305.
106 Ebd.
107 Vgl. ebd., § 8, S. 307: „Die Vollkommenheit des Gebäudes bestehet in einer völligen Uebereinstimmung desselben mit den Hauptabsichten des Bauherrn, gleichwie die Vollkommenheit der Theile in einer Uebereinstimmung mit ihren Absichten." – Zur Notwendigkeit der Einhaltung des Satzes des zureichenden Grundes vgl. Wolff: Deutsche Metaphysik (GW I.2), § 246, S. 137.
108 Vgl. Wolff: Anfangsgründe der Baukunst (GW I.12), § 3, S. 306. – Vgl. hierzu auch Birke: Christian Wolffs Metaphysik, S. 8–11; Krueger: Christian Wolff und die Ästhetik, S. 49–51 sowie Beiser: Diotima's Children, S. 64–71.
109 Vgl. Wolff: Anfangsgründe der Baukunst (GW I.12), §§ 15–18, S. 308–310; Wolff: Nachricht von den Vorlesungen über die Mathematic, zweites Hauptstück (GW I.22), S. 510–554, hier § 76, S. 547.

struktion zugrunde liegt und sie begründet. Nur dann gilt das Gebäude als vollkommen.¹¹⁰

Der Vollkommenheitsbegriff, das zeigt sich hier noch einmal, ist nicht nur ein gradueller – das Gebäude ist umso vollkommener, je mehr es den ihm zugedachten Zweck erfüllt –, sondern auch ein relativer. Da nicht alle Gebäude mit der gleichen Absicht gebaut werden, ist auch die konkrete Umsetzung der drei geforderten Grundeigenschaften – fest, bequem und schön – immer eine andere. So ist ein Gebäude prinzipiell ‚bequem', „wenn man alle nöthige Verrichtungen ohne Hinderniß und Verdruß darinnen vornehmen kan."¹¹¹ Was aber letzten Endes bequem ist, variiert entsprechend der Bestimmung. Ein Wirts- und Gästehaus erfordert andere Gegebenheiten als ein zu Zwecken der Repräsentation erbauter Prachtbau.¹¹²

Objektive Schönheit

Die dritte von Vitruvius und in der Folge von Wolff eingeforderte Eigenschaft des vollkommenen Bauwerks ist die Schönheit, die zentrale, den Diskurs der ‚schönen Künste' im Anschluss an Batteux bestimmende Kategorie. Indem Wolff die Schönheit im Werk selbst und zugleich im Rezipienten verortet, sucht er einen Mittelweg zwischen einem objektiven und einem subjektiven Schönheitsbegriff. „Die Schönheit", definiert Wolff zu Beginn der *Anfangsgründe der Baukunst*, „ist die Vollkommenheit oder ein nöthiger Schein derselben, in so weit so wohl jene, als dieser wahrgenommen wird, und einen Gefallen in uns verursachet."¹¹³ Die Schönheit eines Gebäudes steht in Abhängigkeit des Betrachters. Die Verschiebung vom Gegenstand auf den Rezipienten, wie sie bereits bei Wolffs Lustkonzept angemerkt wurde,¹¹⁴ kommt hier zum Tragen. Nur wenn die Vollkommenheit des Gebäudes erkannt wird und Lust im Rezipienten auslöst, ist das Gebäude schön.¹¹⁵ Wolff postuliert hier aber keinen rein subjektiven

---

110 Vgl. Wolff: Anfangsgründe der Baukunst (GW I.12), § 8, S. 307.
111 Ebd., § 7, S. 307.
112 Vgl. auch Wolff: Deutsche Metaphysik (GW I.2), § 170, S. 91.
113 Wolff: Anfangsgründe der Baukunst (GW I.12), § 9, S. 307.
114 Vgl. Kap. II.2.1.
115 Diese subjektive Seite des Wolffschen Schönheitskonzepts, die Notwendigkeit der Rezeption des Werks, um überhaupt als schön zu gelten, wurde des öfteren übergangen, jedoch nicht von Krueger: Christian Wolff und die Ästhetik, 52 f.; Pimpinella: La théorie wolffienne des arts, S. 18 sowie Beiser: Diotima's Children, S. 63. Letzterer differenziert zudem ebenfalls zwischen einer objektiven und einer subjektiven Seite der Schönheit. Entgegen zum Beispiel der Annahme von Buchenau (Founding of Aesthetics, 63 f.) ist Schönheit *auch* in der anschauenden Erkenntnis begründet.

Schönheitsbegriff. Begründet ist die Schönheit zunächst einmal in der Vollkommenheit. Das Gebäude als solches ist objektiv schön, seine Schönheit kann nach Regeln vernünftig begründet werden. Gehen die Meinungen von Rezipienten auseinander, hält einer etwas für schön, der andere nicht, dann liegt dies für Wolff nicht an unterschiedlichen Vorlieben der Rezipienten, sondern an der Unfähigkeit des einzelnen, die wahre Vollkommenheit zu erkennen: Entwoder wurde einer Scheinvollkommenheit aufgesessen und ein Gebäude unberechtigterweise für schön gehalten oder die Vollkommenheit und damit die Schönheit wurde nicht zur Kenntnis genommen.[116] Ein solches Missverständnis zu beheben, ist für Wolff allerdings ein leichtes, kann doch die wahre Vollkommenheit immer aufgezeigt werden. Man müsse sich lediglich „nach den Hauptabsichten des Gebäudes und den Absichten der Theile erkundige[n]"[117]. Die wahre Schönheit könne dann ohne weiteres von der falschen unterschieden werden.[118]

Insofern Schönheit das Resultat der sinnlichen Erkenntnis der Vollkommenheit des Gebäudes und demnach seiner Funktionalität und Zweckerfüllung ist, bildet sie in ihrer wesentlichen Beschaffenheit keine eigenständige Qualität des Baus. Wolff ergänzt das dargelegte Schönheitsverständnis jedoch um die Eigenschaft der „Eurythmie", der „gute[n] Gestalt aus den Verhältnissen"[119], der „Wohlgereimtheit"[120]. In ihr sieht er eine der „Grundursachen der Schönheit"[121] und wendet sich mit dieser Position gegen Perrault. Der hatte in der Symmetrie keinen notwendigen Aspekt der Schönheit gesehen.[122] Es ist nicht die Gewohnheit, vermutet Wolff im Gegensatz zu Perrault, die uns bestimmte Verhältnisse als besonders schön empfinden lässt. Die Verhältnisse, „die man leicht wahrnehmen kan", gefallen überall und jedem, denn die „Seele hat Lust an dem, was sie leicht begreifen kan; aber Mißfallen daran, was sie verwirret."[123] Überdies unterstützt ein symmetrisches Verhältnis den Betrachter dabei, die Gestalt des Gebäudes zu erkennen. In den meisten Fällen ist die Symmetrie bereits in der Natur und auch in den Werken der Kunst, wie Wolff hervorhebt, mit der wesentlichen

---

116 Vgl. Wolff: Anfangsgründe der Baukunst (GW I.12), § 10, S. 307. – Zur Scheinvollkommenheit vgl. Kap. II.2.1.
117 Wolff: Anfangsgründe der Baukunst (GW I.12), § 11, S. 308.
118 Vgl. ebd.
119 Wolff: Nachricht von den Vorlesungen über die Mathematic (GW I.22), § 78, S. 549. – Vgl. hierzu auch Wolff: Anfangsgründe der Baukunst (GW I.12), §§ 20 und 26 f., S. 310 f. und 313.
120 Wolff: Deutsche Politik (GW I.5), § 390, S. 381.
121 Wolff: Nachricht von den Vorlesungen über die Mathematic (GW I.22), § 78, S. 549. – Vgl. auch Wolff: Deutsche Politik (GW I.5), § 390, S. 381.
122 Vgl. Wolff: Vorrede von den Säulenordnungen (GW I.22), S. 150–161, hier S. 159.
123 Wolff: Anfangsgründe der Baukunst (GW I.12), § 24, S. 312.

Vollkommenheit verbunden.[124] Und wenn dies einmal nicht so ist, dann mussten Symmetrie und Schönheit zu Gunsten der Funktionalität des Gebäudes zurückstecken.[125]

Subjektive Schönheit zwischen anschauender und deutlicher Erkenntnis

Da Schönheit bei Wolff keine eigenständige Qualität des Werks ist, bedarf sie auch immer eines Subjekts, das sie erkennt und bei ihrem Anblick Lust empfindet.[126] Schön ist daher grundsätzlich, was gefällt: „Quod placet, dicitur *pulchrum*"[127]. Einer Beliebigkeit des Urteils über Schönheit, frei nach dem sprichwörtlichen *suum cuique pulchrum*,[128] widerspricht Wolff mit Verweis auf die objektive Vollkommenheit der Sache,[129] ohne jedoch den Schönheitsbegriff von der notwendigen Rezeption durch das Subjekt zu lösen. Ohne Rezipienten gibt es für Wolff keine Schönheit des Objekts. Es kann sie nicht geben, wenn die Vollkommenheit nicht rezipiert, nicht empfunden wird. Ein Gebäude kann nur in dem Maße schön sein, wie seine Vollkommenheit erkannt wird und seine vorgesehene Funktionalität, seine Bestimmung, bekannt ist.[130] Nicht jeder Betrachter erkennt die Vollkommenheit in gleichem Maße, die Erkenntnis der Schönheit ist immer auch abhängig von dem Vermögen des einzelnen, sie wahrzunehmen. Sie verhält sich relativ zur Erkenntnis(-fähigkeit) des einzelnen Rezipienten. Angesichts der unterschiedlichen Voraussetzungen jedes einzelnen ist dieser Schönheitsbegriff problematisch; und das sieht Wolff.

Aus diesem Bewusstsein heraus fordert Wolff, das Gebäude nicht nur schön, sondern auch „zierlich"[131] zu bauen. Die Verzierungen locken den Betrachter an, veranlassen ihn, den Bau ausgiebig und „mit Ernst an-

---

124 Vgl. ebd., § 30, S. 314.
125 Vgl. ebd., § 25, S. 312 f.
126 Vgl. Wolff: Psychologia empirica (GW II.5), §§ 544 f., S. 420 f., insbesondere die Erläuterung zu § 545, S. 421. Herv. i.O.: „Pone nimirum rei quandam inesse perfectionem, sed quae a nobis observari non possit. Cum perfectionis hujus tibi conscius esse nequeas, utpote tibi imperceptibilis *per hypoth.* nec ideo voluptatem ex re percipies, consequenter nec hoc nomine res ista tibi placebit, adeoque nec pulchram esse judicabis. Hinc in Architectura pulchritudinem definivimus per perfectionem, quatenus sentitur."
127 Vgl. die Angabe in Kap. III.1, Anm. 66.
128 Vgl. Wolff: Psychologia empirica (GW II.5), § 543, S. 420.
129 Vgl. ebd., § 544, S. 420.
130 Vgl. Wolff: Anfangsgründe der Baukunst (GW I.12), § 18, S. 309 f.
131 Ebd., S. 309.

zuschauen"[132], so dass er sich der Schönheit des Gebäudes bewusst werden kann.[133] Der Aufforderung zur zeitintensiven Kontemplation steht aber die Auffassung Wolffs gegenüber, die Seele habe Lust an Dingen, die sie anschauend, also mit Leichtigkeit und Schnelligkeit erfassen kann. Inwieweit die Erkenntnis der Vollkommenheit eines Gebäudes, die sich erst nach ausgiebiger Betrachtung einstellt, noch eine anschauende, also intuitive Erkenntnis ist, das ist fraglich. Hier deutet sich eine Spannung innerhalb der Konzeption von Schönheit als Resultat der (subjektiven) Rezeption von (objektiver) Werkvollkommenheit an. Einerseits ist die Schönheit eines Objekts an die beim Rezipienten ausgelöste Lust als sinnliches Phänomen gebunden, andererseits beruht sie in einer genauen Betrachtung des Objekts und der Befähigung des Betrachters, das Werk als solches deutlich wahrzunehmen und zu wissen, worin seine Vollkommenheit besteht. Für Wolff schließt das intensive und deutliche Betrachten des Gebäudes aber nicht aus, dass die hierbei entstehende Lust und die Schönheit weiterhin Produkt der sinnlichen Erkenntnis sind:

> Denn indem er [der Baumeister, O.K.S.] das Gebäude deutlich betrachtet; so stellet er sich die Uebereinstimmung mit den Regeln nur undeutlich vor, indem ihm die Einbildungskraft die Regeln vorstellet und das Gedächtniß der einmahl davon gehabten Gewißheit versichert. Da nun in dieser Uebereinstimmung die Vollkommenheit gegründet ist; so ist die Vorstellung der Vollkommenheit nur undeutlich.[134]

Eine deutliche Erkenntnis der Vollkommenheit des Baus ist nach Wolff gar nicht möglich, denn um die Regeln zu überdenken und die Zusammenstimmung aller Teile des Baus festzustellen, bedarf es zu viel Zeit.[135] Lediglich Einbildungskraft und Gedächtnis als untere Erkenntnisvermögen kommen zum Einsatz, bedienen sich vormals deutlich erkannter Regeln und generieren die anschauende Erkenntnis der Vollkommenheit, die Lust.

Diese Spannung zwischen deutlicher und sinnlicher Erkenntnis findet sich bei Wolff auch in seinen Ausführungen zur Malerei, einer Kunstart, derer sich Wolff vielfach, gerade auch im Kontext seiner Schönheitsdefinition, als Beispiel bedient. Die Absicht des Bildes, der zureichende Grund der Vollkommenheit der Malerei, liegt in der Ähnlichkeit:

---

132 Ebd., § 18, S. 310. – Selbstverständlich sind auch die Verzierungen auf solche Weise in den Bau zu integrieren, dass sie den Betrachter nicht vom Wesentlichen des Gebäudes, seiner Funktionalität, ablenken. Vgl. ebd., § 13, S. 308.
133 Vgl. ebd., § 18, S. 310.
134 Wolff: Deutsche Metaphysik (GW I.2), § 415, S. 254.
135 Vgl. ebd.

1 Wolff: Philosophisches Fundament einer Theorie der Künste 247

> In einem Bilde und überhaupt in einem jeden Dinge, welches etwas anderes vorstellet, stimmet alles mit einander überein, wenn nichts in ihm anzutreffen ist, desgleichen nicht auch in der vorgestellten Sache zu finden wäre, indem der Grund, warum es ist, in der Vorstellung einer andern Sache bestehet. Und demnach ist die Vollkommenheit eines Bildes und überhaupt eines Dinges, welches etwas anderes vorstellet, seine Aehnlichkeit mit dem, was es vorstellet.[136]

Ganz grundlegend formuliert Wolff zunächst das, was man als Wesen der nachahmenden, hier: der vorstellenden Künste bezeichnen kann. Anders als im Fall der Architektur ist ihre Vollkommenheit in der Ähnlichkeit mit der „vorgestellten Sache" begründet.[137] Die Malerei stellt vor, d.h. repräsentiert einen Gegenstand, wie er in der Natur anzutreffen ist. Je stärker das Abbild dem Urbild ähnelt, desto vollkommener ist das Gemälde.[138] Die Lust, die das Bild im Betrachter hervorruft, basiert auf der Erkenntnis der Ähnlichkeit, aber nur deshalb, weil mit dieser der Zweck des Bildes erfüllt ist:

> Wenn ich ein Gemählde sehe, daß der Sache, die es vorstellen soll, ähnlich ist, und betrachte seine Aehnlichkeit; so habe ich Lust daran. Nun bestehet die Vollkommenheit eines Gemähldes in der Aehnlichkeit. Denn da ein Gemählde nichts anders ist, als eine Vorstellung einer gewissen Sache auf einer Tafel oder ebenen Fläche; so stimmet in ihm alles zusammen, wenn nichts in ihm unterschieden werden kan, das man nicht auch in der Sache selbst wahrnimmt. Wenn es aber so beschaffen ist; so ist es vollkommen; so ist es auch ähnlich. Derowegen ist die Aehnlichkeit die Vollkommenheit des Gemähldes, und da die Lust aus dem Anschauen der Aehnlichkeit entstehet; so entstehet sie aus dem Anschauen der Vollkommenheit.[139]

Die beim Anschauen des Gemäldes entstehende Lust, das sagt Wolff explizit, ist nicht in erster Linie zu verstehen als Freude über die gelungene Nachahmung, wie man womöglich zu interpretieren versucht wäre. Das Vergnügen am Werk entsteht aufgrund der Vollkommenheit des Werks und damit der erfüllten Hauptabsicht des Werks. Wolff versteht unter ‚Ähnlichkeit' nicht eine detailgetreue Nachahmung eines einzelnen Gegenstandes, dessen Eins-zu-eins-Übertragung in die Kunst. Die von Wolff geforderte Ähnlichkeitsrelation verfügt über einen größeren Interpretationsspielraum.

---

136 Ebd., § 822, S. 510.
137 Die Ähnlichkeit mit dem nachzuahmenden Gegenstand ist nicht identisch mit der die Ordnung der Vollkommenheit bestimmenden Ähnlichkeit. Vgl. Kap. II.2.1. – Zur Komplexität von Wolffs Ähnlichkeitsverständnis vgl. Poser: ‚Ähnlichkeit' sowie Pietro Kobau: Wolffs Lehre von der Lust an der Ähnlichkeit zwischen Abbildung und Original. In: Stolzenberg, Rudolph (Hg.): Christian Wolff und die europäische Aufklärung, S. 179–192.
138 Vgl. Wolff: Deutsche Metaphysik (GW I.2), § 822, S. 510.
139 Ebd., § 404, S. 247.

In der *Psychologia empirica* erklärt Wolff, dass die Schönheit des Bildes in seiner Ähnlichkeit zum *prototypus* begründet ist; er spezifiziert diesen jedoch nicht näher.[140] Die Forderung nach Ähnlichkeit eines Bildes oder eines anderen nachahmenden Kunstwerks mit seiner Vorlage, dem *prototypus*, ist aber nicht zwangsläufig die Anweisung, eine Kopie des nachzuahmenden Objekts zu schaffen; Wolff differenziert zwischen Ähnlichkeit und Gleichheit.[141] Es geht hier vielmehr um eine Annäherung an ein Vorbild, das es so, wie es im Kunstwerk dargestellt wird, nicht einmal geben muss. Die Statue des Bildhauers ist keine Kopie eines realen Menschen, sondern Produkt all dessen, „was er [der Bildhauer] schönes an der Art Menschen [...] gesehen"[142]. Und die Fabel, erklärt Wolff, muss eine Ähnlichkeitsrelation mit dem haben, was sie unterrichtet. Inhaltlich ist sie an die Ideen der zu vermittelnden Wahrheit gebunden, ansonsten in ihrer Gestaltung frei.[143]

Unabhängig davon, in welcher Weise die Forderung nach Ähnlichkeit erfüllt wird, entscheidend bleibt, dass der Rezipient sie sinnlich erkennt. Nur dann verspürt er Lust, wird er das Werk als schön empfinden.[144] Wenn der Betrachter die Ähnlichkeit zwischen einem Gemälde und dem von ihm Vorgestellten erkennt, dann ist dies aber gemäß der im ersten Kapitel vorgestellten Wolffschen Psychologie eigentlich ein rationaler Vorgang. Denn die Aufgabe, Ähnlichkeiten und Unterschiede wahrzunehmen, fällt in den Zuständigkeitsbereich des dem Verstand zugehörigen Vermögens der Scharfsinnigkeit (*acumen*). Die Vollkommenheit des Werks müsste also zunächst vernünftig und nicht sinnlich eingesehen werden, und damit läge eine deutliche, und keine anschauende Erkenntnis der Vollkommenheit vor. Entstünde trotzdem Lust, so wäre es eine vernünftige Lust, von der bei Wolff jedoch nur eingeschränkt die Rede sein kann.[145] Das bereits angesprochene Dilemma eines Schönheitsbegriffs, der in der objektiven Vollkommenheit des Werks und dessen sinnlicher Rezeption begründet ist, gewinnt hier an Kontur.

Zum Vorgang der Erkenntnis der Ähnlichkeit von Bild und Urbild äußert Wolff sich nicht. Zu handhaben wäre das Problem mit einer sinnlichen Variante der Scharfsinnigkeit, einem *acumen sensitivum*. Die Notwendigkeit eines solchen erkennt aber erst Baumgarten an, der mit der Erweiterung

---

140   Vgl. Wolff: Psychologia empirica (GW II.5), § 544, S. 420f. – Der Prototyp kann jedoch sowohl fiktiv als auch real sein. Vgl. Pimpinella : La théorie wolffienne des arts, S. 18.
141   Hierzu vgl. Poser: ‚Ähnlichkeit', S. 66–69.
142   Wolff: Deutsche Metaphysik (GW I.2), § 245, S. 136.
143   Vgl. Wolff: Philosophia practica universalis II (GW II.11), § 308, S. 280f. – Anders als in der Malerei ist die Ähnlichkeit nicht die Hauptabsicht der Fabel.
144   Vgl. Wolff: Psychologia empirica (GW II.5), § 544, S. 420; Wolff: Deutsche Metaphysik (GW I.2), § 418, S. 257.
145   Vgl. ebd., §§ 414–416, S. 252–255 sowie Kap. II.2.1.

der unteren Erkenntnisvermögen durch das *analogon rationis* auf die dargestellte Problematik antwortet.¹⁴⁶ Gemäß Wolffs Theorie der Vermögen kann die Ähnlichkeit daher nur deutlich erkannt werden. Um das Bild aber als schön zu empfinden, müsste, so wäre mit Wolff zu vermuten, der Rezeptionsprozess dem des zitierten Beispiels vom Baumeister ähneln. Bei der Gesamtbetrachtung des Gemäldes würden dann die einzelnen zuvor deutlich erkannten Ähnlichkeiten des Gemäldes mit seinem Gegenstand nur undeutlich erkannt. Die Einbildungskraft würde dem Betrachter die Übereinstimmungen undeutlich vorstellen, das Gedächtnis ihn der davon gehabten Gewissheit versichern. Die Vollkommenheit des ganzen Gemäldes, die Ähnlichkeiten seiner Teile mit dem Vorzustellenden, wäre nur undeutlich, die Erkenntnis eine anschauende, die in Lust übergänge. Auch für dieses Modell müsste gelten: Eine zunächst deutliche Erkenntnis der Ähnlichkeit ist Voraussetzung. Das ästhetische Vergnügen und das auf ihr basierende Urteil über die Schönheit des Werks blieben in einer ersten rationalen Erkenntnis begründet.

„Quod placet, dicitur *pulchrum*" – Schönheit, begründet in der objektiven Vollkommenheit des Werks, ist das Resultat ihrer Wirkung. Doch diese Wirkung ist voraussetzungsreich und damit nicht jedem zugänglich. Dass Wolff an einer Verankerung der Rezeption der Schönheit in einer vormaligen rationalen Erkenntnis festhält, erstaunt im Kontext seiner Zeitgenossen. Nicht nur Dubos, sondern auch Leibniz konstatiert, dass etwas für schön befunden werden kann, ohne Kenntnis von seiner Vollkommenheit zu haben. Wenn Wolff in seinen mathematischen Hinweisen für Reisende zwischen den Zeilen eingesteht, dass auch der Laie Schönheit empfindet, ohne jegliche Einsicht in die Vollkommenheit zu haben,¹⁴⁷ dann nimmt er auf ein Schönheitsverständnis Bezug, das Leibniz im Anschluss an die in Frankreich geführte Diskussion als „*ich weiß nicht was*" oder „*je ne sçay quoi*"¹⁴⁸ bezeichnet. Während Dominique Bouhours und Boileau in ihren Abhandlungen annehmen, dass das als *je ne sais quoi* Bezeichnete des Kunstwerks theoretisch nicht zu fassen sei,¹⁴⁹ geht Leibniz sehr wohl von einem rational

---

146 Vgl. Kap. I.2.2. sowie Kap. III.3.
147 Vgl. Wolff: Christian Wolff, eröffnet seine Gedancken wegen eines Collegii Mathematici (GW I.22), S. 69–73, hier S. 70.
148 Leibniz: Discours de métaphysique. Metaphysische Abhandlung (PS I), S. 49–172, hier § 24, S. 124 f.
149 Zum *je ne sais quoi* vgl. Erich Köhler: *Je ne sais quoi*. Ein Kapitel aus der Begriffsgeschichte des Unbegreiflichen. In: Romanistisches Jahrbuch 6 (1953/1954), S. 21–59 sowie Erich Haase: Zur Bedeutung von „je ne sais quoi" im 17. Jahrhundert. In: Zeitschrift für französische Sprache und Literatur 67 (1956), S. 47–68. Die Bedeutung des *je ne sais quoi* als „Supplement" des französischen Klassizismus hat hervorgehoben Zelle: Die doppelte Ästhetik der Moderne, S. 57–59 (Boileau) und 64–67 (Bouhours).

greifbaren Phänomen aus, der objektiv begründbaren Vollkommenheit des Werks, die aber nicht deutlich erkannt werden muss, um ihre Wirkung zu entfalten:

> Man merket nicht allezeit, worin die Vollkommenheit der angenehmen Dinge beruhe, oder zu was für einer Vollkommenheit sie uns dienen, unterdessen wird es doch von unserm Gemüte, obschon nicht von unserm Verstande empfunden. Man saget insgemein: es ist, *ich weiß nicht was*, so mir an der Sach gefället, das nennet man *Sympathie*, aber die der Dingen Ursachen forschen, finden den Grund zum öftern und begreifen, daß etwas darunter stecke, so und zwar unvermerket, doch wahrhaftig zustatten kommt.[150]

Es ist, so Leibniz weiter, eine „unsichtbare[ ] Ordnung und Vollkommenheit"[151], die beim Fühlen, Schmecken, Riechen und vor allen Dingen der Wahrnehmung und Beurteilung von Kunstwerken als ‚schön' zum Tragen kommt.[152] Die Bedeutung, die eine solche „unsichtbare Ordnung" für seinen Schönheitsbegriff spielen könnte – und im Fall des Unkundigen spielt –, wird von Wolff nicht thematisiert.[153] Die Notwendigkeit, dies zu tun, ergibt sich aber alleine schon aus den oben angeführten Beispielen der Lustbarkeiten, die, wie es scheint, voraussetzungslos zum Vergnügen des Menschen beitragen, unter ihnen die Künste. Schönheit, so der Grundtenor bei Wolff, ist in erster Linie dem zugänglich, der etwas von der Sache versteht, der weiß, worin die Vollkommenheit eines Werks besteht, und diese auch erkennt, und je mehr ihm das gelingt, desto schöner wird das Werk.

1.3 Im Verstand gegründet: Produktion und Rezeption, Künstler und Kritiker

Aus den dargelegten Überlegungen Wolffs zum Werk lassen sich Konsequenzen für den Produzenten des Werks, den Künstler, wie für seinen Rezipienten und Kritiker ableiten. Wolff differenziert zwischen dem, der „die Kunst selbst besitzet", und dem, der „Wissenschafft von einer Kunst hat"[154]. Während letzterer „in dem Stande [ist] von allen Regeln derselben richtigen Grund anzuzeigen und ihre Wercke vernünfftig zu beurtheilen", ist ersterer „geschickt nach denselben Regeln die Wercke zu verfertigen, so daß

---

150 Leibniz: Von der Glückseligkeit (PS I), S. 392. Herv. i. O.
151 Ebd., S. 393.
152 Vgl. ebd.
153 Auf die Unzulänglichkeit von Wolffs Schönheitsverständnis, das Phänomen des *je ne sais quoi* zu erklären, hat bereits hingewiesen Beiser: Diotima's Children, S. 64.
154 Wolff: Deutsche Politik (GW I.5), § 310, S. 254.

Verständige, die nehmlich die Wissenschaft haben, nichts mit Grunde der Wahrheit daran auszusetzen finden."¹⁵⁵ Auch wenn der Künstler das Werk nach den Regeln produziert, bedeutet das nicht, wie Wolff einschränkt, dass er die Regeln kennt.¹⁵⁶ Er bzw. „[e]s", wie Lessing später in der *Hamburgischen Dramaturgie* (1767–1769) über das Genie schreibt, „hat die Probe aller Regeln in sich."¹⁵⁷ In ähnlicher Weise wie Lessing später Kritiker und Genie denkt auch Wolff Kritiker und Künstler zusammen. Die Kenntnis der primären Bestimmung des Kunstwerks, seiner Hauptabsicht, und der hieraus resultierenden Regeln, die entsprechende *philosophia artis*, bildet bei Wolff das gemeinsame Band von Kritiker und Künstler. Sie ist Grundlage einer adäquaten Bewertung des Werks und Anleitung für eine gelungene Produktion.

Die Ausbildung des Künstlers ist nach Wolffs Dafürhalten vornehmes Anliegen eines erfolgreichen Staatswesens, trägt doch die durch das Kunstwerk evozierte unschuldige Lust zur Glückseligkeit des Rezipienten bei.¹⁵⁸ Da das Vergnügen umso größer ist, je vollkommener das Werk ist, „so muß man rechtschaffene Künstler haben"¹⁵⁹. Der Künstler verfügt über eine gewisse Geschicklichkeit, die in der besonderen Ausprägung einiger Seelenvermögen zum Ausdruck kommt, nichtsdestoweniger muss er „die Kunst gründlich erlernen"¹⁶⁰. Wolff propagiert daher in der *Deutschen Politik* die Errichtung von Kunstakademien.¹⁶¹ Unterricht soll in Theorie und Praxis der jeweiligen Kunst erteilt werden. Auch die Unterweisung in anderen Wissenschaften ist Teil der theoretischen Ausbildung, sofern sie zum besseren Verständnis der eigenen Kunst beitragen bzw. Teil dieser sind.¹⁶² Für den angehenden Maler stehen unter anderem Mathematik, Optik, Baukunst und Anatomie auf dem Lehrplan. Er soll lernen, Proportionen zu berechnen, Perspektiven zu zeichnen wie auch die verschiedenen Stellungen des menschlichen Körpers zu beurteilen und wiederzugeben.¹⁶³ Die Kenntnis dieser Wissenschaften versetzt, so die Erwartung Wolffs, den Maler in die Lage, seine Ausführungen zu begründen. Die Rechtfertigung der eigenen künstlerischen Darstellung auf der Basis von Regeln, die wiederum selbst aus Gründen abgeleitet werden können, die Philosophie der jeweiligen Kunst, ist ein elementarer Bestandteil der Ausbildung.¹⁶⁴ Der Künstler soll um die Hauptabsicht seines Werks und

---

155 Ebd.
156 Vgl. Wolff: Discursus praeliminaris, § 71, S. 80 f.
157 Lessing: Hamburgische Dramaturgie (B VI), S. 181–694, hier S. 657.
158 Vgl. Wolff: Deutsche Politik (GW I.5), § 390, S. 379 f. sowie die Ausführungen in Kap. III.1.1.
159 Wolff: Deutsche Politik (GW I.5), § 390, S. 380.
160 Ebd., § 311, S. 255.
161 Vgl. ebd., §§ 310–315, S. 254–260.
162 Vgl. ebd., § 312, S. 255.
163 Vgl. ebd., S. 255 f.
164 Vgl. ebd., S. 255.

die hieraus abzuleitenden Regeln für die Produktion wissen. Der praktische Teil der künstlerischen Ausbildung des Malers fällt weniger aufwendig aus. Er soll sich im Nachzeichnen von Zeichnungen üben.

Wolff entwirft hier das Bild eines erlernbaren Handwerks, obwohl er davon ausgeht, dass der Künstler „vor andern dazu geschickt"[165] ist, als Künstler zu agieren. Das künstlerische Geschick scheint umso bedeutsamer zu sein, da Wolff die bewusste Kenntnis der Regeln nicht voraussetzt. Der Künstler muss also über eine angeborene Fähigkeit verfügen, die ihn erst zum Künstler macht. Worin diese besondere Fähigkeit besteht, erläutert Wolff nicht ausdrücklich. Es sind einzelne, über seine Schriften verteilte Äußerungen, die darüber Auskunft geben, was sich hinter dem besonderen ‚Geschick' des Künstlers verbirgt und im weitesten Sinne als künstlerische Disposition bezeichnet werden kann.[166] Grundlegend für den schöpferischen Prozess – und hier zeigt sich die bereits erläuterte Aufwertung der Einbildungskraft in Wolffs Vermögenslehre – ist die Einbildungskraft als produktives Vermögen, die sogenannte ‚Kraft zu erdichten' (*facultas fingendi*). Auf der Basis bekannter Einbildungen kreiert die Einbildungskraft ein neues Bild. Assoziativ fügt sie verschiedene bereits empfundene Einbildungen zusammen. Der Bildhauer schafft eine originelle Statue, wenn er sich zunächst „eine Statue vorstellet, [...] darein er alles gebracht, was er schönes an der Art Menschen, davon sie eine vorstellet, gesehen, und nach untersuchtem Fleiße angemercket."[167] Der Architekt entwirft ein Gebäude, indem er sich verschiedener ihm bekannter Entwürfe bedient, die seine Einbildungskraft zu einem in dieser Weise als Ganzes noch nicht existierenden Entwurf zusammenfügt.[168] Eine starke Einbildungskraft ist für die Entwicklung neuer Ideen, für die *ars inveniendi*, unabdingbar,[169] aber nicht alle ihre Produkte treffen, wie im ersten Kapitel ausgeführt,[170] bei Wolff auf Zustimmung. Wird gegen das Prinzip des zureichenden Grundes verstoßen, werden die Regeln nicht berücksichtigt, wird

---

165 Ebd., § 311, S. 255.
166 Zu den für die künstlerische Produktion notwendigen Vermögen bzw. Fertigkeiten vgl. die Ausführungen in Kap. I.2.1. Vgl. hierzu auch Birke: Christian Wolffs Metaphysik, S. 11–15; Krueger: Christian Wolff und die Ästhetik, S. 36–40 und 46 f.; Grimm: Literatur und Gelehrtentum, S. 605–608 sowie mit Einschränkungen, wie noch zu sehen sein wird, Paul Böckmann: Formgeschichte der deutschen Dichtung. Bd. 1. 2. Auflage. Hamburg 1965, S. 501–512. Zur Bedeutung der Einbildungskraft bei Wolff als Ausgangspunkt einer poetischen Einbildungskraft vgl. auch Silvio Vietta: Literarische Phantasie. Theorie und Geschichte. Barock und Aufklärung. Stuttgart 1986, S. 101–109. Wolffs Gedächtnisbegriff gibt Vietta jedoch nicht adäquat wieder.
167 Vgl. die Angabe in Kap. III.1.2, Anm. 142.
168 Vgl. Wolff: Deutsche Metaphysik (GW I.2), § 246, S. 136 f.
169 Vgl. ebd., § 247, S. 137 f. sowie Wolff: Anmerkungen zur Deutschen Metaphysik (GW I.3), § 26, ad § 63, S. 65 f.
170 Vgl. Kap. I.2.1.

die *philosophia artis* nicht befolgt, dann besteht die Gefahr, fabelhafte Wesen und damit Unvollkommenheiten zu kreieren, deren Existenz entgegen dem in der Natur Möglichen und der Wahrheit steht.[171] Der von Wolff gewürdigte Künstler weiß sich seiner Einbildungskraft in den Grenzen des zureichenden Grundes und gemäß seiner Vernunft zu bedienen.

Von Wolffs Überlegungen zur Einbildungskraft lassen sich Verbindungen zu zwei gewichtigen Streitfragen der Kunsttheorie des 18. Jahrhunderts ziehen. Zum einen folgt aus Wolffs Plädoyer für einen kontrollierten Gebrauch der Einbildungskraft der Ausschluss des Wunderbaren aus den Künsten; die Stellung des Wunderbaren wurde zum Gegenstand der Auseinandersetzung zwischen Gottsched und den Schweizern Bodmer und Breitinger.[172] Zum anderen entspricht das Konzept einer Einbildungskraft, die in der Nachahmung die Natur selbst übertrifft, wenn sie die schönsten Elemente in einer neuen Schönheit vereint, Batteux' umstrittenem Schönheitsverständnis,[173] wie er es im Kontext seiner Bestimmung der ‚schönen Künste' formulieren sollte.

Neben dem sinnlichen Vermögen der Einbildungskraft sind es das dem Verstand zugehörige Vermögen der Scharfsinnigkeit (*acumen*) und die auf diesem aufbauende Fähigkeit des Witzes (*ingenium*), die bei Wolff im Kontext seiner kunsttheoretischen Ausführungen vermehrt Erwähnung finden.[174] Wolff stellt sich in die Tradition der Diskussion um die Beschaffenheit des künstlerischen Naturells, doch im Gegensatz zu seinen Vorgängern legt er den Fokus auf das *ingenium* – zu Ungunsten des gemeinsam mit dem *ingenium* das Naturell bildenden *iudicium*.[175] Während die Scharfsinnigkeit eine deutliche Erkenntnis von Unterschieden und Ähnlichkeiten grundsätzlich ermöglicht, ist für das erworbene Vermögen des Witzes die Leichtigkeit charakteristisch, mit der er Ähnlichkeiten wahrnimmt. Und Ähnlichkeit, Voraussetzung der die Vollkommenheit konstituierenden Ordnung, ist wesentliches Merkmal eines jeden Kunstwerks.[176] Mit Hilfe von Scharfsinnigkeit

---

171 Vgl. Wolff: Deutsche Metaphysik (GW I.2), § 242, S. 134f. sowie Wolff: Psychologia empirica (GW II.5), §§ 146 und 170, S. 98f. und 118.
172 Vgl. hierzu die Literaturangaben in Kap. III.2.1.
173 Zum Konzept von Schönheit bei Batteux vgl. Jacob: Die Schönheit der Literatur, S. 129–131.
174 Entgegen der Auffassung von Böckmann (Formgeschichte der deutschen Dichtung, S. 506) ist der Witz keine „scharfsinnige Einbildungskraft". Erstaunlich ist auch Böckmanns Verwunderung über die Beziehung des Witzes zur Einbildungskraft als unterem Erkenntnisvermögen. Wenn er im Witz eine „eigentümliche Mischung von Phantasie und Ratio" sieht und daraus ableitet, dass der Witz „in dieser Mischung als aufklärerische Form des Dichtens wirksam werden kann" (ebd., S. 505), dann übergeht er die Grundsätze der von Wolff aufgestellten Vermögenslehre, wie sie hier im ersten Kapitel dargelegt wurden.
175 Vgl. Grimm: Literatur und Gelehrtentum, S. 605f.
176 Zur Beziehung von Ähnlichkeit, Ordnung und Vollkommenheit vgl. Kap. II.2.1.

und Witz muss der Künstler die das Werk und seine Ordnung bestimmende Ähnlichkeit erkennen.

Ähnlichkeit ist aber, wie gesehen, nicht nur allgemeines Merkmal der formalen Vollkommenheit jedes einzelnen Kunstwerks, sondern wird als solches auch für die nachahmenden bzw. vorstellenden Künste veranschlagt. Die im letzten Abschnitt angeführten Beispiele von Malerei, Bildhauerei und Dichtung deuten bereits darauf hin, dass Maler, Bildhauer und Dichter in besonderer Weise in der Lage sind, sich ihrer Scharfsinnigkeit bzw. ihres Witzes zu bedienen, um das Bild entsprechend seinem Vorbild in der Natur zu formen, in der Statue die bekannten Schönheiten zu vereinen und in der Fabel die Nähe zur zu vermittelnden Wahrheit herzustellen. Vom ausgeprägten Witz der Dichter wie auch der Redner zeugt zudem ihre Sprache. Dank ihrer besonderen Fähigkeit, unerkannte Ähnlichkeiten zu entdecken, sind sie Urheber innovativer Allegorien und Metaphern.[177]

Eine besonders ausgeprägte Einbildungskraft und die Intensität des Scharfsinns und des Witzes sind kein Alleinstellungsmerkmal des Künstlers. Sie sind Grundlage der allgemeinen Erfindungskunst (*ars inveniendi*) und notwendige Voraussetzung für jeden, der etwas erfindet, und entsprechend für eine Vielzahl von Wissenschaften.[178] Eine Sonderstellung misst Wolff dem Witz bei. Zwar baut der Witz auf Einbildungskraft und Scharfsinnigkeit auf, ist also abhängig von diesen Vermögen und wäre ohne Mitwirkung der Scharfsinnigkeit ganz und gar zu vernachlässigen,[179] doch treten bei Wolff die spezifischen Leistungen von Einbildungskraft und Scharfsinnigkeit bei der Produktion in den Hintergrund. Wolff erhebt den Witz zur maßgeblichen Fähigkeit des Künstlers und überdies zum entscheidenden Kriterium der Beurteilung generell. Am Witz sollen nicht nur der Dichter im Besonderen und der Künstler und Erfinder im Allgemeinen gemessen werden, sondern auch die, die sich mit den Künsten und den Wissenschaften aus theoretischer Perspektive befassen, die Wissenschaftler und Kunsttheoretiker.[180]

Der Kunsttheoretiker, das ist auch der kompetente Kritiker, der, wie eingangs zitiert, „Wissenschafft von einer Kunst hat" und „in dem Stande

---

177 Vgl. Wolff: Psychologia empirica (GW II.5), § 477, S. 368.
178 Vgl. ebd., §§ 473–481, S. 365–371. Vgl. auch die Ausführungen und Literaturhinweise zur *ars inveniendi* in Kap. I.2.1.
179 Vgl. Wolff: Anmerkungen zur Deutschen Metaphysik (GW I.3), § 320, ad §§ 858 ff., S. 528 f. Herv. i. O.: „Allein wo keine Scharffsinigkeit dabey ist, da ist nur ein gemeines *Ingenium*, und observiret man nur Aehnlichkeit zwischen gemeinen Sachen, wie wir insgemein bey Rednern und Poeten, auch Pickelheringen antreffen, welche letztere durch ihr *Ingenium* geschickt sind, alles lächerlich zu machen."
180 Vgl. ebd., S. 529. Herv. i. O.: „Was ich von dem Witze gelehret habe, dienet nicht allein die Redner und Poeten, auch Comödien- und Tragödienschreiber, sondern auch selbst die *Autores*, welche die Disciplinen und dahin gehörige Sachen beschrieben, zu beurtheilen, und bey den Erfindern und ihren Erfindungen hat man auch darauf gesehen."

[ist] von allen Regeln derselben richtigen Grund anzuzeigen und ihre Wercke vernünfftig zu beurtheilen"[181]. Das Urteil als solches ist eine Tätigkeit des Verstandes. Zwei Begriffe oder mehr werden im Urteil miteinander verknüpft oder getrennt.[182] Bezeichnet der Kunstverständige ein Werk als vollkommen, so attribuiert er ihm eine Eigenschaft, die auf der Erkenntnis beruht, dass das Werk der Hauptabsicht und den für ihn geltenden Regeln entspricht und folglich dass zwischen Werk und den ihm zugeschriebenen Attribut eine Ähnlichkeitsbeziehung besteht. Scharfsinnigkeit und Witz kommen zum Einsatz.

Die Kenntnis der Hauptabsicht des Kunstwerks und von dessen Regeln ist Voraussetzung nicht nur für die vernünfige Beurteilung des Kunstwerks. Sein Fachwissen versetzt den Kunstverständigen erst in die Lage, die wahre Vollkommenheit des Werkes zu erkennen. Die am Schönheitsbegriff bereits diskutierte Frage stellt sich auch im Fall des Kritikers: Auf welche Weise wird die Vollkommenheit erkannt? Welcher Erkenntnisvermögen bedarf es hierzu? Der Kritiker ist zunächst einmal Rezipient. Die Rezeptionsbedingungen sind die gleichen, wie sie anhand des Schönheitsbegriffs expliziert wurden. Am Beispiel des Architekten wurde erklärt, dass die Vorstellung der Vollkommenheit des Werks, die Übereinstimmung des Gebäudes mit den Regeln, nur undeutlich ist, „weil es in der Zeit, da das Gebäude betrachtet wird, nicht möglich wäre, alle Regeln zu überdencken, und durch ordentliche Schlüsse bey gegenwärtigem Gebäude anzubringen"[183]. Im Moment der Erkenntnis selbst kommt daher nicht der Verstand, sondern kommen Gedächtnis und Einbildungskraft zum Zuge. Letztere stellt die Regeln vor, ersteres versichert uns „der einmal gehabten Gewißheit"[184]. Die Erkenntnis der Vollkommenheit ist eine undeutliche, die jedoch von der Vorbildung des Rezipienten und von einer vormals deutlichen Erkenntnis der Regeln abhängt. Da die aus der anschauenden Erkenntnis der Vollkommenheit entstehende Lust nicht voraussetzungslos ist, „[kan] ein Kunstverständiger an einer Sache eine unersättliche Lust haben [...], daran der andere gar keinen Gefallen hat":

> Wenn ein Gebäude nach den Regeln der Baukunst dergestalt aufgeführet worden, daß man die allgemeine Regeln der Vollkommenheit dabey mit Fleiß in acht genommen; so findet ein verständiger Baumeister in Betrachtung des Gebäudes so viel Lust, daß er sich daran nicht satt sehen kan, da hingegen andere, welche die Kunst nicht verstehen, vorbey gehen und es ohne alle Empfindlichkeit ansehen. Nehmlich je mehr er es betrachtet, je grössere Vollkommenheit nimmet er wahr. Da er nun zugleich der Richtigkeit der Regeln, mit denen es übereinstimmet, ver-

---

181 Vgl. die Angabe in Kap. III.1.3, Anm. 155.
182 Zum Urteil als Verstandestätigkeit vgl. die Ausführungen in Kap. I.2.1.
183 Wolff: Deutsche Metaphysik (GW I.2), § 415, S. 254.
184 Ebd.

> sichert ist, und dieser Gewißheit sich zugleich erinnert, so oft er an die Regeln gedencket; so wird aus doppelter Ursache seine Lust immer grösser, je länger er das Gebäude betrachtet. Hierzu kommet, daß er zugleich die Vollkommenheit des Baumeisters, der das Gebäude aufgeführt, anschauet, ingleichen der Künstler, die daran gearbeitet haben: wodurch eine neue Art der Lust entstehet, die sich mit andern vereiniget und sie dadurch vergrössert.[185]

Der Kunstverständige empfindet eine viel größere Lust am Gebäude als der Laie. Aufgrund seiner Kenntnisse ist er sich der Vollkommenheit des Werks bewusst, weiß um die Fähigkeiten des Künstlers und die Herausforderungen der handwerklichen Umsetzung. Nicht nur das Kunstwerk, sondern auch die Vollkommenheit des Architekten und der am Bau beteiligten Handwerker tragen zu seiner Lust bei. Wolff differenziert zwischen den verschiedenen Aspekten eines als Einheit empfundenen Vergnügens.

Das sich beim Kunstverständigen bzw. -kritiker einstellende Vergnügen ist ein rational fundiertes. Das Wissen um die Richtigkeit der Regeln, die deutliche Erkenntnis ihres Beweises, ist notwendige Bedingung. Und auch wenn die Lust beim Kritiker aufgrund der anschauenden Erkenntnis der Vollkommenheit des Werks entsteht, bleibt sie doch im Verstand begründet, mehr noch: Die Intensität des Vergnügens verhält sich proportional zur rationalen Erkenntnis, d.h. zum Wissen und zur Gewissheit von der Hauptabsicht des Werks und seinen Regeln. Für den Kunstverständigen jedoch ist das angesichts der Vollkommenheit des Werks ausgelöste Vergnügen nicht mehr als eine angenehme Begleiterscheinung. Welche Funktion es beim kunsttheoretischen Urteil einnimmt bzw. einnehmen könnte, dazu schweigt Wolff – anders als später Gottsched. Das Prinzip des ‚gut ist, was Lust erzeugt', das Wolff als „Quod placet, dicitur *pulchrum*"[186] für die Schönheit geltend macht, hat auf das Urteil des Kunstkritikers keinerlei Einfluss. Im Zentrum steht das mit Hilfe der rationalen Vermögen Scharfsinnigkeit und Witz gefällte Urteil, das auf der Kenntnis der aus der Hauptabsicht des Werks abgeleiteten Prinzipien beruht.

Kritiker und Künstler sind in ihren Tätigkeiten durch die oberen Erkenntnisvermögen und, zumindest im Fall des Kritikers, ihr auf rationalem Wege erlangtes Wissen vom Zweck des Werks und seinen Regeln bestimmt. Die unteren Vermögen sind notwendiger Teil des Rezeptions- wie des Produktionsprozesses, die sich mit ihnen bietenden Möglichkeiten werden jedoch nicht ausgeschöpft. Der produktiven und innovativen Seite der Einbildungskraft des Künstlers werden mit der Vernunft und dem Prinzip des zureichenden Grundes Grenzen gesetzt. Das Potential der Lust, das Urteil

---

185 Ebd., § 411, S. 250f.
186 Vgl. die Angabe in Kap. III.1, Anm. 66.

des Kritikers mitzubegründen, wird von Wolff nicht in seine Überlegungen einbezogen, obwohl die Funktion, die ihr hierbei zukommen könnte, offensichtlich ist. Was Wolffs Würdigung einer durch die Künste erregten unschuldigen ‚Lust der Sinnen' nicht unbedingt, sein Schönheitsverständnis jedoch bereits vermuten ließ, zeigt sich unmissverständlich am Kritiker: Die erfolgreiche sinnliche Wirkung des Kunstwerks, das ‚ästhetische Vergnügen', beruht auf rationalen Voraussetzungen. Je kenntnisreicher der Rezipient, desto stärker die Lust, desto schöner das Werk. Kennzeichnend für die hier rekonstruierten Elemente einer Kunsttheorie in den Schriften Wolffs ist eine Rationalisierung der sinnlichen Prozesse. Verstand und Sinnlichkeit korrelieren auch in der Kunsttheorie. Die sinnlichen Vermögen sind weiterhin Grundlage für den Verstand und seine Vermögen, der Verstand agiert weiter als Korrektiv der Sinnlichkeit, aber nicht nur: Die vormals gehabte deutliche Erkenntnis wird zur Bedingung für die erfolgreiche sinnliche Wirkung des Werks. In diesem wichtigen Punkt wird das aus der Erkenntnistheorie bekannte Verhältnis von Sinnlichkeit und Verstand umgekehrt.

Vor diesem Hintergrund stellt sich die Frage nach der sinnlichen Wirkung der Dichtung und ihrer Sonderstellung bei der sittlichen Erziehung neu. Steht der Primat der *fabula* im Widerspruch zur Fundierung der Künste, ihrer Produktion und Rezeption, im Verstand und dem Wissen um Regeln? Bedarf es doch spezifischer rationaler Voraussetzungen auf Seiten des Rezipienten, um mittels der *fabula* belehrt werden zu können? Grundsätzliche Bedingung der erfolgreichen Wirkung ist, dass das, was erzählt wird, dem Rezipienten nicht unbekannt ist, so dass er sich mit Hilfe der Einbildungskraft vorstellen kann, was erzählt wird. Für diese Kenntnisse ist nicht die Vernunft notwendig, sondern die eigene Erfahrung.[187] Aus diesem Grund vermag es die Fabel, die Vorstellung einer Wahrheit im Rezipienten hervorzurufen, ohne dass dieser sich der Vernunft bzw. der Scharfsinnigkeit oder des Witzes bedient. Die angesprochene Ähnlichkeitsbeziehung zwischen ihrem Inhalt und der von ihr zu vermittelnden Lehre muss zuvor vom Produzenten, dem Dichter, erkannt werden, aber nicht vom Rezipienten.[188] Ihm wird die Lehre dank der Fabel anschaulich und damit sinnlich vermittelt. Anders als im Fall der Schönheit ist es für die erfolgreiche Wirkung nicht notwendig, dass dem Rezipienten die Grundsätze der Vollkommenheit zuvor bekannt sind bzw. dass er – im Fall der Fabel – die Lehre zu einem früheren Zeitpunkt rational nachvollzogen hat. Die Vollkommenheit, die es zu erkennen gilt, ist inhaltlicher Natur. Es ist die moralische Botschaft, die sie von den bildenden Künsten, wie sie in den Schriften Wolffs behandelt werden, unterscheidet.

---

187 Vgl. Wolff: Philosophia practica universalis II (GW II.11), § 306, S. 278 f.
188 Vgl. ebd., § 308 f., S. 280–282.

Damit diese sinnliche Vermittlung gelingt, bedarf aber auch die Fabel, so ist anzunehmen, einer formalen Vollkommenheit.

1.4 Die poetische Fabel: Wolffs ‚mögliche Welt' und Lessings „andere Ordnung"

Der *fabula* als fiktivem Beispiel räumt Wolff bei der sittlichen Erziehung einen Vorzug ein, da sie dank ihrer Anschaulichkeit Wahrheiten sinnlich vermittelt und die Vollkommenheit, das Gute, „handgreiflich"[189] darstellt. Die anschauende Erkenntnis der Vollkommenheit erweckt im Rezipienten Lust und bildet damit die Grundlage für den Übergang der Erkenntnis in ein Tun.[190] Die in der *fabula* zum Ausdruck kommende Vollkommenheit ist aber nicht nur inhaltlich begründet. Bedingung für eine erfolgreiche Wirkung der Fabel ist neben der Rückführung der zu vermittelnden Wahrheit auf etwas Bekanntes auch ihre Konstruktion. Die besonders eindrückliche Wirkung von Komödie und Tragödie, die den Zuschauer gleichsam am Geschehen teilnehmen lässt, führt Wolff in seiner *Deutschen Politik* unter anderem auf die straffe Konstruktion der Handlung zurück:

> Da nun im menschlichen Leben alles nach und nach geschiehet, auch öffters lange Zeit hingehet, ehe das Unglück kommt, welches man sich durch lasterhafftes Leben auf den Hals ziehet; oder man auch im Gegentheile das Glücke erwartet, damit die Tugend belohnet wird: so erkennet man öffters nicht, daß dieser oder jener Zufall aus diesen oder jenen Handlungen erfolget, oder auch aus unserem Vergnügen das gegenwärtige Mißvergnügen erwachsen sey. Hingegen in Comödien und Tragödien folget alles, was zusammen gehöret, in einer kurtzen Reihe auf einander, und lässet sich daraus der Erfolg der Handlungen viel besser und leichter begreiffen, als wenn man im menschlichen Leben darauf acht hat.[191]

Die Welt des Schauspiels, die *fabula*, steht der realen Welt gegenüber. In dieser kann der Zusammenhang der Dinge, die Kausalität, nur schwer erkannt werden, in jener hingegen liegt er offen zutage, denn in einer „kurtzen Reihe" werden im Schauspiel die Ereignisse auf das Wesentliche reduziert in ihrer Konsequenz gezeigt. Mittels der Reduktion der Zeit wird in der Nachahmung die Welt so strukturiert, dass der Rezipient mühelos Zugang zum Geschehen hat. Im Hinblick auf die Konzeption der Handlung wie auf die kunsttheoretischen Reflexionen zur Werkkonzeption im 18. Jahrhundert ist diese zwar eher verhaltene, doch wirkmächtige Anleitung – wohl mehr Be-

---

189 Wolff: Deutsche Ethik (GW I.4), § 373, S. 247.
190 Vgl. Kap. II.3.1.
191 Wolff: Deutsche Politik (GW I.5), § 328, S. 277.

obachtung als Anleitung – zur Konstruktion von Tragödie und Komödie nicht uninteressant.

Auf die hier vorliegende Rezeptionslenkung wurde bereits hingewiesen,[192] die Relevanz von Wolffs Überlegungen für die Theorie des Dramas bzw. seine Konstruktion in der deutschen Aufklärung hingegen, so scheint mir, wurde bisher nicht zur Kenntnis genommen. Ein Blick in den Eintrag „Trauer-Spiel, Tragödie" in Zedlers *Universallexicon* gibt jedoch Auskunft über den Stellenwert, der Wolffs Ausführungen zum Schauspiel für die Konzeption und Vorstellung der Tragödie im 18. Jahrhundert zukommt. Bis auf kleinere Änderungen und die thematisch begründete fast vollständige Ausklammerung des Wörtchens ‚Comödie' wurden die über vier Seiten gehenden zwei Paragraphen zu Komödie und Tragödie wörtlich aus der *Deutschen Politik* übernommen. Dieser Sachverhalt ist wohl auf den Wolff nahestehenden Philosophen Carl Günther Ludovici zurückzuführen, der für den entsprechenden Band des Lexikons als Hauptredakteur verantwortlich zeichnete.[193]

Im *Universallexicon* stehen Wolffs Ausführungen zum Schauspiel im Anschluss an eine verkürzte Begriffsgeschichte und einen knappen historischen Abriss zu theoretischen Ansätzen und der Tragödie in verschiedenen Ländern. Primäre Funktion der zitierten Paragraphen aus der *Deutschen Politik* ist es, den Nutzen der Tragödie und ihre Vorzüge gegenüber anderen Wegen der sittlichen Erziehung darzustellen. Während alle zuvor im Eintrag angeführten Beispiele von Realisierungen und Abhandlungen zur Tragödie immer in Beziehung zu einzelnen Autoren oder Nationen gesetzt und erörtert werden, ist das Zitat aus der *Deutschen Politik* nicht nur nicht als solches gekennzeichnet. Losgelöst von jeglichen Angaben wirkt es als ein die im Eintrag nachgezeichnete Entwicklung der Tragödie konkludierendes Schlusswort. Durch die Anonymisierung von Wolffs Reflexionen erhalten seine Äußerungen besonderes Gewicht. Sie erhalten den Status des Allgemeingültigen und so auch die eingangs zitierten Sätze zur Konstruktion des Schauspiels. Abgesehen von der prinzipiellen Forderung nach der Einheit der Handlung und einer Haupthandlung, wie sie in der Kritik an Pierre Corneilles *Le Cid* (1637) und Jean Racines *Mithridate* (1673) zutage tritt,[194] bildet Wolffs Äußerung die einzige Aussage zur Konstruktion der Handlung im Lexikonbeitrag. Das Kernstück der Tragödie nach Aristoteles, der *mythos*, wird in Zedlers *Univer-*

---

192 Vgl. Krueger: Christian Wolff und die Ästhetik, S. 66f.; Ranke: Theatermoral, S. 224–228.
193 Ein Überblick zur Geschichte des Lexikons und seinem Verleger findet sich bei Elger Blühm: Johann Heinrich Zedler und sein Lexikon. In: Jahrbuch der Schlesischen Friedrich-Wilhelms-Universität zu Breslau 7 (1962), S. 184–200.
194 Vgl. [Art.] Trauer-Spiel, Tragödie. In: Zedler: Grosses vollständiges Universallexicon. Bd. 45, Sp. 160–169, hier Sp. 165f.

sallexicon also mit Wolff gefasst. Aristoteles selbst findet nur am Rande und unabhängig hiervon Erwähnung.[195]

Die geringe Beachtung, die der Lexikoneintrag noch 1745 der Aristotelischen *Poetik* im Hinblick auf wesentliche Ideen schenkt, mag darauf beruhen, dass erst 1753 dank Michael Conrad Curtius eine verbindliche deutsche Übersetzung vorliegt.[196] Bis dahin ist die *Poetik* den deutschen Autoren außer im Original vor allen Dingen in lateinischer und französischer Übersetzung zugänglich.[197] Neben Daniel Heinsius' lateinischer Übersetzung von 1611 ist, wie Gottlieb Stolle in seiner *Kurtzen Anleitung zur Historie der Gelahrheit* (1718) hervorhebt, André Daciers französische Übersetzung *La Poetique d'Aristote* (1692) für die Rezeption der Aristotelischen Tragödientheorie in der ersten Hälfte des 18. Jahrhunderts maßgeblich.[198] Es ist nicht unwahrscheinlich, dass auch Wolffs Vorstellung von der Handlungskonstruktion in Komödie und Tragödie ihren Ausgang von Aristoteles genommen hat. Vor dem Hintergrund der Übersetzung und des Kommentars Daciers zur *Poetik* lässt sich verdeutlichen, welches Konzept von Handlung Wolff hier entwickelt.

Im Anschluss an die lateinischen Übertragungen übersetzt Dacier *mythos* mit *fable*. „L'imitation d'une action", schreibt Dacier, „c'est proprement la fable, car j'appelle la fable, la composition des choses."[199] Die einzelnen Teile bilden ein Ganzes und sind derart miteinander verknüpft, dass die Wegnahme oder das Hinzusetzen eines einzigen das Ganze entweder grundlegend verändern oder geradezu zerstören würde.[200] Diesen Gedanken wie auch die kausale Abhängigkeit der einzelnen Teile voneinander macht Dacier im Kommentar wiederholt stark[201] und ergänzt die Anweisung, dass in der *fable* nichts ohne Grund sein darf – „[i]l faut absolument que dans tous les

---

195 Vgl. ebd., Sp. 161 f.
196 Michael Conrad Curtius veröffentlichte 1753 eine vollständige deutsche Übersetzung der *Poetik* mit Anmerkungen und einer von ihm verfassten Abhandlung. Vgl. Aristoteles: Dichtkunst. Ins Deutsche übers., mit Anmerkungen, und besondern Abhandlungen vers. von Michael Conrad Curtius. Hannover 1753.
197 Zur Rezeption der Aristotelischen *Poetik* im Kontext der Tragödientheorie des 18. Jahrhunderts vgl. den Überblick bei Alt: Tragödie der Aufklärung, S. 14–22. Der Beginn einer ernsthaften Auseinandersetzung mit der Aristotelischen Poetik im deutschsprachigen Raum wird von Wels (Der Begriff der Dichtung, S. 80) auf um 1560 datiert.
198 Vgl. Gottlieb Stolle: Kurtze Anleitung zur Historie der Gelahrheit. Halle 1718, S. 240.
199 André Dacier: La Poetique d'Aristote. Traduite en françois avec Des Remarques Critiques sur tout l'Ouvrage. Paris 1692. Nachdruck: Hildesheim, New York 1976, S. 74.
200 Vgl. Dacier: La Poetique d'Aristote, S. 123: „Comme donc dans toutes les autres imitations, ce que l'on imite est un, de même dans la Tragedie, puisque la fable est l'imitation d'une action, il faut que cette action soit une & toute entiere, & que ses parties differentes soit tellement liees les unes les autres, que si on en transpose ou que l'on en ôte une seule, le tout soit entierement ou changé, ou détruit."
201 Vgl. u.a. ebd., S. 92, 129 f., 135 und 146.

Incidens qui composent la fable, il n'y ait rien qui soit sans raison"[202] –, um den Hinweis, dass alles im Vorangegangenen begründet sein muss.[203] Auch das Attribut der Vollkommenheit wird der *fable* bzw. der nachzuahmenden Handlung zugedacht.[204] Die Idee des Abgeschlossenen und Ganzen steht bei der Konzeption der *fable*, der dramatischen wie der epischen,[205] im Vordergrund.

Daciers Übersetzung und Kommentar und Wolffs Beschreibung der Schauspielhandlung – ihnen ist in erster Linie gemein, dass es beiden um die „composition des choses" geht. Dacier thematisiert weder die bei Wolff explizierte Beziehung von realer Welt und Schauspiel noch die Verkürzung der Zeit in gleicher Weise und Deutlichkeit. In Wolffs Äußerung hingegen findet die Idee des Ganzen keine gesonderte Erwähnung, aber sie ist selbstverständlich mitzulesen: Die Konstruktionsprinzipien, die Dacier für die *fable* im Anschluss an Aristoteles geltend macht, hat Wolff bereits vor der Abfassung seiner Überlegungen zum Schauspiel in der *Deutschen Politik* an anderer Stelle erläutert, und zwar im vierten Kapitel seiner *Deutschen Metaphysik*, das der Beschreibung der Welt, ihrer Zusammensetzung und ihren Gesetzmäßigkeiten gewidmet ist. Die Welt ist, so erklärt Wolff, „ein Gantzes"[206], dessen Teile „dem Raume, und der Zeit nach miteinander verknüpfet"[207] sind. Die Verknüpfung der Teile untereinander ist in diesen selbst begründet: „[E]in jedes unter ihnen [enthält] den Grund in sich [...], warum das andere neben ihm zugleich ist, oder auf dasselbe folget."[208] In der Welt und ihren Veränderungen liegt daher eine in Regeln gegründete Ordnung und zwar „eben dergleichen Ordnung als man in einem ordentlichen Beweise und in den Schriften Euclidis antrifft, folgends auch Wahrheit"[209]. Maßgeblich ist, dass die Regeln die gleiche Absicht verfolgen, also einen gemeinsamen Grund haben.[210] Wie ihre Begebenheiten ist die Welt zufällig, denn sie hätte, wie Wolff mit Leibniz konstatiert,[211] auch „anders [...] seyn können als sie ist"[212]. Die Konstruktion der Welt entspricht dem bereits dargelegten Verständnis Wolffs von Vollkommenheit als „Zusammenstimmung in der Man-

---

202 Ebd., S. 243.
203 Vgl. ebd.: „[D]ans les Incidens qui composent le sujet, il n faut pas qu'il y en ait un seul qui soit sans raison, & qui ne naisse naturellement de ce qui précede."
204 Vgl. ebd., S. 107 und 390.
205 Zur Übertragung der Regeln der Tragödie auf das Epos vgl. ebd., S. 390 f.
206 Wolff: Deutsche Metaphysik (GW I.2), § 550, S. 333.
207 Ebd., § 548, S. 333.
208 Ebd., § 545, S. 332.
209 Ebd., § 558, S. 337. – Zur Beziehung von Ordnung und Regeln vgl. auch ebd., § 717, S. 448.
210 Vgl. ebd., § 720, S. 449 f.
211 Vgl. Leibniz: Essais de théodicée (PS II.1), Teil 1, § 7, S. 220 f.
212 Wolff: Deutsche Metaphysik (GW I.2), § 576, S. 354. – Vgl. auch ebd., § 577, S. 354 f.; Wolff: Anmerkungen zur Deutschen Metaphysik (GW I.3), § 193, ad § 569, S. 321 f.

nigfaltigkeit"²¹³ bzw. „Übereinstimmung des mannigfaltigen"²¹⁴, wie Wolff in seiner Explikation der Vollkommenheit der Welt notiert: „[S]o besteht die Vollkommenheit der Welt darinnen, daß alles, was zugleich ist, und auf einander folgt, mit einander übereinstimmet, das ist, daß die besonderen Gründe, die ein jedes hat, sich immerfort in einerley allgemeine Gründe auflösen lassen."²¹⁵

Für das Wesen der Welt ausschlaggebend ist die „Art der Zusammensetzung"²¹⁶. Sie wäre nicht mehr dieselbe Welt, „wenn der geringste Theil davon weggenommen, oder ein anderer in seine Stelle gesetzet, oder auch ein neuer hinein gerücket würde"²¹⁷. Am Beispiel der Uhr erläutert Wolff:

> Es verhält sich die Welt nicht anders als wie ein Uhrwerck. Denn das Wesen der Welt bestehet in der Art ihrer Zusammensetzung; das Wesen einer Uhr gleichfals. Die Veränderungen, die sich in der Welt ereignen, sind in der Art ihrer Zusammensetzung gegründet: die Bewegungen in der Uhr haben gleichfals keinen anderen Grund als die Art der Zusammensetzung, die man in der Uhr findet. [...] Nun setze man, es gehe eine Uhr über die Massen richtig, daß z.E. der Zeiger eben 12. Uhr zeiget, so ofte ein Stern in den Mittagscircul kommet, wenn man die Uhr einmahl darauf gestellet. Wenn dieses geschiehet; so wird auch der Secundenzeiger beständig für den Eintritt eines jeden andern Sternes in dem Mittagscircul eine gewisse Secunde beständig anzeigen. So bald man in dieser Uhr nur das geringste in dem Zahne eines Rades ändert; so wird dadurch die Bewegung entweder aufgehalten, oder beschleuniget, und diese Veränderung gehet durch alle Räder, und trift auch endlich die Bewegnng [sic!] des Zeigers. Daher wird er nicht mehr wie vorhin den Eintritt der Sterne in dem Mittagscircul bemercken, sondern wenn ein Stern darein kommet, wird er an einem gantz anderen Orte stehen, als er vorhin zu stehen pflegte, und diese Aenderung wird alle Tage fortgehen.²¹⁸

Die Verknüpfung der einzelnen Teile, ihr Ineinandergreifen, determiniert die Welt. Die kausale Abhängigkeit und die Idee des Ganzen, wie sie Aristoteles und dann Dacier für die „composition des choses", den *mythos* bzw. die *fable*, hervorheben, ist auch für Wolffs Konzeption der Welt bestimmend. Das Einzelne und das Ganze stehen in gegenseitiger Abhängigkeit zueinander, die kleinste Veränderung zerstört das etablierte Gleichgewicht und macht aus der Welt eine andere. Und genau das geschieht laut Wolff in Tragödien und Komödien, wo die in der *Poetik* aufgestellte Forderung, sich auf das Wesentliche zu konzentrieren, ihre Umsetzung in der Verkürzung der Zeit

---

213 Wolff: Ausführliche Nachricht (GW I.9), § 20, S. 46.
214 Wolff: Deutsche Metaphysik (GW I.2), § 701, S. 436.
215 Ebd.
216 Ebd., § 552, S. 334. – Vgl. auch ebd., § 569, S. 347 f.
217 Ebd., § 553, S. 334.
218 Ebd., § 556, S. 335 f.

findet: „Hingegen in Comödien und Tragödien folget alles, was zusammen gehöret, in einer kurtzen Reihe auf einander"[219]. Von der wirklichen Welt unterscheidet sich die in der *fabula* des Schauspiels dargestellte Welt folglich durch die „Art der Zusammensetzung"[220].

Über die Möglichkeit einer anderen Art der Zusammensetzung der Dinge begründet Wolff in der *Metaphysik*, dass „mehr als eine Welt möglich [ist], das ist, ausser der Welt, darzu wir gehören, oder die wir empfinden, sind noch andere möglich, die in ihren Begebenheiten von einander sowohl, als von ihr gantz unterschieden sind."[221] Als Beispiel einer solchen möglichen Welt dient ihm der Roman:

> Man kan solches auch mit den erdichteten Geschichten, die man Romainen zu nennen pfleget, erläutern. Wenn dergleichen Erzehlung mit solchem Verstande eingerichtet ist, daß nichts widersprechendes darinnen anzutreffen; so kan ich nicht anders sagen, als, es sey möglich, daß dergleichen geschiehet. Fraget man aber, ob es würcklich geschehen sey oder nicht; so wird man freylich finden, daß es der gegenwärtigen Verknüpfung der Dinge widerspricht, und dannenhero in dieser Welt nicht möglich gewesen. Unterdessen bleibet es wahr, daß dasjenige, was noch fehlet, ehe es würcklich werden kan, ausser dieser Welt zu suchen, nehmlich in einem anderen Zusammenhange der Dinge, das ist, in einer anderen Welt. Und solchergestalt habe ich eine jede dergleichen Geschichte nicht anders anzusehen als eine Erzehlung von etwas, so in einer andern Welt sich zutragen kan.[222]

Wenn Wolff den Roman als eine mögliche Welt bestimmt, dann attribuiert er ihm die erläuterten Gesetzmäßigkeiten der wirklichen Welt.[223] Das gilt auch für die *fabula* des Schauspiels. In der *Deutschen Politik* setzt Wolff das Schauspiel wie zuvor den Roman in Beziehung zur wirklichen Welt und weist lediglich auf die unterschiedliche „Art der Zusammensetzung" hin,

---

219 Vgl. die Angabe in Kap. III.1.4, Anm. 191.
220 Wolff: Deutsche Metaphysik (GW. I.2), § 552, S. 334. – Vgl. auch ebd., § 569, S. 347 f. Zu Wolffs Theorie möglicher Welten und ihrer Beziehung zu Leibniz vgl. Hans Werner Arndt: Zu Christian Wolffs Theorie möglicher Welten. In: Carbonini, Cataldi Madonna (Hg.): Nuovi studi sul pensiero di Christian Wolff, S. 175–191.
221 Wolff: Deutsche Metaphysik (GW I.2), § 569, S. 347.
222 Ebd., § 571, S. 349 f. – Zur Konzeption und Fortschreibung der ‚möglichen Welt' bei Leibniz, Wolff, Gottsched, Baumgarten und Breitinger im Hinblick auf die literarische Fiktion vgl. Ludwig Stockinger: Ficta Respublica. Gattungsgeschichtliche Untersuchungen zur utopischen Erzählung in der deutschen Literatur des frühen 18. Jahrhunderts. Tübingen 1981, S. 149–182.
223 Auf Kongruenzen zwischen Wolffs Theorie der möglichen Welten und dem Wahrscheinlichkeitsbegriff, der Nachahmungstheorie und der Romanpoetologie der Aufklärung geht ein Lars-Thade Ulrichs: Die Theorie der möglichen Welten und ihre Konsequenzen für die Romanpoetologie des späten 18. Jahrhunderts. Zum Begründungsverhältnis von Ontologie und Ästhetik. In: Stolzenberg, Rudolph (Hg.): Christian Wolff und die europäische Aufklärung. Teil 4, S. 377–397.

die Reduktion der Zeit im Schauspiel. Mitgedacht wird die Theorie der möglichen Welten. Die *fabula* des Schauspiels ist wie der Roman eine mögliche bzw., da nicht realiter existierend, fiktionale Welt, die mit den Gesetzen der richtigen Welt konformgeht. Lessing bringt dies später in seiner Definition der poetischen Fabel als eine „ander[e] Welt", „deren Zufälligkeiten in einer andern Ordnung verbunden, aber doch eben so genau verbunden sind, als in dieser"[224], auf den Punkt.[225]

In Lessings Konzeption von Handlung und Ganzem manifestiert sich der Einfluss von Wolffs Vorstellung der poetischen Fabel. Die zitierte Kritik Lessings an Jean-François Marmontels Erzählung *Soliman II* (1760) aus dem 34. Stück der *Hamburgischen Dramaturgie* betont die Notwendigkeit der Einhaltung der Wahrscheinlichkeit bei der poetischen Fabel gegenüber einer gewissen Freiheit bei der Gestaltung der Charaktere:

> Marmontels Solimann hätte daher meinetwegen immer ein ganz anderer Solimann, und seine Roxelane eine ganz andere Roxelane sein mögen, als mich die Geschichte kennen lehret: wenn ich nur gefunden hätte, daß, ob sie schon nicht aus dieser wirklichen Welt sind, sie dennoch zu einer andern Welt gehören könnten; zu einer Welt, deren Zufälligkeiten in einer andern Ordnung verbunden, aber doch eben so genau verbunden sind, als in dieser; zu einer Welt, in welcher Ursachen und Wirkungen zwar in einer andern Reihe folgen, aber doch zu eben der allgemeinen Wirkung des Guten abzwecken; kurz, zu der Welt eines Genies, [...] das, sage ich, um das höchste Genie im Kleinen nachzuahmen, die Teile der gegenwärtigen Welt versetzet, vertauscht, verringert, vermehret, um sich ein eigenes Ganzes daraus zu machen, mit dem es seine eigene Absichten verbindet.[226]

---

224 Lessing: Hamburgische Dramaturgie (B VI), S. 348.
225 Bereits Gottsched (Critische Dichtkunst I [AW VI.1], Cap. IV, § 9, S. 204) erkannte das Potential von Wolffs Äußerung für die Bestimmung der Fabel: „Ich glaube derowegen, eine Fabel am besten zu beschreiben, wenn ich sage: sie sey die Erzählung einer unter gewissen Umständen möglichen, aber nicht wirklich vorgefallenen Begebenheit, darunter eine nützliche moralische Wahrheit verborgen liegt. Philosophisch könnte man sagen, sie sey ein Stücke von einer andern Welt. Denn da man sich in der Metaphysik die Welt als eine Reihe möglicher Dinge vorstellen muß; außer derjenigen aber, die wir wirklich vor Augen sehen, noch viel andre dergleichen Reihen gedacht werden können: so sieht man, daß eigentlich alle Begebenheiten, die in unserm Zusammenhang wirklich vorhandener Dinge nicht geschehen, an sich selbst aber nichts Widersprechendes in sich haben, und also unter gewissen Bedingungen möglich sind, in einer andern Welt zu Hause gehören, und Theile davon ausmachen. Herr Wolf hat selbst [...] gesagt, daß ein wohlgeschriebener Roman, das ist ein solcher, der nichts Widersprechendes enthält, für eine Historie aus einer andern Welt anzusehen sey. Was er nun von Romanen sagt, das kann mit gleichem Rechte von allen Fabeln gesagt werden." Im Unterschied zu Lessing, wie noch zu sehen sein wird, integriert er jedoch nicht den Gedanken der Verkürzung der Zeit.
226 Lessing: Hamburgische Dramaturgie (B VI), S. 348.

1 Wolff: Philosophisches Fundament einer Theorie der Künste 265

Diesen Ausführungen Lessings liegt dem ersten Anschein nach die Auseinandersetzung mit Aristoteles zugrunde. Auffällt jedoch die von Lessing verwendete Terminologie. Die von ihm rezipierten (und kritisierten) Übersetzungen von Dacier und Curtius sprechen weder von einer ‚anderen Ordnung' noch von ‚Zufälligkeiten', um die Zusammensetzung der Fabel zu beschreiben. Wenn Lessing von den „Zufälligkeiten" einer Welt spricht, rekurriert er auf die von Leibniz und Wolff vorausgesetzte Zufälligkeit der Welt und ihrer Begebenheiten. Indem er von einer „andern Welt" spricht, deren „Zufälligkeiten in einer andern Ordnung verbunden" sind, übernimmt er die Konzeption der möglichen Welten, die sich von der wirklichen Welt durch die Art der Verknüpfung, also ihre Ordnung, unterscheiden, wie Wolff sie am Roman veranschaulicht hat. Wie bei Wolff in der *Deutschen Politik* liegt die Begründung für die „andere Ordnung" in der Wirkungsabsicht und in der Beschränktheit des menschlichen Geistes, wie Lessing im 70. Stück der *Hamburgischen Dramaturgie* erläutert:

> In der Natur ist alles mit allem verbunden; alles durchkreuzt sich, alles wechselt mit allem, alles verändert sich eines in das andere. Aber nach dieser unendlichen Mannichfaltigkeit ist sie nur ein Schauspiel für einen unendlichen Geist. Um endliche Geister an dem Genusse desselben Anteil nehmen zu lassen, mußten diese das Vermögen erhalten, ihr Schranken zu geben, die sie nicht hat; das Vermögen abzusondern, und ihre Aufmerksamkeit nach Gutdünken lenken zu können.[227]

Die Aufmerksamkeit des Menschen muss auf das Wesentliche gelenkt werden bzw. die Welt im Schauspiel dem menschlichen Geist und seiner Auffassungsgabe angepasst werden.

Wolffs Beobachtung bzw. Anleitung, dass „in Comödien und Tragödien [...] alles, was zusammen gehöret, in einer kurtzen Reihe auf einander [folget]", übernimmt Lessing als „Verkürzung der Zeit"[228] für seine Bestimmung vom „Ideal der Handlungen"[229] in seinen Notizen zum *Laokoon* (1766). Mit den Forderungen nach „Erhöhung der Triebfedern, und Ausschließung des Zufalls"[230] bestimmt er so die innere Selektion des Darzustellenden gemäß der das Prinzip der inneren Wahrscheinlichkeit definierenden Kausalität: Jedes ergibt sich aus dem Vorhergegangenen, ist nachvollziehbar und erscheint als unausweichliche Folge.[231] Lessing präzisiert hiermit das zentrale Konstruktionsparadigma der Künste: das Ganze. Die aus der Natur

---

227 Ebd., S. 533 f.
228 Lessing: Laokoon (B V.2), S. 9–206, hier S. 260.
229 Ebd.
230 Ebd.
231 Zur Konzeption der Handlung bei Lessing vgl. Peter-André Alt: Begriffsbilder. Studien zur literarischen Allegorie zwischen Opitz und Schiller. Tübingen 1995, S. 460–467.

zur Nachahmung gewählten „Glieder[ ]" sollen, erklärt er im 79. Stück der *Hamburgischen Dramaturgie*, zu einem Ganzen zusammengefügt werden,

> das völlig sich rundet, wo eines aus dem andern sich völlig erkläret, wo keine Schwierigkeit aufstößt, derenwegen wir die Befriedigung nicht in seinem Plane finden, sondern sie außer ihm, in dem allgemeinen Plane der Dinge, suchen müssen; das Ganze dieses sterblichen Schöpfers sollte ein Schattenriß von dem Ganzen des ewigen Schöpfers sein; sollte uns an den Gedanken gewöhnen, wie sich in ihm alles zum Besten auflöse, werde es auch in jenem geschehen.[232]

Wie schon Wolff hebt Lessing die Beziehung zwischen Welt und Werk hervor. Beiden kommt in ihrer Konstruktion Vollkommenheit zu, wie Lessing mit dem Hinweis auf die *Theodizee* noch einmal unterstreicht.[233] Das Ganze gibt die Struktur des Werks vor und ist auch bei Lessing zugleich Wirkungsbedingung: Nur wenn das Werk als Ganzes wirkt, die Teile im Zusammenhang erfasst werden, kommt es zur Täuschung.[234] Auch wenn Wolff selbst sich nicht ausdrücklich mit den Bedingungen und Möglichkeiten der Illusionsschaffung auseinandersetzt, so steht doch die Frage nach den psychologischen Voraussetzungen für die sinnliche Wirkung des Werks im Zentrum seiner Handlungskonzeption. Die Grundlage für die „neuen Möglichkeiten der ästhetischen Sinnvermittlung"[235], die Lessings Handlungsbegriff zu-

---

232 Lessing: Hamburgische Dramaturgie (B VI), S. 577f.
233 Lessings Verweis auf den Optimismus der *Theodizee*, dass der „Schattenriß von dem Ganzen des ewigen Schöpfers" den Zuschauer „an den Gedanken gewöhnen [sollte], wie sich in ihm alles zum Besten auflöse, werde es auch in jenem Geschehen", ist nicht die Forderung nach einer Auflösung der tragischen Ereignisse zum Guten, sondern nach einer Nachahmung des „*Bauprinzips*" (ebd., S. 96. Herv. i.O.) der Welt und damit einer Konstruktion der Handlung gemäß dem Prinzip des zureichenden Grundes. Das hat betont Anke-Marie Lohmeier: Tragödie und Theodizee. Neues Altes über Lessings Trauerspielpoetik. In: Resonanzen. Festschrift für Hans Joachim Kreutzer zum 65. Geburtstag. Hg. von Sabine Doering, Waltraud Maierhofer, Peter Philipp Riedl. Würzburg 2000, S. 83–98, hier S. 97: „‚Zum Besten auflösen' meint vielmehr und allein den zuvor geforderten Perfektionsgrad der strukturellen Analogie, den Perfektionsgrad der kausallogischen Begründung alles Geschehens. Was der Zuschauer erkennen soll, ist dies: Ebenso wie im ‚Plan' des sterblichen Schöpfers nichts ohne zureichenden Grund geschieht, so geschieht auch im göttlichen Weltplan nichts ohne zureichenden Grund. Und ebenso, wie die zureichenden Gründe des Tragödiengeschehens allein aus dem freien und stets auf das Beste gerichteten Willen der ‚kleinen Götter' herfließen, ebenso fließen die zureichenden Gründe, die das Weltganze bestimmen, her aus dem freien und stets auf das Beste gerichteten Willen des einen Gottes. Nur so, nur als *analogische* Beziehung ist die Beziehung von Tragödie und Theodizee bei Lessing widerspruchsfrei zu denken." Auf die strukturelle Analogie der göttlichen Welt und der des Dramas hat unter anderen hingewiesen Leonard P. Wessell: „Handlung" as the „Geist" of Lessing's Aesthetic Thinking. In: Lessing Yearbook XIX (1987), S. 115–138, hier S. 127.
234 Vgl. Lessing: Laokoon (B V.2), S. 124–127.
235 Alt: Begriffsbilder, S. 461.

geschrieben wurden, finden sich im Ansatz bereits bei Wolff und werden auch von Gottsched berücksichtigt.[236]

Durch die Bezüge zur Aristotelischen *Poetik*, zu ihrer Rezeption, und zum Handlungsbegriff Lessings ist deutlich geworden, dass für die poetische Fabel bei Wolff, wie sie am Beispiel von Tragödie, Komödie und Roman nachvollzogen werden kann, ein allgemeines Konstruktionsprinzip anzusetzen ist. Als mögliche Welt unterscheidet sie sich durch die Art der Verknüpfung von der wirklichen Welt, entspricht dieser aber in ihrer jeweiligen Konstruktion als Zusammenschluss zufälliger Teile zu einem Ganzen, dessen Ordnung und Regeln in einem Ziel, d.h. in einem Zweck oder einer Hauptabsicht begründet sind. Die poetische Fabel repräsentiert daher nicht nur inhaltlich, sondern auch in ihrer Konstruktion Vollkommenheit und Wahrheit. Die Ordnung der möglichen, d.h. fiktionalen Welt des Schauspiels ist aufgrund der zeitlichen Reduktion „viel besser und leichter"[237] fassbar als die Vollkommenheit der Welt. Diese wird hier in der Fiktion dem menschlichen Geist zugänglich. Das Werk zeigt nicht nur Beispiele von moralischer Vollkommenheit bzw. von Wahrheit, sondern bietet auch formal die notwendige Vollkommenheit, so dass aus der anschauenden Erkenntnis eben dieser formalen Vollkommenheit die für die lebendige Erkenntnis notwendige Lust entstehen kann. Die herausgehobene Stellung, die Wolff der Dichtung bei der sittlichen Erziehung zuschreibt, ist nicht nur inhaltlich bzw. in der inhaltlichen Reduktion begründet, sondern auch in der Konstruktion des Werks.

2 Gottsched: Sinnlichkeit in der *Critischen Dichtkunst*

Anfänger will Gottsched in die Lage versetzen, „auf untadeliche Art" zu dichten, und Liebhaber, das Produkt „richtig zu beurtheilen"[238]. Poeten und Kritikern ist Gottscheds *Versuch einer Critischen Dichtkunst* gewidmet, ein „Probierstein"[239] soll er sein. Denn mit der Poesie verhalte es sich ähnlich wie mit Metallen: Nicht nach dem Augenschein unterscheide man Gold, Messing, Zinn und Silber, sondern Probierstein oder Goldwaage würden vor dem Kauf der Ware zur Prüfung verwendet.[240] Und so müsse es auch in der Poesie ein Maß geben, nach dem im Zweifel entschieden werde. Es sind die gesunde Vernunft und die von ihm selbst dargelegten Regeln der Kunstrichter, die sich laut Gottsched zum „poetische[n] Probierstein" eignen, „der

---

236 Vgl. Kap. III.2.2.
237 Vgl. die Angabe in Kap. III.1.4, Anm. 191.
238 Gottsched: Neue Vorrede zur dritten Auflage (AW VI.1), S. 20–27, hier S. 23.
239 Gottsched: Critische Dichtkunst I (AW VI.1), Cap. VI, § 33, S. 282.
240 Vgl. ebd., S. 281.

das Zweifelhafte entscheiden, und die wahren Schönheiten so sehr ins Licht setzen, als die falschen Putzwerke und wesentlichen Unrichtigkeiten sinnreicher Schriften beschämen kann."[241] Der Gewährsmänner und Vorbilder für sein Unterfangen kennt Gottsched viele. Neben Aristoteles, Horaz und Longin zählen unter anderen Scaliger, Boileau, Bouhours und Corneille dazu wie auch Voltaire, Addison und Shaftesbury.[242] Des letzteren „Krieg" gegen die „nachläßigen und gleichgültigen Schriftsteller[ ], Verfasser[ ], Leser[ ], Zuhörer[ ], Comödianten[ ] und Zuschauer[ ] [...], die ihre Einfälle allein zu einer Regel der Schönheiten und Annehmlichkeiten machen" und die „von diesem ihrem Eigensinne, oder ihrer wunderlichen Phantasie kein Red und Antwort geben können", weshalb sie „die Critik, oder Untersuchungskunst verwerfen"[243], diesen „Krieg" will Gottsched fortschreiben.

Die Forschung hat Gottsched immer wieder bestätigt, mit der *Critischen Dichtkunst* den mehr oder weniger erfolgreichen Versuch unternommen zu haben, die Regeln der Logik und zugleich den damit verbundenen wissenschaftlichen Anspruch auf die Poetik zu übertragen;[244] bereits das ‚critisch' im Titel verweist auf dieses Anliegen.[245] Weniger als Anweisungspoetik in humanistisch-barocker Tradition, sondern als ein Werk, das Poet und Kri-

---

241 Ebd., S. 282.
242 Vgl. Gottsched: Vorrede der zweyten Auflage (AW VI.1), S. 13.
243 Gottsched: Critische Dichtkunst I (AW VI.1), Cap. VI, Anm. zu § 33, S. 281. – Gottsched übersetzt hier, wie er selbst angibt, eine Passage aus Shaftesburys *Miscellaneous Reflections*, die 1711 im dritten Band seiner *Characteristicks of Man, Manners, Opinions, Time* veröffentlicht wurden. Die inhaltliche, die strategische sowie die performative Dimension von Gottscheds Shaftesbury-Rezeption hat herausgestellt Mark-Georg Dehrmann: Das „Orakel der Deisten". Shaftesbury und die deutsche Aufklärung. Göttingen 2008, S. 156–193.
244 Vgl. hierzu auch den Abschnitt „Logik – Poetik – Ästhetik" in der Einleitung. Grimm (Literatur und Gelehrtentum, S. 626) weist darauf hin, dass „Versuche, der CD ein schlüssiges Konzept zu unterstellen, [...] im einzelnen recht, und im ganzen dennoch Unrecht [haben], weil die verschiedenen Einflüsse eben zu keinem völlig widerspruchsfreien System zusammenfinden. Sie prägen die einzelnen Kapitel in unterschiedlicher Stärke je nachdem in welchem Traditions- und Bezugsrahmen der abgehandelte Gegenstand steht."
245 Vgl. hierzu die Ausführungen zu Kritik und Kritiker in Gottsched: An den Leser [Vorrede zur ersten Auflage] (AW VI.2), S. 394–405, hier S. 395: „Die Critick ist eine weit edlere Kunst [als die schulfüchsische Buchstäblerey, O.K.S.]. Ihr Nahme selber zeiget zur Gnüge, daß sie eine Beurtheilungs-Kunst seyn müsse, welche nothwendig eine Prüfung oder Untersuchung eines Dinges nach seinen gehörigen Grundregeln, zum voraus setzet. Da dieser Begriff aber noch gar zu allgemein ist, so darf man nur mercken, daß die Critick sich nur auf die freyen Künste, das ist auf die Grammatic, Poesie, Redekunst, Historie, Music und Mahlerey erstrecke. Die Geometrie, so bey den Alten auch zu den freyen Künsten gerechnet wurde, ist in neuern Zeiten so wohl als die Baukunst mit gutem Grunde unter die Wissenschaften gezehlet worden: weil man es darinn längst zu einer demonstrativen Gewißheit gebracht hat; die man in jenen noch lange nicht erreichen können. Ein Criticus ist also dieser Erklärung nach, ein Gelehrter, der die Regeln der freyen Künste philosophisch eingesehen hat, und also im Stande ist, die Schönheiten und Fehler aller vorkommenden Meisterstücke oder Kunstwercke, vernünftig darnach zu prüfen und richtig zu beurtheilen."

tiker Regeln zur Produktion und Bewertung von Poesie an die Hand gibt, wird die *Critische Dichtkunst* vornehmlich zur Kenntnis genommen.[246] Als ihr Kern gilt bis heute die Ausrichtung an der Vernunft und ihr nachdrückliches Eintreten für aus allgemeinen Grundsätzen abgeleitete Regeln.[247] Es verwundert nicht, dass bei einer solchen ‚Poetik der Vernunft' die sinnlichen Elemente, mit Ausnahme der Berücksichtigung des moralisch-sinnlichen Wirkungsanspruchs,[248] weniger in den Fokus gerieten. Dass das Bild von Gottsched als „highnoon of rationalism"[249] jedoch nicht in der unter anderen noch von Beiser dargestellten Weise haltbar ist, das wurde inzwischen verschiedentlich mit dem Hinweis auf die Widersprüchlichkeit der Poetik Gottscheds angemerkt.[250]

So legte Wetterer die Schwierigkeiten dar, die sich in der *Critischen Dichtkunst* insbesondere für den Nachahmungsbegriff und das Geschmacksverständnis durch das Aufeinandertreffen der nicht unbedingt vereinbaren Forderungen nach Publikumswirksamkeit und zugleich nach Wahrheit und

---

246 Die Idee von Gottscheds Poetik als „Funktionsmodell sowohl der literarischen Produktion als auch der literarischen Kritik", wie Freier (Kritische Poetik, S. 37) es formulierte, steht nicht im Widerspruch zur rhetorischen Verankerung der Poetik, stellt aber den von Gottsched selbst prononcierten Anspruch in den Vordergrund, ein ‚kritisches' Werk vorzulegen. Dass für die Zeitgenossen kein Widerspruch zwischen Anweisungspoetik und philosophischer Ausrichtung bestand, hat Grimm (Literatur und Gelehrtentum, S. 622) betont. Ausführlich wurde in der Forschung diskutiert, ob Gottscheds Poetik den Abschluss der Barockpoetik oder den Anfang einer Aufklärungspoetik bzw. philosophischen Ästhetik bildet. Verbunden ist diese Gegenüberstellung auch immer mit der Frage, inwiefern Gottscheds Ausführungen der rhetorischen Tradition verpflichtet sind bzw. sie in ihrer philosophischen Begründung bereits den Beginn einer neuen poetologisch-ästhetischen Linie markieren. Inzwischen wurde dieser Polarisierung wiederholt widersprochen, und es scheint Einigkeit zu herrschen, dass Gottscheds Poetik diesbezüglich eine Zwischenstellung zukommt. Zur Diskussion vgl. Wetterer: Publikumsbezug und Wahrheitsanspruch, S. 40–47 sowie Grimm: Literatur und Gelehrtentum, S. 622–626. Für eine Zwischenposition plädieren neben Wetterer und Grimm u.a. auch Vietta: Literarische Phantasie, S. 113 f.; Alt: Aufklärung, S. 69 f. sowie Härter: Digressionen, S. 11 f. Zur Ausrichtung der Dichtkunst an der Kritik vgl. neben Freier: Kritische Poetik auch Dahlstrom: Die Aufklärung der Poesie. Zur Komplexität des Kritikverständnisses bei Gottsched vgl. Steffen Martus: Werkpolitik. Zur Literaturgeschichte kritischer Kommunikation vom 17. bis ins 20. Jahrhundert mit Studien zu Klopstock, Tieck, Goethe und George. Berlin, New York 2007, S. 115–145.
247 So auch noch George Bajeski: *Praeceptor Germaniae*. Johann Christoph Gottsched und die Entstehung des Frühklassizismus in Deutschland. Frankfurt a.M. 2015, zum Beispiel S. 24.
248 Vgl. Kap. II.3.2.
249 So die Kapitelüberschrift bei Beiser: Diotima's Children, S. 72: „Gottsched and the High Noon of Rationalism".
250 Interessant ist in diesem Zusammenhang die Position von Schmidt (Sinnlichkeit und Verstand, S. 82–123), der sich mit Verweis auf die Rationalismus und Empirismus gemeinsamen Voraussetzungen gegen eine „Gegenüberstellung von ‚Empirismus' und ‚Rationalismus' zur Kennzeichnung der aufklärerischen, insbesondere der Gottschedschen Poetik" (ebd., S. 91 f.; vgl auch ebd., S. 112) ausspricht und mehrfach auf eine in sich konsistente Argumentation in der Poetik Gottscheds verweist (vgl. ebd., S. 96 und 111).

vernünftiger Werkkonzeption ergeben.²⁵¹ Auch Andreas Härter stellte die Abweichungen in Gottscheds Argumentation von den in der *Critischen Dichtkunst* aufgestellten Postulaten heraus.²⁵² Die Schrift sei zwar „auf das Ziel der Beherrschung des literarischen Texts angelegt [...]: der Beherrschung seiner Bedeutungs- und Sinnmöglichkeiten", doch sei aus der Abwehr der das Ziel der Poetik bedrohenden Konzepte „im eigenen Text längst eine Gegenästhetik erwachsen."²⁵³ Neben der von Gottsched explizit formulierten produktionsorientieren Werkästhetik, der „Ästhetik der Textbeherrschung"²⁵⁴, bestehe implizit eine „Gegenästhetik des poetischen Einfalls"²⁵⁵. In der „Autonomisierung der poetischen Sprache"²⁵⁶ sah Härter zudem die „Verabschiedung der Produktionsästhetik"²⁵⁷ bei Gottsched realisiert. Anhand von Gottscheds Rezeption der *Peri hypsous* Longins betonte wenig später Dietmar Till, dass „Gottscheds philosophische Regel-Poetik [...] den Keim zu ihrer eigenen Subversion schon in sich [trägt]"²⁵⁸, wenn Gottsched ausgerechnet bei der Bestimmung der von ihm am meisten geschätzten scharfsinnigen Schreibart das *je ne sais quoi* des Geschmacks über die vernünftigen Regeln stellt.²⁵⁹ Die rationalistische Poetik, das wurde gezeigt, hat ihre Grenzen.²⁶⁰ An diese Beobachtungen schließe ich an, wenn ich die Bedeutung und Funktion untersuche, die der Sinnlichkeit in vielfacher Hinsicht zukommen, das heißt nicht nur als Wirkungsanspruch, sondern auch für die Produktion und Rezeption wie für die Werkkonstruktion innerhalb der *Critischen Dichtkunst*.

Im Anschluss an eine Skizzierung der Grundlinien der Gottschedschen Poetik (2.1) wird die „Sinnlichkeit in der *Critischen Dichtkunst*" rekonstruiert (2.2). Der Abschnitt *Illusion im Dienst der Moral. Das Werk und sein Rezipient* zeigt, dass bereits Gottscheds Poetik die Illusion als Wirkungsziel und Vermittlerin der Moral sieht. Ähnlich Wetterer, die für Gottsched, Bodmer und Breitinger die Ausrichtung auf das Publikum stark machte und so die Bedeutung des sinnlichen Wirkungsanspruchs für den Nachahmungsgrund-

---

251 Vgl. Wetterer: Publikumsbezug und Wahrheitsanspruch, S. 85–135.
252 Vgl. Härter: Digressionen, S. 103–216, der sich „auf der Spur der Abweichungsphänomene" (ebd., S. 111) mit der *Critischen Dichtkunst* und ihren Widersprüchlichkeiten auseinandersetzt.
253 Ebd., S. 207.
254 Ebd., S. 212.
255 Ebd.
256 Ebd., S. 199.
257 Ebd., S. 213.
258 Till: Das doppelte Erhabene, S. 300.
259 Vgl. ebd., S. 290–309, insbesondere S. 300–302.
260 Ihre Grenzen im Hinblick auf die Anwendung hat Martus (Werkpolitik, S. 115–145) herausgearbeitet, der im „schmale[n] Spalt zwischen Einsicht und Anwendung, zwischen Regelkenntnis und Regelnutzung [...] das polemische Potential der Regelpoetik" (ebd., S. 117) sah.

satz hervorhob,[261] betonte Gottfried Willems für die Aufklärung allgemein, dass die Nachahmung von ihrer „möglichen Wirkung auf die Psyche des Lesers, Zuschauers, Betrachters her gedacht wird"[262]. „Nachahmen heißt", wie Willems ausführte, „einen Schein von scheinbar Wirklichem erzeugen, der wahrhaft täuschen, illusionieren, erregen, mitreißen kann."[263] Die Diskussionen um die Grenzen von Wahrscheinlichkeit und Wunderbarem wie die Allegorie- und Schwulstkritik stünden im Dienst des meist nicht prononcierten „Ziel[s] der Illusionierung"[264], so auch bei Gottsched.[265]

Dass dieser von der Forschung kritisierte Befund[266] durchaus seine Berechtigung hat, ja, dass die Täuschung bei Gottsched die entscheidende Wirkungsbedingung ist, die über die Qualität des Werks wie auch die Erfüllung des moralischen Anspruchs entscheidet, wird gezeigt, indem anders als bei Willems, dessen Analyse sich auf die inhaltlichen Überlegungen bei den Autoren stützt, auf die Konstruktionsbedingungen von Werk und Sprache eingegangen wird. Wie müssen Werk und Sprache konstruiert sein, damit der sinnliche – und dadurch der sittliche – Wirkungsanspruch erfüllt werden kann? Welche Funktionen kommen hierbei Produzent und Rezipient zu? Gottscheds Anweisungen zur Konstruktion des Werks sind geleitet von dem Anspruch, unmittelbar auf den Rezipienten zu wirken und dessen Einbildungskraft zu aktivieren. Das ‚poetische Ganze' zu schaffen, nicht nur auf inhaltlicher, sondern auch auf sprachlicher Ebene, so wird herausgestellt, ist ein zentraler, da für die Wirkung unabdingbarer Produktionsanspruch von Gottscheds *Critischer Dichtkunst*. Die Deutlichkeit und Lebhaftigkeit der Sprache sind Garanten für die erfolgreiche Wirkung; die Lebhaftigkeit, eine Kategorie, deren prominente Position innerhalb Gottscheds poetologischem Programm bisher vernachlässigt wurde, erweist sich als Distinktionsmerkmal der Dichtung, das für den Künstler wie für das Werk und seinen Rezipienten gleichermaßen gilt.

Vor diesem Hintergrund widmet sich der zweite Abschnitt *Die Lebhaftigkeit der Einbildungskraft*. Si vis me flere *bei Gottsched und den Schweizern* der

---

261 Zu Gottsched vgl. Wetterer: Publikumsbezug und Wahrheitsanspruch, S. 93–122.
262 Gottfried Willems: Anschaulichkeit. Zu Theorie und Geschichte der Wort-Bild-Beziehungen und des literarischen Darstellungsstils. Tübingen 1989, S. 283.
263 Ebd.
264 Ebd., S. 285. – Willems Anmerkung, dass „der neue Fiktionscharakter der Literatur ebensowenig wie der neue mimetische Illusionismus, der sie regiert, mit Hilfe des Nachahmungsbegriffs geradezu ausgesprochen wird und auch überhaupt ausgesprochen werden kann" (ebd., S. 288), trifft selbstverständlich auch auf Gottsched zu.
265 Zu Gottsched vgl. insbesondere ebd., S. 308–312 und 321 f. Im Zusammenhang mit der von Gottsched eingeforderten Glaubwürdigkeit spricht die vorhandene ‚Möglichkeit der Illusion' auch an, wenn auch lediglich in der Zusammenfassung seines Aufsatzes, Dahlstrom: Die Aufklärung der Poesie, S. 168.
266 Kritik an Willems' These äußerte Alt: Aufklärung, S. 124.

Funktion der Produzenten- wie auch der Rezipienten-Einbildungskraft bei der Täuschung. Im Vergleich mit Bodmer und Breitinger, denen vielfach das Verdienst zugeschrieben wurde, die Autonomie der Einbildungskraft vorangetrieben zu haben, betritt Gottsched einen anderen Weg der Aufwertung der Einbildungskraft. Er übernimmt das Prinzip des *si vis me flere* aus der Rhetorik, verkürzt es aber um den Aspekt der Affektübertragung. Übrig bleibt die Täuschung: Will der Künstler den Rezipienten täuschen, so muss er selbst getäuscht sein. Die *evidentia* wird zum eigenständigen Produktionsprinzip, die Einbildungskraft aufgewertet. Das gilt auch für die Einbildungskraft des Rezipienten, die bereits bei Gottsched aktiv am Wirkungsziel der Illusion beteiligt ist. Der Prozess der Rezeption, seine Bedingungen und Möglichkeiten werden in der *Critischen Dichtkunst* mitgedacht – und weisen voraus auf Lessings *Laokoon*.

Wie bedeutsam Gottscheds Poetik für die fortschreitende Aufwertung der Sinnlichkeit im Laufe des 18. Jahrhunderts war, wird auch an seinem in sich widersprüchlichen Geschmacksbegriff deutlich. Die problematische Stellung des Geschmacks zwischen Sinnlichkeit und Verstand gilt als eine der wichtigsten Herausforderungen der Kunsttheorie des 18. Jahrhunderts.[267] Die Forschung hat bereits die mit der *Critischen Dichtkunst* vorliegende problematische Zuordnung des Geschmacks zum Verstand angesprochen, aber auch wieder relativiert.[268] Im Abschnitt *Dubos oder das Urteilsvermögen der Schönheit: Geschmack – ein sinnliches Vermögen des Verstandes?* wird diese Problematik erneut aufgegriffen, wenn die sinnliche Komponente des Geschmacks der *Critischen Dichtkunst* dargelegt und Gottscheds Bestimmung des Geschmacks als Erkenntnisvermögen des Verstandes ausdrücklich hinterfragt wird.

Im Anschluss an Baeumler wurde Gottscheds Ablehnung der im *sentiment* begründeten Ästhetik Dubos' mehrfach betont, wodurch jedoch der

---

[267] Zur Geschmacksdiskussion in der Aufklärung vgl. den Überblick bei Monika Fick: Geschmack. In: Historisches Wörterbuch der Rhetorik. Hg. von Gert Ueding. Bd. 3. Tübingen 1996, Sp. 870–901, hier Sp. 883–896.

[268] Diesen Widerspruch als solchen haben zur Kenntnis genommen Waniek: Gottsched und die deutsche Litteratur seiner Zeit, S. 174; Herrmann: Naturnachahmung und Einbildungskraft, S. 121; Wetterer: Publikumsbezug und Wahrheitsanspruch, S. 131, Anm. 122 sowie Hans-Jürgen Gabler: Geschmack und Gesellschaft. Rhetorische und sozialgeschichtliche Aspekte der frühaufklärerischen Geschmackskategorie. Frankfurt a.M., Bern 1982, S. 269. Relativierend dagegen Grimm: Literatur und Gelehrtentum, S. 667 sowie Falkenhagen: Werte der Dichtung, S. 64 f. Kurios ist hier die Einschätzung von Raatz: Aufklärung als Selbstdeutung, S. 251 f. Er versteht Gottscheds Geschmackskonzeption zwar als „eine kritisch-konstruktive Würdigung der ästhetisch-poetischen Empfindung" (ebd., S. 248), doch sieht er in der Einordnung des Geschmacks beim Verstand keinen Widerspruch, sondern eine Erweiterung des Empfindungsbegriffs. Diese Einschätzung führt zu der zweifelhaften Feststellung, mit Gottsched erfahre „das untere Erkenntnisvermögen mit den klaren-undeutlichen Empfindungen eine erste metaphysische Aufwertung." Ebd., S. 254.

Blick auf die Gemeinsamkeiten der poetologischen Überlegungen gerade in der Geschmackskonstruktion verstellt wurde.[269] Durch den Vergleich mit dem am *sentiment* ausgerichteten Geschmacksverständnis Dubos' tritt die sinnliche Komponente des Gottschedschen Geschmacksbegriffs hervor. Die Kritik Gottscheds an Dubos ist vor allen Dingen in dessen Auszeichnung des Laienurteils und der damit einhergehenden Herabsetzung des Kritikers begründet, eine Umkehr der Hierarchie, wie Gottsched sie verficht. Gottsched selbst übernimmt von Dubos die Idee des vergleichenden Geschmacks (*goût de comparaison*) und lässt dessen Ausdifferenzierung zwischen *sentiment* und *goût de comparaison* in einer einheitlichen Vorstellung vom *guten Geschmack* zusammenlaufen. Gottscheds Konzeption ist unvereinbar mit seiner eigenen Erkenntnislehre. Indem er sein eigenes System unterläuft, die Sinnlichkeit aktiv integriert und Widersprüche formuliert, stellt Gottsched die Weichen für einen Ausbau der Sinnlichkeit; dessen sind sich dann auch seine Nachfolger bewusst und machen in der Folge die bei Gottsched noch implizite Bedeutung der Sinnlichkeit explizit.

2.1 *Versuch einer Critischen Dichtkunst.* Eine Skizze

In zwei Teilen, dem „Ersten allgemeinen" und dem „Anderen besonderen Theil", expliziert Gottsched die philosophische Begründung der Dichtkunst und die Grundlagen ihrer Kritik. Während der zweite Teil sich mit den unterschiedlichen poetischen Genres und ihren Spezifika auseinandersetzt, entwirft Gottsched im ersten die Grundzüge seiner Theorie der Dichtung. Die Ursprünge der Poesie und ihre Entwicklung werden nachgezeichnet, die Anforderungen an den Poeten im Allgemeinen und seinen Geschmack im Besonderen erörtert und die Grundlagen der poetischen Nachahmung, mit besonderem Augenmerk auf die Fabel, wie auch der zulässige Grad des Wunderbaren und die notwendige Einhaltung des Gebots der Wahrscheinlichkeit expliziert. Auch die adäquate sprachliche Umsetzung wird ausführlich diskutiert und exemplifiziert.

Gleich im zweiten Kapitel widmet sich die *Critische Dichtkunst* den Voraussetzungen und der Ausbildung des Dichters. Nicht jeder, so hebt Gottsched zu Beginn hervor, dem der Titel des Poeten verliehen wurde, verdiene ihn auch: „Man ist mit diesem Namen zu allen Zeiten gar zu freygiebig gewesen; weil man nicht sattsam eingesehen, was für eine große Fähigkeit der Gemüthskräfte, wieviel Gelehrsamkeit, Erfahrung, Uebung und Fleiß

---

269 Vgl. Baeumler: Irrationalitätsproblem, S. 65–76; Michelsen: Erregung des Mitleids, S. 553 sowie Wölfel: Moralische Anstalt, S. 60.

zu einem rechtschaffenen Dichter gehören."²⁷⁰ Das wahre Künstler- bzw. Dichtertum ist wie bei Wolff nicht nur in der Begabung, der besonderen Beschaffenheit der Seelenvermögen des Dichters begründet, sondern bedarf auch einer zusätzlichen (Aus-)Bildung.

Was gemeinhin als das „Göttliche[ ] in der Poesie" gelte, ist nach Gottscheds Auffassung „ein glücklicher munterer Kopf", „ein lebhafter Witz"²⁷¹, eine „natürliche Geschicklichkeit im Nachahmen"²⁷². Denn, wie Gottsched prinzipiell festhält: „ein Poet sey ein geschickter Nachahmer aller natürlichen Dinge"²⁷³, und diese Charakteristik teile er mit den Malern, Bildhauern und Musikern, bringe sie bekanntlich jedoch in anderer Art und Weise und mit anderen Mitteln zum Ausdruck.²⁷⁴ Witz (*ingenium*), Scharfsinnigkeit (*acumen*) und Einbildungskraft (*imaginatio*) sind hierbei notwendig. Wie schon bei Wolff sind sie die fundamentalen Vermögen des Dichters und ist es der Witz, der für die Produktion ausschlaggebend ist.²⁷⁵ Hinzu treten bei Gottsched zwei Vermögen: zum einen als Urteil des Verstandes eine ausgeprägte Beurteilungskraft (*iudicium*), die die Qualität der Einfälle bewertet, die Einbildungskraft in ihre Schranken verweist und so sicherstellt, dass nichts im Widerspruch zur nachzuahmenden Natur dargestellt wird,²⁷⁶ und zum anderen der Geschmack (*gustus*), die „Geschicklichkeit, von der Schönheit eines Gedichtes, Gedankens oder Ausdruckes recht zu urtheilen, die man größtentheils nur klar empfunden, aber nach den Regeln selbst nicht geprüfet hat"²⁷⁷. Von ihm wird noch ausführlicher zu sprechen sein.²⁷⁸ Während eine ausgebildete Scharfsinnigkeit den Dichter erst einmal in die Lage versetzt, viele Dinge wahrzunehmen, die so leicht kein anderer wahrnehmen würde, und die Einbildungskraft „die Begriffe hervor[bringet], die wir sonst schon gehabt, wenn sie nur die geringste Aehnlichkeit damit haben"²⁷⁹, nimmt der Witz die Ähnlichkeit der Dinge mit Leichtigkeit wahr und bestimmt die poetische Nachahmung und folglich den poetischen Ausdruck:

---

270 Gottsched: Critische Dichtkunst I (AW VI.1), Cap. II, § 1, S. 143.
271 Ebd., § 11, S. 152.
272 Ebd., § 10, S. 151.
273 Ebd., § 5, S. 147.
274 Vgl. ebd.
275 Zum Witz im Zusammenspiel mit Scharfsinnigkeit und Einbildungskraft bei Gottsched vgl. auch Böckmann: Formgeschichte der deutschen Dichtung, S. 512–518. – Der Befund von Böckmann (ebd., S. 516), der Witz sei das „eigentliche Formprinzip" von Gottscheds Dichtungstheorie, wurde zu Recht bereits kritisiert von Grimm (Literatur und Gelehrtentum, S. 665).
276 Vgl. Gottsched: Critische Dichtkunst I (AW VI.1), Cap. II, § 17, S. 158 sowie Cap. IV, § 6, S. 201.
277 Ebd., Cap. III, § 11, S. 176.
278 Vgl. Kap. III.2.2.
279 Gottsched: Critische Dichtkunst I (AW VI.1), Cap. II, § 11, S. 152.

Denn ist derselbe eine Kraft der Seelen, das Aehnliche leicht wahrzunehmen: so merket man, daß in jedem uneigentlich verstandenen Worte ein Gleichniß steckt, oder sonst eine Aehnlichkeit vorhanden ist, weswegen man eins für das andere setzt.[280]

Über „diese natürlichen Gaben"[281] zu verfügen, reicht nicht aus. Wird der Witz nicht angeleitet, der Einbildungskraft freie Hand gelassen, dann enden die heranwachsenden Dichter als „Possenreißer, Pritschmeister, und alberne Reimschmiede"[282]. Denn „roh und unvollkommen"[283] sind diese ‚poetischen Vermögen' zunächst auch beim Poeten, es bedarf ihrer Ausbildung und Übung; auch dies ist keine Veränderung im Vergleich zu Wolff. Eine Möglichkeit der Übung bietet das Nachzeichnen und -malen von Rissen. Ganz gleich ob Dichter oder Maler, bei dieser Tätigkeit wird ganz grundsätzlich die der Scharfsinnigkeit zugrunde liegende Aufmerksamkeit gefördert. Nach einiger Übung ist der Künstler in die Lage versetzt, schnell und auf einmal viele Eigenschaften einer Sache wahrzunehmen. Zudem fördert er beim Abzeichnen den Witz, muss er doch, um das Urbild nachzuahmen, Ähnlichkeiten zwischen diesem und der Vorlage erkennen. Diese Art von Übung der Vermögen kennt ihre Steigerungen: Statt der Bilder dient die ‚wirkliche' Natur, dienen reale Personen und Landschaften der Nachahmung zum Vorbild, werden aus der „eigenen Erfindung ganze Historien [...] entw[o]rfen, und auf eine sehr lebhafte, natürliche und folglich anmuthige Art aus[ge]-mal[t]".[284] Und auch die Lektüre guter Schriften trägt zur Entwicklung des Poeten bei. Der Geschmack wird geschult, wenn auf die schönen Stellen hingewiesen und ihre Schönheit begründet wird,[285] der Anfänger zugleich extrinsisch motiviert, wenn der exemplarische Dichter gelobt wird.[286]

Weiter fordert Gottsched eine breite Gelehrsamkeit, Kenntnisse in den Künsten und Wissenschaften, denn „[e]in Poet hat ja Gelegenheit, von allerley Dingen zu schreiben"[287]. Und nichts wäre peinlicher, als wenn seine Unerfahrenheit auf einem Gebiet zum Ausdruck käme. Verachtung wäre ihm gewiss.[288] Da die Handlungen der Menschen erster Gegenstand der poetischen Nachahmung sind, so soll der Dichter ferner über gute Kenntnisse vom Menschen wie auch seiner Seele und ihrer Funktionsweise verfügen.

---

280 Ebd., Cap. VIII, § 6, S. 324.
281 Ebd., Cap. II, § 12, S. 152.
282 Ebd., S. 153.
283 Ebd., S. 152.
284 Vgl. ebd., § 13, S. 153f., hier zitiert S. 153.
285 Vgl. ebd., Cap. III, § 18, S. 182.
286 Vgl. ebd., Cap. II, § 12, S. 153.
287 Ebd., § 14, S. 154.
288 Vgl. ebd., S. 155.

Um wiederum die Handlungen richtig zu beurteilen und entsprechend darzustellen, muss er das Naturrecht, die Sittenlehre und die Staatskunst gut kennen.[289] Gottscheds Poet ist ein Allrounder, der überdies selbst auch noch tugendliebend und ehrlich, ein *vir bonus* sein soll; denn so ist gewährleistet, dass er die der Tugend zuträglichen Handlungen als reizvoll und die der Moral abträglichen Geschehnisse als abstoßend und verwerflich darstellt. Die moralische und gesellschaftliche Verantwortung des Dichters kann nicht unterschätzt werden.[290]

Derart ‚ausgerüstet' ist der Dichter nun in der Lage, seiner vornehmlichen Aufgabe nachzukommen: der Nachahmung der Natur. Sie ist das Wesen der Poesie.[291] Drei Arten der Nachahmung kennt Gottsched, ihnen ist er jedoch nicht in gleicher Weise zugetan.[292] Am wenigsten schätzt er die „bloße Beschreibung, oder sehr lebhafte Schilderey von einer natürlichen Sache"[293]. An zweiter Stelle steht die Nachahmung von Charakteren, ihrer Affekte, Handlungen und Redeweise.[294] Das „Hauptwerk in der Poesie"[295] aber ist die Fabel, „der Ursprung und die Seele der ganzen Dichtkunst"[296], wie Gottsched mit Verweis auf Aristoteles festhält. Sie ist, so definiert Gottsched einige Paragraphen weiter, „die Erzählung einer unter gewissen Umständen möglichen, aber nicht wirklich vorgefallenen Begebenheit, darunter eine nützliche moralische Wahrheit verborgen liegt"[297], und fügt hinzu: „Philosophisch könnte man sagen, sie sey ein Stücke von einer andern Welt."[298] Selbst wenn Gottsched nicht eigens auf sie verweisen würde, die von ihm an

---

289 Vgl. ebd., § 16, S. 156f.
290 Vgl. ebd., §§ 18–22, S. 159–167.
291 Zur Naturnachahmung vgl. neben den oben genannten Darstellungen der Gottschedschen Poetik auch Susi Bing: Die Naturnachahmungstheorie bei Gottsched und den Schweizern und ihre Beziehung zu der Dichtungstheorie der Zeit. Würzburg 1934, S. 9–54; Jan Bruck: Der aristotelische Mimesisbegriff und die Nachahmungstheorie Gottscheds und der Schweizer. Diss. Erlangen-Nürnberg 1972, S. 73–132; Ulrich Hohner: Zur Problematik der Naturnachahmung in der Ästhetik des 18. Jahrhunderts. Erlangen 1976, S. 7–72; Gaede: Poetik und Logik, S. 98–114 sowie Jürgen H. Petersen: Mimesis – Imitatio – Nachahmung. Eine Geschichte der europäischen Poetik. München 2000, S. 170–183.
292 Zu den drei Arten der Nachahmung im Kontext von Gottscheds Gattungspoetik vgl. Klaus R. Scherpe: Gattungspoetik im 18. Jahrhundert. Historische Entwicklung von Gottsched bis Herder. Stuttgart 1968, S. 32–43.
293 Gottsched: Critische Dichtkunst I (AW VI.1), Cap. IV, § 1, S. 195.
294 Vgl. ebd., §§ 3–6, S. 199–202.
295 Ebd., § 7, S. 202.
296 Ebd.
297 Ebd., § 9, S. 204. – Gottscheds Überlegungen zur Fabel in den verschiedenen Gattungen Epos, Roman, Tragödie, Komödie und zu ihrer verfehlten Umsetzung in der Oper fasst zusammen Bajeski: *Praeceptor Germaniae*, S. 166–185, 207–209, 249–257, 304–307 und 318–328.
298 Gottsched: Critische Dichtkunst I (AW VI.1), Cap. IV, § 9, S. 204.

2 Gottsched: Sinnlichkeit in der *Critischen Dichtkunst*   277

dieser Stelle aufgerufene Referenz liegt auf der Hand: Wolff und seine Ausführungen über mögliche Welten.

Gottsched übernimmt demgemäß das bereits erläuterte Konstruktionsprinzip der poetischen Fabel von Wolff, mit Ausnahme der Verkürzung der Zeit.[299] Die poetische Nachahmung der Natur wird von Gottsched verstanden als Repräsentation der Vollkommenheit der Welt, der „Zusammenstimmung in der Mannigfaltigkeit"[300]. Sie besteht in der kausal motivierten Verknüpfung der Teile zum Ganzen. Der Anspruch auf Ordnung und Wahrheit wird erfüllt. Gottsched unterstreicht in diesem Kontext, dass sich in der Nachahmung „nichts Widersprechendes"[301] finde, wobei die Widerspruchsfreiheit zunächst auf die Ebene der Fabel abzielt:

> Dem Dichter nun, stehen alle mögliche Welten zu Diensten. Er schränket seinen Witz also nicht in den Lauf der wirklich vorhandenen Natur ein. Seine Einbildungskraft, führet ihn auch in das Reich der übrigen Möglichkeiten, die der itzigen Einrichtung nach, für unnatürlich gehalten werden. Dahin gehören auch redende Thiere, und mit Vernunft begabte Bäume; die zwar, so viel uns bekannt ist, nicht wirklich vorhanden sind, aber doch nichts widersprechendes in sich enthalten.[302]

Dass dies nicht ganz so einfach ist, wie Gottsched es hier formuliert, davon zeugen seine Gedanken zu zwei eng miteinander verbundenen und für seine Konzeption der poetischen Nachahmung wichtigen Kategorien: dem Wunderbaren und der Wahrscheinlichkeit.[303] Ein jeweils eigenes Kapitel widmet ihnen die *Critische Dichtkunst*.

---

299 Vgl. Kap. III.1.4.
300 Vgl. die Angabe in Kap. III.1.4, Anm. 213.
301 Gottsched: Critische Dichtkunst I (AW VI.1), Cap. IV, § 9, S. 204.
302 Ebd., § 11, S. 206.
303 Wetterer (Publikumsbezug und Wahrheitsanspruch, S. 93–122) hat ausführlich dargelegt, welche Widersprüche sich aus der doppelten Ausrichtung der Naturnachahmung – zum einen am Publikum (um auf dieses zu wirken), zum anderen an Vernunft und Wahrheit – innerhalb des Gottschedschen „poetologischen Denkgebäude[s]" (ebd., S. 104) gerade auch im Hinblick auf die Kategorien des Wunderbaren und der Wahrscheinlichkeit ergeben. Ebenfalls problematisiert wurde das Wahrscheinlichkeitskonzept der *Critischen Dichtkunst* von Härter: Digressionen, S. 166–190. Er leitete aus den beiden Formen der Wahrscheinlichkeit, der unbedingten und der bedingten Wahrscheinlichkeit, zwei „Ästhetiken" ab: „Die beiden Ästhetiken, die explizite und die unterschwellige, stehen einander je eigenständig entgegen, aber sie existieren nicht ohne einander, sondern gehen auseinander hervor. Die Begriffsbestimmungen und Begriffsrelationen, aus denen die Ästhetik des moralischen Schönheitsversprechens hervorgeht, lassen auch die Ästhetik der poetischen Erfindung entstehen. Schnittstelle der beiden Ästhetiken ist der Begriff der Wahrscheinlichkeit als doppelter: Gottscheds Poetik benötigt den strengen Begriff der ‚unbedingten Wahrscheinlichkeit', um die rigorose moralisch-ästhetische Ordnung zu konstituieren. Dabei gerät sie in den Zwang, neben der unbedingten eine ‚bedingte Wahrscheinlichkeit' zuzulassen, aus der dann in einer gegenläufigen Bewegung die zweite Ästhetik hervorgeht, die den normativen Charakter der ersten einerseits relativiert, andererseits – als Zeichen ihrer fundamentalen Differenz zur ersten Ästhetik – an sich selbst

Die Liberalisierung des Wunderbaren und der Einbildungskraft in den Schriften von Bodmer und Breitinger war vordergründiger Gegenstand einer erbitterten Auseinandersetzung Gottscheds mit den Schweizern.[304] Das Wunderbare ist auch bei Gottsched ein durchaus nützlicher Aspekt der poetischen Nachahmung, kann es doch die Aufmerksamkeit der potentiellen Rezipienten auf das Werk ziehen, sie interessieren und einnehmen und somit die Umsetzung des *prodesse*-Anspruchs unterstützen.[305] War das Wunderbare früher, „[i]n den ältesten Zeiten"[306], ein leichtes Unterfangen, ließ doch die allgemeine Unwissenheit Neues einfach als wundersam erscheinen, ist mit den zunehmend aufgeklärten Zeiten das Wunderbare nicht mehr so leicht zu (er-)finden, die Aufmerksamkeit nicht mehr so leicht zu gewinnen.[307] Leicht kann das Wunderbare lächerlich und kindisch wirken, Ekel statt Bewun-

---

nicht aufweist." Ebd., S. 186. So berechtigt es ist, die Unstimmigkeiten in Gottscheds Wahrscheinlichkeitskonzept festzustellen, so fraglich bleibt, ob die *Critische Dichtkunst* zugleich eine ausgereifte „Ästhetik der poetischen Erfindung" ist. Vielmehr ist zu fragen, inwiefern sie Anschlussmöglichkeiten zu einer solchen bietet.

304   Zu den zeitgenössischen Reaktionen und der Forschung bis 1986 vgl. den ausführlichen Forschungsbericht von Hans Otto Horch, Georg-Michael Schulz: Das Wunderbare und die Poetik der Frühaufklärung. Gottsched und die Schweizer. Darmstadt 1988. Vielfach unterstrichen wurde der vermeintlich rückwärtsgewandte Zug der Poetik Gottscheds gegenüber den vergleichsweise progressiven Schweizern. Vgl. hierzu auch Ingo Stöckmann: Vor der Literatur. Eine Evolutionstheorie der Poetik Alteuropas. Tübingen 2001, S. 340–363. Er relativiert die ‚Progressivität' der Schweizer, indem er sie als Resultat „einer gegenüber Gottsched veränderten, theo-ontologischen Weltkonstruktion" versteht, „die Spielräume dort schafft, wo die ‚Logick der Vernunft' limitativ wirkt." Ebd., S. 362. Inzwischen hat sich die unter anderen bereits von Cassirer (Die Philosophie der Aufklärung, S. 347–349) vertretene Ansicht durchgesetzt, dass im Verhältnis zu den Gemeinsamkeiten die Differenzen der poetologischen Programme nicht so gravierend sind, als dass sie allein verantwortlich für die Intensität der Auseinandersetzung sein können. Die Intensität des ‚Literaturstreits' scheint durch andere Faktoren und bedeutsamere Streitfragen begründet. Die jeweilige theologische Position wie das konfessionelle Umfeld, das Bedürfnis der Aufwertung und Verteidigung des jeweils eigenen kulturell-sprachlichen Raums wie auch die literarische Streitkultur der Aufklärung befeuerten die Diskussion. Vgl. Detlef Döring: Der Literaturstreit zwischen Leipzig und Zürich in der Mitte des 18. Jahrhunderts. Neue Untersuchungen zu einem alten Thema. In: Bodmer und Breitinger im Netzwerk der europäischen Aufklärung. Hg. von Anett Lütteken, Barbara Mahlmann-Bauer. Göttingen 2009, S. 60–104. Zur theologischen Debatte vgl. Goldenbaum: Appell an das Publikum, S. 677f. Zu den verschiedenen Lagern und möglichen Beweggründen vgl. auch die Ausführungen bei Martus: Aufklärung, S. 504–517. Er führt produktiv verschiedene Beiträge und Anregungen fort aus Lütteken, Mahlmann-Bauer (Hg.): Bodmer und Breitinger. Zu Bodmer und Breitinger vgl. weiterhin grundsätzlich Wolfgang Bender: Johann Jakob Bodmer und Johann Jakob Breitinger. Stuttgart 1973.

305   Zur Stellung des Wunderbaren in Gottscheds Poetik vgl. ausführlich Karl-Heinz Stahl: Das Wunderbare als Problem und Gegenstand der deutschen Poetik des 17. und 18. Jahrhunderts. Frankfurt a. M. 1975, S. 80–112.

306   Gottsched: Critische Dichtkunst I (AW VI.1), Cap. V, § 1, S. 225.

307   Vgl. ebd.

derung für den Poeten hervorrufen.³⁰⁸ Der moralische Nutzen ist gegen den poetischen Schaden abzuwägen, und so fragt Gottsched nach den Grenzen des Wunderbaren. „[W]ohl ersonnen, und glücklich angebracht"³⁰⁹, „nach gewissen Regeln eingerichtet"³¹⁰, so muss das Wunderbare sein.

Bestimmend für die Grenzen des Wunderbaren ist die Einbettung. Spielt das Geschehen vor langer Zeit oder in fernen unbekannten Ländern ist der Spielraum der Nachahmung größer.³¹¹ Götter dürfen „Wunderwerke"³¹² vollbringen und Engel und Teufel in Erscheinung treten, nur müssen „gewisse Regeln" gewahrt werden. Denn in Gottscheds Vorstellung vermag auch der Gott Vulkan nicht, auf der engen Fläche des Achill'schen Schildes „so viel seltsame und widersinnische Dinge"³¹³ darzustellen, wie von Homer beschrieben, und auch der Teufel kann keine Hörner olympischen Ausmaßes tragen.³¹⁴ Natur und Vernunft setzen die Grenzen, „natürlich und glaublich"³¹⁵ muss das Wunderbare sein, die Erfindungen der Einbildungskraft müssen der Wahrscheinlichkeit folgen.³¹⁶ Über die Freiheiten in der Nachahmung entscheidet auch die Gattung. In der Erzählung ist möglich, was auf der Bühne unglaubwürdig wird, wenn die Unmöglichkeit des Dargestellten dem Zuschauer buchstäblich vor Augen tritt.³¹⁷ Einfluss auf das Darstellbare hat auch der zeitgenössische Wissensstand. Was vormals keine Erklärung hatte und damit Raum für Phantasie und Erfindungen bot, hat inzwischen vielleicht seine (naturwissenschaftliche) Begründung gefunden und erscheint nun unglaubwürdig.³¹⁸ Angesichts dieser keinesfalls eindeutigen Sachlage empfiehlt Gottsched abschließend, einfach „den natürlichsten Dingen, durch seine Beschreibungen ein wunderbares Ansehn zu geben"³¹⁹.

Das adäquate Wunderbare – es fällt Gottsched nicht leicht, es handfest einzugrenzen. In seinen auf das Kapitel zum Wunderbaren folgenden Ausführungen zur Wahrscheinlichkeit versucht er erneut, genauer zu fassen, was die „gewissen Regeln" sind, nach denen das Wunderbare einzurichten ist.³²⁰

---

308 Vgl. ebd., §§ 2 und 23, S. 226 und 245.
309 Ebd., § 3, S. 226.
310 Ebd.
311 Vgl. ebd., §§ 17 und 29, S. 239 f. und 250.
312 Ebd., § 14, S. 236.
313 Ebd.
314 Vgl. ebd., § 15, S. 237.
315 Ebd., § 25, S. 246.
316 Vgl. ebd., §§ 14 und 25, S. 237 und 246.
317 Vgl. ebd., § 20, S. 242
318 Vgl. ebd., § 31, S. 252.
319 Ebd., § 32, S. 253.
320 Zur Wahrscheinlichkeit vgl. auch die von Otto Haßelbeck (Illusion und Fiktion. Lessings Beitrag zur poetologischen Diskussion über das Verhältnis von Kunst und Wirklichkeit. München 1979, S. 23–39) skizzierte Unterscheidung zwischen einem rhetorischen, einem

Verweist das Wunderbare auf die Möglichkeiten und Beschränkungen der inhaltlichen Ebene der Nachahmung, konkretisiert die Wahrscheinlichkeit das Konstruktionsprinzip und nimmt Bezug auf die formalen Bedingungen der Nachahmung. Die Wahrscheinlichkeit definiert Gottsched „als die Aehnlichkeit des Erdichteten, mit dem, was wirklich zu geschehen pflegt; oder die Uebereinstimmung der Fabel mit der Natur."[321] Wahrscheinlich ist zunächst, was die Vollkommenheit der Welt in ihrer Ordnung repräsentiert, was rational nachvollziehbar gebaut und miteinander verbunden ist. Es sind dies die möglichen Welten, deren poetische Wahrscheinlichkeit Gottsched in eine bedingte und eine unbedingte unterteilt. Zur ersten Gruppe gehören die äsopischen Fabeln. In ihnen liegt eine „hypothetische Wahrscheinlichkeit"[322] vor: „unter gewissen Umständen"[323] können Tiere sprechen und Bäume einen König wählen. Was „weder möglich noch wahrscheinlich"[324] in Gottscheds eigener Welt ist, wird wahrscheinlich, wenn gewisse Grundannahmen geändert werden; im vorliegenden Fall, in besagter anderer Welt, verfügen Bäume über Verstand und Sprache.[325] Die Welt der Fabel kann von anderen Vorannahmen ausgehen, solange ihre Konstruktion in der Folge nicht der Logik widerspricht.[326] Dass die Wahrscheinlichkeit wie das Wunderbare keine absoluten Größen sind und dem historischen Wandel unterliegen, hebt Gottsched auch in seiner Explikation der Wahrscheinlichkeit nachdrücklich hervor. Was wahrscheinlich ist oder nicht, ist immer abhängig von der Entstehungszeit des Werks, ihren Sitten und ihrem Wissen.[327]

Der Historizität des Werks muss sich der Kritiker bewusst sein, will er die Götter in Homers Werken angemessen be- bzw. verurteilen.[328] Sie

---

erkenntnistheoretischen, einem universalistischen und einem dramaturgischen Wahrscheinlichkeitsbegriff bei Gottsched. Haßelbeck übersieht jedoch meines Erachtens, inwiefern die Wahrscheinlichkeit bei Gottsched auch Teil eines, wenn auch impliziten, Illusionskonzepts ist, das über die von Haßelbeck anerkannte „,fiktionalisierende Funktion' des poetischen Erzählens" (ebd., S. 36) hinausgeht. Vgl. hierzu Kap. III.2.2.

321 Gottsched: Critische Dichtkunst I (AW VI.1), Cap. VI, § 1, S. 255.
322 Ebd., § 3, S. 256.
323 Ebd.
324 Ebd.
325 Vgl. ebd., S. 257.
326 Dies ist der Fall in Miltons Epos *Paradise Lost*, „wenn sich alle seine Teufel in Zwerge verwandeln müssen, damit sie nur in dem gar zu engen Gebäude, Platz finden mögen. Lucifer indessen, mit seinen vornehmsten Bedienten, behalten ihre natürliche ungeheure Größe". Ebd., § 22, S. 271.
327 Vgl. ebd., §§ 6f., S. 259f.
328 Wenn Möller (Rhetorische Überlieferung und Dichtungstheorie, S. 39) feststellt, das Wahrscheinliche habe bei Gottsched „einen zeitlos-normativen Charakter, der die historisch und kulturell bedingten Ausprägungen früherer Formen der Dichtung zu wenig berücksichtigt, die eigenen Denkvoraussetzungen aber nicht kritisch hinterfragt", beschreibt er zwar zutreffend die Grundanlage wie die Problematik des Wahrscheinlichkeitsbegriffs bei Gottsched,

ist aber auch ein Hinweis auf die Grenzen der Logik der Gottschedschen Dichtkunst: Das Individuelle und die Historizität des Werks verweigern sich einem Zugriff durch Prinzipien.[329] Mit ihnen kann das Werk daher nicht in seiner Totalität erfasst werden. Das *beau universel* eines Boileau und das im Kontext der *Querelle des Anciens et des Modernes* angegriffene Vorrecht der Alten werden nicht ohne Grund in Frage gestellt.[330] Sowohl der Künstler als auch der Rezipient wären, wenn vielleicht nicht schon in ihrer Individualität, so doch in ihrer historischen Verankerung zu berücksichtigen – ein Gedanke, den Gottsched versucht zurückzuweisen, wenngleich nicht sehr erfolgreich.

2.2 Sinnlichkeit in der *Critischen Dichtkunst*

Nach dem Studium des *Ersten Allgemeinen Theils* der *Critischen Dichtkunst* wissen Dichter und Kritiker, worauf bei der Produktion und Beurteilung des Werks zu achten ist, welcher Vermögen es hierzu bedarf und selbstverständlich auch, welchen „Endzweck" das Werk verfolgt: „bei der Belustigung zu bessern und zu lehren."[331] Der moralische Anspruch umspannt alle skizzierten Aspekte: Der Poet ist tugendhaft, der gute Geschmack verwirft das Lasterhafte. Die Nachahmung, das Wunderbare wie die Wahrscheinlichkeit verlaufen in den von der Moral gesteckten Grenzen. Wahrheiten werden vermittelt, moralische Exempel präsentiert. Die oben lediglich skizzierten Grundlagen der dichterischen Produktion und Bewertung sind Ausdruck vom Willen Gottscheds, die Poesie philosophisch zu begründen. Nach festen und rational nachvollziehbaren Maßstäben soll es möglich sein, das Werk zu konstruieren und sodann zu beurteilen. In dieser Hinsicht ist die *Critische Dichtkunst* vornehmlich Anleitung zur poetischen Produktion, respektive vernünftigen Beurteilung. Prinzipien, die durch die Vernunft nachvollziehbar sind und somit absolute Gültigkeit erhalten, bestimmen das Werk. Dass eine derartige Konzeption universellen Anspruchs nicht unproblematisch ist, dafür steht nicht nur das Wunderbare. Neben die Historizität des Werks

---

berücksichtigt aber zu wenig die (auch von Möller selbst angeführten) Bemühungen Gottscheds, den historischen und kulturellen Kontext des Werks in die Bewertung einzubeziehen.
329 Auf die Bedeutung des (historisch bedingten) Vorverständnisses beim Publikum geht auch ein Wetterer: Publikumsbezug und Wahrheitsanspruch, insbesondere S. 99–104. Sie kommt zu einem ähnlichen Schluss.
330 Zwar konnte bereits gezeigt werden, dass die im Rahmen der *Querelle* vorgebrachten Überlegungen die poetologischen Ausführungen Gottscheds beeinflusst haben. Eine eindeutige Zuordnung Gottscheds zur Partei der *Anciens* oder der der *Modernes* war jedoch nicht möglich. Vgl. Thomas Pago: Gottsched und die Rezeption der Querelle des Anciens et des Modernes in Deutschland. Untersuchungen zur Bedeutung des Vorzugsstreits für die Dichtungstheorie der Aufklärung. Frankfurt a.M. 1989, insbesondere S. 200–274.
331 Gottsched: Critische Dichtkunst I (AW VI.1), Cap. V, § 1, S. 225.

tritt die Stellung der Sinnlichkeit in ihrer Beziehung zum Verstand: bei den Vermögen Einbildungskraft und Geschmack wie auch bei der angestrebten sinnlichen Wirkung des Werks – auf Seiten sowohl des Produzenten als auch und vor allen Dingen des Rezipienten.

Illusion im Dienst der Moral. Das Werk und sein Rezipient

In welcher Weise das *delectare* das *prodesse* unterstützt und als Mittel zum Zweck dient, wurde erörtert:[332] Die Stärke der Poesie gegenüber anderen Disziplinen, wenn es um die Erziehung und Vervollkommnung des Menschen geht, ist ihre sinnliche Wirkungsmacht, wie sie exemplarisch an Gottscheds *Schauspielrede* expliziert wurde. Nicht nur ist die Belustigung Anreiz ins Theater, die ‚moralische Anstalt', zu gehen, die affektive Wirkung unterstützt die moralische Erziehung. Die anschauende Erkenntnis vermittelt sinnlich moralische Wahrheiten und das Fühlen von Affekten kann in vielfältigen Weisen die Vervollkommnung des Menschen befördern. Dieser sinnliche Wirkungsanspruch wird von Gottsched durchaus auch in der *Critischen Dichtkunst* geltend gemacht. Freilich orientieren sich seine Ausführungen primär an der Produktion und ihrer Kritik, doch ist die Frage, auf welche Weise diese Art der Wirkung erreicht werden kann – unter welchen Voraussetzungen auf Seiten der Produktion, des Produkts und der Rezeption entfaltet das Werk seine sinnliche Wirkung? –, wenngleich nicht immer explizit, so doch implizit mitbestimmend. Der erste sich bei der Lektüre des *Allgemeinen Theils* der *Critischen Dichtkunst* aufdrängende Eindruck, im Vergleich zu der dem Künstler verheißungsvoll winkenden Bewunderung sei die sinnliche Wirkung des Werks ein belangloser Nebeneffekt und die Vermeidung von Lächerlichkeit wichtiger als die Erzeugung von Affekten,[333] täuscht. Gerade die Hinweise zur Nachahmung und zur poetischen Sprache zielen auf das sinnliche Wirkungspotential der Dichtung wie ihrer Rezeption. Nur vordergründig sind die Eingrenzung des Wunderbaren und die Forderung nach Wahrscheinlichkeit dem Anspruch geschuldet, die Grenzen der Vernunft zu respektieren. „Da bin ich selbst zugegen"[334], schreibt Gottsched in der *Schauspielrede*, um die derart starke Wirkung des Schauspiels auf den Zuschauer zu erklären; „als ob sie wirklich zugegen wäre"[335], in der *Critischen Dichtkunst*, um die Schilderung als eine gelungene zu qualifizieren, und formuliert hier-

---

332 Vgl. Kap. II.3.2.
333 Vgl. Gottsched: Critische Dichtkunst I (AW VI.1), Cap. V, §§ 1, 2 und 23, S. 225f. und 245.
334 Gottsched: Die Schauspiele (AW IX.2), S. 496.
335 Gottsched: Critische Dichtkunst I (AW VI.1), Cap. IV, § 1, S. 195.

mit indirekt die entscheidende Wirkungsbedingung (und zwar nicht nur der Dichtung)[336]: die Notwendigkeit der Täuschung bzw. Illusion.

Ohne dass die Termini ‚Täuschung' oder ‚Illusion' in diesem Kontext fallen, legt Gottsched mit seinen Forderungen an die drei Arten der Nachahmung – Beschreibung, Nachahmung von Charakteren, Fabel – die Grundlage für eine unmittelbare Rezeption des Werks und Aktivierung der Einbildungskraft: Bei der Beschreibung soll der Gegenstand der Nachahmung „klar und deutlich", „mit lebendigen Farben", „vor die Augen [ge]malet"[337] werden, damit die Dichtung auf die Einbildungskraft wirkt, die vorstellt, was nicht zugegen ist.[338] Insofern bei der Nachahmung der Charaktere, ihrer Handlungen und Affekte, auf die psychologische Nachvollziehbarkeit zu achten,[339] bei der poetischen Fabel die kausale Verknüpfung zu wahren und Überflüssiges auszusparen ist,[340] wird eine Werkkonstruktion angestrebt, die es dem Rezipienten ermöglicht, das Werk mit Leichtigkeit zu erfassen, sodann in die „mögliche Welt" einzutauchen und in ihr ohne Störung zu verweilen. Die Wahrscheinlichkeit der Nachahmung stellt eine Ähnlichkeitsrelation zur Wahrheit sicher und wird so zum Garanten der Täuschung, sorgt sie doch dafür, dass die durch Nachahmung geschaffene Welt als Einheit erfasst werden kann. Unter diesen Bedingungen wird die „mögliche Welt" zur ‚wahren Welt', ist die Täuschung gelungen und der Rezipient „zugegen".

Dass mit der Einhaltung des Konstruktionsprinzips nicht nur der Wahrheitsanspruch gewahrt, sondern zudem die von Gottsched eingeforderte

---

336 Man denke an Lessings Überlegungen zum Verhältnis von Malerei und Poesie in der „Vorrede" zum *Laokoon* (B V.2), S. 13: „[B]eide täuschen und beider Täuschung gefällt."
337 Gottsched: Critische Dichtkunst I (AW VI.1), Cap. IV, § 1, S. 195.
338 Vgl. ebd.: „Er [der Poet] wirket in die Einbildungskraft, und diese bringt die Begriffe aller empfindlichen Dinge fast eben so leicht, als Figuren und Farben hervor." – Grundsätzlich zur Einbildungskraft vgl. auch die Erläuterungen in Kap. I.2.1 sowie den Abschnitt „Gottscheds rationalistische Poetik im Anschluß an Wolff" bei Dürbeck: Einbildungskraft und Aufklärung, S. 47–54.
339 Gottsched: Critische Dichtkunst I (AW VI.1), Cap. IV, §§ 3–6, S. 197–202.
340 Vgl. ebd., §§ 8 und 15, S. 203 und 210. – Dass die Konstruktion des Werks als Einheit für die Wirkung nicht unerheblich ist, unterstreicht Gottscheds Aussage zum Aufbau der antiken Tragödie: „Es waren aber diese fünf Aufzüge untereinander eben durch den Chor der Sänger verbunden; und also wurde die Aufmerksamkeit der Zuschauer auf die gespielte Fabel nie ganz unterbrochen [...]. Dieser Zusammenhang des ganzen Stückes that sehr viel dazu, daß die ganze Tragödie einen starken Eindruck in die Gemüther machte", ebd., Cap. X, § 9, S. 316. Wie Willems (Anschaulichkeit, S. 284 f.) anmerkte, zeigt gerade die Diskussion um das Wunderbare und die Grenzen der Wahrscheinlichkeit, dass die Idee der Nachahmung immer auch im Hinblick auf die Täuschung des Rezipienten gedacht wird. Neben der Forderung nach Wahrscheinlichkeit bewertete Willems (ebd., S. 308–312) auch Gottscheds Zurückweisung allegorischer Bildlichkeit im Schauspiel wie dessen grundsätzliche Schwulstkritik als Zeichen der Ausrichtung auf einen mimetischen Illusionismus.

unmittelbare Wirkung des Werks auf die Einbildungskraft ermöglicht wird, darauf verweisen im Besonderen Gottscheds Überlegungen zur sprachlichen Gestaltung des Werks, die ganz der Rhetorik folgend auf die Wirkung abzielen.[341] So ist bei der Konstruktion der poetischen Perioden, den sinnhaften Teilen des Ganzen,[342] ebenfalls die für die Ordnung des Werks und seine Vollkommenheit bestimmende Ähnlichkeit leitend:

> Man hat also sonderlich darauf zu sehen, daß in dergleichen langen Sätzen die Theile nicht nur an sich selbst deutlich, sondern auch unter einander ähnlich seyn mögen. Denn diese Aehnlichkeit macht, daß man die vorigen Stücke bey dem folgenden nicht aus dem Sinne verliert, und bey dem letzten nicht anders denkt, als ob nur eine einzige Eigenschaft, Bedingung, Ursache, Vergleichung oder Folgerung vorhanden gewesen wäre.[343]

Wie bei der poetischen Fabel über die kausale Verknüpfung wird hier über die sprachliche Ähnlichkeit ein ‚sprachliches Ganzes' geschaffen. Und was Wolff über die Handlung von Komödie und Tragödie schrieb, dass bei diesen, wo „alles, was zusammen gehöret in einer kurtzen Reihe auf einander

---

[341] Auf die in doppelter Hinsicht nachrangige Stellung der Ausführungen zur poetischen Sprache hat bereits hingewiesen Härter: Digressionen, S. 190: Zunächst einmal handelt es sich hierbei um die sechs letzten und damit den nachahmungsorientieren Hauptaussagen der Poetik nachgeordneten Kapitel des ersten, also des *Allgemeinen Theils* der *Critischen Dichtkunst*. „Theoriegeschichtlich entspricht diese Stellung der poetischen Sprache [...] dem System der Rhetorik, dem Gottscheds Poetik in ihrem Theorieaufbau folgt: Die Ausarbeitung der Sprache eines Texts, die *elocutio*, ist nachgeordnete Aufgabe, zu lösen, nachdem die eigentliche Gedankenarbeit der *inventio* und der *dispositio* geleistet sind, das heißt, in Gottscheds Poetik, für die Poesie: nachdem ein moralischer Lehrsatz festgesetzt und die auf seine Vermittlung hin zu gestaltende Fabel erfunden und geordnet ist. Die poetische Sprache ist dann so zu gestalten, daß sie die Anschaulichkeit der Fabel und ihre Rückübersetzbarkeit in eine moralische ‚Wahrheit' zu gewährleisten vermag. Sie kann in dieser Sicht keine andere als eine instrumentelle Stellung einnehmen." Die Kapitel zur poetischen Sprache, ihrer Stellung in der Gottschedschen Poetik folgend, wurden von der Forschung meist weniger intensiv diskutiert. Ausführlichere Überlegungen zu ihnen finden sich neben Härter: Digressionen, S. 190–207 auch bei Waniek: Gottsched und die deutsche Litteratur seiner Zeit, S. 134–144; Rüdiger Campe: Affekt und Ausdruck. Zur Umwandlung der literarischen Rede im 17. und 18. Jahrhundert. Tübingen 1990, S. 39–53; Anna B. Gerken: Die sprachtheoretische Differenz zwischen Gottsched und Gellert. Frankfurt a. M. u. a. 1990; Falkenhagen: Werte der Dichtung, S. 223–252 sowie im Kontext der Diskussion einer an ‚Sprachreinheit' orientierten Konzeption von Poesie um 1750 bei Jürgen Brokoff: Geschichte der reinen Poesie. Von der Weimarer Klassik bis zur historischen Avantgarde. 2. Auflage. Göttingen 2010, S. 63–77.

[342] Vgl. Gottsched: Critische Dichtkunst I (AW VI.1), Cap. IX, § 1, S. 351: „Eine Periode überhaupt ist eine kurze Rede, die einen, oder etliche Gedanken in sich schließt, und für sich selbst einen völligen Verstand hat. Ich nenne sie eine kurze Rede, um dadurch anzuzeigen, daß sie sich zu einer langen, wie ein Theil zum Ganzen verhält: denn aus vielen Perioden entsteht erst eine gebundene oder ungebundene Schrift."

[343] Ebd., § 6, S. 356.

[folget]" und „sich daraus der Erfolg der Handlungen *viel besser und leichter* begreiffen [lässet]"³⁴⁴, das gilt auch hier: Die einzelnen Teile gehen im Ganzen auf, werden zu einer Einheit, die „viel besser und leichter" rezipiert werden kann, und das heißt: unmittelbar „in die Sinne fällt"³⁴⁵ und „in die Einbildungskraft [wirket]"³⁴⁶.

Zum angestrebten ‚sprachlichen Ganzen' gehört die Forderung nach Deutlichkeit der poetischen Sprache, ihrer Verständlichkeit:

> Eine von den allervornehmsten Tugenden, eines guten poetischen Satzes, ist die Deutlichkeit desselben. Diese muß in gebundener Rede eben sowohl, als in ungebundner statt haben, und ohne dieselbe würde ein Poet kein Lob verdienen.³⁴⁷

Deutlich ist die poetische Sprache – wohlgemerkt, Gottsched spricht hier von der Sprache im Hinblick auf die Rezeption und nicht von der Erkenntnis und ihren Begriffen³⁴⁸ –, wenn die verwendeten Wörter und Redensarten bekannt und die Wortfügungen gewöhnlich sind. Neologismen sind möglich, wenn bereits vertraute Wörter und Wendungen neu kombiniert werden, Ähnlichkeit mit dem Vertrauten besteht oder der Sinn sich aus dem Zusammenhang ergibt.³⁴⁹ Die Abkehr von „dunkle[n] Ausdrückungen"³⁵⁰, von einer schwer zu verstehenden Sprache, ist erforderlich, damit das Werk unmittelbar wirken kann. Ähnlich der *fabula* muss auch die Sprache auf Bekanntes rekurrieren, so dass auf Seiten des Rezipienten die Einbildungskraft das Gesagte unvermittelt wieder vorstellen kann.³⁵¹

Neben das Postulat der Deutlichkeit tritt das der Lebhaftigkeit. Überraschend oft taucht der Begriff, der mit Baumgartens *Meditationes* seine in der Erkenntnistheorie gegründete Explikation innerhalb der Dichtungstheorie erhält³⁵² und bei Lessing als „Endzweck"³⁵³ der Künste Poesie und

---

344 Vgl. die Angabe in Kap. III.1.4, Anm. 191. Herv. O.K.S.
345 Gottsched: Critische Dichtkunst I (AW VI.1), Cap. IV, § 21, S. 215.
346 Ebd., § 1, S. 195.
347 Ebd., Cap. IX, § 18, S. 367f. – Gottsched orientiert sich auch hier an der Rhetorik, die in der *perspicuitas* die Haupttugend des Ausdrucks sieht. Vgl. Quintilian: Institutio oratoria, VIII, 2, 22.
348 So auch Falkenhagen: Werte der Dichtung, S. 225. – Zu den unterschiedlichen Verwendungen und Bedeutungszusammenhängen von ‚Deutlichkeit' im 17. und 18. Jahrhundert vgl. Oskar Reichmann: *Deutlichkeit* in der Sprachtheorie des 17. und 18. Jahrhunderts. In: Verborum amor. Studien zur Geschichte und Kunst der deutschen Sprache. Hg. von Harald Burger, Alois M. Haas, Peter von Matt. Berlin 1992, S. 448–480.
349 Vgl. Gottsched: Critische Dichtkunst I (AW VI.1), Cap. IX, § 18, S. 368.
350 Ebd., § 20, S. 370.
351 Vgl. ebd., § 12, S. 331.
352 Vgl. Kap. I.3.4.
353 Vgl. Lessing: Laokoon (B V.2), S. 219: „Poesie und Malerei, beide sind nachahmende Künste, beider Endzweck ist, von ihren Vorwürfen die lebhaftesten sinnlichsten Vorstellungen in uns zu erwecken."

Malerei gilt, in der *Critischen Dichtkunst* auf, um sprachliche Besonderheiten zu legitimieren[354] oder um den talentierten Dichter,[355] ein gelungenes Werk und – dies ist nicht nur im Hinblick auf Lessing bedeutsam – die erwünschte Wirkung zu beschreiben.[356] Durch Lebhaftigkeit unterscheidet sich der „poetische Geist[...]"[357] von den gemeinen Menschen, hebt sich die Dichtung von der Historie und der einfachen Sprache ab;[358] lebhaft muss die poetische Schreibart sein, lebhaft hat das Werk zu wirken.[359] So wird Lebhaftigkeit bei Gottsched zum Charakteristikum der Dichtung, das die drei Dimensionen von Produzent bzw. Produktion, Werk und der im Folgenden noch näher zu betrachtenden Rezeption beschreibt. Zugrunde liegt Gottscheds Konzept der Lebhaftigkeit die Idee der *evidentia*, des Vor-Augen-Stellens, die immer auch das Ziel verfolgt, die Einbildungskraft des Rezipienten zu aktivieren.[360] Lebhaftigkeit umfasst sowohl den für die *enérgeia* dominanten Aspekt der Vergegenwärtigung von Abwesendem als auch die für die *enárgeia* typischen Verfahren der Detaillierung.[361]

Inwiefern Gottsched mit seiner Verwendung des Begriffs ‚Lebhaftigkeit' auf die *evidentia* und Horaz' Forderung rekurrierte, Natur und Menschen „lebhaft abzuschildern"[362], wie Gottsched selbst übersetzte, wie stark er möglicherweise Baumgartens ebenfalls auf die *evidentia* bzw. *enérgeia* und *enárgeia* zurückgehende Bestimmung der Lebhaftigkeit als Qualität der Sinnlichkeit beeinflusste, ist nicht zu entscheiden. Dessen Definition zumindest,

---

354 Vgl. Gottsched: Critische Dichtkunst I (AW VI.1), Cap. IX, § 23, S. 374.
355 Vgl. ebd., Cap. I, § 30, S. 139; Cap. XI, §§ 1 und 6, S. 421 und 427.
356 Vgl. u.a. ebd., Cap. IV, § 1, S. 195; Cap. VIII, §§ 12 und 19, S. 331 und 342; Cap. IX, §§ 22f., S. 372 und 374; Cap. X, §§ 4 und 16, S. 385 und 397; Cap. XI, § 1, S. 421.
357 Ebd., § 6, S. 427.
358 Vgl. ebd., Cap. I, § 5, S. 117; Cap. II, § 8, S. 149.
359 Vgl. Gottscheds in der *Weltweisheit* ([AW V.1], § 179, S. 211) notierte Anforderung an die Schreibart von Reden und Gedichten: „Die Schreibart [...], oder der Ausdruck, muß in denselben deutlich, sinnreich, lebhaft und beweglich seyn." Vgl. auch Gottsched: Critische Dichtkunst I (VI.1), Cap. XI, § 1, S. 421.
360 Bereits in dem der Darstellung „[v]om Ursprunge und Wachsthume der Poesie überhaupt" gewidmeten ersten Kapitel der *Critischen Dichtkunst* wird der lebhafte Ausdruck als Charakteristikum der Dichtung hervorgehoben und auf das *si vis me flere*-Prinzip mittels *evidentia* angespielt. Vgl. ebd., Cap. I, §§ 5 und 27, S. 117 und 137. – Zur *evidentia*, auch als Grundlage der Affektübertragung, vgl. die Ausführungen bei Quintilian: Institutio oratoria, VI, 2, 31; VIII, 3, 61–71 sowie IX, 2, 40f.
361 Erläuternd zur *evidentia* und ihrer Entwicklung, auch in ihrer Beziehung zu *enérgeia* und *enárgeia* vgl. Ansgar Kemmann: [Art.] Evidentia, Evidenz. In: Ueding (Hg.): Historisches Wörterbuch der Rhetorik. Bd. 3, Sp. 33–47. Kemmann (ebd., Sp. 45) hat darauf hingewiesen, dass sowohl in der Renaissance als auch in der Aufklärung „[b]eide Traditionslinien [der *enérgeia* und der *enárgeia*, O.K.S.] [...] in bald verwirrender, bald befruchtender Weise neben- und durcheinander rezipiert [werden]".
362 Gottsched: Horaz von der Dichtkunst, übersetzt und mit Anmerkungen erläutert (AW VI.1), S. 29–111, hier S. 88.

dass lebhaft dasjenige sei, „*bei dem man gehalten ist, mehrere Bestandteile* entweder gleichzeitig oder aufeinanderfolgend *in der Wahrnehmung aufzufassen*"³⁶³, gilt auch bei Gottsched. Gegenüber der historischen zeichnet sich nach seiner Auffassung, in Übereinstimmung mit der *enárgeia*, die poetische Schreibart durch die „Menge von Gedanken"³⁶⁴ aus, die der Poet zu ein und demselben Sachverhalt zu schreiben und miteinander zu verknüpfen weiß, in „Gleichnisse[n], verblümte[n] Ausdrücke[n], Anspielungen, neue[n] Bilder[n], Beschreibungen, Vergrößerungen, nachdrückliche[n] Redensarten, Folgerungen, Schlüsse[n]"³⁶⁵. Der Gedanke Baumgartens, dass die Lebhaftigkeit ihre volle Wirkung erst dann entfaltet, wenn die Merkmalsvielfalt als Ganzes wirkt, findet sich dann auch bereits in Gottscheds Anleitung zum poetischen Ganzen auf sprachlicher wie auf inhaltlicher Ebene. Wie schon in der Rhetorik wird die Lebhaftigkeit durch die Wahrscheinlichkeit befördert, und ebenfalls in Übereinstimmung mit der *evidentia* steht Lebhaftigkeit bei Gottsched für eine nachdrückliche Aktivierung der Einbildungskraft des Rezipienten: „Der Leser bildet sich ein, er sey selbst den Redenden zugegen und sieht sie gleichsam vor Augen stehen."³⁶⁶ Das wiederum führt zur Steigerung der Intensität der durch das Werk erzeugten Affekte.³⁶⁷ ,Lebhaftigkeit' ist demnach nicht nur eine Qualität³⁶⁸ der poetischen Schreibart, sondern verweist der *evidentia* folgend bereits auf die gelungene Rezeption, die Täuschung.

Die Überlegungen zur Konstruktion des Werks und zur poetischen Sprache (Deutlichkeit und Lebhaftigkeit) stehen für die angestrebte unmittelbare Wirkung des Werkganzen auf die Einbildungskraft des Rezipienten, die sinnliche Einsicht und die darauf aufbauende mögliche Täuschung. Im Zusammenhang mit den Ausführungen zur Rolle der Sinnlichkeit beim moralischen Wirkungsauftrag ist festzuhalten,³⁶⁹ dass die Angaben zur Werkgestaltung auch die dort angesprochenen Wege der moralisch-sinnlichen Erziehung berücksichtigen, die anschauende Erkenntnis und die zu erregenden Affekte. Der Forderung nach Deutlichkeit der poetischen Schreibart liegt die Erkenntnis zugrunde, dass es einer direkten, jedem zugänglichen Vermittlung moralischer Wahrheiten bedarf. Hierzu gehört auch eine verständliche

---

363 Vgl. die Angabe in Kap. I.3.4, Anm. 558.
364 Gottsched: Critische Dichtkunst I (AW VI.1), Cap. XI, § 6, S. 427.
365 Ebd.
366 Gottsched: Discurs des Übersetzers von Gesprächen überhaupt (Vorrede zu Gespräche Der Todten Und Plutons Urtheil uber dieselben von Bernhard de Fontenelle) 1727 (AW X.1), S. 1–38, hier S. 3.
367 Vgl. Gottsched: Critische Dichtkunst I (AW VI.1), Cap. VIII, § 12, S. 331 sowie insbesondere Gottsched: Discurs des Übersetzers (AW X.1), S. 3 f.
368 Baumgarten indes versteht die Lebhaftigkeit als Qualität der Sinnlichkeit, auf der dann die *evidentia* aufbaut. Vgl. Kap. I.3.4.
369 Vgl. Kap. II.3.2.

Handlungskonstruktion, deren Zusammenhänge leicht nachzuvollziehen und als Einheit zu begreifen sind. Keine vernünftigen Schlüsse sind vom Rezipienten zu vollziehen. Die Einbildungskraft gibt das Gesagte in Einbildungen wieder, sieht die Konsequenzen des Guten und des Bösen, die Verknüpfungen der Handlung anschaulich, das Werk wird zum Bild und die anschauende Erkenntnis erfolgt. Die Lebhaftigkeit lässt die Werkrezeption im Moment der Täuschung zu einer Art Präsenzerfahrung werden.[370] Traurigkeit, Schrecken, Mitleiden und Bewunderung, die Folgen der guten und schlechten Taten – die Täuschung kann die beim Rezipienten ausgelösten Vorstellungen zu den für den *prodesse*-Anspruch wichtigen Affekte intensivieren.

Die in der *Critischen Dichtkunst* implizit geforderte und angestrebte Täuschung erhält im moralischen Wirkungsanspruch ihre Rechtfertigung. Täuschung als ein Wirkungsziel der Dichtung – Gottsched ist hiervon nicht so weit entfernt, wie verschiedentlich angenommen wurde; nicht erst bei Bodmer und Breitinger finden sich die Grundlagen hierfür.[371] Das gelungene Werk ist bei Gottsched in fast allen Fällen lebhaft,[372] es aktiviert die Einbildungskraft des Rezipienten und führt zur Täuschung. Ob letztere erzeugt werden kann, hängt auch davon ab, ob die poetische Schreibart deutlich und so dem Rezipienten zugänglich ist. Der Anspruch, mit der *Critischen Dichtkunst* ein Werk zu schaffen, das die Produktion und Kritik von Dichtung nach objektiven Kriterien ermöglicht, stößt auch hier an seine Grenzen. Wie schon beim Wunderbaren kann Gottsched nur umreißen, was in die Grenzen des deutlichen Ausdrucks fällt. Vom (zeitgenössischen) Rezipienten, seinem Wissen und Hintergrund hängt letzten Endes ab, ob die Schreibart deutlich ist,[373] und somit auch, ob das Werk lebhaft wirkt, ob es täuscht und: ob es gelungen ist. Gottsched formuliert die Konsequenzen seiner Ausführungen nicht aus, weist nicht ausdrücklich darauf hin, dass die sinnliche Wirkung des Werks ein wichtiges Indiz für die Qualität des Werks und das Urteil subjektiv begründet sein kann. Aber die Grundlagen hierfür sind gelegt.

---

370 Zum Rezeptionsprozess und der Rolle der Rezipienten-Einbildungskraft vgl. die Ausführungen weiter unten.
371 Servaes (Die Poetik Gottscheds und der Schweizer, S. 71) hebt – implizit in Absetzung von Gottsched – für Bodmer und Breitinger hervor, dass bei ihnen die Wirkung Aufschluss über die Qualität des Werks gebe und „der Prüfstein für die Vortrefflichkeit einer Schilderung" sei: „[S]ie muss eine vollständige Illusion, eine ‚vollendete Täuschung', in uns herheiführen [sic!]".
372 Der geforderte Grad der Lebhaftigkeit ist abhängig von der gewählten Gattung.
373 Vgl. Gottsched: Critische Dichtkunst I (AW VI.1), Cap. IX, §§ 18–28, S. 368–379.

Die Lebhaftigkeit der Einbildungskraft.
Si vis me flere bei Gottsched und den Schweizern

Gottscheds Anweisungen zur Konstruktion des Werks und der poetischen Sprache zielen auf einen ungestörten Rezeptionsprozess. Das Werk soll unmittelbar wirken, die Einbildungskraft direkt angesprochen werden. Die in Konstruktion und poetischer Sprache begründete sinnliche Wirkung des Werks lässt die Einbildungskraft sich das Geschriebene bzw. Gesprochene lebhaft vorstellen, als wäre der Rezipient „selbst zugegen"[374]. Bei seinen Überlegungen zur Produktion und Kritik von Dichtung denkt Gottsched, das wurde im letzten Abschnitt deutlich, immer auch den Rezipienten mit. Die Einbildungskraft des Rezipienten und mit ihr der Rezipient in seiner Individualität haben in seiner Poetik einen festen Platz und, wie gleich noch genauer zu sehen sein wird, eine aktive Rolle. Zwar ist Gottsched weit davon entfernt, der Einbildungskraft des Rezipienten eine ähnliche Bedeutung und Produktivitätsspanne zukommen zu lassen, wie Lessing dies im *Laokoon* tut – erinnert sei an den ‚fruchtbaren Augenblick' und den durch ihn ausgelösten produktiven, weit über das Gezeigte hinausgehenden Einbildungsprozess beim Rezipienten[375] –, aber gerade im Hinblick auf den *Laokoon* und Lessings Überlegungen zu den Künsten und der Illusionsschaffung ist die Rezipienten-Einbildungskraft bei Gottsched weitaus wichtiger, als es bisher in der Gottsched-Forschung diskutiert wurde. Die schenkte vornehmlich der Einbildungskraft des Poeten und den ihr gesetzten Grenzen Beachtung.

Sowohl für den Dichter als auch für den Rezipienten ist die Einbildungskraft als Vermögen relevant, um „Begriffe der Dinge, die wir empfunden haben, auch alsdann, wenn sie nicht mehr zugegen sind, wiederum vorstellen [zu, O.K.S.] können."[376] Aber nur beim Dichter wird sie in ihrer Funktion als *imaginatio combinatoria*, als produktive Einbildungskraft, gewürdigt. Nicht nur Vergangenes wird wieder vorgestellt, sondern auch Vorstellungen von niemals empfundenen Dingen werden geschaffen. „Denn sie setzet zuweilen

---

374 Vgl. die Angabe in Kap. III.2.2, Anm. 334.
375 Vgl. Lessing: Laokoon (B V.2), S. 32: „Kann der Künstler von der immer veränderlichen Natur nie mehr als einen einzigen Augenblick, und der Maler insbesondere diesen einzigen Augenblick auch nur aus einem einzigen Gesichtspunkte, brauchen; sind aber ihre Werke gemacht, nicht bloß erblickt, sondern betrachtet zu werden, lange und wiederholter maßen betrachtet zu werden: so ist es gewiß, daß jener einzige Augenblick und einzige Gesichtspunkt dieses einzigen Augenblickes, nicht fruchtbar genug gewählet werden kann. Dasjenige aber nur allein ist fruchtbar, was der Einbildungskraft freies Spiel läßt. Je mehr wir sehen, desto mehr müssen wir hinzu denken können. Je mehr wir darzu denken, desto mehr müssen wir zu sehen glauben."
376 Gottsched: Weltweisheit I (AW V.1), § 887, S. 518.

aus vorhin bekannten Theilen etwas neues zusammen"[377]. Geschieht dies nach dem Satz des zureichenden Grundes, dann agiert sie als „vernünftige Dicht- und Erfindungskraft"[378]. Grundlage ist die assoziative Fähigkeit der Einbildungskraft, die *regula imaginationis*, wie sie, anders als zum Teil behauptet,[379] auch Gottsched kennt: „Vermöge derselben *muß uns bey einem ähnlichen Dinge das andere, und bey einem Theile einer vormaligen Empfindung, die ganze damalige Vorstellung einfallen*."[380] In diesem Prinzip sind die Träume gegründet, und auch die Kunst. Alles, was der poetische Geist wahrnimmt, prägt sich seinem Gedächtnis ein. Begegnet ihm dann etwas, was Ähnlichkeit mit dem vormals Wahrgenommenen hat, dann wird es von der Einbildungskraft wieder vorgestellt:[381] „So ist ihnen [den poetischen Geistern, O.K.S.] denn allezeit eine Menge von Gedanken fast zugleich gegenwärtig: das Gegenwärtige bringt sie aufs Vergangene; das Wirkliche aufs Mögliche, das Empfundene auf alles, was ihm ähnlich ist, oder noch werden kann."[382] Die Einbildungskraft schafft aus dem Bestehenden eine neue „mögliche Welt" und zeigt, was der produktive Geist selbst so noch nie gesehen hat.[383]

Am Beispiel der Figur der poetischen Schilderung, die „einen lebhaften Abriß von der Sache macht, als ob sie wirklich vorhanden wäre"[384], hebt Gottsched die Rolle der Affekte für die künstlerisch tätige Einbildungskraft hervor. So, wie die gelungene Täuschung die Affekte beim Rezipienten verstärken kann, unterstützen die Affekte die Vorstellungstätigkeit der poetischen Einbildungskraft:

---

377 Ebd., § 893, S. 520.
378 Ebd., § 895, S. 520.
379 Die assoziative Tätigkeit der Einbildungskraft wird den Poetiken der Frühaufklärung abgesprochen von Herrmann: Naturnachahmung und Einbildungskraft, S. 104 sowie im Anschluss an Herrmann von Vietta: Literarische Phantasie, S. 108.
380 Gottsched: Weltweisheit I (AW V.1), § 892, S. 519. Herv. i. O.
381 Vgl. Gottsched: Critische Dichtkunst I (AW VI.1), Cap. XI, § 6, S. 426.
382 Ebd., S. 427. – Zur Illustration vgl. auch ebd., § 8, S. 428 f.
383 Am Beispiel des Malers erläutert Gottsched: Discurs des Übersetzers (AW X.1), S. 25.: „Ein Mahler schildert aus seinem eigenen Kopfe einen Pallast, Garten oder Wald, den er niemals gesehen. Er mahlt eine Landschafft, Historie oder Stadt; ohne ein Muster vor Augen zu haben. Er bildet eine vollkommene Schönheit ab, dergleichen vielleicht nirgends in der Welt zu finden ist." – Zu den in diesem Abschnitt angeführten Tätigkeiten der Einbildungskraft vgl. auch die Ausführungen zur Einbildungskraft in Kap. I.2.1.
384 Gottsched: Critische Dichtkunst I (AW VI.1), Cap. X, § 17, S. 397. – Zu berücksichtigen ist, dass, verglichen mit anderen Figuren, wie zum Beispiel der der Beschreibung, die Schilderung besonders lebhaft ist. Vgl. ebd., § 18, S. 399. Herv. i. O.: „Nun folgt XIII. die *Beschreibung (descriptio)* welche von der vorigen [der Schilderung, O.K.S.] darinn unterschieden ist, daß jene in der Entzückung Dinge abmalet, die nicht zugegen sind; diese hergegen wirklich vorhandene Sachen zwar lebhaft und munter, aber nicht so hitzig und handgreiflich, als jene, vorstellet."

[I]m Affecte [bringet sie sich] die deutlichsten Bilder von sinnlichen Sachen hervor[...], die oft den wirklichen Empfindungen an Klarheit nichts nachgeben, und also abwesende oder vergangene Sachen als gegenwärtig vorstellet. Die Zunge folgt den Gedanken, und beschreibt, was im Gehirne vorgeht, eben so munter, als ob es wirklich außer ihr zugegen wäre.[385]

Mit Hilfe der Erkenntnistheorie erläutert Gottsched die poetische Produktion, das Zusammenspiel von Einbildungskraft und Sprache: wie die Seele auf den Körper, wie das Seelenvermögen der Einbildungskraft auf die Zunge, das Sinnesorgan der Sprache, wirkt. Will der Produzent den Rezipienten ‚täuschen', muss er selbst ‚getäuscht' sein.

Das auf der *evidentia* beruhende Prinzip des *si vis me flere*, wie es von Quintilian im Anschluss an Horaz bzw. an Aristoteles und Cicero konzipiert wurde, behält Gottsched bei, ohne jedoch in diesem Fall die Übertragung oder Vermittlung von *Affekten* anzustreben.[386] Der Fokus liegt auf der Vergegenwärtigung, der Täuschung, und der hierbei tätigen Einbildungskraft. Das Werk fungiert als Schnittstelle. Es ist Produkt der lebhaften Vorstellungen der dichterischen Einbildungskraft und Auslöser der lebhaften Vorstellungen der Rezipienten-Einbildungskraft. Im Zusammenhang mit der von Volkhard Wels vertretenen These, die Idee der ‚kreativen Phantasie' werde auch über die rhetorische Anleitung zur Selbstaffizierung mittels *evidentia* in die Dichtung integriert,[387] ist Gottscheds Übernahme des *si vis me flere*-Prinzips und dessen Verkürzung um die Affektübertragung auf die *evidentia* ein nicht unwesentlicher Beitrag zur Aufwertung der Einbildungskraft.

Ein Blick auf die Schweizer Kontrahenten Bodmer und Breitinger hebt das Verdienst Gottscheds hervor. Auf die vielzitierten Verse Horaz' – „si vis me flere, dolendum est / primum ipsi tibi"[388] – nimmt Breitinger direkt Bezug. In seinen Ausführungen zur „pathetische[n], bewegliche[n] oder hertzrührend[n] Schreibart"[389] im zweiten Teil seiner *Critischen Dichtkunst* (1740)

---

385 Ebd., § 17, S. 397.
386 Gottsched geht in der *Critischen Dichtkunst* auch, wie noch zu sehen sein wird, auf die an das *si vis me flere*-Prinzip gebundene Affektübertragung ein. – Zur Rezeption des *si vis me flere*-Topos in der deutschsprachigen Dichtung Ende des 17. und im 18. Jahrhundert vgl. Jürgen Stenzel: „Si vis me flere ..." – „Musa iocosa mea". Zwei poetologische Argumente in der deutschen Diskussion des 17. und 18. Jahrhunderts. In: Deutsche Vierteljahrsschrift für Literaturwissenschaft und Geistesgeschichte 48.4 (1974), S. 650–671, hier S. 654–665.
387 Vgl. Volkhard Wels: Zur Vorgeschichte des Begriffs der ‚kreativen Phantasie'. In: Zeitschrift für Ästhetik und Allgemeine Kunstwissenschaft 50.2 (2005), S. 199–226, hier insbesondere S. 213–226.
388 Horaz: Ars poetica, V. 102f.
389 Johann Jacob Breitinger: Fortsetzung der Critischen Dichtkunst worinnen die poetische Mahlerey in Absicht auf den Ausdruck und die Farben abgehandelt wird. Mit einer Vorrede

rät er, wie auch sein Freund Bodmer,[390] dem Dichter dazu, sich selbst zu affizieren, statt sich der rhetorischen Figurenlehre zu bedienen.[391] Wolle der Dichter „die Leidenschaften in der natürlichen Art ihres Ausdruckes"[392] nachahmen, um so den Eindruck von Wahrhaftigkeit zu erwecken und „mittelst der Entzückung der Phantasie das Hertz der Leser an[zu]greiffe[n]"[393], so müsse sich der Dichter „bemühen [...], diejenigen Leidenschaften selbst anzunehmen und in seinem Hertzen rege zu machen, deren eigene Sprache er zu reden gedencket."[394] Dies hätten schon Aristoteles, Cicero und eben Horaz gewusst, weshalb Quintilians Überlegungen diesbezüglich, so statuiert Breitinger, weniger originell seien als von ihm selbst behauptet.[395] Breitinger selbst hinderte diese Erkenntnis jedoch nicht, die entscheidenden Passagen zur *evidentia* und *phantasia* aus der *Institutio oratoria* fast vollständig zu zitieren.[396]

Der Produzent muss also die beim Rezipienten zu erzielenden Affekte zuvor selbst empfunden haben, um sie glaubhaft sprachlich zu vermitteln und beim Rezipienten zu erzeugen.[397] Umgesetzt wird die Selbstaffizierung mittels der Einbildungskraft, die wie bei Wolff und Gottsched und schon in der von Breitinger und Bodmer rezipierten Stelle bei Quintilian „Bilder abwesender Dinge so im Geiste vergegenwärtigt [...], daß wir sie scheinbar vor Augen sehen und sie wie leibhaftig vor uns haben", mit der Folge, dass

---

   von Johann Jacob Bodemer. Zürich 1740. Nachdruck mit einem Nachwort von Wolfgang Bender. Stuttgart 1966, S. 352f. Im Folgenden zitiert als Breitinger: Critische Dichtkunst II.
390 Vgl. Johann Jacob Bodmer: Critische Betrachtungen über die poetischen Gemählde der Dichter. Mit einer Vorrede von Johann Jacob Breitinger. Zürich 1741. Nachdruck: Frankfurt a.M. 1971, S. 340–344. Für Bodmer (ebd., S. 340) ist die Selbstaffektation ein „Kunstmittel der pathetischen Schreibart", das er „aufgeweckteren[n] Köpfe[n]" empfiehlt.
391 Vgl. Breitinger: Critische Dichtkunst II, S. 370; Bodmer: Critische Betrachtungen, S. 338. – Zu den in der Forschung divers diskutierten Verbindungen der beiden Schweizer zur rhetorischen Tradition der Antike und deren Einfluss auf ihre Poetik vgl. den Überblick bei Till: Das doppelte Erhabene, S. 266–270 sowie Till: Transformationen der Rhetorik, S. 394–407. Im Anschluss an die Differenzierung von Wetterer (Publikumsbezug und Wahrheitsanspruch, S. 173f. Zitiert S. 174. Herv. i.O.) zwischen einer „rhetorischen Grundstruktur" und *„Elemente[n]* der rhetorischen Tradition" in der Poetik Bodmers und Breitingers – erstere wird laut Wetterer bei den Schweizern aufgegeben, letztere sind weiterhin fester Bestandteil der Poetik der Schweizer – argumentierte Till (Das doppelte Erhabene, S. 395) gegen die Idee einer „‚rhetorisierten' Poetik" bei den Schweizern.
392 Breitinger: Critische Dichtkunst II, S. 354.
393 Ebd., S. 353.
394 Ebd., S. 354.
395 Vgl. ebd., S. 357–360.
396 Vgl. ebd., S. 356f. und 362f. – Aus Quintilians *Institutio oratoria* werden zitiert VI, 2, 25–32 und 34. Zur rhetorischen *evidentia*-Lehre bei Bodmer und Breitinger vgl. auch Herrmann: Naturnachahmung und Einbildungskraft, S. 168–175 (Bodmer und Breitinger); Möller: Rhetorische Überlieferung und Dichtungstheorie, S. 51–66 (Breitinger).
397 Vgl. Breitinger: Critische Dichtkunst II, S. 357; Bodmer: Critische Betrachtungen, S. 340f.; Quintilian: Institutio oratoria, VI, 2, 25–28.

2 Gottsched: Sinnlichkeit in der *Critischen Dichtkunst*   293

„jeder also, der diese Erscheinung gut erfaßt hat, [...] in den Gefühlswirkungen am stärksten sein wird."[398] Dass das möglich ist, wissen Breitinger wie Bodmer aus der Erkenntnislehre, sind doch Affekte „nichts anders [...] als eine undeutliche Vorstellung des Guten und des Bösen"[399] und als solche von der Einbildungskraft reproduzierbar.[400] Verfolgt der Dichter die Anweisung, dann bleibt der Erfolg nicht aus:

> Wer nun auf diese Weise sich niemahls vorsetzet, mit frostigem Sinn andere zu bewegen, sondern durch eine lebhafte und entzückende Vorstellung der Sachen zuerst seine eigene Einbildung, und durch dieselbe das Gemüthe in die erfoderliche Hitze treibet, eh er andere entzünden will, der wird auch den natürlichen Ausdruck der Leidenschaften allemahl glücklich treffen; er wird weder das rechte Maaß verfehlen, noch zur Unzeit in eine Raserey gerathen, wenn er das Hertz reden läßt, und es wird nicht der wenigste Verdacht einer künstlichen Verstellung, der des Redners Ansehen und Glaubwürdigkeit so nachtheilig ist, auf ihn fallen, weil seine Rede nicht aus dem blossen Gehirne künstlich herausgesponnen wird, sondern aus dem tiefen Grund seines Hertzens selbst hervorquillt.[401]

Es ist der durch die Vorstellungen der Einbildungskraft ausgelöste Affekt, der ‚spricht': „[U]nd ein solcher Affect hält sich denn in dem Herzen nicht verborgen, sondern steiget in die Gliedmassen hervor, und herrschet auch in der Rede."[402] Die Poeten überlassen sich seiner „Führung" und schreiben, wie Bodmer erklärt, „was derselbe ihnen in die Gedancken giebt."[403] Im Zusammenspiel von Einbildungskraft und Affekt wird das Werk geschaffen.[404] Die Sorge, dass hierbei gegen das Postulat der Wahrscheinlichkeit verstoßen werden könnte, ist, wenn auch nicht aus Gottscheds, so doch zumindest aus Sicht der Schweizer unbegründet,[405] denn „die Regungen des Hertzens lauffen in der That, schier wie die Sätze und Schlüsse des Verstandes, aus einan-

---

398 Ebd., VI, 2, 29. – „[...] quas φαντασίας, Graeci vocant [...], per quas imagines rerum absentium ita repraesentantur, ut eas cernere oculis ac praesentes habere videamur", ebd.; Breitinger: Critische Dichtkunst II, S. 362 f.; Bodmer: Critische Betrachtungen, S. 341–344.
399 Breitinger: Critische Dichtkunst II, S. 362. – Fast gleichlautend heißt es dann auch bei Bodmer: Critische Betrachtungen, S. 341 f.: „Affecte, die nicht anders sind, als undeutliche Vorstellungen des guten und des bösen".
400 Vgl. hierzu auch Kap. II.2.2 und die Ausführungen zu den sinnlichen Vermögen in Kap. I.2.1.
401 Breitinger: Critische Dichtkunst II, S. 364 f.
402 Bodmer: Critische Betrachtungen, S. 342.
403 Ebd., S. 343.
404 Vgl. ebd., S. 344: „Die Gestalt und das Licht, in welchem eine Sache von der Phantasie vorgestellt wird, sagt demjenigen, der im Affecte begriffen ist, bald, wie und was er davon sagen solle."
405 Zur Problematik der Wahrscheinlichkeit in der Auseinandersetzung Gottscheds mit Bodmer und Breitinger vgl. Eric Achermann: Was Wunder? Gottscheds Modaltheorie von Fiktion. In: Ders. (Hg.): Gottsched, S. 147–181.

der heraus. Die Sprünge sind in den Leidenschaften eben so unnatürlich, als sie in den Beweisen falsch sein."[406] Der Affekt ersetzt die Figurenlehre und tritt an die Stelle des Verstandes, er lenkt die Phantasie.

Die Affekte, Selbstaffizierung und Affektübertragung mittels der Einbildungskraft und die durch sie erzeugte Täuschung – sie bilden nicht nur bei der pathetischen Schreibart, wie Dietmar Till gezeigt hat,[407] den Kern der Poetik von Bodmer und Breitinger. Gehört man nicht zu den „aufgewecktere[n] Köpfe[n]", ‚leiht' der Affekt nicht „dem Verfasser seine Sprache und seine Vorstellungen", dann ist die Kenntnis der Affekte, ihrer Natur und ihrer Beziehung zur Sprache immer noch der rhetorischen Figurenlehre vorzuziehen.[408] Anders bei Gottsched. Er verweist in der oben zitierten Stelle aus der *Critischen Dichtkunst* zwar auf den Zusammenhang von Affektintensität und Täuschungsgrad, den auch Bodmer und Breitinger kennen, doch der Schwerpunkt liegt auf der mittels der Einbildungskraft erzeugten Illusion. Das Prinzip der *evidentia* übernimmt Gottsched in die Wolffsche Psychologie, ohne die Affektübertragung und die hierfür notwendige Selbstaffizierung zu propagieren. Im Gegenteil, grundsätzlich gilt erst einmal: „Eine gar zu hitzige Einbildungskraft macht unsinnige Dichter: dafern das Feuer der Phantasie nicht durch eine gesunde Vernunft gemäßiget wird."[409] Gottsched rät allenfalls zur *Simulation* des Affektes und der mit ihm verbundenen Sprache – „als wenn man wirklich den Affekt bey sich empfände"[410] – auf der Grundlage einer nicht ohne weiteres zu erlangenden Kenntnis der menschlichen Gemütsregungen. Empfände der Dichter den Affekt in seiner ganzen Stärke, dann wäre er gar nicht mehr in der Lage zu schreiben, da seine ganze Konzentration auf das empfundene Schicksal gerichtet wäre.[411]

---

406 Bodmer: Critische Betrachtungen, S. 339.
407 Vgl. Till: Transformationen der Rhetorik, S. 400–412. Hervorgehoben hat dies auch Herrmann: Naturnachahmung und Einbildungskraft, S. 169.
408 Vgl. Breitinger: Critische Dichtkunst II, S. 370–372; Bodmer: Critische Betrachtungen, S. 337–340. – Die Ersetzung der rhetorischen Figurenlehre durch eine ‚Affekt-Grammatik' im Anschluss an Antoine Arnauld und Pierre Nicole wie Bernard Lamy erörtert Till: Transformationen der Rhetorik, S. 407–410.
409 Gottsched: Critische Dichtkunst I (AW VI.1), Cap. II, § 17, S. 158.
410 Ebd., Cap. IV, § 3, S. 198. – In der Simulation hat bereits Till (Transformationen der Rhetorik, S. 424) einen wichtigen Unterschied zwischen den Überlegungen von Bodmer und Breitinger und denen Gottscheds ausgemacht.
411 Vgl. Gottsched: Critische Dichtkunst I (AW VI.1), Cap. IV, § 4, S. 198f.: „Dies würde ihm nicht Zeit lassen, eine Zeile aufzusetzen, sondern ihn nöthigen, alle seine Gedanken auf die Größe seines Verlusts und Unglücks zu richten. Der Affect muß schon ziemlich gestillet seyn, wenn man die Feder zur Hand nehmen, und alle seine Klagen in einem ordentlichen Zusammenhange vorstellen will."

Gleichwohl kennt auch Gottsched die „pathetische, affectuöse oder feurige und heftige Schreibart"[412]. Neben der „natürliche[n] oder niedrige[n]" und der „sinnreiche[n] oder sogenannte[n] hohe[n], die von anderen auch die scharfsinnige oder geistreiche genannt wird"[413], ist sie die dritte Schreibart, die Gottsched als eine der drei jeweils eigene Wirkungsziele verfolgenden Klassen der poetischen Schreibart nennt. Zum Einsatz kommt sie, wie bei Bodmer und Breitinger gesehen, will der Dichter „seine Zuhörer bewegen"[414] (*movere*), ihre Grundlage ist die Selbstaffizierung,[415] ihre bevorzugten Gattungen sind Ode und Elegie, Heldengedicht wie Schauspiel.[416] Verglichen mit den Überlegungen der Schweizer im Hinblick auf die

---

412 Ebd., Cap. XI, § 10, S. 430. – Gottscheds Äußerungen in der *Critische Dichtkunst* zur Selbstaffizierung wie zu einer durch den Affekt geleiteten künstlerischen Produktion sind widersprüchlich. Das sehen ähnlich Wels: Der Begriff der Dichtung, S. 310 sowie Hans-Henrik Krummacher: Lyra. Studien zur Theorie und Geschichte der Lyrik vom 16. bis zum 19. Jahrhundert. Berlin, Boston 2013, S. 315–320. Krummacher (ebd., S. 319) macht ebenfalls Gottscheds Vorbehalte gegenüber der Selbstaffizierung stark und verweist auf das von Gottsched selbst „im Rahmen der so lange maßgeblichen Nachahmung der Natur wahrgenommene Spannungsverhältnis zwischen der Präsenz eines womöglich allzu frischen Affektes und seiner geforderten nachahmenden, kunstgerechten Darstellung". Diese Diskrepanzen sind für Krummacher (ebd., S. 320) das Ergebnis des Zusammentreffens von überlieferten und zeitgenössischen poetischen Konzepten und zugleich „Ausgangspunkt weitreichender Veränderungen". Dass Gottsched in dieser Hinsicht bedeutsamer Ausgangspunkt der weiteren Entwicklung war, ist anzuzweifeln – man denke an die frühen Arbeiten gerade von Bodmer –, aber sicherlich nicht, dass er diese Entwicklung unterstützt hat, als potentieller Gegenspieler oder als Wegbereiter.
413 Gottsched: Critische Dichtkunst I (AW VI.1), Cap. XI, § 10, S. 430. – Natürlich ist, so erläutert Gottsched (ebd., § 11, S. 431) mit Verweis auf seine Rhetorik, „was man im gemeinen Leben, wo man nur auf die Sachen und nicht auf die Worte denkt, in der Historie, in dogmatischen Büchern u.d.gl. braucht, […] weil man darinn nicht künstlich, sondern zufrieden ist, wenn man sich so deutlich und richtig ausgedrücket hat, daß man leicht verstanden werden kann." Aufgrund ihrer Verständlichkeit bietet sich die natürliche Schreibart dann auch dafür an, den Zuhörer zu belehren und zu unterrichten. Verwendung findet sie in poetischen Erzählungen, Briefen, Satiren, Lehrgedichten und Gesprächen. Die sinnreiche Schreibart hingegen wird gebildet „aus lauter verblümten Redensarten, neuen Gedanken, sonderbaren Metaphoren, Gleichnissen und kurzgefaßten Sprüchen […]; die aber alle bey der Vernunft die Probe aushalten." Ebd., § 20, S. 440. Sie ist derart künstlich, dass sie selten eine Gattung dominiert: „Gar zu viel Licht blendet die Augen; gar zu starke Töne betäuben das Gehör, und gar zu sehr gewürtzte Speisen erwecken einen Ekel. Gar zu viel Zierrathe in Gedichten machen einen Leser auch überdrüßig, wenn sie unaufhörlich in diesem Zusammenhange fortgehen. Sollte aber ja noch eine Art seyn, wo sie am meisten brauchbar wäre, so müßte es ein Lobgedicht seyn, und zumal eine Heldenode." Ebd., S. 440 f. Und auch im Trauerspiel oder der Satire hat die für den Dichter anspruchsvolle sinnreiche Schreibart ihren Platz. Das mit ihr verfolgte Wirkungsziel ist die Belustigung. Vgl. ebd., § 11–13 und 20–22, S. 430–433 und 440–443.
414 Ebd., § 12, S. 432.
415 Vgl. ebd. sowie ebd., § 27, S. 448 f.
416 Vgl. ebd., §§ 28–31, S. 449–454. – Die Selbstaffizierung ist aber nicht für alle Gattungen im gleichen Maße erforderlich bzw. von Nutzen. Während bei der Ode „der Poet selbst im Affecte steht" (ebd., § 28, S. 449), hebt Gottsched (ebd., § 30, S. 452) für das Heldengedicht

Komplexität der Argumentation und die Gewichtung der Affekte klingen Gottscheds Ausführungen verhalten. Das ist jedoch nicht verwunderlich. Im Unterschied zu Bodmer und Breitinger wird die Selbstaffizierung nicht umfassend für die poetische Produktion veranschlagt, sondern nur für eine der drei Schreibarten, die pathetische. Gottscheds bevorzugte Schreibart ist aber die sinnreiche oder scharfsinnige, sie wird bei ihm als ‚hohe Schreibart' geführt, deren Ausdrücke „alle bey der Vernunft die Probe aushalten."[417] Die pathetische Schreibart kommt immer nur dann zum Einsatz, wenn eine im Affekt stehende Person das Wort erhebt und deren Schicksal das Publikum *rühren* soll. Aber auch in diesem Fall, so ist anzunehmen, muss gelten, was Gottsched im Kapitel zum Charakter der Poeten grundsätzlich postuliert hat. Der Affekt darf den Dichter und seine Vernunft nicht überwältigen.

Unabhängig davon, welchen Stellenwert Gottsched der Selbstaffizierung beimisst, erforderlich bleibt die durch die Einbildungskraft evozierte Täuschung. Auf der Lebhaftigkeit der Vorstellungen basiert die Affektbildung, auf Seiten des Produzenten wie des Rezipienten. Bei der Produktion ist die Lebhaftigkeit als Wirkungsziel generell leitend, denn, wie gesehen, will der Produzent ein lebhaftes Werk schaffen, muss er selbst getäuscht sein. Das Prinzip des *si vis me flere* gilt bei Gottsched prinzipiell in einer auf die Täuschung und die entsprechende Aktivität der Einbildungskraft, also auf die *evidentia* reduzierten Form. Die *evidentia*, bei Quintilian noch Mittel zum Zweck, gewinnt an Eigenständigkeit und mit ihr die Einbildungskraft. Sie steht nun nicht mehr im Dienste einer gezielten Affektproduktion. Mit der zu erzielenden Lebhaftigkeit wird zunächst die Grundlage geschaffen für die von Gottsched primär intendierten Wirkungsziele: der anschauenden Erkenntnis und ihrer Potenzierung, der oftmals, aber nicht in allen Fällen angestrebten Affekterregung beim Rezipienten.

Die erfolgreiche Wirkung des Werks steht aber auch in Abhängigkeit von der Einbildungskraft des Rezipienten, die im Ansatz bereits von Gottsched in ihrer wirkungsästhetischen Dimension wahrgenommen wird.[418] Im Gegensatz zum Maler, der „nur für die Augen mal[t]"[419], ist es dem Dichter vergönnt, „für alle Sinne"[420] auf Seiten des Rezipienten zu ‚malen'.[421] Denn

---

hervor, dass die pathetische Schreibart nur dann einzusetzen ist, wenn „Personen, die im Affecte stehen", eingeführt werden, hingegen „wenn der Poet selbst erzählet", die natürliche Schreibart zu wählen ist.
417 Ebd., § 20, S. 440. – Die Aufwertung des sinnreichen Stils durch Gottsched im Zuge seiner Longin-Rezeption beschreibt Till: Das doppelte Erhabene, S. 290–302.
418 Nur für Bodmer und Breitinger macht dies geltend Vietta: Literarische Phantasie, S. 134.
419 Gottsched: Critische Dichtkunst I (AW VI.1), Cap. IV, § 1, S. 195.
420 Ebd.
421 Was Willems (Anschaulichkeit, S. 293) für die Aufklärungspoetik allgemein statuiert hat, das gilt natürlich auch für Gottsched: „Wo immer sich die Aufklärungspoetik zum Nach-

für Gottsched verfügt die Einbildungskraft über mehr Freiheit bzw. Möglichkeiten im Moment der Rezeption von Dichtung, der Reproduktion der sprachlichen Zeichen, als im Fall der auf den Sehsinn wirkenden Malerei. Da ihrer Tätigkeit kein materielles Bild zugrunde liegt und das Auge nicht direkt angesprochen wird, kann die Einbildungskraft bei der Rezeption von Dichtung alle Arten von Sinneswahrnehmungen hervorrufen. Neben Farben und Figuren sind dies „Begriffe aller empfindlichen Dinge"[422] bis hin zu „innerliche[n] Bewegungen des Herzens und d[en] verborgensten Gedanken"[423]. Die naheliegende Idee, dass im Fall der Malerei die Einbildungskraft auf der Grundlage des im Bild Gezeigten auch von anderen Sinnen abhängige Einbildungen hervorbringt, wird von Gottsched nicht in Betracht gezogen. Es bleibt der Dichtung überlassen, mit Hilfe der Einbildungskraft die gleichen Empfindungen hervorzurufen, die die geschilderten Dinge vormals im Rezipienten produziert hatten, nur schwächer,[424] wobei gilt: „Je stärker also ein Ding unsere Sinne gerühret hat, desto lebhafter kann man sich hernach dasselbe vorstellen: ja man saget zuweilen, es sey uns nicht anders, als ob es uns noch vor Augen stünde."[425] Daher empfiehlt Gottsched, bezüglich der Metapher, „alles sinnlicher [zu] machen, als es im eigentlichen Ausdrucke seyn würde."[426] Alles, was auf die sinnlichen Wahrnehmungen verweist, auf Hören, Riechen, Schmecken, Fühlen und Sehen, wirkt besonders stark, denn „die meisten Sinne [wirken] sehr stark in die Seele"[427] und entsprechend kann die Einbildungskraft die vormals gehabten Empfindungen umso stärker reproduzieren. Und da gerade das Sehen eine besonders starke Wirkung entfaltet, „bey Empfindung des Lichts und der Farben sehr klare, von Figuren und Größen aber auch deutliche Begriffe [wirkt]", sind Wörter aus diesem Bereich von speziellem Nutzen und können „auch eine unsichtbare Sache gleichsam sichtbar machen"[428].

Wenn Gottsched die Deutlichkeit des poetischen Ausdrucks anmahnt, dann zielt das, wie gesehen, auf die direkte Rezeption des Werks durch die

---

ahmungsprinzip bekennt, wo sie es zu definieren, zu erläutern und in seinen Konsequenzen durchzuführen sucht, kann der Vergleich [...] nicht fehlen." Denn mit dem Verweis auf die *ut pictura poesis*-Doktrin soll auf das den Künsten gemeinsame Ziel der Vergegenwärtigung, der Illusionierung, verwiesen werden: „wie das Bild Abwesendes als gegenwärtig, Erfundenes als wirklich vorstellig macht, indem es die Sinne des Betrachters täuscht, so auch die Poesie, indem sie die Einbildungskraft des Lesers besticht."

422 Gottsched: Critische Dichtkunst I (AW VI.1), Cap. IV, § 1, S. 195.
423 Ebd., S. 195 f.
424 Vgl. Gottsched: Weltweisheit I (AW V.1), § 889, S. 518 f. Zum Verhältnis von Einbildung und Empfindungen vgl. auch Kap. I.2.1.
425 Gottsched: Weltweisheit I (AW V.1), § 888, S. 518.
426 Gottsched: Critische Dichtkunst I (AW VI.1), Cap. VIII, § 12, S. 331.
427 Ebd.
428 Ebd.

Einbildungskraft und auch auf die Stärke der Wirkung. Die Einbildungskraft kann nur vorstellen, was bereits empfunden wurde, das Wort kann nur wirken, wenn das von ihm Bezeichnete bereits zuvor auf die Seele gewirkt hat. Die Deutlichkeit des Ausdrucks, d.h. die Kenntnis seiner Bedeutung beim Rezipienten, stellt sicher, dass das Werk überhaupt wirken, sinnlich wirken kann. Im Hinblick auf den Rezeptionsprozess beachtenswert sind auch die bereits erläuterten Angaben zur Konstruktion der poetischen Periode, die auf sprachlicher Ebene denen zum Werk entsprechen. Auch sie haben zum Ziel, dass die Einbildungskraft ungestört arbeiten kann und „daß man die vorigen Stücke bey dem folgenden nicht aus dem Sinne verliert, und bey dem letzten nicht anders denkt, als ob nur eine einzige Eigenschaft, Bedingung, Ursache, Vergleichung oder Folgerung vorhanden gewesen wäre."[429] Die Teile werden von der Einbildungskraft des Rezipienten zu einem Ganzen gleich einem Bild zusammengesetzt. Mit der Deutlichkeit ist die Voraussetzung für eine lebhafte Wirkung geschaffen. Je deutlicher die Dichtung für den Rezipienten ist, desto stärker sind die von der Einbildungskraft hervorgebrachten Einbildungen, desto stärker ist die sinnliche Wirkung, der Eindruck, dem Geschilderten beizuwohnen – die Illusion.

Gottsched ist sich der Rezeptionsbedingungen bewusst, denn er weiß um die Möglichkeiten und die Schwierigkeiten der Einbildungskraft bei der Wahrnehmung der Welt und folglich auch des Kunstwerks. In der *Critischen Dichtkunst* reflektiert er den Rezeptionsprozess und bezieht ihn in seine werk- wie auch wirkungsästhetischen Ansätze ein. Es scheint, als ob von Gottsched, wenn er die psychologischen Voraussetzungen der Rezeption gezielt im Hinblick auf die Rezipienten-Einbildungskraft formuliert, vorbereitet wird, was vor dem Hintergrund der „trockene[n] Schlusskette"[430] im 16. Kapitel des *Laokoon* und der Forderung nach dem „bequeme[n] Verhältnis"[431] von Zeichen und Bezeichneten bei Lessing in der Aufhebung der willkürlichen Zeichen der Poesie im Moment der Rezeption gipfeln wird.

Im Kontext der *ut pictura poesis*-Doktrin entfaltet Lessing die von Gottsched verschiedentlich mitgedachten Rezeptionsbedingungen und -möglichkeiten der Einbildungskraft für die Poesie wie für die Malerei. Die Täuschung wird von ihm explizit als Wirkungsziel der Künste identifiziert – „beide täu-

---

429 Ebd., Cap. IX, § 6, S. 356. – Vgl. auch ebd., Cap. XI, § 1, S. 421.
430 Lessing: Laokoon (B V.2), S. 117.
431 Ebd., S. 116: „Ich schließe so. Wenn es wahr ist, daß die Malerei zu ihren Nachahmungen ganz andere Mittel, oder Zeichen gebrauchet, als die Poesie; jene nemlich Figuren und Farben in dem Raume, diese aber artikulierte Töne in der Zeit; wenn unstreitig die Zeichen ein bequemes Verhältnis zu dem Bezeichneten haben müssen: So können neben einander geordnete Zeichen, auch nur Gegenstände, die neben einander, oder deren Teile neben einander existieren, auf einander folgende Zeichen aber, auch nur Gegenstände ausdrücken, die auf einander, oder deren Teile auf einander folgen."

schen, und beider Täuschung gefällt"⁴³² –, und die poetische Produktion trägt dem Rechnung mit der Schaffung eines Ganzen,⁴³³ dessen Teile die Einbildungskraft „alle gleich schnell überlaufen können [muß], um sich das aus ihnen mit eins zusammen zu setzen, was in der Natur mit eins gesehen wird."⁴³⁴ Soll das Werk sinnlich wirken, muss die Einbildungskraft das Werk fassen können, müssen Zeichen und Bezeichnetes ein „bequemes Verhältnis" haben.⁴³⁵ In der geglückten Illusion wird die Rede zur Poesie, wenn der Poet „die Ideen, die er in uns erwecket so lebhaft mach[t], daß wir in der Geschwindigkeit die wahren sinnlichen Eindrücke ihrer Gegenstände zu empfinden glauben, und in diesem Augenblicke der Täuschung, uns der Mittel, die er dazu verwendet, seiner Worte bewußt zu sein aufhören."⁴³⁶ Sicher, Lessing geht entschieden über Gottscheds Konzeption der Einbildungskraft hinaus, wenn er die assoziative Fähigkeit der Einbildungskraft als *imaginatio combinatoria* nicht nur für die Produktion, sondern auch für die Rezeption von Malerei veranschlagt und der Einbildungskraft des Rezipienten „freies Spiel"⁴³⁷ lässt: „Je mehr wir sehen, desto mehr müssen wir hinzu denken können. Je mehr wir darzu denken, desto mehr müssen wir zu sehen glauben."⁴³⁸ Angesichts der Tatsache, dass bereits Gottsched die Einbildungskraft des Rezipienten in der *Critischen Dichtkunst* mitdenkt, erscheint dieser Schritt aber nicht mehr ganz so revolutionär.

---

432 Ebd., S. 13.
433 Vgl. Kap. III.1.4.
434 Lessing: Laokoon (B V.2), S. 126.
435 Lessing (ebd., S. 127) legt hiermit den Grundstein, um die durch die Schilderung von Körpern charakterisierte Beschreibungspoesie und die Allegorie als Techniken der bildenden Künste aus der Poesie auszuschließen. „[W]eil dergleichen wörtlichen Schilderungen der Körper das Täuschende gebricht, [...] weil das Coexistierende des Körpers mit dem Consecutiven der Rede dabei in Collision kömmt", kann die Rede, die „ein körperliches Ganze nach seinen Teilen [...] schilder[t]", nicht poetisch sein. Das „bequeme Verhältnis" ist nicht gegeben, die Illusionsschaffung gestört. Zum ‚bequemen Verhältnis' vgl. Karlheinz Stierle: Das bequeme Verhältnis. Lessings *Laokoon* und die Entdeckung des ästhetischen Mediums. In: Das Laokoon-Projekt. Pläne einer semiotischen Ästhetik. Hg. von Gunter Gebauer. Stuttgart 1984, S. 23–58.
436 Lessing: Laokoon (B V.2), S. 124. – „Lessings Grundlegung der Illusionsästhetik" erläutert Alt: Aufklärung, 102–115. Lessings Theorie der Illusionsbildung steht ebenfalls im Zentrum der *Laokoon*-Lektüren von Wellbery: Lessing's *Laocoon*, S. 99–227 sowie von Inka Mülder-Bach: Im Zeichen Pygmalions. Das Modell der Statue und die Entdeckung der „Darstellung" im 18. Jahrhundert. München 1998, S. 25–48. Zu Lessings Illusionsverständnis im zeitgenössischen Kontext vgl. Haßelbeck: Illusion und Fiktion, zum *Laokoon* vgl. insbesondere S. 112–119. Einen Fokus auf die Illusionsbildung im Drama legt Horst S. Daemmrich: Illusion: Möglichkeiten und Grenzen eines Begriffs. In: Lessing Yearbook I (1969), S. 88–98.
437 Lessing: Laokoon (B V.2), S. 124.
438 Ebd.

Dubos oder das Urteilsvermögen der Schönheit: Geschmack – ein sinnliches Vermögen des Verstandes?

Im dritten Kapitel des ersten Teils der *Critischen Dichtkunst* erläutert Gottsched, was er sich unter dem „guten Geschmacke eines Poeten"⁴³⁹ vorstellt. Der Geschmack ist „der von der Schönheit eines Dinges nach der bloßen Empfindung richtig urtheilende Verstand, in Sachen, davon man kein deutliches und gründliches Erkenntniß hat."⁴⁴⁰ Der gute Geschmack der Poesie, so präzisiert Gottsched weiter, ist „eine Geschicklichkeit, von der Schönheit eines Gedichtes, Gedankens oder Ausdruckes richtig zu urtheilen, die man größtentheils nur klar empfunden, aber nach den Regeln selbst nicht geprüfet hat."⁴⁴¹ Welch große Bedeutung Gottsched dieser Geschicklichkeit zumaß, zeigt bereits, dass er ihr eigens ein Kapitel in seiner Abhandlung einräumte.⁴⁴² Hierzu veranlasst sah er sich auch aufgrund der angeregten Geschmacksdebatte, die seine Zeitgenossen unter anderem in Frankreich oder England führten.⁴⁴³ Gottsched selbst verwies auf Charles Rollin und auf Dubos.⁴⁴⁴ Letzterer hatte in seinen 1719 erschienenen *Réflexions critiques sur la poésie et sur la peinture* eine ausgefeilte Geschmackstheorie entwickelt, die in Deutschland zuerst von Johann Ulrich König in seiner 1727 erschienenen *Untersuchung von dem guten Geschmack in der Dicht- und Rede-Kunst* intensiv rezipiert wurde. Königs Ausführungen wiederum gelten als Ausgangspunkt von Gottscheds Theorie des Geschmacks.⁴⁴⁵ Dass Gottsched sich direkt oder

---

439 Gottsched: Critische Dichtkunst I (AW VI.1), Cap. III, S. 169. So die Kapitelüberschrift.
440 Ebd., § 9, S. 174.
441 Ebd., § 11, S. 176.
442 Gottscheds Geschmacksbegriff wurde ausgiebig diskutiert. Von den oben bereits angeführten Gesamtdarstellungen vgl. insbesondere Grimm: Literatur und Gelehrtentum, S. 667–670; Freier: Kritische Poetik, S. 123–130; Wetterer: Publikumsbezug und Wahrheitsanspruch, S. 128–135. Vgl. zudem Baeumler: Irrationalitätsproblem, S. 66–76; Gabler: Geschmack und Gesellschaft, S. 241–279; Haubrich: „Schönheit" und „Vollkommenheit", S. 226–238; Wilhelm Amann: „Die stille Arbeit des Geschmacks". Die Kategorie des Geschmacks in der Ästhetik Schillers und in den Debatten der Aufklärung. Würzburg 1999, S. 254–265; Dominik Brückner: Geschmack. Untersuchungen zu Wortsemantik und Begriff im 18. und 19. Jahrhundert. Gleichzeitig ein Beitrag zur Lexikographie von Begriffswörtern. Berlin 2003, S. 30–34; Dehrmann: Das „Orakel der Deisten", S. 165–176, insbesondere S. 171–176 sowie Raatz: Aufklärung als Selbstdeutung, S. 245–254.
443 Vgl. Freier: Kritische Poetik, S. 111. – Zur Einführung des Geschmackskonzepts in die deutsche Diskussion, den zeitgenössischen Geschmackstheorien und ihren Vorläufern vgl. Gabler: Geschmack und Gesellschaft, S. 33–47; Brückner: Geschmack, S. 13–57 sowie Amann: „Die stille Arbeit des Geschmacks", S. 180–310. Letzterer beleuchtet auch die moralische Dimension des Geschmacks.
444 Vgl. Gottsched: Critische Dichtkunst I (AW VI.1), Cap. III, § 1, S. 169.
445 Vgl. Freier: Kritische Poetik, S. 118–123; Dehrmann: Das „Orakel der Deisten", S. 165–171 und 174–176 sowie Amann: „Die stille Arbeit des Geschmacks", S. 248–259. Dehrmann nimmt auch die Rezeption Shaftesburys bei König und Gottsched in den Blick. Amann

2 Gottsched: Sinnlichkeit in der *Critischen Dichtkunst* 301

indirekt, vermittelt durch König, mit den Positionen Dubos' auseinandergesetzt hat, ist angesichts der Vielzahl von intertextuellen Verweisen evident;[446] ebenso, dass er weder in allen Punkten mit dessen Überlegungen noch seiner Vorbildung zufrieden war:

> Diesen [Geschmack, O.K.S.] aber zu bestimmen, das ist nicht eines jeden Werk. Wem es damit gelingen soll, der muß erstlich die Kräfte der menschlichen Seelen, und sonderlich die Wirkungen des empfindenden und urtheilenden Verstandes aus der Weltweisheit verstehen. Hernach muß er eine Fertigkeit in der Vernunftlehre besitzen: so, daß er fähig ist, sich von jedem vorkommenden Dinge und Ausdrucke, nach den logischen Regeln, eine gute Erklärung zu machen. Endlich muß er sich auch in der Poesie, oder andern Künsten, davon etwa die Rede ist, wohl geübet haben. Ohne diese drey Stücke wird die Beschreibung des guten Geschmacks nicht zum besten gerathen können. Da es nun denen Franzosen, die bisher davon geschrieben, entweder an zweyen, oder doch zum wenigsten an einem von diesen dreyen Stücken gefehlet hat: so ist es auch kein Wunder, daß sie weder mit einander eins werden, noch uns Deutschen ein besseres Licht haben anzünden können.[447]

Wie schwierig sich die Annäherung an den Geschmacksbegriff selbst dann gestaltet, wenn man die hier formulierten Anforderungen erfüllt bzw. zu erfüllen vermeint, davon zeugen Gottscheds eigene Ausführungen zum Geschmack.

Bereits an den eingangs zitierten Bestimmungen des Geschmacks zeigen sich die Herausforderung einer Geschmacksdefinition und das subversive Potential der Geschmackskategorie, die Ausrichtung der Gottschedschen Poetik an der Vernunft zu sprengen. Ganz grundsätzlich charakterisiert Gottsched den Geschmack als Urteilsvermögen, das dem Verstand zugeordnet wird, obwohl die dem Urteil zugrunde liegende Erkenntnis keine deutliche, sondern lediglich eine klare, den Grad der Deutlichkeit nicht errei-

---

geht auch auf Königs Rezeption der Geschmackstheorie Dubos' ein. So auch Martino: Geschichte der dramatischen Theorien, S. 55f. Von der negativen Entwicklung der Beziehung Gottscheds zu König zeugt die Geschmacksdiskussion in den verschiedenen Auflagen der *Critischen Dichtkunst*. Vgl. Alfred Pelz: Die vier Auflagen von Gottscheds Critischer Dichtkunst in vergleichender Betrachtung. Ein Beitrag zur Geistesgeschichte. Breslau 1929, S. 13–19.

446 Dass Gottsched seinen Geschmacksbegriff in der Auseinandersetzung mit Dubos entwickelt hat, davon gehen ebenfalls aus Baeumler: Irrationalitätsproblem, S. 68; Wölfel: Moralische Anstalt, S. 60–65 sowie Wetterer: Publikumsbezug und Wahrheitsanspruch, S. 129. Letztere geht jedoch hierauf nicht näher ein. Baeumler (Irrationalitätsproblem) macht in diesem Zusammenhang Gottscheds Abwehr gegenüber Dubos' „Theorie des extremen Sentimentalismus" (ebd., S. 68) stark und hebt im Hinblick auf Kant die Idee des Geschmacks als ‚urteilenden Verstand' hervor. Vgl. ebd., S. 72–75. Wölfel (Moralische Anstalt) verweist auf die im Vergleich mit Frankreich ‚zurückgebliebenen' „literatursoziologischen Bedingungen in Deutschland" (ebd., S. 65), die eine Ausrichtung der Kunsttheorie am „ästhetische[n] Subjekt" (ebd., S. 64) unmöglich machten.

447 Gottsched: Critische Dichtkunst I (AW VI.1), Cap. III, § 2, S. 169f.

chende ist. Die Fähigkeit zu urteilen bleibt für Gottsched auch bei lediglich sinnlicher Erkenntnis zunächst eine dem Verstand vorbehaltene Operation. Die Zuordnung des Geschmacks zum Verstand ist – entgegen dem Urteil Gunter Grimms – durchaus bemerkenswert,[448] wie schon Georg Friedrich Meier in seiner *Beurtheilung der Gottschedischen Dichtkunst* (1747) anmerkte.[449] Neben das auf „Wissenschaft und Einsicht"[450] beruhende und damit in vernünftiger Erkenntnis gegründete Urteil tritt das des Geschmacks, und zwar nicht nur als „Vorstufe"[451] der Beurteilungskraft, sondern als künstlerisches Vermögen mit einem ihm eigenen Wirkungsbereich und der Schönheit als eigenem Gegenstand.[452] Die von diesen beiden gefällten (Verstandes-)Ur-

---

448 In Absetzung von Herrmann (Naturnachahmung und Einbildungskraft, S. 121), der vermutet, dass Gottsched „[aus Verlegenheit] den Geschmack zum Verstand zähl[t]", sieht Grimm (Literatur und Gelehrtentum, S. 667) in „Gottscheds Zuordnung des Geschmacks zum Verstand keineswegs eine Verlegenheitslösung", da er die sinnliche Qualität der dem Geschmack zugrunde liegenden Erkenntnis zunächst unberücksichtigt lässt. An anderer Stelle hebt Grimm (ebd., S. 668) aber durchaus hervor, dass der Geschmack nicht auf eine deutliche Erkenntnis zurückgreift. Gegen die Vermutung von Falkenhagen (Werte der Dichtung, S. 64 f.), Gottsched verwende den Begriff ‚Verstand' in seiner weiteren, das ganze Erkenntnisvermögen umfassenden Verwendung, steht nicht nur Gottscheds eigener Gebrauch von ‚Verstand', sondern vor allen Dingen auch seine Zuordnung des Geschmacks zu den oberen Erkenntnisvermögen in der *Weltweisheit*. Vgl. hierzu Kap. I.2.2. Zur Sinnlichkeit des Geschmacks vgl. auch die Definition des Geschmacks in Gottsched: Weltweisheit I (AW V.1), § 929, S. 531. Herv. i. O.: „Wenn man in zusammengesetzten Begriffen viel übereinstimmendes wahrzunehmen vermeynet; selbiges aber nicht deutlich aus einander setzen, oder die Regeln der Vollkommenheit, die darinn befindlich sind, erklären kann: so urtheilet man, *ein Ding sey schön*: wie wir im Gegenfalle dasselbe für häßlich halten. Diese Kraft der Seele, von einer klar empfundenen Vollkommenheit oder Unvollkommenheit zu urtheilen, heißt *der Geschmack*." Auch die Definition der Schönheit als Gegenstand des Geschmacks verweist auf die Sinnlichkeit desselben: „Wenn eine solche Vollkommenheit in die Sinne fällt, und, ohne deutlich eingesehen zu werden, nur klar empfunden wird, so heißt sie eine *Schönheit*." Ebd., § 256, S. 239. Herv. i. O.
449 Georg Friedrich Meier: Beurtheilung der Gottschedischen Dichtkunst. Halle 1747. Nachdruck: Hildesheim, New York 1975, S. 70: „Nun verstehen aber die Weltweisen durch den Verstand, das Vermögen deutliche Vorstellungen zu machen. Folglich, wo der Verstand würcksam seyn soll, müssen nicht blosse Empfindungen da seyn, die undeutlich sind. Ein Verstand demnach, der nach der blossen Empfindung urtheilt, in Sachen, davon man kein deutliches Erkenntniß hat, ist etwas widersprechendes."
450 Gottsched: Critische Dichtkunst I (AW VI.1), Cap. III, § 8, S. 173.
451 So Grimm: Literatur und Gelehrtentum, S. 668. Auch Freier (Kritische Poetik, S. 123–125) betonte bereits die „Behelfsmäßigkeit und Vorläufigkeit der Geschmacksurteile" (ebd., S. 125).
452 Schönheit ist die sinnlich wahrgenommene, nicht-deutlich erkannte Vollkommenheit. Zu Recht hat daher bereits Wetterer (Publikumsbezug und Wahrheitsanspruch, S. 133, Anm. 133) darauf hingewiesen, „daß sich mit dem Übergang vom Geschmacksurteil zur vernünftigen Einsicht der Gegenstand des Urteilens verändert: sobald die Ebene der bloßen Empfindung verlassen wird, gilt es nicht mehr, ein Urteil über die Schönheit abzugeben, sondern eines über die dieser zugrunde liegende […] Vollkommenheit." Dass Gottsched dem Geschmack Autonomie zugesteht, wird besonders an der von ihm bevorzugten scharfsinnigen Schreibart

teile können, müssen aber nicht übereinstimmen.[453] Ist letzteres der Fall, irrt der auf sinnlicher Erkenntnis basierende Geschmack, und damit dann aber auch der Verstand. Dass dies mit der Erkenntnislehre Wolffs wie seiner eigenen nicht in Einklang zu bringen ist, müsste Gottsched aufgefallen sein. Seine Ratlosigkeit, welchem Vermögen der Geschmack zuzuordnen sei, hat er jedenfalls zum Ausdruck gebracht:

> Ich rechne zuförderst den Geschmack zum Verstande; weil ich ihn zu keiner andern Gemüthskraft bringen kann. Weder der Witz noch die Einbildungskraft, noch das Gedächtniß, noch die Vernunft, können einigen Anspruch darauf machen. Die Sinne haben aber auch kein Recht dazu, man müßte denn einen sechsten Sinn, oder den *sensuum communem*, davon machen wollen; der aber nichts anders ist, als der Verstand.[454]

Die Idee des Geschmacks als sechster Sinn führt zurück zu dem von Gottsched kritisierten Dubos.[455] In seinen *Réflexions critiques* spricht auch er vom ‚sechsten Sinn', dem „sixième sens"[456], und verweist ebenfalls auf die Sinne (Auge, Ohr und Geschmack). Doch bei Dubos steht nicht der ästhetische Geschmack im Zentrum, sondern sein Fundament: das *sentiment*. Obgleich eng an die Sinnesorgane und ihre Wahrnehmung gebunden, ist das *sentiment* selbständig in der ästhetischen Erfahrung wie seiner Bewertung und entscheidet unabhängig von rationalen Instanzen, ob das Werk die zu erzielende Wirkung – bei Dubos ist dies die Rührung – erreicht. Es fühlt und urteilt

---

deutlich. Zu ihr heißt es in der *Critischen Dichtkunst* I, Cap. XI, § 22, S. 443: „Es ist nirgends leichter, Fehltritte zu thun, als hier; denn es kömmt mehr auf den Geschmack, als auf Regeln hier an." Till (Das doppelte Erhabene, S. 300–302) hat darauf aufmerksam gemacht, dass hier der Geschmack nicht nur vor die Kenntnis und Anwendung von Regeln, sondern geradezu in Opposition zu diesen tritt, wenn im Zuge der Longin-Rezeption das *je ne sais quoi* des Geschmacks aufgerufen wird. Auch wenn der Geschmack bei Gottsched grundsätzlich nicht im Widerspruch zu den Regeln steht, wird an dieser Stelle noch einmal deutlich, dass er in einer ihm eigenen Weise die Schönheit erkennt und daher für den künstlerischen Prozess unabdingbar ist. Bei diesem übernimmt er eine ihm vorbehaltene Aufgabe.

453 Vgl. Gottsched: Critische Dichtkunst I (AW VI.1), Cap. III, § 8, S. 173f.
454 Ebd., § 9, S. 175. Herv. i.O.
455 Zu ästhetischem Urteil, Geschmack und Kritik bei Dubos vgl. Baeumler: Irrationalitätsproblem, S. 49–56; Teuber: Die Kunstphilosophie des Abbé Dubos, S. 403–405; Lombard: L'abbé Du Bos, S. 225–238; Wölfel: Moralische Anstalt, S. 60–62; Becq: Genèse de l'esthétique française moderne, S. 243–265; Amann: „Die stille Arbeit des Geschmacks", S. 241–248; Dumouchel: Les voies du sentiment, S. 25–35 sowie Daniel Dumouchel: Sentiment, cœur, raison: l'évaluation esthétique selon Du Bos. In: Dauvois, Dumouchel (Hg.): Vers l'esthétique, S. 85–108. Nicht zutreffend ist Amanns („Die stille Arbeit des Geschmacks", S. 241) Reduktion der Komplexität von Dubos' Ästhetik durch die Einschätzung, im Mittelpunkt der *Réflexions* stünde „eine Untersuchung des Vergnügens an schrecklichen Gegenständen".
456 Du Bos: Réflexions critiques, II, Sect. 22, S. 426.

zugleich, unmittelbar und intuitiv, ohne die Regeln zu kennen, ohne zu räsonieren. Das *sentiment* ist angeboren, universell und in seinem Urteil unfehlbar.[457] Über die Intensität der Wirkung hingegen entscheidet der Geschmack als *goût naturel*, der in Abhängigkeit von der Physiologie des einzelnen wie auch den kulturellen und klimatischen Bedingungen das *sentiment* zu einem persönlichen Standpunkt ausbaut.[458] Eine Erweiterung erfährt diese grundlegende Konzeption des Geschmacks als *goût de comparaison*. Das Urteil dieses ‚vergleichenden Geschmacks' ist durch die Erfahrung und das Wissen des Rezipienten geprägt. Seine Ausbildung ist nicht normativ, sondern gründet in der Erfahrung, der Kenntnis anderer Werke:

> Ce goût se forme en nous-mêmes, et sans que nous y pensions. À force de voir des tableaux durant la jeunesse, l'idée, l'image d'une douzaine d'excellents tableaux se grave et s'imprime profondément dans notre cerveau encore tendre. Or ces tableaux qui nous sont toujours présents, dont le rang est certain et dont le mérite est décidé [s]ervent, s'il est permis de parler ainsi de pièces de comparaison qui donnent le moyen de juger sainement à quel point l'ouvrage nouveau qu'on expose sous nos yeux approche de la perfection où les autres peintres ont atteint, et dans quelle classe il est digne d'être placé.[459]

Das *sentiment* ist auch beim *goût de comparaison* die Basis, allein das lediglich im Gefühl gegründete Urteil ist nicht ausreichend, soll das einzelne Werk im Reigen der Kunstwerke eingeordnet werden. Nur dem, der über den *goût de comparaison* verfügt, kommt es zu, den Rang eines Werks zu bestimmen, doch nicht jeder besitzt ihn, wie Dubos nachdrücklich betont und so die Gruppe derer, die über den Wert eines Kunstwerks entscheiden können, auf das gebildete Publikum einschränkt.[460]

Gerade Dubos' innovatives Konzept des *public* ist im Hinblick auf Gottsched von Interesse, insofern er hier den *gens du métier*, den Künstlern und Kunstkritikern, die Figur des *ignorant*, des Nichtwissenden, gegenüberstellt. Dessen einzige Beziehung zur Kunst besteht in seiner Existenz als Zuschauer bzw. -hörer und Leser, sein Urteil steht aber über dem des Kunstkenners. Das *sentiment* bzw. die *sensibilité* der Kunstexperten ist durch den stetigen Kunstkontakt bereits derart manipuliert, ja geradezu ‚abgenutzt' (*usée*), dass es zu einem adäquaten Urteil untauglich geworden ist. Das Urteil wird oftmals nicht empfunden, sondern mittels der Diskussion gewonnen, und zudem, so Dubos, ist der Kunstkenner voreingenommen, hegt Präferenzen

---

457 Vgl. ebd., S. 426–429; II, Sect. 24, S. 442 sowie Sect. 34, S. 505–507.
458 Vgl. ebd., I, Sect. 49, S. 264; II, Sect. 29, S. 459.
459 Ebd., S. 462 f.
460 Vgl. ebd., Sect. 22, S. 430 f.

für die eine oder die andere Stilrichtung.⁴⁶¹ Die Vorrangstellung des *ignorant* entspricht dem von Dubos ausgegebenen Wirkungsziel der Rührung und unterstreicht die Autonomie des *sentiment* wie auch seine Dominanz gegenüber Regelkenntnis und Vernunft. Letztere dient in Dubos' Augen lediglich dazu, das Urteil zu begründen.⁴⁶²

Eine derartige Abwertung der Regeln, der Vernunft und vor allen Dingen des Kritikers, des Kunstkenners, konnte Gottsched selbstredend nicht unwidersprochen lassen. Verwunderlich ist es daher nicht, dass es ihn offenkundig danach verlangte, Dubos die Befähigung zu einer Definition des Geschmacks abzusprechen und so seiner Zurücksetzung der Vernunft die fachliche Grundlage zu entziehen. Nicht zu übersehen sind aber auch die Überschneidungen der beiden Positionen, die Anlass dazu geben, den bisweilen konstatierten „Antagonismus"⁴⁶³ zu relativieren. Gottscheds ostentative Zurückweisung des Dubos'schen Geschmacks mündet nicht zwingend in eine grundsätzlich widerstreitende Geschmackskonzeption, ganz im Gegenteil: Auch wenn Gottsched Shaftesbury als seinen Gewährsmann für Kritik und Geschmack aufruft, lässt sich sein Geschmacksbegriff zu weiten Teilen über Dubos erschließen.⁴⁶⁴ Es scheint, als ob Gottsched in seiner Geschmackskonzeption das Ideal der Kritik, wie er es bei Shaftesbury zu finden meint, mit der Geschmackskonzeption Dubos' zu vereinen sucht, ohne jedoch dem *sentiment* bzw. der Empfindung ihren eigenen Platz zukommen zu lassen. Auch bei Gottsched ist das Urteil des Geschmacks in der Sinnlichkeit gegründet, einzig auf der Grundlage der Empfindung wird das Urteil gefällt.⁴⁶⁵ Der Geschmack ist angebo-

---

461 Vgl. ebd., Sect. 24, S. 444; Sect. 25, S. 445–449; Sect. 26, S. 449–452. – Eine Sonderstellung weist Dubos (ebd., Sect. 25, S. 445) dem seltenen Typus des genialen Künstlers zu: „Il est quelques artisans beaucoup plus capables que le commun des hommes de porter un bon jugement sur les ouvrages de leur art. Ce sont les artisans nés avec le génie de cet art, toujours accompagné d'un sentiment bien plus exquis que n'est celui du commun des hommes. Mais un petit nombre d'artisans est né avec du génie, et par conséquent avec cette sensibilité ou cette délicatesse d'organes supérieure à celle que peuvent avoir les autres, et je soutiens que les artisans sans génie jugent moins sainement que le commun des hommes, et si l'on veut, que les ignorants."
462 Vgl. ebd., Sect. 22, S. 425.
463 Zelle: „Angenehmes Grauen", S. 305.
464 Vgl. Gottsched: Critische Dichtkunst I (AW VI.1), u.a. Cap. III, § 3, S. 145 sowie ebd. die Anm. zu § 12, S. 177. – Dehrmann (Das „Orakel der Deisten", S. 171–174) hat die Patenschaft Shaftesburys für Gottscheds Geschmackskonzeption betont, aber auch auf entscheidende Abweichungen aufmerksam gemacht, die, wie zum Beispiel die Reduktion des Geschmacks auf den Bereich des Schönen, meines Erachtens mit dem Dubos'schen Geschmack übereinstimmen.
465 Vgl. Gottsched: Critische Dichtkunst I (AW VI.1), Cap. III, § 9, S. 174.

ren,⁴⁶⁶ sein alleiniger Gegenstand ist die Schönheit bzw. die wie bei Dubos bestimmende Frage, „ob uns etwas gefällt oder nicht"⁴⁶⁷. Das, was Gottsched „Wohlgefallen"⁴⁶⁸ nennt, ist bei Dubos die Rührung. Beides sind Formen der Lust bzw. des *plaisir*. Der Geschmack entscheidet bei Dubos wie bei Gottsched direkt und ohne deutliche Erkenntnis, die Kenntnis der Regeln ist nicht erforderlich. Der Geschmack kann beim Künstler wie beim Rezipienten an die Stelle der Regeln treten.⁴⁶⁹ Auch wer die Regeln nicht kennt, kann durchaus in der Lage sein, das Werk zu beurteilen oder zu schaffen.⁴⁷⁰ Nur: Für Gottsched ist im Gegensatz zum Dubos'schen *sentiment* das Urteil des Geschmacks nicht unfehlbar. Es gilt: „*Derjenige Geschmack ist gut, der mit den Regeln übereinkömmt, die von der Vernunft, in einer Art von Sachen, allbereit fest gesetzet worden.*"⁴⁷¹ Jeder hat Geschmack, doch nicht jeder hat *guten* Geschmack.

Gesteht Dubos mit dem *sentiment* jedwedem die Kompetenz zu, einzig und allein aufgrund der Wirkung ein erstes durchaus valables Urteil zu fällen, fordert Gottsched die Ausbildung des Geschmacks bzw. der Empfindung – Gottsched, wie gleich noch zu sehen sein wird, differenziert hier nicht in gleicher Weise wie Dubos – von Kindesbeinen an. Der Geschmack muss bei jedem geübt werden, denn die Sinnlichkeit ist trügerisch und durch falsche Vorbilder und Beispiele kann selbst der Begabteste fehlgeleitet werden. Hat sich eine schlechte Gewohnheit, ein schlechter Geschmack, erst einmal durchgesetzt, dann ist das nicht ohne weiteres zu ändern.⁴⁷² Doch wie erlernt man ‚guten Geschmack'?

> Ja wenn man ihnen [den jungen Leuten] gleich nicht die Gründe des guten Geschmackes und die Quellen wahrer Schönheiten entdecken und begreiflich machen kann; weil sie etwa nicht studiret haben, oder sonst die gehörige Fähigkeit nicht besitzen: so lernen sie doch aus der bloßen Empfindung endlich recht urtheilen. Man darf ihnen nur etwas Schönes zeigen, und sie aufmerksam darauf machen: so gleich werden sie es gewahr.⁴⁷³

---

466 Vgl. ebd., § 12, S. 177. – Die Aussage Dehrmanns (Das „Orakel der Deisten", S. 171 f. und 174), für Gottsched sei der Geschmack kein angeborenes Vermögen, trifft lediglich auf den guten Geschmack zu.
467 Gottsched: Critische Dichtkunst I (AW VI.1), Cap. III, § 10, S. 175.
468 Ebd.
469 Zur damit einhergehenden Aufwertung des Urteils des Laien bei Gottsched vgl. Freier: Kritische Poetik, S. 128–130.
470 Vgl. Gottsched: Critische Dichtkunst I (AW VI.1), Cap. III, § 11, S. 176.
471 Ebd., § 10, S. 176. Herv. i. O.
472 Vgl. ebd., § 27, S. 191.
473 Ebd., § 28, S. 192.

2 Gottsched: Sinnlichkeit in der *Critischen Dichtkunst*

Ist der Weg über die Vernunft versperrt, dann wird die Empfindung geübt, dann sind „Poeten von gutem Geschmacke zu lesen"[474]: Terenz, Vergil und Horaz, Petrarca und Tasso, Malherbe, Corneille, Boileau, Racine, Molière, La Motte und Rousseau, Heinsius und Cats, Opitz, Dach, Fleming, Canitz, Besser ... – ihre Werke sind nur einige der „Muster, die man jungen Leuten vorlegen muß"[475], „Muster", die nach den unverrückbaren, da universellen Prinzipien der Schönheit gestaltet sind.

Gottsched geht von einem universellen, über die Zeiten und Kulturen hinweg konstanten Schönheitsbegriff aus und weist den Einfluss von Zeit, Ort und Klima, der bei Dubos den *goût naturel* mitbestimmt, wie auch die Vorstellung von der grundsätzlichen Unfehlbarkeit der ungebildeten Empfindung, des bloßen *sentiment*, zurück. Er preist die Vorbildhaftigkeit der Griechen.[476] Sie sei zum einen ihrer Klugheit geschuldet, zum anderen der Tatsache, dass sie „die Erfinder aller freyen Künste und Wissenschaften"[477] seien. Als solche gelten Gottsched die Griechen als die ersten, die sich mit den Regeln der Schönheit auseinandergesetzt und sie in ihren Werken angewendet haben. Universell und konstant sind diese Regeln für Gottsched, da sie in der Natur und ihrer Vollkommenheit begründet sind:

> Die Schönheit eines künstlichen Werkes, beruht nicht auf einem leeren Dünkel; sondern sie hat ihren festen und nothwendigen Grund in der Natur der Dinge. Gott hat alles nach Zahl, Maaß und Gewicht geschaffen. Die natürlichen Dinge sind an sich selber schön: und wenn also die Kunst auch was schönes hervorbringen will, so muß sie dem Muster der Natur nachahmen. Das genaue Verhältniß, die Ordnung und richtige Abmessung aller Theile, daraus ein Ding besteht, ist die Quelle aller Schönheit. Die Nachahmung der vollkommenen Natur, kann also einem künstlichen Werke die Vollkommenheit geben, dadurch es dem Verstande gefällig und angenehm wird: und die Abweichung von ihrem Muster wird allemal etwas ungestaltes und abgeschmacktes zuwege bringen.[478]

Als feste Größe ist Schönheit unveränderlich und daher können die dem Schönheitsprinzip entsprechenden Werke der Antike für Gottsched auch nicht an Aktualität verlieren. Gottscheds Lob auf die Antike ist in einem universellen, zeitlosen, aber nicht unproblematischen Schönheitsverständnis begründet. Dementsprechend fällt sein Fazit in Fragen der Geschmacksbildung aus: „[E]in Poet [habe] sich an den Geschmack seiner Zeiten und

---

474 Ebd., § 18, S. 182.
475 Ebd.
476 Vgl. ebd., § 19–24, S. 183–187. – Doch auch für Gottsched sind nicht alle Werke der Griechen als vorbildhaft einzustufen. Vgl. hierzu Wetterer: Publikumsbezug und Wahrheitsanspruch, S. 24 f.
477 Gottsched: Critische Dichtkunst I (AW VI.1), Cap. III, § 22, S. 185.
478 Ebd., § 20, S. 183 f.

Oerter nicht zu kehren, sondern den Regeln der Alten und den Exempeln großer Dichter zu folgen"[479]. Gleiches gilt für den Rezipienten.

Den Geschmack bzw. die Empfindung gilt es durch Werke zu trainieren, die die Schönheit der Natur erfolgreich nachahmen. Guten Geschmack zu haben heißt nicht zwangsläufig, die Regeln zu kennen, „nur die, welche ihn wieder herstellen wollen, müssen die Regeln der freyen Künste einsehen, darinnen sie etwas verbessern wollen."[480] Der Kritiker muss, der Künstler und der Rezipient guten Geschmacks können die Regeln kennen. Es ist das Dubos'sche *sentiment*, das ausgebildet werden *muss*. Ähnlich Dubos, der nur das Urteil des *goût de comparaison* über das der Kunstkenner stellt, will Gottsched nur einem Geschmack vertrauen, der auf ähnliche Weise wie der Dubos'sche *goût de comparaison* gebildet wurde – ohne aber, wie Dubos es grundsätzlich tut, *sentiment* und *goût naturel* als verlässliche Urteilsinstanzen anzuerkennen. Denn bei Gottsched ist das Wohlgefallen, die Lust, die das Kunstwerk im Rezipienten auslöst, lediglich eine anschauende und damit sinnliche Erkenntnis der Vollkommenheit des Werks, seiner Schönheit. Doch kann Lust bekanntlich auch aufgrund einer vermeintlichen Vollkommenheit und damit einer vermeintlichen Schönheit entstehen.[481] Anders als für Dubos ist das durch das Werk ausgelöste Wohlgefallen für Gottsched nie ein sicheres Merkmal der Schönheit oder des Rangs eines Werks. Zwar gilt für Dubos und Gottsched, dass schön ist, was rührt bzw. gefällt, doch während für Dubos ein Werk erst dann schön ist, wenn es den Rezipienten rührt, Rührung folglich eine notwendige Bedingung von Schönheit darstellt,[482] ist das von Gottsched beschriebene Wohlgefallen lediglich ein Indiz der Möglichkeit von wahrer Schönheit. Die Sinnlichkeit muss geübt werden, damit keine vermeintliche Vollkommenheit zur Schönheit deklariert wird. Dass Gottsched zum einen von einem objektiven Schönheitsbegriff und zum anderen von einem fehlbaren Geschmack ausgeht, erklärt, warum seiner Auffassung nach das Urteil des Kritikers – entgegen Dubos' Vorbehalt, dieser habe eine *sensibilitée usée* – immer über dem der ungelernten Öffentlichkeit steht: Der Kritiker muss kein Wohlgefallen verspürt haben, er kennt die Regeln, nach denen er die Schönheit des Werks begründen kann.

Hinsichtlich der von Gottsched vorgenommenen Verortung des Geschmacks im Verstand ist es bezeichnend, dass die Sinnlichkeit trainiert werden soll. Nicht der Verstand tritt in der oben zitierten Passage – „aus der bloßen Empfindung endlich recht urteilen" – als Urteilsinstanz auf. Diese Rolle übernimmt die Empfindung bereits selbst. An anderer Stelle spricht

---

479 Ebd., § 26, S. 191.
480 Ebd., § 17, S. 181.
481 Vgl. Kap. II.2.1.
482 Vgl. die Angabe in Kap. II.3.3, Anm. 408.

Gottsched von einer „zärtliche[n] Empfindung", die es vermag wahrzunehmen, „ob dieselben [die Regeln der der Schönheit eigenen Vollkommenheit, O.K.S.] in einem Gedichte, oder im Ausputze desselben beobachtet worden oder nicht"[483]. Die zu erzielende „Geschicklichkeit, wohl zu urtheilen"[484], der gute Geschmack, er ist diese „zärtliche Empfindung", die als sinnliche Erkenntnis, ob das Gedicht schön ist oder nicht, bereits urteilt, Urteilsvermögen ist. Die Problematik und auch die Sinnwidrigkeit von Gottscheds Einordnung des Geschmacks als Verstandesvermögen wird vor diesem Hintergrund noch einmal deutlich. Wie bei Dubos das *sentiment* ist es bei Gottsched bereits die Empfindung als Erkenntnis des Schönen und Wohlgefallen, die das Urteil trifft. Geschmack und Empfindung, sie laufen letzten Endes bei Gottsched zusammen. Das Wohlgefallen, die Lust: sie hat hier ihren eigenen Bereich. Schönheit ist ihr Gegenstand, das *delectare*, so scheint es, tritt in der Konsequenz vor das *prodesse*. Die sinnliche Erkenntnis der Vollkommenheit ist Schönheit und Lust. Mag der Geschmack „keinesfalls konstitutiv"[485] für Gottscheds Poetik sein, so weist seine Konzeption trotz aller Kritik seiner Zeitgenossen wegweisende Ansätze auf.[486] Wenn Gottsched den Geschmack zunächst dem Verstand zuordnet, dann tut er dies aus dem Widerstreben heraus, der Sinnlichkeit ein eigenes Urteilsvermögen und damit eine in seiner Seelenlehre ursprünglich dem Verstand vorbehaltene Operation zuzugestehen. Dass die Lehre von den Erkenntnisvermögen aber um ein sinnliches Urteilsvermögen des Schönen zu ergänzen ist, das wird ihm, wie seine Ausführungen zum Geschmack zeigen, zumindest im Ansatz bewusst gewesen sein. Konsequenzen hieraus zieht jedoch erst Baumgarten.

3 Baumgarten: Ästhetik als Antwort auf Wolff und Gottsched

Mit der Verortung der Künste in der Ästhetik, der ‚Wissenschaft der sinnlichen Erkenntnis', ist die Frage nach der sinnlichen Ausrichtung der Kunsttheorie Baumgartens grundsätzlich beantwortet. Mit der Ästhetik wird die ‚Logik im weiteren Sinne' (*logica latius dicta*) ausgebaut und ergänzt. Als ‚Logik der Sinnlichkeit' tritt sie neben eine den oberen Erkenntnisvermögen ge-

---

483 Gottsched: Critische Dichtkunst I (AW VI.1), Cap. III, § 18, S. 183.
484 Ebd., S. 182.
485 Gabler: Geschmack und Gesellschaft, S. 272.
486 Zur zeitgenössischen Kritik an Gottscheds Geschmacksbegriff vgl. ebd., S. 246–249. – In Bezug auf König hat Herrmann (Naturnachahmung und Einbildungskraft, S. 121) bereits angemerkt: „[Der Sache nach [war] der Weg frei für ein eigenes sinnliches Erkenntnisvermögen der Seele". Gottsched selbst war seiner Meinung nach „zu einer produktiven Weiterführung des Gedankens nicht imstande." Ebd., S. 123.

widmete Logik (*logica strictius dicta*). Primäres Anliegen des Baumgartenschen Projekts ist die Erweiterung der Sinnlichkeit.[487] Weder in inhaltlicher noch in systematischer Hinsicht zu unterschätzen ist jedoch die starke Ausrichtung der Ästhetik an den Künsten, insbesondere der Dichtung. Versteht man die *Meditationes*, die „Schrift von *einigen zum Gedicht gehörigen Stücken*"[488], als ‚publizierten Beginn' von Baumgartens ästhetischen Reflexionen, dann stellt die Dichtung den Ausgangspunkt der Ästhetik dar. Sie bildet ihren Kern, gleichsam das Versuchsobjekt, an dem das neue System sich bewähren muss und an dem es erprobt wird. Mit dieser Priorisierung gewinnen die poetologischen Vorgängerschriften an Bedeutung, auch und nicht zuletzt der *Versuch einer Critischen Dichtkunst* des die zeitgenössische Poetik bestimmenden und ebenso in den Augen Baumgartens „hochberühmten Joh. Christ. Gottsched"[489].

Die der *Critischen Dichtkunst* wie auch den kunsttheoretischen Konzeptionen Wolffs inhärenten Widersprüche werden zur Herausforderung für das Projekt der Ästhetik. Das neue kunsttheoretische System muss Antworten auf die bei seinen Vorgängern identifizierten Probleme finden. Mit der Fokussierung der Sinnlichkeit schließt Baumgarten an seine beiden Vorgänger an und zieht Konsequenzen aus ihren Überlegungen, wenn er die Schönheit als ‚Vollkommenheit der Sinnlichkeit' definiert und mithin den Rezipienten als Individuum stärkt, den Versuch unternimmt, die Problematik des Wunderbaren theoretisch zu lösen, und zudem die sinnlichen Erkenntnisvermögen im Rahmen des *analogon rationis* erweitert. Die ästhetische Kunsttheorie Baumgartens stellt so weniger einen Gegenentwurf zur Poetik Gottscheds als vielmehr den Versuch dar, die bei Wolff und Gottsched aufgezeigten Unstimmigkeiten aufzulösen. Die Verlegung der Kunsttheorie in die Sinnlichkeit, wie sie mit der Ästhetik vollzogen wird, ist immer auch Antwort auf und Weiterführung von Wolff und Gottsched.[490]

Wenn hier die kunsttheoretischen Überlegungen Baumgartens als Versuch gelesen werden, die bei Wolff und Gottsched beobachteten Widersprüche zwischen Sinnlichkeit und Verstand aufzulösen, dann unterstützt

---

487 Zur Verortung der Kunsttheorie wie zur Debatte, ob die Ästhetik primär als Kunstwissenschaft oder als Wissenschaft der sinnlichen Erkenntnis konzipiert wurde, vgl. den Abschnitt „Logik – Poetik – Ästhetik" in der Einleitung.
488 Der vollständige Titel lautet *Meditationes philosophicae de nonnullis ad poema pertinentibus*.
489 Baumgarten: Meditationes, § CXI, S. 83. – „Celeb. *Ioh. Chr. Gottschedius*", ebd., S. 82. Herv. i. O. – Den Einfluss von Gottsched auf Baumgarten macht stark Mirbach: Gottsched und die Entstehung der Ästhetik, S. 113–116.
490 Diese Lesart von Baumgartens Ästhetik schließt andere Überlegungen zur Begründung der Ästhetik nicht aus, sondern ist vielmehr als Ergänzung zu verstehen. Vgl. die Ausführungen diesbezüglich im Abschnitt „Erkenntnistheorie – Moralphilosophie – Kunsttheorie" der Einleitung.

dies nicht nur Riemanns und Zelles Einschätzung der Baumgartenschen Ästhetik als Antwort auf die zeitgenössischen kunsttheoretischen Entwicklungen.[491] Indem die Rolle der Entwicklungen im deutschsprachigen Raum hervorgehoben wird, erfahren zudem die kunsttheoretischen Reflexionen Wolffs und Gottscheds eine Neubestimmung. Die gegenläufigen Tendenzen in ihren Überlegungen sind ein Ausgangspunkt der Ästhetik und Teil einer doppelten Ästhetik, wie Zelle sie für die Moderne herausgestellt hat.

Perfectio cognitionis sensitivae

„Die Schönheit", so formuliert Wolff in den *Anfangsgründen der Baukunst*, „ist die Vollkommenheit oder ein nöthiger Schein derselben, in so weit so wohl jene, als dieser wahrgenommen wird, und einen Gefallen in uns verursacht."[492] Schönheit ist die vom Rezipienten sinnlich erkannte Vollkommenheit des Gegenstands. Sie ist nicht nur in der objektiven Werkvollkommenheit gegründet, sondern zugleich abhängig von ihrer Erkenntnis durch den Rezipienten wie dessen Vermögen, die Vollkommenheit als solche zu erkennen. Die sinnliche Erkenntnis der Vollkommenheit ist bei Wolff letzten Endes an eine vormals deutliche Erkenntnis geknüpft. Zugleich muss Wolff aber auch dem Laien zugestehen, die Schönheit eines Gegenstandes zu empfinden, ohne jedwede Einsicht in seine Vollkommenheit zu haben.[493]

Auch Gottsched definiert die Schönheit als eine, wie er in der *Weltweisheit* schreibt, ‚in die Sinne gefallene Vollkommenheit'[494], die „ihren nothwendigen Grund in der Natur der Dinge" hat: „Das genaue Verhältniß, die Ordnung und richtige Abmessung aller Theile, daraus ein Ding besteht, ist die Quelle aller Schönheit."[495] In der Nachahmung der Vollkommenheit der Natur, so hebt er in der *Critischen Dichtkunst* hervor, erlangt das Kunstwerk die Vollkommenheit, „dadurch es dem Verstande gefällig und angenehm wird"[496]. Bemerkenswert an dieser Zeile aus der *Critischen Dichtkunst* ist die Idee, dass das Werk dem *Verstand* gefällt. Sie steht in einem Spannungsverhältnis zu der zitierten Definition aus der *Weltweisheit* und der – nur einige Paragraphen zuvor in Verbindung mit dem Geschmack geäußerten – Feststellung, die Schönheit werde „zwar sehr klar, aber nur undeutlich, empfunden"[497]. Verstand und Sinnlichkeit, so scheint es, gilt es gleichermaßen

---

491 Vgl. die Einleitung zu diesem Kapitel.
492 Vgl. die Angabe in Kap. III.1.2, Anm. 113.
493 Vgl. Kap. III.1.2 sowie Kap. III.1.3.
494 Vgl. Gottsched: Weltweisheit I (AW V.1), § 256, S. 239.
495 Gottsched: Critische Dichtkunst I (AW VI.1), Cap. III, § 20, S. 183.
496 Vgl. die Angabe in Kap. III.2.2, Anm. 478.
497 Gottsched: Critische Dichtkunst I (AW VI.1), Cap. III, § 10, S. 175.

anzusprechen, doch darf die Erkenntnis der Schönheit den Bereich des Sinnlichen nicht überschreiten. Die Schwierigkeit ähnelt der Schönheitsproblematik bei Wolff, bei Gottsched findet sie ihren Ausdruck zudem in seiner Geschmackskonzeption.

Die in den Augen von Wolff und Gottsched feste und objektive Größe der Schönheit des Gegenstands entfaltet sich erst in ihrer sinnlichen Erkenntnis. Eng ist die Schönheit mit der Lust verknüpft. Sie ist abhängig von den individuellen Bedingungen des Rezipienten. Die Erkenntnis der Vollkommenheit, sie gestaltet sich problematisch: Als sinnliche kann sie falsch sein und dennoch den Rezipienten die vermeintlich erkannte Schönheit bewundern lassen. Ist sie deutlich, dann ist sie keine Schönheit, dann entfällt auch die Lust. Wolffs Ansatz einer Lösung, die einmal gehabte deutliche Erkenntnis der Vollkommenheit zur Voraussetzung der sinnlichen Erkenntnis der Vollkommenheit zu machen, scheitert an dem, was ihm unter anderem von Leibniz als *je ne sais quoi* bekannt war. Die im Konzept der Schönheit angestrebte Vereinigung von Sinnlichkeit und Verstand, sie entgleitet Wolff und Gottsched in ihren Formulierungen; sie mag ihnen nicht gelingen.

Baumgartens Definition der Schönheit[498] als ‚Vollkommenheit der sinnlichen Erkenntnis' (*perfectio cognitionis sensitivae*) und nicht als ‚sinnliche Erkenntnis der Vollkommenheit' liest sich vor diesem Hintergrund als Versuch einer Auflösung dieser Problematik. Die Schönheit wird vollständig in die Sinnlichkeit verlagert. Nicht die Vollkommenheit des betrachteten Objekts gilt es zu erkennen, sondern im Moment der sinnlichen Rezeption Vollkommenheit zu produzieren: eine vollkommene sinnliche Erkenntnis. Der Rezeptionsprozess tritt an die Stelle des Gegenstands. Baumgarten zieht hier Konsequenzen aus der bereits von Wolff und Gottsched problematisierten Abhängigkeit der Schönheit vom Rezipienten. Schönheit ist bei ihm zunächst unabhängig vom erkannten Gegenstand. Die Idee der Rezeption ist vorrangig: Erst in ihr entsteht das Werk.

Diese Konzeption von Schönheit ist nicht nur ein Vorschlag, den bei Wolff und Gottsched konstatierten Widerspruch aufzulösen, sondern zugleich auch Fortführung ihrer Reflexionen. Baumgarten knüpft sowohl an das am Beispiel von Wolff erläuterte Konzept der ‚subjektiven Schönheit'[499] als auch an die Idee der Ausrichtung des Werks am Rezipienten an, wie sie für Gottsched herausgestellt wurde.[500] Die in diesem Kontext schon für Gottsched zentrale Kategorie der Lebhaftigkeit erfährt bei Baumgarten als

---

498 Vgl. Kap. II.3.3.
499 Vgl. Kap. III.1.2.
500 Vgl. Kap. III.2.2.

eigene Qualität der Sinnlichkeit, das wurde im ersten Kapitel gezeigt, ihre explizite Aufwertung.[501] Wie für Gottsched stehen auch für Baumgarten der Detailreichtum der Lebhaftigkeit und die Annahme im Vordergrund, dass ihre Wirkung erst in der Wahrnehmung der Merkmalsvielfalt als ein Ganzes zum Ausdruck kommt. Zu einem Ganzen müssen die wahrgenommenen Merkmale in der Rezeption zusammengefügt werden; für Baumgarten heißt das: die Vollkommenheit der sinnlichen Erkenntnis.

Die bei Gottsched zentrale Stellung der Lebhaftigkeit wird von Baumgarten beibehalten, wenn er wie Gottsched – und in Übereinstimmung mit der Rhetorik (*evidentia*) – auch die sinnlich-moralische Wirkmacht der Künste mit ihr verbindet. Die Lebhaftigkeit führt zur Verstärkung der Empfindungen. Sie trägt zur Potenzierung der im Rezipienten erzeugten Vorstellungen und Assoziationen bei – und somit zur Rührung.[502] Die Steigerung der Affekte durch extensive Klarheit[503] kann zu der im Hinblick auf den moralischen Anspruch bedeutsamen lebendigen Erkenntnis führen: der *vita cognitionis aesthetica*.[504] Auch hier zeigt sich: Baumgarten bedient sich ähnlicher Konstruktionen wie Wolff und Gottsched, doch seine Definition von Schönheit und ihre Verlegung in die Sinnlichkeit führt zu einer von seinen beiden Vorgängern grundsätzlich verschiedenen Konzeption, in der der moralisch-praktische Anspruch – „die Erkenntnis muß in ein Thun ausbrechen"[505] – bereits integriert ist.

Veritas aesthetica – verisimilitudo – veritas heterocosmica

Zur Schönheit wie auch ihrer ethischen Dimension gehört auch die ästhetische Wahrheit (*veritas aesthetica*).[506] Sie stellt einen anderen Zugang zur Welt dar und auch zu Dingen, die dem Verstand verschlossen sind. Die Sinnlichkeit hat ihren eigenen Erkenntnisbereich, der auch umfasst, „was außer dem empirisch Gegebenen und wissenschaftlich Explizierbaren gleichfalls möglich […] ist."[507] In der *Aesthetica* vergleicht Baumgarten die ästhetische Wahrheit mit dem, was er Wahrscheinlichkeit nennt: „Solche Dinge aber, derer wir nicht vollständig gewiß sind, in denen wir aber dennoch keine Falschheit

---

501 Vgl. Kap. I.3.4.
502 Vgl. ebd.
503 Vgl. ebd.
504 Vgl. Kap. II.2.2 sowie Kap. II.3.3.
505 Vgl. die Angabe in Kap. II, Anm. 22.
506 Vgl. Kap. I.3.4. sowie Kap. II.3.3.
507 Mirbach: Einführung, S. LXV.

irgendeiner Art erblicken, sind *wahrscheinliche* Dinge."[508] Und im Hinblick auf die Auffindung des Stoffes, auf die *inventio*, erläutert er mit Cicero:

> *Wovon* die Betrachter *oder die Zuhörer*, während sie es sehen oder hören, *im Geiste gewisse Vorbegriffe haben, was meistens geschehen mag, was zu geschehen pflegt, was der allgemeinen Meinung entspricht, was mit diesen Dingen eine gewisse Ähnlichkeit hat, sei es nun* (logisch und im weitesten Sinne) *falsch oder* (logisch und im strengsten Sinne) *wahr, was nicht so leicht unseren Sinnen entgegenläuft*: Das ist jenes Natürliche und Wahrscheinliche, dem der Ästhetiker, unter Zustimmung von Aristoteles und Cicero, nacheifert. Denn in Dingen solcher Art pflegt das Analogon der Vernunft nichts an Falschheit zu bemerken, mag es auch nicht gänzlich von deren Wahrheit überzeugt sein. Daher wird von Cicero *die Auffindung des Stoffes* als *das Ersinnen wahrer oder wahrscheinlicher Tatsachen* beschrieben, *die den Fall* (ästhetisch) *glaubhaft machen sollen*.[509]

„Was nicht so leicht unseren Sinnen entgegenläuft" – dem Rezipienten muss es möglich sein, dem Betrachteten oder Gehörten zu folgen bzw. es darzustellen. Zur ästhetischen Wahrheit, wie Baumgarten in der Folge erläutert, gehören selbst „Dinge, die auch ästhetisch zweifelhaft und unglaubhaft sind"[510], sofern sie im Moment der Rezeption als glaubhaft empfunden werden oder zumindest die „für das Gegenteil überwiegenden Gründe nicht so im Geiste gegenwärtig"[511] sind.

Vor dem Hintergrund von Gottscheds Überlegungen zum Wahrscheinlichen und Wunderbaren beeindruckt Baumgartens Konzeption der Wahrscheinlichkeit. Nicht nur wird dem, was lediglich wahrscheinlich ist, der Status von Wahrheit zugeschrieben,[512] sondern zudem wird ein Wahrscheinlichkeitsbegriff konstruiert, der sich an der Variablen orientiert, die Gottsched gerade aufgrund ihrer Unbestimmbarkeit nicht integrieren wollte: am

---

508 Baumgarten: Ästhetik, § 483, S. 461. Herv. i. O. – „Talia autem, de quibus non complete quidem certi sumus, neque tamen falsitatem aliquam in iisdem appercipimus, sunt *verisimilia*." Ebd., S. 460. Herv. i. O.

509 Ebd., § 484, S. 463. Herv. i. O. – „*Cuius habent* spectatores *auditoresve intra animum*, cum vident audiuntve, *quasdam anticipationes, quod plerumque fit, quod fieri solet, quod in opinione positum est, quod habet ad haec in se quandam similitudinem, sive id falsum* (logice, et latissime) *sive verum sit* (logice et strictissime), *quod non sit facile a nostris sensibus abhorrens*: hoc illud est εἰκός et verisimile, quod Aristotele et Cicerone assentiente, sectetur aestheticus. In rebus enim eiusmodi non solet analogon rationis quicquam falsitatis observare, licet non omnino de veritate eorundem convictum sit. Hinc Ciceroni describitur *inventio excogitatio rerum verarum aut verisimilium, quae caussam probabilem* (aesthetice) *reddant*." Ebd., S. 462. Herv. i. O.

510 Ebd., § 486, S. 465. – „aesthetice etiam dubia et improbabilia", ebd., S. 464.

511 Ebd., S. 465. – „in oppositum superponderantes rationes non [...] animo satis praesentes", ebd., S. 464.

512 Zur Gleichberechtigung von ästhetischer und logischer Wahrheit vgl. die Ausführungen in Kap. I.3.4.

Rezipienten, in seiner Individualität und Historizität.[513] Damit beantwortet Baumgarten auch die Frage nach einer Integration des Wunderbaren.[514] Als Teil der ästhetischen Wahrheit darf die vom Dichter geschaffene Welt sich nicht in sich selbst widersprechen und muss sinnlich als Einheit erfassbar sein; ihre Charaktere und Handlungen gehorchen dem Prinzip der inneren Wahrscheinlichkeit.[515] Der natürlichen Beschaffenheit des Rezipienten, seinen Vermögen, seiner Gemütsart, seinem Horizont, ist Rechnung zu tragen.[516] Was dargestellt werden kann, ohne die Grenzen der Glaubhaftigkeit zu überschreiten, das steht folglich immer auch in Abhängigkeit des Rezipienten. „Gegenstände einer anderen möglichen Welt", im Sinne Leibniz', „sie [nennt] der Pöbel falsch, der schöne Geist aber *veritatem heterocosmicam*, und bekümmert sich nicht, ob sie in dieser Welt wirklich, wann sie nur in einem gewissen Zusammenhang möglich sind."[517] Wer die heterokosmische Wahrheit (*veritas heterocosmica*) und damit die widerspruchsfreien Erfindungen des Dichtungsvermögens (*facultas fingendi*) nicht anerkennt, gehört zum Pöbel.[518] Eindeutiger könnte Baumgartens Urteil über die produktive Einbildungskraft, das Dichtungsvermögen, kaum ausfallen – wären da nicht seine Ausführungen zur *utopia*. Zweigeschlechtliche Engel oder Gestalten der Mythologie haben in der zeitgenössischen Dichtung keinen Platz.[519] Gottsched nicht unähnlich schränkt Baumgarten die gerade erst gewährte Freiheit der Dichtung ein.

Pulcre cogitare

Schön denken heißt vor allen Dingen sinnlich denken. Die ästhetische Wahrheit ist die Wahrheit des sinnlichen Denkens – auf Seiten des Rezipienten wie des Produzenten. Sie beruht in der natürlichen Denkungsart (*naturale cogitandi genus*),[520] der Art zu denken, „die in ein Verhältnis gesetzt ist zu den

---

513 Vgl. hierzu auch die Erläuterungen zum Stoff des schönen Denkens bei Baumgarten: Ästhetik, §§ 452f. S. 428–431.
514 Mirbach (Gottsched und die Entstehung der Ästhetik, S. 126) hat angemerkt, dass, wenn auch das Wunderbare in der *Aesthetica* nicht eigens von Baumgarten verhandelt wird, es einige Hinweise gibt, nach denen Baumgarten selbst das Wunderbare „als das Übernatürliche (*supernaturale*) im Sinne des Göttlichen versteht."
515 Vgl. Baumgarten: Ästhetik, §§ 431, 437, 439, 455f., 518 und 520f., S. 408f., 414–417, 432–435 und 494–499; Baumgarten: Kollegnachschrift, § 598, S. 255.
516 Vgl. Baumgarten: Ästhetik, §§ 104 und 623, S. 84f. und 610f.
517 Baumgarten: Kollegnachschrift, § 441, S. 219. Herv. O.K.S.
518 Zur *veritas heterocosmica* vgl. Kap. II.3.3.
519 Vgl. Baumgarten: Ästhetik, §§ 514f., S. 490–493; Baumgarten: Kollegnachschrift, § 514, S. 234.
520 Vgl. Baumgarten: Ästhetik, § 105, S. 84f.

natürlichen Kräften der Seele, die denken will, zu denen der Gegenstände und zu denen der Natur derer, für deren Nutzen oder Vergnügen das unternommene Denken gedacht ist"[521]. Produzent, zu denkender Gegenstand und Rezipient müssen in einem harmonischen Verhältnis zueinander stehen. Dann wird die Natur nachgeahmt:

> Wenn sie diese natürlichen Beschaffenheiten nachahmt, dann ist die natürliche Denkungsart dem, der schön denken will, so sehr notwendig, daß man, als man die Natur der Seele dessen, der schön denken will, und die vieler Objekte noch weniger kannte, jedes Kunstwerk des anmutigen Denkens in dieser einzigen Regel begriffen sah: *Nachahmung der Natur.*[522]

Baumgartens Konzept von Nachahmung richtet sich nicht vordringlich am nachzuahmenden Gegenstand aus, sondern berücksichtigt mit dem Produzenten und dem Rezipienten den Rezeptionsprozess in gleich zweifacher Weise. Die Nachahmung wird in den doppelten Rezeptionsprozess ausgelagert, der wiederum durch Vollkommenheit, durch Ordnung und Ähnlichkeit, bestimmt ist. Auch hier tritt die für Wolff und Gottsched dominante Idee einer objektiv, d.h. außerhalb der Rezeption zu bestimmenden Vollkommenheit des Werks in den Hintergrund zugunsten der Seelenvermögen. Sie müssen dem zu denkenden Gegenstand entsprechen. Der gehört dem ästhetischen Horizont an und fällt folglich in den Bereich der sinnlichen Erkenntnisvermögen.

Der Ausbau der unteren Erkenntnisvermögen, wie er im ersten Kapitel dargelegt wurde,[523] beruht auf dem Bewusstsein der grundsätzlichen Kongruenz von ästhetischer und logischer Wahrheit. Für die ästhetische Wahrheit bedarf es der für die Erkenntnis der logischen Wahrheit notwendigen Vermögen, lediglich als sinnliche Vermögen. Die Vernunft erfasst und schafft den Zusammenhang der Dinge auf deutliche, das *analogon rationis* auf verworrene Weise. Sollen Ähnlichkeiten – konstitutiv für die Vollkommenheit und von entsprechender Bedeutung für die Werkproduktion, wie bei Wolff und Gottsched gesehen[524] – im Bereich des Sinnlichen wahrgenommen werden, bedarf es eines sinnlichen Witzes (*ingenium sensitivum*). Soll das schön Gedachte zum Ausdruck gebracht werden, das sinnlich Gedachte bezeich-

---

521 Ebd., § 104, S. 85. Herv. i. O. – „*Naturale cogitandi genus* si dicatur naturalibus animae cogitaturae viribus, obiectorum, eorumque naturae proportionatum, quibus et quorum in usus vel delectationem cogitatio suscepta praesumenda est", ebd., S. 84. Herv. i. O.
522 Ebd., S. 85. Herv. i.O. – „[H]as naturas imitatum, adeo necessarium est pulcre cogitaturo naturale cogitandi genus, ut minus adhuc cognita animae pulcre cogitaturae, multorumque obiectorum natura, omne venustae cogitationis artificium hac unica regula comprehendi videretur: *Naturam imitare.*" Ebd., S. 84. Herv. i. O.
523 Vgl. Kap. I.2.2.
524 Vgl. Kap. III.1.3 sowie Kap. III.2.1.

3 Baumgarten: Ästhetik als Antwort auf Wolff und Gottsched

net werden, so ist ein sinnliches Bezeichnungsvermögen (*facultas characteristica sensitiva*) unabdinglich.[525] Und entsprechend werden die Aufgaben der Beurteilungskraft, des *iudicium* – bei Gottsched verantwortlich für die Bewertung der Einfälle, die Wahrung der Wahrscheinlichkeit und die Einhegung der Einbildungskraft –, in die Sinnlichkeit verlegt. Mit Hilfe der auf sinnlichem Witz (*ingenium sensitivum*) und sinnlicher Scharfsinnigkeit (*acumen sensitivum*) aufbauenden sinnlichen Feinsinnigkeit (*perspicacia sensitiva*) ist der Geschmack (*gustus*), das sinnliche Urteilsvermögen (*iudicium sensitivum*), „der untere Richter über das sinnlich Wahrgenommene, die Einbildungen, die Erdichtungen […], sooft die Beurteilung von Einzelnem durch den Verstand nicht im Interesse der Schönheit liegt."[526] Durch die sinnlichen Varianten intellektueller Vermögen löst Baumgarten den grundsätzlichen Widerspruch auf, für den in Gottscheds Poetik der Geschmack steht.

Mit der Einführung des Geschmacks wird bei Gottsched die Notwendigkeit eines eigenen Urteilsvermögens für den Bereich des Sinnlichen und des Schönen anerkannt:

> Von dem metaphorischen Geschmacke unsrer Seelen bemerket man, daß man sich dieses Wortes fast ganz allein in freyen Künsten, und in etlichen andern sinnlichen Dingen bedienet: hergegen wo es auf die Vernunft allein ankömmt, da pflegt man dasselbe nicht zu brauchen. Der Geschmack in der Poesie, Beredsamkeit, Musik, Malerey und Baukunst; imgleichen in Kleidungen, in Gärten, im Hausrathe u.d.gl. ist sehr bekannt. Aber niemals habe ich noch vom Geschmacke in der Arithmetik und Geometrie, oder in andern Wissenschaften reden hören, wo man aus deutlich erkannten Grundwahrheiten die strengsten Demonstrationen zu machen vermögend ist.[527]

Als *sinnlich* erkannte Vollkommenheit bildet die Schönheit auch für Gottsched einen eigenen Gegenstand, der sich – soll er in seiner Sinnlichkeit bestehen bleiben – dem intellektuellen Zugang verweigert und daher einem anderen Urteil als dem der Vernunft unterliegen muss: einem Urteilsvermögen des Sinnlichen. Doch nur implizit räumt er der Sinnlichkeit das dem Verstand eigene Vermögen zu urteilen ein.[528] Baumgartens grundlegende Erweiterung der sinnlichen Erkenntnisvermögen stellt eine weitgreifende Auflösung des Dilemmas bei Gottsched dar. Denn was hier für den Geschmack zu konstatieren ist, lässt sich auch bezüglich der anderen aus dem

---

525 Vgl. Baumgarten: Ästhetik, § 37, S. 32 f.
526 Ebd., § 35, S. 31 und 33. – „[I]udex inferior sit quotiescunque diiudicari singula per intellectum non interest pulcritudinis." Ebd., S. 32. – Zum Geschmack bei Baumgarten vgl. Baeumler: Irrationalitätsproblem, S. 86–90 sowie Franke: Kunst als Erkenntnis, S. 98–102.
527 Gottsched: Critische Dichtkunst I (AW VI.1), Cap. III, § 6, S. 171 f.
528 Vgl. Kap. III.2.2.

Verstand in die Sinnlichkeit transponierten Vermögen sagen. Die bei Wolff aufgezeigten Schwierigkeiten eines Schönheitsbegriffs, der die vormals deutliche Erkenntnis voraussetzt, wenn er verlangt, dass der Rezipient die Ähnlichkeit zwischen Urbild und Abbild erkennt,[529] werden bei Baumgarten im *acumen sensitivum* aufgelöst. Schönheit ist das Werk der Sinnlichkeit, und zwar einer Sinnlichkeit, die auch die „unsichtbare Ordnung"[530] des *je ne sais quoi* zu erfassen vermag. Hier haben die Künste ihren Platz, und somit auch die Kritik, die ästhetische Kritik (*aesthetica critica*).[531] Auf dem Geschmack aufbauend ist sie „die Kunst, sinnlich zu beurteilen und sein Urteil vorzutragen"[532], ohne deutliche Kenntnis der Regeln der Vollkommenheit zu haben. Die Kunstkritik, Gottscheds rationale Instanz, wird für Baumgarten Teil der Sinnlichkeit, einer erweiterten Sinnlichkeit.

---

529 Vgl. Kap. III.1.3.
530 Vgl. die Angabe in Kap. III.1.2, Anm. 151.
531 Vgl. Baumgarten: Ästhetik, § 5, S. 12f. sowie Baumgarten: Metaphysica, § 607, S. 320f.
532 Baumgarten: Metaphysica, § 607, S. 321. – „[A]rs […] de sensitive diiudicando et iudicium suum proponendo est *aesthetica critica*." Ebd., S. 320. Herv. i.O.

IV Dämmerung – ein Epilog

Harsch fiel Goethes Urteil aus. Nein, eine „sinnliche Erfahrung" von den Künsten habe dieser Autor sicherlich nicht, und „[w]er von den Künsten nicht sinnliche Erfahrung hat, der lasse sie lieber."[1] Denn „alle Theorie", so Goethe, versperre „den Weg zum wahren Genusse"[2]. Diese eindeutigen Worte in den *Frankfurter Gelehrten Anzeigen* richteten sich gegen Johann Georg Sulzer und dessen Schrift *Die Schönen Künste, in ihrem Ursprung, ihrer wahren Natur und besten Anwendung behandelt* (1772). Ein Jahr zuvor war der erste Band von Sulzers *Allgemeiner Theorie der schönen Künste* erschienen. Und das schmale Bändchen, das Goethe in seiner Rezension so entschieden zurückwies, war der Vorabdruck des für den zweiten Band des Lexikons vorgesehenen Eintrags „Künste; schöne Künste".

Mit der Vorveröffentlichung dieses zentralen Lemmas habe er, wie Sulzer erklärte, dem Drängen seiner Freunde nachgeben wollen. Ohne den zweiten Teil der Enzyklopädie sähen sich diese nämlich nicht in der Lage, „alle Grundsätze, worauf diese Theorie gebaut ist, zu richtiger Beurtheilung der im ersten Teil vorgetragenen Lehren, vor Augen zu haben."[3] Grund für diese „Unbequemlichkeit"[4] war die vielfach kritisierte alphabetische Ordnung der *Allgemeinen Theorie*.[5] Bereits der Kommentar zur Ankündigung von Sulzers Projekt in der *Bibliothek der schönen Wissenschaften* Ende der 1750er Jahre hatte die „alphabetische Methode"[6] nach französischem Vorbild moniert, ein Kritikpunkt, der in der Folge unter anderen von Wieland und einem ano-

---

1   Johann Wolfgang Goethe: [Rez.] Die schönen Künste in ihrem Ursprung, ihrer wahren Natur und besten Anwendung, betrachtet von J. G. Sulzer. Leipzig 1772. In: Goethes Werke. Hg. im Auftrage der Großherzogin Sophie von Sachsen. Bd. I.37. Weimar 1896, S. 206–214, hier S. 207.
2   Ebd.
3   Johann Georg Sulzer: Die Schönen Künste, in ihrem Ursprung, ihrer wahren Natur und besten Anwendung betrachtet. Leipzig 1772, S. 3f.
4   Ebd., S. 4.
5   Zum Folgenden vgl. Carsten Zelle: Ästhetischer Enzyklopädismus. Johann Georg Sulzers europäische Dimension. In: Berliner Aufklärung. Kulturwissenschaftliche Studien. Bd. 4. Hg. von Ursula Goldenbaum, Alexander Košenina. Hannover 2011, S. 62–93, hier S. 66–68.
6   [Anonym]: Besprechung zu Sulzers Ankündigung des Lexikons in der Rubrik „XI. Vermischte Nachrichten". In: Bibliothek der schönen Wissenschaften und der freyen Künste I (1757), 1. St., S. 222–229, hier S. 226.

nymen Beiträger aufgegriffen wurde.[7] Die alphabetische Anordnung eigne sich vielleicht für ein Wörterbuch, so der Vorwurf des anonymen Autors, aber nicht für eine „zusammenhängende Abhandlung"[8], wie sie Sulzer vorschwebte, eine richtige Enzyklopädie:

> Alphabetische Wörterbücher sind zu Sammlungen von Erklärungen ganz geschickt; wo aber ein Zusammenhang seyn soll, wo Lehrsätze vorgetragen, und natürlich auseinander gefolgert werden sollen, da hat wohl eine zusammenhängende Rede für vernünftige Leser, so wohl als für den Schriftsteller selbst, weit größere Bequemlichkeiten.[9]

Dass gerade Sulzer zu einem solchen Werk in der Lage war, davon war anders als Goethe der anonyme Autor allerdings überzeugt. Sulzer habe ausreichend Kenntnisse der schönen Künste vorzuweisen, könne diese „mit der philosophischen Einsicht in die menschliche Seele"[10] verbinden und sei zudem ohne weiteres begabt, „Theorien und Werke der Künste richtig zu beurtheilen"[11] – aber doch bitte nicht in Form eines Wörterbuchs!

Naturgemäß sah Sulzer dies anders. Im *78. Literaturbrief* verteidigte er die von ihm gewählte alphabetische Ordnung mit dem Hinweis auf die Zielgruppe des Lexikons: den Liebhaber.[12] Anders als auf den Gelehrten hätte eine systematische Abhandlung, die beim Leser Geduld und gewisse geistige Fähigkeiten voraussetze, eine abschreckende Wirkung auf den noch Un-

---

7 Zur zeitgenössischen Rezeption der Allgemeinen Theorie vgl. die Hinweise bei Zelle: Ästhetischer Enzyklopädismus, S. 90, Anm. 55.
8 [Anonym]: Besprechung zu Sulzers Ankündigung, S. 226.
9 Ebd., S. 225.
10 Ebd., S. 226.
11 Ebd.
12 In der Vorrede erläuterte Sulzer, an welche Art von Liebhaber er sich hier richtete: „Für den Liebhaber, nämlich nicht für den curiosen Liebhaber, oder den Dilettante, der in Spiel und einen Zeitvertreib aus den schönen Künsten macht, sondern für den, der den wahren Genuß von den Werken des Geschmaks haben soll, habe ich dadurch gesorget, daß ich ihm viel Vorurtheile über die Natur und die Anwendung der schönen Künste benehme; daß ich ihm zeige, was für großen Nutzen er aus denselben ziehen könne; daß ich ihm sein Urtheil und seinen Geschmak über das wahrhaftig Schöne und Große schärfe; daß ich ihm eine Hochschätzung für gute, und einen Ekel für schlechte Werke einflöße; daß ich ihm nicht ganz unsichere Merkmale angebe, an denen er das Gute von dem Schlechten unterscheiden kann. Auch ihm zu gefallen habe ich, viele Kunstwörter erkläret, hier und da etwas von historischen Nachrichten eingestreut, und auch bisweilen von dem Verfahren der Künstler etwas gesagt; damit er doch einigermaßen begreife, durch welche Mittel es dem Künstler gelinget das, was sein Genie erfunden hat, in dem Werke darzustellen." Johann Georg Sulzer: Vorrede. In: Ders.: Allgemeine Theorie der schönen Künste in einzeln, nach alphabetischer Ordnung der Kunstwörter auf einander folgenden Artikeln abgehandelt. Bd. 1. Leipzig 1771, S. III–X, hier S. VII.

kundigen.[13] Um der Überforderung des zukünftigen Förderers der Künste vorzubeugen, sei daher der Zugang über einzelne Begriffe zu bevorzugen. Gezielt und ohne Aufwand könnten diese nachgeschlagen werden und den Interessierten ohne Hindernisse, „leicht und mit Lust"[14], von einem Lemma zum nächsten leiten:

> So bald er angefangen, irgend einigen Geschmack an einer Kunst zu haben, und auf ihre Gegenstände Achtung zu haben, so wird er Lust bekommen, über verschiedene Regeln, oder über verschiedene Schönheiten dieser Kunst ein näheres Licht zu haben. Da darf er nur das Wörterbuch aufschlagen, er findet ohne Mühe, was er sucht; er wird schon näher unterrichtet, er fängt an, etwas heller zu sehen. Hat er genug Lust und Scharfsinnigkeit, so wird er in den aufgeschlagenen Artikeln finden, daß sie sich zu völliger Erläuterung der Sache auf andere beziehen. Diese schlägt er auch nach, er bekommt noch mehr Licht, seine Lust wird grösser [...].[15]

Dass ein solches Unternehmen Erfolg haben würde, davon konnte Sulzer ausgehen. Selbst Mitglied und von 1750 bis 1763 Präsident des 1749 gegründeten Berliner Montagsklubs wusste er nur allzu gut,[16] dass die Künste beliebter Gesprächsgegenstand bei solcherart für die Berliner Aufklärungsgesellschaft typischen Zusammenkünften von Angehörigen unterschiedlicher Berufsgruppen waren.[17] Da sich nicht jeder gleichermaßen auf diesem Gebiet auskannte, würde ein Nachschlagewerk im Stil der *Allgemeinen Theorie* hier sicherlich ein dankbares Publikum finden.[18]

Sulzers Hoffnung, mit der *Allgemeinen Theorie* „vor die Augen der Nachwelt zu kommen"[19], wurde bekanntlich nicht enttäuscht. Die abfällige Mutmaßung Goethes, dies sei auf die Schlichtheit der von Sulzer vorgetragenen

---

13 Vgl. Johann Georg Sulzer: 78. Brief, 17. und 24. Januar 1760. In: Briefe, die neueste Litteratur betreffend 5 (1760), S. 33–61, hier S. 55.
14 Ebd., S. 57.
15 Ebd.
16 Vgl. Elisabeth Décultot: Von Winterthur nach Berlin. Johann Georg Sulzers europäische Vermittlungsaktivitäten. In: Europa in der Schweiz. Grenzüberschreitender Kulturaustausch im 18. Jahrhundert. Hg. von Heidi Eisenhut, Anett Lütteken, Carsten Zelle. Göttingen 2013, S. 151–168, hier S. 151.
17 Vgl. Zelle: Ästhetischer Enzyklopädismus, S. 67 f.
18 Vgl. Sulzer: 78. Brief, S. 58: „Mancher, der sich bis dahin wenig um die Künste bekümmert hat, setzt doch ein Wörterbuch über dieselben, auf allen Fall unter seine Bücher, vielleicht ohne Vorsatz, viel darin nachzusuchen. Er kömmt in eine Gesellschaft, worin von Gedichten, oder von Gemälden, von Gebäuden u. s. f. gesprochen wird. Er hört manchen Ausdruck, den er nicht versteht, manches Urtheil, dessen Grund er nicht einsieht. Kommt er nach Hause, so wird er oft Lust bekommen, einige Erläuterung darüber zu haben. In einem System sie zu suchen? das ist ihm zu mühsam; aber sein Wörterbuch kann ihm Dienste thun. Er schlägt nach, er wird mehr oder weniger unterrichtet und befriedigt."
19 Ebd., S. 52.

Gedanken zurückzuführen – „er setzt Milch vor und nicht starke Speise"[20] –, trifft sicherlich nicht den Kern, gleichwohl weist Goethes Äußerung auf einen nicht zu vernachlässigenden Wesenszug des Lexikons hin. Neben der Konzeption als Nachschlagewerk und Sulzers Bestreben, alles „deutlich zu beschreiben"[21] und so auch dem Künstler selbst als nützliche Grundlage zu dienen,[22] ist der Erfolg des Wörterbuchs auch in seinem leicht zugänglichen – Goethe hätte wohl eher von ‚überkommenen' gesprochen – Inhalt begründet. Denn kein Erneuerungsanspruch trieb Sulzer an, nicht das Verlangen, mit einer kunsttheoretischen Tradition zu brechen, sondern der Wunsch, Zugang zu einer Theorie der Künste und ihren Grundsätzen zu schaffen, die interessierten Kreisen durchaus bekannt waren, zu einer Theorie der Künste, die auf den für das 18. Jahrhundert prägenden Grundgedanken der Leibniz-Wolffschen Philosophie aufbaute. Das erleichterte freilich die Rezeption, machte die vormals durchaus „starke Speise" bekömmlich.

Wie sehr die *Allgemeine Theorie* den im Ausgang von Leibniz und Wolff formulierten kunsttheoretischen Ideen verpflichtet ist, daran lässt der von Sulzer selbst als zentral betrachtete Eintrag „Kunst; schöne Künste" bzw. sein Vorabdruck,[23] der Goethes Rezension veranlasste, keinen Zweifel. Nicht nur die Terminologie verweist auf die Tradition, in der die *Allgemeine Theorie* steht. Sowohl Sulzers Herangehensweise als auch die von ihm verwendeten Kategorien und Denkkonzepte zeigen seine Verbundenheit mit den Denkern, die bis zum Erscheinen des Lexikons die Kunsttheorie der Aufklärung im deutschsprachigen Raum wesentlich prägten. Die philosophische Begründung der schönen Künste und ihrer Beschaffenheit hin zu einer geradezu mathematischen Gewissheit ist Sulzers erklärtes Ziel, denn „was der Geschmack undeutlich fühlt", wie es im 78. *Literaturbrief* heißt, ist „dem Verstande deutlich [zu] machen."[24] Ausgangspunkt seiner kunsttheoretischen Überlegungen ist der Mensch. Von der Konstitution der menschlichen Seele her argumentierend, beschreibt Sulzer das Wesen der Künste, ihre Beschaffenheit und ihre Wirkung werden psychologisch begründet.

Die das Denken von Leibniz und Wolff wie von ihren Nachfolgern bestimmenden Kategorien und Konzepte muss man im Vorabdruck folglich nicht lange suchen. Gleich im ersten Satz wird die *prodesse et delectare*-Forderung aufgerufen und das *delectare* „als Einwebung des Angenehmen in das Nützliche"[25] dem moralischen Zweck untergeordnet. Wie bei Gottsched

---

20 Goethe: [Rez.] Die schönen Künste, S. 211.
21 Sulzer: 78. Brief, S. 42.
22 Vgl. ebd., S. 43.
23 Vgl. Sulzer: Die Schönen Künste, S. 4.
24 Vgl. Sulzer: 78. Brief, S. 40f., hier zitiert S. 40.
25 Sulzer: Die Schönen Künste, S. 7.

sollen die Künste im Dienste der Moral erfreuen. Die hieraus abgeleitete und in diesem Zusammenhang zunächst eigentümlich anmutende Bestimmung vom Wesen (und zugleich Nutzen) der schönen Künste als „*Verschönerung* der Dinge"[26] ist unter anderem dem Versuch geschuldet, die *schönen* Künste abzugrenzen; gedanklich aber schließt Sulzer hier an seine Vorgänger an. Erst in der Beziehung zu ihnen wird die Idee verständlich, dass durch „*Verschönerung* der Dinge" ein moralischer Nutzen erzielt werden kann. Denn auch für Sulzer gilt, dass Schönheit mit Lust einhergeht, also angenehm ist und daher nützlich. Das Angenehme ist, wie von Wolffs Überlegungen zur „Lust der Sinnen" her bekannt, immer auch ein Beitrag zur menschlichen Glückseligkeit. Sulzer hält an der Vollkommenheit als Kernbegriff fest. An sie werden das Wahre, das Schöne und das Gute rückgekoppelt.[27] Die Grundannahme, dass der Mensch nach dem Guten strebt, seine eigene Vollkommenheit seine Glückseligkeit ist,[28] übernimmt er ebenfalls in die *Allgemeine Theorie* wie auch die Vorstellung, dass die vernünftige Erkenntnis des Guten nicht ausreicht, um entsprechend zu handeln: „Soll die Wahrheit würksam werden, so muß sie in Gestalt des Guten nicht erkannt, sondern empfunden werden; denn nur dieses reizt die Begehrungskräfte."[29] Das sind die für die Künste geltenden Grundsätze, das ist der von Wolff und den in seiner Nachfolge stehenden Theoretikern bekannte Rahmen, in den Sulzer seine Theorie der schönen Künste in der *Allgemeinen Theorie* einfügt. Und so wundert es nicht, dass die Künste bei Sulzer, wie zuvor bei Wolff, Gottsched und Baumgarten, dank ihrer sinnlichen Wirkmacht zu „notwendigen Gehülfen der Weisheit"[30] werden. Die Weisheit kennt zwar „den Weg zur Vollkommenheit", doch „die Kräfte, diesen oft steilen Weg zu besteigen, kann sie nicht geben"[31]. Es bedarf der schönen Künste – und ihrer sinnlichen Wirkung, ein Gedanke, den Schiller dann auch unter anderem mit seinen Überlegungen zur ästhetischen Erziehung weiterführen sollte.

Den Menschen bessern und zur Tugend anhalten, das sollen die schönen Künste. Und zu diesem Zweck sind sie laut Sulzer, ganz wie bei Wolff, „in das politische System der Regierung"[32] aufzunehmen. Auch die von Sulzer ins Spiel gebrachten Möglichkeiten, den Wirkungsauftrag zu erfüllen, sind in ihren Grundzügen bekannt. Die im Anschluss an Leibniz propagierte Beispielfunktion der Dichtung kommt hier allen schönen Künsten zu. Wahrheit und Tugend, Bosheit und Laster müssen sie nicht nur darstellen, sondern

---

26 Ebd. Herv. i.O.
27 Vgl. ebd., S. 13–16.
28 Vgl. ebd., S. 29.
29 Ebd.
30 Ebd., S. 28.
31 Ebd., S. 29.
32 Ebd., S. 37.

ihnen eine „sinnliche Form"[33] geben, damit sie, wie schon bei Sulzers Vorgängern, für diese „lebhaften Abscheu erweck[en]"[34] und für jene „unüberwindliche Liebe einflößen"[35]; die entsprechenden Passagen bei Leibniz und Wolff sind bekannt.[36] Da wundert es nicht, dass auch Sulzer die „Vormundschaft der Vernunft"[37] für die Künste einfordert, damit die „liebenswürdige Gestalt der Tugend" nicht „dem Laster eingeprägt wird."[38]

Die Forderung nach der regulierenden Kraft der Vernunft betrifft nicht nur die Angst vor dem bewussten Missbrauch der Künste, sondern geht auch auf ein vertieftes Bewusstsein von der Sinnlichkeit sowohl der Künste als auch des Menschen zurück. Sulzer hebt ganz in der Linie Baumgartens das sinnliche Wesen der Künste hervor, welches auch das Werk an sich wie den Künstler bestimmt und nicht auf die sinnliche Wirkmacht begrenzt ist.[39] Die sinnliche Wirkung als „lebhafte Rührung der Gemüther"[40] wiederum wird zum Zweck der Künste erhoben, selbstverständlich ohne die moralische Dimension zurückzustellen. Nicht nur die Vermittlung konkreter Inhalte, von Tugend und Laster, unterstützt die sinnliche Wirkung, sondern sie kann wie bei Baumgarten auf dem Wege der ‚ästhetischen Übung' (*exercitatio aesthetica*) zu einer „verfeinerten Sinnlichkeit"[41] beitragen, durch die der Mensch in die Lage versetzt wird, moralisch zu handeln. Dieses Verständnis der schönen Künste und ihres Wirkungspotentials korrespondiert mit einer Vorstellung vom Menschen, in der – auch hier ist die Nähe zu Baumgarten offensichtlich – die Sinnlichkeit prominent gesetzt ist. So entspricht die Schönheit, in der Natur wie in den Künsten, einer dem Menschen eigenen „feineren Empfindsamkeit"[42], die es zu reizen und zu rühren, ja zunächst einmal hervorzubringen gilt.[43] Aufgrund einer „Verfeinerung aller Seelenkräfte"[44], der oberen wie der unteren: von Geist und Herz, wird der Mensch erst zum Menschen: „Die Dummheit und Unempfindlichkeit des rohen natürlichen Menschen verschwindet"[45]. Nicht nur der Verstand zeichnet den Menschen aus, auch in der ihm eigenen Sinnlichkeit unterscheidet er sich vom Tier.

---

33 Ebd., S. 17.
34 Ebd.
35 Ebd., S. 16.
36 Vgl. die bereits in Kap. II.3.1, Anm. 278 zitierten Passagen bei Leibniz und Wolff.
37 Sulzer: Die Schönen Künste, S. 32.
38 Ebd.
39 Vgl. ebd., S. 17–21 und 39.
40 Ebd., S. 17 f.
41 Ebd., S. 23 f.
42 Ebd., S. 12.
43 Vgl. ebd., S. 21–23.
44 Ebd., S. 23.
45 Ebd.

IV Dämmerung – ein Epilog

Die schönen Künste können aber nicht nur zur „innern Bildung"[46] des Menschen beitragen, sie vermögen es zudem, die Gemüter durch die Bemächtigung aller sinnlichen Kräfte der Seele zu fesseln[47] – das muss aber nicht in allen Fällen gut ausgehen: Wird die Sinnlichkeit „nicht unter der beständigen Führung der Vernunft angebauet"[48], dann drohen Schwärmerei und Weichlichkeit, wird der Mensch „zu einem schwachen, verwöhnten und verächtlichen Geschöpfe"[49]. Die regulierende Funktion der Vernunft muss auch für Sulzer die Sinnlichkeit ergänzen.

Die Aufzählung ließe sich ohne weiteres noch fortführen. Bei den hier skizzierten Elementen der kunsttheoretischen Überlegungen Sulzers handelt es sich lediglich um einige ausgesuchte Parallelen zwischen der im Eintrag „Künste; schöne Künste" der *Allgemeinen Theorie* dargelegten Kunstkonzeption und den philosophischen Zusammenhängen, wie sie in dieser Arbeit rekonstruiert wurden. Der Rahmen des Leibniz-Wolffschen Gedankengebäudes wird beibehalten. Die Rolle der Vernunft als Regulativ wird weder 1774 noch in den späteren Auflagen des Lexikons eingeschränkt. Grundlegende Reflexionen zu Funktion und Bedeutung der Sinnlichkeit, wie sie bereits Wolff und seine Schüler formuliert haben, werden übernommen, und im Anschluss an deren Konzeption der Sinnlichkeit wird ihre Aufwertung fortgesetzt. Diese Verbindungen sollen nicht darüber hinweggehen, dass in den Jahren vor dem Erscheinen der *Allgemeinen Theorie* zahlreiche Debatten geführt wurden, die zu entscheidenden Entwicklungen und Änderungen unter anderem auf den Gebieten der Erkenntnistheorie, Anthropologie, Moralphilosophie oder der Kunsttheorie geführt haben. Sulzer selbst hatte hieran teil und prägte mit der Einführung eines eigenen Empfindungsvermögens einen neuen Sinnlichkeitsbegriff. Hiervon zeugt auch der Lexikoneintrag „Kunst; schöne Künste": ‚Reiz', ‚Empfindsamkeit' und ‚Schwärmerei' sind nur einige der Begriffe, die auf Diskurse der 1750er und 1760er verweisen und Eingang in seine Darstellung und Konzeption der schönen Künste gefunden haben. Die explizite Gleichsetzung der menschlichen Sinnlichkeit mal mit dem „Geschmack am Schönen"[50], mal mit einer „verfeinerten innern Empfindsamkeit, die den Menschen für das sittliche Leben würksam macht"[51], steht im Kontext der im Anschluss an Dubos geführten Geschmacksdiskussion und der Rezeption des *moral sense* im deutschsprachigen Raum. Ähnlich dem *sentiment* bei Dubos oder dem *moral sense* bei Hutcheson wird die Sinnlichkeit

---

46 Ebd., S. 24.
47 Vgl. ebd., S. 19 f.
48 Ebd., S. 31.
49 Ebd.
50 Ebd., S. 26.
51 Ebd., S. 31.

als ein eigenes einzelnes Vermögen begriffen – doch all dies ausgehend von der Sinnlichkeitskonzeption der besagten Vorgänger und den von ihnen der Sinnlichkeit zugeschriebenen Kompetenzen.

Bekanntlich war Sulzer nicht der einzige, vielleicht nur der populärste Sachverwalter einer Ästhetik, die an Traditionen anknüpfte, die immer auch der Sinnlichkeit einen konstitutiven Rang einräumten. Die verschiedenen Stränge dieser ‚rationalistischen Sinnlichkeit', wie sie in dieser Arbeit für die Bereiche der Psychologie bzw. der Erkenntnistheorie, der Moralphilosophie und der Kunsttheorie aufgezeigt wurden, gilt es im Folgenden weiterzuverfolgen und die Aufwertung der Sinnlichkeit gegebenenfalls neu zu bewerten. An dieser Stelle soll abschließend lediglich an einigen Beispielen skizziert werden, in welcher Weise die Überlegungen zur Sinnlichkeit von Leibniz, Wolff, Gottsched und Baumgarten fortgesetzt wurden und das 18. Jahrhundert bis über die Jahrhundertwende hinaus auf verschiedensten Gebieten prägten.

Die für den in der Frühaufklärung einsetzenden anthropologischen Diskurs wichtige Frage nach dem Verhältnis von Körper und Seele wurde auch von Leibniz, Wolff, Gottsched und Baumgarten beantwortet.[52] Da Wolff kein Verfechter eines rigorosen Dualismus war und Leibniz Leib und Seele lediglich als verschiedene Modi der gleichen Substanz betrachtete, konnten bereits Gottsched und Baumgarten für die Influxus-Theorie (Gottsched) bzw. den idealen Einfluss (Baumgarten) argumentieren und die Idee vom ‚ganzen Menschen' unterstützen, ohne dass dies – zumindest aus ihrer Perspektive – Konsequenzen für ihre jeweilige Rezeption der Leibniz-Wolffschen Philosophie hatte. Wolffs Vermögenspsychologie und Erkenntnislehre waren leitend. Noch 1810 lobte der Hallenser Philosoph Johann Christoph Hoffbauer, der sich für die Professionalisierung der Psychologie als Anwendungsfach einsetzte,[53] Wolffs Ansatz einer empirischen Psychologie und notierte: „Für die Methode in der Behandlung der Seelenlehre wird Wolff vielleicht noch Jahrhunderte ein Muster bleiben, wenn auch seine übrigen philosophischen Werke vergessen seyn sollten."[54] Sulzer, Mendels-

---

52 Zur Anthropologie der Frühaufklärung vgl. Zelle: Sinnlichkeit und Therapie sowie die Beiträge in Zelle (Hg.): „Vernünftige Ärzte".
53 Vgl. Matthias John: Psychologen um 1800: „denn sie sind jetzt nicht mehr so selten wie ehedem". In: Anthropologie und empirische Psychologie um 1800. Ansätze einer Entwicklung zur Wissenschaft. Hg. von Georg Eckardt u. a. Köln u. a. 2001, S. 111–131, hier S. 124.
54 Johann Christoph Hoffbauer: Anmerkungen und Zusätze. In: Alexander Crichton: Untersuchungen über die Natur und den Ursprung der Geisteszerrüttungen. Ein kurzes System der Physiologie und Pathologie des menschlichen Geistes. Zweyte Auflage. Vermehrt und mit Anmerkungen und Zusätzen von Johann Christoph Hoffbauer. Leipzig 1810, S. 511–608, hier S. 582. Für diesen Hinweis danke ich Yvonne Wübben. Hoffbauer (ebd., S. 582) begründete dies folgendermaßen: „Denn sie [Wolffs empirische Psychologie, O.K.S.] schränkte sich nicht auf das ein, was wir durch die Induktion aus der Erfahrung von der Seele wissen,

sohn, Herder, Schiller – nicht nur sie schlossen, wenn auch zum Teil vermittelt, an die Seelenlehre Wolffscher Prägung an, modifizierten sie;[55] und nicht erst mit Sulzer traten Erfahrung und empirische Psychologie in den Fokus. Bereits Wolff befasste sich mit der Dunkelheit der Seele, Baumgarten bezog sie dezidiert in seine Erkenntnislehre ein,[56] Letzterer war es auch, der die Eigenständigkeit der Lust herausarbeitete, auf diese Weise die menschliche Affektivität und Subjektivität betonte und so eine Basis für die Einführung der Lust als eigenes Vermögen schaffte. Dies gilt es auch bei Sulzers Plädoyer für ein eigenes Empfindungsvermögen zu berücksichtigen, gerade im Hinblick auf seine Konzeption der „Kunsttheorie als Theorie des Empfindungsvermögens"[57].

Wie prägend und auch folgenreich die frühaufklärerische Psychologie und ihre Vorstellung von der rationalistischen Sinnlichkeit waren, zeigt sich auch an dem heute weniger bekannten, dem Publikum Ende des 18. Jahrhunderts aber nicht zuletzt durch sein Robinson-Buch durchaus vertrauten Pädagogen Joachim Heinrich Campe.[58] Die Abhandlungen zur Seelenlehre

---

    sondern stellte auch den Zusammenhang der so gefundenen Naturgesetze untereinander dar; und deutlicher, und von Hypothesen unabhängiger, als es von den meisten seiner Nachfolger geschehen ist."

55 Exemplarisch vgl. zu Sulzer Wolfgang Riedel: Erkennen und Empfinden. Anthropologische Achsendrehung und Wende zur Ästhetik bei Johann Georg Sulzer. In: Der ganze Mensch. Anthropologie und Literatur im 18. Jahrhundert. Hg. von Hans-Jürgen Schings. Stuttgart, Weimar 1994, S. 410–439; Riedel: Erster Psychologismus; Elisabeth Décultot: Von der Seelenkunde zur Kunsttheorie. In: Scientia Poetica. Jahrbuch für Geschichte der Literatur und der Wissenschaften 12 (2008), S. 69–88 sowie Elisabeth Décultot: Die Schattenseiten der Seele: Zu Johann Georg Sulzers Theorie der dunklen Vorstellungen. In: Formen des Nichtwissens der Aufklärung. Hg. von Hans Adler, Rainer Godel. München 2010, S. 263–278. Zu Mendelssohn vgl. Alexander Altmann: Moses Mendelssohns Frühschriften zur Metaphysik. Tübingen 1969 sowie Anne Pollok: Facetten des Menschen. Zur Anthropologie Moses Mendelssohns. Hamburg 2010. Zu Schiller vgl. Walter Hinderer: Friedrich Schiller und die empirische Seelenlehre. Bemerkungen über die Funktion des Traumes und das ‚System der dunklen Ideen'. In: Jahrbuch der Deutschen Schillergesellschaft 47 (2003), S. 187–213. Zu Herder vgl. Adler: Prägnanz des Dunklen sowie Marion Heinz: Sensualistischer Idealismus. Untersuchungen zur Erkenntnistheorie und Metaphysik des jungen Herder (1763–1778). Hamburg 1994.

56 Sulzers Abgrenzung diesbezüglich von Wolff machte stark Riedel: Erkennen und Empfinden, S. 411–413.

57 Elisabeth Décultot: Kunsttheorie als Theorie des Empfindungsvermögens. Zu Johann Georg Sulzers psychologischen und ästhetischen Studien. In: Dies., Lauer (Hg.): Kunst und Empfindung, S. 81–101.

58 Zu Campe und seinem vielfältigen Wirken vgl. die Beiträge in Cord-Friedrich Berghahn, Imke Lang-Groth (Hg.): Joachim Heinrich Campe. Dichtung, Sprache, Pädagogik und Politik zwischen Aufklärung, Revolution und Restauration. Heidelberg 2021. Zur Seelenlehre bei Campe und dem Verhältnis von Sinnlichkeit und Verstand vgl. Verf.: *Schiff, Steuerruder und Segel* – Seelenlehre und Pädagogik bei Joachim Heinrich Campe. In: Berghahn, Lang-Groth (Hg.): Joachim Heinrich Campe, S. 207–223. Die folgenden Ausführungen beruhen auf ebd., insbesondere S. 207–218.

und die Erziehungsschriften wie auch die Kinder- und Jugendbücher des Erziehers der Brüder Humboldt wurden breit rezipiert. Noch zu Beginn des 19. Jahrhunderts zählte seine Arbeit *Die Empfindungs- und Erkenntnißkraft der menschlichen Seele* (1776) zu den zentralen Schriften der „ästhetischen Wissensbildung"[59], neben Herders Abhandlung *Vom Erkennen und Empfinden der menschlichen Seele* (1774/1775/1778).[60] Wie Herder verfasste Campe seine Schrift anlässlich der Preisfrage der Königlichen Akademie der Wissenschaften zu Berlin von 1773: Gefordert war eine Theorie zu den beiden Grundvermögen Erkenntnis- und Empfindungskraft. Sie sollte zum einen das Verhältnis der beiden Vermögen untereinander erläutern und zum anderen erörtern, inwiefern Genie und Charakter von diesen beiden Vermögen abhängen.[61]

Mit Verweis auf Leibniz und Wolff befand Campe es in seiner Schrift für überflüssig, die Gesetze der Erkenntniskraft zu erläutern: Sie seien bekannt, vielfach erörtert worden und hätten nicht an Relevanz eingebüßt.[62] Weniger erforscht hingegen sei die Empfindungskraft. Mit der Einführung eines eigens für die Empfindung zuständigen Vermögens, das unabhängig vom Erkenntnisvermögen ist und gleichberechtigt neben diesem existiert, hatte Sulzer – offensichtlich Urheber der Preisfrage – die Frage nach der Hierarchie von Sinnlichkeit und Verstand neu gestellt. An Campes Abhandlung wird deutlich, wie stark diese Neukonzeption der Seele in der Leibniz-Wolffschen Psychologie verankert ist. Vor dem Hintergrund der Überlegungen zur Sinnlichkeit – ihrem Potential und der von ihr ausgehenden Gefahr –, wie sie im zweiten Kapitel dieser Arbeit rekonstruiert wurde, wird die Einführung eines eigenen Empfindungsvermögens als Fortführung der Sinnlichkeitskonzeption von Leibniz, Wolff, Gottsched und Baumgarten erkennbar. In Campes Konzeption des Empfindungsvermögens klingt nicht nur die Monadenlehre Leibniz' nach. Das Empfindungsvermögen hat seinen Ursprung auch in der motivationalen Dimension der Sinnlichkeit im Allgemeinen und der Lust im Besonderen, wie sie Wolff und seine Schüler im Rahmen des sittlichen Handelns anerkannt hatten. Aus Baumgartens Reflexionen zur sinnlichen Lust werden Konsequenzen gezogen.

In seiner Argumentation stellt Campe die deutliche Erkenntniskraft der sinnlichen Empfindungskraft gegenüber. Das Verhältnis von Sinnlichkeit und Verstand, wie es aus der Wolffschen Psychologie und von Baumgarten

---

59 Stöckmann: Anthropologische Ästhetik, S. 153, Anm. 8.
60 Zu den verschiedenen Fassungen von Herders Abhandlungen vgl. Heinz: Sensualistischer Idealismus, S. 118–173.
61 Vgl. den Abdruck der Preisfrage bei Joachim Heinrich Campe: Die Empfindungs- und Erkenntnißkraft der menschlichen Seele. Leipzig 1776, S. 4 f.
62 Vgl. ebd., S. 20 f.

bekannt ist, wird neu bestimmt. Entscheidend ist, dass mit der Empfindungskraft die emotionale Seite der Seele der deutlichen Erkenntniskraft gegenübergestellt wird. Sie gehört zur Klasse der verworrenen Vorstellungen, zeichnet sich aber dadurch aus, dass sie zudem „lebhaft ist und von einem klaren Bewußtseyn, sowohl unserer selbst, als auch der Beziehung, welche der erkannte Gegenstand auf uns hat, begleitet wird"[63]. Der weite Empfindungsbegriff, wie wir ihn von Wolff her kennen, erhält hier eine dezidierte Einschränkung auf klar-verworrene und lebhafte Empfindungen.[64] Im Zustand der Empfindung stellt sich die Seele viele Merkmale des Gegenstandes auf einmal vor, setzt sich selbst in Beziehung zu ihm und nimmt wahr, wie der Gegenstand auf sie wirkt. Nicht die Erkenntnis des Gegenstands, sondern dessen Wirkung auf die Seele und damit das Subjekt stehen im Vordergrund,[65] ganz wie in Baumgartens Konzeption der Lust. Und ähnlich der Lust in der Leibniz-Wolffschen Psychologie generell bewährt sich die Empfindung auch hier als Grundlage von Vergnügen und Begehren.[66]

Mit der Gegenüberstellung von Empfindungs- und Erkenntniskraft tritt eine Variante von Sinnlichkeit und Verstand auf den Plan, wie sie für den moralphilosophischen Funktionsmechanismus bestimmend ist: Lust und Verstand bzw. Vernunft. Nicht die sinnliche Erkenntnis, sondern die affektive Dimension der Sinnlichkeit, die Empfindungskraft, steht im Fokus und somit sowohl ihr Potential als auch das von ihr ausgehende Risiko. „Übertriebene Sinnlichkeit"[67] schwächt die Seele, die Erkenntniskraft hat sie in ihre Schranken zu weisen und anzuleiten.[68] ‚Falsche Neigungen', das Streben nach Scheinvollkommenheit, sind durch Aufklärung zu unterbinden.[69] Die Argumentation ist bekannt. Auch das motivationale und somit sittliche Potential der Sinnlichkeit findet sich in der Empfindungskraft wieder. Sie ist Ausgangspunkt des menschlichen Handelns.[70] Erkenntnis- und Empfindungskraft müssen im Gleichgewicht sein. Gibt es zu viele sinnliche Empfindungen, „bestürmen"[71] sie die Seele geradezu, dann ist die intellektuelle Tätigkeit eingeschränkt. Wird die Empfindungskraft jedoch vernachlässigt, dann wird der Mensch der lebhaften Rührung des Herzens unzugänglich.

---

63 Ebd., S. 9.
64 Das hinderte aber Campe nicht daran, den Begriff im Anschluss mehrfach in seiner weiten Bedeutung zu verwenden.
65 Vgl. Campe: Empfindungs- und Erkenntnißkraft, S. 8.
66 Vgl. ebd., S. 67.
67 Ebd., S. 102.
68 Vgl. ebd., S. 104 f.
69 Vgl. ebd., S. 111.
70 Vgl. ebd., S. 60–63.
71 Ebd., S. 101.

Herz und Geist, wie es bei Campe heißt, müssen im Einklang sein.[72] Sinnlichkeit und Verstand bestimmen, wie schon bei Baumgarten, den Menschen als *ganzen Menschen*.

Die bereits von Wolff und Gottsched intensiv diskutierte Frage der Instrumentalisierung der Sinnlichkeit gewinnt mit der Einführung eines eigenständigen Empfindungsvermögens an neuer Bedeutung. Wie Wolff in seiner Vermögenslehre erörtert auch Campe die Möglichkeit, die Seelenvermögen zu erweitern – und zwar um „Grundempfindungen", die auf das Gute gerichtet sind. Sowohl positive als auch negative Empfindungen und die mit ihnen einhergehenden Gewohnheiten kann der Mensch einüben, denn „[j]e öfter […] eine Empfindung oder Vorstellung in unserer Seele erscheint"[73], desto mehr strebt die Seele danach, sie erneut hervorzurufen, und wird durch die Übung hierzu auch zunehmend befähigt.[74] Einen Ansatz für seine Idee der Einübung von Grundempfindungen hätte Campe auch bei Gottsched gefunden. Das Gute wird mit Vergnügen, das Böse mit Missvergnügen gekoppelt, das sittliche Verhalten mit Hilfe von Lust und Unlust affektiv eingeübt.[75] Die Verbindung von Sinnlichkeit und Sittlichkeit und das Vertrauen, durch beständige Übung schließlich auch sittliche Fertigkeit zu erlangen, führt Lessing mit seinem Mitleidsbegriff weiter: „[D]er beste Mensch ist, der die größte Fertigkeit im Mitleiden hat."[76] Eine Fortentwicklung dieses Gedankens findet sich 1779 dann auch bei Campe in seiner Verteidigung der „wahren Empfindsamkeit": der „grössere[n] Fähigkeit zu solchen Empfindungen, in welchen etwas Sittliches ist"[77]. Der Empfindsame „empfindet etwas bei gewissen Gegenständen oder Vorfällen, er mag wollen oder nicht"[78], und fühlt sich verpflichtet zu handeln.[79]

Diese Idee von Empfindsamkeit lässt zunächst an Rousseaus *pitié* oder Shaftesburys *moral sense* denken. Da die Empfindsamkeit aus dem Empfindungsvermögen abgeleitet ist und dieses wiederum mit Baumgartens Konzept der Lust wie der Instrumentalisierung der Lust im moralphilosophischen Kontext in enger Beziehung steht, ist es aber nicht verwunderlich, dass das Konzept, das Campe der ‚wahren Empfindsamkeit' zugrunde legt, mit der Vorstellung der sittlichen Erziehung bei Wolff und Gottsched über-

---

72 Vgl. ebd., S. 17f.
73 Ebd., S. 58.
74 Vgl. ebd., S. 57–59.
75 Vgl. Gottsched: Weltweisheit II (AW V.2), § 444, S. 302. Herv. i.O.
76 Lessing an Mendelssohn, 18. Dec. 1756. In: Lessing, Mendelssohn, Nicolai: Briefwechsel über das Trauerspiel, S. 80.
77 Joachim Heinrich Campe: Ueber Empfindsamkeit und Empfindelei in pädagogischer Hinsicht. Hamburg 1779, S. 4.
78 Ebd., S. 5.
79 Vgl. ebd., S. 11–13.

einstimmt: Die Empfindsamkeit basiert, so Campe, „auf deutlich erkannten Grundsätzen der Vernunft"[80]. Der Mensch ist gerührt und handelt folglich nur, wenn er „wirklich etwas sitlich Gutes oder Böses [...] deutlich und zu verlässig erkannt hat"[81]. Campes Konzept der Empfindsamkeit erweist sich vor diesem Hintergrund als eine Weiterführung der frühaufklärerischen Diskussion um die Erziehung des Menschen und als der Versuch, die bereits erkannten Gefahren der Sittlichkeit – Scheinvollkommenheit, Affekte, tote Erkenntnis – zu eliminieren, indem die bereits bewährten Mittel – die motivationale Kraft der Lust und die sichere Erkenntnis des Verstandes – in der Empfindsamkeit zusammengeführt werden. Auch sie gilt es zu üben, so Campe, unter anderem durch entsprechende literarische Beispiele. Bedenkt man, dass Campe diverse Seelenlehren veröffentlichte und nicht nur als Herausgeber der *Allgemeinen Revision des gesammten Schul- und Erziehungswesens* (1785–1792) die Pädagogik des ausgehenden 18. Jahrhunderts entschieden bestimmte, sondern auch selbst als Kinder- und Jugendbuchautor mit didaktischem Anspruch in Erscheinung trat, dann wird die enorme prägende Energie der Wolffschen Psychologie deutlich.

Auch das Beispiel von Campe zeigt, inwiefern die Diskurse am Ende des 18. Jahrhunderts als Fortsetzung der in der vorliegenden Arbeit dargestellten Konzepte verstanden werden können. Sie wurden weitergedacht, die von ihnen ausgemachten Probleme in erste Lösungen überführt. Das heißt in keiner Weise, dass nicht etwas Neues entstand, nur: es entstand auf der Grundlage und unter – oft auch impliziter – Berufung auf die verschiedenen Vordenker. In Beziehung zu diesen sind auch die in der Forschung zum 18. Jahrhundert beliebten Einflussfragen zu beantworten, auch die nach der Bedeutung des *moral sense*. Als dessen Rezipient und Vermittler wurde gern Christian August Crusius benannt – in Opposition zu Wolff. Dessen Namensvetter Hans Matthias Wolff konstatierte 1949 und erneut Anfang der 1960er Jahre:

> Aus der Unzufriedenheit der vierziger Jahre mit dem Wolffschen Dualismus, der nur die Vernunft als eine sittliche Kraft anerkannte, das Gefühl jedoch einseitig negativ wertete, erklärt sich das schnelle Eindringen der Gefühlsphilosophie, die sich in England seit Shaftesbury entwickelt hatte und in den vierziger Jahren unter der Führung von Hutcheson stand. Der Begründer der Gefühlsphilosophie in Deutschland war Christian August Crusius [...].[82]

---

80 Ebd., S. 14.
81 Ebd.
82 Wolff: Die Weltanschauung der deutschen Aufklärung, S. 155.

Diese Einschätzung teilte auch noch Jan Engbers in seiner Untersuchung zur *moral sense*-Rezeption in Deutschland.[83] Dass aber auch die in der Tradition Leibniz' und Wolffs stehende Philosophie genug Ansatzpunkte für eine Rezeption und Adaptation der Gedanken Shaftesburys und seiner Nachfolger bot, das belegt nicht nur der Ausspruch Leibniz', er habe fast seine ganze Theodizee bei Shaftesbury vorgefunden.[84] Die noch von Engbers behauptete Opposition von Leidenschaften, Affekten, *moral sense* auf der einen, Wolff und der Vernunft auf der anderen Seite verstellt gerade hinsichtlich der Idee einer sittlichen Empfindung den Blick auf die Anknüpfungspunkte, die bei den vermeintlichen Widersachern der Sinnlichkeit zu finden waren.

Vergleicht man den *moral sense* bei Shaftesbury und Hutcheson, wie er für die Rezeption zugrunde gelegt wird, mit den Überlegungen zur Instrumentalisierung der Sinnlichkeit bei Wolff, Gottsched und Baumgarten, dann sind die Parallelen nicht zu übersehen. Auch bei Shaftesbury strebt der Mensch nach dem Guten, für sich selbst und zugleich als Teil des gesamten natürlichen Systems.[85] Das Bedürfnis nach Ordnung und Schönheit und somit nach Tugend ist ihm angeboren, in ihnen spiegelt sich die allen Dingen zugrunde liegende Harmonie des Kosmos wider, die Einheit vom Wahren, Schönen und Guten. Den moralischen Urteilen des Menschen liegt sein Verlangen nach Harmonie, der *moral sense*, zugrunde, wenn auch individuell unterschiedlich stark ausgeprägt. Nur solche Handlungen, die „auf Grund von Einsicht erfolgen, sind moralisch billigens- oder mißbilligenswert; sie allein werden in moralischem Sinne ‚gut' oder ‚schlecht' bzw. ‚böse' genannt. Und nur solchen Wesen, die fähig sind, aus Einsicht zu handeln, sprechen wir Tugend und Verdienst zu."[86] Wer begehrt, der begehrt das Gute. Das Urteil von ‚sense' und ‚heart', wie Shaftesbury diese moralische Empfindung auch umschrieb, beruht immer auch auf einem reflexiven Moment. Nur unter dieser Voraussetzung werden *sentiment* und *judgement* im *moral sense* zusammengeführt. Unmittelbar und spontan empfindet diese besondere Form des Affekts sittlich. Da der *moral sense* durch falsche Vorstellungen getäuscht werden kann, bedarf es einer Instanz (*commanding part*), die die Vorstellungen kontrolliert. Durch Gewohnheit und Übung kann der *moral sense* ausgebildet und geprägt werden. Wird diese Form der Erziehung jedoch nicht auf das Gute gerichtet, dann kann der *moral sense* auch fehlgeleitet werden.

---

83 Vgl. Jan Engbers: Der „Moral-Sense" bei Gellert, Lessing und Wieland. Zur Rezeption von Shaftesbury und Hutcheson in Deutschland. Heidelberg 2001, S. 41.
84 Zur Shaftesbury-Rezeption bei Leibniz vgl. Dehrmann: Das „Orakel der Deisten", S. 45–58.
85 Zum Folgenden vgl. Wolfgang H. Schrader: Ethik und Anthropologie in der englischen Aufklärung. Der Wandel der moral-sense-theorie von Shaftesbury bis Hume. Hamburg 1984, S. 1–17.
86 Schrader: Ethik und Anthropologie, S. 10.

Hutcheson führte die Reflexionen Shaftesburys bekanntlich fort. Das Urteil des *moral sense* beruht auf den von ihm hervorgebrachten angenehmen bzw. unangenehmen Empfindungen, auf Vergnügen (*pleasure*) und Schmerz (*pain*), Lust und Unlust. Die billigenden bzw. missbilligenden Empfindungen ziehen die entsprechenden Handlungen nach sich, der Mensch folgt dem *moral sense*.[87] Dass er dennoch gelegentlich falsch handelt, ja, dass es geradezu „moralische Meinungsverschiedenheit"[88] gibt, kann an einer falschen, auf umstrittenen Werten basierenden Erziehung oder an einem unzureichenden Urteil der Vernunft liegen. Aber nicht nur die Vernunft, sondern auch andere Affekte, egoistische Begierden können den *moral sense* beeinträchtigen, wenn sie in Wettstreit mit ihm treten und sich ein Kräftemessen der Empfindungen entspinnt. Zur Ausbildung des *moral sense* empfahl Hutcheson die Lektüre von Geschichtsbüchern und den Besuch des Theaters. Aber nicht nur den *moral sense* gilt es zu unterstützen. Grundsätzlich müssen die unsere Handlung bestimmenden Leidenschaften und Affekte gelenkt werden. Durch stetige Wiederholung können sie sich zu Fertigkeiten der Tugend (*habits of virtue*) entwickeln.

Vor dem Hintergrund der im zweiten Kapitel dargelegten Überlegungen zu den Bedingungen des sittlichen Handelns ist offensichtlich, dass die genannten Teilaspekte der *moral sense*-Theorie mühelos in das philosophische System Leibniz-Wolffscher Prägung integriert werden konnten. Sein Pendant hat der *moral sense* in der Lust, der anschauenden Erkenntnis der Vollkommenheit. Bei Wolff und Gottsched erkennt und urteilt die Lust, veranlasst den Menschen zum Handeln. Lust und Unlust, das sind Vergnügen und Schmerz. Sie liegen allen Affekten zugrunde. Auch die Lust kann fehlgeleitet werden, wenn die ihr zugrunde liegende anschauende Erkenntnis sich täuscht, andere Leidenschaften stärker sind. Aber durch Übung kann sie auf das Gute gerichtet werden.

Diese Parallelen können und sollen nicht darüber hinwegtäuschen, dass es sich hierbei um verschiedene Ansätze handelt, die in entscheidenden Punkten unterschiedliche Positionen vertreten. Sie können aber zu Erklärungen beitragen, warum es Autoren, die dem System Wolffs verbunden waren, wie zum Beispiel Lessing, Mendelssohn oder auch Herder, nicht fremd war, die Sittlichkeit des Menschen und seine Erziehung wie die Idee der Humanität in enger Beziehung zur Sinnlichkeit zu konzipieren.[89] Die Funktion, die gerade der Sinnlichkeit und der Lust in der moralphilosophischen Konzeption

---

87 Zum Folgenden vgl. Engbers: „Moral-Sense", S. 19–31.
88 Ebd., S. 24.
89 Vgl. Verf.: Voraussetzungen der *moral sense*-Rezeption in Deutschland, oder: Die Lust der Humanität. Shaftesbury, Herder und der deutsche Rationalismus. In: Bach (Hg.): Sinne und Triebe.

bei Wolff, Gottsched und Baumgarten zukommt, hat, so ist anzunehmen, die Rezeption des *moral sense* und auch weiterer Sinnlichkeitskonzepte im deutschsprachigen Raum begünstigt, wenn nicht überhaupt erst ermöglicht.

Das Wissen um das Sittlichkeit generierende Potential der Sinnlichkeit und die Anerkennung auch der affektiven Sinnlichkeit für die sittliche Erziehung haben aber nicht nur zu einschneidenden Veränderungen in der Erkenntnislehre und der Moralphilosophie hingeleitet. Gleiches gilt für die Kunsttheorie. Mit dem Dualismus von Erkennen und Empfinden begründete Sulzer, so Wolfgang Riedel „die Eigenständigkeit des Ästhetischen. Das disjunktive Schema erlaubt ihm, das ästhetische Wohlgefallen von objektbezogenen Erkenntnisakten, sie seien noch so undeutlich oder dunkel, strikt zu trennen und also auch hier den kognitiven Ansatz Baumgartens zu überwinden"[90]. Zu Recht merkte Riedel die Differenz zum sinnlichen Urteilsvermögen (*iudicium sensitivum*), dem Geschmack, bei Baumgarten an. Wenn Sulzer aber nach Dubos'scher Manier den Geschmack an die Empfindung und somit an die Lust rückbindet, kann er, wie bereits in den Ausführungen zu Campe gesehen, auch an Baumgartens Lustbegriff und dessen Trennung von Lust und Urteil anschließen. Und wenn Sulzer sich aufgrund seiner Einsicht, „daß der Mensch als intellektuelles wie moralisches Wesen weder frei noch vernünftig sei"[91], der Ästhetik zuwendet, dann kann dies schwerlich als Gegenmanöver zu seinen rationalistischen Vorgängern gesehen werden.[92] Wie Wolff, Gottsched und Baumgarten sieht er in den Künsten das notwendige Mittel zur Moralisierung des Menschen, wie seine Vorgänger erhebt er die Künste aus der moralphilosophischen Notwendigkeit heraus, die Sinnlichkeit zu nutzen und auf das Gute einzuüben, zu „ancillae philosophiae"[93]. Die Erweiterung des psychologischen Systems um ein eigenes Empfindungsvermögen erweist sich als Konsequenz aus den Überlegungen seiner Vorgänger.

Die Erziehung des Menschen durch die Kunst bleibt für viele Autoren bestimmender Wirkungsauftrag der Künste. Die von Wolff und Gottsched propagierten Möglichkeiten werden oftmals beibehalten und ausgebaut. Lessings Fabeltheorie baut auf der *exemplum*- bzw. *fabula*-Lehre Wolffs auf, mit seiner Konzeption des Mitleids schließt er insofern auch an Gottsched an, als er zum einen den Ausbau des Mitleids zur ‚Fertigkeit' durch Übung und zum anderen die Einübung der Empfindung fordert. Auch Schillers

---

90 Riedel: Erkennen und Empfinden, S. 427.
91 Ebd.
92 Riedel (ebd.) spricht von einer „Bankrotterklärung einer Aufklärung, die sich auf die Kritik des Vernunftgebrauchs beschränkte."
93 Ebd., S. 428.

Rede *Was kann eine gute stehende Schaubühne eigentlich wirken?* (1784) steht in einer Linie mit Gottscheds Vortrag *Die Schauspiele, und besonders die Tragödien sind aus einer wohlbestellten Republik nicht zu verbannen* (1729). Tugenden werden zur Nachahmung empfohlen, Laster zur Abschreckung dargestellt, und auch sonst greift Schiller verschiedene Topoi der Dramentheorie auf. Doch steht bei ihm, wie schon bei Lessing, der Mensch als psychologisch fassbares Wesen im Zentrum. Der Zuschauer gewinnt einen Einblick in die menschliche Seele und die Gründe unseres Handelns. Das große von Schiller angestrebte Ziel ist der „mittlere[ ] Zustand"[94], das Gleichgewicht von Sinnlichkeit und Verstand, wie es ganz ähnlich bereits Baumgarten vorschwebte.

Für die weitere Entwicklung der Kunsttheorie bemerkenswert ist auch die doppelte Begründung des Kunstvergnügens, wie sie bei Wolff zu finden ist. Zum einen ging Wolff von einer Lust der Sinne aus, die für jeden erfahrbar ist, und wusste auch um das *je ne sais quoi*, das das Urteil vom Schönen nicht begründen kann. Zum anderen ist sein Schönheitsbegriff in der vormals deutlichen Erkenntnis der Grundsätze und Regeln begründet. Dies ist auch ein Ausgangspunkt der von Zelle für das 18. Jahrhundert stark gemachten „doppelten Ästhetik"[95]. Wolffs in diesem Punkt nicht widerspruchsfreies System bot die Möglichkeit, an beide Ansätze anzuschließen. Gerade seine Konzeption der „Lust der Sinnen" war ein weiterer und bisher unberücksichtigt gebliebener Anknüpfungspunkt für die Rezeption und den Ausbau einer „Ästhetik des Emotionalismus" im deutschsprachigen Raum, wie sie Alberto Martino beschrieb.[96] Dass Wolffs Definition der Schönheit als sinnliche Erkenntnis der Vollkommenheit in der Tat weiterentwickelt wurde, zeigt das Beispiel von Moritz:

> Wir bedürfen des Schönen nicht so sehr, um dadurch ergötzt zu werden, als das Schöne unser bedarf, um erkannt zu werden. Wir können sehr gut ohne die Betrachtung schöner Werke bestehen, diese aber können, als solche, nicht wohl ohne unsre Betrachtung bestehen.[97]

Es wäre wohl gewagt, bei jemandem wie Wolff, der die Künste (im weitesten Sinne) gerade aufgrund ihres Beitrags zur Erkenntnis und zur sittlichen Er-

---

94 Friedrich Schiller: Was kann eine gute stehende Schaubühne eigentlich wirken? In: Werke und Briefe in zwölf Bänden. Bd. 8. Hg. von Rolf-Peter Janz. Frankfurt a.M. 1992, S. 185–200, hier S. 188.
95 Zelle: Die doppelte Ästhetik der Moderne.
96 Vgl. Martino: Geschichte der dramatischen Theorien, S. 55–108, hier zitiert S. 76.
97 Karl Philipp Moritz: Versuch einer Vereinigung aller schönen Künste und Wissenschaften unter dem Begriff des *in sich selbst Vollendeten*. In: Schriften zur Ästhetik und Poetik. Kritische Ausgabe. Hg. von Hans Joachim Schrimpf. Tübingen 1962, S. 3–9, hier S. 4.

ziehung schätzte, den Beginn der Autonomieästhetik zu sehen.[98] Unstrittig ist aber Wolffs Verdienst, als einer der ersten die subjektive Seite der Schönheit und die konstitutive Bedeutung des Rezipienten für die Schönheit formuliert zu haben.

Lessing hat bereits mehrfach Erwähnung gefunden. Im letzten Kapitel wurde angedeutet, wie sehr sein Werk den kunsttheoretischen Reflexionen Wolffs und Gottscheds verpflichtet ist. Wenn er im 96. Stück der *Hamburgischen Dramaturgie* gegen die sich formierende Geniebewegung anschreibt, dann liegt seinem Protest die von Wolff und Gottsched aufgemachte Verbindung von Künstler und Kritiker zugrunde. Ersterer schafft nach den Regeln, letzterer kennt sie:

> „Genie! Genie!" schreien sie. „Das Genie setzt sich über alle Regeln hinweg! Was das Genie macht, ist Regel!" So schmeicheln sie dem Genie: ich glaube, damit wir sie auch für Genies halten sollen. Doch sie verraten zu sehr, daß sie nicht einen Funken davon in sich spüren, wenn sie in einem und eben demselben Atem hinzusetzen: „die Regeln unterdrücken das Genie!" – Als ob sich Genie durch etwas in der Welt unterdrücken ließe! Und noch dazu durch etwas, das, wie sie selbst gestehen, aus ihm hergeleitet ist. Nicht jeder Kunstrichter ist Genie: aber jedes Genie ist ein geborner Kunstrichter. Es hat die Probe aller Regeln in sich. Es begreift und behält und befolgt nur die, die ihm seine Empfindung in Worten ausdrücken.[99]

Die Opposition von Regeln und Genie, wie sie die Geniebewegung beschwört, wird bei Lessing im Dichter-Genie aufgehoben: „Es hat die Probe aller Regeln in sich." Auch Wolff erkannte ein besonderes Geschick des Künstlers an, der – und das ist im Hinblick auf Lessing entscheidend – sein Werk auch ohne die Kenntnis der Grundsätze und Regeln produzieren kann. Und ebenso lag Gottsched daran, die Dichter in den Parnass einschließen zu können, denen die Regeln der Dichtkunst nicht bewusst sind. Wenn Lessing zudem ruft, das Genie sei „Gelehrter" und „Philosoph", „Meßkünstler" und „schöner Geist"[100] zugleich, und konstatiert: „Gott gibt uns die Seele; aber das *Genie* müssen wir durch die Erziehung bekommen"[101], dann übernimmt er von Gottsched das Ideal des philosophischen Dichters und plädiert ganz im Sinne Wolffs für die Ausbildung des Künstlers. Die schöpferische Disposition des Genies muss gefördert werden, soll sie zur Geltung kommen. Die von Lessing favorisierte Ausbildung besteht jedoch nicht im Auswen-

---

98   Vor dem Hintergrund der Philosophie und der Kunsttheorie der Aufklärung hat die Ästhetik Moritz' untersucht Alessandro Costazza: Schönheit und Nützlichkeit. Karl Philipp Moritz und die Ästhetik des 18. Jahrhunderts. Bern 1996.
99   Lessing: Hamburgische Dramaturgie (B VI), S. 657.
100 Lessing: [Rez.] in *Berlinische privilegierte Zeitung*, 74. Stück (21. 06. 1755) (B III), S. 397f., hier S. 397.
101 Lessing: Abhandlungen zur Fabel (B IV), S. 345–411, hier S. 408.

diglernen von Regeln, denn die „allgemeinen Sätze" versteht das Genie nur, soweit es sie

> den Augenblick in einem einzeln Falle anschauend erkennet; und nur von diesem einzeln Falle bleibt Erinnerung in ihm zurück, die während der Arbeit auf seine Kräfte nicht mehr und nicht weniger wirken kann, als die Erinnerung eines glücklichen Beispiels, die Erinnerung einer eignen glücklichen Erfahrung auf sie zu wirken im Stande ist.[102]

Das Genie lernt durch Erfahrung, durch eigene Anschauung. Das von der *fabula* her bekannte Prinzip, über die anschauende Erkenntnis zu erziehen, kommt hier zur Geltung. Auch bei Lessing wirkt die anschauende Erkenntnis des Dichters: Sie wird zur dichterischen Schaffenskraft. Lessing greift hier auf die Grundlegung des Geschmacks in der Empfindung zurück, wie an seiner Vorstellung vom Kritiker deutlich wird.

Bei Wolff kennt die Regeln der Kunst, wer „Wissenschafft von einer Kunst hat"[103], das ist der Theoretiker der jeweiligen Kunst; das ist der Kritiker bei Lessing: „Man kann sich [...] entweder auf die bloße Empfindung berufen, oder seine Empfindung mit Gründen unterstützen. Jenes tut der Mann von Geschmack: dieses der Kunstrichter."[104] Der Kritiker kennt die Regeln, er weiß sein Urteil zu begründen. Der „Mann von Geschmack" verlässt sich auf die Empfindung. Lessing macht eine ähnliche Differenz wie Gottsched auf: Der Kritiker *muss*, der Rezipient guten Geschmacks *kann* die Regeln kennen. Was für den Rezipienten guten Geschmacks gilt, trifft bei Gottsched auch auf den Künstler zu. Er muss sich der Regeln nicht bewusst sein. Lessing formuliert, wie gesehen, offensiver: „Es [das Genie] hat die Probe aller Regeln in sich." Und: „Es begreift und behält und befolgt nur die, die ihm seine Empfindung in Worten ausdrücken."[105] Die Schaffenskraft des Genies basiert auf seiner Empfindung. Der zitierte Zusammenhang verweist bereits darauf, auf wen und was Lessing sich hier beziehen konnte: den auf der Empfindung basierenden guten Geschmack des Poeten bei Gottsched. Lessing schließt hier an Gottsched an. Die Empfindung des poetischen Geschmacks wird – vom Urteil getrennt – zur Empfindung der poetischen Produktion.

Beeinflusst wird die Produktion von der Erinnerung an den Einzelfall, der wie „die Erinnerung eines glücklichen Beispiels, die Erinnerung einer

---

102 Lessing: Hamburgische Dramaturgie (B VI), S. 657f.
103 Wolff: Deutsche Politik (GW I.5), § 310, S. 254.
104 Lessing: Der Rezensent braucht nicht besser machen zu können, was er tadelt. In: Werke. Bd. 5. Hg. von Jörg Schönert. München 1973, S. 331–333, hier S. 331.
105 Vgl. die Angabe in Kap. IV, Anm. 99.

eignen glücklichen Erfahrung"[106] auf die Kräfte des Dichters, seine Seelenvermögen, wirken kann. Im Kontext der von Lessing rezipierten Psychologie Wolffs impliziert dies die Aktivierung der Einbildungskraft: Die mit der Erinnerung zusammenhängenden Einbildungen rufen weitere vergangene Empfindungen bzw. Einbildungen hervor. Über Ähnlichkeiten entstehen ganze Einbildungsketten, werden zu einem Ganzen zusammengefügt, Assoziationen bestimmen den dichterischen Prozess. Aber nicht nur die Einbildungskraft des Produzenten ist bei Lessing bestimmend für die Bildung des Werks. Auch der Rezipient hat hieran seinen Anteil.

Die psychologischen Voraussetzungen der Rezeption dachten bereits Wolff und Gottsched mit. Auf ihre Bedeutung für Lessings Illusionskonzept wurde im dritten Kapitel hingewiesen. Nicht erst Lessings,[107] sondern bereits Wolffs Konzeption der poetischen Fabel beruht auf dem Bewusstsein, dass der Mensch in seiner Auffassungsgabe beschränkt ist. Durch die Verkürzung der Zeit wird, so Wolff, die Handlung des Schauspiels der *conditio humana* angepasst. Lessing integriert dieses Prinzip in sein Handlungskonzept. Wie in Wolffs ‚möglicher Welt' des Romans sind in Lessings „Schattenriß von dem Ganzen"[108] „Zufälligkeiten in einer andern Ordnung verbunden"[109], Wirklichkeit und Werk über die Ähnlichkeit der Konstruktion, die innere Wahrscheinlichkeit, zueinander in Beziehung gesetzt. Nicht nur Lessing schließt an Wolff an, nicht nur Zedlers *Universallexicon* rezipiert Wolffs Überlegungen zum Schauspiel in der *Deutschen Politik* als maßgeblich, auch Blanckenburg weiß in seinem *Versuch über den Roman* (1774) von den Schwierigkeiten des Menschen, die Welt zu verstehen. Der Roman kann hier Abhilfe schaffen:

> Nur müssen wir in dieser Nachahmung der großen Welt mehr sehen können, als wir in der großen Welt selbst, unsrer Schwachheit wegen, zu sehen vermögen. Wir müssen die Verbindung der Theile unter sich, und mit dem Ausgange des Werks anschauend erkennen [...].[110]

Das Werk ist eine „kleine Welt"[111], ganz ähnlich der großen ist in ihm alles miteinander verknüpft, bestimmen Ursache und Wirkung das Ganze, den Fortgang der Handlung.[112]

Der Idee des Werkganzen liegen auch Anweisungen zur Werkkonstruktion zugrunde. Der Rezeptionsprozess soll unmittelbar erfolgen, die Ein-

---

106 Vgl. die Angabe in Kap. IV, Anm. 102.
107 So Alt: Begriffsbilder, S. 461.
108 Vgl. die Angabe in Kap. III.1.4, Anm. 232.
109 Vgl. die Angabe in Kap. III.1.4, Anm. 224.
110 Friedrich Blanckenburg: Versuch über den Roman. Leipzig, Liegniz 1774. Nachdruck mit einem Nachwort von Eberhard Lämmert. Stuttgart 1965, S. 314. Herv. i.O.
111 Ebd., S. 314.
112 Vgl. ebd., S. 312–314.

bildungskraft des Rezipienten aktiviert werden und eine lebhafte Vorstellung erzeugen: Täuschung ist das ungenannte Ziel, Lebhaftigkeit das Charakteristikum der Dichtung. So bei Gottsched. Im *Laokoon* baut Lessing diese Gedanken aus. Die Einbildungskraft rückt explizit in den Fokus, erklärtes Ziel der Künste Malerei und Poesie ist die Täuschung: „[B]eide täuschen, und beider Täuschung gefällt."[113] Und auch hier ist es die Lebhaftigkeit, die die Sprache in Poesie verwandelt:

> Der Poet will nicht bloß verständlich werden, seine Vorstellungen sollen nicht bloß klar und deutlich sein; hiermit begnügt sich der Prosaist. Sondern er will die Ideen, die er in uns erwecket, so lebhaft machen, daß wir in der Geschwindigkeit die wahren sinnlichen Eindrücke ihrer Gegenstände zu empfinden glauben, und in diesem Augenblicke der Täuschung, uns der Mittel, die er dazu anwendet, seiner Worte bewußt zu sein aufhören.[114]

Die Lebhaftigkeit der Vorstellungen – dieses zentrale Konzept nicht nur der Poetik Gottscheds, sondern auch der Baumgartenschen Bestimmung der Sinnlichkeit – steht für die direkte Rezeption des Werks als Ganzes und die Potenzierung der Vorstellungen: Der Rezipient glaubt, die Eindrücke der Gegenstände direkt zu empfinden. Das ist die Wirkmacht der Künste – und Lessing steigert sie noch, wenn er die Produktivität der rezipierenden Einbildungskraft auch für den ‚fruchtbaren Augenblick' ansetzt und die Einbildungskraft selbst erzählt.[115] Wie schon beim Schönheitskonzept von Wolff schaffen Werk und Rezipient das Werk. Lessing kann auch hier an seine Vorgänger anschließen, und der Begriff der Lebhaftigkeit wird zu einer zentralen Kategorie der Kunsttheorie im 18. Jahrhundert.

Und Goethe? Am 13. Februar 1769 schrieb der junge Goethe an Friederike Oeser:

> O, meine Freundinn, das Licht ist die Wahrheit, doch die Sonne ist nicht die Wahrheit, von der doch das Licht quillt. Die Nacht ist Unwahrheit. Und was ist Schönheit? Sie ist nicht Licht und nicht Nacht. Dämmerung; eine Gebuhrt von Wahrheit und Unwahrheit. Ein Mittelding. In ihrem Reiche liegt ein Scheideweg so zweydeutig, so schielend, ein Herkules unter den Philosophen könnte sich vergreiffen.[116]

Nicht Licht, nicht Dunkelheit, ein Mittelding zwischen Wahrheit und Unwahrheit – Schönheit ist Dämmerung. In Goethes „Ästhetik der Dämme-

---

113 Vgl. die Angabe in Kap. III.2.2, Anm. 432.
114 Lessing: Laokoon (B V.2), S. 124.
115 Vgl. ebd., S. 32–34.
116 Johann Wolfgang Goethe: Brief an Friederike Oeser (13. Februar 1769). In: Goethes Werke. Hg. im Auftrage der Großherzogin Sophie von Sachsen. Bd. IV.1. Weimar 1887, S. 188–202, hier S. 199.

rung", wie sie sich unter anderem aus seinen Beiträgen in den *Frankfurter Gelehrten Anzeigen* der 1770er Jahren erschließt, sah Gerhard Sauder die Antwort auf Sulzers *Allgemeine Theorie der schönen Künste*.[117] Die Anklänge aber an die Leibniz'sche Erkenntnislehre sind unverkennbar, die Morgenröte der *Aesthetica* kommt einem in den Sinn. Schönheit ist begrifflich nicht zu fassen und eine deutliche Erkenntnis nicht möglich. Und wenn bei Goethe „die großen harmonischen Massen, zu unzählig kleinen Theilen belebt: wie in Werken der ewigen Natur, bis auf's geringste Zäserchen, alles Gestalt, und alles zweckend zum Ganzen"[118] erscheinen, dann lassen sie den Reichtum der Baumgartenschen Schönheit, die extensive Klarheit der Lebhaftigkeit und Lessings „Schattenriß von dem Ganzen" anklingen. In der Abenddämmerung erkennt und genießt der Betrachter das Straßburger Münster:

> Wie oft hat die Abenddämmerung mein durch forschendes Schauen ermattetes Auge mit freundlicher Ruhe geletzt, wenn durch sie die unzähligen Theile zu ganzen Massen schmolzen, und nun diese, einfach und groß, vor meiner Seele standen, und meine Kraft sich wonnevoll entfaltete, zugleich zu genießen und zu erkennen.[119]

Erkenntnis und Genuss fallen in eins. Ist das die Lust, die anschauende Erkenntnis der Vollkommenheit? Sie wirkt auch hier, wird lebendig, geht auch bei Goethe in Handlung über. Doch die Kraft in Goethes Ästhetik der Dämmerung, wie sie Ernst Osterkamp beschrieb, hat nicht das sittliche Handeln zum Ziel. Der Schauende wird – Lessings Konzeption nicht unähnlich – selbst zum Schöpfer, die Kraft zur dichterischen Schaffenskraft.[120] Die im Zwielicht rezipierte Wirklichkeit wird „Einbildung der Wirklichkeit"[121], „Natur wird zu Gefühl"[122], Grundlage der poetischen Erfindung ... Doch für den späten Goethe gilt, wie die *Pandora* (1807/1808) weiß: Das ewig Gute, das ewig Schöne tritt mit der Morgenröte ein. *Aurora*.

---

117 Gerhard Sauder: Goethes Ästhetik der Dämmerung. In: Goethe nach 1999. Positionen und Perspektiven. Hg. von Matthias Luserke. Göttingen 2001, S. 45–55 und 157–159.
118 Johann Wolfgang Goethe: Von deutscher Baukunst. In: Goethes Werke. Hg. im Auftrage der Großherzogin Sophie von Sachsen. Bd. I.37. Weimar 1896, S. 137–151, hier S. 146f. – Dass die erkenntnistheoretischen Grundlagen von Goethes Essay von der Forschung auch im Sensualismus verortet wurden, so zum Beispiel von Norbert Christian Wolf (Streitbare Ästhetik. Goethes kunst- und literaturtheoretische Schriften 1771–1789. Tübingen 2001, S. 143–178), verweist noch einmal auf die Überschneidungspunkte rationalistischer und empiristischer bzw. sensualistischer Erkenntnistheorie.
119 Goethe: Von deutscher Baukunst, S. 145f.
120 Vgl. Ernst Osterkamp: Dämmerung. Poesie und bildende Kunst beim jungen Goethe. In: Der junge Goethe. Genese und Konstruktion einer Autorschaft. Hg. von Waltraud Wiethölter. Tübingen, Basel 2001, S. 145–161.
121 Ebd., S. 148.
122 Ebd.

Anhang

Literatur

Siglen

AW: Johann Christoph Gottsched: Ausgewählte Werke. Hg. von Joachim Birke, Brigitte Birke, P. M. Mitchell. Berlin, New York 1968–1995.
B: Gotthold Ephraim Lessing: Werke und Briefe in zwölf Bänden. Hg. von Wilfried Barner u. a. Frankfurt a. M. 1985–2003.
GW: Christian Wolff: Gesammelte Werke. Hg. von Jean Ecole u. a. Hildesheim 1962 ff.
PS: Gottfried Wilhelm Leibniz: Philosophische Schriften. Übers. und hg. von Hans Heinz Holz u. a. Frankfurt a. M. 1986.

Quellen

[Anonym]: Besprechung zu Sulzers Ankündigung des Lexikons in der Rubrik „XI. Vermischte Nachrichten". In: Bibliothek der schönen Wissenschaften und der freyen Künste I (1757), 1. St., S. 222–229.
Aristoteles: Dichtkunst. Ins Deutsche übers., mit Anmerkungen, und besondern Abhandlungen vers. von Michael Conrad Curtius. Hannover 1753.
–: Rhetorik. Übers. und erl. von Christof Rap. In: Werke in deutscher Übersetzung. Bd. 4.1. Berlin 2002.
Baumgarten, Alexander Gottlieb: Philosophische Brieffe von Aletheophilus. Frankfurt, Leipzig 1741.
–: Kollegnachschrift. In: Bernhard Poppe: Alexander Gottlieb Baumgarten. Seine Bedeutung und Stellung in der Leibniz-Wolffischen Philosophie und seine Beziehung zu Kant. Nebst Veröffentlichung einer bisher unbekannten Handschrift der Ästhetik Baumgartens. Leipzig 1907, S. 65–258.
–: Ethica philosophica. 3. Auflage. Halle 1763. Nachdruck: Hildesheim 1969.
–: Meditationes philosophicae de nonnullis ad poema pertinentibus. Philosophische Betrachtungen über einige Bedingungen des Gedichts. Lateinisch/Deutsch. Übers. und mit einer Einleitung hg. von Heinz Paetzold. Hamburg 1983.
–: Ästhetik. Lateinisch/Deutsch. Übers., mit einer Einführung, Anmerkungen und Registern hg. von Dagmar Mirbach. 2 Bde. Hamburg 2007.
–: Gedancken vom vernünfftigen Beyfall auf Academien. Hg. und mit Anmerkungen. vers. von Alexander Aichele. In: Alexander Gottlieb Baumgarten. Sinnliche Erkenntnis in der Philosophie des Rationalismus. Hg. von Alexander Aichele, Dagmar Mirbach. Hamburg 2008, S. 283–304.
–: Metaphysica. Metaphysik. Historisch-kritische Ausgabe. Übers., eingel. und hg. von Günter Gawlick, Lothar Kreimendahl. Stuttgart-Bad Cannstatt 2011.

Baumgarten, Alexander Gottlieb, Samuel Spalding: De vi et efficacia ethices philosophicae. Frankfurt a.d. Oder 1741. Nachdruck als Datei hg. von Armin Emmel. http://www.ruhr-uni-bochum.de/aesth/Emmel/Spalding.pdf (Version 1. Juli 2003) (19. Januar 2022).

Bilfinger, Georg Bernhard: Dilucidationes philosophicae de Deo, anima humana, mundo, et generalibus rerum affectionibus. Tübingen 1725. Nachdruck: Hildesheim, New York 1982 (= GW III.18).

Blanckenburg, Friedrich: Versuch über den Roman. Leipzig, Liegniz 1774. Nachdruck mit einem Nachwort von Eberhard Lämmert. Stuttgart 1965.

Bodmer, Johann Jacob: Critische Betrachtungen über die poetischen Gemählde der Dichter. Mit einer Vorrede von Johann Jacob Breitinger. Zürich 1741. Nachdruck: Frankfurt a.M. 1971.

Breitinger, Johann Jacob: Critische Dichtkunst. Mit einer Vorrede eingef. von Johann Jacob Bodemer. Zürich 1740. Nachdruck mit einem Nachwort von Wolfgang Bender. 2 Bde. Stuttgart 1966.

Campe, Joachim Heinrich: Die Empfindungs- und Erkenntnißkraft der menschlichen Seele. Leipzig 1776.

–: Ueber Empfindsamkeit und Empfindelei in pädagogischer Hinsicht. Hamburg 1779.

Dacier, André: La Poetique d'Aristote. Traduite en françois avec Des Remarques Critiques sur tout l'Ouvrage. Paris 1692. Nachdruck: Hildesheim, New York 1976.

Du Bos, [Jean-Baptiste,] Abbé: Réflexions critiques sur la poésie et sur la peinture. 6. Auflage. Paris 1755. Nachdruck mit einem Vorwort von Dominique Désirat. Paris 2015.

Goethe, Johann Wolfgang: Brief an Friederike Oeser (13. Februar 1769). In: Goethes Werke. Hg. im Auftrage der Großherzogin Sophie von Sachsen. Bd. IV.1. Weimar 1887, S. 188–202.

–: [Rez.] Die schönen Künste in ihrem Ursprung, ihrer wahren Natur und besten Anwendung, betrachtet von J. G. Sulzer. Leipzig 1772. In: Goethes Werke. Hg. im Auftrage der Großherzogin Sophie von Sachsen. Bd. I.37. Weimar 1896, S. 206–214.

–: Von deutscher Baukunst. In: Goethes Werke. Hg. im Auftrage der Großherzogin Sophie von Sachsen. Bd. I.37. Weimar 1896, S. 137–151.

Gottsched, Johann Christoph: Hamartigenia, sive de fonte vitiorum humanorum quaestio philosophice soluta, et lipsiae MDCCXXIV publicae disputata. In: Peter Bayle: Historisches und Critisches Wörterbuch. Übers. mit einer Vorrede und Anmerkungen von Johann Christoph Gottsched. Bd. 4. Leipzig 1744, S. 714–719.

–: Vorübungen der lateinischen und deutschen Dichtkunst, zum Gebrauche der Schulen. Leipzig 1760.

Herder, Johann Gottfried: Kritische Wälder oder Betrachtungen über die Wissenschaft und Kunst des Schönen. Viertes Wäldchen über Riedels Theorie der schönen Künste. In: Werke. Bd. 2. Hg. von Gunter E. Grimm. Frankfurt a.M. 1993, S. 247–442.

Hoffbauer, Johann Christoph: Anmerkungen und Zusätze. In: Alexander Crichton: Untersuchungen über die Natur und den Ursprung der Geisteszerrüttungen. Ein kurzes System der Physiologie und Pathologie des menschlichen Geistes. Zweyte Auflage. Vermehrt und mit Anmerckungen und Zusätzen von Johann Christoph Hoffbauer. Leipzig 1810, S. 511–608.

[Horaz] Quintus Horatius Flaccus: De arte poetica. An die Pisonen über die Dichtkunst. In: Sämtliche Werke. Lateinisch/Deutsch. Mit einem Nachwort hg. von Bernhard Kytzler. Stuttgart 2006, S. 628–661.

Kant, Immanuel: Kritik der reinen Vernunft. Bd. 1. In: Werkausgabe. Hg. von Wilhelm Weischedel. Bd. 3. Frankfurt a.M. 1956.
Leibfried, Erwin, Josef M. Werle (Hg.): Texte zur Theorie der Fabel. Stuttgart 1978.
Leibniz, Gottfried Wilhelm: Brief an Conrad Barthold Behrens 24. Dezember 1697 (3. Januar 1698). In: Allgemeiner politischer und historischer Briefwechsel. Hg. von Leibniz-Archiv der Niedersächsischen Landesbibliothek Hannover. Bd. I.15. Berlin 1998, S. 152–154.
Lessing: Der Rezensent braucht nicht besser machen zu können, was er tadelt. In: Werke. Hg. von Herbert Göpfert u.a. Bd. 5. Hg. von Jörg Schönert. München 1973, S. 331–333.
Lessing, Gotthold Ephraim, Moses Mendelssohn, Friedrich Nicolai: Briefwechsel über das Trauerspiel. Hg. und komm. von Jochen Schulte-Sasse. München 1972.
Meier, Georg Friedrich: Beurtheilung der Gottschedischen Dichtkunst. Halle 1747. Nachdruck: Hildesheim, New York 1975.
Mendelssohn, Moses: Abhandlung über die Evidenz in Metaphysischen Wissenschaften. Berlin 1764.
Moritz, Karl Philipp: Versuch einer Vereinigung aller schönen Künste und Wissenschaften unter dem Begriff des *in sich selbst Vollendeten*. In: Schriften zur Ästhetik und Poetik. Kritische Ausgabe. Hg. von Hans Joachim Schrimpf. Tübingen 1962, S. 3–9.
Opitz, Martin: Buch von der Deutschen Poeterey (1624). Mit dem *Aristarch* (1617) und den Opitzschen Vorreden zu seinen *Teutschen Poemata* (1624 und 1625) sowie der Vorrede zu seiner Übersetzung der *Trojanerinnen*. Hg. von Herbert Jaumann. Stuttgart 2017.
[Quintilian] Marcus Fabius Quintilianus: Institutionis oratoriae libri XII. Ausbildung des Redners. Zwölf Bücher. Hg. und übers. von Helmut Rahn. 2 Bde. Darmstadt 1972/1975.
Schiller, Friedrich: Was kann eine gute stehende Schaubühne eigentlich wirken? In: Werke und Briefe in zwölf Bänden. Bd. 8. Hg. von Rolf-Peter Janz. Frankfurt a.M. 1992, S. 185–200.
Stolle, Gottlieb: Kurtze Anleitung zur Historie der Gelahrheit. Halle 1718.
Sulzer, Johann Georg: 78. Brief, 17. und 24. Januar 1760. In: Briefe, die neueste Litteratur betreffend 5 (1760), S. 33–61.
–: Allgemeine Theorie der schönen Künste in einzeln, nach alphabetischer Ordnung der Kunstwörter auf einander folgenden, Artikeln abgehandelt. 2 Bde. Leipzig 1771/1774.
–: Die Schönen Künste, in ihrem Ursprung, ihrer wahren Natur und besten Anwendung betrachtet. Leipzig 1772.
Wolff, Christian: Discursus praeliminaris de philosophia in genere. Einleitende Abhandlung über Philosophie im Allgemeinen. Historisch-kritische Ausgabe. Übers., eingel. und hg. von Günter Gawlick, Lothar Kreimendahl. Stuttgart-Bad Cannstatt 1996.
Zedler, Johann Heinrich: Grosses vollständiges Universallexicon aller Wissenschaften und Künste. 68 Bde. Halle, Leipzig 1731–1754.

Forschung

Achermann, Eric: Was Wunder? Gottscheds Modaltheorie von Fiktion. In: Johann Christoph Gottsched (1700–1766). Philosophie, Poetik und Wissenschaft. Hg. von ders. Berlin 2014, S. 147–181.

Achermann, Eric (Hg.): Johann Christoph Gottsched (1700–1766). Philosophie, Poetik und Wissenschaft. Berlin 2014.

Adler, Hans: Die Prägnanz des Dunklen. Gnoseologie – Ästhetik – Geschichtsphilosophie bei Johann Gottfried Herder. Hamburg 1990.

–: Aesthetics and Aisthetics: The Iota Question. In: Aesthetics and Aisthesis. New perspectives and (Re)Discoveries. Hg. von ders. Oxford u. a. 2002, S. 9–26.

–: Was ist ästhetische Wahrheit? In: Schönes Denken. A. G. Baumgarten im Spannungsfeld zwischen Ästhetik, Logik und Ethik. Hg. von Andrea Allerkamp, Dagmar Mirbach. Hamburg 2016, S. 49–65.

Adler, Hans (Hg.): Aesthetics and Aisthesis. New perspectives and (Re)Discoveries. Oxford u. a. 2002.

Adler, Hans, Rainer Godel (Hg.): Formen des Nichtwissens der Aufklärung. München 2010.

Aichele, Alexander, Dagmar Mirbach (Hg.): Alexander Gottlieb Baumgarten. Sinnliche Erkenntnis in der Philosophie des Rationalismus. Hamburg 2008.

Albrecht, Michael (Hg.): Die natürliche Theologie bei Christian Wolff. Hamburg 2011.

Allerkamp, Andrea, Dagmar Mirbach (Hg.): Schönes Denken. A. G. Baumgarten im Spannungsfeld zwischen Ästhetik, Logik und Ethik. Hamburg 2016.

Allesch, Christian G.: Geschichte der psychologischen Ästhetik. Untersuchungen zur historischen Entwicklung eines psychologischen Verständnisses ästhetischer Phänomene. Göttingen u. a. 1987.

Alt, Peter-André: Tragödie der Aufklärung. Eine Einführung. Tübingen, Basel 1994.

–: Begriffsbilder. Studien zur literarischen Allegorie zwischen Opitz und Schiller. Tübingen 1995.

–: Aufklärung. Lehrbuch Germanistik. 3., aktual. Auflage. Stuttgart 2007.

Altmann, Alexander: Moses Mendelssohns Frühschriften zur Metaphysik. Tübingen 1969.

Amann, Wilhelm: „Die stille Arbeit des Geschmacks". Die Kategorie des Geschmacks in der Ästhetik Schillers und in den Debatten der Aufklärung. Würzburg 1999.

Arndt, Hans Werner: Einführung. In: Christian Wolff: Vernünftige Gedanken von den Kräften des menschlichen Verstandes und ihrem richtigen Gebrauche in Erkenntnis der Wahrheit. Hg. und bearb. von Hans Werner Arndt. Hildesheim 1965 (= GW I.1), S. 7–102.

–: Methodo scientifica pertractatum. Mos geometricus und Kalkülbegriff in der philosophischen Theoriebildung des 17. und 18. Jahrhunderts. Berlin, New York 1971.

–: Einleitung in Christian Wolffs „Vernünftige Gedanken vom gesellschaftlichen Leben". In: Christian Wolff: Vernünfftige Gedancken von dem gesellschafftlichen Leben der Menschen und insonderheit dem gemeinen Wesen. Mit einer Einleitung von Hans Werner Arndt. Hildesheim 1975 (= GW I.5), S. V*–LI*.

–: Einleitung. In: Christian Wolff: Vernünfftige Gedanken von der Menschen Thun und Lassen, zu Beförderung ihrer Glückseeligkeit. Mit einer Einleitung von Hans Werner Arndt. Hildesheim 1976 (= GW I.4), S. I–XXVIII.

—: Rationalismus und Empirismus in der Erkenntnislehre Christian Wolffs. In: Christian Wolff 1679–1754. Interpretationen zu seiner Philosophie und deren Wirkung. Hg. von Werner Schneiders. Hamburg 1983, S. 31–47.
—: Zu Christian Wolffs Theorie möglicher Welten. In: Nuovi studi sul pensiero di Christian Wolff. Hg. von Sonia Carboncini, Luigi Cataldi Madonna. Hildesheim u.a. 1992, S. 175–191.
Bach, Oliver (Hg.): Sinne und Triebe. Zum Verhältnis von praktischer Ästhetik und moral sense theory in der Philosophie und Dichtung der Aufklärung. Berlin, Boston [in Vorbereitung].
Baeumler, Alfred: Das Irrationalitätsproblem in der Ästhetik und Logik des 18. Jahrhunderts bis zur Kritik der Urteilskraft. 2. Auflage. Tübingen 1967 [zuerst 1923].
Bajeski, George: *Praeceptor Germaniae*. Johann Christoph Gottsched und die Entstehung des Frühklassizismus in Deutschland. Frankfurt a.M. 2015.
Barck, Karlheinz, Jörg Heininger, Dieter Kliche: [Art.] Ästhetik/ästhetisch. In: Ästhetische Grundbegriffe. Historisches Wörterbuch in sieben Bänden. Hg. von Karlheinz Barck u.a. Bd. 1. Stuttgart, Weimar 2000, S. 308–400.
Barck, Karlheinz u.a. (Hg.): Ästhetische Grundbegriffe. Historisches Wörterbuch in sieben Bänden. Stuttgart, Weimar 2000–2005.
Bauereisen, Astrid, Stephan Pabst, Achim Vesper (Hg.): Kunst und Wissen. Beziehungen zwischen Ästhetik und Erkenntnistheorie im 18. und 19. Jahrhundert. Würzburg 2009.
Baum, Manfred: Gefühl, Begehren und Wollen in Kants praktischer Philosophie. In: Jahrbuch für Recht und Ethik 14 (2006), S. 125–139.
Becq, Annie: Genèse de l'esthétique française moderne. De la Raison classique à l'Imagination créatrice 1680–1814. 2. Auflage. Paris 1994.
Beetz, Manfred: Rhetorische Logik. Prämissen der deutschen Lyrik im Übergang vom 17. zum 18. Jahrhundert. Tübingen 1980.
Beetz, Manfred, Jörn Garber, Heinz Thoma (Hg.): Physis und Norm. Neue Perspektiven der Anthropologie im 18. Jahrhundert. Göttingen 2007.
Beiderbeck, Friedrich, Stephan Waldhoff (Hg.): Pluralität der Perspektiven und Einheit der Wahrheit im Werk von G. W. Leibniz. Beiträge zu seinem philosophischen, theologischen und politischen Denken. Berlin 2011.
Beiser, Frederick C.: Diotima's Children. German Aesthetic Rationalism from Leibniz to Lessing. Oxford, New York 2009.
Belaval, Yvon: Etudes leibniziennes. De Leibniz à Hegel. Paris 1976.
Bender, Wolfgang: Johann Jakob Bodmer und Johann Jakob Breitinger. Stuttgart 1973.
—: Rhetorische Tradition und Ästhetik im 18. Jahrhundert: Baumgarten, Meier und Breitinger. In: Zeitschrift für deutsche Philologie 99.4 (1980), S. 481–560.
Berghahn, Cord-Friedrich, Imke Lang-Groth (Hg.): Joachim Heinrich Campe. Dichtung, Sprache, Pädagogik und Politik zwischen Aufklärung, Revolution und Restauration. Heidelberg 2021.
Bergmann, Ernst: Die Begründung der deutschen Ästhetik durch Alexander Gottlieb Baumgarten und Georg Friedrich Meier. Leipzig 1921.
Berndt, Frauke: Poema/Gedicht. Die epistemische Konfiguration der Literatur um 1750. Berlin, Boston 2011.
Beutel, Albrecht: Causa Wolffiana. Die Vertreibung Christian Wolffs aus Preußen 1723 als Kulminationspunkt des theologisch-politischen Konflikts zwischen halleschem Pietismus und Aufklärungsphilosophie. In: Wissenschaftliche Theologie und Kir-

chenleitung. Beiträge zur Geschichte einer spannungsreichen Beziehung für Rolf Schäfer zum 70. Geburtstag. Hg. von Ulrich Köpf. Tübingen 2001, S. 159–202.
Bianco, Bruno: Freiheit gegen Fatalismus. Zu Joachim Langes Kritik an Wolff. In: Zentren der Aufklärung I: Halle. Aufklärung und Pietismus. Hg. von Norbert Hinske. Heidelberg 1989, S. 111–155.
Bienenstock, Myriam (Hg.): Trieb. Tendance, instinct, pulsion. Paris 2002.
Bing, Susi: Die Naturnachahmungstheorie bei Gottsched und den Schweizern und ihre Beziehung zu der Dichtungstheorie der Zeit. Würzburg 1934.
Birke, Joachim: Christian Wolffs Metaphysik und die zeitgenössische Literatur- und Musiktheorie: Gottsched, Scheibe, Mizler. Berlin 1966.
–: Gottscheds Neuorientierung der deutschen Poetik an der Philosophie Wolffs. In: Zeitschrift für deutsche Philologie 85 (1966), S. 560–575.
–: Der junge Lessing als Kritiker Gottscheds. In: Euphorion 62 (1968), S. 392–404.
–: Nachwort des Herausgebers. In: Johann Christoph Gottsched: Versuch einer Critischen Dichtkunst. Variantenverzeichnis. Hg. von Joachim Birke, Brigitte Birke. Berlin, New York 1973 (= AW VI.3), S. 169–178.
Bissinger, Anton: Die Struktur der Gotteserkenntnis. Studien zur Philosophie Christian Wolffs. Bonn 1970.
–: Zur metaphysischen Begründung der Wolffschen Ethik. In: Christian Wolff 1679–1754. Interpretationen zu seiner Philosophie und deren Wirkung. Hg. von Werner Schneiders. Hamburg 1983, S. 148–160.
Blühm, Elger: Johann Heinrich Zedler und sein Lexikon. In: Jahrbuch der Schlesischen Friedrich-Wilhelms-Universität zu Breslau 7 (1962), S. 184–200.
Böckmann, Paul: Formgeschichte der deutschen Dichtung. Bd. 1. 2. Auflage. Hamburg 1965.
Borjans-Heuser, Peter: Bürgerliche Produktivität und Dichtungstheorie. Strukturmerkmale der poietischen Rationalität im Werk von Johann Christoph Gottsched. Frankfurt a.M., Bern 1981.
Braitmaier, Friedrich: Geschichte der poetischen Theorie und Kritik von den Diskursen der Maler bis auf Lessing. Bd. 1. Frauenfeld 1889.
Brandt, Reinhard, Werner Stark: Einleitung. In: Immanuel Kant: Gesammelte Schriften. Bd. 25. Hg. von Reinhard Brandt, Werner Stark. Berlin 1997, S. VII–CLI.
Braunschvig, Marcel: L'Abbé Du Bos. Rénovateur de la critique au XVIIIe siècle. Toulouse 1904.
Brokoff, Jürgen: Geschichte der reinen Poesie. Von der Weimarer Klassik bis zur historischen Avantgarde. 2. Auflage. Göttingen 2010.
Bruck, Jan: Der aristotelische Mimesisbegriff und die Nachahmungstheorie Gottscheds und der Schweizer. Diss. Erlangen-Nürnberg 1972.
Brückner, Dominik: Geschmack. Untersuchungen zu Wortsemantik und Begriff im 18. und 19. Jahrhundert. Gleichzeitig ein Beitrag zur Lexikographie von Begriffswörtern. Berlin 2003.
Buchenau, Stefanie: *Trieb, Antrieb, Triebfeder* dans la philosophie morale prékantienne. In: Trieb. Tendance, instinct, pulsion. Hg. von Myriam Bienenstock. Paris 2002, S. 11–24.
–: Sinnlichkeit als Erkenntnisvermögen. Zum Begriff des Vernunftähnlichen in der Psychologie Christian Wolffs. In: Die Psychologie Christian Wolffs. Systematische und historische Untersuchungen. Hg. von Oliver-Pierre Rudolph, Jean-François Goubet. Tübingen 2004, S. 191–206.

–: L'esthétique wolffienne comme *ars inveniendi*. In: Esthétiques de l'*Aufklärung*. Hg. von dies., Elisabeth Décultot. Paris 2006, S. 37–48.
–: Die Sprache der Sinnlichkeit. Baumgartens poetische Begründung der Ästhetik in den *Meditationes philosophicae*. In: Alexander Gottlieb Baumgarten. Sinnliche Erkenntnis in der Philosophie des Rationalismus. Hg. von Alexander Aichele, Dagmar Mirbach. Hamburg 2008, S. 151–173.
–: Erfindungskunst und Dichtkunst. Christian Wolffs Beitrag zur Neubegründung der Poetik und Ästhetik. In: Christian Wolff und die europäische Aufklärung. Akten des 1. Internationalen Christian-Wolff-Kongresses. Halle (Saale), 4.–8. April 2004. Hg. von Jürgen Stolzenberg, Oliver-Pierre Rudolph. Teil 4. Hildesheim u.a. 2008, S. 313–326.
–: Die Einbindung von Poetik und Ästhetik in die Logik der Aufklärung. In: Kunst und Wissen. Beziehungen zwischen Ästhetik und Erkenntnistheorie im 18. und 19. Jahrhundert. Hg. von Astrid Bauereisen, Stephan Pabst, Achim Vesper. Würzburg 2009, S. 71–84.
–: The Founding of Aesthetics in the German Enlightenment. The Art of Invention and the Invention of Art. Cambridge 2013.
Buchenau, Stefanie, Elisabeth Décultot (Hg.): Esthétiques de l'*Aufklärung*. Paris 2006.
Buck, August: Zur Einführung. In: Nicolas Boileau: L'Art Poétique. Hg., eingel. und komm. von August Buck. München 1970, S. 7–38.
Bunke, Simon, Katerina Mihaylova (Hg.): Gewissen. Interdisziplinäre Perspektiven auf das 18. Jahrhundert. Würzburg 2015.
Burger, Harald, Alois M. Haas, Peter von Matt (Hg.): Verborum amor. Studien zur Geschichte und Kunst der deutschen Sprache. Berlin 1992.
Campe, Rüdiger: Affekt und Ausdruck. Zur Umwandlung der literarischen Rede im 17. und 18. Jahrhundert. Tübingen 1990.
–: Baumgartens Ästhetik: Metaphysik und *techné*. In: Schönes Denken. A. G. Baumgarten im Spannungsfeld zwischen Ästhetik, Logik und Ethik. Hg. von Andrea Allerkamp, Dagmar Mirbach. Hamburg 2016, S. 149–170.
Campe, Rüdiger, Anselm Haverkamp, Christoph Menke (Hg.): Baumgarten-Studien. Zur Genealogie der Ästhetik. Berlin 2014.
Campo, Mario: Cristiano Wolff e il razionalismo precritico. 2 Bde. in 1 Bd. Mailand 1939. Nachdruck: Hildesheim, New York 1980 (= GW III.9).
Carboncini, Sonia, Luigi Cataldi Madonna (Hg.): Nuovi studi sul pensiero di Christian Wolff. Hildesheim u.a. 1992.
Cassirer, Ernst: Die Philosophie der Aufklärung. Text und Anmerkungen bearb. von Claus Rosenkranz. Hamburg 2010 [zuerst 1932].
Casula, Mario: La metafisica di A. G. Baumgarten. Mailand 1973.
–: Die Lehre von der prästabilierten Harmonie in ihrer Entwicklung von Leibniz bis A. G. Baumgarten. In: Akten des II. Internationalen Leibniz-Kongresses. Hannover, 17.–22. Juli 1972. Hg. von Kurt Müller, Heinrich Schepers, Wilhelm Totok. Bd. 3. Wiesbaden 1975, S. 397–415.
Cataldi Madonna, Luigi: Erfahrung und Intuition in der Philosophie von Christian Wolff. In: Christian Wolff und die europäische Aufklärung. Akten des 1. Internationalen Christian-Wolff-Kongresses. Halle (Saale), 4.–8. April 2004. Hg. von Jürgen Stolzenberg, Oliver-Pierre Rudolph. Teil 2. Hildesheim u.a. 2007, S. 171–193.
Chouillet, Jacques: L'esthétique des Lumières. Vendôme 1974.

Corr, Charles A.: Introduction. In: Christian Wolff: Vernünfftige Gedanken von Gott, der Welt und der Seele des Menschen, auch allen Dingen überhaupt. Mit einer Einleitung und einem kritischen Apparat von Charles A. Corr. Hildesheim 1983 (= GW I.2), S. 1*–47*.
Costazza, Alessandro: Schönheit und Nützlichkeit. Karl Philipp Moritz und die Ästhetik des 18. Jahrhunderts. Bern 1996.
Daemmrich, Horst S.: Illusion: Möglichkeiten und Grenzen eines Begriffs. In: Lessing Yearbook I (1969), S. 88–98.
Dahlstrom, Daniel O.: Die Aufklärung der Poesie. J. C. Gottsched (1700–1766): Critische Dichtkunst. 1729. In: Zeitschrift für Ästhetik und Allgemeine Kunstwissenschaft 31.1 (1986), S. 139–168.
Danzel, Theodor W.: Gottsched und seine Zeit. Auszüge aus seinem Briefwechsel. Zusammengest. und erl. von ders. Nebst einem Anhange: Daniel Wilhelm Trillers Anmerkungen zu Klopstocks Gelehrtenrepublik. Leipzig 1848. Nachdruck: Hildesheim, New York 1970.
D'Aprile, Iwan-Michelangelo, Winfried Siebers: Das 18. Jahrhundert. Zeitalter der Aufklärung. Berlin 2008.
Dauvois, Daniel, Daniel Dumouchel (Hg.): Vers l'esthétique. Penser avec les *Réflexions critiques sur la poésie et sur la peinture* (1719) de Jean-Baptiste Dubos. Paris 2015.
Décultot, Elisabeth: Von der Seelenkunde zur Kunsttheorie. In: Scientia Poetica. Jahrbuch für Geschichte der Literatur und der Wissenschaften 12 (2008), S. 69–88.
–: Die Schattenseiten der Seele: Zu Johann Georg Sulzers Theorie der dunklen Vorstellungen. In: Formen des Nichtwissens der Aufklärung. Hg. von Hans Adler, Rainer Godel. München 2010, S. 263–278.
–: Kunsttheorie als Theorie des Empfindungsvermögens. Zu Johann Georg Sulzers psychologischen und ästhetischen Studien. In: Kunst und Empfindung. Zur Genealogie einer kunsttheoretischen Fragestellung in Deutschland und Frankreich im 18. Jahrhundert. Hg. von dies., Gerhard Lauer. Heidelberg 2012, S. 81–101.
–: Von Winterthur nach Berlin. Johann Georg Sulzers europäische Vermittlungsaktivitäten. In: Europa in der Schweiz. Grenzüberschreitender Kulturaustausch im 18. Jahrhundert. Hg. von Heidi Eisenhut, Anett Lütteken, Carsten Zelle. Göttingen 2013, S. 151–168.
–: Lessing und Du Bos. Zur Funktion des Empfindungsvermögens in der Kunst. In: Lessing und die Sinne. Hg. von Alexander Košenina, Stefanie Stockhorst. Hannover 2016, S. 81–98.
Décultot, Elisabeth, Gerhard Lauer: Einleitung. In: Kunst und Empfindung. Zur Genealogie einer kunsttheoretischen Fragestellung in Deutschland und Frankreich im 18. Jahrhundert. Hg. von dies. Heidelberg 2012, S. 7–13.
Décultot, Elisabeth, Gerhard Lauer (Hg.): Kunst und Empfindung. Zur Genealogie einer kunsttheoretischen Fragestellung in Deutschland und Frankreich im 18. Jahrhundert. Heidelberg 2012.
Dehrmann, Mark-Georg: Das „Orakel der Deisten". Shaftesbury und die deutsche Aufklärung. Göttingen 2008.
Dockhorn, Klaus: Die Rhetorik als Quelle des vorromantischen Irrationalismus in der Literatur- und Geistesgeschichte. In: Nachrichten von der Akademie der Wissenschaften in Göttingen. Philologisch-Historische Klasse 5 (1949), S. 109–150.
Döring, Detlef: Die Philosophie Gottfried Wilhelm Leibniz' und die Leipziger Aufklärung in der ersten Hälfte des 18. Jahrhunderts. Stuttgart, Leipzig 1999.

–: Der Literaturstreit zwischen Leipzig und Zürich in der Mitte des 18. Jahrhunderts. Neue Untersuchungen zu einem alten Thema. In: Bodmer und Breitinger im Netzwerk der europäischen Aufklärung. Hg. von Anett Lütteken, Barbara Mahlmann-Bauer. Göttingen 2009, S. 60–104.

Doering, Sabine, Waltraud Maierhofer, Peter Philipp Riedl (Hg.): Resonanzen. Festschrift für Hans Joachim Kreutzer zum 65. Geburtstag. Würzburg 2000.

Dürbeck, Gabriele: Einbildungskraft und Aufklärung. Perspektiven der Philosophie, Anthropologie und Ästhetik um 1750. Tübingen 1998.

Dumouchel, Daniel: Les voies du sentiment. Du Bos et la naissance de l'esthétique. In: Kunst und Empfindung. Zur Genealogie einer kunsttheoretischen Fragestellung in Deutschland und Frankreich im 18. Jahrhundert. Hg. von Elisabeth Décultot, Gerhard Lauer. Heidelberg 2012, S. 15–35.

–: Sentiment, cœur, raison: l'évaluation esthétique selon Du Bos. In: Vers l'esthétique. Penser avec les *Réflexions critiques sur la poésie et sur la peinture* (1719) de Jean-Baptiste Dubos. Hg. von Daniel Dauvois, Daniel Dumouchel. Paris 2015, S. 85–108.

Eckardt, Georg u. a. (Hg.): Anthropologie und empirische Psychologie um 1800. Ansätze einer Entwicklung zur Wissenschaft. Köln u. a. 2001.

Ecole, Jean: Des rapports de l'expérience et de la raison dans l'analyse de l'âme ou la *Psychologia empirica* de Christian Wolff. In: Giornale di metafisica XXI.4/5 (1966), S. 589–617.

–: De la nature de l'âme, de la déduction de ses facultés, de ses rapports avec le corps, ou la *Psychologia rationalis* de Christian Wolff. In: Giornale di metafisica XXIV.1 (1969), S. 499–531.

–: En quels sens peut-on dire que Wolff est rationaliste? In: Studia Leibnitiana 11.1 (1979), S. 45–61.

–: Des rapports de Wolff avec Leibniz dans le domaine de la métaphysique. In: Beiträge zur Wirkungs- und Rezeptionsgeschichte von Gottfried Wilhelm Leibniz. Hg. von Albert Heinekamp. Stuttgart 1986, S. 88–96.

–: Du rôle de l'entendement intuitif dans la conception wolffienne de la connaissance. In: Archiv für Geschichte der Philosophie 68 (1986), S. 280–291.

–: La métaphysique de Christian Wolff. Bd. 1. Hildesheim u. a. 1990.

–: War Wolff ein Leibnizianer? In: Die deutsche Aufklärung im Spiegel der neueren französischen Aufklärungsforschung. Hg. von Robert Theis. Hamburg 1998, S. 29–46.

Eisenhut, Heidi, Anett Lütteken, Carsten Zelle (Hg.): Europa in der Schweiz. Grenzüberschreitender Kulturaustausch im 18. Jahrhundert. Göttingen 2013.

Eisler, Rudolf: Wörterbuch der philosophischen Begriffe. 3 Bde. 4., völlig neu bearb. Auflage. Berlin 1927–1930.

Engbers, Jan: Der „Moral-Sense" bei Gellert, Lessing und Wieland. Zur Rezeption von Shaftesbury und Hutcheson in Deutschland. Heidelberg 2001.

Engfer, Hans-Jürgen: Teleologie und Kausalität bei Leibniz und Wolff. Die Umkehr der Begründungspflicht. In: Beiträge zur Wirkungs- und Rezeptionsgeschichte von Gottfried Wilhelm Leibniz. Hg. von Albert Heinekamp. Stuttgart 1986, S. 97–109.

–: Von der Leibnizschen Monadologie zur empirischen Psychologie Wolffs. In: Nuovi studi sul pensiero di Christian Wolff. Hg. von Sonia Carboncini, Luigi Cataldi Madonna. Hildesheim u. a. 1992, S. 193–215.

–: Empirismus versus Rationalismus? Kritik eines philosophiegeschichtlichen Schemas. Paderborn, München 1996.
Erdmann, Benno: Martin Knutzen und seine Zeit. Ein Beitrag zur Geschichte der Wolfischen Schule und insbesondere zur Entwicklungsgeschichte Kants. Leipzig 1876. Nachdruck: Hildesheim 1973.
Euler, Werner: Bewußtsein – Seele – Geist. Untersuchungen zur Transformation des Cartesischen „Cogito" in der Psychologie Christian Wolffs. In: Die Psychologie Christian Wolffs. Systematische und historische Untersuchungen. Hg. von Oliver-Pierre Rudolph, Jean-François Goubet. Tübingen 2004, S. 11–50.
Fabian, Gerd: Beitrag zur Geschichte des Leib-Seele-Problems. (Lehre von der prästabilierten Harmonie und vom psychophysischen Parallelismus in der Leibniz-Wolffschen Schule). Langensalza 1925. Nachdruck: Hildesheim 1974.
Falkenhagen, Annabel: Philosophischer Eklektizismus. Wolff und die Literaturtheorie der Frühaufklärung. In: Christian Wolff und die europäische Aufklärung. Akten des 1. Internationalen Christian-Wolff-Kongresses. Halle (Saale), 4.–8. April 2004. Hg. von Jürgen Stolzenberg, Oliver-Pierre Rudolph. Teil 4. Hildesheim u.a. 2008, S. 342–359.
–: Werte der Dichtung – Dichtung von Wert. Eine Rekonstruktion von Maßstäben zur Bewertung von ‚Literatur' in den Poetiken J. Chr. Gottscheds und J. J. Breitingers (mit einem Ausblick auf C. Fr. Brämer). https://ediss.uni-goettingen.de/bitstream/handle/11858/00-1735-0000-0022-6003-C/Werte%20der%20Dichtung. Endf.pdf?sequence=3. Göttingen 2015 [vorgelegt 2008] (06. Juli 2021).
Fick, Monika: Geschmack. In: Historisches Wörterbuch der Rhetorik. Hg. von Gert Ueding. Bd. 3. Tübingen 1996, Sp. 870–901.
–: Lessing-Handbuch. Leben, Werk, Wirkung. 3., neu bearb. und erw. Auflage. Stuttgart 2010.
Fischer, Bernhard: Von der ars zur ästhetischen Evidenz. Überlegungen zur Entwicklung der Poetologie von Gottsched bis Lessing. In: Zeitschrift für deutsche Philologie 109.4 (1990), S. 481–502.
Franke, Ursula: Kunst als Erkenntnis. Die Rolle der Sinnlichkeit in der Ästhetik des Alexander Gottlieb Baumgarten. Wiesbaden 1972.
–: Sinnliche Erkenntnis – was sie ist und was sie soll. A. G. Baumgartens Ästhetik-Projekt zwischen Kunstphilosophie und Anthropologie. In: Alexander Gottlieb Baumgarten. Sinnliche Erkenntnis in der Philosophie des Rationalismus. Hg. von Alexander Aichele, Dagmar Mirbach. Hamburg 2008, S. 73–99.
–: Baumgartens Erfindung der Ästhetik. Mit einem Anhang: „Baumgartens Ästhetik im Überblick" von Nicolas Kleinschmidt. Münster 2018.
Freier, Hans: Kritische Poetik. Legitimation und Kritik der Poesie in Gottscheds Dichtkunst. Stuttgart 1973.
Frey, Christiane: Improvisiertes und Vorbewusstes bei A. G. Baumgarten. In: Schönes Denken. A. G. Baumgarten im Spannungsfeld zwischen Ästhetik, Logik und Ethik. Hg. von Andrea Allerkamp, Dagmar Mirbach. Hamburg 2016, S. 171–181.
Funke, Gerhard (Hg.): Akten des Siebenten Internationalen Kant-Kongresses. Kurfürstliches Schloß zu Mainz 1990. Bd. 2.2. Bonn, Berlin 1991.
Gabler, Hans-Jürgen: Geschmack und Gesellschaft. Rhetorische und sozialgeschichtliche Aspekte der frühaufklärerischen Geschmackskategorie. Frankfurt a.M., Bern 1982.
Gabriel, Gottfried: Logik und Rhetorik der Erkenntnis. Zum Verhältnis von wissenschaftlicher und ästhetischer Weltauffassung. Paderborn u.a. 1997.

Gaede, Friedrich: Poetik und Logik. Zu den Grundlagen der literarischen Entwicklung im 17. und 18. Jahrhundert. Bern 1978.
Gaier, Ulrich: Wozu braucht der Mensch Dichtung? Anthropologie und Poetik von Platon bis Musil. Stuttgart 2017.
Garber, Daniel: Descartes Embodied. Reading Cartesian Philosophy through Cartesian Science. Cambridge, New York 2001.
–: Leibniz: Body, Substance, Monad. New York 2009.
Garber, Daniel, Steven Nadler (Hg.): Oxford Studies in Early Modern Philosophy. Bd. 3. New York 2006.
Garber, Jörn, Heinz Thoma (Hg.): Zwischen Empirisierung und Konstruktionsleistung. Anthropologie im 18. Jahrhundert. Tübingen 2004.
Gardenitsch, Claudia: Erst kommt die Ästhetik, dann kommt die Moral. Bedingungen der Möglichkeit von Moralerziehung. Frankfurt a. M. 2010.
Gawlick, Günter, Lothar Kreimendahl: Einleitung. In: Christian Wolff: Discursus praeliminaris de philosophia in genere. Einleitende Abhandlung über Philosophie im Allgemeinen. Historisch-kritische Ausgabe. Übers., eingel. und hg. von Günter Gawlick, Lothar Kreimendahl. Stuttgart-Bad Cannstatt 1996, S. XVII–LI.
Gawlick, Günter, Lothar Kreimendahl: Anhang 1. Erläuterungen zur *Metaphysik*. In: Alexander Gottlieb Baumgarten: Metaphysica. Metaphysik. Historisch-kritische Ausgabe. Übers., eingel. und hg. von Günter Gawlick, Lothar Kreimendahl. Stuttgart-Bad Cannstatt 2011, S. 543–579.
Gawlick, Günter, Lothar Kreimendahl: Einleitung. In: Alexander Gottlieb Baumgarten: Metaphysica. Metaphysik. Historisch-kritische Ausgabe. Übers., eingel. und hg. von Günter Gawlick, Lothar Kreimendahl. Stuttgart-Bad Cannstatt 2011, S. IX–LXXXVII.
Gebauer, Gunter (Hg.): Das Laokoon-Projekt. Pläne einer semiotischen Ästhetik. Stuttgart 1984.
Gerhardt, Gerd: Kritik des Moralverständnisses. Entwickelt am Leitfaden einer Rekonstruktion von „Selbstverwirklichung" und „Vollkommenheit". Bonn 1989.
Gerken, Anna B.: Die sprachtheoretische Differenz zwischen Gottsched und Gellert. Frankfurt a. M. u. a. 1990.
Gessmann, Martin (Hg.): Philosophisches Wörterbuch. Begr. von Heinrich Schmidt. 23., vollst. neu bearb. Auflage. Stuttgart 2009.
Goldenbaum, Ursula: Appell an das Publikum. Die öffentliche Debatte in der deutschen Aufklärung 1687–1796. Bd. 2. Berlin 2004.
–: Lessing als Kritiker der Empfindungsästhetik Klopstocks, des Baumgartenzirkels und der Züricher Kunstkritiker. In: Lessing und die Sinne. Hg. von Alexander Košenina, Stefanie Stockhorst. Hannover 2016, S. 27–54.
Goldenbaum, Ursula, Alexander Košenina (Hg.): Berliner Aufklärung. Kulturwissenschaftliche Studien. Bd. 4. Hannover 2011.
Goubet, Jean-François: Force et facultés de l'âme dans la *Métaphysique allemande* de Wolff. In: Revue philosophique de la France et de l'étranger 193.3 (2003), S. 337–350.
Goubet, Jean-François, Oliver-Pierre Rudolph: Einleitung: Die Psychologie Christian Wolffs. Systematische und historische Untersuchungen. In: Die Psychologie Christian Wolffs. Systematische und historische Untersuchungen. Hg. von dies. Tübingen 2004, S. 1–9.

Grimm, Gunter E.: Literatur und Gelehrtentum in Deutschland. Untersuchungen zum Wandel ihres Verhältnisses vom Humanismus bis zur Frühaufklärung. Tübingen 1983.
Grimm, Reinhold (Hg.): Deutsche Dramentheorie. Beiträge zu einer historischen Poetik des Dramas in Deutschland. Bd. 1. 3., verb. Auflage. Wiesbaden 1980.
Groß, Steffen W.: Felix aestheticus. Die Ästhetik als Lehre vom Menschen. Zum 250. Jahrestag des Erscheinens von Alexander Gottlieb Baumgartens „Aesthetica". Würzburg 2001.
–: The Neglected Programme of Aesthetics. In: British Journal of Aesthetics 42.4 (2002), S. 402–414.
Grote, Simon: Pietistische *Aistheis* und moralische Erziehung bei Alexander Gottlieb Baumgarten. In: Alexander Gottlieb Baumgarten. Sinnliche Erkenntnis in der Philosophie des Rationalismus. Hg. von Alexander Aichele, Dagmar Mirbach. Hamburg 2008, S. 175–198.
–: Vom geistlichen zum guten Geschmack? Reflexionen zur Suche nach den pietistischen Wurzeln der Ästhetik. In: Schönes Denken. A. G. Baumgarten im Spannungsfeld zwischen Ästhetik, Logik und Ethik. Hg. von Andrea Allerkamp, Dagmar Mirbach. Hamburg 2016, S. 365–379.
–: The Emergence of Modern Aesthetic Theory. Religion and Morality in Enlightenment Germany and Scotland. Cambridge 2017.
Grua, Gaston: La justice humaine selon Leibniz. Paris 1956.
Grunert, Frank: Die Marginalisierung des Gedächtnisses und die Kreativität der Erinnerung. Zur Gedächtnistheorie der deutschen Aufklärungsphilosophie. In: Erinnerung, Gedächtnis, Wissen. Studien zur kulturwissenschaftlichen Gedächtnisforschung. Hg. von Günter Oesterle. Göttingen 2005, S. 29–51.
–: Erinnerung als Kreation. Zur Gedächtnistheorie von Christian Wolff und der Wolff-Schule. In: Christian Wolff und die europäische Aufklärung. Akten des 1. Internationalen Christian-Wolff-Kongresses. Halle (Saale), 4.–8. April 2004. Hg. von Jürgen Stolzenberg, Oliver-Pierre Rudolph. Teil 2. Hildesheim u. a. 2007, S. 391–404.
Grunert, Frank, Friedrich Vollhardt (Hg.): Aufklärung als praktische Philosophie. Tübingen 1998.
Grunert, Frank, Friedrich Vollhardt (Hg.): Historia literaria. Neuordnungen des Wissens im 17. und 18. Jahrhundert. Berlin 2007.
Grunert, Frank, Gideon Stiening (Hg.): Johann Georg Sulzer (1720–1779). Aufklärung zwischen Christian Wolff und David Hume. Berlin 2011.
Haase, Erich: Zur Bedeutung von „je ne sais quoi" im 17. Jahrhundert. In: Zeitschrift für französische Sprache und Literatur 67 (1956), S. 47–68.
Häfner, Ralph, Wilhelm Schmidt-Biggemann: Richtungen und Tendenzen in der deutschen Aufklärungsforschung. In: Das achtzehnte Jahrhundert. Mitteilungen der Deutschen Gesellschaft für die Erforschung des achtzehnten Jahrhunderts 19.2 (1995), S. 163–171.
Härter, Andreas: Digressionen. Studien zum Verhältnis von Ordnung und Abweichung in Rhetorik und Poetik. Quintilian – Opitz – Gottsched – Friedrich Schlegel. München 2000.
Hammerstein, Notker: Christian Wolff und die Universitäten. Zur Wirkungsgeschichte des Wolffianismus im 18. Jahrhundert. In: Christian Wolff 1679–1754. Interpretationen zu seiner Philosophie und deren Wirkung. Hg. von Werner Schneiders. Hamburg 1983, S. 266–277.

Harth, Dietrich: Christian Wolffs Begründung des Exempel- und Fabelgebrauchs im Rahmen der Praktischen Philosophie. In: Deutsche Vierteljahrsschrift für Literaturwissenschaft und Geistesgeschichte 52.1 (1978), S. 43–62.
Haßelbeck, Otto: Illusion und Fiktion. Lessings Beitrag zur poetologischen Diskussion über das Verhältnis von Kunst und Wirklichkeit. München 1979.
Haubrich, Joachim: Die Begriffe „Schönheit" und „Vollkommenheit" in der Ästhetik des 18. Jahrhunderts. Mainz 1998.
Heidsieck, Arnold: Der Disput zwischen Lessing und Mendelssohn über das Trauerspiel. In: Lessing Yearbook XI (1979), S. 7–34.
Heinekamp, Albert: Das Problem des Guten bei Leibniz. Bonn 1969.
Heinekamp, Albert (Hg.): Beiträge zur Wirkungs- und Rezeptionsgeschichte von Gottfried Wilhelm Leibniz. Stuttgart 1986.
Heinz, Jutta: Wissen vom Menschen und Erzählen im Einzelfall. Untersuchungen zum anthropologischen Roman der Spätaufklärung. Berlin, New York 1996.
Heinz, Marion: Sensualistischer Idealismus. Untersuchungen zur Erkenntnistheorie und Metaphysik des jungen Herder (1763–1778). Hamburg 1994.
–: Johann Georg Sulzer und die Anfänge der Dreivermögenslehre bei Kant. In: Johann Georg Sulzer (1720–1779). Aufklärung zwischen Christian Wolff und David Hume. Hg. von Frank Grunert, Gideon Stiening. Berlin 2011, S. 83–100.
Herrmann, Hans Peter: Naturnachahmung und Einbildungskraft. Zur Entwicklung der deutschen Poetik von 1670 bis 1740. Bad Homburg v.d.H. u.a. 1970.
Hinck, Walter (Hg.): Europäische Aufklärung. Frankfurt a.M. 1974.
Hinderer, Walter: Friedrich Schiller und die empirische Seelenlehre. Bemerkungen über die Funktion des Traumes und das ‚System der dunklen Ideen'. In: Jahrbuch der Deutschen Schillergesellschaft 47 (2003), S. 187–213.
Hinske, Norbert: Wolffs empirische Psychologie und Kants pragmatische Anthropologie. Zur Diskussion über die Anfänge der Anthropologie im 18. Jahrhundert. In: Die Bestimmung des Menschen. Hg. von ders. Hamburg 1999, S. 97–107
Hinske, Norbert (Hg.): Zentren der Aufklärung I: Halle. Aufklärung und Pietismus. Heidelberg 1989.
Hinske, Norbert (Hg.): Die Bestimmung des Menschen. Hamburg 1999.
Hohner, Ulrich: Zur Problematik der Naturnachahmung in der Ästhetik des 18. Jahrhunderts. Erlangen 1976.
Horch, Hans Otto, Georg-Michael Schulz: Das Wunderbare und die Poetik der Frühaufklärung. Gottsched und die Schweizer. Darmstadt 1988.
Hornig, Gottfried: Perfektibilität. Eine Untersuchung zur Geschichte und Bedeutung dieses Begriffs in der deutschsprachigen Literatur. In: Archiv für Begriffsgeschichte 24 (1980), S. 221–257.
Hüning, Dieter: Christian Wolffs „allgemeine Regel der menschlichen Handlungen". In: Jahrbuch für Recht und Ethik 12 (2004), S. 91–113.
–: Christian Wolffs Begriff der natürlichen Verbindlichkeit als Bindeglied zwischen Psychologie und Moralphilosophie. In: Die Psychologie Christian Wolffs. Systematische und historische Untersuchungen. Hg. von Oliver-Pierre Rudolph, Jean-François Goubet. Tübingen 2004, S. 143–167.
Jacob, Joachim: Heilige Poesie. Zu einem literarischen Modell bei Pyra, Klopstock und Wieland. Tübingen 1997.
–: Die Schönheit der Literatur. Zur Geschichte eines Problems von Gorgias bis Max Bense. Tübingen 2007.

Jalabert, Jacques: La Psychologie de Leibniz. Ses caractères principaux. In: Revue philosophique de la France et de l'Étranger 136.10/12 (1946), S. 453–472.
Joesten, Clara: Christian Wolffs Grundlegung der praktischen Philosophie. Leipzig 1931.
John, Matthias: Psychologen um 1800: „denn sie sind jetzt nicht mehr so selten wie ehedem". In: Anthropologie und empirische Psychologie um 1800. Ansätze einer Entwicklung zur Wissenschaft. Hg. von Georg Eckardt u. a. Köln u. a. 2001, S. 111–131.
Kaehler, Klaus E.: Baumgartens Metaphysik als Erkenntnis zwischen Leibniz und Kant. In: Alexander Gottlieb Baumgarten. Sinnliche Erkenntnis in der Philosophie des Rationalismus. Hg. von Alexander Aichele, Dagmar Mirbach. Hamburg 2008, S. 117–136.
Kemmann, Ansgar: [Art.] Evidentia, Evidenz. In: Historisches Wörterbuch der Rhetorik. Hg. von Gert Ueding. Bd. 3. Tübingen 1996, Sp. 33–47.
Kimpel, Dieter: Christian Wolff und das aufklärerische Programm der literarischen Bildung. In: Christian Wolff 1679–1754. Interpretationen zu seiner Philosophie und deren Wirkung. Hg. von Werner Schneiders. Hamburg 1983, S. 203–236.
Kittsteiner, Heinz D.: Die Entstehung des modernen Gewissens. Frankfurt a.M., Leipzig 1991.
Klassen, Rainer: Logik und Rhetorik der frühen deutschen Aufklärung. Augsburg 1974.
Klaus, Georg, Manfred Buhr (Hg.): Philosophisches Wörterbuch. 2 Bde. 10., neu bearb. und erw. Auflage. Leipzig 1974.
Kliche, Dieter: Ästhetik und Aisthesis. Zur Begriffs- und Problemgeschichte des Ästhetischen. In: Weimarer Beiträge 44.4 (1998), S. 485–505.
Kobau, Pietro: Wolffs Lehre von der Lust an der Ähnlichkeit zwischen Abbildung und Original. In: Christian Wolff und die europäische Aufklärung. Akten des 1. Internationalen Christian-Wolff-Kongresses. Halle (Saale), 4.–8. April 2004. Hg. von Jürgen Stolzenberg, Oliver-Pierre Rudolph. Teil 4. Hildesheim u. a. 2008, S. 179–192.
Köhler, Erich: *Je ne sais quoi*. Ein Kapitel aus der Begriffsgeschichte des Unbegreiflichen. In: Romanistisches Jahrbuch 6 (1953/1954), S. 21–59.
Köpf, Ulrich (Hg.): Wissenschaftliche Theologie und Kirchenleitung. Beiträge zur Geschichte einer spannungsreichen Beziehung für Rolf Schäfer zum 70. Geburtstag. Tübingen 2001.
Kondylis, Panajotis: Die Aufklärung im Rahmen des neuzeitlichen Rationalismus. Hamburg 2002 [zuerst 1981].
Košenina, Alexander, Stefanie Stockhorst (Hg.): Lessing und die Sinne. Hannover 2016.
Kristeller, Paul Oskar: Das moderne System der Künste. In: Ders.: Humanismus und Renaissance. Hg. von Eckhard Keßler. Bd. 2. München 1976, S. 164–206 und 287–312 [zuerst 1951/1955].
Kronauer, Ulrich: Rousseaus Kulturkritik und die Aufgabe der Kunst. Zwei Studien zur deutschen Kunsttheorie des 18. Jahrhunderts. Heidelberg 1978.
Krueger, Joachim: Christian Wolff und die Ästhetik. Berlin 1980.
Krug, Wilhelm Traugott (Hg.): Allgemeines Handwörterbuch der philosophischen Wissenschaften, nebst ihrer Literatur und Geschichte. 5 Bde. Leipzig 1827–1829.
Krummacher, Hans-Henrik: Lyra. Studien zur Theorie und Geschichte der Lyrik vom 16. bis zum 19. Jahrhundert. Berlin, Boston 2013.

Kurz, Gerhard: Das Wahre, Schöne, Gute. Aufstieg, Fall und Fortbestehen einer Trias. Paderborn 2015.
Lalande, André (Hg.): Vocabulaire technique et critique de la philosophie. 2 Bde. Paris 1926.
Leinkauf, Thomas: [Art.] Prästabilierte Harmonie. In: Enzyklopädie Philosophie. Hg. von Hans Sandkühler. Bd. 2. Hamburg 2010, S. 2127–2131.
Lerch, Eugen: Sinn, Sinne, Sinnlichkeit. In: Archiv für die gesamte Psychologie 103.4 (1939), S. 446–495.
Lewendoski, Alexandra: Le ‹ Sentire harmoniam › dans les lettres et écrits de Leibniz lors de son séjour à Paris. In: „Für unser Glück oder das Glück anderer". Vorträge des X. Internationalen Leibniz-Kongresses. Hannover, 18.–23. Juli 2016. Hg. von Wenchao Li. Bd. 1. Hildesheim u.a. 2016, S. 273–283.
Lewendoski, Alexandra (Hg.): Leibnizbilder im 18. und 19. Jahrhundert. Stuttgart 2004.
Li, Wenchao (Hg.): „Für unser Glück oder das Glück anderer". Vorträge des X. Internationalen Leibniz-Kongresses. Hannover, 18.–23. Juli 2016. Bd. 1. Hildesheim u.a. 2016.
Linden, Mareta: Untersuchungen zum Anthropologiebegriff des 18. Jahrhunderts. Bern, Frankfurt a.M. 1976.
Linn, Marie-Luise: A. G. Baumgartens ‚Aesthetica' und die antike Rhetorik. In: Deutsche Vierteljahrsschrift für Literaturwissenschaft und Geistesgeschichte 41.3 (1967), S. 424–443.
Löffler, Katrin: Anthropologische Konzeptionen in der Literatur der Aufklärung. Autoren in Leipzig 1730–1760. Leipzig 2005.
Loemker, Leroy E.: Das ethische Anliegen des Leibnizschen Systems. In: Akten des Internationalen Leibniz-Kongresses. Hannover, 14.–19. November 1966. Hg. von Kurt Müller, Wilhelm Totok. Bd. 4. Wiesbaden 1969, S. 63–76.
Lohmeier, Anke-Marie: Tragödie und Theodizee. Neues Altes über Lessings Trauerspielpoetik. In: Resonanzen. Festschrift für Hans Joachim Kreutzer zum 65. Geburtstag. Hg. von Sabine Doering, Waltraud Maierhofer, Peter Philipp Riedl. Würzburg 2000, S. 83–98.
Lombard, Alfred: L'abbé Du Bos. Un initiateur de la pensée moderne (1670–1742). Paris 1913. Nachdruck: Genf 1969.
Lorenz, Stefan: De Mundo Optimo. Studien zu Leibniz' Theodizee und ihrer Rezeption in Deutschland (1710–1791). Stuttgart 1997.
Lotze, Hermann: Aesthetik in Deutschland. Hamburg 1913 [zuerst 1868].
Lütteken, Anett, Barbara Mahlmann-Bauer (Hg.): Bodmer und Breitinger im Netzwerk der europäischen Aufklärung. Göttingen 2009.
Luserke, Matthias (Hg.): Goethe nach 1999. Positionen und Perspektiven. Göttingen 2001.
Marin, Louis: Le sublime dans les années 1670: un je ne sais quoi? In: Actes de Baton Rouge. Hg. von Selma A. Zebouni. Paris u.a. 1986, S. 185–201.
Martinec, Thomas: Lessings Theorie der Tragödienwirkung. Humanistische Tradition und aufklärerische Erkenntniskritik. Tübingen 2003.
–: Lessings ästhetischer Sensualismus. In: Lessing und die Sinne. Hg. von Alexander Košenina, Stefanie Stockhorst. Hannover 2016, S. 141–160.
Martino, Alberto: Geschichte der dramatischen Theorien in Deutschland im 18. Jahrhundert. Bd. 1. Aus dem Italienischen von Wolfgang Proß. Tübingen 1972.

Martus, Steffen: Werkpolitik. Zur Literaturgeschichte kritischer Kommunikation vom 17. bis ins 20. Jahrhundert mit Studien zu Klopstock, Tieck, Goethe und George. Berlin, New York 2007.

–: Aufklärung. Das deutsche 18. Jahrhundert – ein Epochenbild. Berlin 2015.

Mei, Manuela: Notio intellectus divini quomodo prodeat. Eine Untersuchung über die gnoseologische Bedeutung unserer Gotteserkenntnis. In: Die natürliche Theologie bei Christian Wolff. Hg. von Michael Albrecht. Hamburg 2011, S. 97–121.

Menke, Christoph: Kraft. Ein Grundbegriff ästhetischer Anthropologie. 2. Auflage. Berlin 2017.

Michelsen, Peter: Die Erregung des Mitleids durch die Tragödie. Zu Lessings Ansichten über das Trauerspiel im Briefwechsel mit Mendelssohn und Nicolai. In: Deutsche Vierteljahrsschrift für Literaturwissenschaft und Geistesgeschichte 40.4 (1966), S. 548–566.

Mirbach, Dagmar: Einführung zur fragmentarischen Ganzheit von Alexander Gottlieb Baumgartens *Aesthetica* (1750/1758). In: Alexander Gottlieb Baumgarten: Ästhetik. Lateinisch/Deutsch. Übers., mit einer Einführung, Anmerkungen und Registern hg. von Dagmar Mirbach. 2 Bde. Hamburg 2007, S. XV–LXXX.

–: *Ingenium venustum und magnitudo pectoris*. Ethische Aspekte von Alexander Gottlieb Baumgartens *Aesthetica*. In: Alexander Gottlieb Baumgarten. Sinnliche Erkenntnis in der Philosophie des Rationalismus. Hg. von Alexander Aichele, Dagmar Mirbach. Hamburg 2008, S. 199–218.

–: Die Rezeption von Leibniz' Monadenlehre bei Alexander Gottlieb Baumgarten. In: Der Monadenbegriff zwischen Spätrenaissance und Aufklärung. Hg. von Hanns-Peter Neumann. Berlin, New York 2009, S. 271–299.

–: Gottsched und die Entstehung der Ästhetik. In: Johann Christoph Gottsched (1700–1766). Philosophie, Poetik und Wissenschaft. Hg. von Eric Achermann. Berlin 2014, S. 113–127.

–: *Praeponitur – illustratur*. Intertextualität bei A. G. Baumgarten. In: Schönes Denken. A. G. Baumgarten im Spannungsfeld zwischen Ästhetik, Logik und Ethik. Hg. von Andrea Allerkamp, Dagmar Mirbach. Hamburg 2016, S. 71–88.

–: Die *viva Dei cognitio* als movens moralischen Handelns. In: Sinne und Triebe. Zum Verhältnis von praktischer Ästhetik und moral sense theory in der Philosophie und Dichtung der Aufklärung. Hg. von Oliver Bach. Berlin, Boston [in Vorbereitung].

Möller, Uwe: Rhetorische Überlieferung und Dichtungstheorie im frühen 18. Jahrhundert. Studien zu Gottsched, Breitinger und G. Fr. Meier. München 1983.

Mühlpfordt, Günter: Radikaler Wolffianismus. Zur Differenzierung und Wirkung der Wolffschen Schule ab 1735. In: Christian Wolff 1679–1754. Interpretationen zu seiner Philosophie und deren Wirkung. Hg. von Werner Schneiders. Hamburg 1983, S. 237–253.

Mülder-Bach, Inka: Im Zeichen Pygmalions. Das Modell der Statue und die Entdeckung der „Darstellung" im 18. Jahrhundert. München 1998.

Müller, Kurt, Wilhelm Totok (Hg.): Akten des Internationalen Leibniz-Kongresses. Hannover, 14.–19. November 1966. Bd. 4. Wiesbaden 1969.

Müller, Kurt, Heinrich Schepers, Wilhelm Totok (Hg.): Akten des II. Internationalen Leibniz-Kongresses. Hannover, 17.–22. Juli 1972. Bd. 3. Wiesbaden 1975.

Müller, Kurt, Heinrich Schepers, Wilhelm Totok (Hg.): Theoria cum praxi. Zum Verhältnis von Theorie und Praxis im 17. und 18. Jahrhundert. Akten des III. Internationalen Leibnizkongresses. Hannover, 12. bis 17. November 1977. Bd. 1. Wiesbaden 1980.

Munteano, Basil: L'abbé Du Bos ou le Quintilien de la France. In: Mélanges d'histoire littéraire et de bibliographie. Offerts à Jean Bonnerot par ses amis et ses collègues. Paris 1954, S. 121–131.

–: Survivances antiques. L'Abbé Du Bos esthéticien de la persuasion passionnelle. In: Revue de littérature comparée 30 (1956), S. 318–350.

Naumann-Beyer, Waltraud: [Art.] Sinnlichkeit. In: Ästhetische Grundbegriffe. Historisches Wörterbuch in sieben Bänden. Hg. von Karlheinz Barck u. a. Bd. 5. Stuttgart, Weimar 2003, S. 534–576.

Neumann, Hanns-Peter (Hg.): Der Monadenbegriff zwischen Spätrenaissance und Aufklärung. Berlin, New York 2009.

Newmark, Catherine: Passion, Affekt, Gefühl. Philosophische Theorien der Emotionen zwischen Aristoteles und Kant. Hamburg 2008.

Nivelle, Armand: Kunst- und Dichtungstheorien zwischen Aufklärung und Klassik. 2., durchges. und erg. Auflage. Berlin 1971.

–: Literaturästhetik. In: Europäische Aufklärung. Hg. von Walter Hinck. Frankfurt a.M. 1974, S. 15–56.

Nowak, Kurt, Ludwig Stockinger (Hg.): Gottsched-Tag. Wissenschaftliche Veranstaltung zum 300. Geburtstag von Johann Christoph Gottsched am 17. Februar 2000 in der Alten Handelsbörse in Leipzig. Leipzig 2002.

Oberhausen, Michael (Hg.): Vernunftkritik und Aufklärung. Studien zur Philosophie Kants und seines Jahrhunderts. Stuttgart-Bad Cannstatt 2001.

Oesterle, Günter (Hg.): Erinnerung, Gedächtnis, Wissen. Studien zur kulturwissenschaftlichen Gedächtnisforschung. Göttingen 2005.

Osterkamp, Ernst: Dämmerung. Poesie und bildende Kunst beim jungen Goethe. In: Der junge Goethe. Genese und Konstruktion einer Autorschaft. Hg. von Waltraud Wiethölter. Tübingen, Basel 2001, S. 145–161.

Otto, Rüdiger: Gottscheds Leibniz. In: Pluralität der Perspektiven und Einheit der Wahrheit im Werk von G. W. Leibniz. Beiträge zu seinem philosophischen, theologischen und politischen Denken. Hg. von Friedrich Beiderbeck, Stephan Waldhoff. Berlin 2011, S. 191–263.

Paetzold, Heinz: Ästhetik des deutschen Idealismus. Zur Idee ästhetischer Rationalität bei Baumgarten, Kant, Schelling, Hegel und Schopenhauer. Wiesbaden 1983.

–: Einleitung. Alexander Gottlieb Baumgarten als Begründer der philosophischen Ästhetik. In: Alexander Gottlieb Baumgarten: Meditationes philosophicae de nonnullis ad poema pertinentibus. Philosophische Betrachtungen über einige Bedingungen des Gedichts. Lateinisch/Deutsch. Übers. und mit einer Einleitung hg. von Heinz Paetzold. Hamburg 1983, S. VII–LX.

Pago, Thomas: Gottsched und die Rezeption der Querelle des Anciens et des Modernes in Deutschland. Untersuchungen zur Bedeutung des Vorzugsstreits für die Dichtungstheorie der Aufklärung. Frankfurt a.M. 1989.

Pelz, Alfred: Die vier Auflagen von Gottscheds Critischer Dichtkunst in vergleichender Betrachtung. Ein Beitrag zur Geistesgeschichte. Breslau 1929.

Peres, Constanze: Die Doppelfunktion der Ästhetik im philosophischen System A. G. Baumgartens. In: Schönes Denken. A. G. Baumgarten im Spannungsfeld zwischen Ästhetik, Logik und Ethik. Hg. von Andrea Allerkamp, Dagmar Mirbach. Hamburg 2016, S. 89–116.

Peters, Hans Georg: Die Ästhetik Alexander Gottlieb Baumgartens und ihre Beziehung zum Ethischen. Berlin 1934.
Petersen, Jürgen H.: Mimesis – Imitatio – Nachahmung. Eine Geschichte der europäischen Poetik. München 2000.
Petrus, Klaus: Convictio oder persuasio? Etappen einer Debatte in der ersten Hälfte des 18. Jahrhunderts (Rüdiger – Fabricius – Gottsched). In: Zeitschrift für deutsche Philologie 113.4 (1994), S. 481–495.
–: Genese und Analyse. Logik, Rhetorik und Hermeneutik im 17. und 18. Jahrhundert. Berlin, New York 1997.
Pimpinella, Pietro: *Cognitio intuitiva* bei Wolff und Baumgarten. In: Vernunftkritik und Aufklärung. Studien zur Philosophie Kants und seines Jahrhunderts. Hg. von Michael Oberhausen. Stuttgart-Bad Cannstatt 2001, S. 265–294.
–: La théorie wolffienne des arts à l'origine de l'esthétique. In: Esthétiques de l'*Aufklärung*. Hg. von Stefanie Buchenau, Elisabeth Décultot. Paris 2006, S. 9–22.
–: Veritas aesthetica. Erkenntnis des Individuellen und mögliche Welten. In: Alexander Gottlieb Baumgarten. Sinnliche Erkenntnis in der Philosophie des Rationalismus. Hg. von Alexander Aichele, Dagmar Mirbach. Hamburg 2008, S. 37–68.
Pollok, Anne: Facetten des Menschen. Zur Anthropologie Moses Mendelssohns. Hamburg 2010.
Poppe, Bernhard: Alexander Gottlieb Baumgarten. Seine Bedeutung und Stellung in der Leibniz-Wolffischen Philosophie und seine Beziehung zu Kant. Nebst Veröffentlichung einer bisher unbekannten Handschrift der Ästhetik Baumgartens. Borna-Leipzig 1907.
Poser, Hans: Zum Begriff der Monade bei Leibniz und Wolff. In: Akten des II. Internationalen Leibniz-Kongresses. Hannover, 17.–22. Juli 1972. Hg. von Kurt Müller, Heinrich Schepers, Wilhelm Totok. Bd. 3. Wiesbaden 1975, S. 383–395.
–: Die Bedeutung des Begriffs ‚Ähnlichkeit' in der Metaphysik Christian Wolffs. In: Studia Leibnitiana 11.1 (1979), S. 62–81.
–: Die Bedeutung der Ethik Christian Wolffs für die deutsche Aufklärung. In: Theoria cum praxi. Zum Verhältnis von Theorie und Praxis im 17. und 18. Jahrhundert. Akten des III. Internationalen Leibnizkongresses. Hannover, 12. bis 17. November 1977. Hg. von Kurt Müller, Heinrich Schepers, Wilhelm Totok. Bd. 1. Wiesbaden 1980, S. 206–217.
–: Gottsched und die Philosophie der deutschen Aufklärung. In: Gottsched-Tag. Wissenschaftliche Veranstaltung zum 300. Geburtstag von Johann Christoph Gottsched am 17. Februar 2000 in der Alten Handelsbörse in Leipzig. Hg. von Kurt Nowak, Ludwig Stockinger. Leipzig 2002, S. 51–70.
–: „Da ich wider Vermuthen gantz natürlich auf die vorher bestimmte Harmonie des Herrn von Leibnitz geführet ward, so habe ich dieselbe beybehalten". Christian Wolffs Rezeption der prästabilierten Harmonie. In: Leibnizbilder im 18. und 19. Jahrhundert. Hg. von Alexandra Lewendoski. Stuttgart 2004, S. 49–63.
Raatz, Georg: Aufklärung als Selbstdeutung. Eine genetisch-systematische Rekonstruktion von Johann Joachim Spaldings „Bestimmung des Menschen" (1748). Tübingen 2014.
Ranke, Wolfgang: Theatermoral. Moralische Argumentation und dramatische Kommunikation in der Tragödie der Aufklärung. Würzburg 2009.
Regenbogen, Arnim, Uwe Meyer (Hg.): Wörterbuch der philosophischen Begriffe. Begr. von Friedrich Kirchner, Carl Michaëlis. Hamburg 1998 [zuerst 1886].

Reichmann, Oskar: *Deutlichkeit* in der Sprachtheorie des 17. und 18. Jahrhunderts. In: Verborum amor. Studien zur Geschichte und Kunst der deutschen Sprache. Hg. von Harald Burger, Alois M. Haas, Peter von Matt. Berlin 1992, S. 448–480.
Ricken, Ulrich: Sprache, Anthropologie, Philosophie in der französischen Aufklärung. Ein Beitrag zur Geschichte des Verhältnisses von Sprachtheorie und Weltanschauung. Berlin 1984.
Rieck, Werner: Johann Christoph Gottsched. Eine kritische Würdigung seines Werkes. Berlin 1972.
Riedel, Wolfgang: Anthropologie und Literatur in der deutschen Spätaufklärung. Skizze einer Forschungslandschaft. In: Internationales Archiv für Sozialgeschichte 3.6 (1994), S. 93–157.
–: Erkennen und Empfinden. Anthropologische Achsendrehung und Wende zur Ästhetik bei Johann Georg Sulzer. In: Der ganze Mensch. Anthropologie und Literatur im 18. Jahrhundert. Hg. von Hans-Jürgen Schings. Stuttgart, Weimar 1994, S. 410–439.
–: Erster Psychologismus. Umbau des Seelenbegriffs in der deutschen Spätaufklärung. In: Zwischen Empirisierung und Konstruktionsleistung. Anthropologie im 18. Jahrhundert. Hg. von Jörn Garber, Heinz Thoma. Tübingen 2004, S. 1–17.
Riemann, Albert: Die Aesthetik Alexander Gottlieb Baumgartens unter besonderer Berücksichtigung der *Meditationes de Nonnullis ad Poema Pertinentibus* nebst einer Übersetzung dieser Schrift. Halle 1928. Nachdruck: Tübingen 1973.
Risse, Wilhelm: Die Logik der Neuzeit. 1640–1780. Stuttgart-Bad Cannstatt 1970.
Ritter, Joachim: [Art.] Ästhetik, ästhetisch. In: Historisches Wörterbuch der Philosophie. Völlig neubearb. Ausgabe des ‚Wörterbuchs der philosophischen Begriffe' von Rudolf Eisler. Hg. von Joachim Ritter, Karlfried Gründer, Gottfried Gabriel. Bd. 1. Basel 1971, Sp. 555–580.
Ritter, Joachim, Karlfried Gründer, Gottfried Gabriel (Hg.): Historisches Wörterbuch der Philosophie. Völlig neubearb. Ausgabe des ‚Wörterbuchs der philosophischen Begriffe' von Rudolf Eisler. 13 Bde. Basel 1971–2007.
Röd, Wolfgang: Die Philosophie der Neuzeit 2. München 1984.
Rudolph, Oliver-Pierre: Mémoire, réflexion et conscience chez Christian Wolff. In: Revue philosophique de la France et de l'étranger 193.3 (2003), S. 351–360.
–: Die Psychologie Christian Wolffs und die scholastische Tradition. In: Die Psychologie Christian Wolffs. Systematische und historische Untersuchungen. Hg. von ders., Jean-François Goubet. Tübingen 2004, S. 237–248.
Rudolph, Oliver-Pierre, Jean-François Goubet (Hg.): Die Psychologie Christian Wolffs. Systematische und historische Untersuchungen. Tübingen 2004.
Sandkühler, Hans (Hg.): Enzyklopädie Philosophie. 3 Bde. Hamburg 2010.
Sauder, Gerhard: Goethes Ästhetik der Dämmerung. In: Goethe nach 1999. Positionen und Perspektiven. Hg. von Matthias Luserke. Göttingen 2001, S. 45–55 und 157–159.
Scherpe, Klaus R.: Gattungspoetik im 18. Jahrhundert. Historische Entwicklung von Gottsched bis Herder. Stuttgart 1968.
Schimansky, Gerhard: Gottscheds deutsche Bildungsziele. Königsberg, Berlin 1939.
Schings, Hans-Jürgen: Der mitleidigste Mensch ist der beste Mensch. Poetik des Mitleids von Lessing bis Büchner. München 1980.
Schings, Hans-Jürgen (Hg.): Der ganze Mensch. Anthropologie und Literatur im 18. Jahrhundert. Stuttgart, Weimar 1994.

Schmidt, Horst-Michael: Sinnlichkeit und Verstand. Zur philosophischen und poetologischen Begründung von Erfahrung und Urteil in der deutschen Aufklärung (Leibniz, Wolff, Gottsched, Bodmer und Breitinger, Baumgarten). München 1982.
Schneider, Ulrich Johannes: Einleitung. In: Gottfried Wilhelm Leibniz: Monadologie und andere metaphysische Schriften. Discours de métaphysique. La monadologie. Principes de la nature et de la grâce fondés en raison. Hg., übers., mit Einleitung, Anmerkungen und Registern vers. von Ulrich Johannes Schneider. Hamburg 2002, S. VII–XXXII.
Schneiders, Werner: Leibniz und die Frage nach dem Grund des Guten und Gerechten. In: Akten des Internationalen Leibniz-Kongresses. Hannover, 14.–19. November 1966. Hg. von Kurt Müller, Wilhelm Totok. Bd. 4. Wiesbaden 1969, S. 85–111.
–: Harmonia universalis. In: Studia Leibnitiana 16.1 (1984), S. 27–44.
–: Christian Wolff über Verstand und Vernunft. In: Nuovi studi sul pensiero di Christian Wolff. Préface de Jean École. Hg. von Sonia Carboncini, Luigi Cataldi Madonna. Hildesheim u. a. 1992, S. 39–59.
Schneiders, Werner (Hg.): Christian Wolff 1679–1754. Interpretationen zu seiner Philosophie und deren Wirkung. Hamburg 1983.
Schrader, Wolfgang H.: Ethik und Anthropologie in der englischen Aufklärung. Der Wandel der moral-sense-theorie von Shaftesbury bis Hume. Hamburg 1984.
Schröer, Christian: Naturbegriff und Moralbegründung. Die Grundlegung der Ethik bei Christian Wolff und deren Kritik durch Immanuel Kant. Stuttgart u. a. 1988.
–: Sittliche Autonomie bei Christian Wolff und Kant. Kontinuität und Diskontinuität. In: Akten des Siebenten Internationalen Kant-Kongresses. Kurfürstliches Schloß zu Mainz 1990. Hg. von Gerhard Funke. Bd. 2.2. Bonn, Berlin 1991, S. 567–576.
Schüßler, Werner: Leibniz' Auffassung des menschlichen Verstandes (intellectus). Eine Untersuchung zum Standpunktwechsel zwischen „système commun" und „système nouveau" und dem Versuch ihrer Vermittlung. Berlin, New York 1992.
Schulz, Georg-Michael: Tugend, Gewalt und Tod. Das Trauerspiel der Aufklärung und die Dramaturgie des Pathetischen und des Erhabenen. Tübingen 1988.
Schwaiger, Clemens: Das Problem des Glücks im Denken Christian Wolffs. Eine quellen-, begriffs- und entwicklungsgeschichtliche Studie zu Schlüsselbegriffen seiner Ethik. Stuttgart-Bad Cannstatt 1995.
–: Alexander Gottlieb Baumgarten – ein intellektuelles Porträt. Studien zur Metaphysik und Ethik von Kants Leitautor. Stuttgart-Bad Cannstatt 2011.
–: Zwischen Laxismus und Rigorismus. Möglichkeiten und Grenzen philosophischer Ethik nach Alexander Gottlieb Baumgarten. In: Schönes Denken. A. G. Baumgarten im Spannungsfeld zwischen Ästhetik, Logik und Ethik. Hg. von Andrea Allerkamp, Dagmar Mirbach. Hamburg 2016, S. 255–270.
Schwarz, Olga Katharina: Gewissen, Geschmack und Wirkungskonzept. Zum Verhältnis von Moralphilosophie und Ästhetik bei Mendelssohn, Dubos und Lessing. In: Gewissen. Interdisziplinäre Perspektiven auf das 18. Jahrhundert. Hg. von Simon Bunke, Katerina Mihaylova. Würzburg 2015, S. 105–121.
–: *Schiff, Steuerruder und Segel* – Seelenlehre und Pädagogik bei Joachim Heinrich Campe. In: Joachim Heinrich Campe. Dichtung, Sprache, Pädagogik und Politik zwischen

Aufklärung, Revolution und Restauration. Hg. von Cord-Friedrich Berghahn, Imke Lang-Groth. Heidelberg 2021, S. 207–223.

–: Voraussetzungen der *moral sense*-Rezeption in Deutschland, oder: Die Lust der Humanität. Shaftesbury, Herder und der deutsche Rationalismus. In: Sinne und Triebe. Zum Verhältnis von praktischer Ästhetik und moral sense theory in der Philosophie und Dichtung der Aufklärung. Hg. von Oliver Bach. Berlin, Boston [in Vorbereitung].

Schweizer, Hans Rudolf: Ästhetik als Philosophie der sinnlichen Erkenntnis. Eine Interpretation der ‚Aesthetica' A. G. Baumgartens mit teilweiser Wiedergabe des lateinischen Textes und deutscher Übersetzung. Basel, Stuttgart 1973.

–: Einführung. In: Alexander Gottlieb Baumgarten: Texte zur Grundlegung der Ästhetik. Lateinisch/Deutsch. Übers. und hg. von Hans R. Schweizer. Hamburg 1983, S. VII–XXII.

Schwitzke, Heinz: Die Beziehungen zwischen Aesthetik und Metaphysik in der deutschen Philosophie vor Kant. Berlin 1930.

Seifert, Arno: Cognitio historica. Die Geschichte als Namensgeberin der frühneuzeitlichen Empirie. Berlin 1976.

Servaes, Franz: Die Poetik Gottscheds und der Schweizer. London, Strassburg 1887.

Simon, Ralf: Die Idee der Prosa. Zur Ästhetikgeschichte von Baumgarten bis Hegel mit einem Schwerpunkt bei Jean Paul. München 2013.

Solms, Friedhelm: Disciplina aesthetica. Zur Frühgeschichte der ästhetischen Theorie bei Baumgarten und Herder. Stuttgart 1990.

Sommer, Robert: Grundzüge einer Geschichte der deutschen Psychologie und Aesthetik von Wolff-Baumgarten bis Kant-Schiller. Würzburg 1892.

Stahl, Karl-Heinz: Das Wunderbare als Problem und Gegenstand der deutschen Poetik des 17. und 18. Jahrhunderts. Frankfurt a. M. 1975.

Stašková, Alice, Simon Zeisberg (Hg.): Sentenz in der Literatur. Perspektiven auf das 18. Jahrhundert. Göttingen 2014.

Stein, Heinrich von: Die Entstehung der neueren Ästhetik. Stuttgart 1886.

Stenzel, Jürgen: „Si vis me flere ..." – „Musa iocosa mea". Zwei poetologische Argumente in der deutschen Diskussion des 17. und 18. Jahrhunderts. In: Deutsche Vierteljahrsschrift für Literaturwissenschaft und Geistesgeschichte 48.4 (1974), S. 650–671.

Stiening, Gideon: „[D]arinn ich noch nicht völlig seyner Meynung habe beipflichten können". Gottsched und Wolff. In: Johann Christoph Gottsched (1700–1766). Philosophie, Poetik und Wissenschaft. Hg. von Eric Achermann. Berlin 2014, S. 39–60.

Stierle, Karlheinz: Das bequeme Verhältnis. Lessings *Laokoon* und die Entdeckung des ästhetischen Mediums. In: Das Laokoon-Projekt. Pläne einer semiotischen Ästhetik. Hg. von Gunter Gebauer. Stuttgart 1984, S. 23–58.

Stockhorst, Stefanie: Die sinnliche Logik der *poiesis*. Lessings Fragment *Aus einem Gedichte über die menschliche Glückseligkeit* als ästhetisches Propädeutikum eines aufgeklärten Sensualismus. In: Lessing und die Sinne. Hg. von Alexander Košenina, Stefanie Stockhorst. Hannover 2016, S. 183–201.

Stockinger, Ludwig: Ficta Respublica. Gattungsgeschichtliche Untersuchungen zur utopischen Erzählung in der deutschen Literatur des frühen 18. Jahrhunderts. Tübingen 1981.

Stöckmann, Ernst: Von der sinnlichen Erkenntnis zur Psychologie der Emotionen. Anthropologische und ästhetische Progression der Aisthesis in der vorkantischen Ästhetiktheorie. In: Physis und Norm. Neue Perspektiven der Anthropologie im

18. Jahrhundert. Hg. von Manfred Beetz, Jörn Garber, Heinz Thoma. Göttingen 2007, S. 69–106.
–: Anthropologische Ästhetik. Philosophie, Psychologie und ästhetische Theorie der Emotionen im Diskurs der Aufklärung. Tübingen 2009.
Stöckmann, Ingo: Vor der Literatur. Eine Evolutionstheorie der Poetik Alteuropas. Tübingen 2001.
Stolzenberg, Jürgen, Oliver-Pierre Rudolph (Hg.): Christian Wolff und die europäische Aufklärung. Akten des 1. Internationalen Christian-Wolff-Kongresses. Halle (Saale), 4.–8. April 2004. Teil 2. Hildesheim u. a. 2007.
Stolzenberg, Jürgen, Oliver-Pierre Rudolph (Hg.): Christian Wolff und die europäische Aufklärung. Akten des 1. Internationalen Christian-Wolff-Kongresses. Halle (Saale), 4.–8. April 2004. Teil 3. Hildesheim u. a. 2007.
Stolzenberg, Jürgen, Oliver-Pierre Rudolph (Hg.): Christian Wolff und die europäische Aufklärung. Akten des 1. Internationalen Christian-Wolff-Kongresses. Halle (Saale), 4.–8. April 2004. Teil 4. Hildesheim u. a. 2008.
Straßberger, Andres: Johann Christoph Gottsched und die „philosophische" Predigt. Studien zur aufklärerischen Transformation der protestantischen Homiletik im Spannungsfeld von Theologie, Rhetorik und Politik. Tübingen 2010.
Teuber, Eugen: Die Kunstphilosophie des Abbé Dubos. In: Zeitschrift für Ästhetik und Allgemeine Kunstwissenschaft 17.4 (1924), S. 361–410.
Theis, Robert (Hg.): Die deutsche Aufklärung im Spiegel der neueren französischen Aufklärungsforschung. Hamburg 1998
Thomas, Andreas: Die Lehre von der moralischen Verbindlichkeit bei Christian Wolff und ihre Kritik durch Immanuel Kant. In: Die Psychologie Christian Wolffs. Systematische und historische Untersuchungen. Hg. von Oliver-Pierre Rudolph, Jean-François Goubet. Tübingen 2004, S. 169–189.
Thums, Barbara: Aufmerksamkeit. Wahrnehmung und Selbstbegründung von Brockes bis Nietzsche. München 2008.
Till, Dietmar: Transformationen der Rhetorik. Untersuchungen zum Wandel der Rhetoriktheorie im 17. und 18. Jahrhundert. Tübingen 2004.
–: [Art.] Prodesse-delectare-Doktrin. In: Historisches Wörterbuch der Rhetorik. Hg. von Gert Ueding. Bd. 7. Tübingen 2005, Sp. 130–140.
–: Affekt contra *ars*. Wege der Rhetorikgeschichte um 1700. In: Rhetorica: A Journal of the History of Rhetoric 24.4 (2006), S. 337–369.
–: Das doppelte Erhabene. Eine Argumentationsfigur von der Antike bis zum Beginn des 19. Jahrhunderts. Tübingen 2006.
–: Philosophie oder Rhetorik? Christian Wolff, die Poetik der Frühaufklärung und die rhetorische Tradition. In: Christian Wolff und die europäische Aufklärung. Akten des 1. Internationalen Christian-Wolff-Kongresses. Halle (Saale), 4.–8. April 2004. Hg. von Jürgen Stolzenberg, Oliver-Pierre Rudolph. Teil 4. Hildesheim u. a. 2008, S. 193–212.
–: „Anschauende Erkenntnis". Literatur und Philosophie bei Wolff, Gottsched und Lessing. In: Sentenz in der Literatur. Perspektiven auf das 18. Jahrhundert. Hg. von Alice Stašková, Simon Zeisberg. Göttingen 2014, S. 19–36.
Torra-Mattenklott, Caroline: Metaphorologie der Rührung. Ästhetische Theorie und Mechanik im 18. Jahrhundert. München 2002.
Ueding, Gert (Hg.): Historisches Wörterbuch der Rhetorik. 12 Bde. Tübingen u. a. 1992–2015.

Ullrich, Wolfgang: [Art.] Kunst/Künste/System der Künste. In: Ästhetische Grundbegriffe. Historisches Wörterbuch in sieben Bänden. Hg. von Karlheinz Barck u. a. Bd. 3. Stuttgart, Weimar 2001, S. 556–616.

Ulrichs, Lars-Thade: Die Theorie der möglichen Welten und ihre Konsequenzen für die Romanpoetologie des späten 18. Jahrhunderts. Zum Begründungsverhältnis von Ontologie und Ästhetik. In: Christian Wolff und die europäische Aufklärung. Akten des 1. Internationalen Christian-Wolff-Kongresses. Halle (Saale), 4.–8. April 2004. Hg. von Jürgen Stolzenberg, Oliver-Pierre Rudolph. Teil 4. Hildesheim u. a. 2008, S. 377–397.

Ungeheuer, Gerold: Sprache und symbolische Erkenntnis bei Wolff. In: Christian Wolff 1679–1754. Interpretationen zu seiner Philosophie und deren Wirkung. Hg. von Werner Schneiders. Hamburg 1983, S. 89–112.

van Peursen, Cornelis-Anthonie: Ars inveniendi im Rahmen der Metaphysik Christian Wolffs. Die Rolle der ars inveniendi. In: Christian Wolff 1679–1754. Interpretationen zu seiner Philosophie und deren Wirkung. Hg. von Werner Schneiders. Hamburg 1983, S. 66–88.

Verweyen, Theodor: „Halle, die Hochburg des Pietismus, die Wiege der Anakreontik". Über das Konfliktpotential der anakreontischen Poesie als Kunst der „sinnlichen Erkenntnis". In: Zentren der Aufklärung I: Halle. Aufklärung und Pietismus. Hg. von Norbert Hinske. Heidelberg 1989, S. 209–238.

Vesper, Achim: Le plaisir du beau chez Leibniz, Wolff, Sulzer, Mendelssohn et Kant. In: Esthétiques de l'*Aufklärung*. Hg. von Stefanie Buchenau, Elisabeth Décultot. Paris 2006, S. 23–36.

–: Lust als ‚cognitio intuitiva perfectionis'. Vollkommenheitsästhetik bei Wolff und ihre Kritik durch Kant. In: Christian Wolff und die europäische Aufklärung. Akten des 1. Internationalen Christian-Wolff-Kongresses. Halle (Saale), 4.–8. April 2004. Hg. von Jürgen Stolzenberg, Oliver-Pierre Rudolph. Teil 4. Hildesheim u. a. 2008, S. 283–296.

Vidoni, Ferdinando: [Art.] Sensualismus. In: Enzyklopädie Philosophie. Hg. von Hans Sandkühler. Bd. 3. Hamburg 2010, S. 2447–2452.

Vietta, Silvio: Literarische Phantasie. Theorie und Geschichte. Barock und Aufklärung. Stuttgart 1986.

Waniek, Gustav: Gottsched und die deutsche Litteratur seiner Zeit. Leipzig 1897.

Watkins, Eric: The Development of Physical Influx in Early Eighteenth-Century Germany: Gottsched, Knutzen, and Crusius. In: The Review of Metaphysics 49.2 (1995), S. 295–339.

–: On the Necessity and Nature of Simples: Leibniz, Wolff, Baumgarten, and the Pre-Critical Kant. In: Oxford Studies in Early Modern Philosophy. Bd. 3. Hg. von Daniel Garber, Steven Nadler. New York 2006, S. 261–314.

–: Leibniz und Wolff im Vergleich. Sine entibus simplicibus composita existere nequeunt. In: Christian Wolff und die europäische Aufklärung. Akten des 1. Internationalen Christian-Wolff-Kongresses. Halle (Saale), 4.–8. April 2004. Hg. von Jürgen Stolzenberg, Oliver-Pierre Rudolph. Teil 3. Hildesheim u. a. 2007, S. 13–28.

Weber, Claude: „Naturae mentis nostrae nobis conscii ad exempla attendentes". Zur Funktion des Exempels in Christian Wolffs Schriften zur Metaphysik. In: Aufklärung als praktische Philosophie. Hg. von Frank Grunert, Friedrich Vollhardt. Tübingen 1998, S. 99–126.

Wellbery, David E.: Lessing's *Laocoon*. Semiotics and Aesthetics in the Age of Reason. Cambridge 1984.
Wels, Volkhard: Zur Vorgeschichte des Begriffs der ‚kreativen Phantasie'. In: Zeitschrift für Ästhetik und Allgemeine Kunstwissenschaft 50.2 (2005), S. 199–226.
–: Der Begriff der Dichtung in der Frühen Neuzeit. Berlin, New York 2009.
–: Die Poetik als Teil des aristotelischen Organon. In: Beiträge zur Geschichte und Sprache der deutschen Literatur 113.3/4 (2011), S. 470–486.
Wessell, Leonard P.: „Handlung" as the „Geist" of Lessing's Aesthetic Thinking. In: Lessing Yearbook XIX (1987), S. 115–138.
Wetterer, Angelika: Publikumsbezug und Wahrheitsanspruch. Der Widerspruch zwischen rhetorischem Ansatz und philosophischem Anspruch bei Gottsched und den Schweizern. Tübingen 1981.
Wiethölter, Waltraud (Hg.): Der junge Goethe. Genese und Konstruktion einer Autorschaft. Tübingen, Basel 2001.
Willems, Gottfried: Anschaulichkeit. Zu Theorie und Geschichte der Wort-Bild-Beziehungen und des literarischen Darstellungsstils. Tübingen 1989.
Witte, Egbert: Logik ohne Dornen. Die Rezeption von A. G. Baumgartens Ästhetik im Spannungsfeld von logischem Begriff und ästhetischer Anschauung. Hildesheim u. a. 2000.
Wölfel, Kurt: Moralische Anstalt. Zur Dramaturgie von Gottsched bis Lessing. In: Deutsche Dramentheorie. Beiträge zu einer historischen Poetik des Dramas in Deutschland. Hg. von Reinhold Grimm. Bd. 1. 3., verb. Auflage. Wiesbaden 1980, S. 56–122.
Wolf, Norbert Christian: Streitbare Ästhetik. Goethes kunst- und literaturtheoretische Schriften 1771–1789. Tübingen 2001.
Wolff, Hans M.: Die Weltanschauung der deutschen Aufklärung in geschichtlicher Entwicklung. Durchges. und eingel. von Karl S. Guthke. 2. Auflage. Berlin, München 1963.
Wuttke, Heinrich: Ueber Christian Wolff den Philosophen. In: Christian Wolffs eigene Lebensbeschreibung. Hg. mit einer Abhandlung über Wolff von Heinrich Wuttke. Leipzig 1841, S. 1–106. Nachdruck: In: Christian Wolff: Biographie. Hg. von Hans Werner Arndt. Hildesheim, New York 1980 (= GW I.10).
Zebouni, Selma A. (Hg.): Actes de Baton Rouge. Paris u. a. 1986.
Zedelmaier, Helmut: Zwischen Fortschrittsgeschichte und Erfindungskunst. Gottfried Wilhelm Leibniz und Christian Wolff über Historia literaria. In: Historia literaria. Neuordnungen des Wissens im 17. und 18. Jahrhundert. Hg. von Frank Grunert, Friedrich Vollhardt. Berlin 2007, S. 89–99.
Zelle, Carsten: „Angenehmes Grauen". Literaturhistorische Beiträge zur Ästhetik des Schrecklichen im achtzehnten Jahrhundert. Hamburg 1987.
–: Ästhetischer Neronismus. Zur Debatte über ethische oder ästhetische Legitimation der Literatur im Jahrhundert der Aufklärung. In: Deutsche Vierteljahrsschrift für Literaturwissenschaft und Geistesgeschichte 63.3 (1989), S. 397–419.
–: Die doppelte Ästhetik der Moderne. Revisionen des Schönen von Boileau bis Nietzsche. Stuttgart, Weimar 1995.
–: Sinnlichkeit und Therapie. Zur Gleichursprünglichkeit von Ästhetik und Anthropologie um 1750. In: „Vernünftige Ärzte". Hallesche Psychomediziner und die Anfänge der Anthropologie in der deutschsprachigen Frühaufklärung. Hg. von ders. Tübingen 2001, S. 5–24.

–: ‚Querelle du théâtre'. Literarische Legitimationsdiskurse (Gottsched – Schiller – Sulzer). In: German Life and Letters 62.1 (2009), S. 21–38.
–: Ästhetischer Enzyklopädismus. Johann Georg Sulzers europäische Dimension. In: Berliner Aufklärung. Kulturwissenschaftliche Studien. Bd. 4. Hg. von Ursula Goldenbaum, Alexander Košenina. Hannover 2011, S. 62–93.
Zelle, Carsten (Hg.): „Vernünftige Ärzte". Hallesche Psychomediziner und die Anfänge der Anthropologie in der deutschsprachigen Frühaufklärung. Tübingen 2001.
Zimmermann, Robert: Geschichte der Aesthetik als philosophischer Wissenschaft. Wien 1858.

Personenregister

Die über das ganze Buch hinweg kontinuierlich erwähnten Personen werden nicht aufgeführt, das gilt für Alexander Gottlieb Baumgarten, Johann Christoph Gottsched, Gottfried Wilhelm Leibniz und Christian Wolff.

Addison, Joseph 268
Adler, Hans 39, 121
Alberti, Leon Battista 241
Allesch, Christian G. 17f.
Alt, Peter-André 11, 15–17, 19, 25f.
Aquin, Thomas von 80
Aristoteles 28, 33, 60, 78, 80, 204, 229, 235, 259–262, 265, 267f., 276, 291f., 314
Arnoldt, Daniel Heinrich 32
Avicenna 92
Bacon, Francis 14
Baeumler, Alfred 4, 21, 23f., 26, 216, 272
Batteux, Charles 231, 233, 243, 253
Beiser, Frederick C. 11, 15–17, 26, 269
Bergmann, Ernst 215
Berkeley, George 14
Besser, Johann 307
Beutel, Albrecht 1
Bissinger, Anton 89
Blanckenburg, Friedrich 48, 338
Bodmer, Johann Jacob 5, 9, 18f., 24, 32, 226, 253, 270, 272, 278, 288, 291–296
Boileau-Despréaux, Nicolas 221f., 249, 268, 281, 307
Bouhours, Dominique 249, 268
Braitmaier, Friedrich 194
Breitinger, Johann Jacob 5, 9, 18f., 22, 24, 32, 226, 236, 253, 270, 272, 278, 288, 291–296
Budde, Johann Franz 203
Campe, Joachim Heinrich 47, 327f., 330f., 334
Canitz, Friedrich Rudolph Ludwig 307

Capella, Martianus 229
Cats, Jacob 307
Cicero 144, 291f., 314
Condillac, Etienne Bonnot de 14
Corneille, Pierre 259, 268, 307
Crusius, Christian August 331
Curtius, Michael Conrad 27, 260, 265
Dach, Simon 307
Dacier, André 260–262, 265
Descartes, René 14, 20, 23, 31, 60, 62, 115, 120
Diderot, Denis 14
Dubos, Jean-Baptiste 15f., 20, 23, 26f., 46, 188f., 204, 206, 217f., 223, 234f., 237–240, 249, 272f., 300f., 303–309, 325, 334
Ecole, Jean 4
Engbers, Jan 332
Engfer, Hans-Jürgen 12f., 16
Erdmann, Benno 70, 75
Fabricius, Johann Andreas 32
Fleming, Paul 307
Freier, Hans 138
Friedrich Wilhelm I. von Preußen 1f.
Gaier, Ulrich 5
Gassendi, Pierre 14
Goethe, Johann Wolfgang 48, 319–322, 339f.
Goldenbaum, Ursula 5, 27
Grimm, Gunter E. 34, 203, 302
Grunert, Frank 90
Häfner, Ralph 6
Härter, Andreas 270
Heinsius, Daniel 260, 307
Helvétius, Claude Adrien 14

Herder, Johann Gottfried 17f., 54–56, 327f., 333
Hobbes, Thomas 14
Hoffbauer, Johann Christoph 326
Horaz 33, 202, 204, 268, 286, 291f., 307
Humboldt, Alexander 328
Humboldt, Wilhelm 328
Hume, David 14
Hutcheson, Francis 6, 27, 325, 331–333
Kant, Immanuel 3f., 6, 10–12, 15–22, 170, 172
Klopstock, Friedrich Gottlieb 5
Kondylis, Panajotis 10, 49, 52
König, Johann Ulrich 15f., 300f.
Kristeller, Paul Oskar 228f., 231
La Mettrie, Julien Offray de 14
La Motte, Antoine Houdar de 307
Lange, Joachim 1f., 68
Lessing, Gotthold Ephraim 4, 11, 16–21, 23, 26–28, 44, 46, 48, 115, 207f., 225f., 235, 251, 258, 264–267, 272, 285f., 289, 298f., 330, 333–340
Locke, John 6, 14, 20f., 94, 127, 237
Longinus, Dionysius Cassius 221, 268, 270
Lotze, Hermann 20
Ludovici, Carl Günther 259
Malebranche, Nicolas 14
Malherbe, François de 307
Marmontel, Jean-François 364
Martino, Alberto 23f., 26, 335
Meier, Georg Friedrich 5f., 11, 16–21, 23, 25, 215, 302
Mendelssohn, Moses 11, 17–19, 23, 27f., 80, 153, 173, 189, 207, 333
Mirbach, Dagmar 212
Mizler, Lorenz Christoph 32
Molière 307
Moritz, Karl Philipp 48, 335
Nicolai, Friedrich 207, 240
Nivelle, Armand 17–19, 21f., 24, 26, 194
Opitz, Martin 201, 307
Osterkamp, Ernst 340
Perrault, Charles 231, 244
Peters, Hans Georg 194
Petrarca, Francesco 307
Pimpinella, Pietro 224, 228

Printzen, Marquard Ludwig 2
Quintilian 291f., 296
Racine, Jean 259, 307
Reinhold, Carl Leonhard 12
Reusch, Johann Peter 137
Riedel, Wolfgang 334
Riemann, Albert 47, 194, 216, 222, 311
Rollin, Charles 300
Rousseau, Jean-Jacques 6, 27, 47, 157, 307, 330
Sauder, Gerhard 340
Scaliger, Julius Caesar 268
Scheibe, Johann Adolph 32
Schiller, Friedrich 19, 28, 48, 58, 327, 334f.
Schmidt, Horst-Michael 4, 17, 19
Schmidt-Biggemann, Wilhelm 6
Schneiders, Werner 157
Schwaiger, Clemens 179
Shaftesbury, Anthony Ashley Cooper, Third Earl of 6, 268, 305, 330–333
Sommer, Robert 19–21, 24, 26
Spinoza, Baruch de 14f.
Stein, Heinrich von 20, 26
Stöckmann, Ernst 24f.
Stolle, Gottlieb 260
Strabo 201
Sulzer, Johann Georg 17f., 22f., 47f., 80, 172f., 231, 319–328, 334, 340
Tasso, Torquato 307
Terenz 307
Thomasius, Christian 149, 191, 203
Thümmig, Ludwig Philipp 68
Till, Dietmar 270, 294
Vergil 307
Vitruvius 241–243
Voltaire 268
Wellbery, David 17, 19
Wels, Volkhard 291
Wetterer, Angelika 151, 158, 178, 269f.
Wieland, Christoph Martin 319
Willems, Gottfried 271
Winckelmann, Johann Joachim 17
Zedler, Johann Heinrich 53, 191, 235, 259, 338
Zelle, Carsten 24, 26, 47, 221f., 311, 335
Zimmermann, Robert 20

Dank

Die vorliegende Studie ist die leicht überarbeitete Fassung meiner Dissertationsschrift, die im Wintersemester 2018/2019 dem Fachbereich Philosophie und Geisteswissenschaften der Freien Universität Berlin vorgelegen hat. Danach erschienene Forschung wurde nur in Einzelfällen berücksichtigt.

Zu Dank verpflichtet bin ich dem Erstgutachter Prof. Dr. Jürgen Brokoff (Berlin), der mir als wissenschaftlicher Mitarbeiterin seines Arbeitsbereichs jegliche Freiheit gewährte. Prof. Dr. Dietmar Till (Tübingen) hat dankenswerterweise das Zweitgutachten übernommen. Für die stets zielführenden Gespräche bin ich ihm sehr verbunden. Von Anfang an begleitet und in verschiedenen Hinsichten unterstützt haben diese Arbeit Prof. Dr. Peter Sprengel (Berlin) und Prof. Dr. Ernst Osterkamp (Berlin). Ihnen sei an dieser Stelle ausdrücklich gedankt. Den Herausgebern der *Quellen und Forschungen zur Literatur- und Kulturgeschichte* Prof. Dr. Mark-Georg Dehrmann (Berlin) und Prof. Dr. Christiane Witthöft (Erlangen) danke ich für die Aufnahme der Studie in die Reihe und für ihre Hinweise.

Danken möchte ich auch den Vertretern der Aufklärungsforschung, mit denen ich meine Überlegungen in unterschiedlichen Kontexten diskutieren konnte. Von diesem Austausch habe ich sehr profitiert. Besonderer Dank gilt Prof. Dr. Peter-André Alt (Berlin), Thomas Assinger (Salzburg), Prof. Dr. Hans Richard Brittnacher (Berlin), Dr. Jost Eickmeyer (Hamburg), Dr. Christiane Frey (Aachen), Antje Gebhardt (Berlin), Prof. Dr. Hans-Harald Müller (Hamburg), Dr. Bastian Schlüter (Berlin) und Prof. Dr. Volkhard Wels (Berlin).

Auch finanziell wurde die Studie unterstützt. Der Deutschen Forschungsgemeinschaft (DFG) danke ich für die Gewährung eines Promotionsstipendiums an der Graduiertenschule des Exzellenzclusters Languages of Emotion (LOE), dem Berlin Consortium of German Studies (BCGS) für die Förderung eines Forschungsaufenthalts an der Princeton University (New Jersey, USA) und dem Förderungsfonds Wissenschaft der VG WORT für die Übernahme der Druckkosten.

Berlin, im Winter 2021/2022   Olga Katharina Schwarz.